# IMPROVE YOUR SUDOKU SKILLS!

**SudokuSolver** is our exclusive online tutor that can help you complete the Sudoku puzzles in this magazine at *ANY* stage of the solving process. Learn helpful techniques, terminology, and hints. Select a puzzle and **SudokuSolver** can show you:

- **Which cells are easily solvable (and why)**
- **Specific deduction techniques you can use, along with detailed explanations**
- **All the candidates for a given cell**

**Online Step-by-Step Help!**

Or you can solve puzzles online without any help at all. If you're ready to take your game to the next level, log on to **PennyDellSudokuSolver.com**

Puzzler's Giant Book of Sudoku, No. 40, August 2016. Published four times a year by Penny Press, Inc., 6 Prowitt Street, Norwalk, CT 06855-1220. On the web at PennyDellPuzzles.com. 

ISBN-13: 978-1-59238-095-4

ISBN-10: 1-59238-095-6

Printed by RR Donnelley, Dwight, IL U.S.A. 7/12/16

# PUZZLER'S GIANT BOOK OF SUDOKU™

## CONTENTS



## SOLVING DIRECTIONS

**Standard Sudoku:** To solve, place a number into each box so that each row across, each column down, and each small 9-box square within the larger diagram (there are 9 of these) will contain every number from 1 through 9. In other words, no number may appear more than once in any row, column, or smaller 9-box square. Working with the numbers already given as a guide, complete each diagram with the missing numbers that will lead to the correct solution.

**EXAMPLE**

| | | | | | | | | |
|---|---|---|---|---|---|---|---|---|
| | | 7 | 9 | | | | | 1 |
| | 2 | 3 | 8 | | | 6 | 7 | |
| | | 6 | | 2 | 7 | | | |
| | 7 | 8 | | 5 | | | | |
| | 5 | | 2 | | 6 | | 3 | |
| | | | | 1 | | 9 | 5 | |
| | | | 6 | 3 | | 8 | | |
| | 8 | 4 | | | 9 | 2 | 1 | |
| 2 | | | | | 1 | 3 | | |

**EXAMPLE SOLUTION**

| | | | | | | | | |
|---|---|---|---|---|---|---|---|---|
| 8 | 4 | 7 | 9 | 6 | 3 | 5 | 2 | 1 |
| 1 | 2 | 3 | 8 | 4 | 5 | 6 | 7 | 9 |
| 5 | 9 | 6 | 1 | 2 | 7 | 4 | 8 | 3 |
| 9 | 7 | 8 | 3 | 5 | 4 | 1 | 6 | 2 |
| 4 | 5 | 1 | 2 | 9 | 6 | 7 | 3 | 8 |
| 6 | 3 | 2 | 7 | 1 | 8 | 9 | 5 | 4 |
| 7 | 1 | 9 | 6 | 3 | 2 | 8 | 4 | 5 |
| 3 | 8 | 4 | 5 | 7 | 9 | 2 | 1 | 6 |
| 2 | 6 | 5 | 4 | 8 | 1 | 3 | 9 | 7 |

### GETTING STARTED

Look at the ninth column of the example puzzle to the left. There are clues in the puzzle that will tell you where, in this column, the number 3 belongs.

The first clue lies in the eighth column of the diagram. There is a 3 in the fifth box. Since numbers can't be repeated in any 3 x 3 grid, we can't put a 3 in the fourth, fifth, or sixth boxes of the ninth column.

We can also eliminate the bottom three boxes of the ninth column because there's a 3 in that 3 x 3 grid as well. Therefore, the 3 must go in the second or third box of the ninth column.

The final clue lies in the second row of the diagram, which already has a 3 in it. Since numbers can't be repeated within a row, there's only one box left for the 3 — the third box of the ninth column.

Continue in this manner, using the same type of logic and elimination, until the puzzle grid is completely filled in.

1

| | | | | | | | | |
|---|---|---|---|---|---|---|---|---|
| | 5 | | | | 6 | | 1 | |
| | | 8 | 4 | 9 | | 7 | | 5 |
| 4 | 9 | 1 | 2 | | | 6 | | |
| 2 | | | | 5 | | | | |
| | 7 | | 6 | 8 | 4 | | 5 | |
| | | | | 1 | | | | 9 |
| | | 9 | | | 8 | 3 | 6 | 7 |
| 5 | | 7 | | 6 | 9 | 2 | | |
| | 2 | | 3 | | | | 9 | |

| | | | | | | | | |
|---|---|---|---|---|---|---|---|---|
| | | | | 4 | 3 | 6 | | |
| | 9 | 4 | | 6 | | | 2 | |
| 1 | | 6 | 5 | | | | | 7 |
| 7 | | 1 | 2 | | | | | 6 |
| 5 | | | 3 | 7 | 8 | | | 2 |
| 3 | | | | | 6 | 5 | | 8 |
| 6 | | | | | 7 | 2 | | 4 |
| | 7 | | | 8 | | 1 | 5 | |
| | | 8 | 4 | 1 | | | | |

# EASY

3

|   |   |   |   |   |   |   |   |   |
|---|---|---|---|---|---|---|---|---|
|   |   |   | 7 |   |   | 9 | 3 | 5 |
| 3 | 4 | 5 |   | 2 |   |   |   |   |
| 7 |   |   | 5 |   |   |   |   | 6 |
|   | 9 | 7 |   | 6 | 5 |   | 1 |   |
|   | 8 |   |   | 3 |   |   | 4 |   |
|   | 5 |   | 8 | 4 |   | 7 | 6 |   |
| 6 |   |   |   |   | 1 |   |   | 3 |
|   |   |   |   | 5 |   | 6 | 7 | 1 |
| 5 | 3 | 1 |   |   | 2 |   |   |   |

|   |   |   |   |   |   |   |   |   |
|---|---|---|---|---|---|---|---|---|
| 5 |   | 1 | 7 | 9 |   |   |   |   |
|   | 2 |   | 4 |   | 1 | 9 | 8 |   |
|   |   | 9 |   |   |   | 7 | 1 | 4 |
| 2 |   | 6 | 5 |   |   |   |   |   |
| 3 |   |   | 8 |   | 6 |   |   | 7 |
|   |   |   |   |   | 4 | 2 |   | 3 |
| 1 | 6 | 5 |   |   |   | 3 |   |   |
|   | 3 | 2 | 6 |   | 7 |   | 5 |   |
|   |   |   |   | 8 | 5 | 1 |   | 6 |

| | | 6 | 7 | 9 | | | | |
|---|---|---|---|---|---|---|---|---|
| 4 | | 5 | 6 | | | 1 | | 9 |
| | 8 | | | | | 3 | 5 | 6 |
| | 7 | | 9 | 6 | | 2 | 4 | |
| | 5 | | | | | | 6 | |
| | 9 | 1 | | 5 | 4 | | 3 | |
| 1 | 3 | 8 | | | | | 2 | |
| 9 | | 2 | | | 8 | 5 | | 4 |
| | | | | 2 | 6 | 8 | | |

| 3 | | | 5 | | | 1 | | 9 |
|---|---|---|---|---|---|---|---|---|
| | 1 | 8 | 9 | | | | | 7 |
| 9 | 2 | | 3 | 1 | | | | |
| | | 7 | | 2 | | 8 | 1 | |
| | | | 1 | 8 | 9 | | | |
| | 8 | 4 | | 3 | | 6 | | |
| | | | | 9 | 3 | | 7 | 4 |
| 7 | | | | | 1 | 3 | 8 | |
| 2 | | 3 | | | 4 | | | 1 |

# EASY

| 1 |  | 8 | 5 |  |  | 3 | 6 |  |
|---|---|---|---|---|---|---|---|---|
|  |  | 2 |  |  | 8 | 5 | 7 |  |
|  | 3 |  | 9 | 2 |  |  |  |  |
|  | 8 |  |  | 1 |  | 7 |  |  |
| 7 | 4 |  |  | 6 |  |  | 5 | 8 |
|  |  | 9 |  | 8 |  |  | 1 |  |
|  |  |  |  | 4 | 7 |  | 2 |  |
|  | 2 | 5 | 8 |  |  | 4 |  |  |
|  | 7 | 4 |  |  | 3 | 1 |  | 6 |

| 7 |  | 1 |  | 4 |  | 2 |  | 8 |
|---|---|---|---|---|---|---|---|---|
|  |  | 2 | 8 |  | 1 |  | 3 | 5 |
|  |  |  |  | 2 |  | 6 |  |  |
| 5 | 9 |  | 1 |  |  | 3 |  |  |
|  |  |  | 7 | 8 | 9 |  |  |  |
|  |  | 7 |  |  | 3 |  | 6 | 1 |
|  |  | 6 |  | 7 |  |  |  |  |
| 3 | 7 |  | 5 |  | 4 | 8 |  |  |
| 8 |  | 5 |  | 3 |  | 4 |  | 9 |

9

| | | | | | | | | |
|---|---|---|---|---|---|---|---|---|
| | 6 | 4 | | | 2 | 1 | | |
| 2 | | | 5 | 7 | 1 | | | |
| 5 | | | 8 | | | 3 | | |
| | 8 | | | 9 | 7 | | | 5 |
| | 7 | 2 | | | | 4 | 1 | |
| 9 | | | 2 | 1 | | | 7 | |
| | | 3 | | | 6 | | | 8 |
| | | | 7 | 5 | 8 | | | 3 |
| | | 8 | 3 | | | 7 | 2 | |

10

| | | | | | | | | |
|---|---|---|---|---|---|---|---|---|
| 3 | 2 | | 7 | | | 4 | 5 | |
| | | | | 1 | | | | |
| 9 | | | | 4 | 3 | 8 | | 2 |
| | 6 | | | | 2 | | 9 | 7 |
| | | 3 | 8 | 6 | 1 | 2 | | |
| 1 | 5 | | 9 | | | | 8 | |
| 8 | | 9 | 6 | 3 | | | | 1 |
| | | | | 8 | | | | |
| | 1 | 5 | | | 9 | | 7 | 8 |

# EASY

## 11

|   |   |   |   |   |   |   |   |   |
|---|---|---|---|---|---|---|---|---|
|   | 6 | 4 | 5 | 2 |   | 3 |   |   |
|   | 7 |   | 6 |   |   | 5 |   |   |
| 5 |   | 2 | 8 |   |   |   | 1 |   |
| 3 |   |   |   | 1 | 6 | 7 |   |   |
| 2 |   |   |   | 5 |   |   |   | 9 |
|   |   | 8 | 9 | 3 |   |   |   | 1 |
|   | 8 |   |   |   | 7 | 2 |   | 3 |
|   |   | 3 |   |   | 5 |   | 4 |   |
|   |   | 7 |   | 4 | 9 | 8 | 6 |   |

## 12

|   |   |   |   |   |   |   |   |   |
|---|---|---|---|---|---|---|---|---|
|   |   | 4 | 6 |   | 5 |   |   | 1 |
| 1 | 5 |   |   | 2 |   | 8 |   | 3 |
|   | 8 |   |   |   |   |   | 5 | 4 |
|   |   |   | 9 |   |   | 7 | 8 | 5 |
|   |   | 6 | 5 |   | 2 | 3 |   |   |
| 9 | 7 | 5 |   |   | 3 |   |   |   |
| 7 | 6 |   |   |   |   |   | 9 |   |
| 2 |   | 9 |   | 1 |   |   | 3 | 8 |
| 5 |   |   | 2 |   | 4 | 6 |   |   |

13

|  |  |  |  |  |  |  |  |  |
|---|---|---|---|---|---|---|---|---|
|  |  |  |  | 2 | 4 |  | 7 |  |
| 6 |  |  | 7 |  |  | 2 | 3 | 5 |
|  | 3 |  |  |  | 5 |  |  | 1 |
|  | 2 | 9 | 1 |  | 7 |  | 5 |  |
| 7 |  |  |  | 9 |  |  |  | 6 |
|  | 1 |  | 5 |  | 8 | 9 | 2 |  |
| 3 |  |  | 9 |  |  |  | 1 |  |
| 5 | 4 | 1 |  |  | 3 |  |  | 9 |
|  | 6 |  | 8 | 5 |  |  |  |  |

14

|  |  |  |  |  |  |  |  |  |
|---|---|---|---|---|---|---|---|---|
|  |  |  |  | 9 |  |  | 5 | 7 |
|  | 8 | 3 |  | 1 | 7 |  |  | 6 |
|  | 5 |  | 3 |  |  |  | 9 |  |
|  | 7 |  |  |  | 9 | 6 |  | 2 |
|  |  | 1 | 6 | 2 | 3 | 4 |  |  |
| 5 |  | 6 | 8 |  |  |  | 3 |  |
|  | 4 |  |  |  | 6 |  | 1 |  |
| 6 |  |  | 7 | 8 |  | 9 | 2 |  |
| 2 | 1 |  |  | 4 |  |  |  |  |

# EASY

## 15

| | | | | | | | | |
|---|---|---|---|---|---|---|---|---|
| 3 | | 7 | | 9 | | | 8 | 4 |
| | 9 | | | 2 | | | 6 | |
| | 8 | | 4 | | | 1 | | 5 |
| | | 3 | | | 2 | | 4 | 9 |
| | | | 8 | 6 | 3 | | | |
| 2 | 7 | | 9 | | | 5 | | |
| 4 | | 1 | | | 6 | | 2 | |
| | 3 | | | 8 | | | 5 | |
| 8 | 2 | | | 1 | | 6 | | 3 |

## 16

| | | | | | | | | |
|---|---|---|---|---|---|---|---|---|
| | | 8 | | 1 | | 4 | | 3 |
| | | 1 | | 9 | 3 | | | |
| 2 | | 9 | | | 4 | | 7 | 8 |
| | 6 | 5 | 7 | | 8 | | 4 | |
| 9 | | | | | | | | 7 |
| | 8 | | 4 | | 9 | 5 | 1 | |
| 4 | 1 | | 6 | | | 2 | | 9 |
| | | | 3 | 4 | | 7 | | |
| 5 | | 2 | | 8 | | 3 | | |

17

| | | | | | | | | |
|---|---|---|---|---|---|---|---|---|
| | 3 | | 2 | 5 | 9 | | | 6 |
| | | 5 | | | | 9 | 2 | |
| 6 | | | | | | 5 | | 1 |
| 2 | | 7 | 5 | | 6 | | | 4 |
| | 5 | | | | | | 1 | |
| 9 | | | 3 | | 1 | 6 | | 2 |
| 7 | | 2 | | | | | | 5 |
| | 6 | 4 | | | | 3 | | |
| 5 | | | 1 | 8 | 4 | | 6 | |

18

| | | | | | | | | |
|---|---|---|---|---|---|---|---|---|
| | | 8 | | 4 | | | 1 | 3 |
| | | 4 | 1 | | 9 | 2 | | |
| | 9 | | | | 3 | 5 | | |
| | 8 | | 5 | 1 | | 7 | | 2 |
| 2 | | | | 7 | | | | 6 |
| 1 | | 7 | | 2 | 6 | | 3 | |
| | | 2 | 7 | | | | 4 | |
| | | 6 | 4 | | 5 | 8 | | |
| 4 | 1 | | | 6 | | 3 | | |

# EASY

**19**

| | | | | | | | | |
|---|---|---|---|---|---|---|---|---|
| 6 | 2 | | | | | | 4 | 8 |
| 9 | | | 2 | | 1 | | | 3 |
| | | 7 | 3 | 6 | | | | 9 |
| | | | | | 8 | 3 | 1 | |
| | | 1 | 9 | 7 | 3 | 2 | | |
| | 3 | 8 | 6 | | | | | |
| 3 | | | | 9 | 6 | 7 | | |
| 7 | | | 1 | | 5 | | | 2 |
| 1 | 5 | | | | | | 3 | 4 |

**20**

| | | | | | | | | |
|---|---|---|---|---|---|---|---|---|
| | | 9 | | | 1 | | | |
| 3 | | 5 | 2 | | 6 | | | 1 |
| 1 | 8 | | | | 9 | | 6 | 2 |
| 7 | | 4 | | 8 | 3 | 1 | | |
| | | 1 | | | | 4 | | |
| | | 6 | 1 | 2 | | 5 | | 8 |
| 6 | 1 | | 3 | | | | 5 | 7 |
| 4 | | | 5 | | 7 | 6 | | 3 |
| | | | 9 | | | 2 | | |

21

| | | | | | | | | |
|---|---|---|---|---|---|---|---|---|
| | | 4 | 8 | | | 5 | 9 | |
| 2 | | | 9 | | | | 7 | 3 |
| | | 3 | | 7 | | | 4 | |
| 8 | 4 | 5 | 3 | | | 6 | | |
| | | | 5 | 9 | 8 | | | |
| | | 7 | | | 6 | 8 | 5 | 1 |
| | 5 | | | 6 | | 3 | | |
| 3 | 1 | | | | 4 | | | 2 |
| | 6 | 9 | | | 3 | 7 | | |

| | | | | | | | | |
|---|---|---|---|---|---|---|---|---|
| 7 | 4 | 1 | | | | | | |
| 3 | | | | 5 | | 8 | 1 | 4 |
| | | | | 4 | 9 | | 2 | |
| 4 | 7 | | | | 1 | 2 | | |
| 9 | | | 7 | 8 | 3 | | | 6 |
| | | 5 | 2 | | | | 3 | 7 |
| | 8 | | 9 | 1 | | | | |
| 2 | 9 | 7 | | 3 | | | | 1 |
| | | | | | | 9 | 5 | 8 |

# EASY

23

| | | | | | | | | |
|---|---|---|---|---|---|---|---|---|
| 5 | | | | 9 | 6 | | 3 | 2 |
| | | | | | | | 8 | |
| | 6 | 7 | 2 | 8 | 3 | | | |
| | 5 | 6 | | | 4 | 8 | | 1 |
| | | 2 | 1 | | 5 | 4 | | |
| 4 | | 1 | 6 | | | 9 | 2 | |
| | | | 3 | 5 | 2 | 7 | 4 | |
| | 3 | | | | | | | |
| 2 | 8 | | 4 | 6 | | | | 9 |

24

| | | | | | | | | |
|---|---|---|---|---|---|---|---|---|
| | 1 | | | 3 | 6 | | | |
| 6 | | 4 | | | | 5 | 3 | 8 |
| | 7 | 2 | 5 | | | | | 9 |
| 1 | | | 6 | | 9 | | 7 | 4 |
| | 4 | | | | | | 5 | |
| 9 | 5 | | 4 | | 1 | | | 3 |
| 7 | | | | | 2 | 4 | 9 | |
| 2 | 6 | 5 | | | | 3 | | 7 |
| | | | 1 | 7 | | | 8 | |

25

| | | | | | | | | |
|---|---|---|---|---|---|---|---|---|
| | | | | 1 | 6 | | 4 | 7 |
| | 9 | 6 | | | | | | |
| 4 | | 2 | 3 | 7 | 9 | | | |
| 6 | | | 5 | | 2 | | 1 | 8 |
| | 8 | 5 | | | | 3 | 6 | |
| 9 | 7 | | 8 | | 3 | | | 5 |
| | | | 6 | 3 | 7 | 1 | | 4 |
| | | | | | | 8 | 9 | |
| 1 | 3 | | 9 | 5 | | | | |

26

| | | | | | | | | |
|---|---|---|---|---|---|---|---|---|
| | | 8 | | | | | | 6 |
| | 2 | 5 | 7 | | 3 | | | 9 |
| | 1 | | | | 6 | 2 | 7 | 3 |
| | 9 | | 3 | | | | 6 | 5 |
| | | 7 | 6 | | 1 | 9 | | |
| 2 | 5 | | | | 9 | | 4 | |
| 1 | 7 | 4 | 2 | | | | 9 | |
| 9 | | | 4 | | 8 | 5 | 3 | |
| 5 | | | | | | 1 | | |

# EASY

**27**

| | | | | | | | | |
|---|---|---|---|---|---|---|---|---|
| | 2 | 5 | 1 | | 6 | | | |
| | | | | 4 | | | | 6 |
| | | 6 | | | 7 | 3 | 2 | 5 |
| 1 | 9 | | 6 | 7 | | | 4 | |
| | 5 | 3 | | | | 8 | 6 | |
| | 6 | | | 8 | 2 | | 1 | 3 |
| 6 | 8 | 1 | 7 | | | 2 | | |
| 9 | | | | 2 | | | | |
| | | | 9 | | 8 | 4 | 7 | |

**28**

| | | | | | | | | |
|---|---|---|---|---|---|---|---|---|
| | 9 | | 1 | | | | 8 | 7 |
| | | 6 | 5 | | | 1 | | |
| 7 | | | | 6 | 8 | | | 5 |
| | | 2 | | 9 | 5 | 7 | | |
| 5 | 4 | | | 7 | | | 3 | 1 |
| | | 3 | 8 | 1 | | 9 | | |
| 3 | | | 4 | 5 | | | | 8 |
| | | 7 | | | 2 | 4 | | |
| 4 | 2 | | | | 1 | | 9 | |

## 29

| | | | | | | | | |
|---|---|---|---|---|---|---|---|---|
| | 1 | 7 | | 9 | | 8 | 5 | |
| | | 8 | | 3 | | | | 9 |
| | | | 1 | | | | 4 | 2 |
| 6 | | 9 | 5 | | | | 8 | 7 |
| 7 | | | 9 | | 3 | | | 1 |
| 2 | 8 | | | | 4 | 5 | | 3 |
| 8 | 7 | | | | 6 | | | |
| 5 | | | | 1 | | 2 | | |
| | 4 | 6 | | 5 | | 7 | 3 | |

## 30

| | | | | | | | | |
|---|---|---|---|---|---|---|---|---|
| 6 | | | 3 | | | | 9 | |
| | 5 | 8 | | | | 1 | 2 | 3 |
| | | | | 9 | 2 | 8 | | |
| 2 | 1 | | 6 | | | 3 | | 5 |
| | 4 | | 9 | | 7 | | 6 | |
| 8 | | 7 | | | 3 | | 1 | 4 |
| | | 3 | 2 | 4 | | | | |
| 1 | 8 | 6 | | | | 5 | 4 | |
| | 9 | | | | 5 | | | 1 |

# EASY

**31**

| | | | | | | | | |
|---|---|---|---|---|---|---|---|---|
| | | 6 | 7 | | 8 | 5 | | 2 |
| | 8 | 1 | | | | | 9 | 7 |
| 4 | | | 5 | 6 | | | | 3 |
| | | 8 | | 3 | | | 6 | |
| | | 3 | 1 | | 5 | 7 | | |
| | 5 | | | 8 | | 9 | | |
| 1 | | | | 9 | 3 | | | 4 |
| 3 | 7 | | | | | 8 | 1 | |
| 8 | | 2 | 6 | | 1 | 3 | | |

**32**

| | | | | | | | | |
|---|---|---|---|---|---|---|---|---|
| | 4 | | | | | 8 | | |
| | | 7 | 5 | 6 | | 3 | | |
| | 8 | | 1 | | 3 | 6 | | 7 |
| 7 | | | 6 | 8 | | | 5 | |
| 9 | | | | 7 | | | | 3 |
| | 2 | | | 3 | 1 | | | 8 |
| 8 | | 4 | 2 | | 7 | | 3 | |
| | | 6 | | 1 | 4 | 2 | | |
| | | 9 | | | | | 8 | |

# EASY

33

| | | | | | | | | |
|---|---|---|---|---|---|---|---|---|
| | | | 9 | | | 3 | 2 | |
| | 2 | 1 | | | 5 | | 9 | |
| 4 | 6 | | | | 8 | | | 5 |
| 2 | 3 | | | 7 | | 6 | | 9 |
| | | | 5 | 3 | 2 | | | |
| 5 | | 8 | | 6 | | | 1 | 3 |
| 6 | | | 1 | | | | 3 | 8 |
| | 9 | | 2 | | | 7 | 6 | |
| | 5 | 7 | | | 3 | | | |

| | | | | | | | | |
|---|---|---|---|---|---|---|---|---|
| 1 | 4 | | | | | | | |
| | | 2 | | 5 | | 9 | | |
| 9 | 5 | | | | 3 | 1 | | 7 |
| 7 | 2 | | 5 | | 9 | | 1 | |
| | 1 | 5 | | 6 | | 8 | 3 | |
| | 6 | | 3 | | 4 | | 7 | 2 |
| 3 | | 4 | 2 | | | | 6 | 5 |
| | | 6 | | 3 | | 4 | | |
| | | | | | | | 8 | 3 |

# EASY

**35**

| 8 |  | 1 |  | 2 | 5 | 6 |  |  |
|---|---|---|---|---|---|---|---|---|
|  |  |  | 9 |  |  |  |  |  |
|  | 9 | 6 | 4 |  |  |  | 3 |  |
| 1 | 8 |  | 2 | 9 |  | 4 |  |  |
|  | 4 | 9 |  | 1 |  | 5 | 2 |  |
|  |  | 2 |  | 7 | 4 |  | 1 | 8 |
|  | 5 |  |  |  | 7 | 8 | 6 |  |
|  |  |  |  |  | 2 |  |  |  |
|  |  | 3 | 8 | 4 |  | 2 |  | 7 |

**36**

|  | 3 |  | 1 | 8 | 5 |  |  |  |
|---|---|---|---|---|---|---|---|---|
|  | 1 |  |  |  |  | 4 |  | 8 |
| 6 |  |  |  |  | 7 | 5 |  | 3 |
| 1 |  | 3 | 5 |  | 8 | 6 |  |  |
|  | 2 |  |  | 9 |  |  | 5 |  |
|  |  | 8 | 6 |  | 4 | 7 |  | 1 |
| 3 |  | 1 | 8 |  |  |  |  | 7 |
| 5 |  | 2 |  |  |  |  | 8 |  |
|  |  |  | 7 | 3 | 2 |  | 9 |  |

**37**

| | | | | | | | | |
|---|---|---|---|---|---|---|---|---|
| | 4 | | | 3 | | | 6 | 9 |
| 3 | | | 9 | | | 8 | | |
| 2 | 1 | | 8 | | | 3 | | |
| | | | 7 | | 3 | | 1 | 2 |
| 9 | | 3 | | 6 | | 5 | | 8 |
| 1 | 5 | | 2 | | 9 | | | |
| | | 8 | | | 4 | | 5 | 3 |
| | | 1 | | | 8 | | | 7 |
| 5 | 6 | | | 9 | | | 8 | |

| | | | | | | | | |
|---|---|---|---|---|---|---|---|---|
| 4 | | | 9 | | 1 | | 2 | 6 |
| | | 8 | | 2 | 5 | 4 | | |
| 9 | | | | | | 5 | 8 | |
| 8 | 2 | | | | 3 | 1 | | |
| | | | 7 | 9 | 8 | | | |
| | | 7 | 4 | | | | 5 | 8 |
| | 7 | 4 | | | | | | 5 |
| | | 5 | 2 | 7 | | 6 | | |
| 3 | 9 | | 8 | | 4 | | | 1 |

# EASY

39

| | | | | | | | | |
|---|---|---|---|---|---|---|---|---|
| | | | | | | 2 | 1 | |
| 6 | | 9 | | 1 | 3 | | | |
| | | 1 | 7 | | 2 | | 9 | 3 |
| 4 | | 2 | | | 7 | 5 | | |
| | 3 | | 6 | 2 | 9 | | 8 | |
| | | 7 | 8 | | | 3 | | 1 |
| 7 | 4 | | 2 | | 6 | 1 | | |
| | | | 3 | 8 | | 4 | | 2 |
| | 1 | 8 | | | | | | |

| | | | | | | | | |
|---|---|---|---|---|---|---|---|---|
| | | 8 | | | | | 6 | 9 |
| | 9 | 2 | 4 | | 5 | | | 7 |
| | 3 | 4 | 1 | | | | | 8 |
| 3 | 4 | 1 | | 2 | | 9 | | |
| | | | 5 | | 4 | | | |
| | | 5 | | 9 | | 1 | 4 | 2 |
| 4 | | | | | 3 | 5 | 2 | |
| 2 | | | 8 | | 6 | 7 | 9 | |
| 5 | 7 | | | | | 6 | | |

| | | | | | | | | |
|---|---|---|---|---|---|---|---|---|
| | 7 | 2 | | | 3 | | | 6 |
| | 9 | | 5 | 1 | | | | 7 |
| 6 | | 1 | | | 2 | 5 | | |
| | | | 6 | 8 | | 4 | 3 | |
| 8 | | | | 7 | | | | 9 |
| | 4 | 9 | | 3 | 5 | | | |
| | | 7 | 1 | | | 3 | | 2 |
| 9 | | | | 2 | 4 | | 7 | |
| 2 | | | 9 | | | 6 | 8 | |

| | | | | | | | | |
|---|---|---|---|---|---|---|---|---|
| | 5 | | | | 1 | | | 8 |
| | | 2 | | 4 | 9 | 3 | | |
| | 6 | | 7 | | 8 | 9 | | |
| 5 | 9 | 4 | | 7 | 2 | | | |
| 2 | | | | 1 | | | | 7 |
| | | | 9 | 3 | | 4 | 6 | 2 |
| | | 5 | 4 | | 3 | | 7 | |
| | | 3 | 1 | 5 | | 6 | | |
| 8 | | | 2 | | | | 5 | |

# EASY

| 6 |  | 8 | 5 | 1 |  | 3 |  |  |
|---|---|---|---|---|---|---|---|---|
|  | 5 | 2 |  |  | 9 | 8 |  |  |
|  | 9 |  |  | 3 |  |  |  | 6 |
|  | 2 |  |  |  |  | 6 |  | 9 |
|  | 1 |  | 2 | 5 | 6 |  | 3 |  |
| 7 |  | 5 |  |  |  |  | 1 |  |
| 9 |  |  |  | 2 |  |  | 4 |  |
|  |  | 7 | 1 |  |  | 2 | 6 |  |
|  |  | 1 |  | 7 | 4 | 9 |  | 5 |

| 1 | 4 |  |  |  | 5 | 6 |  |  |
|---|---|---|---|---|---|---|---|---|
|  | 5 |  | 6 |  | 3 |  | 2 |  |
| 8 |  |  |  |  | 1 |  | 4 | 3 |
|  |  |  | 4 | 2 |  | 8 |  | 6 |
|  | 9 |  |  | 5 |  |  | 1 |  |
| 3 |  | 8 |  | 6 | 7 |  |  |  |
| 9 | 7 |  | 8 |  |  |  |  | 1 |
|  | 3 |  | 7 |  | 6 |  | 8 |  |
|  |  | 4 | 5 |  |  |  | 7 | 9 |

# EASY

| | | | | | | | | |
|---|---|---|---|---|---|---|---|---|
| | 5 | | | 2 | | | | 8 |
| | 6 | 1 | | | | 3 | 5 | 2 |
| | 8 | | 6 | | 1 | | | 9 |
| | | | | 8 | | 9 | | 1 |
| | 9 | | 5 | 4 | 6 | | 2 | |
| 6 | | 7 | | 3 | | | | |
| 8 | | | 2 | | 4 | | 3 | |
| 9 | 7 | 2 | | | | 1 | 8 | |
| 3 | | | | 1 | | | 9 | |

| | | | | | | | | |
|---|---|---|---|---|---|---|---|---|
| 7 | | 9 | 8 | | 4 | | 3 | |
| | | | 1 | | | | 5 | 8 |
| 3 | | | 5 | 6 | | 2 | 4 | |
| | | | 6 | 3 | | 8 | | |
| 8 | 2 | | | | | | 6 | 3 |
| | | 3 | | 8 | 1 | | | |
| | 3 | 2 | | 4 | 6 | | | 7 |
| 5 | 7 | | | | 8 | | | |
| | 9 | | 2 | | 5 | 3 | | 6 |

# EASY

**47**

| | | | | | | | | |
|---|---|---|---|---|---|---|---|---|
| 8 | 2 | | 5 | 9 | | | | 7 |
| | | 4 | | 1 | 6 | 9 | | |
| | | | | | | 8 | 3 | |
| | 5 | 1 | 6 | | 4 | | | 2 |
| | 4 | | | 3 | | | 9 | |
| 2 | | | 1 | | 9 | 7 | 5 | |
| | 1 | 9 | | | | | | |
| | | 7 | 3 | 6 | | 1 | | |
| 6 | | | | 4 | 1 | | 7 | 8 |

**48**

| | | | | | | | | |
|---|---|---|---|---|---|---|---|---|
| 5 | | 8 | | | 7 | 3 | 1 | |
| 2 | | 9 | | 5 | 3 | | | 4 |
| 1 | | | 4 | 6 | | | | |
| | 5 | | | | 4 | 9 | 8 | |
| | | | 5 | | 2 | | | |
| | 1 | 3 | 7 | | | | 6 | |
| | | | | 4 | 6 | | | 1 |
| 6 | | | 3 | 7 | | 4 | | 2 |
| | 7 | 4 | 2 | | | 6 | | 8 |

49

| | | | | | | | | |
|---|---|---|---|---|---|---|---|---|
| | 2 | | 3 | | | 7 | 8 | |
| 1 | 3 | 8 | | | 7 | | 9 | |
| | | | 1 | | | 6 | | |
| 9 | | | | 6 | 3 | 2 | | |
| 3 | 4 | | | 2 | | | 6 | 8 |
| | | 2 | 4 | 7 | | | | 9 |
| | | 1 | | | 6 | | | |
| | 6 | | 2 | | | 5 | 1 | 3 |
| | 9 | 3 | | | 4 | | 7 | |

| | | | | | | | | |
|---|---|---|---|---|---|---|---|---|
| | | 9 | | | 2 | | 7 | 1 |
| | | 1 | 5 | | 3 | 6 | | |
| 6 | 4 | 2 | | 8 | | | 3 | |
| 4 | | 8 | | 1 | 9 | | 6 | |
| | | | | | | | | |
| | 2 | | 6 | 5 | | 1 | | 9 |
| | 6 | | | 3 | | 4 | 2 | 7 |
| | | 3 | 7 | | 6 | 5 | | |
| 9 | 7 | | 8 | | | 3 | | |

## EASY

**51**

| | | | | | | | | |
|---|---|---|---|---|---|---|---|---|
| | | | | 9 | 2 | 1 | | |
| 7 | | 9 | 8 | | | | | 2 |
| | 2 | | 5 | | | 8 | | 3 |
| | | 4 | | 1 | | | 2 | 5 |
| | 8 | 1 | | 5 | | 3 | 6 | |
| 3 | 5 | | | 2 | | 9 | | |
| 1 | | 3 | | | 4 | | 8 | |
| 9 | | | | | 5 | 2 | | 6 |
| | | 2 | 9 | 8 | | | | |

**52**

| | | | | | | | | |
|---|---|---|---|---|---|---|---|---|
| 3 | 6 | | | | 9 | 8 | | |
| | | 7 | 8 | | | | 9 | 6 |
| | | 9 | | 5 | 3 | 4 | 1 | |
| 1 | | | | 4 | | 6 | | |
| | 8 | | 3 | | 5 | | 7 | |
| | | 6 | | 9 | | | | 2 |
| | 4 | 2 | 7 | 3 | | 9 | | |
| 9 | 1 | | | | 6 | 7 | | |
| | | 3 | 9 | | | | 5 | 1 |

**53**

| 3 |  | 4 |  |  | 1 |  |  |  |
|---|---|---|---|---|---|---|---|---|
| 2 |  |  | 8 |  | 5 |  | 4 |  |
| 1 | 9 |  | 4 |  |  | 2 |  | 8 |
|  | 6 | 2 |  | 5 |  |  | 3 |  |
| 4 |  |  | 7 |  | 6 |  |  | 5 |
|  | 1 |  |  | 8 |  | 7 | 2 |  |
| 8 |  | 3 |  |  | 7 |  | 5 | 2 |
|  | 2 |  | 5 |  | 8 |  |  | 9 |
|  |  |  | 6 |  |  | 4 |  | 1 |

**54**

|  |  | 1 | 5 | 4 | 8 |  |  |  |
|---|---|---|---|---|---|---|---|---|
| 8 |  | 6 |  |  |  | 4 |  | 1 |
| 3 | 5 |  |  |  | 7 | 8 |  |  |
|  |  |  |  | 9 | 2 |  | 8 |  |
|  | 4 | 2 |  | 5 |  | 3 | 9 |  |
|  | 8 |  | 1 | 3 |  |  |  |  |
|  |  | 7 | 2 |  |  |  | 4 | 3 |
| 5 |  | 8 |  |  |  | 9 |  | 2 |
|  |  |  | 9 | 6 | 1 | 5 |  |  |

# EASY

**55**

| | | 4 | | | 9 | | 3 | 2 |
|---|---|---|---|---|---|---|---|---|
| 9 | | | 2 | 3 | 8 | 6 | | |
| 8 | 3 | | 1 | | | 5 | 7 | |
| | | 1 | 3 | 4 | | | | |
| 2 | | | | | | | | 6 |
| | | | | 2 | 1 | 3 | | |
| | 8 | 6 | | | 3 | | 9 | 5 |
| | | 9 | 6 | 5 | 7 | | | 3 |
| 3 | 1 | | 9 | | | 4 | | |

**56**

| 6 | | | | | 4 | | | 1 |
|---|---|---|---|---|---|---|---|---|
| 5 | 8 | | | 3 | 1 | | | |
| | | | 6 | | | 8 | 3 | 7 |
| | 5 | 7 | | 4 | | 6 | 9 | |
| 4 | | | 2 | | 7 | | | 3 |
| | 9 | 1 | | 6 | | 7 | 2 | |
| 7 | 3 | 5 | | | 6 | | | |
| | | | 5 | 2 | | | 7 | 6 |
| 9 | | | 3 | | | | | 5 |

57

| | | | | | | | | |
|---|---|---|---|---|---|---|---|---|
| 2 | | | 1 | 9 | 4 | | | |
| 8 | | | 7 | | | | | |
| 4 | 7 | 9 | | | | 5 | | 1 |
| 9 | 5 | | 3 | | 2 | 1 | | |
| | | 8 | | 6 | | 9 | | |
| | | 3 | 8 | | 9 | | 7 | 6 |
| 5 | | 4 | | | | 3 | 6 | 9 |
| | | | | | 8 | | | 7 |
| | | | 9 | 4 | 6 | | | 2 |

58

| | | | | | | | | |
|---|---|---|---|---|---|---|---|---|
| | | 4 | | | | 8 | 3 | 9 |
| 7 | | | | 3 | 2 | 4 | | |
| 3 | | | 9 | | 5 | | 6 | |
| 6 | | 8 | 2 | | | | | |
| 4 | | 2 | | 5 | | 9 | | 7 |
| | | | | | 7 | 3 | | 6 |
| | 2 | | 5 | | 9 | | | 1 |
| | | 7 | 6 | 2 | | | | 3 |
| 5 | 9 | 6 | | | | 2 | | |

59

| | | | | | | | | |
|---|---|---|---|---|---|---|---|---|
| | 2 | | | | | 5 | 9 | 3 |
| | 5 | | | 3 | 8 | 7 | | |
| 3 | | | 6 | | 5 | | | 8 |
| 2 | | 3 | 5 | | | | | |
| | 8 | | 7 | 9 | 1 | | 2 | |
| | | | | | 2 | 6 | | 9 |
| 5 | | | 8 | | 9 | | | 1 |
| | | 7 | 4 | 1 | | | 8 | |
| 4 | 1 | 8 | | | | | 7 | |

60

| | | | | | | | | |
|---|---|---|---|---|---|---|---|---|
| 9 | | 6 | | | 8 | | | 7 |
| 1 | | | | | 5 | 2 | | |
| | 5 | 2 | | | 1 | 8 | | 6 |
| 8 | | | | | 3 | 6 | 5 | |
| | | | 2 | 7 | 6 | | | |
| | 2 | 1 | 8 | | | | | 4 |
| 7 | | 8 | 5 | | | 3 | 2 | |
| | | 3 | 6 | | | | | 8 |
| 2 | | | 3 | | | 9 | | 5 |

**61**

| | | | | | | | | |
|---|---|---|---|---|---|---|---|---|
| | | 5 | 2 | | | | | 9 |
| | 6 | | | | | 7 | 1 | |
| | 3 | 7 | 5 | | 8 | 4 | | |
| | | | 7 | | 9 | | 5 | 3 |
| | | 3 | | 6 | | 2 | | |
| 2 | 5 | | 3 | | 4 | | | |
| | | 8 | 4 | | 2 | 6 | 3 | |
| | 7 | 9 | | | | | 2 | |
| 4 | | | | | 7 | 5 | | |

**62**

| | | | | | | | | |
|---|---|---|---|---|---|---|---|---|
| | | | 7 | | | 4 | | |
| 1 | 6 | 4 | | | 8 | | 3 | |
| 5 | | | | 1 | | 8 | 2 | |
| | 8 | | | 5 | | 9 | 4 | |
| 4 | | | 8 | | 3 | | | 2 |
| | 9 | 2 | | 6 | | | 5 | |
| | 3 | 8 | | 4 | | | | 6 |
| | 4 | | 3 | | | 7 | 9 | 5 |
| | | 6 | | | 2 | | | |

63

| | | | | | | | | |
|---|---|---|---|---|---|---|---|---|
| 2 | | | | 8 | | | | 1 |
| | | 5 | 2 | | 9 | 4 | | 3 |
| 3 | | 9 | | | 1 | | | 7 |
| | 5 | 3 | 8 | | 2 | | 7 | |
| | | 4 | | | | 6 | | |
| | 8 | | 9 | | 7 | 3 | 4 | |
| 7 | | | 4 | | | 9 | | 2 |
| 4 | | 1 | 5 | | 8 | 7 | | |
| 5 | | | | 2 | | | | 4 |

64

| | | | | | | | | |
|---|---|---|---|---|---|---|---|---|
| 5 | | | | 6 | | 1 | | |
| | 7 | 1 | 2 | 4 | 3 | | | |
| 8 | | | 1 | | | 4 | 2 | |
| 3 | | | 9 | | | | 4 | |
| 9 | | | 7 | 1 | 4 | | | 8 |
| | 2 | | | | 6 | | | 9 |
| | 9 | 5 | | | 1 | | | 4 |
| | | | 4 | 9 | 8 | 7 | 5 | |
| | | 7 | | 3 | | | | 1 |

65

|   |   |   |   |   |   |   |   |   |
|---|---|---|---|---|---|---|---|---|
|   | 1 | 2 |   |   |   |   | 6 |   |
|   | 7 | 5 |   |   | 6 | 3 |   | 8 |
|   |   |   | 9 | 1 | 8 |   | 2 |   |
| 1 |   |   |   |   | 3 |   | 4 | 9 |
|   |   |   | 1 | 4 | 2 |   |   |   |
| 6 | 2 |   | 7 |   |   |   |   | 3 |
|   | 9 |   | 8 | 7 | 5 |   |   |   |
| 3 |   | 1 | 6 |   |   | 8 | 7 |   |
|   | 4 |   |   |   |   | 5 | 9 |   |

66

|   |   |   |   |   |   |   |   |   |
|---|---|---|---|---|---|---|---|---|
|   | 2 |   |   | 9 | 8 |   |   | 4 |
|   | 3 |   |   |   |   | 8 | 1 |   |
|   |   | 6 | 4 | 2 |   | 5 |   |   |
|   | 1 | 3 | 2 |   |   |   | 6 |   |
| 9 |   |   | 6 | 1 | 7 |   |   | 3 |
|   | 6 |   |   |   | 9 | 7 | 5 |   |
|   |   | 1 |   | 4 | 5 | 3 |   |   |
|   | 4 | 5 |   |   |   |   | 7 |   |
| 6 |   |   | 7 | 3 |   |   | 8 |   |

# EASY

**67**

| | | | | | | | | |
|---|---|---|---|---|---|---|---|---|
| 1 | 8 | | 5 | | 9 | 2 | | |
| | | 9 | 1 | | | | 5 | |
| 4 | 3 | | | 7 | | 1 | | 9 |
| 7 | | 2 | | | | | | 5 |
| | | | 2 | 9 | 4 | | | |
| 6 | | | | | | 8 | | 3 |
| 9 | | 1 | | 3 | | | 8 | 6 |
| | 7 | | | | 8 | 4 | | |
| | | 6 | 9 | | 1 | | 7 | 2 |

**68**

| | | | | | | | | |
|---|---|---|---|---|---|---|---|---|
| | 5 | 9 | 3 | | | | | |
| 7 | | | | | 6 | 5 | 4 | 2 |
| 8 | | | | 5 | | 7 | 3 | |
| 9 | | 4 | 6 | | | | | |
| | | 2 | 1 | 9 | 3 | 6 | | |
| | | | | | 8 | 9 | | 7 |
| | 1 | 7 | | 6 | | | | 5 |
| 3 | 4 | 8 | 5 | | | | | 6 |
| | | | | | 2 | 4 | 1 | |

69

| | | | | | | | | |
|---|---|---|---|---|---|---|---|---|
| | | | | 5 | 3 | | | 8 |
| | 6 | 7 | | | | | 4 | 3 |
| | 5 | 4 | | 8 | 7 | 9 | | |
| | 7 | 8 | 5 | | 4 | | | 9 |
| | 9 | | | | | | 6 | |
| 5 | | | 8 | | 1 | 7 | 2 | |
| | | 2 | 1 | 4 | | 3 | 5 | |
| 7 | 1 | | | | | 4 | 8 | |
| 6 | | | 7 | 3 | | | | |

70

| | | | | | | | | |
|---|---|---|---|---|---|---|---|---|
| | 4 | 8 | | | 2 | | | 9 |
| 6 | | | 9 | | | 4 | | 3 |
| | 5 | | | 3 | 6 | 1 | | |
| | | 1 | 7 | | 8 | | 9 | 6 |
| 5 | | | | | | | | 4 |
| 4 | 8 | | 3 | | 5 | 2 | | |
| | | 5 | 2 | 9 | | | 4 | |
| 8 | | 4 | | | 1 | | | 5 |
| 1 | | | 8 | | | 6 | 7 | |

# EASY

**71**

| | | | | | | | | |
|---|---|---|---|---|---|---|---|---|
| | | 6 | 5 | | 8 | | | |
| | 2 | | | 4 | | 7 | | 1 |
| | | 7 | 3 | 2 | | | | 5 |
| 4 | 9 | | | | 2 | 6 | 8 | |
| | | 3 | 9 | | 4 | 1 | | |
| | 8 | 2 | 1 | | | | 7 | 9 |
| 1 | | | | 6 | 5 | 9 | | |
| 6 | | 9 | | 1 | | | 4 | |
| | | | 8 | | 7 | 3 | | |

**72**

| | | | | | | | | |
|---|---|---|---|---|---|---|---|---|
| 6 | | 3 | 7 | | 4 | 8 | | |
| | | 7 | | 2 | 8 | | 1 | 4 |
| | 8 | | | | | 9 | | |
| 5 | | | 1 | | 6 | | 4 | 3 |
| | 3 | | | | | | 9 | |
| 2 | 4 | | 9 | | 7 | | | 6 |
| | | 8 | | | | | 5 | |
| 1 | 2 | | 8 | 7 | | 4 | | |
| | | 4 | 6 | | 2 | 1 | | 8 |

73

| | | | | | | | | |
|---|---|---|---|---|---|---|---|---|
| | | 7 | 5 | | | 2 | 4 | |
| 6 | | 5 | | | 2 | | 8 | |
| 3 | 4 | | | 8 | | 5 | | |
| 7 | | | | 9 | | | 5 | |
| | | 1 | 3 | 6 | 5 | 9 | | |
| | 6 | | | 4 | | | | 2 |
| | | 8 | | 1 | | | 2 | 6 |
| | 9 | | 8 | | | 4 | | 3 |
| | 7 | 3 | | | 4 | 8 | | |

| | | | | | | | | |
|---|---|---|---|---|---|---|---|---|
| | 6 | 9 | | | 1 | | 2 | |
| | 4 | 7 | | | 3 | | | |
| 5 | | | | 9 | | 4 | | 1 |
| 3 | 2 | | | | 9 | 1 | | 4 |
| | | 1 | 4 | | 8 | 9 | | |
| 7 | | 4 | 3 | | | | 6 | 8 |
| 2 | | 5 | | 6 | | | | 7 |
| | | | 1 | | | 8 | 4 | |
| | 8 | | 9 | | | 2 | 1 | |

# EASY

**75**

|  | 7 |  |  |  | 6 | 1 | 2 |  |
|---|---|---|---|---|---|---|---|---|
| 1 |  |  |  | 5 |  | 8 | 6 |  |
| 2 |  |  |  |  | 3 |  |  | 9 |
|  |  | 1 | 6 |  | 2 | 7 |  | 4 |
|  |  |  |  |  |  |  |  |  |
| 3 |  | 8 | 9 |  | 1 | 2 |  |  |
| 6 |  |  | 4 |  |  |  |  | 8 |
|  | 2 | 7 |  | 9 |  |  |  | 5 |
|  | 5 | 9 | 3 |  |  |  | 1 |  |

**76**

|  | 8 | 9 | 1 |  | 2 |  |  | 6 |
|---|---|---|---|---|---|---|---|---|
|  | 3 | 4 |  |  |  |  |  |  |
|  |  |  | 9 |  | 8 |  | 5 | 3 |
|  |  | 3 |  | 2 | 5 | 9 |  |  |
| 1 |  | 2 |  | 6 |  | 5 |  | 7 |
|  |  | 5 | 3 | 1 |  | 8 |  |  |
| 9 | 4 |  | 6 |  | 7 |  |  |  |
|  |  |  |  |  |  | 7 | 8 |  |
| 7 |  |  | 4 |  | 3 | 6 | 1 |  |

77

| | | | | | | | | |
|---|---|---|---|---|---|---|---|---|
| | | | 5 | 6 | | | 2 | |
| | 5 | | | | 1 | 4 | | 8 |
| | | 7 | 4 | | | | 9 | |
| 5 | 7 | | | 8 | | 6 | 1 | |
| 8 | | | | 5 | | | | 4 |
| | 6 | 1 | | 7 | | | 5 | 2 |
| | 2 | | | | 7 | 1 | | |
| 6 | | 4 | 9 | | | | 8 | |
| | 1 | | | 2 | 3 | | | |

78

| | | | | | | | | |
|---|---|---|---|---|---|---|---|---|
| | | 3 | | 2 | | | | |
| 7 | | | 1 | 8 | | 3 | 2 | |
| | 4 | | 9 | | | 7 | 6 | |
| | | 8 | 6 | | | 5 | 3 | 9 |
| | 3 | | | 9 | | | 8 | |
| 2 | 9 | 5 | | | 7 | 1 | | |
| | 8 | 6 | | | 1 | | 5 | |
| | 5 | 7 | | 4 | 9 | | | 8 |
| | | | | 6 | | 9 | | |

## 79

| | | | | | | | | |
|---|---|---|---|---|---|---|---|---|
| 4 | | | | | 1 | 3 | | |
| | | | 8 | 6 | 4 | | 7 | |
| | 9 | 6 | | | 3 | | 4 | 2 |
| 8 | | | | | | 6 | 5 | |
| | 4 | | 5 | 8 | 9 | | 3 | |
| | 3 | 5 | | | | | | 8 |
| 9 | 7 | | 3 | | | 4 | 2 | |
| | 1 | | 6 | 7 | 2 | | | |
| | | 2 | 4 | | | | | 3 |

## 80

| | | | | | | | | |
|---|---|---|---|---|---|---|---|---|
| 2 | | | 6 | 8 | | 7 | 4 | |
| 1 | 9 | 8 | | | | | | 2 |
| | | | | | 3 | | 5 | |
| 8 | 2 | | | 9 | 4 | | | |
| 9 | 4 | | | 5 | | | 2 | 6 |
| | | | 2 | 6 | | | 9 | 3 |
| | 7 | | 8 | | | | | |
| 3 | | | | | | 2 | 7 | 4 |
| | 5 | 2 | | 3 | 9 | | | 1 |

81

|   |   |   |   |   |   |   |   |   |
|---|---|---|---|---|---|---|---|---|
|   | 1 | 5 |   |   | 4 |   |   | 7 |
| 9 |   |   | 3 | 5 |   | 4 |   |   |
| 7 | 3 |   | 6 |   |   |   | 9 | 2 |
| 2 |   | 1 | 8 |   | 5 |   |   |   |
|   |   |   |   | 7 |   |   |   |   |
|   |   |   | 9 |   | 2 | 1 |   | 5 |
| 3 | 7 |   |   |   | 8 |   | 1 | 4 |
|   |   | 9 |   | 2 | 3 |   |   | 8 |
| 5 |   |   | 7 |   |   | 2 | 6 |   |

82

|   |   |   |   |   |   |   |   |   |
|---|---|---|---|---|---|---|---|---|
| 4 | 9 | 6 | 1 |   |   |   |   |   |
| 7 |   |   | 5 |   | 9 |   | 2 |   |
|   |   |   | 6 |   |   |   | 7 | 9 |
|   |   | 8 |   |   | 6 | 9 | 1 |   |
| 2 |   |   |   | 7 |   |   |   | 6 |
|   | 7 | 5 | 9 |   |   | 3 |   |   |
| 9 | 3 |   |   |   | 5 |   |   |   |
|   | 2 |   | 4 |   | 3 |   |   | 5 |
|   |   |   |   |   | 2 | 1 | 8 | 3 |

# EASY

## 83

| | | | | | | | | |
|---|---|---|---|---|---|---|---|---|
| | 3 | | 8 | | 7 | 5 | 4 | |
| | 5 | | | | | 7 | | |
| | 1 | 2 | | 9 | 4 | | | |
| | | | | 8 | 6 | | 5 | 9 |
| 1 | | 9 | | 4 | | 3 | | 6 |
| 2 | 6 | | 7 | 3 | | | | |
| | | | 9 | 7 | | 4 | 1 | |
| | | 1 | | | | | 2 | |
| | 7 | 4 | 6 | | 2 | | 3 | |

## 84

| | | | | | | | | |
|---|---|---|---|---|---|---|---|---|
| | | 3 | 5 | 9 | | 2 | 1 | |
| | | | | 3 | 4 | | | 6 |
| 7 | 6 | 9 | | | | | 5 | |
| | 2 | 5 | 6 | | 8 | 4 | | |
| 3 | | | | | | | | 9 |
| | | 4 | 9 | | 3 | 7 | 2 | |
| | 9 | | | | | 8 | 4 | 3 |
| 2 | | | 8 | 4 | | | | |
| | 8 | 7 | | 1 | 5 | 6 | | |

85

| | | | | | | | | |
|---|---|---|---|---|---|---|---|---|
| | | 8 | | | 7 | | 3 | |
| | 1 | | 3 | | 8 | 5 | | 4 |
| 2 | 7 | 3 | | | | | | |
| 7 | | | 5 | | 2 | | 6 | |
| | | 6 | | 4 | | 1 | | |
| | 4 | | 8 | | 1 | | | 3 |
| | | | | | | 3 | 4 | 2 |
| 9 | | 5 | 1 | | 4 | | 8 | |
| | 8 | | 2 | | | 9 | | |

86

| | | | | | | | | |
|---|---|---|---|---|---|---|---|---|
| | | 7 | 9 | | | | | 3 |
| 1 | | | 3 | 4 | | 7 | | |
| 3 | 5 | | 1 | | | | 9 | |
| 8 | 2 | | | 1 | 4 | | | |
| | 6 | 3 | | 9 | | 2 | 5 | |
| | | | 2 | 5 | | | 6 | 4 |
| | 3 | | | | 1 | | 2 | 5 |
| | | 2 | | 3 | 9 | | | 7 |
| 5 | | | | | 7 | 6 | | |

# EASY

## 87

| 2 |   | 7 |   |   |   |   |   | 8 |
|---|---|---|---|---|---|---|---|---|
|   |   | 9 | 8 |   |   |   | 6 |   |
|   |   | 6 | 2 |   | 9 | 7 |   | 3 |
| 5 |   | 1 | 7 | 2 |   |   |   | 4 |
|   | 3 |   |   | 6 |   |   | 1 |   |
| 9 |   |   |   | 5 | 1 | 6 |   | 7 |
| 8 |   | 3 | 4 |   | 5 | 1 |   |   |
|   | 4 |   |   |   | 3 | 8 |   |   |
| 6 |   |   |   |   |   | 3 |   | 9 |

## 88

|   |   | 2 | 4 | 3 |   |   | 1 | 7 |
|---|---|---|---|---|---|---|---|---|
| 8 |   |   |   |   |   |   | 6 | 9 |
|   | 4 |   |   |   | 8 |   | 5 |   |
| 1 |   | 8 |   | 7 | 4 |   | 9 |   |
|   |   | 5 |   | 6 |   | 3 |   |   |
|   | 6 |   | 9 | 2 |   | 1 |   | 8 |
|   | 1 |   | 6 |   |   |   | 8 |   |
| 4 | 8 |   |   |   |   |   |   | 2 |
| 6 | 5 |   |   | 8 | 3 | 9 |   |   |

**89**

| | | | | | | | | |
|---|---|---|---|---|---|---|---|---|
| | 6 | | | 7 | 1 | 2 | | 9 |
| 4 | 3 | | | 2 | 5 | | 6 | |
| 7 | 2 | | | | | | | |
| | 9 | 5 | 8 | | | | | 4 |
| 1 | | | | 5 | | | | 8 |
| 2 | | | | | 9 | 5 | 7 | |
| | | | | | | | 1 | 3 |
| | 4 | | 5 | 1 | | | 8 | 2 |
| 3 | | 6 | 2 | 9 | | | 4 | |

**90**

| | | | | | | | | |
|---|---|---|---|---|---|---|---|---|
| | 8 | | 4 | 9 | 6 | | | 1 |
| | | | | | | 4 | | |
| 2 | | 4 | | | 1 | | 9 | 7 |
| | 7 | | | 1 | 2 | | 5 | 6 |
| | | 9 | | 6 | | 1 | | |
| 5 | 6 | | 7 | 3 | | | 4 | |
| 6 | 5 | | 3 | | | 7 | | 4 |
| | | 8 | | | | | | |
| 1 | | | 6 | 2 | 5 | | 3 | |

# EASY

91

| | | | | | | | | |
|---|---|---|---|---|---|---|---|---|
| | 4 | | | 1 | 5 | | 8 | 7 |
| | 1 | 6 | 2 | | | 5 | | |
| | | 7 | 4 | | | 9 | | 1 |
| | | | 8 | | 6 | | 7 | |
| 2 | 3 | | | | | | 4 | 6 |
| | 6 | | 3 | | 2 | | | |
| 6 | | 5 | | | 7 | 4 | | |
| | | 2 | | | 3 | 7 | 1 | |
| 3 | 7 | | 5 | 2 | | | 9 | |

| | | | | | | | | |
|---|---|---|---|---|---|---|---|---|
| | 5 | 8 | | | 4 | | | 3 |
| | 3 | | | | 7 | | 5 | 2 |
| | 9 | 4 | 3 | | | | 7 | |
| 5 | | | | | 1 | 7 | | |
| 9 | | | 8 | 7 | 5 | | | 1 |
| | | 1 | 2 | | | | | 6 |
| | 2 | | | | 8 | 3 | 9 | |
| 8 | 4 | | 7 | | | | 1 | |
| 3 | | | 6 | | | 8 | 2 | |

**93**

| | | | | | | | | |
|---|---|---|---|---|---|---|---|---|
| | | 9 | 1 | 4 | 3 | | | |
| 8 | | | 9 | | | | 3 | |
| | 7 | 3 | | 5 | | | 1 | 4 |
| | 3 | 6 | | | 2 | | | |
| | 9 | | | 7 | | | 4 | |
| | | | 6 | | | 2 | 5 | |
| 7 | 4 | | | 2 | | 1 | 9 | |
| | 6 | | | | 9 | | | 8 |
| | | | 5 | 8 | 4 | 7 | | |

**94**

| | | | | | | | | |
|---|---|---|---|---|---|---|---|---|
| 7 | | | | | | | | |
| | | 2 | 8 | | | 5 | 1 | |
| | 9 | 6 | 2 | | 3 | | | 7 |
| | 2 | 3 | | 8 | 9 | | | 4 |
| | 1 | 7 | | 3 | | 6 | 2 | |
| 5 | | | 7 | 6 | | 3 | 9 | |
| 8 | | | 5 | | 6 | 4 | 7 | |
| | 7 | 9 | | | 8 | 2 | | |
| | | | | | | | | 3 |

# EASY

**95**

| | | | | | | | | |
|---|---|---|---|---|---|---|---|---|
| | 3 | 9 | | | | 4 | | 2 |
| | 1 | | 4 | | | 8 | 5 | |
| 4 | | | 9 | 7 | | | | |
| | | 2 | | 3 | | 5 | 9 | |
| 9 | | | 2 | 8 | 5 | | | 7 |
| | 8 | 1 | | 4 | | 2 | | |
| | | | | 2 | 6 | | | 5 |
| | 9 | 5 | | | 7 | | 2 | |
| 8 | | 6 | | | | 7 | 3 | |

**96**

| | | | | | | | | |
|---|---|---|---|---|---|---|---|---|
| | | 1 | | 8 | | 5 | | |
| 8 | | 2 | 7 | 4 | | | 3 | |
| 6 | 9 | | 1 | | 5 | | | |
| 3 | | 9 | 8 | | | 7 | | |
| | 8 | | 5 | | 7 | | 1 | |
| | | 5 | | | 2 | 8 | | 4 |
| | | | 9 | | 1 | | 4 | 6 |
| | 3 | | | 5 | 8 | 1 | | 9 |
| | | 7 | | 3 | | 2 | | |

97

| | | | | | | | | |
|---|---|---|---|---|---|---|---|---|
| 3 | | | | 8 | | 4 | 7 | |
| 1 | 5 | | 7 | | | 3 | | |
| 9 | | | | | 5 | 8 | | |
| 4 | | 9 | | 5 | | | 3 | 7 |
| | | | 9 | 1 | 6 | | | |
| 5 | 2 | | | 4 | | 9 | | 1 |
| | | 1 | 2 | | | | | 8 |
| | | 5 | | | 1 | | 2 | 3 |
| | 4 | 3 | | 7 | | | | 6 |

98

| | | | | | | | | |
|---|---|---|---|---|---|---|---|---|
| 3 | | | 5 | 9 | | 6 | 8 | |
| 1 | 9 | 4 | | | | | 7 | |
| | | | | | 7 | | | 9 |
| 7 | | 9 | | 5 | | | 3 | 1 |
| | | 2 | 3 | | 4 | 9 | | |
| 8 | 6 | | | 1 | | 4 | | 5 |
| 9 | | | 2 | | | | | |
| | 3 | | | | | 7 | 9 | 2 |
| | 7 | 1 | | 4 | 8 | | | 6 |

# EASY

**99**

| | | | | | | | | |
|---|---|---|---|---|---|---|---|---|
| 6 | 2 | | | | 3 | | | |
| 9 | | | | 8 | | | 6 | |
| | | 8 | | | 5 | 3 | 9 | 2 |
| | | 6 | 3 | | 8 | 9 | 7 | |
| 7 | | | | 4 | | | | 5 |
| | 4 | 5 | 2 | | 7 | 6 | | |
| 4 | 8 | 1 | 5 | | | 2 | | |
| | 9 | | | 2 | | | | 6 |
| | | | 1 | | | | 4 | 8 |

**100**

| | | | | | | | | |
|---|---|---|---|---|---|---|---|---|
| | 7 | | | | 1 | 6 | | |
| | | | | 8 | 5 | | 7 | 4 |
| 6 | 8 | | | 4 | | 9 | | |
| 4 | | | 7 | | | 5 | 1 | |
| | 6 | | 8 | 5 | 4 | | 9 | |
| | 9 | 3 | | | 2 | | | 7 |
| | | 9 | | 2 | | | 6 | 3 |
| 8 | 4 | | 9 | 7 | | | | |
| | | 2 | 4 | | | | 8 | |

101

| | | | | | | | | |
|---|---|---|---|---|---|---|---|---|
| 4 | 1 | | | | | 2 | | |
| | | | | | 1 | 7 | | 3 |
| | | 5 | 8 | 2 | 6 | | | 1 |
| 1 | | 6 | | 7 | | 8 | | |
| | 7 | | 3 | 5 | 9 | | 1 | |
| | | 4 | | 6 | | 5 | | 7 |
| 5 | | | 4 | 8 | 3 | 9 | | |
| 2 | | 3 | 6 | | | | | |
| | | 7 | | | | | 4 | 6 |

102

| | | | | | | | | |
|---|---|---|---|---|---|---|---|---|
| | | 5 | 7 | | | | 4 | |
| 8 | 1 | | | 5 | 3 | | | 9 |
| | | | 8 | | | 3 | 1 | 5 |
| 3 | | 1 | 5 | 7 | | | | 2 |
| | 5 | | | | | | 3 | |
| 7 | | | | 3 | 9 | 6 | | 8 |
| 5 | 8 | 7 | | | 4 | | | |
| 6 | | | 3 | 2 | | | 8 | 1 |
| | 2 | | | | 5 | 9 | | |

**103**

| | | | | | | | | |
|---|---|---|---|---|---|---|---|---|
| | | 8 | 5 | 7 | | | | 1 |
| 1 | | | | | 9 | | 8 | 7 |
| 6 | | | 1 | | | 4 | | 2 |
| | 6 | | 7 | | 3 | 8 | | |
| | | 5 | | | | 2 | | |
| | | 3 | 6 | | 1 | | 4 | |
| 5 | | 7 | | | 6 | | | 8 |
| 2 | 3 | | 8 | | | | | 4 |
| 4 | | | | 1 | 5 | 9 | | |

**104**

| | | | | | | | | |
|---|---|---|---|---|---|---|---|---|
| 5 | 8 | 9 | 2 | | 3 | | | |
| 6 | | | 9 | | | | | 1 |
| | 4 | | | | | 3 | | 8 |
| 1 | | 7 | 5 | 9 | | 2 | | |
| | 5 | | | 4 | | | 6 | |
| | | 2 | | 3 | 1 | 9 | | 5 |
| 3 | | 5 | | | | | 1 | |
| 7 | | | | | 8 | | | 9 |
| | | | 1 | | 9 | 7 | 3 | 6 |

105

| | | | | | | | | |
|---|---|---|---|---|---|---|---|---|
| 3 | 6 | | 2 | | | | | 7 |
| | | | 1 | 5 | 7 | 6 | | 8 |
| | | 1 | | | 3 | 5 | | |
| 7 | | | | 4 | | 2 | | 3 |
| | | 4 | 9 | | 8 | 7 | | |
| 6 | | 9 | | 1 | | | | 4 |
| | | 3 | 8 | | | 1 | | |
| 1 | | 6 | 4 | 7 | 5 | | | |
| 2 | | | | | 1 | | 8 | 5 |

106

| | | | | | | | | |
|---|---|---|---|---|---|---|---|---|
| | 8 | 3 | | | | | | |
| 9 | | | 5 | | 3 | 2 | 6 | |
| 5 | 4 | | | | 7 | 3 | | 8 |
| | 1 | | 9 | 3 | | | | |
| 4 | | 2 | | 6 | | 8 | | 1 |
| | | | | 1 | 4 | | 9 | |
| 1 | | 5 | 3 | | | | 8 | 6 |
| | 3 | 9 | 4 | | 6 | | | 5 |
| | | | | | | 9 | 2 | |

# EASY

**107**

| | | | | | | | | |
|---|---|---|---|---|---|---|---|---|
| | | 4 | 5 | 1 | 2 | | | 9 |
| | | | | | 4 | 5 | | |
| | 8 | | | 9 | | 4 | 6 | |
| 4 | | | 1 | | | 8 | 2 | |
| 1 | | | 8 | 2 | 6 | | | 4 |
| | 9 | 2 | | | 5 | | | 3 |
| | 1 | 7 | | 6 | | | 5 | |
| | | 3 | 2 | | | | | |
| 2 | | | 9 | 7 | 1 | 3 | | |

**108**

| | | | | | | | | |
|---|---|---|---|---|---|---|---|---|
| | 1 | | 5 | 2 | 4 | | | 7 |
| | 5 | | 6 | | | 3 | 4 | |
| 2 | | 4 | | | | | | |
| | 6 | 7 | 3 | 4 | | | | 5 |
| 1 | | | | 5 | | | | 3 |
| 4 | | | | 7 | 1 | 6 | 8 | |
| | | | | | | 9 | | 8 |
| | 2 | 8 | | | 5 | | 6 | |
| 9 | | | 1 | 8 | 3 | | 2 | |

# EASY

## 109

| | | | | | | | | |
|---|---|---|---|---|---|---|---|---|
| | 2 | | | | 1 | 3 | 7 | |
| | | 7 | 5 | | | | | 8 |
| 1 | | 5 | | | 9 | | | 4 |
| | 7 | | | 9 | 4 | | 3 | 1 |
| | 3 | | | 1 | | | 2 | |
| 9 | 1 | | 2 | 3 | | | 8 | |
| 4 | | | 8 | | | 9 | | 3 |
| 8 | | | | | 2 | 6 | | |
| | 5 | 1 | 9 | | | | 4 | |

## 110

| | | | | | | | | |
|---|---|---|---|---|---|---|---|---|
| 5 | 7 | | 3 | | | | | 6 |
| | | | | | 4 | | 2 | 9 |
| | 9 | | | 6 | 2 | 5 | | |
| | 6 | 8 | 9 | | | | 5 | |
| | | 3 | 1 | 2 | 7 | 4 | | |
| | 4 | | | | 5 | 3 | 9 | |
| | | 9 | 4 | 1 | | | 3 | |
| 3 | 1 | | 7 | | | | | |
| 7 | | | | | 9 | | 1 | 4 |

# EASY

**111**

| | | | | | | | | |
|---|---|---|---|---|---|---|---|---|
| | | 3 | 6 | 7 | | 8 | | 5 |
| | 8 | 7 | | | | | | 3 |
| 5 | 6 | | | | 3 | 1 | | |
| | 9 | 2 | | 4 | 7 | | | 8 |
| 8 | | | | | | | | 2 |
| 4 | | | 1 | 8 | | 9 | 7 | |
| | | 8 | 4 | | | | 6 | 9 |
| 2 | | | | | | 3 | 5 | |
| 3 | | 6 | | 9 | 1 | 7 | | |

**112**

| | | | | | | | | |
|---|---|---|---|---|---|---|---|---|
| | 5 | | 9 | | | 3 | | |
| 4 | 2 | | | | | 8 | 5 | 6 |
| 1 | | | 5 | 2 | | | | |
| 7 | 4 | 6 | | 5 | 8 | | | |
| | | 8 | | 6 | | 4 | | |
| | | | 7 | 4 | | 6 | 2 | 8 |
| | | | | 1 | 5 | | | 4 |
| 3 | 1 | 4 | | | | | 6 | 7 |
| | | 5 | | | 3 | | 8 | |

113

| | | | | | | | | |
|---|---|---|---|---|---|---|---|---|
| 5 | | 8 | | | 1 | 4 | | |
| | 1 | 4 | 5 | | 3 | | | |
| 9 | | | | | | 2 | 5 | 1 |
| | 5 | | | | 9 | | 1 | 8 |
| 8 | | | 1 | | 4 | | | 6 |
| 3 | 9 | | 7 | | | | 4 | |
| 2 | 4 | 5 | | | | | | 7 |
| | | | 4 | | 2 | 1 | 3 | |
| | | 7 | 9 | | | 8 | | 4 |

114

| | | | | | | | | |
|---|---|---|---|---|---|---|---|---|
| 2 | 5 | | 9 | | | | | |
| | | | 6 | 5 | | 2 | 7 | 9 |
| | 7 | 8 | | 2 | | | 5 | |
| 6 | | 3 | 4 | | 7 | 9 | | |
| 7 | | | | | | | | 2 |
| | | 5 | 2 | | 6 | 7 | | 8 |
| | 6 | | | 3 | | 8 | 4 | |
| 3 | 1 | 4 | | 6 | 2 | | | |
| | | | | | 5 | | 2 | 6 |

# EASY

**115**

| | | | | | | | | |
|---|---|---|---|---|---|---|---|---|
| | | | | | 8 | 1 | 4 | |
| | 6 | 4 | | | 9 | | 2 | |
| 5 | | 1 | | 4 | | | 9 | |
| 8 | | | | 6 | 3 | 5 | | |
| 1 | | 6 | | 9 | | 2 | | 8 |
| | | 7 | 8 | 2 | | | | 4 |
| | 3 | | | 7 | | 6 | | 2 |
| | 1 | | 6 | | | 7 | 8 | |
| | 7 | 2 | 9 | | | | | |

**116**

| | | | | | | | | |
|---|---|---|---|---|---|---|---|---|
| | 7 | | | | | | | |
| | | 4 | | 2 | 1 | 3 | | 8 |
| 2 | | | 9 | 8 | | | 1 | 7 |
| | 8 | | | | 9 | 7 | | 5 |
| | 1 | | 4 | 3 | 5 | | 8 | |
| 5 | | 6 | 8 | | | | 9 | |
| 9 | 3 | | | 6 | 4 | | | 1 |
| 4 | | 5 | 1 | 9 | | 8 | | |
| | | | | | | | 6 | |

**117**

| | | | | | | | | |
|---|---|---|---|---|---|---|---|---|
| 4 | | 7 | 5 | | | 2 | | |
| | | | | 8 | 7 | 1 | 3 | 5 |
| | | 3 | 1 | | | | 9 | |
| | 4 | | 2 | | 6 | 3 | | |
| 6 | | | | | | | | 9 |
| | | 2 | 9 | | 4 | | 7 | |
| | 5 | | | | 9 | 8 | | |
| 1 | 2 | 8 | 7 | 4 | | | | |
| | | 9 | | | 8 | 5 | | 2 |

**118**

| | | | | | | | | |
|---|---|---|---|---|---|---|---|---|
| | 9 | 8 | | 7 | | 4 | | 2 |
| 5 | | 4 | | 8 | 9 | | | |
| | 3 | | | | | | | 1 |
| 9 | | 5 | 4 | | | | | 8 |
| | 8 | | 6 | 2 | 5 | | 7 | |
| 4 | | | | | 8 | 5 | | 3 |
| 7 | | | | | | | 2 | |
| | | | 3 | 5 | | 7 | | 9 |
| 3 | | 6 | | 9 | | 1 | 8 | |

# EASY

**119**

| | | | | | | | | |
|---|---|---|---|---|---|---|---|---|
| | 3 | 8 | | | | | 6 | |
| | | 9 | | 5 | | 2 | | 3 |
| 4 | 2 | | 3 | 6 | | 1 | | |
| 9 | | 2 | 5 | | 6 | | | 8 |
| | | | | 2 | | | | |
| 1 | | | 7 | | 3 | 9 | | 6 |
| | | 6 | | 7 | 9 | | 5 | 1 |
| 5 | | 7 | | 4 | | 8 | | |
| | 4 | | | | | 6 | 7 | |

**120**

| | | | | | | | | |
|---|---|---|---|---|---|---|---|---|
| | | | 6 | | | | | 3 |
| | 1 | | 3 | | | | 4 | 8 |
| | 5 | 3 | 9 | 8 | | 2 | | |
| | 2 | | 7 | | | | 1 | 4 |
| | | 9 | 4 | 5 | 2 | 6 | | |
| 7 | 6 | | | | 9 | | 5 | |
| | | 7 | | 4 | 1 | 3 | 8 | |
| 5 | 4 | | | | 3 | | 7 | |
| 8 | | | | | 6 | | | |

## 121

| | | | | | | | | |
|---|---|---|---|---|---|---|---|---|
| | 8 | 4 | 7 | | 5 | 3 | | |
| | 3 | | | | | | 2 | 4 |
| 9 | | 1 | 4 | | | | | 5 |
| | | | | 4 | 6 | 7 | 8 | 3 |
| | | 3 | | | | 1 | | |
| 4 | 9 | 7 | 1 | 8 | | | | |
| 1 | | | | | 4 | 2 | | 6 |
| 2 | 4 | | | | | | 5 | |
| | | 8 | 2 | | 9 | 4 | 1 | |

## 122

| | | | | | | | | |
|---|---|---|---|---|---|---|---|---|
| | | 1 | | | 8 | 5 | | |
| 5 | 6 | | | | 1 | | 8 | 7 |
| 9 | | 4 | | | | | 6 | 2 |
| | 9 | | | | 5 | 2 | | |
| | 5 | | 4 | 3 | 2 | | 1 | |
| | | 8 | 1 | | | | 5 | |
| 4 | 1 | | | | | 6 | | 8 |
| 7 | 2 | | 5 | | | | 3 | 1 |
| | | 9 | 6 | | | 4 | | |

# EASY

## 123

| | | | | | | | | |
|---|---|---|---|---|---|---|---|---|
| 3 | 2 | 6 | | | 5 | 9 | | |
| 4 | | | 6 | 1 | 3 | | 5 | |
| | | | | | 7 | | | 3 |
| 9 | | 3 | | | | | | 5 |
| | 5 | | 9 | 2 | 6 | | 8 | |
| 8 | | | | | | 1 | | 6 |
| 6 | | | 1 | | | | | |
| | 1 | | 7 | 4 | 9 | | | 8 |
| | | 8 | 3 | | | 5 | 1 | 9 |

## 124

| | | | | | | | | |
|---|---|---|---|---|---|---|---|---|
| 7 | | 6 | 8 | | | 3 | | |
| 3 | | 4 | 9 | | | | 2 | 7 |
| | | | | 2 | | 5 | 6 | |
| 2 | | | | 7 | | 4 | | 5 |
| | | | 1 | | 8 | | | |
| 4 | | 9 | | 3 | | | | 6 |
| | 8 | 5 | | 9 | | | | |
| 6 | 4 | | | | 1 | 9 | | 2 |
| | | 2 | | | 5 | 7 | | 8 |

**125**

| | | | | | | | | |
|---|---|---|---|---|---|---|---|---|
| 7 | | | 5 | | | 4 | | |
| | 6 | 1 | 8 | | | 9 | | |
| 2 | 5 | | | 4 | 6 | | | 8 |
| 8 | 1 | | 3 | | 5 | | | |
| | 3 | 9 | | | | 8 | 1 | |
| | | | 2 | | 1 | | 3 | 9 |
| 9 | | | 4 | 7 | | | 5 | 1 |
| | | 5 | | | 8 | 3 | 9 | |
| | | 4 | | | 9 | | | 7 |

**126**

| | | | | | | | | |
|---|---|---|---|---|---|---|---|---|
| 7 | | | 9 | | 3 | 4 | | 1 |
| 3 | 4 | 8 | | | | | | |
| | | | 2 | | | 3 | | 7 |
| | 2 | | | 4 | 9 | | | 3 |
| | 3 | 5 | | 7 | | 6 | 4 | |
| 4 | | | 3 | 5 | | | 1 | |
| 1 | | 7 | | | 8 | | | |
| | | | | | | 7 | 3 | 5 |
| 6 | | 3 | 4 | | 7 | | | 8 |

# EASY

**127**

| | | 1 | 8 | | | 2 | 3 | |
|---|---|---|---|---|---|---|---|---|
| 6 | | | 4 | | | | 8 | 9 |
| | 8 | | | 5 | 3 | 4 | | |
| | 1 | 3 | 6 | | | | 2 | |
| 9 | | | | 2 | | | | 3 |
| | 2 | | | | 9 | 8 | 7 | |
| | | 9 | 5 | 6 | | | 4 | |
| 8 | 4 | | | | 1 | | | 7 |
| | 5 | 6 | | | 7 | 3 | | |

**128**

| 9 | 4 | | | | | 6 | | 3 |
|---|---|---|---|---|---|---|---|---|
| 8 | 1 | 7 | | | 9 | | 5 | |
| | | | | | 7 | 9 | | |
| 3 | | | | 2 | | | 1 | 8 |
| | 6 | | 3 | | 8 | | 4 | |
| 1 | 8 | | | 4 | | | | 6 |
| | | 6 | 1 | | | | | |
| | 5 | | 8 | | | 4 | 2 | 9 |
| 4 | | 8 | | | | | 6 | 7 |

129

| | | | | | | | | |
|---|---|---|---|---|---|---|---|---|
| 1 | | 5 | | | 9 | 4 | 2 | |
| 7 | | | 3 | | 6 | | 9 | |
| | 4 | | | 2 | | | | |
| | 1 | 6 | | 8 | 7 | | | 9 |
| | 5 | | | | | | 3 | |
| 8 | | | 1 | 5 | | 7 | 6 | |
| | | | | 3 | | | 1 | |
| | 8 | | 9 | | 5 | | | 7 |
| | 7 | 1 | 2 | | | 3 | | 5 |

130

| | | | | | | | | |
|---|---|---|---|---|---|---|---|---|
| 8 | | | 9 | | 2 | 3 | 7 | |
| 3 | 9 | | | | | 4 | | 6 |
| | 4 | 7 | 3 | | | | | 2 |
| | | | 1 | | | | 3 | 9 |
| | 3 | | 6 | | 5 | | 1 | |
| 9 | 7 | | | | 3 | | | |
| 4 | | | | | 1 | 6 | 8 | |
| 5 | | 6 | | | | | 4 | 3 |
| | 1 | 3 | 8 | | 4 | | | 5 |

# EASY

131

| | | | | | | | | |
|---|---|---|---|---|---|---|---|---|
| | 8 | 1 | 2 | | | | | 6 |
| | 5 | 2 | | | 8 | | | |
| | 3 | | | 1 | 4 | | 5 | |
| | | 9 | 3 | | 5 | 7 | | |
| | 6 | 7 | | 2 | | 3 | 8 | |
| | | 4 | 7 | | 1 | 5 | | |
| | 4 | | 5 | 7 | | | 9 | |
| | | | 1 | | | 8 | 7 | |
| 6 | | | | | 3 | 4 | 1 | |

132

| | | | | | | | | |
|---|---|---|---|---|---|---|---|---|
| 3 | | | | 1 | | | 8 | |
| | 4 | | | 6 | 8 | 5 | | 9 |
| | 2 | 8 | | | | 1 | | |
| 7 | | | | | 3 | | 5 | 1 |
| | 3 | | 9 | | 1 | | 4 | |
| 5 | 6 | | 7 | | | | | 8 |
| | | 3 | | | | 4 | 1 | |
| 9 | | 5 | 3 | 2 | | | 6 | |
| | 8 | | | 7 | | | | 3 |

133

| | | | | | | | | |
|---|---|---|---|---|---|---|---|---|
| 5 | | 2 | | 8 | | 6 | 4 | |
| 7 | | | 4 | | 5 | | 3 | 1 |
| 4 | | | | | 1 | 5 | | |
| | | 9 | | | 2 | | | |
| | 7 | | 8 | | 4 | | 9 | |
| | | | 5 | | | 2 | | |
| | | 8 | 9 | | | | | 4 |
| 1 | 6 | | 7 | | 8 | | | 3 |
| | 4 | 7 | | 5 | | 1 | | 6 |

134

| | | | | | | | | |
|---|---|---|---|---|---|---|---|---|
| 8 | | | 2 | | 7 | 3 | | |
| | 7 | | | 8 | 3 | | 9 | 6 |
| | | 5 | 4 | | | | | 7 |
| | 9 | | | 3 | | 5 | | 1 |
| | | | | 4 | | | | |
| 1 | | 6 | | 7 | | | 8 | |
| 6 | | | | | 9 | 4 | | |
| 3 | 8 | | 1 | 5 | | | 7 | |
| | | 2 | 7 | | 8 | | | 5 |

# EASY

**135**

| | | | | | | | | |
|---|---|---|---|---|---|---|---|---|
| | | 2 | | 3 | 7 | 4 | 1 | |
| 5 | 4 | | | | 2 | 3 | | |
| 1 | | | | | 4 | 6 | | |
| 8 | | 3 | 1 | | | | 4 | 7 |
| | | | 8 | | 9 | | | |
| 9 | 1 | | | | 3 | 5 | | 2 |
| | | 1 | 2 | | | | | 4 |
| | | 4 | 3 | | | | 9 | 6 |
| | 8 | 9 | 4 | 5 | | 2 | | |

**136**

| | | | | | | | | |
|---|---|---|---|---|---|---|---|---|
| | 1 | 2 | | | | | | 6 |
| | 3 | 6 | 9 | 2 | | | 4 | |
| 5 | | | 3 | 4 | | | | |
| | | | 4 | | 8 | 6 | 1 | |
| | | 1 | | 7 | | 5 | | |
| | 8 | 3 | 1 | | 9 | | | |
| | | | | 6 | 7 | | | 3 |
| | 6 | | | 9 | 4 | 8 | 2 | |
| 2 | | | | | | 9 | 6 | |

137

| | | | | | | | | |
|---|---|---|---|---|---|---|---|---|
| 7 | 2 | | | | 5 | | 4 | |
| 5 | 1 | | | | | 9 | | |
| | | | 2 | 1 | 7 | | 6 | 5 |
| | | 5 | | 2 | | 6 | | |
| 3 | 6 | | | 4 | | | 9 | 8 |
| | | 7 | | 3 | | 5 | | |
| 8 | 7 | | 3 | 6 | 4 | | | |
| | | 4 | | | | | 8 | 1 |
| | 9 | | 1 | | | | 7 | 6 |

138

| | | | | | | | | |
|---|---|---|---|---|---|---|---|---|
| | 6 | 9 | | | 5 | | | 8 |
| 7 | | | | | 6 | 2 | | |
| | | | 3 | 2 | 9 | | 4 | |
| | 5 | 2 | | | 8 | 7 | 3 | |
| | 3 | | | 9 | | | 8 | |
| | 9 | 1 | 7 | | | 5 | 2 | |
| | 7 | | 2 | 5 | 3 | | | |
| | | 8 | 6 | | | | | 3 |
| 3 | | | 9 | | | 4 | 5 | |

# EASY

**139**

| | | | | | | | | |
|---|---|---|---|---|---|---|---|---|
| 8 | 6 | | 7 | | | 4 | | |
| | 4 | | | | | 2 | 7 | |
| | 7 | | 2 | 3 | | 6 | 9 | |
| | | 7 | 5 | | | 8 | | |
| 9 | | | 6 | 8 | 7 | | | 3 |
| | | 3 | | | 2 | 7 | | |
| | 9 | 8 | | 7 | 5 | | 2 | |
| | 5 | 6 | | | | | 1 | |
| | | 1 | | | 6 | | 8 | 4 |

**140**

| | | | | | | | | |
|---|---|---|---|---|---|---|---|---|
| | 6 | 3 | 2 | 8 | | | 1 | |
| | 9 | | 3 | | | 2 | 8 | |
| | | 4 | | 6 | | | | 3 |
| 8 | | | 4 | | 7 | | 3 | |
| 3 | | 9 | | | | 7 | | 2 |
| | 1 | | 5 | | 2 | | | 4 |
| 4 | | | | 5 | | 9 | | |
| | 5 | 6 | | | 9 | | 4 | |
| | 7 | | | 4 | 3 | 1 | 6 | |

141

| | | | | | | | | |
|---|---|---|---|---|---|---|---|---|
| 6 | | 4 | | | 7 | 5 | | 1 |
| 3 | | | | | 4 | 9 | 6 | |
| | 5 | 7 | | | 1 | | 8 | |
| | | | 2 | | 6 | 1 | | 8 |
| | 9 | | | | | | 7 | |
| 2 | | 5 | 1 | | 9 | | | |
| | 3 | | 7 | | | 8 | 5 | |
| | 6 | 9 | 3 | | | | | 4 |
| 8 | | 2 | 4 | | | 3 | | 9 |

142

| | | | | | | | | |
|---|---|---|---|---|---|---|---|---|
| | 1 | 3 | 9 | 7 | | | | 2 |
| 6 | | | | 3 | | 9 | 5 | |
| | | 9 | 5 | | 2 | | 6 | |
| | | 4 | 7 | | | | | |
| 7 | | 8 | | 6 | | 5 | | 4 |
| | | | | | 4 | 6 | | |
| | 2 | | 1 | | 5 | 8 | | |
| | 8 | 5 | | 2 | | | | 3 |
| 1 | | | | 4 | 3 | 7 | 2 | |

# EASY

**143**

| | | | | | | | | |
|---|---|---|---|---|---|---|---|---|
| | 2 | | 7 | 5 | | 8 | | |
| 3 | | 9 | | | | 7 | 4 | 5 |
| 5 | | 7 | | 8 | 4 | | | |
| 8 | | | | | 3 | 6 | | 1 |
| | | | 8 | | 7 | | | |
| 1 | | 2 | 5 | | | | | 9 |
| | | | 4 | 3 | | 9 | | 6 |
| 6 | 9 | 4 | | | | 2 | | 8 |
| | | 3 | | 9 | 8 | | 1 | |

**144**

| | | | | | | | | |
|---|---|---|---|---|---|---|---|---|
| | | 2 | 8 | | | 3 | | 9 |
| 3 | | | | | 2 | | 8 | |
| 4 | | 9 | 3 | 5 | | | 1 | |
| 6 | | 8 | 7 | | 9 | | | 4 |
| | | | | 6 | | | | |
| 2 | | | 4 | | 3 | 9 | | 7 |
| | 9 | | | 1 | 8 | 4 | | 5 |
| | 5 | | 6 | | | | | 1 |
| 1 | | 3 | | | 4 | 6 | | |

## 145

| | | | | | | | | |
|---|---|---|---|---|---|---|---|---|
| | 2 | | 5 | 3 | | 6 | | 9 |
| | | 7 | | | | 5 | | |
| 8 | | | 7 | | 2 | | 4 | |
| 6 | | | 2 | | 5 | 4 | | |
| 1 | | 8 | | 9 | | 3 | | 5 |
| | | 2 | 1 | | 3 | | | 6 |
| | 8 | | 4 | | 7 | | | 1 |
| | | 4 | | | | 8 | | |
| 7 | | 3 | | 2 | 6 | | 5 | |

## 146

| | | | | | | | | |
|---|---|---|---|---|---|---|---|---|
| | 4 | | 3 | | | | 8 | 2 |
| 7 | | | 2 | | | 3 | | |
| | 3 | 9 | | 6 | 5 | 7 | | |
| 9 | | | | 8 | | 4 | | 1 |
| | 2 | | 1 | | 6 | | 3 | |
| 8 | | 3 | | 2 | | | | 7 |
| | | 4 | 6 | 5 | | 2 | 7 | |
| | | 7 | | | 2 | | | 6 |
| 3 | 6 | | | | 1 | | 9 | |

# EASY

**147**

| | | | | | | | | |
|---|---|---|---|---|---|---|---|---|
| | | 7 | | | 1 | | 9 | |
| 2 | 6 | | 9 | | | | 4 | |
| | 1 | | | | 8 | 3 | | 7 |
| | | 1 | 6 | | 5 | | | 2 |
| 5 | 2 | | | 3 | | | 8 | 9 |
| 6 | | | 8 | | 2 | 1 | | |
| 9 | | 5 | 2 | | | | 1 | |
| | 3 | | | | 9 | | 2 | 4 |
| | 8 | | 3 | | | 9 | | |

**148**

| | | | | | | | | |
|---|---|---|---|---|---|---|---|---|
| | 8 | | 6 | | | 5 | | 1 |
| | | | 5 | | 2 | 4 | | 3 |
| 9 | | 2 | | 1 | | | | 6 |
| | | 5 | | 2 | | | | 7 |
| | 1 | | 7 | 5 | 3 | | 4 | |
| 6 | | | | 4 | | 2 | | |
| 8 | | | | 6 | | 9 | | 4 |
| 7 | | 9 | 4 | | 8 | | | |
| 5 | | 6 | | | 1 | | 3 | |

149

| | | | | | | | | |
|---|---|---|---|---|---|---|---|---|
| | 8 | | 2 | | | | 4 | |
| 7 | | | 5 | | | 8 | | 6 |
| 3 | 5 | 2 | | 6 | | | | |
| | | | | 2 | 5 | 4 | 1 | 7 |
| 5 | | 8 | | | | 2 | | 9 |
| 2 | 7 | 4 | 3 | 1 | | | | |
| | | | | 8 | | 9 | 6 | 5 |
| 6 | | 7 | | | 2 | | | 4 |
| | 3 | | | | 6 | | 7 | |

150

| | | | | | | | | |
|---|---|---|---|---|---|---|---|---|
| 2 | 9 | 6 | 4 | | | | 8 | |
| | 1 | | | | 3 | | | 7 |
| 7 | | | | 8 | 1 | 2 | | |
| | 7 | | | | 4 | | 5 | |
| | | 4 | 7 | 1 | 9 | 6 | | |
| | 6 | | 5 | | | | 1 | |
| | | 5 | 9 | 4 | | | | 3 |
| 1 | | | 8 | | | | 9 | |
| | 4 | | | | 6 | 8 | 7 | 5 |

**151**

| | | | | | | | | |
|---|---|---|---|---|---|---|---|---|
| 7 | | | | | | 8 | | 9 |
| 3 | | | 7 | 6 | | | 1 | |
| 9 | | | 4 | | 3 | | 2 | |
| | | 8 | 9 | | 1 | 7 | 4 | |
| 5 | | | | 4 | | | | 1 |
| | 4 | 9 | 8 | | 2 | 3 | | |
| | 7 | | 5 | | 8 | | | 3 |
| | 9 | | | 2 | 4 | | | 5 |
| 4 | | 6 | | | | | | 8 |

**152**

| | | | | | | | | |
|---|---|---|---|---|---|---|---|---|
| 2 | 1 | | | | | 6 | | |
| | | 4 | | 6 | 9 | | | |
| | 6 | 7 | 8 | | | | 2 | 5 |
| 4 | 2 | 1 | 7 | | | | | 3 |
| | | | 5 | 3 | 4 | | | |
| 3 | | | | | 1 | 8 | 4 | 7 |
| 7 | 9 | | | | 8 | 2 | 1 | |
| | | | 1 | 5 | | 7 | | |
| | | 2 | | | | | 8 | 4 |

153

| | | | | | | | | |
|---|---|---|---|---|---|---|---|---|
| 8 | | 9 | | | 6 | | | 5 |
| 6 | | | 9 | | 3 | | 7 | 4 |
| | | 3 | 4 | 8 | | | | 9 |
| | | | | 2 | 7 | 1 | 6 | |
| | | 1 | | | | 4 | | |
| | 8 | 6 | 5 | 4 | | | | |
| 5 | | | | 6 | 2 | 9 | | |
| 4 | 6 | | 1 | | 9 | | | 2 |
| 1 | | | 8 | | | 7 | | 6 |

154

| | | | | | | | | |
|---|---|---|---|---|---|---|---|---|
| 5 | | | | | 6 | 4 | 7 | |
| | | 3 | 5 | | | 6 | | |
| | | | 4 | 9 | 2 | | 8 | |
| | 5 | | | 2 | 9 | 8 | | |
| | 7 | 8 | | 4 | | 9 | 3 | |
| | | 9 | 7 | 8 | | | 5 | |
| | 1 | | 8 | 3 | 7 | | | |
| | | 5 | | | 4 | 7 | | |
| | 4 | 7 | 2 | | | | | 6 |

# EASY

**155**

| | | | | | | | | |
|---|---|---|---|---|---|---|---|---|
| | | 6 | 4 | 3 | | | 9 | |
| | 7 | | 9 | | 8 | | | 6 |
| 2 | | | | 1 | | 7 | | |
| 8 | | 5 | 3 | | | 9 | 6 | |
| | | 2 | 5 | | 4 | 8 | | |
| | 6 | 1 | | | 9 | 4 | | 5 |
| | | 8 | | 9 | | | | 1 |
| 6 | | | 1 | | 2 | | 8 | |
| | 2 | | | 4 | 6 | 5 | | |

**156**

| | | | | | | | | |
|---|---|---|---|---|---|---|---|---|
| 5 | | 4 | 3 | 1 | | | | |
| | 3 | 8 | | | | 9 | 4 | |
| | | | 5 | | | | | 8 |
| 9 | 2 | | 6 | | 1 | 7 | | |
| 3 | | | | 5 | | | | 1 |
| | | 7 | 2 | | 3 | | 6 | 9 |
| 7 | | | | | 9 | | | |
| | 5 | 1 | | | | 2 | 9 | |
| | | | | 7 | 5 | 8 | | 4 |

157

| | | | | | | | | |
|---|---|---|---|---|---|---|---|---|
| 1 | | 5 | 4 | | | | | |
| | | | 3 | | | | 7 | 5 |
| | 2 | 6 | | 5 | 8 | | | 1 |
| 2 | | | | 4 | 9 | | | 6 |
| | 4 | 8 | | 1 | | 7 | 3 | |
| 5 | | | 2 | 3 | | | | 4 |
| 4 | | | 1 | 7 | | 6 | 8 | |
| 7 | 8 | | | | 5 | | | |
| | | | | | 4 | 5 | | 7 |

158

| | | | | | | | | |
|---|---|---|---|---|---|---|---|---|
| 1 | 6 | | | | 7 | | | |
| | 9 | 7 | 8 | | | 4 | 1 | |
| | 8 | | 9 | | 1 | | | 6 |
| | 4 | | | 1 | | 9 | | 2 |
| 7 | | | | 6 | | | | 5 |
| 5 | | 9 | | 8 | | | 3 | |
| 6 | | | 4 | | 2 | | 8 | |
| | 1 | 8 | | | 5 | 3 | 2 | |
| | | | 1 | | | | 6 | 9 |

# EASY

**159**

| | | | | | | | | |
|---|---|---|---|---|---|---|---|---|
| | 1 | 3 | | | 7 | | 8 | 4 |
| 6 | | | 4 | | | | | 3 |
| | 4 | 5 | 8 | | | 6 | | 9 |
| 8 | 2 | | 9 | | 4 | | | |
| | | 9 | | | | 4 | | |
| | | | 2 | | 6 | | 9 | 5 |
| 4 | | 6 | | | 8 | 5 | 3 | |
| 1 | | | | | 5 | | | 2 |
| 2 | 5 | | 6 | | | 8 | 4 | |

**160**

| | | | | | | | | |
|---|---|---|---|---|---|---|---|---|
| 9 | 1 | | 5 | | | 7 | | 4 |
| | | | 3 | | | | 1 | |
| 2 | 8 | 7 | | | | | | |
| 5 | | 8 | 9 | | | 4 | | |
| | 7 | | 2 | 3 | 8 | | 5 | |
| | | 9 | | | 5 | 1 | | 2 |
| | | | | | | 8 | 2 | 6 |
| | 5 | | | | 9 | | | |
| 4 | | 6 | | | 1 | | 7 | 5 |

# EASY

**161**

|   |   |   |   |   |   |   |   |   |
|---|---|---|---|---|---|---|---|---|
|   | 3 |   | 5 | 4 |   |   |   | 6 |
|   | 8 | 6 |   |   | 9 |   |   | 1 |
| 5 | 7 |   |   |   | 1 | 2 |   |   |
| 7 | 9 |   | 4 |   |   | 6 |   |   |
|   |   |   | 2 | 7 | 5 |   |   |   |
|   |   | 4 |   |   | 3 |   | 1 | 7 |
|   |   | 5 | 7 |   |   |   | 4 | 8 |
| 8 |   |   | 1 |   |   | 3 | 6 |   |
| 3 |   |   |   | 9 | 6 |   | 7 |   |

**162**

|   |   |   |   |   |   |   |   |   |
|---|---|---|---|---|---|---|---|---|
| 5 | 6 | 3 |   | 9 |   |   |   |   |
| 8 |   | 9 | 6 |   |   | 2 | 4 |   |
|   |   |   | 7 |   |   |   | 9 |   |
| 7 |   |   | 4 |   |   | 8 | 2 |   |
|   | 2 |   | 3 | 7 | 6 |   | 5 |   |
|   | 9 | 4 |   |   | 2 |   |   | 1 |
|   | 1 |   |   |   | 8 |   |   |   |
|   | 5 | 2 |   |   | 7 | 4 |   | 9 |
|   |   |   |   | 2 |   | 5 | 1 | 7 |

# EASY

163

| | | | | | | | | |
|---|---|---|---|---|---|---|---|---|
| | 1 | | | | | 5 | 9 | 3 |
| | 4 | 9 | 1 | | 6 | 8 | | |
| 2 | 5 | | | 9 | | | | |
| | 3 | 2 | | | 4 | | | |
| | | 7 | 2 | | 1 | 4 | | |
| | | | 9 | | | 1 | 3 | |
| | | | | 4 | | | 5 | 1 |
| | | 1 | 5 | | 7 | 3 | 8 | |
| 9 | 8 | 5 | | | | | 4 | |

164

| | | | | | | | | |
|---|---|---|---|---|---|---|---|---|
| 2 | 7 | | 6 | 8 | | | | 5 |
| | | 6 | 5 | | | | | 3 |
| 1 | 5 | | 3 | | | 7 | 4 | |
| | | | 8 | | 6 | 5 | | |
| 5 | | | | 4 | | | | 9 |
| | | 4 | 7 | | 9 | | | |
| | 6 | 9 | | | 5 | | 8 | 1 |
| 8 | | | | | 1 | 3 | | |
| 3 | | | | 7 | 8 | | 9 | 2 |

165

| | | | | | | | | |
|---|---|---|---|---|---|---|---|---|
| | | | | | | | 9 | 2 |
| | | 9 | 2 | 5 | | | 4 | 1 |
| | | 8 | 1 | 7 | | | 6 | |
| 5 | | | 4 | | 2 | 6 | | 8 |
| 7 | 8 | | | | | | 5 | 4 |
| 2 | | 6 | 5 | | 7 | | | 9 |
| | 1 | | | 2 | 6 | 3 | | |
| 3 | 6 | | | 1 | 4 | 9 | | |
| 8 | 7 | | | | | | | |

166

| | | | | | | | | |
|---|---|---|---|---|---|---|---|---|
| | | 4 | | | 9 | | 5 | |
| | 2 | | | | 3 | | | 4 |
| 8 | 5 | 6 | 7 | | | | | 3 |
| 5 | 7 | | | | | | 6 | |
| | | 3 | 1 | 7 | 2 | 5 | | |
| | 4 | | | | | | 9 | 7 |
| 3 | | | | | 1 | 4 | 7 | 5 |
| 7 | | | 5 | | | | 3 | |
| | 1 | | 2 | | | 6 | | |

# EASY

**167**

| | 3 | 7 | | | | | 2 | |
|---|---|---|---|---|---|---|---|---|
| | | 9 | 6 | | | | 3 | 5 |
| 5 | | 4 | | 2 | 1 | | | 8 |
| 4 | | | | | | 2 | 1 | |
| | 8 | | 2 | 4 | 5 | | 6 | |
| | 2 | 3 | | | | | | 4 |
| 6 | | | 1 | 9 | | 8 | | 2 |
| 1 | 7 | | | | 4 | 3 | | |
| | 9 | | | | | 6 | 4 | |

**168**

| 9 | | | 4 | | | | 8 | |
|---|---|---|---|---|---|---|---|---|
| | 5 | 8 | | 2 | 3 | | | |
| 6 | 2 | | | | 1 | 5 | 3 | |
| 7 | | 5 | | | 4 | | | |
| 3 | | | 2 | 7 | 8 | | | 1 |
| | | | 6 | | | 7 | | 8 |
| | 6 | 3 | 5 | | | | 1 | 2 |
| | | | 8 | 6 | | 3 | 4 | |
| | 4 | | | | 9 | | | 6 |

169

| | | | | | | | | |
|---|---|---|---|---|---|---|---|---|
| 8 | | | | 3 | | 9 | | |
| 1 | 2 | 7 | 5 | | | | | 8 |
| | | 3 | 4 | | | 6 | 1 | |
| 6 | | | 2 | | 1 | | 4 | |
| | 1 | | | 5 | | | 7 | |
| | 5 | | 7 | | 4 | | | 9 |
| | 3 | 6 | | | 5 | 2 | | |
| 2 | | | | | 3 | 7 | 9 | 4 |
| | | 1 | | 7 | | | | 3 |

170

| | | | | | | | | |
|---|---|---|---|---|---|---|---|---|
| | | 9 | | | 6 | 5 | 8 | |
| 4 | 5 | | | | 3 | | | |
| 2 | 8 | | | | 4 | | 6 | 7 |
| | | | | 4 | 7 | 8 | | |
| 9 | | 8 | | 5 | | 6 | | 1 |
| | | 5 | 9 | 8 | | | | |
| 1 | 9 | | 2 | | | | 4 | 8 |
| | | | 4 | | | | 2 | 3 |
| | 2 | 4 | 7 | | | 1 | | |

# EASY

**171**

| | | | | | | | | |
|---|---|---|---|---|---|---|---|---|
| | | 5 | | | 8 | 2 | | 4 |
| 7 | | | | 1 | 6 | | 5 | |
| | 9 | | 4 | | 3 | | | |
| | 5 | 1 | | 8 | 2 | | 9 | |
| | | 8 | | 9 | | 5 | | |
| | 3 | | 6 | 4 | | 7 | 8 | |
| | | | 8 | | 7 | | 6 | |
| | 2 | | 1 | 6 | | | | 9 |
| 8 | | 6 | 5 | | | 4 | | |

**172**

| | | | | | | | | |
|---|---|---|---|---|---|---|---|---|
| | 5 | 1 | 8 | | | | | 3 |
| | | 3 | | 5 | 1 | | | 2 |
| 7 | | | | | 6 | | 5 | |
| | 3 | 2 | | 6 | | | 8 | |
| | 9 | | 4 | 8 | 7 | | 3 | |
| | 7 | | | 1 | | 5 | 6 | |
| | 2 | | 5 | | | | | 4 |
| 5 | | | 1 | 3 | | 7 | | |
| 3 | | | | | 4 | 8 | 2 | |

173

| | | | | | | | | |
|---|---|---|---|---|---|---|---|---|
| 2 | | | | 9 | | | | |
| | 9 | | | 1 | 3 | | 2 | 7 |
| 7 | | | 4 | | | 3 | | |
| | 3 | | 8 | | 4 | | 1 | 2 |
| 6 | 1 | | | 3 | | | 7 | 5 |
| 5 | 8 | | 6 | | 1 | | 3 | |
| | | 5 | | | 8 | | | 1 |
| 4 | 2 | | 1 | 6 | | | 8 | |
| | | | | 4 | | | | 9 |

174

| | | | | | | | | |
|---|---|---|---|---|---|---|---|---|
| | | 9 | | 3 | | 8 | | 1 |
| 5 | 6 | 1 | | 4 | | | | |
| | 2 | | 5 | | 9 | | 7 | 6 |
| 3 | | 8 | | | 4 | | | 5 |
| | | | 6 | | 8 | | | |
| 4 | | | 1 | | | 9 | | 8 |
| 1 | 9 | | 4 | | 5 | | 6 | |
| | | | | 9 | | 1 | 8 | 4 |
| 2 | | 4 | | 6 | | 5 | | |

# EASY

**175**

|  |  | 8 | 7 | 4 | 9 |  | 5 |  |
|---|---|---|---|---|---|---|---|---|
|  |  | 5 |  |  |  | 8 |  |  |
|  | 6 | 2 |  |  |  |  | 7 | 9 |
|  | 4 |  |  |  | 3 |  |  | 1 |
|  | 1 |  | 5 | 9 | 6 |  | 2 |  |
| 3 |  |  | 4 |  |  |  | 6 |  |
| 6 | 8 |  |  |  |  | 7 | 9 |  |
|  |  | 3 |  |  |  | 6 |  |  |
|  | 9 |  | 8 | 6 | 5 | 1 |  |  |

**176**

|  | 3 |  |  | 6 |  |  |  | 5 |
|---|---|---|---|---|---|---|---|---|
|  | 8 |  |  | 4 | 3 | 2 |  | 7 |
| 4 |  |  |  |  | 1 | 6 |  | 3 |
|  |  | 8 |  |  | 4 | 5 | 7 |  |
|  | 5 |  |  | 8 |  |  | 3 |  |
|  | 9 | 2 | 7 |  |  | 8 |  |  |
| 2 |  | 5 | 1 |  |  |  |  | 4 |
| 9 |  | 1 | 5 | 7 |  |  | 2 |  |
| 8 |  |  |  | 9 |  |  | 5 |  |

**177**

| | | | | | | | | |
|---|---|---|---|---|---|---|---|---|
| | | | 9 | | | | 5 | |
| 4 | 5 | | 1 | | | 7 | | 2 |
| | 1 | 2 | 6 | | | 8 | | 9 |
| 3 | | 5 | 4 | | 2 | | 1 | |
| | | | | 3 | | | | |
| | 2 | | 5 | | 6 | 4 | | 3 |
| 5 | | 1 | | | 8 | 3 | 2 | |
| 9 | | 6 | | | 1 | | 8 | 7 |
| | 7 | | | | 5 | | | |

**178**

| | | | | | | | | |
|---|---|---|---|---|---|---|---|---|
| 4 | 9 | | | | | 5 | | |
| 7 | | | 6 | | 4 | | 1 | |
| 1 | | | 3 | | | | 9 | 4 |
| | 7 | | 8 | | | 4 | 2 | |
| | | 2 | | 6 | | 1 | | |
| | 4 | 1 | | | 9 | | 6 | |
| 8 | 6 | | | | 2 | | | 1 |
| | 5 | | 9 | | 1 | | | 3 |
| | | 3 | | | | | 8 | 7 |

# EASY

**179**

| | | | | | | | | |
|---|---|---|---|---|---|---|---|---|
| | 3 | | | | 1 | | 9 | |
| | 2 | 4 | | | 5 | | | 8 |
| | | | 3 | 6 | | 2 | 7 | 4 |
| 8 | 6 | 1 | | | 3 | | | |
| 4 | | | | 1 | | | | 9 |
| | | | 7 | | | 6 | 2 | 1 |
| 1 | 9 | 7 | | 5 | 2 | | | |
| 3 | | | 1 | | | 9 | 5 | |
| | 4 | | 6 | | | | 1 | |

**180**

| | | | | | | | | |
|---|---|---|---|---|---|---|---|---|
| 2 | | | | 4 | | | | 1 |
| 5 | | 4 | 7 | | | | | |
| | 7 | 8 | | 2 | | | 3 | 4 |
| | | 5 | | | 4 | 2 | 6 | |
| | 4 | | 3 | 7 | 6 | | 5 | |
| | 6 | 3 | 2 | | | 4 | | |
| 9 | 8 | | | 3 | | 7 | 4 | |
| | | | | | 5 | 8 | | 6 |
| 4 | | | | 9 | | | | 2 |

181

| | | | | | | | | |
|---|---|---|---|---|---|---|---|---|
| | 5 | | | 4 | | | | |
| | 3 | | 5 | | | | 8 | |
| 2 | | | 8 | | 6 | 4 | | 3 |
| 9 | | | 2 | 6 | | | 7 | 8 |
| | 2 | 8 | | 7 | | 1 | 9 | |
| 3 | 1 | | | 8 | 9 | | | 6 |
| 7 | | 3 | 9 | | 8 | | | 5 |
| | 9 | | | | 2 | | 3 | |
| | | | | 3 | | | 1 | |

182

| | | | | | | | | |
|---|---|---|---|---|---|---|---|---|
| | | 3 | | 5 | | | 1 | 2 |
| | 5 | | 7 | 9 | | | 4 | |
| | | | 1 | | | 6 | | 5 |
| 8 | | 7 | 6 | | 2 | | | 9 |
| 5 | | | | 4 | | | | 3 |
| 9 | | | 5 | | 1 | 7 | | 4 |
| 2 | | 4 | | | 9 | | | |
| | 8 | | | 7 | 5 | | 3 | |
| 3 | 1 | | | 6 | | 4 | | |

# EASY

**183**

| | | | | | | | | |
|---|---|---|---|---|---|---|---|---|
| 6 | 1 | | | | 5 | 8 | | |
| | | | | 9 | 3 | | 4 | |
| 9 | | 3 | | | 6 | 2 | | 5 |
| 2 | 7 | | | 4 | 1 | | | |
| | 9 | | | | | | 2 | |
| | | | 9 | 2 | | | 1 | 8 |
| 7 | | 2 | 1 | | | 4 | | 3 |
| | 4 | | 6 | 3 | | | | |
| | | 6 | 7 | | | | 9 | 2 |

**184**

| | | | | | | | | |
|---|---|---|---|---|---|---|---|---|
| | 9 | | 7 | | | 8 | | |
| 5 | | | | | 9 | | 7 | 1 |
| 2 | | | | | 5 | 6 | 3 | |
| 4 | | 9 | | 6 | | 3 | | |
| | | 3 | 8 | 1 | 4 | 5 | | |
| | | 8 | | 7 | | 1 | | 2 |
| | 6 | 5 | 2 | | | | | 3 |
| 8 | 7 | | 3 | | | | | 5 |
| | | 4 | | | 7 | | 2 | |

185

| | | | | | | | | |
|---|---|---|---|---|---|---|---|---|
| 7 | 5 | | | | | 3 | 8 | 4 |
| | | 9 | | | 7 | | | 6 |
| | 4 | 3 | | 1 | 5 | 7 | | |
| | | 2 | 5 | 6 | | | | |
| 1 | 6 | | | | | | 7 | 3 |
| | | | | 8 | 3 | 6 | | |
| | | 7 | 3 | 9 | | 2 | 4 | |
| 9 | | | 2 | | | 8 | | |
| 4 | 2 | 6 | | | | | 3 | 7 |

186

| | | | | | | | | |
|---|---|---|---|---|---|---|---|---|
| 8 | 6 | | | | 9 | | 3 | 2 |
| 2 | 9 | | | | 8 | 1 | | |
| | | | | 4 | | 8 | 6 | |
| | | 2 | 9 | 1 | | 3 | | |
| 1 | 3 | | | | | | 9 | 4 |
| | | 9 | | 6 | 5 | 2 | | |
| | 7 | 8 | | 9 | | | | |
| | | 5 | 8 | | | | 4 | 3 |
| 6 | 2 | | 4 | | | | 8 | 1 |

# EASY

**187**

| | | | | | | | | |
|---|---|---|---|---|---|---|---|---|
| 8 | | | 4 | | 5 | | 7 | |
| 6 | | | | | | | 4 | |
| 4 | | 2 | 3 | 8 | | | | 9 |
| | 4 | | 2 | | 3 | | 6 | |
| | 6 | 5 | | 4 | | 9 | 2 | |
| | 2 | | 6 | | 1 | | 5 | |
| 2 | | | | 3 | 6 | 1 | | 7 |
| | 9 | | | | | | | 2 |
| | 7 | | 1 | | 9 | | | 6 |

**188**

| | | | | | | | | |
|---|---|---|---|---|---|---|---|---|
| | | 4 | 1 | 8 | 2 | | | 5 |
| 7 | | 2 | 5 | | | | | |
| | | | | | 4 | | | 2 |
| 3 | 1 | | | 2 | | 6 | 5 | |
| 5 | | | 8 | 9 | 3 | | | 1 |
| | 7 | 9 | | 5 | | | 2 | 3 |
| 1 | | | 9 | | | | | |
| | | | | | 8 | 3 | | 4 |
| 9 | | | 2 | 4 | 6 | 5 | | |

189

|   |   |   |   |   |   |   |   |   |
|---|---|---|---|---|---|---|---|---|
|  | 2 |  |  |  | 6 | 9 |  | 4 |
| 4 |  | 1 | 2 |  | 5 |  |  |  |
| 8 |  |  |  | 7 | 9 |  |  |  |
|  | 3 |  |  | 2 |  | 8 |  |  |
| 7 | 4 |  |  | 5 |  |  | 9 | 6 |
|  |  | 9 |  | 6 |  |  | 1 |  |
|  |  |  | 1 | 9 |  |  |  | 7 |
|  |  |  | 6 |  | 2 | 5 |  | 1 |
| 6 |  | 2 | 5 |  |  |  | 4 |  |

190

|   |   |   |   |   |   |   |   |   |
|---|---|---|---|---|---|---|---|---|
| 4 | 8 |  |  |  | 6 | 1 | 7 |  |
|  |  |  |  |  |  | 8 |  | 3 |
|  | 9 | 5 | 3 | 8 | 1 |  |  |  |
|  |  |  |  | 5 | 2 |  | 8 | 1 |
| 6 |  |  |  | 7 |  |  |  | 9 |
| 2 | 5 |  | 4 | 9 |  |  |  |  |
|  |  |  | 2 | 1 | 9 | 5 | 6 |  |
| 8 |  | 9 |  |  |  |  |  |  |
|  | 1 | 6 | 8 |  |  |  | 4 | 2 |

# EASY

**191**

| | | | | | | | | |
|---|---|---|---|---|---|---|---|---|
| | 6 | | | 7 | 3 | 5 | | 4 |
| 4 | 1 | 3 | | | | 6 | 9 | |
| | | | | 9 | | 3 | | |
| | | 7 | 2 | | 5 | | | 6 |
| 8 | 5 | | | | | | 4 | 1 |
| 3 | | | 8 | | 9 | 2 | | |
| | | 4 | | 5 | | | | |
| | 2 | 9 | | | | 7 | 8 | 3 |
| 6 | | 1 | 9 | 8 | | | 5 | |

**192**

| | | | | | | | | |
|---|---|---|---|---|---|---|---|---|
| 2 | | 5 | | | 8 | 1 | 3 | |
| | | 3 | 2 | | | 9 | 6 | 8 |
| 8 | | | | 9 | | | | |
| 3 | | | | | 7 | 2 | | 1 |
| | 2 | | 1 | | 3 | | 4 | |
| 1 | | 9 | 8 | | | | | 6 |
| | | | | 8 | | | | 4 |
| 6 | 8 | 4 | | | 2 | 7 | | |
| | 7 | 1 | 4 | | | 5 | | 2 |

**193**

| | | | | | | | | |
|---|---|---|---|---|---|---|---|---|
| 3 | 8 | | | 7 | | 9 | 1 | |
| 7 | | | 5 | | | | | |
| | 6 | | 4 | 9 | | 3 | 7 | |
| 4 | | | 1 | | | 8 | 6 | |
| 8 | | | 2 | | 6 | | | 7 |
| | 1 | 9 | | | 7 | | | 4 |
| | 3 | 6 | | 1 | 5 | | 8 | |
| | | | | | 8 | | | 9 |
| | 2 | 8 | | 6 | | | 3 | 1 |

**194**

| | | | | | | | | |
|---|---|---|---|---|---|---|---|---|
| | 3 | | 6 | 8 | 2 | | | |
| | 5 | 4 | | 7 | | | | 9 |
| | | 8 | | | | | 3 | 7 |
| | 8 | | 5 | | 4 | | | 1 |
| | 4 | 9 | | | | 3 | 2 | |
| 3 | | | 9 | | 6 | | 4 | |
| 8 | 9 | | | | | 7 | | |
| 4 | | | | 6 | | 1 | 9 | |
| | | | 3 | 9 | 8 | | 6 | |

# EASY

**195**

|   |   | 6 |   | 5 | 8 |   |   | 3 |
|---|---|---|---|---|---|---|---|---|
|   | 4 | 1 |   | 2 |   |   |   | 8 |
|   | 2 |   | 3 |   | 4 |   | 1 | 7 |
|   |   |   | 6 |   |   | 7 | 8 |   |
|   |   |   | 4 |   | 1 |   |   |   |
|   | 7 | 9 |   |   | 2 |   |   |   |
| 9 | 5 |   | 7 |   | 3 |   | 6 |   |
| 8 |   |   |   | 1 |   | 5 | 7 |   |
| 1 |   |   | 5 | 8 |   | 2 |   |   |

**196**

| 3 | 9 | 6 | 2 |   |   |   | 1 |   |
|---|---|---|---|---|---|---|---|---|
|   |   |   |   |   | 8 | 9 | 5 | 7 |
|   |   | 5 |   |   |   |   |   |   |
| 1 |   | 3 | 5 |   |   | 7 |   | 2 |
|   | 4 |   | 7 | 1 | 3 |   | 8 |   |
| 8 |   | 7 |   |   | 9 | 1 |   | 4 |
|   |   |   |   |   |   | 8 |   |   |
| 9 | 2 | 4 | 8 |   |   |   |   |   |
|   | 3 |   |   |   | 7 | 2 | 4 | 5 |

197

| | | | | | | | | |
|---|---|---|---|---|---|---|---|---|
| | | 7 | | 9 | | 4 | 1 | |
| 3 | 8 | | 4 | | | | 2 | |
| | | 2 | 6 | | | | 8 | 5 |
| | | 8 | | 4 | 6 | 3 | | |
| 1 | | | | | | | | 4 |
| | | 4 | 3 | 1 | | 2 | | |
| 2 | 5 | | | | 4 | 8 | | |
| | 4 | | | | 5 | | 6 | 2 |
| | 1 | 6 | | 8 | | 5 | | |

198

| | | | | | | | | |
|---|---|---|---|---|---|---|---|---|
| | | 6 | | 8 | | 4 | 5 | 9 |
| 4 | | 7 | 9 | | | | 2 | |
| | 8 | | | 1 | | | | |
| | | 3 | 8 | | 1 | 9 | | |
| 7 | 1 | | | 5 | | | 8 | 4 |
| | | 9 | 7 | | 3 | 2 | | |
| | | | | 9 | | | 4 | |
| | 5 | | | | 8 | 6 | | 1 |
| 6 | 9 | 1 | | 3 | | 8 | | |

**199**

| | | | | | | | | |
|---|---|---|---|---|---|---|---|---|
| 4 | 7 | | | | | 8 | 3 | |
| | | 2 | 9 | | 7 | | | 5 |
| | 6 | | | 4 | 1 | | 7 | |
| | | 8 | 6 | | 4 | 2 | | |
| 9 | 2 | | | | | | 8 | 4 |
| | | 4 | 3 | | 2 | 1 | | |
| | 4 | | 1 | 6 | | | 9 | |
| 6 | | | 4 | | 8 | 7 | | |
| | 8 | 3 | | | | | 1 | 6 |

**200**

| | | | | | | | | |
|---|---|---|---|---|---|---|---|---|
| 6 | | 9 | 8 | | 1 | | | 2 |
| 5 | | 3 | | | 9 | 1 | | 4 |
| | | | | | | | | |
| | 8 | | | 5 | 6 | 3 | 2 | |
| 1 | | | | 3 | | | | 5 |
| | 2 | 5 | 4 | 1 | | | 7 | |
| | | | | | | | | |
| 9 | | 1 | 2 | | | 7 | | 3 |
| 4 | | | 3 | | 7 | 2 | | 6 |

201

| | | | | | | | | |
|---|---|---|---|---|---|---|---|---|
| 3 | | 7 | | | | | 8 | |
| 2 | | 6 | | 3 | | | 1 | |
| | 5 | | 1 | 9 | | | | 3 |
| 7 | 4 | | | | 1 | 8 | | |
| 1 | | | 8 | 6 | 9 | | | 7 |
| | | 8 | 4 | | | | 3 | 2 |
| 5 | | | | 1 | 6 | | 4 | |
| | 8 | | | 7 | | 3 | | 1 |
| | 2 | | | | | 7 | | 5 |

| | | | | | | | | |
|---|---|---|---|---|---|---|---|---|
| | 3 | 7 | 8 | | | | 6 | 2 |
| | 2 | 6 | 4 | | 9 | | | |
| | | 8 | | | | 9 | | 3 |
| | 5 | | | 8 | 4 | | 7 | |
| 1 | | | | 6 | | | | 9 |
| | 6 | | 1 | 9 | | | 3 | |
| 3 | | 5 | | | | 1 | | |
| | | | 6 | | 5 | 3 | 2 | |
| 6 | 4 | | | | 3 | 5 | 8 | |

# EASY

**203**

| | | | | | | | | |
|---|---|---|---|---|---|---|---|---|
| | 8 | | 4 | | 3 | | 9 | 2 |
| | 1 | | 5 | 2 | | | | 3 |
| 9 | | | | | | 4 | | |
| | 9 | | 7 | 8 | | 5 | | 4 |
| 2 | 4 | | | | | | 7 | 9 |
| 5 | | 6 | | 4 | 1 | | 3 | |
| | | 9 | | | | | | 6 |
| 8 | | | | 9 | 5 | | 2 | |
| 1 | 2 | | 8 | | 7 | | 4 | |

**204**

| | | | | | | | | |
|---|---|---|---|---|---|---|---|---|
| 2 | | | | | 8 | 6 | | |
| 3 | | | | | | 4 | 5 | 8 |
| | | 5 | 6 | | 7 | | 1 | |
| | | | 1 | | 9 | | 6 | 3 |
| | | 3 | | | | 8 | | |
| 1 | 4 | | 3 | | 2 | | | |
| | 7 | | 9 | | 3 | 5 | | |
| 5 | 9 | 2 | | | | | | 6 |
| | | 4 | 5 | | | | | 9 |

**205**

| 2 | 1 |   |   |   |   | 9 |   |   |
|---|---|---|---|---|---|---|---|---|
| 8 | 7 |   | 9 | 1 |   | 5 |   |   |
|   |   | 3 | 7 |   |   | 4 |   | 6 |
| 1 |   | 5 |   | 7 |   |   | 2 |   |
| 3 |   |   |   | 5 |   |   |   | 9 |
|   | 6 |   |   | 8 |   | 1 |   | 4 |
| 7 |   | 8 |   |   | 6 | 2 |   |   |
|   |   | 1 |   | 9 | 2 |   | 4 | 3 |
|   |   | 9 |   |   |   |   | 6 | 5 |

**206**

|   |   |   | 4 |   |   | 3 |   |   |
|---|---|---|---|---|---|---|---|---|
|   | 4 | 3 |   |   | 7 | 1 |   | 8 |
|   | 5 | 9 |   |   | 1 | 7 |   | 6 |
| 5 | 3 |   |   | 1 | 8 |   |   |   |
| 6 |   |   |   | 9 |   |   |   | 1 |
|   |   |   | 6 | 5 |   |   | 2 | 4 |
| 1 |   | 5 | 8 |   |   | 2 | 7 |   |
| 3 |   | 2 | 5 |   |   | 4 | 1 |   |
|   |   | 7 |   |   | 2 |   |   |   |

# EASY

**207**

| | | | | | | | | |
|---|---|---|---|---|---|---|---|---|
| 6 | | 3 | | | | 5 | 1 | |
| | | | | 5 | | | 4 | 8 |
| 5 | 8 | | 2 | 1 | | | | |
| | | 2 | | | 4 | | 6 | |
| | 6 | | 3 | 7 | 5 | | 8 | |
| | 4 | | 1 | | | 3 | | |
| | | | | 2 | 6 | | 9 | 1 |
| 1 | 5 | | | 9 | | | | |
| | 9 | 6 | | | | 8 | | 4 |

**208**

| | | | | | | | | |
|---|---|---|---|---|---|---|---|---|
| 4 | | 9 | | 6 | | 2 | | |
| | | 2 | | | 3 | | | 4 |
| | 7 | 6 | | 1 | | | 8 | |
| 2 | 1 | 4 | 9 | | | | | 6 |
| | | | 2 | 3 | 6 | | | |
| 9 | | | | | 4 | 7 | 2 | 5 |
| | 4 | | | 2 | | 6 | 9 | |
| 6 | | | 8 | | | 1 | | |
| | | 8 | | 7 | | 4 | | 2 |

209

| | | | | | | | | |
|---|---|---|---|---|---|---|---|---|
| 7 | | 8 | | 4 | | | | 9 |
| | 6 | 1 | | | 9 | | 5 | |
| 3 | | | 7 | | | | | 4 |
| | 5 | 4 | 3 | 7 | | | 6 | |
| | 1 | | | 5 | | | 8 | |
| | 7 | | | 1 | 2 | 5 | 9 | |
| 6 | | | | | 3 | | | 5 |
| | 4 | | 8 | | | 1 | 3 | |
| 1 | | | | 6 | | 8 | | 2 |

210

| | | | | | | | | |
|---|---|---|---|---|---|---|---|---|
| 8 | | 2 | 6 | | | 3 | 9 | |
| | 9 | | | 2 | 3 | | | |
| 5 | | 3 | | | 7 | | | |
| | 2 | | | | 1 | | 7 | 4 |
| | | 9 | 3 | 7 | 4 | 5 | | |
| 7 | 1 | | 5 | | | | 3 | |
| | | | 2 | | | 4 | | 9 |
| | | | 4 | 1 | | | 2 | |
| | 4 | 8 | | | 9 | 1 | | 5 |

211

|  |  |  |  |  |  |  |  |  |
|---|---|---|---|---|---|---|---|---|
|  | 4 |  | 3 | 8 |  |  |  | 7 |
|  | 1 | 3 | 5 |  | 9 |  |  |  |
|  |  | 6 |  |  |  | 5 | 9 |  |
|  |  | 2 |  |  | 7 | 3 | 6 | 5 |
| 1 |  |  | 9 |  | 3 |  |  | 2 |
| 7 | 3 | 5 | 8 |  |  | 9 |  |  |
|  | 9 | 1 |  |  |  | 7 |  |  |
|  |  |  | 4 |  | 8 | 2 | 1 |  |
| 6 |  |  |  | 3 | 1 |  | 5 |  |

212

|  |  |  |  |  |  |  |  |  |
|---|---|---|---|---|---|---|---|---|
| 4 |  |  |  | 8 |  | 7 |  |  |
|  |  |  |  | 5 | 2 |  | 1 | 3 |
| 7 | 5 |  |  |  | 3 | 9 |  |  |
|  | 6 |  | 8 |  |  |  | 3 |  |
|  |  | 7 | 4 | 3 | 6 | 8 |  |  |
|  | 3 |  |  |  | 9 |  | 7 |  |
|  |  | 2 | 3 |  |  |  | 4 | 6 |
| 8 | 1 |  | 2 | 6 |  |  |  |  |
|  |  | 6 |  | 9 |  |  |  | 1 |

**213**

| | | | | | | | | |
|---|---|---|---|---|---|---|---|---|
| 6 | | | 1 | | | 4 | | |
| | 1 | | | | 2 | 3 | 9 | |
| 2 | | | 7 | 9 | | 1 | | 8 |
| 1 | | | | | 9 | 6 | 8 | |
| 4 | | | 5 | | 3 | | | 1 |
| | 2 | 3 | 6 | | | | | 7 |
| 3 | | 2 | | 6 | 7 | | | 5 |
| | 6 | 7 | 8 | | | | 3 | |
| | | 1 | | | 5 | | | 4 |

**214**

| | | | | | | | | |
|---|---|---|---|---|---|---|---|---|
| | | 1 | | 2 | 9 | 5 | 6 | |
| 4 | | | | | 8 | 2 | | 9 |
| 2 | | | | 3 | 5 | | | |
| | 8 | 9 | 6 | | 7 | | | |
| 6 | 1 | | | | | | 4 | 7 |
| | | | 2 | | 1 | 3 | 8 | |
| | | | 5 | 1 | | | | 2 |
| 9 | | 8 | 3 | | | | | 1 |
| | 5 | 4 | 9 | 8 | | 6 | | |

## EASY

**215**

| | | | | | | | | |
|---|---|---|---|---|---|---|---|---|
| | 8 | | | 5 | 6 | 3 | | 9 |
| 6 | | | | 3 | | 5 | | |
| 4 | 3 | | | | 7 | | 2 | |
| | | 6 | 3 | | | | 7 | 8 |
| | | | 6 | 4 | 9 | | | |
| 3 | 2 | | | | 5 | 6 | | |
| | 5 | | 7 | | | | 1 | 4 |
| | | 3 | | 1 | | | | 2 |
| 7 | | 1 | 2 | 9 | | | 5 | |

**216**

| | | | | | | | | |
|---|---|---|---|---|---|---|---|---|
| | 2 | | | | | | | |
| | 8 | 3 | 7 | 4 | | | | 6 |
| | | 9 | 2 | 6 | 3 | | 5 | |
| 3 | | | 1 | | 4 | | | 7 |
| | 7 | 4 | | 2 | | 9 | 8 | |
| 2 | | | 3 | | 9 | | | 1 |
| | 6 | | 4 | 3 | 5 | 8 | | |
| 8 | | | | 9 | 7 | 1 | 4 | |
| | | | | | | | 3 | |

**217**

| | | | | | | | | |
|---|---|---|---|---|---|---|---|---|
| | | 8 | | 7 | | | | 9 |
| | | 9 | 2 | | 1 | 5 | | |
| 7 | | | 6 | | | 1 | 4 | 8 |
| 4 | | 7 | | 5 | | | | 1 |
| | | | 9 | 4 | 7 | | | |
| 8 | | | | 6 | | 9 | | 4 |
| 6 | 7 | 1 | | | 5 | | | 2 |
| | | 2 | 4 | | 8 | 7 | | |
| 9 | | | | 2 | | 3 | | |

**218**

| | | | | | | | | |
|---|---|---|---|---|---|---|---|---|
| 6 | | 8 | 9 | | 1 | | 4 | |
| | | | 6 | | | | 5 | |
| | | 9 | | | 7 | | 3 | 6 |
| | 2 | 1 | | 6 | 9 | | | 7 |
| 5 | 7 | | | | | | 2 | 9 |
| 9 | | | 7 | 5 | | 4 | 1 | |
| 7 | 3 | | 1 | | | 8 | | |
| | 6 | | | | 3 | | | |
| | 9 | | 2 | | 5 | 3 | | 1 |

219

| | | | | | | | | |
|---|---|---|---|---|---|---|---|---|
| | 6 | | 1 | | | 8 | | 2 |
| | | 2 | | | 8 | | 9 | 4 |
| | 7 | 3 | 9 | | | | | |
| | 9 | 8 | | | 7 | 4 | | 5 |
| 7 | | | | 3 | | | | 8 |
| 5 | | 6 | 8 | | | 3 | 7 | |
| | | | | | 1 | 2 | 8 | |
| 2 | 1 | | 7 | | | 6 | | |
| 4 | | 7 | | | 2 | | 1 | |

220

| | | | | | | | | |
|---|---|---|---|---|---|---|---|---|
| | 7 | | 3 | 8 | | | | 9 |
| | | 6 | 9 | | | 5 | | |
| 4 | | | 5 | | 6 | | | 2 |
| 3 | | | | 6 | 4 | | 9 | |
| | 2 | 8 | | 3 | | 4 | 5 | |
| | 4 | | 8 | 5 | | | | 7 |
| 8 | | | 6 | | 5 | | | 1 |
| | | 3 | | | 8 | 2 | | |
| 5 | | | | 7 | 3 | | 8 | |

**221**

| | | | | | | | | |
|---|---|---|---|---|---|---|---|---|
| 6 | | 3 | 9 | | 4 | | | |
| | | | | 8 | | 6 | 4 | 5 |
| 4 | 8 | | 6 | 2 | | | | |
| | | | | | 7 | 1 | | 8 |
| | | 5 | 2 | 1 | 9 | 7 | | |
| 7 | | 9 | 3 | | | | | |
| | | | | 9 | 1 | | 2 | 7 |
| 3 | 2 | 4 | | 5 | | | | |
| | | | 8 | | 2 | 5 | | 4 |

**222**

| | | | | | | | | |
|---|---|---|---|---|---|---|---|---|
| 1 | | | 7 | | 8 | | 2 | 3 |
| | | | 2 | | | | 7 | |
| 9 | | | | 4 | 3 | 1 | 5 | |
| 3 | | 6 | 5 | 8 | | | | 7 |
| | 5 | | | | | | 8 | |
| 2 | | | | 3 | 9 | 5 | | 6 |
| | 2 | 4 | 3 | 6 | | | | 5 |
| | 6 | | | | 7 | | | |
| 5 | 9 | | 8 | | 4 | | | 1 |

# EASY

**223**

| | | | | | | | | |
|---|---|---|---|---|---|---|---|---|
| 9 | | 2 | | | | | 3 | 6 |
| | | | 4 | 6 | 9 | 8 | | |
| 5 | | | 1 | | | | | 4 |
| 1 | | 7 | | | 4 | | 8 | |
| | 9 | | 7 | 2 | 3 | | 4 | |
| | 3 | | 5 | | | 7 | | 2 |
| 7 | | | | | 1 | | | 9 |
| | | 9 | 3 | 8 | 5 | | | |
| 2 | 1 | | | | | 4 | | 8 |

**224**

| | | | | | | | | |
|---|---|---|---|---|---|---|---|---|
| 8 | | 1 | 2 | | | | | |
| | 2 | | 3 | | 8 | 1 | | 7 |
| | | 3 | | | | 8 | | 6 |
| 5 | | | | 1 | 3 | | 8 | |
| | 8 | 6 | | 5 | | 3 | 7 | |
| | 7 | | 4 | 8 | | | | 5 |
| 9 | | 8 | | | | 7 | | |
| 6 | | 4 | 1 | | 7 | | 3 | |
| | | | | | 4 | 5 | | 1 |

225

| | | | | | | | | |
|---|---|---|---|---|---|---|---|---|
| 4 | | | | | 5 | 9 | | |
| | | 9 | | | 8 | 3 | 1 | |
| 3 | | 7 | | 9 | | | 6 | 8 |
| 5 | 4 | | | | 6 | | | |
| 6 | 7 | | | 8 | | | 3 | 5 |
| | | | 2 | | | | 7 | 6 |
| 7 | 8 | | | 3 | | 2 | | 9 |
| | 2 | 5 | 6 | | | 7 | | |
| | | 4 | 8 | | | | | 1 |

226

| | | | | | | | | |
|---|---|---|---|---|---|---|---|---|
| | 3 | 6 | | | | | | 8 |
| 8 | | | | 2 | | | | 9 |
| | 1 | | | 8 | 3 | 5 | 6 | |
| 3 | | | 8 | | 2 | 4 | | |
| 6 | | 2 | | 4 | | 9 | | 1 |
| | | 7 | 6 | | 9 | | | 3 |
| | 6 | 4 | 1 | 5 | | | 2 | |
| 5 | | | | 6 | | | | 4 |
| 1 | | | | | | 6 | 9 | |

**227**

|   |   |   |   |   |   |   |   |   |
|---|---|---|---|---|---|---|---|---|
|   | 2 |   |   |   | 3 | 9 |   | 7 |
| 9 | 6 | 7 | 2 | 5 |   |   |   |   |
|   |   | 4 |   |   | 8 | 2 |   |   |
|   | 3 |   |   | 4 | 9 | 8 |   |   |
| 2 | 1 |   |   |   |   |   | 3 | 9 |
|   |   | 8 | 3 | 2 |   |   | 7 |   |
|   |   | 2 | 7 |   |   | 5 |   |   |
|   |   |   |   | 9 | 6 | 7 | 1 | 2 |
| 1 |   | 9 | 5 |   |   |   | 4 |   |

**228**

|   |   |   |   |   |   |   |   |   |
|---|---|---|---|---|---|---|---|---|
|   | 6 | 3 | 2 |   |   |   |   |   |
|   |   | 7 | 6 |   | 3 |   |   |   |
|   | 9 |   |   |   | 1 |   | 3 | 2 |
| 5 |   | 6 | 1 | 8 |   |   |   | 4 |
| 9 |   | 4 |   | 3 |   | 2 |   | 8 |
| 3 |   |   |   | 4 | 2 | 7 |   | 6 |
| 1 | 5 |   | 3 |   |   |   | 6 |   |
|   |   |   | 7 |   | 5 | 9 |   |   |
|   |   |   |   |   | 4 | 1 | 2 |   |

# EASY

**229**

| | | | | | | | | |
|---|---|---|---|---|---|---|---|---|
| | | 3 | | 8 | 2 | 4 | | 9 |
| | | 2 | | | 7 | | | 5 |
| | 5 | | 1 | | | 7 | 8 | |
| 1 | 6 | 5 | | | | | | 4 |
| | | | 8 | 5 | 4 | | | |
| 4 | | | | | | 5 | 3 | 7 |
| | 8 | 6 | | | 5 | | 4 | |
| 5 | | | 4 | | | 2 | | |
| 2 | | 4 | 6 | 3 | | 9 | | |

**230**

| | | | | | | | | |
|---|---|---|---|---|---|---|---|---|
| | | | | 4 | | 1 | | 5 |
| 3 | | | 9 | | | | | |
| | | 9 | 8 | | 2 | 4 | 6 | |
| | | 4 | | 2 | | 5 | | 6 |
| 7 | 5 | | | 6 | | | 1 | 4 |
| 1 | | 3 | | 8 | | 2 | | |
| | 2 | 1 | 4 | | 8 | 9 | | |
| | | | | | 6 | | | 8 |
| 9 | | 8 | | 5 | | | | |

# EASY

**231**

| | | | | | | | | |
|---|---|---|---|---|---|---|---|---|
| | | | 2 | | 1 | 8 | 7 | 5 |
| | | | 6 | | | 4 | | |
| 2 | 4 | 5 | | | 7 | | | 3 |
| 5 | | | | | 8 | | 2 | |
| | 9 | 1 | | 2 | | 7 | 4 | |
| | 2 | | 1 | | | | | 6 |
| 4 | | | 9 | | | 5 | 3 | 7 |
| | | 9 | | | 2 | | | |
| 3 | 8 | 6 | 7 | | 4 | | | |

**232**

| | | | | | | | | |
|---|---|---|---|---|---|---|---|---|
| 2 | 6 | | | | 9 | | | |
| | 5 | | 3 | 1 | 7 | | | |
| | | | | | 2 | 5 | | 9 |
| 3 | | | | 2 | 8 | | 1 | 5 |
| | 2 | 8 | | 7 | | 9 | 4 | |
| 6 | 9 | | 5 | 3 | | | | 7 |
| 4 | | 5 | 2 | | | | | |
| | | | 7 | 4 | 1 | | 5 | |
| | | | 8 | | | | 7 | 6 |

## 233

| | | | | | | | | |
|---|---|---|---|---|---|---|---|---|
| | 2 | | 6 | 4 | 8 | 7 | | |
| | | 4 | 1 | | | | | 2 |
| 9 | | | | | 7 | | 8 | |
| | 8 | 2 | 7 | 3 | | | | |
| 7 | | 3 | | 5 | | 1 | | 8 |
| | | | | 8 | 2 | 3 | 5 | |
| | 5 | | 3 | | | | | 6 |
| 3 | | | | | 5 | 8 | | |
| | | 1 | 8 | 7 | 9 | | 3 | |

## 234

| | | | | | | | | |
|---|---|---|---|---|---|---|---|---|
| 2 | | | | | 9 | | | |
| | | 1 | 8 | | | | 6 | 7 |
| | 8 | | 1 | 5 | 7 | | 9 | |
| | 4 | 8 | | 3 | 5 | | | |
| 7 | | 6 | | | | 8 | | 5 |
| | | | 6 | 8 | | 7 | 1 | |
| | 9 | | 3 | 4 | 2 | | 5 | |
| 4 | 1 | | | | 6 | 9 | | |
| | | | 9 | | | | | 4 |

# EASY

**235**

|   |   |   |   |   |   |   |   |   |
|---|---|---|---|---|---|---|---|---|
|   | 4 | 1 |   |   | 8 |   |   | 9 |
|   |   |   | 6 |   |   |   |   | 3 |
|   | 9 | 8 |   | 4 |   |   | 7 | 5 |
| 1 |   | 7 |   | 5 | 6 |   |   |   |
|   | 6 | 4 |   |   |   | 2 | 5 |   |
|   |   |   | 2 | 1 |   | 7 |   | 6 |
| 7 | 8 |   |   | 6 |   | 4 | 3 |   |
| 2 |   |   |   |   | 3 |   |   |   |
| 4 |   |   | 9 |   |   | 5 | 6 |   |

**236**

|   |   |   |   |   |   |   |   |   |
|---|---|---|---|---|---|---|---|---|
| 3 |   |   |   |   | 9 |   | 5 |   |
|   | 7 | 4 |   | 5 |   | 3 |   |   |
|   |   | 9 | 4 |   |   | 6 | 2 |   |
| 8 |   | 6 | 7 | 1 |   |   | 3 |   |
| 7 |   |   |   | 9 |   |   |   | 6 |
|   | 2 |   |   | 3 | 6 | 7 |   | 9 |
|   | 5 | 2 |   |   | 7 | 8 |   |   |
|   |   | 1 |   | 4 |   | 5 | 7 |   |
|   | 8 |   | 1 |   |   |   |   | 3 |

237

| | | | | | | | | |
|---|---|---|---|---|---|---|---|---|
| 8 | | | | 1 | 5 | 6 | | |
| | 9 | | 2 | 3 | | 8 | | |
| 5 | | | | | 7 | 2 | 4 | |
| | 1 | 9 | | | 3 | | 2 | 4 |
| | | | | 2 | | | | |
| 2 | 8 | | 7 | | | 1 | 3 | |
| | 3 | 1 | 6 | | | | | 2 |
| | | 8 | | 9 | 2 | | 1 | |
| | | 7 | 5 | 4 | | | | 6 |

238

| | | | | | | | | |
|---|---|---|---|---|---|---|---|---|
| | | | | | | 5 | | 8 |
| | 5 | | 3 | | | | 7 | 4 |
| 6 | | 2 | | 5 | 4 | 3 | | |
| | | 1 | | | 9 | 4 | | 7 |
| | 2 | | 4 | 8 | 7 | | 3 | |
| 4 | | 6 | 5 | | | 8 | | |
| | | 7 | 9 | 4 | | 2 | | 1 |
| 3 | 1 | | | | 2 | | 6 | |
| 2 | | 8 | | | | | | |

# EASY

239

| | | | | | | | | |
|---|---|---|---|---|---|---|---|---|
| | | 5 | 7 | 6 | | 1 | | 2 |
| 6 | | 8 | 5 | | | 3 | | |
| | | | | 2 | 3 | | 5 | |
| 5 | | | 9 | | 6 | 7 | 2 | |
| 7 | | | | | | | | 1 |
| | 6 | 2 | 1 | | 8 | | | 9 |
| | 7 | | 4 | 8 | | | | |
| | | 1 | | | 7 | 6 | | 5 |
| 2 | | 4 | | 3 | 1 | 8 | | |

240

| | | | | | | | | |
|---|---|---|---|---|---|---|---|---|
| 9 | 6 | | | | 8 | | | 1 |
| | | | 9 | 7 | 6 | | 8 | 2 |
| | | 2 | | | | | 6 | 4 |
| 7 | 9 | 6 | | 3 | | | | |
| | 1 | | | 8 | | | 9 | |
| | | | | 1 | | 5 | 7 | 3 |
| 2 | 3 | | | | | 4 | | |
| 5 | 8 | | 4 | 2 | 7 | | | |
| 6 | | | 1 | | | | 2 | 5 |

**241**

| | | | | | | | | |
|---|---|---|---|---|---|---|---|---|
| | 3 | | 6 | | 8 | 5 | | |
| | | 1 | | | | 4 | | |
| 7 | 5 | 9 | | | 2 | | | 6 |
| 1 | 7 | | 5 | | 3 | | | 8 |
| | | 8 | | 9 | | 2 | | |
| 9 | | | 1 | | 4 | | 7 | 5 |
| 2 | | | 3 | | | 7 | 9 | 4 |
| | | 4 | | | | 1 | | |
| | | 7 | 2 | | 9 | | 5 | |

**242**

| | | | | | | | | |
|---|---|---|---|---|---|---|---|---|
| | 3 | 4 | | | | | 5 | 6 |
| 2 | | | | | 6 | | 4 | |
| 5 | | 9 | | 4 | 8 | 3 | | |
| 6 | | | 2 | | | 7 | | |
| | | 8 | 9 | | 7 | 1 | | |
| | | 2 | | | 5 | | | 4 |
| | | 3 | 8 | 5 | | 4 | | 7 |
| | 7 | | 6 | | | | | 8 |
| 8 | 1 | | | | | 5 | 3 | |

## EASY

**243**

| | | | | | | | | |
|---|---|---|---|---|---|---|---|---|
| 5 | 4 | | | | 3 | | 1 | |
| | | 2 | | | | | 5 | |
| 3 | | | | | 6 | 4 | | 9 |
| | 9 | | 7 | | | 1 | 3 | 8 |
| | | 1 | 3 | 5 | 4 | 9 | | |
| 6 | 3 | 7 | | | 9 | | 2 | |
| 9 | | 3 | 4 | | | | | 5 |
| | 5 | | | | | 7 | | |
| | 7 | | 2 | | | | 4 | 1 |

**244**

| | | | | | | | | |
|---|---|---|---|---|---|---|---|---|
| | | 7 | | | 9 | 3 | | 5 |
| | 6 | | 7 | | | | | 4 |
| 8 | 5 | | 4 | | 3 | | 9 | |
| 5 | 1 | | | 7 | 8 | | | 9 |
| | | 2 | | | | 6 | | |
| 4 | | | 6 | 5 | | | 7 | 8 |
| | 9 | | 8 | | 6 | | 2 | 7 |
| 6 | | | | | 2 | | 8 | |
| 3 | | 8 | 5 | | | 9 | | |

**245**

|   |   |   |   |   |   |   |   |   |
|---|---|---|---|---|---|---|---|---|
|   | 4 | 6 |   | 1 | 3 |   |   | 7 |
| 7 |   |   | 9 | 2 |   |   | 5 | 3 |
|   |   |   |   |   |   | 1 |   | 6 |
|   |   | 9 | 2 |   | 5 |   | 4 | 8 |
|   |   |   |   | 6 |   |   |   |   |
| 6 | 7 |   | 3 |   | 4 | 9 |   |   |
| 3 |   | 4 |   |   |   |   |   |   |
| 2 | 1 |   |   | 3 | 7 |   |   | 9 |
| 8 |   |   | 6 | 5 |   | 3 | 2 |   |

**246**

|   |   |   |   |   |   |   |   |   |
|---|---|---|---|---|---|---|---|---|
| 3 |   |   |   |   |   |   |   |   |
| 2 |   |   | 7 | 8 |   | 5 |   | 1 |
|   |   |   | 9 |   | 6 | 7 | 8 |   |
|   | 3 |   | 6 |   |   |   | 9 | 5 |
|   | 7 |   | 3 | 5 | 2 |   | 1 |   |
| 6 | 2 |   |   |   | 1 |   | 7 |   |
|   | 5 | 9 | 2 |   | 3 |   |   |   |
| 4 |   | 2 |   | 1 | 9 |   |   | 7 |
|   |   |   |   |   |   |   |   | 4 |

# EASY

**247**

| 9 |  |  | 7 |  |  |  | 3 | 1 |
|---|---|---|---|---|---|---|---|---|
| 6 | 3 |  |  | 5 |  | 4 |  |  |
|  |  | 2 | 6 | 8 | 3 |  |  | 5 |
|  |  | 4 |  |  | 1 |  | 8 |  |
|  | 7 |  |  | 3 |  |  | 4 |  |
|  | 8 |  | 4 |  |  | 1 |  |  |
| 3 |  |  | 5 | 2 | 7 | 8 |  |  |
|  |  | 1 |  | 6 |  |  | 5 | 3 |
| 7 | 4 |  |  |  | 8 |  |  | 9 |

**248**

|  |  | 8 | 4 |  |  |  |  |  |
|---|---|---|---|---|---|---|---|---|
| 2 | 4 |  | 6 | 3 |  |  |  | 9 |
|  | 1 |  |  |  | 2 | 6 |  |  |
|  | 9 |  | 2 | 8 |  | 4 |  | 7 |
| 4 |  | 3 |  | 6 |  | 8 |  | 2 |
| 7 |  | 2 |  | 4 | 9 |  | 3 |  |
|  |  | 1 | 3 |  |  |  | 8 |  |
| 6 |  |  |  | 5 | 4 |  | 2 | 1 |
|  |  |  |  |  | 1 | 9 |  |  |

## EASY

**249**

| 5 | 7 | 8 |  | 1 |  |  |  | 4 |
|---|---|---|---|---|---|---|---|---|
|  |  |  |  |  | 2 | 3 |  |  |
|  | 4 |  | 5 |  | 6 |  |  | 7 |
| 7 | 6 | 4 |  |  | 1 |  | 9 |  |
|  |  | 3 |  | 9 |  | 1 |  |  |
|  | 9 |  | 7 |  |  | 2 | 4 | 6 |
| 1 |  |  | 2 |  | 7 |  | 6 |  |
|  |  | 6 | 1 |  |  |  |  |  |
| 4 |  |  |  | 6 |  | 8 | 3 | 1 |

**250**

|  | 6 | 4 | 2 |  |  | 9 | 1 |  |
|---|---|---|---|---|---|---|---|---|
| 7 | 9 |  | 6 | 1 |  | 8 |  |  |
|  |  |  | 5 |  |  |  | 2 |  |
| 9 |  |  |  | 5 |  | 3 |  |  |
|  |  | 8 | 1 | 3 | 7 | 5 |  |  |
|  |  | 5 |  | 9 |  |  |  | 8 |
|  | 5 |  |  |  | 4 |  |  |  |
|  |  | 7 |  | 6 | 1 |  | 8 | 5 |
|  | 4 | 1 |  |  | 5 | 6 | 9 |  |

# EASY

**251**

| | | | | | | | | |
|---|---|---|---|---|---|---|---|---|
| 2 | 3 | | 8 | 9 | | | 1 | |
| 7 | | 4 | 6 | | | | | |
| | 9 | | 5 | | | 6 | | 2 |
| | 7 | | 3 | | 6 | | 8 | 9 |
| 3 | | | | | | | | 7 |
| 8 | 2 | | 4 | | 5 | | 6 | |
| 9 | | 7 | | | 3 | | 4 | |
| | | | | | 8 | 9 | | 5 |
| | 4 | | | 6 | 9 | | 2 | 8 |

**252**

| | | | | | | | | |
|---|---|---|---|---|---|---|---|---|
| 4 | 9 | | 8 | 3 | | 5 | | |
| 5 | | | | | | 2 | | 1 |
| | | 7 | 9 | | | | | 4 |
| | | 8 | | 1 | | 7 | 4 | |
| | 4 | | 6 | 2 | 7 | | 8 | |
| | 7 | 1 | | 8 | | 3 | | |
| 2 | | | | | 3 | 4 | | |
| 8 | | 4 | | | | | | 5 |
| | | 9 | | 4 | 8 | | 1 | 3 |

253

| | | | | | | | | |
|---|---|---|---|---|---|---|---|---|
| | 9 | 2 | | 6 | 4 | 8 | | |
| | 7 | | | | 8 | 2 | | 5 |
| 1 | 8 | | | | | | | |
| 2 | 5 | 8 | | | 1 | | | 7 |
| | | 4 | | 5 | | 9 | | |
| 7 | | | 2 | | | 5 | 4 | 1 |
| | | | | | | | 2 | 9 |
| 8 | | 1 | 3 | | | | 5 | |
| | | 5 | 7 | 2 | | 1 | 3 | |

254

| | | | | | | | | |
|---|---|---|---|---|---|---|---|---|
| | | 2 | | 5 | | 8 | 9 | 6 |
| | 8 | | | 4 | | | | |
| | 9 | 1 | | | 2 | 5 | | 7 |
| | 2 | | 7 | | | 9 | | |
| | | | 2 | 8 | 4 | | | |
| | | 5 | | | 6 | | 2 | |
| 3 | | 4 | 9 | | | 7 | 6 | |
| | | | | 6 | | | 8 | |
| 1 | 6 | 8 | | 7 | | 2 | | |

# EASY

**255**

| | | | | | | | | |
|---|---|---|---|---|---|---|---|---|
| 3 | 5 | | | | | | | 1 |
| | 4 | 8 | 5 | 2 | | | 7 | |
| | | | | | 4 | 8 | 2 | |
| | | | 4 | 6 | | 1 | | 7 |
| | 6 | 4 | | 9 | | 5 | 8 | |
| 2 | | 1 | | 7 | 5 | | | |
| | 2 | 6 | 7 | | | | | |
| | 1 | | | 4 | 3 | 2 | 5 | |
| 9 | | | | | | | 4 | 6 |

**256**

| | | | | | | | | |
|---|---|---|---|---|---|---|---|---|
| | | 2 | 8 | | | 6 | 4 | |
| 4 | | | | 7 | 9 | 3 | 1 | |
| 6 | | | | | | | | 8 |
| | | | | 4 | | 8 | 2 | 6 |
| | | 4 | 2 | 6 | 7 | 9 | | |
| 2 | 6 | 9 | | 5 | | | | |
| 3 | | | | | | | | 9 |
| | 2 | 1 | 4 | 8 | | | | 7 |
| | 7 | 8 | | | 2 | 1 | | |

**257**

| | | | | | | | | |
|---|---|---|---|---|---|---|---|---|
| | | 7 | | 1 | 6 | 4 | | 9 |
| 1 | | 8 | | | 7 | | | |
| 3 | | | 8 | | | | | 7 |
| | 1 | | 2 | | | | 6 | 8 |
| | | 6 | 1 | 5 | 8 | 2 | | |
| 8 | 3 | | | | 9 | | 4 | |
| 2 | | | | | 3 | | | 4 |
| | | | 4 | | | 5 | | 6 |
| 6 | | 4 | 5 | 7 | | 9 | | |

**258**

| | | | | | | | | |
|---|---|---|---|---|---|---|---|---|
| | | | 2 | | | | 6 | 3 |
| 7 | | 5 | | | 9 | | | 1 |
| 6 | 2 | 1 | 8 | | | | 4 | |
| | | | | | 3 | | 8 | 7 |
| | 7 | | 5 | 1 | 8 | | 9 | |
| 3 | 9 | | 4 | | | | | |
| | 4 | | | | 2 | 1 | 7 | 6 |
| 5 | | | 1 | | | 2 | | 8 |
| 2 | 1 | | | | 6 | | | |

# EASY

**259**

| | | | | | | | | |
|---|---|---|---|---|---|---|---|---|
| | | 3 | 1 | | | | 9 | |
| 4 | 2 | | 6 | | | | 5 | |
| | 9 | 5 | 2 | | 7 | | | 4 |
| 2 | | | | 1 | | | 3 | |
| | | 4 | 7 | 5 | 2 | 9 | | |
| | 7 | | | 8 | | | | 6 |
| 7 | | | 5 | | 3 | 2 | 4 | |
| | 5 | | | | 4 | | 6 | 3 |
| | 4 | | | | 1 | 8 | | |

**260**

| | | | | | | | | |
|---|---|---|---|---|---|---|---|---|
| | 3 | 8 | 9 | 1 | | 6 | | |
| | | | | | | | 5 | 7 |
| 7 | | | | 2 | | | 3 | 9 |
| 9 | 4 | | 1 | | | 7 | | |
| 8 | | | 7 | 4 | 6 | | | 2 |
| | | 7 | | | 9 | | 1 | 5 |
| 4 | 9 | | | 6 | | | | 1 |
| 2 | 7 | | | | | | | |
| | | 5 | | 7 | 2 | 9 | 6 | |

**261**

| | | | | | | | | |
|---|---|---|---|---|---|---|---|---|
| | 9 | 5 | | | 8 | | | |
| | | | 6 | | 5 | | 2 | |
| 2 | 8 | | | 4 | | 6 | | 9 |
| | 2 | | 7 | 6 | | 5 | | 8 |
| 8 | 3 | | | | | | 4 | 1 |
| 7 | | 9 | | 1 | 4 | | 6 | |
| 1 | | 3 | | 5 | | | 8 | 4 |
| | 7 | | 4 | | 6 | | | |
| | | | 1 | | | 9 | 7 | |

**262**

| | | | | | | | | |
|---|---|---|---|---|---|---|---|---|
| 5 | 7 | | | 3 | 4 | | | 1 |
| | | | | 7 | 1 | | | |
| 8 | | | 6 | | | 3 | 2 | |
| | 5 | 4 | 1 | | | 7 | | |
| 7 | 3 | | | 9 | | | 1 | 4 |
| | | 8 | | | 7 | 5 | 9 | |
| | 1 | 9 | | | 6 | | | 5 |
| | | | 7 | 1 | | | | |
| 6 | | | 9 | 8 | | | 4 | 3 |

# EASY

**263**

| | | | | | | | | |
|---|---|---|---|---|---|---|---|---|
| 5 | | | | | | 4 | 1 | |
| | | 9 | 6 | 2 | | | | 5 |
| 8 | | 6 | | 5 | 4 | 2 | | |
| 7 | | 2 | | | 1 | | 4 | |
| | | | | 3 | | | | |
| | 6 | | 8 | | | 5 | | 7 |
| | | 4 | 2 | 9 | | 7 | | 1 |
| 2 | | | | 1 | 5 | 6 | | |
| | 9 | 3 | | | | | | 2 |

**264**

| | | | | | | | | |
|---|---|---|---|---|---|---|---|---|
| 6 | 9 | | 3 | | 5 | | 1 | |
| | | 3 | | 4 | | 9 | 5 | 7 |
| | 1 | | | | | | | 3 |
| 5 | | 8 | | | | 1 | | |
| | 4 | | 7 | 6 | 8 | | 9 | |
| | | 2 | | | | 3 | | 6 |
| 1 | | | | | | | 2 | |
| 4 | 5 | 9 | | 8 | | 6 | | |
| | 2 | | 1 | | 9 | | 4 | 5 |

265

| | | | | | | | | |
|---|---|---|---|---|---|---|---|---|
| | | 9 | 8 | 3 | | 7 | 2 | |
| | 5 | | 1 | | | | 4 | |
| 7 | | 2 | | | 6 | | | 8 |
| 3 | | | 6 | | | | | 5 |
| | 1 | | 4 | 5 | 3 | | 7 | |
| 6 | | | | | 9 | | | 1 |
| 5 | | | 3 | | | 2 | | 7 |
| | 9 | | | | 1 | | 6 | |
| | 6 | 3 | | 9 | 8 | 5 | | |

| | | | | | | | | |
|---|---|---|---|---|---|---|---|---|
| 9 | 8 | | 3 | | | 4 | 6 | |
| | | 3 | 4 | | 6 | 9 | | |
| | | | | 9 | | 2 | | 7 |
| 5 | 1 | | | | 3 | 8 | 2 | |
| | | | 6 | | 5 | | | |
| | 6 | 9 | 2 | | | | 4 | 5 |
| 7 | | 1 | | 3 | | | | |
| | | 5 | 8 | | 2 | 7 | | |
| | 9 | 8 | | | 4 | | 1 | 3 |

**267**

| | | | | | | | | |
|---|---|---|---|---|---|---|---|---|
| 2 | 7 | 4 | 5 | | | | 8 | |
| 1 | | | | | | 3 | | 2 |
| | | 9 | | 1 | 8 | 5 | | |
| | 5 | | | 2 | 1 | 7 | | |
| 9 | | | | | | | | 5 |
| | | 1 | 7 | 4 | | | 3 | |
| | | 8 | 6 | 5 | | 4 | | |
| 3 | | 2 | | | | | | 6 |
| | 4 | | | | 3 | 8 | 2 | 7 |

**268**

| | | | | | | | | |
|---|---|---|---|---|---|---|---|---|
| 8 | | | | 4 | 9 | | | 6 |
| 6 | | | 1 | | 8 | 5 | | |
| | 1 | 9 | | | | | 3 | |
| 7 | | | | 6 | 1 | | 9 | |
| 9 | 4 | | | 5 | | | 6 | 1 |
| | 2 | | 9 | 7 | | | | 4 |
| | 9 | | | | | 2 | 4 | |
| | | 8 | 2 | | 7 | | | 3 |
| 2 | | | 3 | 1 | | | | 5 |

269

| | | | | | | | | |
|---|---|---|---|---|---|---|---|---|
| 3 | | | | | | 9 | | 7 |
| 2 | | | 5 | 9 | 8 | | 4 | |
| 5 | | | 6 | | | 1 | 8 | |
| | | 5 | 1 | 8 | | 3 | | |
| | 6 | | | | | | 7 | |
| | | 3 | | 6 | 9 | 4 | | |
| | 3 | 7 | | | 4 | | | 9 |
| | 2 | | 9 | 1 | 5 | | | 4 |
| 4 | | 9 | | | | | | 8 |

270

| | | | | | | | | |
|---|---|---|---|---|---|---|---|---|
| 4 | | 8 | 9 | 3 | | 2 | | |
| | | | 5 | | 7 | | 8 | 4 |
| 3 | 7 | 5 | 2 | | | | | |
| 5 | 2 | | | | | | 4 | |
| | | | 7 | 5 | 9 | | | |
| | 3 | | | | | | 6 | 9 |
| | | | | | 5 | 4 | 1 | 2 |
| 7 | 5 | | 8 | | 4 | | | |
| | | 2 | | 9 | 1 | 8 | | 5 |

# EASY

**271**

| | | | | | | | | |
|---|---|---|---|---|---|---|---|---|
| | | 8 | | 9 | | 2 | 6 | |
| 7 | | 3 | | | | | 9 | 1 |
| 6 | 4 | | | | 1 | | 5 | |
| 4 | 9 | | | | 3 | | | 8 |
| | | | 1 | 6 | 2 | | | |
| 1 | | | 4 | | | | 7 | 6 |
| | 6 | | 7 | | | | 3 | 2 |
| 8 | 7 | | | | | 6 | | 9 |
| | 3 | 5 | | 1 | | 4 | | |

**272**

| | | | | | | | | |
|---|---|---|---|---|---|---|---|---|
| | | 7 | 5 | | 8 | | 9 | |
| 1 | 9 | | | | 3 | | 7 | |
| | | 2 | 9 | | | | 8 | 4 |
| 7 | | | 2 | 3 | | | | 9 |
| 8 | | 9 | | | | 4 | | 7 |
| 3 | | | | 8 | 9 | | | 1 |
| 5 | 8 | | | | 6 | 7 | | |
| | 4 | | 3 | | | | 5 | 8 |
| | 7 | | 8 | | 1 | 9 | | |

273

| | | | | | | | | |
|---|---|---|---|---|---|---|---|---|
| | | 1 | | 9 | 6 | | 3 | |
| | 5 | 8 | | | | 6 | | 7 |
| 6 | 3 | | | 2 | | | | |
| | 1 | 7 | 9 | | 3 | | 8 | |
| 2 | | | | 6 | | | | 4 |
| | 9 | | 7 | | 2 | 3 | 1 | |
| | | | | 5 | | | 4 | 1 |
| 1 | | 9 | | | | 5 | 6 | |
| | 6 | | 2 | 1 | | 9 | | |

274

| | | | | | | | | |
|---|---|---|---|---|---|---|---|---|
| | | 6 | 4 | | | | 3 | |
| 9 | | | | 8 | 6 | 2 | | |
| 4 | 2 | | 7 | | | | 8 | |
| | 7 | | | 6 | | 3 | | 9 |
| 2 | | | 3 | 1 | 7 | | | 5 |
| 3 | | 5 | | 2 | | | 1 | |
| | 5 | | | | 3 | | 7 | 1 |
| | | 3 | 8 | 5 | | | | 2 |
| | 1 | | | | 9 | 5 | | |

# EASY

**275**

| | | | | | | | | |
|---|---|---|---|---|---|---|---|---|
| | 2 | | 1 | 5 | | 6 | | 9 |
| | | | | | | | | |
| 5 | 8 | 6 | | | | 2 | 1 | |
| 9 | | 5 | | 8 | 2 | | | 4 |
| 1 | | 8 | | 6 | | 7 | | 3 |
| 2 | | | 7 | 4 | | 5 | | 8 |
| | 9 | 7 | | | | 8 | 4 | 2 |
| | | | | | | | | |
| 4 | | 1 | | 7 | 8 | | 5 | |

**276**

| | | | | | | | | |
|---|---|---|---|---|---|---|---|---|
| 6 | | | | | 2 | 3 | | 5 |
| | 3 | | 1 | | | | 2 | |
| 2 | 7 | | | | 6 | 8 | 4 | |
| | 2 | 8 | | 4 | 9 | 5 | | |
| 9 | | | | | | | | 1 |
| | | 7 | 5 | 8 | | 6 | 9 | |
| | 9 | 2 | 8 | | | | 7 | 3 |
| | 6 | | | | 7 | | 5 | |
| 7 | | 5 | 2 | | | | | 8 |

277

| | | | | | | | | |
|---|---|---|---|---|---|---|---|---|
| | | | 2 | | | 9 | 7 | |
| 9 | 2 | | 6 | | | 4 | | |
| 3 | 7 | | 1 | 9 | | 6 | | |
| | | | | | 1 | | | 2 |
| | | 2 | 8 | 6 | 3 | 5 | | |
| 8 | | | 4 | | | | | |
| | | 7 | | 4 | 2 | | 5 | 3 |
| | | 4 | | | 6 | | 1 | 9 |
| | 9 | 8 | | | 7 | | | |

278

| | | | | | | | | |
|---|---|---|---|---|---|---|---|---|
| | | | | 3 | 9 | 6 | 2 | |
| | 3 | 1 | 2 | | 8 | | | |
| 2 | | | 1 | | | 9 | | |
| 1 | | 8 | | 9 | | | 7 | 3 |
| | | 2 | | 4 | | 1 | | |
| 4 | 9 | | | 8 | | 5 | | 2 |
| | | 4 | | | 5 | | | 7 |
| | | | 3 | | 6 | 8 | 5 | |
| | 2 | 5 | 9 | 7 | | | | |

# EASY

**279**

| | | | | | | | | |
|---|---|---|---|---|---|---|---|---|
| | | 3 | 5 | | | | | 1 |
| | 9 | 7 | | | 4 | | | 6 |
| 4 | 6 | | | 1 | | 2 | 7 | |
| | 7 | 2 | 8 | 5 | | | | 4 |
| | 4 | | | | | | 5 | |
| 5 | | | | 4 | 7 | 6 | 2 | |
| | 5 | 4 | | 6 | | | 8 | 9 |
| 8 | | | 4 | | | 7 | 1 | |
| 9 | | | | | 8 | 4 | | |

**280**

| | | | | | | | | |
|---|---|---|---|---|---|---|---|---|
| | 6 | | 4 | | | 9 | | 1 |
| 8 | | | 9 | | | 5 | | 4 |
| | 4 | 9 | | 5 | 3 | | | |
| | | 1 | 5 | 4 | | | 2 | |
| | 5 | | | 1 | | | 7 | |
| | 3 | | | 2 | 8 | 1 | | |
| | | | 1 | 3 | | 8 | 5 | |
| 3 | | 4 | | | 5 | | | 9 |
| 5 | | 2 | | | 7 | | 4 | |

281

| | | | | | | | | |
|---|---|---|---|---|---|---|---|---|
| | 4 | | 6 | 1 | | 8 | | |
| | 8 | | | | 9 | | | 4 |
| | 1 | | 4 | | | | 3 | 6 |
| 3 | | | | 9 | | 2 | | 8 |
| | 5 | 9 | | 6 | | 7 | 4 | |
| 4 | | 2 | | 7 | | | | 5 |
| 6 | 9 | | | | 2 | | 1 | |
| 7 | | | 8 | | | | 2 | |
| | | 4 | | 3 | 6 | | 8 | |

282

| | | | | | | | | |
|---|---|---|---|---|---|---|---|---|
| 3 | | 8 | 2 | | | | 6 | 7 |
| | | | 1 | 3 | | 8 | 9 | |
| | 7 | 1 | 5 | | | | | |
| | | 2 | 4 | | | | | |
| 6 | | | 8 | 9 | 5 | | | 2 |
| | | | | | 6 | 4 | | |
| | | | | | 4 | 7 | 1 | |
| | 6 | 9 | | 8 | 3 | | | |
| 5 | 4 | | | | 2 | 9 | | 8 |

# EASY

283

| | | | | | | | | |
|---|---|---|---|---|---|---|---|---|
| 3 | 5 | | | 8 | | 2 | | |
| | 4 | | | | | 5 | 7 | |
| 7 | | 2 | 1 | 4 | | | | |
| 2 | 6 | | 8 | | | | | 1 |
| | | 3 | 2 | 5 | 1 | 7 | | |
| 1 | | | | | 9 | | 5 | 2 |
| | | | | 3 | 6 | 8 | | 9 |
| | 3 | 9 | | | | | 4 | |
| | | 4 | | 9 | | | 3 | 5 |

284

| | | | | | | | | |
|---|---|---|---|---|---|---|---|---|
| | | | | 8 | | 5 | 7 | |
| 3 | | | | | 1 | 6 | | |
| | 2 | | 9 | 6 | | 4 | 3 | |
| 7 | 1 | | 8 | | | | | 6 |
| | | | 1 | 5 | 9 | | | |
| 9 | | | | | 4 | | 8 | 3 |
| | 8 | 5 | | 1 | 6 | | 4 | |
| | | 7 | 4 | | | | | 5 |
| | 9 | 6 | | 3 | | | | |

**285**

| | | | | | | | | |
|---|---|---|---|---|---|---|---|---|
| | | | | 4 | 5 | 2 | | |
| 2 | | 6 | 7 | | 3 | | 4 | |
| 4 | 5 | 3 | | | | 8 | 7 | |
| 7 | | 9 | 8 | | 2 | | | 4 |
| | | | | | | | | |
| 1 | | | 5 | | 4 | 7 | | 3 |
| | 6 | 7 | | | | 3 | 2 | 1 |
| | 1 | | 2 | | 6 | 4 | | 7 |
| | | 4 | 9 | 7 | | | | |

**286**

| | | | | | | | | |
|---|---|---|---|---|---|---|---|---|
| 6 | | | | | 9 | | | |
| | 2 | 1 | 7 | | 4 | 3 | | |
| | 3 | | | | 5 | 8 | 7 | 6 |
| 1 | | | 5 | 8 | | | 6 | |
| 9 | | | | 4 | | | | 7 |
| | 6 | | | 1 | 2 | | | 5 |
| 5 | 8 | 6 | 2 | | | | 3 | |
| | | 3 | 4 | | 8 | 6 | 9 | |
| | | | 6 | | | | | 8 |

# EASY

**287**

| 5 |  |  | 3 | 4 | 1 | 6 |  |  |
|---|---|---|---|---|---|---|---|---|
| 3 | 1 |  |  |  |  |  |  |  |
| 6 | 7 |  |  |  |  | 3 |  | 9 |
|  |  | 7 | 5 |  | 4 | 9 |  |  |
| 4 |  | 6 |  | 3 |  | 7 |  | 5 |
|  |  | 8 | 2 |  | 9 | 4 |  |  |
| 7 |  | 5 |  |  |  |  | 4 | 8 |
|  |  |  |  |  |  |  | 3 | 7 |
|  |  | 3 | 4 | 1 | 7 |  |  | 6 |

**288**

| 6 | 8 |  |  |  | 5 |  |  |  |
|---|---|---|---|---|---|---|---|---|
|  | 7 |  |  |  |  | 4 | 1 | 6 |
| 3 |  |  | 7 |  | 1 | 5 |  |  |
|  | 5 |  |  | 1 | 6 |  | 2 |  |
|  |  | 3 |  | 4 |  | 6 |  |  |
|  | 1 |  | 9 | 5 |  |  | 3 |  |
|  |  | 4 | 1 |  | 8 |  |  | 2 |
| 8 | 2 | 7 |  |  |  |  | 4 |  |
|  |  |  | 5 |  |  |  | 6 | 7 |

**289**

| | | | | | | | | |
|---|---|---|---|---|---|---|---|---|
| 7 | | 1 | 2 | | 6 | | | 5 |
| | | 3 | | | | 8 | 7 | 2 |
| | 8 | | 3 | | | | 9 | |
| 3 | 6 | | | 5 | 1 | | | |
| | 2 | | | 6 | | | 5 | |
| | | | 4 | 3 | | | 8 | 1 |
| | 4 | | | | 7 | | 1 | |
| 2 | 3 | 7 | | | | 9 | | |
| 5 | | | 9 | | 3 | 7 | | 8 |

**290**

| | | | | | | | | |
|---|---|---|---|---|---|---|---|---|
| | | | | 8 | | | | 5 |
| 2 | | | | | 7 | 1 | | 4 |
| | 7 | | 1 | 5 | 4 | | | 8 |
| 3 | | 8 | | | 2 | 4 | 1 | |
| | 1 | | | 6 | | | 5 | |
| | 4 | 2 | 3 | | | 8 | | 9 |
| 8 | | | 5 | 3 | 1 | | 6 | |
| 1 | | 7 | 8 | | | | | 3 |
| 5 | | | | 4 | | | | |

# EASY

**291**

| | | | | | | | | |
|---|---|---|---|---|---|---|---|---|
| | 7 | | 4 | | 3 | 8 | 2 | |
| 3 | | 1 | 2 | 9 | | | | |
| | | | | | 7 | | | 9 |
| | 3 | | 8 | | | 9 | 5 | |
| 2 | | 5 | | 3 | | 4 | | 7 |
| | 9 | 8 | | | 2 | | 3 | |
| 7 | | | 3 | | | | | |
| | | | | 2 | 8 | 7 | | 1 |
| | 5 | 9 | 1 | | 4 | | 6 | |

**292**

| | | | | | | | | |
|---|---|---|---|---|---|---|---|---|
| 7 | | | | | 9 | | | 3 |
| | | | 8 | 3 | | 2 | | 1 |
| | 3 | | | 7 | | 9 | | 6 |
| | 4 | | | | 3 | 6 | | 2 |
| | | 6 | 5 | 4 | 2 | 8 | | |
| 8 | | 7 | 9 | | | | 3 | |
| 4 | | 8 | | 6 | | | 5 | |
| 2 | | 3 | | 9 | 7 | | | |
| 1 | | | 3 | | | | | 4 |

293

| | | | | | | | | |
|---|---|---|---|---|---|---|---|---|
| | | 5 | | | | 1 | 4 | |
| | 1 | 4 | 6 | 7 | | | | 8 |
| | | 2 | 1 | | | 6 | 9 | |
| 2 | 6 | | 5 | 9 | | | | |
| 8 | | | | 2 | | | | 3 |
| | | | | 6 | 8 | | 1 | 9 |
| | 2 | 8 | | | 3 | 9 | | |
| 7 | | | | 1 | 9 | 4 | 3 | |
| | 3 | 9 | | | | 8 | | |

294

| | | | | | | | | |
|---|---|---|---|---|---|---|---|---|
| 3 | | | | 4 | 5 | | | |
| | 4 | 6 | | 9 | | 3 | | 5 |
| | 5 | | 8 | | | 1 | 9 | |
| 7 | 8 | | | | 6 | 5 | 4 | |
| | | | | 8 | | | | |
| | 1 | 3 | 5 | | | | 2 | 8 |
| | 3 | 5 | | | 1 | | 7 | |
| 4 | | 2 | | 3 | | 8 | 5 | |
| | | | 4 | 5 | | | | 6 |

# EASY

**295**

| | | | | | | | | |
|---|---|---|---|---|---|---|---|---|
| | | | 6 | 7 | | | 2 | 8 |
| | 7 | | 9 | | | 5 | 6 | |
| | 8 | 6 | 5 | | | 1 | | |
| | | 9 | 8 | | 2 | 7 | | |
| 2 | | | | 6 | | | | 4 |
| | | 1 | 4 | | 7 | 2 | | |
| | | 8 | | | 1 | 6 | 5 | |
| | 2 | 3 | | | 6 | | 4 | |
| 6 | 5 | | | 8 | 9 | | | |

**296**

| | | | | | | | | |
|---|---|---|---|---|---|---|---|---|
| | 2 | | | | | 7 | 1 | 8 |
| 6 | | | | 4 | | 5 | | 3 |
| 3 | 5 | 8 | 2 | 7 | | | | |
| | | | 3 | | 6 | 2 | 9 | |
| | 9 | | | | | | 3 | |
| | 3 | 5 | 1 | | 8 | | | |
| | | | | 8 | 3 | 1 | 5 | 4 |
| 4 | | 9 | | 6 | | | | 2 |
| 5 | 8 | 3 | | | | | 6 | |

## 297

| 4 | 1 | 5 | 6 |  | 7 |  |  |  |
|---|---|---|---|---|---|---|---|---|
| 6 |  |  | 4 | 1 |  | 5 | 2 |  |
| 7 |  |  |  |  |  | 4 |  | 6 |
|  | 3 | 6 | 2 |  |  |  | 5 |  |
|  |  |  | 9 |  | 3 |  |  |  |
|  | 7 |  |  |  | 4 | 2 | 9 |  |
| 3 |  | 9 |  |  |  |  |  | 2 |
|  | 4 | 1 |  | 5 | 2 |  |  | 9 |
|  |  |  | 1 |  | 9 | 8 | 4 | 5 |

## 298

| 6 | 3 |  | 5 | 2 |  |  |  | 9 |
|---|---|---|---|---|---|---|---|---|
| 8 |  | 4 |  | 9 |  |  | 1 |  |
|  |  |  | 4 |  | 3 |  |  | 6 |
| 1 |  |  |  |  | 4 | 9 | 3 |  |
|  |  | 5 | 1 |  | 6 | 4 |  |  |
|  | 7 | 3 | 2 |  |  |  |  | 1 |
| 3 |  |  | 7 |  | 5 |  |  |  |
|  | 2 |  |  | 4 |  | 1 |  | 3 |
| 5 |  |  |  | 6 | 2 |  | 9 | 8 |

# EASY

## 299

| | | | | | | | | |
|---|---|---|---|---|---|---|---|---|
| | | | | | 5 | | | 2 |
| | 6 | | | 4 | 3 | 7 | | |
| 5 | 9 | | 7 | | | | 1 | 3 |
| | | 1 | 2 | | | 5 | | 4 |
| | 2 | | 8 | 5 | 1 | | 9 | |
| 7 | | 9 | | | 4 | 1 | | |
| 1 | 7 | | | | 9 | | 8 | 5 |
| | | 2 | 5 | 1 | | | 7 | |
| 8 | | | 6 | | | | | |

## 300

| | | | | | | | | |
|---|---|---|---|---|---|---|---|---|
| | | | | 6 | 2 | 5 | | 4 |
| 4 | 2 | | | | 3 | | 9 | |
| 8 | | | | 5 | | | | 2 |
| | | 4 | 5 | | | 7 | 2 | |
| 3 | 8 | | | 2 | | | 5 | 9 |
| | 5 | 7 | | | 9 | 3 | | |
| 9 | | | | 4 | | | | 7 |
| | 7 | | 1 | | | | 6 | 3 |
| 1 | | 3 | 2 | 7 | | | | |

# MEDIUM

**301**

| | | | | | | | | |
|---|---|---|---|---|---|---|---|---|
| 7 | | | | 1 | | | 4 | 8 |
| | 8 | 3 | 2 | | | 9 | | |
| | 5 | | 8 | | 3 | 7 | | |
| 5 | | 8 | | | 9 | | 7 | |
| 9 | | | | 7 | | | | 3 |
| | 1 | | 3 | | | 5 | | 4 |
| | | 6 | 9 | | 1 | | 3 | |
| | | 5 | | | 4 | 1 | 2 | |
| 1 | 4 | | | 3 | | | | 6 |

**302**

| | | | | | | | | |
|---|---|---|---|---|---|---|---|---|
| | | 9 | 6 | 7 | | | | 1 |
| | 7 | | 2 | | 1 | | | 9 |
| | 2 | 1 | | | | 7 | | 3 |
| | 8 | | | 6 | 2 | 3 | | |
| 7 | 3 | | | | | | 9 | 8 |
| | | 2 | 7 | 8 | | | 4 | |
| 2 | | 3 | | | | 1 | 7 | |
| 9 | | | 3 | | 5 | | 6 | |
| 8 | | | | 1 | 7 | 9 | | |

# MEDIUM

**303**

| | | 3 | | | 5 | 9 | | 2 |
|---|---|---|---|---|---|---|---|---|
| | 9 | 8 | 4 | | | | 3 | |
| 2 | | | 9 | 7 | | 4 | | |
| 6 | 4 | | | | 8 | | 9 | |
| 7 | | | | 3 | | | | 4 |
| | 5 | | 7 | | | | 1 | 6 |
| | | 4 | | 1 | 6 | | | 9 |
| | 3 | | | | 7 | 6 | 4 | |
| 9 | | 7 | 8 | | | 3 | | |

**304**

| 2 | 9 | | 6 | | | | 3 | |
|---|---|---|---|---|---|---|---|---|
| 3 | | | 7 | | | 5 | 8 | |
| | | 1 | | | 9 | | | 4 |
| 1 | | 9 | | 3 | | 6 | | |
| | 6 | | 9 | | 2 | | 4 | |
| | | 2 | | 7 | | 9 | | 1 |
| 8 | | | 2 | | | 3 | | |
| | 5 | 3 | | | 7 | | | 2 |
| | 2 | | | | 3 | | 1 | 5 |

## 305

| | | | | | | | | |
|---|---|---|---|---|---|---|---|---|
| 7 | 3 | | | 1 | | | | 9 |
| | | 9 | 8 | | | 3 | | 6 |
| | 8 | | 2 | | 3 | | 4 | |
| | 6 | 3 | | | | 2 | | 1 |
| | | | 9 | 2 | 6 | | | |
| 2 | | 8 | | | | 6 | 7 | |
| | 1 | | 4 | | 2 | | 5 | |
| 9 | | 4 | | | 8 | 7 | | |
| 8 | | | | 3 | | | 6 | 2 |

## 306

| | | | | | | | | |
|---|---|---|---|---|---|---|---|---|
| | | 9 | | 2 | | 5 | 3 | |
| | 8 | | 4 | | 5 | | | 6 |
| 5 | | | | 6 | | 8 | | |
| 6 | | | 2 | | 7 | 9 | | |
| 2 | 3 | | | | | | 8 | 1 |
| | | 7 | 5 | | 1 | | | 2 |
| | | 2 | | 1 | | | | 5 |
| 9 | | | 3 | | 2 | | 7 | |
| | 1 | 8 | | 5 | | 4 | | |

307

| | | | | | | | | |
|---|---|---|---|---|---|---|---|---|
| 8 | | | | 5 | 3 | | | 7 |
| | 5 | 3 | | | | | 6 | 4 |
| | 4 | | 6 | | 8 | 5 | | |
| 2 | 9 | | | | 7 | 1 | | |
| | | 8 | | 9 | | 4 | | |
| | | 7 | 2 | | | | 8 | 9 |
| | | 9 | 7 | | 2 | | 4 | |
| 4 | 7 | | | | | 9 | 2 | |
| 6 | | | 9 | 8 | | | | 3 |

308

| | | | | | | | | |
|---|---|---|---|---|---|---|---|---|
| | | 2 | 6 | | | 4 | | 9 |
| 5 | 1 | | | | | 3 | 7 | |
| | 3 | | 8 | 1 | 7 | | | |
| 7 | | | | 9 | 6 | 1 | | |
| 3 | 6 | | | | | | 4 | 7 |
| | | 1 | 7 | 5 | | | | 3 |
| | | | 4 | 8 | 3 | | 5 | |
| | 2 | 3 | | | | | 9 | 6 |
| 1 | | 8 | | | 9 | 7 | | |

309

| | | | | | | | | |
|---|---|---|---|---|---|---|---|---|
| | | 6 | | | 8 | | 7 | 9 |
| 2 | | | 7 | | | 6 | 4 | |
| 3 | 7 | | 1 | | 6 | | | |
| | 6 | 5 | | 7 | | | | 2 |
| | | 2 | | 4 | | 7 | | |
| 7 | | | | 6 | | 5 | 8 | |
| | | | 9 | | 7 | | 6 | 3 |
| | 1 | 7 | | | 4 | | | 8 |
| 9 | 4 | | 6 | | | 2 | | |

310

| | | | | | | | | |
|---|---|---|---|---|---|---|---|---|
| 4 | 8 | | 3 | | | | | |
| 2 | | | | 9 | | 3 | 6 | |
| | | | 4 | | 2 | 8 | 7 | |
| | 1 | | | | 6 | 7 | | 2 |
| 8 | | | | 7 | | | | 6 |
| 7 | | 3 | 1 | | | | 9 | |
| | 4 | 8 | 9 | | 7 | | | |
| | 9 | 6 | | 8 | | | | 7 |
| | | | | | 5 | | 8 | 3 |

# MEDIUM

**311**

| | | | | | | | | |
|---|---|---|---|---|---|---|---|---|
| | | 8 | 9 | 7 | | | 1 | |
| 7 | | | | 4 | | | 9 | 8 |
| 5 | | 9 | 1 | | | | 3 | |
| | | 7 | | | 4 | 5 | 6 | |
| 8 | | | 2 | | 6 | | | 9 |
| | 1 | 5 | 7 | | | 8 | | |
| | 7 | | | | 2 | 4 | | 1 |
| 1 | 5 | | | 8 | | | | 6 |
| | 8 | | | 6 | 1 | 3 | | |

**312**

| | | | | | | | | |
|---|---|---|---|---|---|---|---|---|
| 8 | | | 3 | 1 | | 9 | | |
| | | | 8 | | | 4 | 7 | 2 |
| 7 | 5 | 9 | | 2 | | | | |
| | | | 4 | | 3 | | 8 | 9 |
| | 8 | 5 | | | | 6 | 3 | |
| 6 | 9 | | 5 | | 1 | | | |
| | | | | 4 | | 1 | 9 | 5 |
| 5 | 7 | 1 | | | 2 | | | |
| | | 8 | | 5 | 6 | | | 3 |

313

|   |   |   |   |   |   |   |   |   |
|---|---|---|---|---|---|---|---|---|
|  | 7 |  | 8 | 9 |  |  |  | 3 |
|  | 3 | 2 |  |  | 1 | 4 |  |  |
| 1 |  |  |  | 2 |  |  | 9 | 6 |
|  |  | 4 |  |  | 8 | 6 | 7 |  |
| 5 |  |  | 2 |  | 6 |  |  | 9 |
|  | 6 | 3 | 9 |  |  | 2 |  |  |
| 4 | 5 |  |  | 7 |  |  |  | 2 |
|  |  | 6 | 4 |  |  | 9 | 3 |  |
| 3 |  |  |  | 1 | 2 |  | 4 |  |

314

|   |   |   |   |   |   |   |   |   |
|---|---|---|---|---|---|---|---|---|
| 3 |  |  | 7 |  | 8 |  | 5 |  |
|  |  | 5 |  |  | 1 | 9 |  | 6 |
|  | 2 | 9 |  | 3 |  |  | 8 |  |
| 2 |  |  |  | 7 | 9 | 5 |  |  |
| 9 | 8 |  |  |  |  |  | 4 | 2 |
|  |  | 1 | 8 | 4 |  |  |  | 9 |
|  | 1 |  |  | 8 |  | 7 | 9 |  |
| 5 |  | 8 | 9 |  |  | 6 |  |  |
|  | 9 |  | 5 |  | 4 |  |  | 3 |

# MEDIUM

**315**

| 2 |  |  |  |  |  | 6 |  |  |
|---|---|---|---|---|---|---|---|---|
| 1 |  |  | 9 |  |  |  | 2 | 7 |
| 4 |  | 7 | 1 |  | 3 |  |  |  |
|  | 4 | 2 |  | 7 |  |  | 9 |  |
|  |  | 6 |  | 3 |  | 8 |  |  |
|  | 8 |  |  | 5 |  | 4 | 7 |  |
|  |  |  | 3 |  | 4 | 7 |  | 1 |
| 9 | 1 |  |  |  | 5 |  |  | 8 |
|  |  | 4 |  |  |  |  |  | 5 |

**316**

| 2 |  |  |  | 7 |  | 8 |  |  |
|---|---|---|---|---|---|---|---|---|
|  |  | 3 | 8 |  | 5 |  |  | 7 |
|  | 5 |  |  | 1 |  | 3 | 6 |  |
| 9 |  | 1 | 2 |  |  |  | 8 |  |
|  | 3 |  | 9 |  | 6 |  | 7 |  |
|  | 2 |  |  |  | 8 | 4 |  | 3 |
|  | 7 | 2 |  | 8 |  |  | 3 |  |
| 6 |  |  | 3 |  | 9 | 7 |  |  |
|  |  | 9 |  | 6 |  |  |  | 8 |

317

| | | | | | | | | |
|---|---|---|---|---|---|---|---|---|
| 3 | | 2 | | | 7 | | | |
| | 8 | 4 | | | 5 | | | 7 |
| | | | 1 | 8 | | 4 | 2 | |
| 2 | 3 | | | 9 | | | | 1 |
| | 9 | | 6 | | 1 | | 4 | |
| 4 | | | | 5 | | | 8 | 9 |
| | 6 | 3 | | 2 | 8 | | | |
| 5 | | | 9 | | | 7 | 1 | |
| | | | 5 | | | 2 | | 8 |

318

| | | | | | | | | |
|---|---|---|---|---|---|---|---|---|
| 6 | | | 1 | 5 | | 2 | | |
| 7 | | | | | 6 | 9 | 3 | |
| 4 | | 8 | 3 | | | | 5 | |
| 8 | | 2 | 4 | | | | 1 | |
| | 7 | | | 6 | | | 4 | |
| | 4 | | | | 5 | 8 | | 2 |
| | 8 | | | | 7 | 1 | | 6 |
| | 9 | 7 | 6 | | | | | 3 |
| | | 6 | | 3 | 4 | | | 7 |

# MEDIUM

**319**

| | | | | | | | | |
|---|---|---|---|---|---|---|---|---|
| | | | | 4 | 8 | 5 | 1 | |
| 9 | 5 | 8 | 6 | | | | | |
| 1 | | | | | 3 | 7 | 8 | |
| 5 | 2 | | 3 | | | | | 1 |
| | | 6 | | 9 | | 4 | | |
| 8 | | | | | 6 | | 9 | 5 |
| | 6 | 7 | 8 | | | | | 3 |
| | | | | | 5 | 9 | 2 | 7 |
| | 9 | 5 | 1 | 3 | | | | |

**320**

| | | | | | | | | |
|---|---|---|---|---|---|---|---|---|
| | 5 | | | 8 | | | | 9 |
| 8 | | 6 | | | | 3 | 1 | |
| 3 | | | 4 | | 7 | 5 | | |
| 5 | 2 | | | 9 | | 8 | | |
| | 6 | | 3 | | 8 | | 7 | |
| | | 8 | | 1 | | | 5 | 3 |
| | | 1 | 2 | | 5 | | | 4 |
| | 8 | 2 | | | | 1 | | 5 |
| 4 | | | | 7 | | | 9 | |

**321**

| | | | | | | | | |
|---|---|---|---|---|---|---|---|---|
| 1 | 5 | | | | 6 | | | 9 |
| 4 | | | | | | 1 | 7 | |
| | | | 1 | 9 | 2 | | 4 | |
| | | | | 3 | 8 | 6 | | 1 |
| | 4 | | | | | | 9 | |
| 3 | | 6 | 2 | 1 | | | | |
| | 2 | | 6 | 7 | 1 | | | |
| | 9 | 4 | | | | | | 8 |
| 7 | | | 9 | | | | 6 | 5 |

**322**

| | | | | | | | | |
|---|---|---|---|---|---|---|---|---|
| | | 8 | | 3 | 1 | | | 5 |
| 5 | | 9 | | | 6 | | 2 | |
| 2 | | | | | 5 | | 6 | 4 |
| | 9 | | | | 8 | 4 | 3 | |
| | | 4 | | 2 | | 6 | | |
| | 5 | 2 | 6 | | | | 1 | |
| 9 | 2 | | 7 | | | | | 6 |
| | 4 | | 5 | | | 2 | | 1 |
| 6 | | | 8 | 9 | | 3 | | |

323

| | | | | | | | | |
|---|---|---|---|---|---|---|---|---|
| | 4 | | | | 3 | 7 | 6 | |
| 3 | | 8 | | | 7 | | | 2 |
| | 2 | | 1 | 6 | | | | 3 |
| | | 1 | | 3 | 9 | | | 4 |
| | 3 | | | | | | 8 | |
| 4 | | | 5 | 2 | | 1 | | |
| 6 | | | | 7 | 2 | | 9 | |
| 5 | | | 6 | | | 2 | | 8 |
| | 1 | 2 | 8 | | | | 7 | |

324

| | | | | | | | | |
|---|---|---|---|---|---|---|---|---|
| 3 | | | 9 | | 2 | 6 | | |
| 9 | | 7 | | 4 | 5 | | | |
| | | 1 | | | | 2 | 9 | 5 |
| | 1 | | | | 7 | | 4 | 3 |
| | 6 | | | 9 | | | 5 | |
| 7 | 8 | | 3 | | | | 6 | |
| 8 | 9 | 4 | | | | 5 | | |
| | | | 4 | 7 | | 1 | | 6 |
| | | 6 | 5 | | 3 | | | 9 |

**325**

| | | | | | | | | |
|---|---|---|---|---|---|---|---|---|
| 1 | | 8 | | 4 | | | 2 | |
| 3 | | | 6 | | | 9 | | 7 |
| | | 6 | | 7 | 8 | | | 1 |
| | 9 | | | | 7 | 5 | 1 | |
| | | | 1 | | 9 | | | |
| | 8 | 1 | 2 | | | | 9 | |
| 8 | | | 3 | 2 | | 1 | | |
| 5 | | 7 | | | 4 | | | 2 |
| | 4 | | | 6 | | 8 | | 9 |

**326**

| | | | | | | | | |
|---|---|---|---|---|---|---|---|---|
| | 2 | | | 8 | | 3 | 9 | |
| 7 | | | | | 6 | 2 | | |
| 5 | | | 2 | | 9 | | 7 | |
| | | | | | 8 | 6 | 3 | 7 |
| | | 8 | | 1 | | 5 | | |
| 6 | 7 | 5 | 3 | | | | | |
| | 9 | | 8 | | 1 | | | 3 |
| | | 4 | 9 | | | | | 8 |
| | 3 | 7 | | 6 | | | 1 | |

**327**

| | | | | | | | | |
|---|---|---|---|---|---|---|---|---|
| 7 | | 4 | | 3 | | | 8 | |
| | | | 6 | 9 | | | 2 | 7 |
| | 6 | 8 | 4 | | | 3 | | |
| 5 | | | | | 9 | 1 | 6 | |
| 8 | | | 7 | | 6 | | | 4 |
| | 2 | 6 | 8 | | | | | 3 |
| | | 5 | | | 3 | 6 | 9 | |
| 6 | 1 | | | 4 | 7 | | | |
| | 8 | | | 6 | | 7 | | 2 |

**328**

| | | | | | | | | |
|---|---|---|---|---|---|---|---|---|
| | 3 | 6 | | 5 | | | 1 | |
| | 1 | | 3 | | | 4 | | 5 |
| | | | 8 | | 7 | 9 | | |
| 4 | | | 9 | | | 6 | | 8 |
| 6 | | | | 4 | | | | 2 |
| 3 | | 1 | | | 8 | | | 9 |
| | | 8 | 6 | | 9 | | | |
| 7 | | 5 | | | 3 | | 9 | |
| | 9 | | | 2 | | 7 | 8 | |

**329**

| | | | | | | | | |
|---|---|---|---|---|---|---|---|---|
| 3 | 1 | | | | | 8 | | 5 |
| 6 | | | | 9 | 7 | | 4 | |
| | | 8 | 3 | | 1 | | 7 | |
| | 7 | | | | 8 | 4 | | 3 |
| | | 3 | | 7 | | 9 | | |
| 4 | | 9 | 1 | | | | 5 | |
| | 3 | | 4 | | 2 | 1 | | |
| | 9 | | 6 | 3 | | | | 7 |
| 2 | | 6 | | | | | 3 | 4 |

**330**

| | | | | | | | | |
|---|---|---|---|---|---|---|---|---|
| 3 | | 1 | 5 | 6 | | | | |
| | | 8 | 2 | | | 5 | | 1 |
| | 4 | | 1 | | | | 6 | 2 |
| 1 | | 5 | | | 2 | | 9 | |
| | 7 | | | 3 | | | 1 | |
| | 6 | | 7 | | | 3 | | 8 |
| 2 | 8 | | | | 1 | | 5 | |
| 4 | | 3 | | | 6 | 9 | | |
| | | | | 2 | 4 | 1 | | 3 |

# MEDIUM

331

| | | | | | | | | |
|---|---|---|---|---|---|---|---|---|
| | | 4 | | 8 | 5 | 1 | | |
| | 6 | | | | | | 5 | 7 |
| 5 | | 1 | | | 4 | | | 6 |
| | 3 | | 1 | 2 | | | | 4 |
| | 8 | 6 | | | | 3 | 1 | |
| 1 | | | | 6 | 9 | | 7 | |
| 4 | | | 8 | | | 2 | | 5 |
| 8 | 9 | | | | | | 4 | |
| | | 3 | 2 | 4 | | 7 | | |

332

| | | | | | | | | |
|---|---|---|---|---|---|---|---|---|
| 4 | 6 | | 9 | | | | | 5 |
| | | 2 | 3 | | | 4 | 9 | |
| 7 | | | 4 | 2 | | | | 1 |
| | 7 | 5 | | 6 | 4 | | | |
| | 2 | 1 | | | | 6 | 5 | |
| | | | 8 | 5 | | 7 | 1 | |
| 2 | | | | 4 | 8 | | | 7 |
| | 4 | 9 | | | 7 | 5 | | |
| 5 | | | | | 3 | | 4 | 2 |

## 333

| | | | | | | | | |
|---|---|---|---|---|---|---|---|---|
| | | 5 | 8 | | 1 | 9 | | |
| | 7 | | | 2 | | | 4 | 5 |
| 2 | | 9 | | | 5 | | 3 | |
| 7 | 6 | 1 | 2 | | | | | |
| 8 | | | | 9 | | | | 7 |
| | | | | | 7 | 3 | 2 | 8 |
| | 1 | | 9 | | | 4 | | 3 |
| 9 | 3 | | | 5 | | | 1 | |
| | | 2 | 1 | | 6 | 7 | | |

| | | | | | | | | |
|---|---|---|---|---|---|---|---|---|
| | | | 6 | | 5 | 8 | | 1 |
| 4 | 1 | 5 | | | | | 6 | |
| 2 | | | 1 | | 7 | | 9 | |
| | 5 | 7 | | 6 | | | | 2 |
| | | 9 | | 2 | | 6 | | |
| 3 | | | | 7 | | 1 | 5 | |
| | 2 | | 7 | | 6 | | | 8 |
| | 3 | | | | | 9 | 7 | 5 |
| 5 | | 1 | 8 | | 3 | | | |

**335**

| 6 |  |  | 1 |  | 8 |  | 4 |  |
|---|---|---|---|---|---|---|---|---|
| 3 | 9 |  |  | 6 |  |  | 1 |  |
| 1 |  |  |  |  | 5 | 9 |  | 6 |
|  | 6 | 1 | 3 |  |  | 8 |  |  |
|  |  | 8 |  | 5 |  | 6 |  |  |
|  |  | 3 |  |  | 7 | 1 | 9 |  |
| 4 |  | 7 | 5 |  |  |  |  | 9 |
|  | 2 |  |  | 7 |  |  | 6 | 1 |
|  | 1 |  | 9 |  | 3 |  |  | 5 |

**336**

|  | 9 |  |  |  | 8 | 4 |  | 3 |
|---|---|---|---|---|---|---|---|---|
| 2 | 1 |  |  | 4 | 7 |  |  |  |
|  | 8 |  |  |  | 2 | 7 |  | 1 |
|  | 4 |  |  | 9 | 3 | 1 |  |  |
| 5 |  | 2 |  |  |  | 6 |  | 9 |
|  |  | 9 | 7 | 5 |  |  | 4 |  |
| 3 |  | 1 | 8 |  |  |  | 6 |  |
|  |  |  | 3 | 1 |  |  | 7 | 8 |
| 8 |  | 7 | 6 |  |  |  | 1 |  |

337

|   |   |   |   |   |   |   |   |   |
|---|---|---|---|---|---|---|---|---|
|  | 9 | 3 | 5 |  |  | 8 |  |  |
| 8 |  |  |  | 9 | 7 |  | 2 |  |
| 7 |  |  |  |  | 2 | 9 |  | 6 |
| 1 | 3 | 7 | 6 |  |  |  |  |  |
|  | 6 |  |  | 8 |  |  | 4 |  |
|  |  |  |  |  | 9 | 6 | 7 | 3 |
| 3 |  | 5 | 4 |  |  |  |  | 8 |
|  | 7 |  | 3 | 2 |  |  |  | 1 |
|  |  | 8 |  |  | 5 | 4 | 3 |  |

338

|   |   |   |   |   |   |   |   |   |
|---|---|---|---|---|---|---|---|---|
| 4 |  | 8 |  |  | 5 |  | 7 |  |
| 3 | 2 |  |  |  | 4 |  | 1 |  |
|  |  |  | 3 | 8 |  | 6 |  | 4 |
|  |  | 9 |  |  | 7 | 4 |  | 6 |
|  |  |  |  | 5 |  |  |  |  |
| 8 |  | 1 | 9 |  |  | 7 |  |  |
| 9 |  | 2 |  | 1 | 3 |  |  |  |
|  | 7 |  | 2 |  |  |  | 9 | 3 |
|  | 8 |  | 4 |  |  | 2 |  | 5 |

339

|   |   |   |   |   |   |   |   |   |
|---|---|---|---|---|---|---|---|---|
|   |   | 9 | 5 | 4 |   |   |   | 2 |
| 6 |   |   |   |   | 8 | 4 |   | 3 |
| 7 | 8 |   |   | 9 |   | 1 |   |   |
|   | 1 |   |   |   | 9 | 3 | 4 |   |
|   | 9 |   | 4 |   | 1 |   | 6 |   |
|   | 2 | 6 | 7 |   |   |   | 1 |   |
|   |   | 8 |   | 1 |   |   | 3 | 4 |
| 3 |   | 1 | 8 |   |   |   |   | 5 |
| 9 |   |   |   | 3 | 4 | 6 |   |   |

340

|   |   |   |   |   |   |   |   |   |
|---|---|---|---|---|---|---|---|---|
| 7 | 6 |   |   | 2 | 5 |   |   |   |
|   | 2 |   |   |   |   | 6 | 1 | 5 |
| 3 |   |   | 9 |   | 6 | 7 |   |   |
|   | 1 | 6 |   | 7 | 3 |   |   |   |
| 5 |   | 3 |   |   |   | 1 |   | 8 |
|   |   |   | 6 | 8 |   | 5 | 3 |   |
|   |   | 5 | 1 |   | 8 |   |   | 3 |
| 1 | 8 | 2 |   |   |   |   | 4 |   |
|   |   |   | 4 | 9 |   |   | 5 | 1 |

341

| 7 |  | 8 |  |  |  | 3 | 9 |  |
|---|---|---|---|---|---|---|---|---|
|  | 3 |  | 9 |  | 7 |  |  | 8 |
|  |  | 4 | 5 | 8 |  | 2 |  |  |
| 5 |  |  |  | 3 | 2 |  | 7 |  |
| 2 | 7 |  |  |  |  |  | 6 | 1 |
|  | 4 |  | 7 | 9 |  |  |  | 2 |
|  |  | 6 |  | 5 | 1 | 7 |  |  |
| 3 |  |  | 6 |  | 8 |  | 4 |  |
|  | 1 | 7 |  |  |  | 6 |  | 5 |

342

| 6 |  | 1 | 5 |  |  | 9 |  |  |
|---|---|---|---|---|---|---|---|---|
|  |  | 2 |  |  | 7 |  | 1 | 5 |
| 5 |  |  | 9 | 6 |  |  | 2 |  |
| 4 |  | 7 | 3 |  |  |  | 5 |  |
|  | 2 |  |  | 7 |  |  | 8 |  |
|  | 5 |  |  |  | 8 | 4 |  | 6 |
|  | 1 |  |  | 2 | 3 |  |  | 7 |
| 2 | 6 |  | 7 |  |  | 8 |  |  |
|  |  | 5 |  |  | 4 | 2 |  | 3 |

# MEDIUM

343

| 4 | 2 |   | 7 |   |   | 1 |   |   |
|---|---|---|---|---|---|---|---|---|
| 8 |   |   | 6 | 4 |   | 9 |   |   |
|   |   | 7 |   |   | 3 |   | 8 | 5 |
| 2 |   |   |   |   | 1 | 3 | 5 |   |
|   | 7 |   |   | 9 |   |   | 1 |   |
|   | 5 | 8 | 2 |   |   |   |   | 9 |
| 7 | 3 |   | 9 |   |   | 5 |   |   |
|   |   | 9 |   | 1 | 7 |   |   | 6 |
|   |   | 1 |   |   | 2 |   | 9 | 8 |

|   | 9 |   | 8 |   | 7 | 5 |   |   |
|---|---|---|---|---|---|---|---|---|
|   | 5 |   | 6 | 3 |   | 9 |   |   |
| 7 |   | 6 |   |   |   | 4 | 3 |   |
|   |   |   |   | 8 | 4 |   |   | 3 |
| 4 | 6 |   |   |   |   |   | 8 | 9 |
| 9 |   |   | 7 | 6 |   |   |   |   |
|   | 7 | 3 |   |   |   | 1 |   | 6 |
|   |   | 9 |   | 7 | 3 |   | 4 |   |
|   |   | 5 | 1 |   | 6 |   | 2 |   |

**345**

| | | | | | | | | |
|---|---|---|---|---|---|---|---|---|
| | 1 | 5 | | | 7 | | | 8 |
| | | 4 | | | 8 | | 3 | 1 |
| | 3 | | | 9 | 1 | | | 5 |
| 5 | | | 6 | | | | 7 | |
| | | 1 | | 5 | | 6 | | |
| | 7 | | | | 9 | | | 4 |
| 9 | | | 1 | 3 | | | 2 | |
| 1 | 6 | | 9 | | | 5 | | |
| 8 | | | 4 | | | 9 | 1 | |

**346**

| | | | | | | | | |
|---|---|---|---|---|---|---|---|---|
| 8 | | | | 2 | 1 | 6 | | |
| | 3 | | | | 6 | 4 | | 8 |
| 6 | 5 | | | | 8 | | 1 | |
| | | | 6 | | | 7 | 2 | 1 |
| | | 9 | | 8 | | 5 | | |
| 7 | 1 | 5 | | | 4 | | | |
| | 2 | | 4 | | | | 6 | 7 |
| 3 | | 8 | 7 | | | | 9 | |
| | | 6 | 8 | 1 | | | | 5 |

# MEDIUM

347

| | | | | | | | | |
|---|---|---|---|---|---|---|---|---|
| 1 | | | | | 4 | | 5 | 2 |
| 8 | | 6 | | 5 | | | 4 | |
| | | 9 | 2 | | 1 | 3 | | |
| 6 | 7 | | | 4 | 5 | | | |
| | | 3 | | | | 4 | | |
| | | | 7 | 3 | | | 6 | 8 |
| | | 5 | 9 | | 2 | 7 | | |
| | 8 | | | 7 | | 6 | | 1 |
| 7 | 6 | | 4 | | | | | 5 |

348

| | | | | | | | | |
|---|---|---|---|---|---|---|---|---|
| 9 | 5 | | 8 | 4 | | | | |
| | | 7 | | | 6 | | 5 | 8 |
| 6 | | | | | 7 | 9 | | 3 |
| | 9 | | | | 5 | 3 | 8 | |
| | | 3 | | 8 | | 6 | | |
| | 1 | 6 | 7 | | | | 2 | |
| 7 | | 8 | 3 | | | | | 2 |
| 3 | 2 | | 4 | | | 1 | | |
| | | | | 7 | 9 | | 3 | 6 |

349

| | | | | | | | | |
|---|---|---|---|---|---|---|---|---|
| 1 | 7 | | | | 4 | 6 | | |
| 3 | | | 6 | 5 | | 1 | | |
| | 4 | | 3 | | | | 7 | 2 |
| | | 3 | | | 5 | 7 | | 6 |
| | 5 | | | 6 | | | 8 | |
| 4 | | 2 | 8 | | | 5 | | |
| 6 | 1 | | | | 2 | | 9 | |
| | | 7 | | 3 | 9 | | | 1 |
| | | 5 | 1 | | | | 2 | 7 |

| | | | | | | | | |
|---|---|---|---|---|---|---|---|---|
| | | 9 | 1 | | 7 | | 5 | |
| | | 5 | | 8 | | 1 | | 9 |
| 4 | 1 | | 5 | | | | | 8 |
| | 7 | | 4 | 3 | | | | 2 |
| | 4 | 8 | | | | 7 | 6 | |
| 9 | | | | 5 | 6 | | 8 | |
| 3 | | | | | 5 | | 1 | 7 |
| 1 | | 7 | | 6 | | 8 | | |
| | 5 | | 9 | | 1 | 6 | | |

# MEDIUM

**351**

| | | | | | | | | |
|---|---|---|---|---|---|---|---|---|
| 8 | 7 | | 5 | | 9 | | | |
| | | 1 | | 3 | | 8 | 9 | |
| | 2 | | | 8 | | 3 | | 6 |
| 6 | | | 9 | | 1 | 4 | | |
| 7 | 1 | | | | | | 2 | 5 |
| | | 5 | 7 | | 6 | | | 1 |
| 1 | | 8 | | 7 | | | 3 | |
| | 9 | 6 | | 1 | | 7 | | |
| | | | 4 | | 8 | | 6 | 2 |

**352**

| | | | | | | | | |
|---|---|---|---|---|---|---|---|---|
| | | 3 | 6 | 5 | | | | 8 |
| 8 | 1 | | | | 7 | | | 6 |
| 9 | | | 8 | | | 3 | 2 | |
| | 5 | | | | 6 | 8 | 1 | |
| | | | | 2 | | | | |
| | 9 | 2 | 7 | | | | 3 | |
| | 4 | 1 | | | 2 | | | 9 |
| 6 | | | 9 | | | | 5 | 1 |
| 7 | | | | 1 | 8 | 4 | | |

353

| 2 |  |  | 9 |  |  |  | 5 | 1 |
|---|---|---|---|---|---|---|---|---|
|  |  | 6 | 1 |  |  |  | 8 | 9 |
| 9 |  | 5 |  | 3 |  |  |  |  |
|  |  | 2 | 4 | 7 |  |  | 6 |  |
|  | 5 |  |  |  |  |  | 4 |  |
|  | 4 |  |  | 2 | 3 | 9 |  |  |
|  |  |  |  | 8 |  | 1 |  | 4 |
| 4 | 3 |  |  |  | 9 | 6 |  |  |
| 5 | 6 |  |  |  | 2 |  |  | 7 |

354

| 8 | 5 | 4 |  |  | 1 |  |  |  |
|---|---|---|---|---|---|---|---|---|
|  |  |  | 9 | 4 |  | 8 |  | 5 |
| 9 |  |  |  | 7 |  | 2 | 4 |  |
| 6 | 3 |  | 2 |  | 7 |  |  |  |
|  | 4 | 8 |  |  |  | 5 | 2 |  |
|  |  |  | 8 |  | 4 |  | 6 | 9 |
|  | 7 | 5 |  | 9 |  |  |  | 4 |
| 2 |  | 6 |  | 8 | 3 |  |  |  |
|  |  |  | 7 |  |  | 3 | 9 | 2 |

**355**

| | | | | | | | | |
|---|---|---|---|---|---|---|---|---|
| 6 | | 2 | | | 3 | | 8 | |
| | 1 | | | 9 | | 7 | | |
| 7 | | | | | 5 | 6 | 2 | |
| 5 | 9 | | | | 8 | | | 2 |
| | | 8 | 4 | | 9 | 5 | | |
| 4 | | | 1 | | | | 9 | 6 |
| | 4 | 6 | 5 | | | | | 7 |
| | | 1 | | 6 | | | 5 | |
| | 8 | | 3 | | | 2 | | 4 |

**356**

| | | | | | | | | |
|---|---|---|---|---|---|---|---|---|
| 4 | | | | 1 | 5 | | 8 | |
| | | 5 | 2 | | 6 | | | 3 |
| | 8 | 2 | | | | | 5 | 9 |
| | 1 | 4 | | 7 | | | | 8 |
| | | 9 | 1 | | 8 | 5 | | |
| 5 | | | | 9 | | 3 | 7 | |
| 3 | 4 | | | | | 8 | 1 | |
| 9 | | | 8 | | 7 | 2 | | |
| | 2 | | 3 | 5 | | | | 7 |

357

| | | | | | | | | |
|---|---|---|---|---|---|---|---|---|
| | | 2 | | | 3 | 8 | 5 | |
| 5 | | | 7 | 4 | | | 3 | |
| 4 | | 1 | | | 5 | | | 7 |
| | 6 | | | 2 | | | 1 | 5 |
| | | | 5 | | 9 | | | |
| 8 | 5 | | | 7 | | | 2 | |
| 1 | | | 8 | | | 3 | | 6 |
| | 8 | | | 3 | 7 | | | 2 |
| | 4 | 6 | 9 | | | 5 | | |

358

| | | | | | | | | |
|---|---|---|---|---|---|---|---|---|
| 5 | | 2 | | 6 | | | | 7 |
| | 3 | | 1 | | | | | 4 |
| | 1 | | | 4 | 7 | | 2 | |
| 1 | | 7 | | | 2 | | 3 | |
| | | 4 | 6 | | 8 | 7 | | |
| | 8 | | 7 | | | 9 | | 1 |
| | 2 | | 3 | 8 | | | 7 | |
| 6 | | | | | 1 | | 4 | |
| 8 | | | | 9 | | 2 | | 5 |

# MEDIUM

**359**

| | | | | | | | | |
|---|---|---|---|---|---|---|---|---|
| | | 3 | 8 | | | | 7 | 9 |
| 9 | | 2 | 3 | | | | 1 | |
| | | 5 | 2 | 9 | | | 6 | |
| 6 | | 4 | | | | | 5 | 3 |
| | | | 4 | 2 | 3 | | | |
| 8 | 3 | | | | | 4 | | 2 |
| | 1 | | | 3 | 2 | 9 | | |
| | 4 | | | | 6 | 5 | | 8 |
| 2 | 5 | | | | 8 | 1 | | |

**360**

| | | | | | | | | |
|---|---|---|---|---|---|---|---|---|
| | | 7 | 9 | | 6 | | | 1 |
| 8 | | 9 | | | | 2 | 7 | |
| | | 5 | 2 | 8 | | | 9 | |
| | 5 | | | 4 | 9 | | | 7 |
| 7 | 9 | | | | | | 5 | 3 |
| 3 | | | 1 | 7 | | | 4 | |
| | 7 | | | 2 | 8 | 5 | | |
| | 2 | 3 | | | | 9 | | 8 |
| 6 | | | 5 | | 3 | 7 | | |

361

| | | | | | | | | |
|---|---|---|---|---|---|---|---|---|
| | | 2 | | 4 | | | 7 | 6 |
| | | 6 | | | 5 | | 1 | 2 |
| 3 | 8 | | 7 | | 6 | | | |
| | | | 6 | | | 4 | | 1 |
| | | 5 | | 1 | | 9 | | |
| 4 | | 7 | | | 9 | | | |
| | | | 3 | | 7 | | 8 | 9 |
| 9 | 6 | | 2 | | | 7 | | |
| 2 | 7 | | | 5 | | 1 | | |

362

| | | | | | | | | |
|---|---|---|---|---|---|---|---|---|
| | | | 8 | | 3 | 7 | | 6 |
| 5 | | 9 | 6 | | | | 2 | |
| 6 | 3 | | | 4 | | 5 | | |
| | 5 | | | | 4 | 8 | 7 | |
| 7 | | | | 6 | | | | 4 |
| | 4 | 1 | 7 | | | | 6 | |
| | | 5 | | 3 | | | 8 | 9 |
| | 6 | | | | 7 | 3 | | 1 |
| 4 | | 3 | 1 | | 8 | | | |

# MEDIUM

**363**

| | | | | | | | | |
|---|---|---|---|---|---|---|---|---|
| | | | 7 | 6 | | 8 | | 5 |
| 2 | 7 | | 1 | | | | 6 | |
| 6 | | 1 | | | 4 | 7 | | |
| 1 | | 9 | 6 | | | | 4 | |
| | 5 | | | 4 | | | 8 | |
| | 4 | | | | 7 | 9 | | 1 |
| | | 2 | 8 | | | 4 | | 9 |
| | 9 | | | | 3 | | 2 | 8 |
| 4 | | 8 | | 9 | 5 | | | |

**364**

| | | | | | | | | |
|---|---|---|---|---|---|---|---|---|
| 7 | | 2 | | 5 | | | | 4 |
| 5 | | 6 | 7 | 3 | | | | |
| | | | | | 8 | 7 | 6 | |
| | 6 | | 9 | | 1 | | 3 | |
| 4 | | 9 | | | | 5 | | 1 |
| | 7 | | 3 | | 5 | | 9 | |
| | 2 | 8 | 5 | | | | | |
| | | | | 6 | 2 | 9 | | 7 |
| 6 | | | | 8 | | 1 | | 2 |

365

| | | | | | | | | |
|---|---|---|---|---|---|---|---|---|
| 6 | | | 3 | 4 | | | 1 | |
| 1 | | | | | | 9 | 7 | 4 |
| | 5 | 2 | 9 | | 1 | | | |
| | | 1 | 6 | | | 7 | 4 | |
| 5 | | | | 1 | | | | 9 |
| | 7 | 4 | | | 3 | 5 | | |
| | | | 8 | | 6 | 1 | 9 | |
| 3 | 8 | 6 | | | | | | 2 |
| | 1 | | | 2 | 5 | | | 6 |

366

| | | | | | | | | |
|---|---|---|---|---|---|---|---|---|
| 8 | | 3 | | | | | 9 | 1 |
| 1 | | | 3 | | 9 | 6 | | |
| | 5 | | 2 | 1 | | 4 | | |
| | | | | 6 | 3 | | 7 | 2 |
| | 3 | 7 | | | | 5 | 6 | |
| 2 | 8 | | 7 | 4 | | | | |
| | | 8 | | 3 | 2 | | 4 | |
| | | 2 | 5 | | 1 | | | 3 |
| 3 | 1 | | | | | 9 | | 6 |

# MEDIUM

**367**

| | | | | | | | | |
|---|---|---|---|---|---|---|---|---|
| 4 | 3 | 8 | | 2 | | | | |
| | | | 8 | | | 2 | | 1 |
| 6 | | | | 4 | 9 | | 3 | |
| | 4 | | | | 7 | 5 | 1 | |
| 1 | | | 6 | | 5 | | | 4 |
| | 6 | 3 | 1 | | | | 7 | |
| | 8 | | 3 | 1 | | | | 9 |
| 9 | | 6 | | | 8 | | | |
| | | | | 5 | | 6 | 8 | 7 |

**368**

| | | | | | | | | |
|---|---|---|---|---|---|---|---|---|
| | | 8 | | | 9 | | 5 | |
| | | 7 | 5 | | | 9 | | |
| 5 | | | | 3 | | 2 | | 1 |
| 9 | | | | 6 | | | 1 | 4 |
| | 8 | | 1 | | 7 | | 3 | |
| 6 | 2 | | | 8 | | | | 7 |
| 8 | | 9 | | 1 | | | | 5 |
| | | 6 | | | 2 | 1 | | |
| | 3 | | 7 | | | 4 | | |

369

| | | | | | | | | |
|---|---|---|---|---|---|---|---|---|
| | 7 | 1 | | 9 | | 3 | | |
| | | | | 8 | 3 | | 1 | 5 |
| 3 | 8 | | | | 5 | | | 7 |
| | 2 | 7 | | | 9 | | | 4 |
| | | 8 | 5 | | 2 | 7 | | |
| 1 | | | 4 | | | 8 | 2 | |
| 8 | | | 9 | | | | 7 | 1 |
| 7 | 9 | | 3 | 4 | | | | |
| | | 6 | | 7 | | 5 | 9 | |

370

| | | | | | | | | |
|---|---|---|---|---|---|---|---|---|
| 2 | | | 3 | | | | 8 | |
| | 3 | | | | 8 | 6 | 9 | |
| 7 | | 9 | | 4 | 5 | | | |
| 4 | | 1 | 5 | | | | | 9 |
| | 2 | | | 7 | | | 3 | |
| 8 | | | | | 9 | 5 | | 7 |
| | | | 9 | 5 | | 4 | | 8 |
| | 9 | 8 | 4 | | | | 7 | |
| | 4 | | | | 3 | | | 2 |

# MEDIUM

**371**

| | | | | | | | | |
|---|---|---|---|---|---|---|---|---|
| | | 5 | | 7 | | | 2 | 3 |
| | 3 | 2 | | | 6 | 7 | | |
| 8 | | | 2 | 1 | | | 4 | |
| | | 4 | 8 | | 1 | | | 2 |
| 7 | 6 | | | | | | 8 | 1 |
| 2 | | | 3 | | 7 | 4 | | |
| | 2 | | | 9 | 5 | | | 4 |
| | | 8 | 7 | | | 1 | 9 | |
| 3 | 1 | | | 8 | | 2 | | |

**372**

| | | | | | | | | |
|---|---|---|---|---|---|---|---|---|
| | | | 7 | 5 | 6 | | 2 | |
| | | 9 | | | 3 | 7 | 1 | |
| 5 | | 8 | | | | | | 4 |
| | 4 | | | | | 2 | 9 | 8 |
| | | | 3 | 2 | 8 | | | |
| 8 | 2 | 7 | | | | | 3 | |
| 4 | | | | | | 1 | | 7 |
| | 8 | 6 | 2 | | | 9 | | |
| | 9 | | 4 | 3 | 7 | | | |

**373**

| | | | | | | | | |
|---|---|---|---|---|---|---|---|---|
| | | 1 | 6 | 5 | | | | 2 |
| | 6 | | 9 | | 1 | | | 5 |
| | 9 | 7 | | | | 3 | | 1 |
| | 7 | | | 6 | 9 | 1 | | |
| 9 | 5 | | | | | | 3 | 7 |
| | | 3 | 7 | 2 | | | 8 | |
| 7 | | 9 | | | | 4 | 2 | |
| 6 | | | 4 | | 8 | | 1 | |
| 3 | | | | 7 | 6 | 5 | | |

**374**

| | | | | | | | | |
|---|---|---|---|---|---|---|---|---|
| | | | 2 | | 6 | 4 | | 3 |
| 6 | | 8 | | | | | 5 | |
| | 2 | | 4 | | 5 | 1 | | |
| | 1 | | | 3 | | 7 | | 5 |
| | 8 | | | 5 | | | 6 | |
| 5 | | 3 | | 1 | | | 2 | |
| | | 1 | 5 | | 9 | | 7 | |
| | 5 | | | | | 9 | | 8 |
| 4 | | 7 | 8 | | 1 | | | |

375

| | | | | | | | | |
|---|---|---|---|---|---|---|---|---|
| | | 5 | 6 | | | | 3 | |
| | 7 | 1 | 8 | | 2 | | | |
| 6 | | | | 9 | | 2 | 7 | |
| 9 | | 6 | | 5 | | | 4 | |
| 4 | | | 9 | | 6 | | | 5 |
| | 5 | | | 3 | | 9 | | 6 |
| | 6 | 3 | | 7 | | | | 2 |
| | | | 1 | | 9 | 5 | 8 | |
| | 1 | | | | 8 | 7 | | |

376

| | | | | | | | | |
|---|---|---|---|---|---|---|---|---|
| 2 | | 7 | 3 | | | | 9 | |
| 9 | | | | 1 | | 5 | | 7 |
| 4 | | | 2 | | 7 | | 8 | |
| | | | | 2 | | 7 | 6 | |
| | | 3 | 9 | | 6 | 1 | | |
| | 6 | 2 | | 8 | | | | |
| | 2 | | 8 | | 1 | | | 5 |
| 6 | | 5 | | 7 | | | | 3 |
| | 8 | | | | 9 | 2 | | 6 |

377

| | | | | | | | | |
|---|---|---|---|---|---|---|---|---|
| 1 | | | | | | 2 | 6 | 9 |
| 9 | | 7 | | | 4 | | 3 | |
| | | 8 | | 1 | 6 | | | |
| 5 | 2 | | | 9 | | | 4 | |
| | | 9 | 3 | | 2 | 5 | | |
| | 4 | | | 6 | | | 2 | 7 |
| | | | 2 | 7 | | 4 | | |
| | 9 | | 6 | | | 8 | | 3 |
| 7 | 8 | 5 | | | | | | 2 |

378

| | | | | | | | | |
|---|---|---|---|---|---|---|---|---|
| 3 | 8 | 7 | | | 4 | | | |
| | | | | 3 | 5 | 7 | | 2 |
| | 6 | | | | 1 | 3 | | |
| | | | 8 | | | 9 | 1 | 6 |
| 8 | | | | 4 | | | | 7 |
| 5 | 9 | 2 | | | 7 | | | |
| | | 9 | 3 | | | | 7 | |
| 1 | | 3 | 4 | 7 | | | | |
| | | | 5 | | | 2 | 3 | 9 |

## MEDIUM

**379**

| | | | | | | | | |
|---|---|---|---|---|---|---|---|---|
| 1 | 7 | | 6 | | | | | 4 |
| | 3 | | 5 | 1 | | 7 | | |
| | | 5 | 4 | | | 3 | | 1 |
| | 6 | | 9 | | | 5 | | |
| | 2 | | | 3 | | | 9 | |
| | | 9 | | | 2 | | 1 | |
| 4 | | 3 | | | 1 | 2 | | |
| | | 8 | | 4 | 5 | | 7 | |
| 7 | | | | | 9 | | 4 | 3 |

**380**

| | | | | | | | | |
|---|---|---|---|---|---|---|---|---|
| | 3 | | 7 | | 8 | | | 9 |
| | | 6 | | | 2 | 4 | | |
| 5 | 8 | | | | | | 2 | 1 |
| | | 3 | | 8 | | | 7 | 2 |
| | | 4 | | 6 | | 9 | | |
| 2 | 5 | | | 7 | | 6 | | |
| 3 | 6 | | | | | | 4 | 5 |
| | | 5 | 1 | | | 8 | | |
| 8 | | | 4 | | 5 | | 1 | |

381

| | | | | | | | | |
|---|---|---|---|---|---|---|---|---|
| 3 | 2 | 4 | | | | 8 | | |
| 1 | | | | | 6 | 7 | | |
| | | | 8 | 2 | 4 | | 3 | |
| 6 | 4 | | | | | 5 | | 1 |
| | | | 1 | 6 | 3 | | | |
| 7 | | 9 | | | | | 2 | 6 |
| | 8 | | 7 | 3 | 2 | | | |
| | | 1 | 6 | | | | | 8 |
| | | 6 | | | | 9 | 5 | 3 |

382

| | | | | | | | | |
|---|---|---|---|---|---|---|---|---|
| | | 6 | 9 | | 3 | | | |
| | | 3 | 1 | 4 | | | 6 | |
| 7 | 9 | | | | | 4 | | 3 |
| | 8 | | | 5 | 2 | | 7 | |
| 6 | | 2 | | | | 5 | | 4 |
| | 7 | | 4 | 1 | | | 9 | |
| 9 | | 4 | | | | | 5 | 2 |
| | 6 | | | 3 | 4 | 1 | | |
| | | | 5 | | 7 | 3 | | |

# MEDIUM

383

| | | | | | | | | |
|---|---|---|---|---|---|---|---|---|
| | 4 | | | | 6 | | 1 | 5 |
| | | 1 | | 5 | 3 | 4 | | |
| 7 | 8 | | 4 | | | | 3 | |
| | | 2 | 5 | | | 3 | | |
| 9 | | | | 7 | | | | 8 |
| | | 6 | | | 8 | 2 | | |
| | 6 | | | | 1 | | 2 | 3 |
| | | 8 | 3 | 6 | | 1 | | |
| 1 | 3 | | 8 | | | | 7 | |

384

| | | | | | | | | |
|---|---|---|---|---|---|---|---|---|
| 6 | 8 | | | | | 9 | | 7 |
| | | 3 | 1 | | 8 | | 5 | |
| | | 4 | | 3 | 7 | | | |
| | 5 | | | | 3 | 2 | | 9 |
| 8 | | | | 9 | | | | 3 |
| 3 | | 9 | 5 | | | | 4 | |
| | | | 2 | 5 | | 1 | | |
| | 9 | | 8 | | 6 | 3 | | |
| 4 | | 6 | | | | | 2 | 5 |

**385**

| | | | | | | | | |
|---|---|---|---|---|---|---|---|---|
| | | 7 | | 3 | 1 | | | |
| | | 8 | | 6 | | | 4 | 3 |
| 3 | 6 | | 8 | | | | | 9 |
| 7 | 1 | | 3 | | | 4 | | |
| | | 2 | 4 | | 7 | 3 | | |
| | | 3 | | | 6 | | 8 | 1 |
| 1 | | | | | 2 | | 5 | 7 |
| 8 | 9 | | | 7 | | 2 | | |
| | | | 9 | 4 | | 8 | | |

**386**

| | | | | | | | | |
|---|---|---|---|---|---|---|---|---|
| 7 | 8 | | | 1 | | 2 | | |
| 6 | | 3 | 8 | | | 9 | | |
| | | | | 3 | 2 | 7 | | 8 |
| | 1 | | 7 | | 9 | | 3 | |
| 3 | | | | | | | | 9 |
| | 4 | | 1 | | 3 | | 5 | |
| 1 | | 4 | 5 | 7 | | | | |
| | | 5 | | | 1 | 8 | | 4 |
| | | 7 | | 6 | | | 9 | 1 |

# MEDIUM

**387**

| | | | | | | | | |
|---|---|---|---|---|---|---|---|---|
| | | 2 | 4 | | | | 6 | 3 |
| 3 | | | 9 | 2 | | 5 | | |
| 1 | | 6 | 3 | | | | | |
| | 7 | | | 4 | 3 | | 2 | |
| 4 | | | | | | | | 9 |
| | 2 | | 1 | 8 | | | 3 | |
| | | | | | 4 | 2 | | 8 |
| | | 1 | | 6 | 5 | | | 4 |
| 8 | 4 | | | | 1 | 3 | | |

**388**

| | | | | | | | | |
|---|---|---|---|---|---|---|---|---|
| | | 9 | | | | 7 | 6 | |
| 6 | | | | 4 | 9 | | | 3 |
| 8 | | | 6 | 2 | | 4 | | |
| 2 | | | 5 | | 1 | | 9 | |
| | 6 | 3 | | | | 2 | 8 | |
| | 4 | | 8 | | 2 | | | 6 |
| | | 4 | | 8 | 5 | | | 7 |
| 3 | | | 9 | 7 | | | | 8 |
| | 2 | 8 | | | | 9 | | |

**389**

| | | | | | | | | |
|---|---|---|---|---|---|---|---|---|
| | | 2 | 4 | 6 | | | 1 | |
| 5 | | 7 | 1 | | | | 3 | |
| | 8 | | 3 | | | | | |
| | 2 | 8 | 9 | | | | | 3 |
| | | 6 | | 2 | | 4 | | |
| 3 | | | | | 1 | 9 | 2 | |
| | | | | | 9 | | 4 | |
| | 7 | | | | 5 | 8 | | 1 |
| | 6 | | | 1 | 4 | 5 | | |

**390**

| | | | | | | | | |
|---|---|---|---|---|---|---|---|---|
| 2 | | | 3 | 4 | | | 1 | |
| 5 | | | 8 | | 7 | | | 4 |
| | 3 | 9 | | | | 5 | 7 | |
| | 4 | 3 | | | | | | 6 |
| | | | 9 | 5 | 2 | | | |
| 8 | | | | | | 1 | 9 | |
| | 2 | 1 | | | | 7 | 6 | |
| 6 | | | 7 | | 3 | | | 1 |
| | 9 | | | 1 | 6 | | | 2 |

**391**

| | | | | | | | | |
|---|---|---|---|---|---|---|---|---|
| | 5 | 4 | | 2 | | | 7 | |
| 7 | | | | | 5 | 3 | | 4 |
| | | 2 | 7 | | 8 | | | |
| 8 | | | | 9 | 7 | | 1 | |
| 2 | 1 | | | | | | 3 | 5 |
| | 7 | | 2 | 5 | | | | 8 |
| | | | 5 | | 6 | 2 | | |
| 3 | | 1 | 4 | | | | | 7 |
| | 6 | | | 7 | | 9 | 4 | |

**392**

| | | | | | | | | |
|---|---|---|---|---|---|---|---|---|
| | 8 | | | | 7 | | | |
| | 6 | | 4 | 8 | | 7 | | |
| 3 | | 9 | 2 | | | | | 1 |
| | 4 | | 8 | | | 5 | 7 | |
| 1 | | | | 5 | | | | 8 |
| | 3 | 5 | | | 9 | | 4 | |
| 2 | | | | | 1 | 3 | | 6 |
| | | 3 | | 2 | 6 | | 1 | |
| | | | 9 | | | | 5 | |

## 393

| | | | | | | | | |
|---|---|---|---|---|---|---|---|---|
| | 7 | | 6 | | | 9 | | |
| | 6 | 5 | 2 | | | | | 3 |
| 3 | | | 8 | | | 7 | | 2 |
| | 5 | 8 | 9 | 1 | | | | |
| 9 | 2 | | | | | | 1 | 7 |
| | | | | 3 | 8 | 2 | 9 | |
| 5 | | 7 | | | 6 | | | 4 |
| 4 | | | | | 9 | 5 | 7 | |
| | | 2 | | | 5 | | 8 | |

## 394

| | | | | | | | | |
|---|---|---|---|---|---|---|---|---|
| | | 3 | | | 4 | | | 9 |
| 9 | 6 | | 3 | | | | 8 | |
| | 4 | | | 5 | 7 | 2 | | |
| 5 | 2 | 8 | | | 9 | | | |
| | | | | 6 | | | | |
| | | | 4 | | | 9 | 1 | 8 |
| | | 4 | 2 | 7 | | | 5 | |
| | 7 | | | | 1 | | 2 | 4 |
| 1 | | | 5 | | | 3 | | |

# MEDIUM

**395**

|  | 6 | 2 |  |  | 7 |  |  | 1 |
|---|---|---|---|---|---|---|---|---|
| 3 |  |  |  | 2 | 8 |  | 7 |  |
|  | 4 |  | 5 |  |  |  |  | 6 |
|  |  | 8 |  |  | 9 | 6 |  | 2 |
|  |  | 5 |  | 6 |  | 1 |  |  |
| 6 |  | 3 | 1 |  |  | 9 |  |  |
| 1 |  |  |  |  | 3 |  | 9 |  |
|  | 7 |  | 8 | 1 |  |  |  | 5 |
| 5 |  |  | 2 |  |  | 7 | 1 |  |

**396**

|  | 7 |  | 4 |  | 1 |  | 2 |  |
|---|---|---|---|---|---|---|---|---|
|  |  | 6 |  | 2 |  |  | 5 | 8 |
|  |  | 9 |  |  | 5 | 1 |  |  |
|  |  | 7 |  | 6 | 8 |  | 3 |  |
| 1 |  |  |  |  |  |  |  | 4 |
|  | 8 |  | 5 | 4 |  | 7 |  |  |
|  |  | 1 | 8 |  |  | 3 |  |  |
| 5 | 2 |  |  | 1 |  | 6 |  |  |
|  | 3 |  | 9 |  | 2 |  | 1 |  |

397

| | | | | | | | | |
|---|---|---|---|---|---|---|---|---|
| 2 | | 6 | | 5 | | | | |
| | 8 | 1 | 2 | | | | 3 | |
| | | | 7 | | | 9 | 6 | 2 |
| 4 | | | | | 5 | | 8 | 6 |
| | | 5 | 6 | | 7 | 4 | | |
| 8 | 6 | | 3 | | | | | 1 |
| 7 | 5 | 9 | | | 2 | | | |
| | 3 | | | | 9 | 2 | 7 | |
| | | | | 7 | | 8 | | 3 |

398

| | | | | | | | | |
|---|---|---|---|---|---|---|---|---|
| 8 | | | | 6 | 2 | | | 3 |
| | 1 | | 4 | | 3 | 7 | | |
| 3 | | 9 | | | | | 4 | 8 |
| | | 1 | | 7 | 9 | | | |
| | 7 | 6 | | | | 9 | 3 | |
| | | | 6 | 4 | | 5 | | |
| 1 | 5 | | | | | 3 | | 6 |
| | | 2 | 8 | | 5 | | 1 | |
| 7 | | | 2 | 1 | | | | 5 |

# MEDIUM

**399**

| | | | | | | | | |
|---|---|---|---|---|---|---|---|---|
| 4 | 2 | 7 | | 3 | | | | |
| | | 8 | | | 2 | | | |
| | | | 6 | | | 1 | 7 | 2 |
| 8 | | 6 | | | 5 | | 1 | |
| 3 | | | 4 | | 8 | | | 9 |
| | 5 | | 7 | | | 2 | | 8 |
| 6 | 4 | 9 | | | 1 | | | |
| | | | 8 | | | 5 | | |
| | | | | 9 | | 4 | 3 | 1 |

**400**

| | | | | | | | | |
|---|---|---|---|---|---|---|---|---|
| | 1 | 9 | | | 5 | | | 2 |
| 5 | | | | 9 | | 3 | | 1 |
| | | | 6 | | 8 | 5 | | |
| 6 | 8 | | | | 9 | | 5 | |
| | 7 | | | 5 | | | 1 | |
| | 2 | | 7 | | | | 6 | 9 |
| | | 6 | 9 | | 2 | | | |
| 8 | | 2 | | 7 | | | | 6 |
| 4 | | | 1 | | | 9 | 2 | |

401

| | | | | | | | | |
|---|---|---|---|---|---|---|---|---|
| | | 7 | | 9 | | 3 | | 2 |
| 5 | 9 | | | 2 | | 4 | | |
| 1 | | | 3 | | 4 | | 9 | |
| | 2 | | | | 8 | | | 3 |
| | | 8 | 1 | | 3 | 6 | | |
| 9 | | | 4 | | | | 5 | |
| | 8 | | 5 | | 9 | | | 4 |
| | | 4 | | 3 | | | 8 | 1 |
| 2 | | 9 | | 4 | | 5 | | |

402

| | | | | | | | | |
|---|---|---|---|---|---|---|---|---|
| 4 | | | 2 | | | 9 | | 1 |
| | 3 | | 9 | 7 | | 2 | | |
| 7 | | | | | 8 | | 4 | |
| | 9 | 2 | 3 | | | | 1 | |
| 3 | | | | 6 | | | | 9 |
| | 1 | | | | 9 | 3 | 6 | |
| | 6 | | 4 | | | | | 7 |
| | | 1 | | 5 | 3 | | 2 | |
| 2 | | 4 | | | 7 | | | 8 |

# MEDIUM

**403**

| | | | | | | | | |
|---|---|---|---|---|---|---|---|---|
| | | | 7 | 3 | 5 | | | |
| | 3 | | 6 | | | 1 | 5 | |
| 6 | | 4 | | | | 3 | 2 | |
| 1 | | | 2 | 8 | | | | |
| | 4 | 2 | | | | 9 | 1 | |
| | | | | 6 | 9 | | | 2 |
| | 8 | 7 | | | | 2 | | 5 |
| | 1 | 9 | | | 7 | | 3 | |
| | | | 9 | 5 | 8 | | | |

**404**

| | | | | | | | | |
|---|---|---|---|---|---|---|---|---|
| 1 | 8 | | 5 | | | | 6 | |
| | | 6 | | 8 | 2 | 7 | | |
| 2 | | | 6 | | | 5 | 3 | |
| | | | | 5 | 6 | 3 | | 4 |
| | 2 | | | | | | 5 | |
| 5 | | 4 | 9 | 2 | | | | |
| | 1 | 5 | | | 4 | | | 3 |
| | | 8 | 2 | 9 | | 6 | | |
| | 4 | | | | 7 | | 9 | 5 |

405

| | | | | | | | | |
|---|---|---|---|---|---|---|---|---|
| | | 2 | 3 | | 8 | | | 4 |
| | 3 | | 5 | | | 2 | | 6 |
| 4 | | 1 | | | | | | |
| | | 6 | | 3 | | | 5 | 8 |
| | 1 | | 8 | | 6 | | 9 | |
| 2 | 8 | | | 9 | | 4 | | |
| | | | | | | 6 | | 7 |
| 6 | | 9 | | | 3 | | 2 | |
| 5 | | | 2 | | 4 | 9 | | |

406

| | | | | | | | | |
|---|---|---|---|---|---|---|---|---|
| 2 | | | | 8 | | | 9 | |
| 3 | 6 | | 4 | | | | | 1 |
| | | 1 | | | 2 | 4 | | 7 |
| | 9 | 6 | | | 1 | 3 | | |
| | 3 | | | 4 | | | 7 | |
| | | 2 | 5 | | | 9 | 1 | |
| 6 | | 7 | 8 | | | 5 | | |
| 4 | | | | | 9 | | 6 | 8 |
| | 8 | | | 1 | | | | 4 |

407

| | | | | | | | | |
|---|---|---|---|---|---|---|---|---|
| 3 | 1 | 8 | | | 4 | | | |
| | | | | 1 | 2 | | | 3 |
| 6 | | | 3 | | | 4 | 5 | |
| | 9 | | | 3 | 6 | | 8 | |
| 5 | | 2 | | | | 3 | | 6 |
| | 6 | | 8 | 2 | | | 7 | |
| | 3 | 4 | | | 9 | | | 5 |
| 9 | | | 2 | 4 | | | | |
| | | | 5 | | | 2 | 4 | 9 |

408

| | | | | | | | | |
|---|---|---|---|---|---|---|---|---|
| | 4 | | | | 1 | | 2 | 3 |
| 2 | | | | | 6 | 4 | | |
| | | 5 | | 2 | | | | 9 |
| 8 | 7 | 6 | 9 | | | | | |
| | | 4 | | 6 | | 7 | | |
| | | | | | 8 | 2 | 5 | 6 |
| 1 | | | | 4 | | 8 | | |
| | | 8 | 2 | | | | | 5 |
| 7 | 9 | | 3 | | | | 1 | |

409

| | | | | | | | | |
|---|---|---|---|---|---|---|---|---|
| | | | | 1 | 5 | | 2 | |
| | | 1 | | | 3 | | 4 | 6 |
| 3 | 6 | 9 | 2 | | | | | |
| 1 | 2 | | 8 | | | 3 | | |
| 7 | | | | 5 | | | | 2 |
| | | 4 | | | 2 | | 8 | 5 |
| | | | | | 1 | 6 | 9 | 8 |
| 4 | 1 | | 9 | | | 2 | | |
| | 9 | | 5 | 7 | | | | |

410

| | | | | | | | | |
|---|---|---|---|---|---|---|---|---|
| | 6 | 2 | | | 3 | | | 8 |
| 8 | | 7 | | | | | | 6 |
| | | | 6 | 7 | | 1 | 2 | |
| | 4 | | 8 | | | | 3 | 7 |
| | | 8 | 1 | | 4 | 5 | | |
| 2 | 3 | | | | 9 | | 4 | |
| | 1 | 6 | | 5 | 7 | | | |
| 7 | | | | | | 2 | | 5 |
| 5 | | | 3 | | | 7 | 6 | |

# MEDIUM

411

| | | | | | | | | |
|---|---|---|---|---|---|---|---|---|
| 5 | 4 | 8 | | 7 | | | | |
| | | | | | 8 | 5 | | 6 |
| 2 | | | 4 | 1 | | | | 7 |
| | | 7 | 2 | | 9 | | 5 | |
| | 9 | 6 | | | | 7 | 2 | |
| | 2 | | 1 | | 7 | 6 | | |
| 7 | | | | 5 | 3 | | | 2 |
| 6 | | 3 | 7 | | | | | |
| | | | | 4 | | 8 | 7 | 3 |

| | | | | | | | | |
|---|---|---|---|---|---|---|---|---|
| 3 | | | 7 | | | 9 | 5 | |
| | 9 | 6 | | | | | | 7 |
| | 8 | | 5 | | 1 | | 6 | |
| 9 | | 1 | | 2 | | 3 | | |
| 4 | | | | 1 | | | | 5 |
| | | 3 | | 5 | | 1 | | 8 |
| | 4 | | 6 | | 5 | | 3 | |
| 6 | | | | | | 7 | 4 | |
| | 7 | 2 | | | 3 | | | 6 |

413

| 8 |  |  |  |  | 3 |  |  | 7 |
|---|---|---|---|---|---|---|---|---|
|  |  |  |  | 7 | 4 |  | 9 | 5 |
|  | 7 | 9 |  |  | 1 |  | 6 |  |
| 9 |  | 1 |  | 3 |  | 6 |  |  |
|  |  | 2 | 1 |  | 8 | 9 |  |  |
|  |  | 3 |  | 2 |  | 7 |  | 8 |
|  | 5 |  | 7 |  |  | 3 | 8 |  |
| 1 | 3 |  | 8 | 4 |  |  |  |  |
| 2 |  |  | 3 |  |  |  |  | 6 |

| 3 | 6 |  | 8 |  |  |  |  |  |
|---|---|---|---|---|---|---|---|---|
|  | 1 |  | 9 |  |  |  | 5 | 2 |
|  |  | 2 |  | 1 |  | 3 | 7 |  |
|  |  | 9 |  | 5 |  | 6 |  | 7 |
| 8 |  |  | 6 |  | 4 |  |  | 1 |
| 6 |  | 1 |  | 9 |  | 5 |  |  |
|  | 9 | 8 |  | 4 |  | 1 |  |  |
| 5 | 4 |  |  |  | 6 |  | 9 |  |
|  |  |  |  |  | 9 |  | 4 | 3 |

# MEDIUM

**415**

| 5 | | | | 3 | 1 | 4 | | |
|---|---|---|---|---|---|---|---|---|
| | 6 | 3 | 7 | 2 | | | | |
| | 8 | | | | | 2 | 3 | 5 |
| | | 2 | 4 | | 9 | | | 7 |
| | 7 | | | | | | 9 | |
| 8 | | | 5 | | 7 | 3 | | |
| 9 | 4 | 8 | | | | | 2 | |
| | | | | 7 | 8 | 1 | 6 | |
| | | 6 | 3 | 4 | | | | 8 |

**416**

| | | | | | 3 | | 5 | 7 |
|---|---|---|---|---|---|---|---|---|
| | 1 | 2 | 7 | | | 9 | | |
| | | 6 | 9 | | 5 | | | 1 |
| | 4 | 8 | | 1 | | | | 6 |
| 9 | | | | 7 | | | | 8 |
| 2 | | | | 8 | | 1 | 9 | |
| 4 | | | 8 | | 1 | 3 | | |
| | | 3 | | | 7 | 5 | 8 | |
| 6 | 8 | | 4 | | | | | |

**417**

| | | | | | | | | |
|---|---|---|---|---|---|---|---|---|
| | 4 | | | 6 | 3 | | | |
| | 7 | 1 | 2 | | | | 5 | |
| 6 | | | | 1 | | 9 | | 4 |
| | | 2 | | | 4 | | 6 | 3 |
| 3 | | | 1 | | 6 | | | 7 |
| 4 | 1 | | 9 | | | 5 | | |
| 9 | | 4 | | 8 | | | | 5 |
| | 3 | | | | 2 | 6 | 1 | |
| | | | 3 | 9 | | | 4 | |

**418**

| | | | | | | | | |
|---|---|---|---|---|---|---|---|---|
| | | 3 | 8 | | 7 | | | 1 |
| | | 5 | | | 6 | | 3 | 4 |
| | | 4 | | 9 | | | 2 | |
| | | | | 2 | | 9 | 8 | |
| | 4 | | 7 | | 9 | | 6 | |
| | 7 | 9 | | 8 | | | | |
| | 1 | | | 6 | | 3 | | |
| 8 | 5 | | 1 | | | 6 | | |
| 9 | | | 5 | | 8 | 4 | | |

# MEDIUM

**419**

| | | | | | | | | |
|---|---|---|---|---|---|---|---|---|
| | | | 2 | | 4 | | 8 | |
| 5 | 1 | | 8 | 3 | | | | |
| 6 | | 8 | | | | 3 | | 2 |
| 1 | | 9 | | | 3 | | | |
| | | 4 | | 5 | | 2 | | |
| | | | 7 | | | 9 | | 6 |
| 7 | | 1 | | | | 6 | | 4 |
| | | | | 4 | 9 | | 2 | 7 |
| | 9 | | 1 | | 2 | | | |

**420**

| | | | | | | | | |
|---|---|---|---|---|---|---|---|---|
| 7 | | 3 | | | | | 6 | |
| | | | | | 8 | 2 | 3 | |
| | | 8 | | 1 | 7 | | | 4 |
| 3 | 9 | 2 | | 8 | | | | |
| 4 | | | 7 | | 2 | | | 3 |
| | | | | 3 | | 8 | 2 | 1 |
| 2 | | | 4 | 6 | | 5 | | |
| | 5 | 4 | 2 | | | | | |
| | 6 | | | | | 3 | | 2 |

421

| | | | | | | | | |
|---|---|---|---|---|---|---|---|---|
| 3 | | | | 2 | 9 | | | |
| 5 | | 2 | | | | | 6 | |
| | 8 | | | 1 | | 2 | | 5 |
| 6 | 5 | 7 | | | 3 | | | |
| | 2 | | 1 | | 6 | | 9 | |
| | | | 4 | | | 7 | 8 | 6 |
| 8 | | 1 | | 3 | | | 4 | |
| | 7 | | | | | 3 | | 8 |
| | | | 2 | 4 | | | | 1 |

| | | | | | | | | |
|---|---|---|---|---|---|---|---|---|
| | | | 2 | | | 6 | | 4 |
| 4 | | | 3 | | 9 | 1 | | |
| 2 | 8 | 5 | | 6 | | | | |
| 7 | | | | 4 | 5 | | 3 | |
| | | 6 | | | | 4 | | |
| | 4 | | 9 | 7 | | | | 1 |
| | | | | 1 | | 2 | 8 | 7 |
| | | 2 | 4 | | 8 | | | 5 |
| 5 | | 8 | | | 3 | | | |

**423**

| | | | | | | | | |
|---|---|---|---|---|---|---|---|---|
| | 2 | | 3 | | | 4 | 6 | |
| 9 | | | | | | | | 5 |
| 8 | | | | 5 | 9 | 1 | | |
| | 9 | | | | 4 | 2 | | 8 |
| | 4 | | 6 | | 1 | | 5 | |
| 2 | | 5 | 8 | | | | 7 | |
| | | 3 | 1 | 6 | | | | 7 |
| 1 | | | | | | | | 6 |
| | 8 | 9 | | | 7 | | 2 | |

**424**

| | | | | | | | | |
|---|---|---|---|---|---|---|---|---|
| | | | | 8 | 7 | 3 | 4 | |
| 4 | 3 | 8 | | | | | | |
| | 5 | | | | 3 | 1 | | |
| | | 9 | | 2 | 4 | | | 6 |
| 8 | 2 | | | | | | 1 | 5 |
| 3 | | | 8 | 5 | | 9 | | |
| | | 6 | 4 | | | | 8 | |
| | | | | | | 4 | 7 | 9 |
| | 4 | 5 | 1 | 7 | | | | |

**425**

| | | | | | | | | |
|---|---|---|---|---|---|---|---|---|
| | | | 1 | 7 | | | 8 | 2 |
| | 4 | 8 | | | 2 | | | 9 |
| | 9 | 2 | | | 8 | 6 | | |
| | | | 4 | 3 | | 2 | | |
| | 2 | | | | | | 1 | |
| | | 3 | | 2 | 6 | | | |
| | | 6 | 9 | | | 3 | 7 | |
| 5 | | | 7 | | | 1 | 2 | |
| 4 | 7 | | | 6 | 3 | | | |

**426**

| | | | | | | | | |
|---|---|---|---|---|---|---|---|---|
| 1 | 8 | 6 | | | | | 3 | |
| | 2 | | 7 | | | 1 | | |
| | | | 6 | 1 | 4 | | | 8 |
| | 7 | | | 8 | | 4 | | |
| 3 | | | 5 | | 6 | | | 7 |
| | | 1 | | 2 | | | 5 | |
| 2 | | | 8 | 9 | 3 | | | |
| | | 8 | | | 5 | | 4 | |
| | 5 | | | | | 6 | 8 | 2 |

# MEDIUM

427

|   |   |   |   |   |   |   |   |   |
|---|---|---|---|---|---|---|---|---|
|   |   | 4 | 3 |   | 7 | 8 |   |   |
|   |   | 1 |   | 6 |   |   | 2 | 5 |
|   | 2 |   |   |   | 5 |   | 9 |   |
|   |   |   |   | 9 | 1 |   | 4 | 2 |
|   |   | 9 |   |   |   | 7 |   |   |
| 1 | 4 |   | 2 | 7 |   |   |   |   |
|   | 5 |   | 7 |   |   |   | 3 |   |
| 7 | 6 |   |   | 4 |   | 1 |   |   |
|   |   | 2 | 5 |   | 8 | 9 |   |   |

428

|   |   |   |   |   |   |   |   |   |
|---|---|---|---|---|---|---|---|---|
| 3 | 9 |   |   |   | 5 |   |   | 1 |
|   |   |   |   | 9 | 2 | 8 |   |   |
|   |   | 2 |   |   | 6 | 5 |   | 7 |
|   |   |   | 6 | 2 |   | 4 |   |   |
| 2 | 1 |   |   |   |   |   | 3 | 9 |
|   |   | 5 |   | 7 | 3 |   |   |   |
| 5 |   | 4 | 3 |   |   | 7 |   |   |
|   |   | 9 | 5 | 1 |   |   |   |   |
| 6 |   |   | 2 |   |   |   | 5 | 4 |

**429**

| | | | | | | | | |
|---|---|---|---|---|---|---|---|---|
| | | | 1 | | 9 | | | 7 |
| 1 | | 2 | | | | 4 | 8 | |
| 7 | 6 | | 5 | 2 | | | | |
| | 1 | | 8 | | | | | 9 |
| | 2 | | | 3 | | | 6 | |
| 9 | | | | | 1 | | 4 | |
| | | | | 9 | 6 | | 7 | 4 |
| | 3 | 7 | | | | 1 | | 2 |
| 5 | | | 2 | | 7 | | | |

**430**

| | | | | | | | | |
|---|---|---|---|---|---|---|---|---|
| | 6 | | | | | | 1 | 9 |
| | | 7 | | 1 | | | | 3 |
| | 8 | | 3 | 2 | | | | 5 |
| | | 8 | | | 3 | 9 | | 1 |
| | 9 | | 2 | | 7 | | 3 | |
| 7 | | 4 | 1 | | | 5 | | |
| 4 | | | | 9 | 1 | | 8 | |
| 8 | | | | 7 | | 6 | | |
| 9 | 2 | | | | | | 5 | |

# MEDIUM

**431**

| | | 5 | | 9 | | 1 | | |
|---|---|---|---|---|---|---|---|---|
| | 6 | 8 | | | 7 | 4 | | |
| | | | 5 | | 6 | | | 2 |
| 5 | 1 | | | | 4 | | 6 | |
| | 7 | | | 8 | | | 2 | |
| | 9 | | 6 | | | | 1 | 3 |
| 7 | | | 2 | | 8 | | | |
| | | 3 | 4 | | | 2 | 8 | |
| | | 9 | | 1 | | 6 | | |

**432**

| | 4 | | | | 3 | 2 | | |
|---|---|---|---|---|---|---|---|---|
| | | 2 | | 9 | | | 1 | |
| 5 | | | | | 7 | | 4 | 9 |
| 2 | | 4 | | | 6 | | 3 | |
| | | 7 | | 1 | | 9 | | |
| | 8 | | 3 | | | 6 | | 2 |
| 9 | 5 | | 4 | | | | | 8 |
| | 7 | | | 2 | | 3 | | |
| | | 1 | 9 | | | | 5 | |

# MEDIUM

**433**

|   |   | 4 | 6 |   |   |   | 3 |   |
|---|---|---|---|---|---|---|---|---|
|   |   | 9 |   | 1 | 2 |   | 7 |   |
| 6 |   | 1 | 3 |   |   |   | 9 |   |
| 2 | 4 |   |   | 9 | 8 |   |   |   |
| 8 |   |   |   |   |   |   |   | 5 |
|   |   |   | 7 | 4 |   |   | 2 | 3 |
|   | 7 |   |   |   | 4 | 6 |   | 9 |
|   | 6 |   | 9 | 2 |   | 3 |   |   |
|   | 3 |   |   |   | 6 | 4 |   |   |

| 2 |   |   | 7 |   |   | 1 | 6 |   |
|---|---|---|---|---|---|---|---|---|
| 5 |   |   | 6 |   |   | 3 |   |   |
| 9 | 8 |   |   | 1 |   |   |   |   |
| 3 | 9 |   |   | 6 |   |   | 4 |   |
|   |   | 2 | 9 |   | 8 | 7 |   |   |
|   | 7 |   |   | 3 |   |   | 8 | 9 |
|   |   |   |   | 4 |   |   | 2 | 3 |
|   |   | 4 |   |   | 5 |   |   | 7 |
|   | 3 | 9 |   |   | 1 |   |   | 6 |

# MEDIUM

**435**

| | | | | | | | | |
|---|---|---|---|---|---|---|---|---|
| | | | | | 2 | | 5 | |
| | | 5 | | 7 | | 4 | | 2 |
| | | 8 | 5 | | 9 | | | 6 |
| | 7 | | 6 | | | 3 | | 4 |
| 5 | | | | 8 | | | | 7 |
| 3 | | 6 | | | 1 | | 9 | |
| 2 | | | 9 | | 6 | 7 | | |
| 7 | | 1 | | 4 | | 9 | | |
| | 5 | | 2 | | | | | |

**436**

| | | | | | | | | |
|---|---|---|---|---|---|---|---|---|
| 5 | | 3 | 7 | | | 2 | | |
| | 9 | | | | 4 | | 5 | 6 |
| | | 1 | | 2 | | | | 9 |
| 4 | 6 | | 3 | | | | | |
| | | 2 | | 5 | | 7 | | |
| | | | | | 1 | | 2 | 8 |
| 1 | | | | 9 | | 4 | | |
| 3 | 7 | | 8 | | | | 9 | |
| | | 9 | | | 5 | 1 | | 7 |

437

| | | | | | | | | |
|---|---|---|---|---|---|---|---|---|
| 8 | | | 9 | | 1 | | | |
| | | 4 | | 8 | 5 | | 7 | |
| | 9 | 2 | | | | 5 | | |
| | 3 | 9 | 5 | | | | | 6 |
| | 2 | | | 9 | | | 4 | |
| 7 | | | | | 6 | 2 | 5 | |
| | | 3 | | | | 4 | 9 | |
| | 5 | | 2 | 4 | | 7 | | |
| | | | 6 | | 3 | | | 8 |

438

| | | | | | | | | |
|---|---|---|---|---|---|---|---|---|
| 4 | | | | 5 | 3 | 6 | | |
| | 9 | 6 | 1 | | | | | |
| | 2 | | | | | 1 | 4 | 7 |
| 2 | | | | 4 | 6 | 3 | | |
| | 5 | | | | | | 6 | |
| | | 9 | 3 | 1 | | | | 8 |
| 6 | 8 | 7 | | | | | 5 | |
| | | | | | 9 | 8 | 7 | |
| | | 5 | 6 | 8 | | | | 4 |

# MEDIUM

**439**

| | | | | | | | | |
|---|---|---|---|---|---|---|---|---|
| | | | 9 | | | | | 1 |
| 6 | 9 | | 2 | | 5 | | | |
| | | | | | | 2 | 7 | 9 |
| | | 9 | | 3 | 1 | | 4 | |
| 2 | | 3 | | | | 6 | | 5 |
| | 7 | | 6 | 4 | | 8 | | |
| 5 | 3 | 7 | | | | | | |
| | | | 7 | | 9 | | 8 | 6 |
| 9 | | | | | 4 | | | |

**440**

| | | | | | | | | |
|---|---|---|---|---|---|---|---|---|
| | | 8 | | 2 | 1 | | | 3 |
| | 6 | | 3 | | 9 | | | |
| | 1 | 3 | | | | 4 | | |
| 6 | | | | 1 | 8 | | | 9 |
| | 5 | 4 | | | | 8 | 2 | |
| 7 | | | 4 | 5 | | | | 6 |
| | | 7 | | | | 9 | 1 | |
| | | | 8 | | 3 | | 6 | |
| 8 | | | 1 | 9 | | 3 | | |

| | | | | | | | | |
|---|---|---|---|---|---|---|---|---|
| | | | | | 4 | | | 8 |
| | 7 | | | 5 | 8 | | | 2 |
| | 1 | 5 | | | | | 6 | 7 |
| | | 1 | 2 | 8 | | | 5 | |
| 2 | | 6 | | | | 9 | | 1 |
| | 8 | | | 6 | 1 | 3 | | |
| 4 | 3 | | | | | 6 | 1 | |
| 1 | | | 8 | 3 | | | 4 | |
| 5 | | | 1 | | | | | |

| | | | | | | | | |
|---|---|---|---|---|---|---|---|---|
| 4 | | | | 8 | | | 3 | 9 |
| | | 1 | | | 3 | | 4 | |
| | | 8 | 4 | | | 2 | | |
| 6 | | 3 | | | 4 | | 8 | |
| 8 | | | 2 | | 5 | | | 3 |
| | 1 | | 9 | | | 4 | | 2 |
| | | 5 | | | 7 | 1 | | |
| | 3 | | 5 | | | 8 | | |
| 9 | 7 | | | 1 | | | | 4 |

# MEDIUM

| | | | | | | | | |
|---|---|---|---|---|---|---|---|---|
| | | 9 | | | 8 | | | 2 |
| 6 | 1 | | 2 | 5 | | | | |
| | | | | | 7 | | 3 | 1 |
| | | 8 | 7 | 4 | | | 9 | |
| | 2 | 6 | | | | 4 | 7 | |
| | 4 | | | 9 | 5 | 3 | | |
| 1 | 6 | | 9 | | | | | |
| | | | | 8 | 1 | | 5 | 4 |
| 8 | | | 5 | | | 2 | | |

| | | | | | | | | |
|---|---|---|---|---|---|---|---|---|
| | 7 | 6 | 8 | | | | 1 | |
| 1 | | | | | 6 | 9 | | 7 |
| | | | 1 | | | | 4 | |
| | | 5 | | 2 | | | 3 | 9 |
| | | 1 | | 5 | | 4 | | |
| 6 | 3 | | | 8 | | 2 | | |
| | 1 | | | | 5 | | | |
| 2 | | 3 | 4 | | | | | 1 |
| | 9 | | | | 7 | 6 | 2 | |

445

| | | | | | | | | |
|---|---|---|---|---|---|---|---|---|
| 1 | | | 4 | 5 | | | | 2 |
| | | 6 | 8 | | | | | 4 |
| | 5 | 8 | | | | | 1 | 3 |
| | | | 6 | 4 | | 3 | | |
| | 8 | 2 | | | | 4 | 7 | |
| | | 9 | | 1 | 8 | | | |
| 7 | 2 | | | | | 9 | 4 | |
| 8 | | | | | 4 | 6 | | |
| 9 | | | | 3 | 7 | | | 8 |

446

| | | | | | | | | |
|---|---|---|---|---|---|---|---|---|
| 4 | | | | 8 | 2 | | | |
| | 6 | | 7 | | | | | 1 |
| | | 9 | | | 3 | 7 | 5 | |
| | 1 | 6 | | | | 8 | | 5 |
| | | | 2 | 3 | 5 | | | |
| 5 | | 3 | | | | 2 | 4 | |
| | 5 | 1 | 9 | | | 3 | | |
| 8 | | | | | 4 | | 9 | |
| | | | 5 | 2 | | | | 8 |

# MEDIUM

|   |   |   | 7 | 1 |   |   | 8 | 3 |
|---|---|---|---|---|---|---|---|---|
|   | 6 | 8 |   |   |   |   | 1 |   |
| 7 |   |   | 6 |   | 9 |   |   |   |
| 6 |   | 3 | 8 | 9 |   |   |   |   |
| 2 | 1 |   |   |   |   |   | 4 | 8 |
|   |   |   |   | 3 | 1 | 5 |   | 9 |
|   |   |   | 9 |   | 3 |   |   | 4 |
|   | 4 |   |   |   |   | 7 | 3 |   |
| 3 | 2 |   |   | 5 | 6 |   |   |   |

|   | 3 |   |   |   | 8 |   | 2 |   |
|---|---|---|---|---|---|---|---|---|
|   |   | 7 |   | 1 |   | 8 |   | 5 |
|   |   |   |   | 2 | 4 | 7 |   |   |
| 5 |   | 3 | 8 |   |   |   |   | 9 |
|   | 9 |   | 7 |   | 5 |   | 4 |   |
| 6 |   |   |   |   | 2 | 5 |   | 1 |
|   |   | 9 | 1 | 3 |   |   |   |   |
| 2 |   | 5 |   | 8 |   | 1 |   |   |
|   | 1 |   | 2 |   |   |   | 8 |   |

449

| | | | | | | | | |
|---|---|---|---|---|---|---|---|---|
| | 6 | | | 8 | 5 | | | 7 |
| | | | | | | 1 | 5 | |
| 9 | | | 6 | | 3 | 2 | | |
| | | | 7 | 2 | | 9 | 1 | |
| 2 | | 3 | | | | 7 | | 4 |
| | 1 | 4 | | 6 | 9 | | | |
| | | 6 | 9 | | 1 | | | 2 |
| | 2 | 9 | | | | | | |
| 3 | | | 5 | 7 | | | 8 | |

| | | | | | | | | |
|---|---|---|---|---|---|---|---|---|
| | 9 | | 1 | | | | | 2 |
| 5 | | 8 | | | | 4 | 1 | |
| | 1 | | | 4 | 3 | 8 | | |
| 9 | | | | 3 | | | 7 | |
| | | 7 | 6 | | 5 | 9 | | |
| | 6 | | | 2 | | | | 1 |
| | | 5 | 7 | 9 | | | 2 | |
| | 2 | 4 | | | | 7 | | 8 |
| 1 | | | | | 2 | | 3 | |

# MEDIUM

**451**

| | | | | | | | | |
|---|---|---|---|---|---|---|---|---|
| | | | 6 | | | | 5 | |
| 8 | | 1 | 9 | | | 3 | | |
| | | 7 | | 5 | 3 | 9 | | |
| 1 | 2 | | | | 6 | | | 4 |
| | 7 | | | 1 | | | 3 | |
| 5 | | | 4 | | | | 8 | 1 |
| | | 2 | 7 | 3 | | 6 | | |
| | | 4 | | | 2 | 1 | | 9 |
| | 6 | | | | 4 | | | |

**452**

| | | | | | | | | |
|---|---|---|---|---|---|---|---|---|
| | 9 | | | | | | 5 | |
| | | 5 | 7 | | 8 | | | 2 |
| 3 | | 1 | | 2 | 6 | | | |
| 2 | 1 | | | 5 | | 7 | | |
| | | 7 | 9 | | 4 | 1 | | |
| | | 4 | | 1 | | | 6 | 5 |
| | | | 4 | 3 | | 5 | | 7 |
| 5 | | | 8 | | 2 | 6 | | |
| | 7 | | | | | | 3 | |

453

| | | | | | | | | |
|---|---|---|---|---|---|---|---|---|
| | | | | 2 | | 7 | 3 | |
| 3 | | | 6 | | 7 | | 5 | |
| | 4 | 7 | | | 9 | 1 | | |
| 4 | | | | | 2 | 8 | | |
| 5 | | | | 8 | | | | 4 |
| | | 2 | 9 | | | | | 7 |
| | | 3 | 8 | | | 2 | 4 | |
| | 6 | | 7 | | 5 | | | 8 |
| | 1 | 5 | | 9 | | | | |

| | | | | | | | | |
|---|---|---|---|---|---|---|---|---|
| | | 6 | | | 1 | | | 4 |
| | 2 | 5 | | | 6 | | 7 | |
| | | | | 8 | 7 | 6 | 5 | |
| 6 | | 4 | | | 5 | | | 9 |
| | | | | 7 | | | | |
| 9 | | | 2 | | | 5 | | 8 |
| | 1 | 7 | 3 | 5 | | | | |
| | 6 | | 1 | | | 8 | 3 | |
| 3 | | | 7 | | | 4 | | |

# MEDIUM

**455**

| | | | | | | | | |
|---|---|---|---|---|---|---|---|---|
| 9 | | 6 | | | 4 | 2 | | |
| 1 | | | 9 | | | 4 | | |
| | 8 | | | | | | 3 | 9 |
| 7 | 3 | 8 | | 4 | | | | |
| | 9 | | 5 | | 3 | | 7 | |
| | | | | 6 | | 3 | 8 | 4 |
| 8 | 7 | | | | | | 2 | |
| | | 1 | | | 2 | | | 5 |
| | | 2 | 6 | | | 8 | | 3 |

**456**

| | | | | | | | | |
|---|---|---|---|---|---|---|---|---|
| | | | 5 | 4 | | 1 | | |
| | | 8 | | | | 9 | | 7 |
| 1 | | | 3 | | 7 | | 6 | |
| | 2 | | | 6 | 3 | | | 4 |
| 6 | | 3 | | | | 2 | | 9 |
| 5 | | | 2 | 1 | | | 7 | |
| | 6 | | 9 | | 1 | | | 8 |
| 2 | | 7 | | | | 6 | | |
| | | 1 | | 7 | 2 | | | |

457

| | | | | | | | | |
|---|---|---|---|---|---|---|---|---|
| | | | 7 | | | | | 4 |
| 8 | 9 | | | 5 | | | 1 | |
| 5 | | | | | | 7 | | 9 |
| | 3 | 1 | | 7 | | 2 | | |
| | | 8 | 5 | | 4 | 3 | | |
| | | 6 | | 9 | | 1 | 8 | |
| 7 | | 4 | | | | | | 8 |
| | 8 | | | 6 | | | 2 | 1 |
| 1 | | | | | 8 | | | |

| | | | | | | | | |
|---|---|---|---|---|---|---|---|---|
| | | | 3 | | 4 | 6 | | 9 |
| 3 | 7 | | | | | | 5 | |
| | 8 | | 9 | 5 | | | | 3 |
| | | 2 | | 6 | | 5 | | 7 |
| | | | 4 | | 9 | | | |
| 6 | | 8 | | 7 | | 3 | | |
| 1 | | | | 2 | 3 | | 8 | |
| | 6 | | | | | | 2 | 5 |
| 7 | | 5 | 8 | | 6 | | | |

459

| | | | | | | | | |
|---|---|---|---|---|---|---|---|---|
| | | | | | | 4 | 6 | |
| | 9 | | | | 8 | | 3 | 7 |
| 7 | | 2 | 9 | 6 | | | | |
| | | 5 | | | 4 | 7 | | 3 |
| 4 | | | 1 | | 5 | | | 6 |
| 2 | | 3 | 7 | | | 1 | | |
| | | | | 9 | 7 | 5 | | 8 |
| 1 | 2 | | 8 | | | | 9 | |
| | 5 | 9 | | | | | | |

460

| | | | | | | | | |
|---|---|---|---|---|---|---|---|---|
| | | | | | 2 | 1 | | 6 |
| | | | | 8 | 5 | | 3 | |
| 7 | 6 | 9 | | | | 8 | | |
| | 5 | | | | 4 | 7 | | 2 |
| | 1 | | | 3 | | | 6 | |
| 9 | | 8 | 2 | | | | 1 | |
| | | 7 | | | | 4 | 8 | 3 |
| | 4 | | 3 | 6 | | | | |
| 2 | | 1 | 4 | | | | | |

461

| | | | | | | | | |
|---|---|---|---|---|---|---|---|---|
| | | 9 | 8 | 1 | | 4 | | |
| 8 | | 4 | | | | | 2 | 1 |
| | | | 2 | | | | 8 | |
| 6 | | | 1 | | | 8 | 9 | |
| | 3 | | 9 | | 6 | | 7 | |
| | 2 | 7 | | | 5 | | | 6 |
| | 8 | | | | 9 | | | |
| 5 | 7 | | | | | 9 | | 2 |
| | | 2 | | 5 | 1 | 7 | | |

| | | | | | | | | |
|---|---|---|---|---|---|---|---|---|
| | | 3 | | 2 | 4 | | 5 | |
| 7 | | | | | 8 | | 1 | 3 |
| | 9 | | | | | 2 | | |
| 1 | | 2 | | 5 | | | | 6 |
| | 3 | | 8 | | 6 | | 2 | |
| 9 | | | | 3 | | 4 | | 5 |
| | | 6 | | | | | 8 | |
| 8 | 5 | | 6 | | | | | 4 |
| | 4 | | 3 | 8 | | 1 | | |

## 463

| | | | | | | | | |
|---|---|---|---|---|---|---|---|---|
| | 9 | 6 | | | 5 | | | |
| 4 | | | | 9 | | | | 3 |
| | 1 | | 3 | | | 6 | | 2 |
| 1 | 3 | 4 | | | | 8 | | |
| | | | 4 | 8 | 6 | | | |
| | | 8 | | | | 4 | 2 | 7 |
| 2 | | 5 | | | 1 | | 3 | |
| 8 | | | | 6 | | | | 5 |
| | | | 5 | | | 1 | 7 | |

## 464

| | | | | | | | | |
|---|---|---|---|---|---|---|---|---|
| | 8 | | | 5 | 9 | | | 4 |
| 7 | | | | | | 5 | | |
| 1 | | 4 | | | 2 | | 9 | |
| | | | | 8 | 1 | 4 | | 3 |
| | 3 | 7 | | | | 8 | 6 | |
| 8 | | 1 | 6 | 2 | | | | |
| | 1 | | 3 | | | 7 | | 2 |
| | | 2 | | | | | | 5 |
| 5 | | | 2 | 4 | | | 8 | |

465

| | | | | | | | | |
|---|---|---|---|---|---|---|---|---|
| 1 | 3 | | 7 | | 2 | | | |
| 6 | 9 | | | 8 | | | | 5 |
| | | | 1 | | | 9 | | 2 |
| | 6 | 7 | | | | 1 | | |
| | | | 8 | 1 | 7 | | | |
| | | 3 | | | | 5 | 9 | |
| 3 | | 9 | | | 8 | | | |
| 4 | | | | 5 | | | 8 | 9 |
| | | | 9 | | 4 | | 7 | 3 |

466

| | | | | | | | | |
|---|---|---|---|---|---|---|---|---|
| | 2 | 8 | | 5 | | | 7 | |
| | | 5 | 6 | 1 | | 8 | | |
| | 1 | | | | 3 | 4 | | |
| 6 | 5 | | 3 | | | | | |
| 7 | | | 1 | | 6 | | | 2 |
| | | | | | 8 | | 6 | 4 |
| | | 7 | 2 | | | | 4 | |
| | | 2 | | 6 | 1 | 5 | | |
| | 9 | | | 7 | | 2 | 1 | |

**467**

| | | | | | | | | |
|---|---|---|---|---|---|---|---|---|
| 9 | | | | | 1 | 4 | 3 | |
| 5 | | | | 3 | | 1 | 2 | |
| | | 8 | | | 4 | | | |
| | 5 | 1 | 4 | 7 | | | | |
| 6 | 2 | | | | | | 5 | 4 |
| | | | | 2 | 9 | 6 | 1 | |
| | | | 6 | | | 3 | | |
| | 4 | 3 | | 9 | | | | 6 |
| | 1 | 6 | 7 | | | | | 2 |

**468**

| | | | | | | | | |
|---|---|---|---|---|---|---|---|---|
| | | 7 | | | | 6 | 8 | |
| | | | | | 3 | | 5 | 7 |
| | 5 | 8 | | 1 | | | | |
| 3 | | 6 | | | 4 | | 2 | |
| 1 | | | 3 | | 5 | | | 4 |
| | 9 | | 2 | | | 7 | | 6 |
| | | | | 2 | | 5 | 7 | |
| 9 | 2 | | 1 | | | | | |
| | 4 | 5 | | | | 9 | | |

469

| | | | | | | | | |
|---|---|---|---|---|---|---|---|---|
| | 2 | | | | 6 | 5 | | |
| | | 3 | | 1 | 5 | | 2 | |
| 7 | 6 | | | | 2 | 3 | | |
| | | | | | | 7 | 6 | 2 |
| | | | 4 | 5 | 7 | | | |
| 8 | 3 | 7 | | | | | | |
| | | 6 | 5 | | | | 1 | 9 |
| | 4 | | 8 | 9 | | 6 | | |
| | | 9 | 6 | | | | 8 | |

470

| | | | | | | | | |
|---|---|---|---|---|---|---|---|---|
| | | 9 | 5 | | | 4 | | |
| 6 | | | 1 | 9 | | 5 | | |
| 8 | | 1 | | | 4 | | 7 | |
| 4 | 8 | | | | 7 | | | 2 |
| | | | | 4 | | | | |
| 1 | | | 3 | | | | 5 | 4 |
| | 3 | | 7 | | | 6 | | 5 |
| | | 5 | | 6 | 9 | | | 1 |
| | | 6 | | | 5 | 9 | | |

# MEDIUM

**471**

| | | | | | | | | |
|---|---|---|---|---|---|---|---|---|
| | 2 | 5 | | 6 | | 4 | | |
| 1 | | | 4 | | | | | 7 |
| 7 | | | 3 | | | 5 | | |
| | | | | 9 | 8 | | 6 | 3 |
| | 1 | 8 | | | | 2 | 4 | |
| 9 | 6 | | 1 | 3 | | | | |
| | | 3 | | | 2 | | | 4 |
| 2 | | | | | 7 | | | 5 |
| | | 1 | | 5 | | 6 | 8 | |

| | | | | | | | | |
|---|---|---|---|---|---|---|---|---|
| 9 | | | 7 | | | 1 | | |
| 1 | | 4 | | | 2 | 3 | | |
| | 8 | | 5 | | | | 7 | 4 |
| | 4 | | 1 | 8 | | | | |
| 6 | 1 | | | | | | 5 | 3 |
| | | | | 5 | 6 | | 4 | |
| 5 | 3 | | | | 4 | | 9 | |
| | | 7 | 9 | | | 4 | | 2 |
| | | 9 | | | 3 | | | 7 |

**473**

| | | | | | | | | |
|---|---|---|---|---|---|---|---|---|
| | | 2 | | 8 | | | | |
| | 4 | | 5 | | | 9 | | 7 |
| 1 | 5 | | 2 | | | | | 4 |
| | 9 | | | 7 | 5 | 3 | | |
| 3 | 8 | | | | | | 7 | 1 |
| | | 7 | 4 | 1 | | | 8 | |
| 5 | | | | | 8 | | 9 | 3 |
| 8 | | 6 | | | 9 | | 1 | |
| | | | | 5 | | 7 | | |

| | | | | | | | | |
|---|---|---|---|---|---|---|---|---|
| 8 | | 1 | | | | | 2 | 3 |
| 7 | | | 6 | | 8 | | | |
| | 2 | | | 3 | 1 | | 5 | |
| 2 | | | | 6 | | 3 | 4 | |
| | | | 8 | | 4 | | | |
| | 1 | 6 | | 7 | | | | 5 |
| | 3 | | 1 | 4 | | | 8 | |
| | | | 3 | | 7 | | | 2 |
| 1 | 6 | | | | | 4 | | 9 |

# MEDIUM

**475**

| | | | | | | | | |
|---|---|---|---|---|---|---|---|---|
| | 1 | | 6 | 9 | | | 5 | |
| | | 6 | 8 | | 2 | | | 7 |
| 7 | | | | | | 8 | | 2 |
| | 7 | | | | 1 | | | 6 |
| | | 1 | | 5 | | 4 | | |
| 8 | | | 7 | | | | 9 | |
| 4 | | 2 | | | | | | 9 |
| 5 | | | 3 | | 9 | 2 | | |
| | 3 | | | 7 | 4 | | 8 | |

**476**

| | | | | | | | | |
|---|---|---|---|---|---|---|---|---|
| 5 | | 4 | 8 | | | | 1 | |
| 6 | | | 7 | 9 | | 3 | | |
| | | 1 | | 5 | | | 7 | |
| | | | 3 | | 7 | | | 5 |
| 4 | | 3 | | | | 7 | | 2 |
| 2 | | | 5 | | 6 | | | |
| | 2 | | | 1 | | 4 | | |
| | | 9 | | 3 | 5 | | | 7 |
| | 3 | | | | 2 | 5 | | 1 |

**477**

| | | | | | | | | |
|---|---|---|---|---|---|---|---|---|
| 2 | | | 6 | | 7 | | 4 | |
| | 5 | | | | 3 | 7 | | 9 |
| 8 | | | | 1 | | | | |
| | | | | 7 | 5 | | 1 | 6 |
| | 1 | 2 | | | | 8 | 9 | |
| 6 | 9 | | 8 | 2 | | | | |
| | | | | 9 | | | | 4 |
| 7 | | 5 | 1 | | | | 3 | |
| | 2 | | 3 | | 4 | | | 1 |

**478**

| | | | | | | | | |
|---|---|---|---|---|---|---|---|---|
| | 1 | 5 | | 6 | | | | 3 |
| | | 7 | 3 | | | | | 9 |
| | 9 | | | | 8 | | 4 | |
| | 3 | 4 | | 2 | | 7 | | |
| 1 | | | 5 | | 7 | | | 4 |
| | | 9 | | 1 | | 6 | 3 | |
| | 2 | | 6 | | | | 5 | |
| 7 | | | | | 2 | 3 | | |
| 6 | | | | 5 | | 9 | 1 | |

# MEDIUM

**479**

| | | | | | | | | |
|---|---|---|---|---|---|---|---|---|
| | | 1 | 9 | | | 6 | | |
| | 4 | | | | 6 | | | 2 |
| 7 | | | | 5 | | | 9 | 1 |
| | 7 | | | 4 | 8 | | 5 | |
| | | 3 | | | | 7 | | |
| | 6 | | 7 | 3 | | | 2 | |
| 5 | 1 | | | 9 | | | | 4 |
| 3 | | | 1 | | | | 8 | |
| | | 8 | | | 2 | 1 | | |

**480**

| | | | | | | | | |
|---|---|---|---|---|---|---|---|---|
| | | 7 | | | | | 5 | 2 |
| | 9 | 1 | | 7 | | | | |
| 4 | | | 9 | | 3 | | | 1 |
| | 8 | | 6 | | 5 | | 3 | |
| | | 6 | | | | 4 | | |
| | 2 | | 4 | | 1 | | 9 | |
| 1 | | | 3 | | 8 | | | 4 |
| | | | | 9 | | 5 | 6 | |
| 5 | 7 | | | | | 3 | | |

481

| | | | | | | | | |
|---|---|---|---|---|---|---|---|---|
| | 4 | | 3 | 1 | | | | 5 |
| | | | | | | 8 | | 4 |
| 6 | | 9 | 4 | | | 2 | | |
| | 7 | | 6 | | | 3 | 5 | |
| | | | | 9 | | | | |
| | 5 | 2 | | | 1 | | 8 | |
| | | 5 | | | 6 | 1 | | 9 |
| 3 | | 4 | | | | | | |
| 2 | | | | 5 | 3 | | 6 | |

482

| | | | | | | | | |
|---|---|---|---|---|---|---|---|---|
| | 4 | | | | 2 | | 8 | |
| | | 9 | | | 6 | | | |
| | 8 | 7 | 9 | | | | | 3 |
| | | | | 8 | 9 | 5 | | 4 |
| 5 | 9 | | | | | | 1 | 7 |
| 4 | | 6 | 3 | 5 | | | | |
| 3 | | | | | 8 | 1 | 4 | |
| | | | 7 | | | 2 | | |
| | 2 | | 4 | | | | 9 | |

# MEDIUM

**483**

| 5 | | | 9 | | | 1 | | |
|---|---|---|---|---|---|---|---|---|
| 9 | | 4 | 1 | | | | | 2 |
| | | | 2 | 6 | | | 4 | |
| | | 2 | 4 | | | | 1 | |
| | | 3 | | 7 | | 5 | | |
| | 7 | | | | 6 | 8 | | |
| | 3 | | | 9 | 8 | | | |
| 7 | | | | | 1 | 2 | | 9 |
| | | 5 | | | 4 | | | 6 |

| | | 3 | 1 | | | | | |
|---|---|---|---|---|---|---|---|---|
| | | 2 | | 9 | | 8 | 1 | |
| 6 | 4 | | 5 | | | | 9 | |
| 1 | | | 7 | | 9 | 4 | | |
| | 9 | | | | | | 6 | |
| | | 7 | 3 | | 1 | | | 2 |
| | 7 | | | | 2 | | 4 | 8 |
| | 1 | 8 | | 5 | | 2 | | |
| | | | | | 4 | 6 | | |

485

| | | | | | | | | |
|---|---|---|---|---|---|---|---|---|
| | | | 2 | 1 | | 7 | 4 | |
| 4 | 7 | | | | | | 3 | |
| 9 | | 2 | | | 3 | | | |
| | | | | 3 | | 6 | | 4 |
| 1 | | | 9 | | 7 | | | 3 |
| 6 | | 9 | | 2 | | | | |
| | | | 8 | | | 4 | | 7 |
| | 2 | | | | | | 8 | 6 |
| | 1 | 5 | | 4 | 6 | | | |

| | | | | | | | | |
|---|---|---|---|---|---|---|---|---|
| | | 5 | | 8 | 7 | | | |
| 1 | | | 2 | | | | | 8 |
| 7 | | | | | | 5 | 9 | |
| | | 8 | | | 4 | | 2 | 6 |
| | 9 | | 3 | | 1 | | 5 | |
| 2 | 1 | | 8 | | | 9 | | |
| | 3 | 2 | | | | | | 9 |
| 4 | | | | | 9 | | | 7 |
| | | | 1 | 4 | | 6 | | |

# MEDIUM

**487**

| 5 |  | 7 |  | 6 |  |  |  |  |
|---|---|---|---|---|---|---|---|---|
|  |  |  |  |  |  | 5 |  | 9 |
|  | 4 | 8 |  |  | 9 |  |  | 2 |
|  | 3 |  | 9 |  |  | 4 |  |  |
| 6 |  |  |  | 1 |  |  |  | 7 |
|  |  | 1 |  |  | 2 |  | 9 |  |
| 2 |  |  | 1 |  |  | 3 | 5 |  |
| 7 |  | 6 |  |  |  |  |  |  |
|  |  |  |  | 5 |  | 2 |  | 8 |

**488**

|  | 2 |  | 6 | 3 |  |  |  |  |
|---|---|---|---|---|---|---|---|---|
| 8 | 1 |  | 5 |  |  |  |  |  |
|  |  |  |  |  |  | 5 | 6 | 8 |
| 9 |  | 8 | 4 |  | 3 |  |  |  |
| 4 | 7 |  |  |  |  |  | 1 | 6 |
|  |  |  | 8 |  | 7 | 3 |  | 9 |
| 3 | 4 | 2 |  |  |  |  |  |  |
|  |  |  |  |  | 1 |  | 5 | 2 |
|  |  |  |  | 4 | 2 |  | 3 |  |

**489**

| | | | | | | | | |
|---|---|---|---|---|---|---|---|---|
| 3 | | 2 | | 7 | | | | |
| | 6 | 5 | 2 | | | | 3 | |
| | | | | | 6 | 1 | | 2 |
| | | | 9 | | | | 8 | 1 |
| | | 4 | 1 | | 5 | 3 | | |
| 5 | 2 | | | | 3 | | | |
| 4 | | 8 | 5 | | | | | |
| | 3 | | | | 1 | 7 | 5 | |
| | | | | 4 | | 8 | | 3 |

**490**

| | | | | | | | | |
|---|---|---|---|---|---|---|---|---|
| | | 1 | | | 8 | | | |
| | | | 4 | | 2 | 7 | | |
| 9 | 3 | | | | | 8 | 6 | |
| | | 8 | 7 | 4 | | | 2 | |
| 6 | 4 | | | | | | 5 | 8 |
| | 2 | | | 8 | 3 | 6 | | |
| | 6 | 5 | | | | | 3 | 4 |
| | | 3 | 8 | | 1 | | | |
| | | | 6 | | | 5 | | |

# MEDIUM

**491**

|  | 4 |  |  | 6 | 1 |  |  |  |
|---|---|---|---|---|---|---|---|---|
|  |  |  |  |  |  |  | 6 | 7 |
| 8 |  | 5 |  | 9 |  |  | 1 |  |
|  |  | 3 | 6 |  |  |  | 8 | 2 |
|  |  | 8 | 5 |  | 3 | 6 |  |  |
| 7 | 1 |  |  |  | 9 | 3 |  |  |
|  | 8 |  |  | 5 |  | 1 |  | 4 |
| 6 | 9 |  |  |  |  |  |  |  |
|  |  |  | 2 | 4 |  |  | 3 |  |

**492**

|  |  | 6 |  | 7 | 1 |  |  | 8 |
|---|---|---|---|---|---|---|---|---|
|  |  |  |  |  | 4 | 1 | 7 | 3 |
| 7 | 8 |  |  |  |  |  |  |  |
|  | 2 |  | 1 |  | 9 |  |  |  |
| 6 | 3 |  |  |  |  |  | 5 | 1 |
|  |  |  | 7 |  | 5 |  | 2 |  |
|  |  |  |  |  |  |  | 4 | 9 |
| 5 | 7 | 9 | 8 |  |  |  |  |  |
| 4 |  |  | 9 | 5 |  | 6 |  |  |

**493**

| | | | | | | | | |
|---|---|---|---|---|---|---|---|---|
| | 1 | 4 | | | | | | 7 |
| | | | 9 | | 7 | 6 | | 8 |
| | 6 | | 1 | | | 5 | | |
| | | | 6 | 8 | | 4 | 2 | |
| | 5 | | | | | | 7 | |
| | 2 | 1 | | 7 | 9 | | | |
| | | 7 | | | 5 | | 6 | |
| 3 | | 6 | 8 | | 4 | | | |
| 2 | | | | | | 1 | 4 | |

**494**

| | | | | | | | | |
|---|---|---|---|---|---|---|---|---|
| | | | | 5 | | | | 6 |
| | 5 | 2 | 7 | | | | 9 | |
| | 6 | 3 | 8 | | | | | 5 |
| | | 1 | | 6 | 7 | | | |
| 5 | | 7 | | | | 1 | | 4 |
| | | | 3 | 4 | | 5 | | |
| 3 | | | | | 5 | 4 | 2 | |
| | 8 | | | | 4 | 6 | 7 | |
| 9 | | | | 2 | | | | |

# MEDIUM

**495**

| 1 |  |  |  |  |  | 2 | 8 |  |
|---|---|---|---|---|---|---|---|---|
| 8 | 7 |  | 5 |  |  |  | 3 |  |
|  |  | 3 |  | 6 | 9 |  |  |  |
| 7 | 1 | 8 |  |  | 5 |  |  |  |
|  |  |  |  | 7 |  |  |  |  |
|  |  |  | 6 |  |  | 4 | 7 | 5 |
|  |  |  | 2 | 4 |  | 5 |  |  |
|  | 2 |  |  |  | 8 |  | 6 | 7 |
|  | 3 | 6 |  |  |  |  |  | 2 |

**496**

|  |  |  |  |  | 2 | 9 | 4 |  |
|---|---|---|---|---|---|---|---|---|
| 3 | 7 |  | 5 | 1 |  |  |  |  |
|  |  | 1 |  |  | 4 |  |  |  |
| 5 |  |  | 2 |  |  | 6 | 9 |  |
|  |  | 6 |  | 5 |  | 1 |  |  |
|  | 4 | 2 |  |  | 6 |  |  | 3 |
|  |  |  | 1 |  |  | 7 |  |  |
|  |  |  |  | 4 | 7 |  | 6 | 5 |
|  | 2 | 5 | 8 |  |  |  |  |  |

**497**

| | | | | | | | | |
|---|---|---|---|---|---|---|---|---|
| | 7 | 6 | 1 | | | 5 | | |
| | 3 | | | 4 | 8 | | 7 | |
| | | | 3 | | | | | 8 |
| | | 8 | 5 | 2 | | | 9 | |
| | | 5 | | | | 1 | | |
| | 1 | | | 8 | 9 | 7 | | |
| 6 | | | | | 7 | | | |
| | 9 | | 8 | 6 | | | 2 | |
| | | 2 | | | 4 | 6 | 1 | |

**498**

| | | | | | | | | |
|---|---|---|---|---|---|---|---|---|
| | | 5 | 6 | | | 4 | | |
| 3 | | | | | | | 9 | 1 |
| 7 | 6 | | 4 | | 3 | | | |
| | | | 5 | 8 | | 9 | | 3 |
| | | 7 | | | | 5 | | |
| 9 | | 3 | | 2 | 4 | | | |
| | | | 8 | | 2 | | 1 | 9 |
| 1 | 9 | | | | | | | 5 |
| | | 4 | | | 9 | 7 | | |

# MEDIUM

**499**

| | | | | | | | | |
|---|---|---|---|---|---|---|---|---|
| | | 7 | | | 6 | 3 | | |
| 4 | 1 | | 5 | | | | 2 | |
| 3 | | | | | 1 | 8 | | |
| 9 | | 2 | | 6 | | | 7 | |
| | | | 9 | | 7 | | | |
| | 8 | | | 4 | | 6 | | 9 |
| | | 3 | 7 | | | | | 6 |
| | 9 | | | | 3 | | 1 | 4 |
| | | 8 | 6 | | | 2 | | |

**500**

| | | | | | | | | |
|---|---|---|---|---|---|---|---|---|
| | | | | 3 | 1 | | 9 | 5 |
| | | | 4 | | | 3 | 1 | |
| 7 | | 1 | | | 8 | | | |
| | 2 | | | | | | 8 | 3 |
| | | | 7 | 5 | 4 | | | |
| 9 | 1 | | | | | | 6 | |
| | | | 8 | | | 9 | | 6 |
| | 9 | 3 | | | 5 | | | |
| 5 | 6 | | 2 | 7 | | | | |

**501**

| | | | | | | | | |
|---|---|---|---|---|---|---|---|---|
| | | 5 | | | | | | |
| | | | 2 | 1 | | | 4 | 6 |
| 2 | 8 | | | | 7 | | | 3 |
| 7 | | 1 | | | 5 | | 9 | |
| | | 9 | | 4 | | 1 | | |
| | 6 | | 3 | | | 7 | | 5 |
| 1 | | | 5 | | | | 3 | 2 |
| 9 | 7 | | | 8 | 3 | | | |
| | | | | | | 4 | | |

**502**

| | | | | | | | | |
|---|---|---|---|---|---|---|---|---|
| 6 | | | | 4 | | 5 | | |
| 9 | 5 | | | | 1 | | | |
| | 7 | | | 5 | | 2 | 9 | |
| | | | | | 8 | | 2 | 7 |
| | | 2 | 5 | | 6 | 8 | | |
| 7 | 8 | | 1 | | | | | |
| | 4 | 8 | | 9 | | | 7 | |
| | | | 4 | | | | 8 | 3 |
| | | 5 | | 6 | | | | 2 |

# MEDIUM

**503**

| | | | | | | | | |
|---|---|---|---|---|---|---|---|---|
| 8 | | 7 | | | 5 | | | 6 |
| 5 | | | | | 2 | | | 3 |
| | 4 | | | 6 | | 8 | | |
| | | | 8 | | | 9 | 7 | |
| | | 2 | 5 | | 9 | 3 | | |
| | 8 | 3 | | | 6 | | | |
| | | 5 | | 2 | | | 8 | |
| 4 | | | 3 | | | | | 5 |
| 7 | | | 9 | | | 1 | | 4 |

**504**

| | | | | | | | | |
|---|---|---|---|---|---|---|---|---|
| | 9 | 6 | 8 | | | 5 | | |
| 1 | | | | | | | | |
| | | 2 | | 9 | 3 | | 1 | |
| 2 | | 8 | 1 | | | | 4 | |
| 4 | | | 6 | | 7 | | | 8 |
| | 7 | | | | 5 | 6 | | 3 |
| | 4 | | 3 | 5 | | 9 | | |
| | | | | | | | | 4 |
| | | 3 | | | 4 | 2 | 5 | |

**505**

| | | | | | | | | |
|---|---|---|---|---|---|---|---|---|
| | 8 | | | 9 | | | | |
| | | 6 | 2 | | | 5 | | 3 |
| 7 | | | 6 | | | | 2 | 8 |
| | | 3 | | | 9 | | 6 | 4 |
| | | | 3 | | 4 | | | |
| 5 | 1 | | 7 | | | 8 | | |
| 6 | 5 | | | | 3 | | | 7 |
| 2 | | 8 | | | 7 | 4 | | |
| | | | | 2 | | | 9 | |

**506**

| | | | | | | | | |
|---|---|---|---|---|---|---|---|---|
| | | | | 1 | | 4 | | 3 |
| 9 | | 4 | | | 5 | | 6 | |
| 7 | | | | | 3 | | 8 | |
| | | 6 | 9 | | | | 5 | 8 |
| | | | | 2 | | | | |
| 2 | 8 | | | | 1 | 6 | | |
| | 7 | | 5 | | | | | 2 |
| | 6 | | 3 | | | 1 | | 7 |
| 3 | | 2 | | 7 | | | | |

507

| | | | | | | | | |
|---|---|---|---|---|---|---|---|---|
| 8 | | 9 | 6 | | | 1 | | |
| | | | | 5 | 9 | | | |
| | 5 | | | | | | 4 | 6 |
| 5 | | | 9 | 4 | | 7 | | |
| | 2 | 1 | | | | 8 | 9 | |
| | | 7 | | 8 | 3 | | | 2 |
| 6 | 1 | | | | | | 8 | |
| | | | 7 | 1 | | | | |
| | | 8 | | | 4 | 5 | | 3 |

508

| | | | | | | | | |
|---|---|---|---|---|---|---|---|---|
| | | | 7 | 2 | | | | |
| 4 | | | | | | 1 | 9 | |
| | 3 | 5 | | | 6 | 2 | | |
| | 4 | | 6 | | | 5 | | 8 |
| 6 | | | 5 | | 4 | | | 2 |
| 9 | | 8 | | | 2 | | 1 | |
| | | 3 | 9 | | | 8 | 6 | |
| | 6 | 9 | | | | | | 1 |
| | | | | 6 | 5 | | | |

**509**

|   |   | | | | | | | |
|---|---|---|---|---|---|---|---|---|
|   |   |   | 3 | 1 |   | 5 | 4 |   |
| 9 |   |   | 8 |   |   |   |   |   |
|   |   | 3 |   |   |   |   | 6 | 9 |
|   | 2 |   |   |   | 1 |   | 9 | 5 |
| 1 |   |   |   | 4 |   |   |   | 2 |
| 6 | 7 |   | 5 |   |   |   | 1 |   |
| 7 | 6 |   |   |   |   | 1 |   |   |
|   |   |   |   |   | 4 |   |   | 8 |
|   | 5 | 2 |   | 8 | 7 |   |   |   |

**510**

|   |   | | | | | | | |
|---|---|---|---|---|---|---|---|---|
|   |   | 8 |   | 9 | 4 | 2 |   |   |
| 5 | 4 |   | 6 |   |   |   | 9 |   |
|   |   |   |   |   |   |   | 7 | 3 |
| 2 |   | 6 |   | 7 |   |   |   |   |
| 9 |   |   | 4 |   | 2 |   |   | 7 |
|   |   |   |   | 1 |   | 9 |   | 6 |
| 6 | 8 |   |   |   |   |   |   |   |
|   | 9 |   |   |   | 5 |   | 1 | 2 |
|   |   | 1 | 7 | 4 |   | 8 |   |   |

**511**

| | | | | | | | | |
|---|---|---|---|---|---|---|---|---|
| | | 4 | | | 1 | 9 | | 2 |
| 3 | | | | | | 6 | | 8 |
| | 6 | | | 2 | 7 | | | |
| | 8 | | 1 | | 3 | | | |
| | 4 | 5 | | | | 7 | 9 | |
| | | | 4 | | 5 | | 8 | |
| | | | 5 | 1 | | | 2 | |
| 5 | | 8 | | | | | | 6 |
| 6 | | 2 | 8 | | | 5 | | |

**512**

| | | | | | | | | |
|---|---|---|---|---|---|---|---|---|
| | | | | 8 | 7 | | | 9 |
| | 4 | | | | 1 | 3 | | |
| 2 | | 1 | | | | | | 6 |
| | | | 9 | 3 | | 6 | 7 | |
| 7 | 3 | | | | | | 9 | 4 |
| | 2 | 8 | | 6 | 4 | | | |
| 1 | | | | | | 5 | | 3 |
| | | 7 | 5 | | | | 2 | |
| 5 | | | 2 | 1 | | | | |

**513**

| | | | | | | | | |
|---|---|---|---|---|---|---|---|---|
| | | 8 | | 6 | | 3 | | 2 |
| | | | 4 | 2 | | 1 | | 7 |
| | | 9 | | | | | | |
| | 1 | | 3 | | | | 5 | 8 |
| | 3 | | 5 | | 7 | | 6 | |
| 8 | 7 | | | | 4 | | 2 | |
| | | | | | | 2 | | |
| 2 | | 4 | | 5 | 1 | | | |
| 5 | | 1 | | 3 | | 6 | | |

**514**

| | | | | | | | | |
|---|---|---|---|---|---|---|---|---|
| | | | 2 | | 7 | | | |
| | | 4 | | 3 | | 9 | 6 | |
| 7 | | | | 6 | | | 3 | |
| 6 | | | 3 | | | | 8 | 4 |
| | | 8 | 5 | | 6 | 1 | | |
| 3 | 4 | | | | 9 | | | 5 |
| | 6 | | | 1 | | | | 8 |
| | 5 | 2 | | 7 | | 4 | | |
| | | | 4 | | 8 | | | |

# MEDIUM

**515**

| | | | | | | | | |
|---|---|---|---|---|---|---|---|---|
| | | 9 | | | | 6 | | |
| 2 | 8 | | | | 3 | | | 5 |
| | 7 | | 9 | | 4 | | | 1 |
| | | 1 | 8 | 7 | | | | |
| | 3 | 6 | | | | 1 | 9 | |
| | | | | 1 | 9 | 7 | | |
| 3 | | | 6 | | 1 | | 2 | |
| 1 | | | 7 | | | | 6 | 3 |
| | | 2 | | | | 4 | | |

**516**

| | | | | | | | | |
|---|---|---|---|---|---|---|---|---|
| | | | 8 | | | 3 | | 6 |
| 8 | | | | | | | 9 | |
| | 9 | 3 | | | 5 | | | 2 |
| 4 | 7 | | 6 | | | 8 | | |
| | 3 | | 9 | | 8 | | 6 | |
| | | 2 | | | 3 | | 1 | 7 |
| 5 | | | 3 | | | 1 | 4 | |
| | 2 | | | | | | | 9 |
| 9 | | 8 | | | 1 | | | |

517

| | | | | | | | | |
|---|---|---|---|---|---|---|---|---|
| 1 | | | | | | 4 | 3 | |
| | | | 5 | | 6 | | | |
| 4 | | 8 | | 1 | | | 5 | |
| | 2 | 1 | | 8 | 5 | | | |
| 3 | | 5 | | | | 6 | | 2 |
| | | | 1 | 3 | | 8 | 9 | |
| | 6 | | | 5 | | 9 | | 7 |
| | | | 8 | | 7 | | | |
| | 9 | 4 | | | | | | 1 |

518

| | | | | | | | | |
|---|---|---|---|---|---|---|---|---|
| | 8 | 4 | 1 | 3 | | | | |
| | 3 | | | | | 2 | | |
| | | | | | 8 | 9 | | 3 |
| 1 | | | 9 | | | | 3 | 5 |
| | | 5 | 7 | | 1 | 8 | | |
| 9 | 4 | | | | 3 | | | 6 |
| 6 | | 3 | 8 | | | | | |
| | | 2 | | | | | 1 | |
| | | | | 5 | 4 | 6 | 7 | |

# MEDIUM

**519**

| | | | | | | | | |
|---|---|---|---|---|---|---|---|---|
| | | | 4 | 2 | | | 7 | |
| | 3 | 4 | | | 9 | | | |
| | | 2 | | | 6 | | 9 | 4 |
| 5 | | | 2 | | | 8 | 4 | |
| | | | | 1 | | | | |
| | 6 | 7 | | | 3 | | | 2 |
| 6 | 9 | | 7 | | | 1 | | |
| | | | 6 | | | 2 | 3 | |
| | 7 | | | 3 | 1 | | | |

**520**

| | | | | | | | | |
|---|---|---|---|---|---|---|---|---|
| | 1 | | | | | 6 | 2 | |
| 3 | 5 | | 1 | | | | | |
| | | | | 7 | 2 | 4 | | |
| | | | | | 4 | 8 | 3 | 9 |
| 8 | | | | 3 | | | | 7 |
| 7 | 3 | 1 | 9 | | | | | |
| | | 9 | 5 | 6 | | | | |
| | | | | | 3 | | 9 | 5 |
| | 8 | 3 | | | | | 4 | |

521

| | | | | | | | | |
|---|---|---|---|---|---|---|---|---|
| 4 | | 7 | | | | 6 | 5 | |
| | | | | 6 | | | | 2 |
| | | | 8 | 3 | 5 | | 1 | |
| | 8 | | 4 | | | 9 | | |
| 3 | | | 5 | | 6 | | | 7 |
| | | 5 | | | 3 | | 2 | |
| | 6 | | 9 | 2 | 7 | | | |
| 1 | | | | 5 | | | | |
| | 5 | 2 | | | | 8 | | 9 |

522

| | | | | | | | | |
|---|---|---|---|---|---|---|---|---|
| | | | | 8 | | 3 | | 1 |
| 5 | 3 | | | | 1 | | | |
| | | 7 | 4 | | 5 | | 8 | |
| | 5 | | | 7 | | | | 2 |
| | 6 | | 3 | | 8 | | 4 | |
| 1 | | | | 4 | | | 7 | |
| | 4 | | 2 | | 3 | 7 | | |
| | | | 9 | | | | 3 | 6 |
| 6 | | 3 | | 1 | | | | |

## MEDIUM

**523**

| | | | | | | | | |
|---|---|---|---|---|---|---|---|---|
| | | | 8 | 1 | 7 | | 2 | |
| 7 | 2 | | | | 9 | | 5 | |
| 6 | | | | | | 8 | | |
| | 3 | | | 9 | | | | 6 |
| 9 | | | 3 | | 4 | | | 2 |
| 4 | | | | 6 | | | 3 | |
| | | 2 | | | | | | 5 |
| | 5 | | 7 | | | | 4 | 9 |
| | 9 | | 2 | 5 | 1 | | | |

**524**

| | | | | | | | | |
|---|---|---|---|---|---|---|---|---|
| | 9 | 5 | | 3 | | | | |
| | 2 | | | | 1 | | 6 | 5 |
| | | | | | 7 | 3 | | 2 |
| 8 | | | | 4 | 3 | 2 | | |
| 7 | | | | | | | | 1 |
| | | 3 | 2 | 1 | | | | 7 |
| 4 | | 1 | 3 | | | | | |
| 2 | 6 | | 5 | | | | 1 | |
| | | | | 7 | | 9 | 2 | |

525

| | | | | | | | | |
|---|---|---|---|---|---|---|---|---|
| | | 3 | | | 7 | 2 | | 4 |
| | 4 | | 9 | | | 8 | | |
| | 8 | | | 6 | | | 9 | |
| 1 | | 7 | 6 | | 9 | | | |
| 4 | | | | | | | | 7 |
| | | | 8 | | 2 | 1 | | 5 |
| | 3 | | | 2 | | | 8 | |
| | | 6 | | | 3 | | 5 | |
| 2 | | 4 | 7 | | | 6 | | |

526

| | | | | | | | | |
|---|---|---|---|---|---|---|---|---|
| | | | 7 | | | 3 | | |
| | 5 | | | 1 | | 6 | | 9 |
| 9 | | 2 | 4 | 5 | | | | |
| | | | 8 | | 7 | | | 3 |
| | 4 | 9 | | | | 7 | 8 | |
| 5 | | | 9 | | 2 | | | |
| | | | | 9 | 8 | 2 | | 4 |
| 8 | | 6 | | 2 | | | 5 | |
| | | 3 | | | 1 | | | |

**527**

|  |  |  | 3 |  | 9 |  | 7 | 2 |
|---|---|---|---|---|---|---|---|---|
|  |  | 2 |  | 7 |  |  |  |  |
| 1 |  | 7 |  |  |  | 6 |  | 5 |
| 8 |  |  |  |  | 4 |  | 9 |  |
|  |  | 5 | 9 |  | 6 | 7 |  |  |
|  | 4 |  | 1 |  |  |  |  | 6 |
| 7 |  | 8 |  |  |  | 5 |  | 3 |
|  |  |  |  | 5 |  | 9 |  |  |
| 5 | 3 |  | 8 |  | 1 |  |  |  |

**528**

|  |  |  | 2 | 9 | 3 |  |  |  |
|---|---|---|---|---|---|---|---|---|
| 8 | 5 |  |  |  | 6 |  |  | 4 |
|  |  | 1 |  |  |  |  | 6 | 7 |
|  |  |  | 8 | 3 |  |  |  | 6 |
|  | 4 | 8 |  |  |  | 3 | 5 |  |
| 1 |  |  |  | 2 | 7 |  |  |  |
| 2 | 1 |  |  |  |  | 7 |  |  |
| 5 |  |  | 7 |  |  |  | 9 | 3 |
|  |  |  | 3 | 4 | 5 |  |  |  |

529

| | | | | | | | | |
|---|---|---|---|---|---|---|---|---|
| | | 1 | 6 | | | | | 9 |
| 8 | 4 | | 7 | | | 5 | | |
| | 3 | | | | 5 | | 2 | |
| | | | 5 | 9 | | | | 6 |
| 4 | | 2 | | | | 9 | | 8 |
| 9 | | | | 1 | 4 | | | |
| | 2 | | 9 | | | | 4 | |
| | | 3 | | | 8 | | 6 | 7 |
| 6 | | | | | 7 | 1 | | |

530

| | | | | | | | | |
|---|---|---|---|---|---|---|---|---|
| | 4 | | 5 | | 3 | 1 | | |
| | | 3 | | | | | 8 | |
| 5 | | | | 1 | | 3 | | |
| | | | | 3 | 4 | 7 | 6 | |
| 2 | 6 | | | | | | 3 | 4 |
| | 7 | 4 | 9 | 2 | | | | |
| | | 5 | | 7 | | | | 9 |
| | 1 | | | | | 2 | | |
| | | 7 | 1 | | 2 | | 4 | |

# MEDIUM

**531**

| | | | | | | | | |
|---|---|---|---|---|---|---|---|---|
| 8 | 1 | | 7 | | | | | 6 |
| | 2 | 7 | | 1 | | 8 | | |
| | | | 9 | | | 4 | | |
| | | | | 7 | 4 | | 5 | |
| | 3 | 2 | | | | 7 | 4 | |
| | 4 | | 5 | 3 | | | | |
| | | 1 | | | 7 | | | |
| | | 9 | | 4 | | 6 | 1 | |
| 6 | | | | | 8 | | 9 | 4 |

**532**

| | | | | | | | | |
|---|---|---|---|---|---|---|---|---|
| 9 | | | | | | 7 | | 8 |
| | 1 | | | 8 | 6 | | 3 | |
| | | 7 | 4 | | | | | 2 |
| 3 | | | 6 | | | 8 | 7 | |
| | | | | 5 | | | | |
| | 5 | 4 | | | 9 | | | 6 |
| 4 | | | | | 8 | 6 | | |
| | 9 | | 1 | 3 | | | 8 | |
| 7 | | 5 | | | | | | 3 |

533

| | | | | | | | | |
|---|---|---|---|---|---|---|---|---|
| | 5 | | | | 2 | | | |
| 2 | | | 9 | | | | 6 | 8 |
| 7 | | 9 | 4 | | | | 1 | |
| | | 1 | | 7 | | | 4 | |
| | | 3 | 1 | | 4 | 7 | | |
| | 7 | | | 2 | | 8 | | |
| | 6 | | | | 3 | 2 | | 4 |
| 9 | 3 | | | | 6 | | | 7 |
| | | | 7 | | | | 9 | |

| | | | | | | | | |
|---|---|---|---|---|---|---|---|---|
| 9 | | | 2 | | 6 | 4 | | |
| | 7 | | | | | | 5 | |
| 2 | | | 5 | | | | | 8 |
| 7 | | 3 | | | 5 | 9 | | |
| | 1 | | | 7 | | | 2 | |
| | | 4 | 9 | | | 6 | | 1 |
| 3 | | | | | 9 | | | 2 |
| | 4 | | | | | | 6 | |
| | | 5 | 1 | | 2 | | | 3 |

535

| | | | | | | | | |
|---|---|---|---|---|---|---|---|---|
| 6 | | | | | 7 | | 4 | 3 |
| | 3 | 1 | | 2 | | | | |
| | 4 | | | | 6 | | 1 | |
| | | | 1 | | 2 | 9 | | 4 |
| 7 | | | | | | | | 5 |
| 2 | | 4 | 7 | | 8 | | | |
| | 2 | | 8 | | | | 5 | |
| | | | | 9 | | 6 | 8 | |
| 4 | 6 | | 5 | | | | | 2 |

536

| | | | | | | | | |
|---|---|---|---|---|---|---|---|---|
| | | | 2 | | 8 | 3 | | 9 |
| | 6 | | 5 | 9 | | | | 1 |
| 7 | 9 | | | | | | | |
| | 5 | | 9 | | | 6 | | |
| | | 6 | | 4 | | 2 | | |
| | | 8 | | | 2 | | 4 | |
| | | | | | | | 3 | 6 |
| 6 | | | | 8 | 7 | | 1 | |
| 3 | | 7 | 6 | | 4 | | | |

**537**

| | | | | | | | | |
|---|---|---|---|---|---|---|---|---|
| | | | | 6 | 9 | | | 5 |
| 3 | 1 | | | | 4 | | | |
| | 5 | 8 | | | | 2 | 9 | |
| 7 | | | | | 6 | 8 | | 2 |
| | | | 9 | | 1 | | | |
| 2 | | 3 | 7 | | | | | 1 |
| | 8 | 7 | | | | 4 | 2 | |
| | | | 3 | | | | 1 | 8 |
| 1 | | | 4 | 8 | | | | |

**538**

| | | | | | | | | |
|---|---|---|---|---|---|---|---|---|
| 9 | 7 | | | 8 | 3 | | | |
| | 6 | | | | | 2 | 3 | 7 |
| | | 5 | 2 | | | 1 | | |
| | 5 | | 4 | | | 9 | | |
| | | | 8 | | 2 | | | |
| | | 6 | | | 9 | | 4 | |
| | | 4 | | | 8 | 7 | | |
| 2 | 9 | 1 | | | | | 5 | |
| | | | 3 | 1 | | | 9 | 2 |

539

| | | | | | | | | |
|---|---|---|---|---|---|---|---|---|
| 3 | | | 9 | | 4 | | | 7 |
| | | | | | 2 | | 8 | |
| | | 6 | | | | 9 | | 3 |
| | 2 | 3 | 8 | | | | 6 | |
| | | 7 | | 9 | | 5 | | |
| | 8 | | | | 3 | 4 | 2 | |
| 7 | | 1 | | | | 6 | | |
| | 6 | | 5 | | | | | |
| 4 | | | 7 | | 6 | | | 2 |

540

| | | | | | | | | |
|---|---|---|---|---|---|---|---|---|
| | 2 | 6 | | 9 | 4 | | | |
| | | | | 7 | | 3 | | 9 |
| 7 | | | | | | | 2 | 4 |
| | 9 | | | | 6 | 2 | 3 | |
| | | | 1 | | 7 | | | |
| | 7 | 3 | 8 | | | | 1 | |
| 3 | 8 | | | | | | | 6 |
| 1 | | 5 | | 6 | | | | |
| | | | 5 | 1 | | 7 | 4 | |

541

| | | | | | | | | |
|---|---|---|---|---|---|---|---|---|
| | 2 | | | | 4 | | | 3 |
| | 6 | 3 | | | | 5 | | 8 |
| | | 5 | | 8 | 3 | | | |
| 5 | | | 1 | 2 | | | 3 | |
| | 1 | | | | | | 7 | |
| | 3 | | | 9 | 5 | | | 2 |
| | | | 9 | 7 | | 6 | | |
| 4 | | 6 | | | | 1 | 2 | |
| 1 | | | 4 | | | | 8 | |

542

| | | | | | | | | |
|---|---|---|---|---|---|---|---|---|
| | | | 8 | 5 | | 7 | | 4 |
| | 8 | 6 | | | | | | |
| | 4 | | | | | | 9 | 1 |
| | | 5 | | 1 | | 3 | | 7 |
| | 3 | | 2 | | 6 | | 4 | |
| 9 | | 2 | | 4 | | 6 | | |
| 3 | 5 | | | | | | 7 | |
| | | | | | | 9 | 3 | |
| 7 | | 9 | | 6 | 4 | | | |

# MEDIUM

**543**

| 9 |   | 4 | 2 |   |   |   |   |   |
|---|---|---|---|---|---|---|---|---|
|   | 2 |   |   |   |   | 8 | 1 | 6 |
|   |   | 3 |   | 6 |   |   |   |   |
|   | 4 | 6 |   | 3 |   |   |   | 9 |
|   | 3 |   | 8 |   | 4 |   | 5 |   |
| 5 |   |   |   | 2 |   | 3 | 4 |   |
|   |   |   |   | 9 |   | 5 |   |   |
| 4 | 5 | 7 |   |   |   |   | 8 |   |
|   |   |   |   |   | 3 | 1 |   | 4 |

|   |   |   | 5 |   |   |   |   |   |
|---|---|---|---|---|---|---|---|---|
|   |   | 1 |   | 8 | 3 |   |   | 7 |
|   | 3 | 2 |   |   |   | 8 |   | 1 |
| 7 |   |   |   | 3 |   |   | 5 | 8 |
|   |   | 8 | 9 |   | 2 | 1 |   |   |
| 1 | 9 |   |   | 4 |   |   |   | 3 |
| 4 |   | 6 |   |   |   | 7 | 8 |   |
| 2 |   |   | 6 | 1 |   | 4 |   |   |
|   |   |   |   |   | 5 |   |   |   |

**545**

| | 9 | | 7 | | | 6 | | |
|---|---|---|---|---|---|---|---|---|
| | | | 8 | | | 4 | 9 | 2 |
| 4 | | | 9 | | | | | |
| 8 | | | 4 | 7 | | 1 | | |
| 1 | | 6 | | | | 2 | | 4 |
| | | 3 | | 1 | 6 | | | 5 |
| | | | | | 3 | | | 6 |
| 9 | 6 | 7 | | | 8 | | | |
| | | 1 | | | 7 | | 5 | |

**546**

| | | 5 | 3 | 9 | | | | |
|---|---|---|---|---|---|---|---|---|
| | | | | | 8 | 2 | 9 | |
| 2 | 8 | | | | 7 | | 1 | |
| 7 | 1 | | | 3 | 9 | | | |
| 6 | | | | | | | | 4 |
| | | | 4 | 5 | | | 7 | 1 |
| | 9 | | 2 | | | | 5 | 6 |
| | 2 | 7 | 1 | | | | | |
| | | | | 8 | 3 | 1 | | |

# MEDIUM

**547**

| | | | | | | | | |
|---|---|---|---|---|---|---|---|---|
| 9 | | | | | 2 | 8 | | |
| | | 6 | | | 5 | | | 1 |
| | 1 | 4 | 6 | | | 7 | | |
| 2 | 5 | | | 3 | | | 7 | |
| | | | 1 | | 4 | | | |
| | 3 | | | 6 | | | 1 | 8 |
| | | 2 | | | 1 | 4 | 8 | |
| 1 | | | 4 | | | 9 | | |
| | | 7 | 8 | | | | | 2 |

**548**

| | | | | | | | | |
|---|---|---|---|---|---|---|---|---|
| | 4 | 6 | | | | | | 2 |
| 7 | | | | 1 | | | | 6 |
| 2 | | | 3 | | 9 | 5 | | |
| | 1 | | 5 | | 6 | | 2 | |
| | 2 | | | | | | 9 | |
| | 9 | | 2 | | 3 | | 4 | |
| | | 9 | 6 | | 4 | | | 8 |
| 5 | | | | 8 | | | | 7 |
| 4 | | | | | | 3 | 1 | |

549

|  |  | 2 | 3 | 9 |  |  |  |  |
|---|---|---|---|---|---|---|---|---|
|  | 9 |  |  |  | 8 |  | 4 | 7 |
|  |  |  |  |  |  | 1 | 3 |  |
|  | 7 |  |  | 5 |  | 4 |  | 6 |
| 6 |  |  | 9 |  | 1 |  |  | 2 |
| 4 |  | 9 |  | 7 |  |  | 5 |  |
|  | 4 | 5 |  |  |  |  |  |  |
| 9 | 8 |  | 1 |  |  |  | 2 |  |
|  |  |  |  | 6 | 9 | 5 |  |  |

550

|  |  | 5 |  | 6 |  |  | 8 |  |
|---|---|---|---|---|---|---|---|---|
|  | 8 | 9 | 3 |  |  |  |  | 2 |
|  |  |  | 5 |  | 2 |  |  | 6 |
|  |  | 2 |  |  | 4 | 6 |  |  |
|  | 6 |  |  | 7 |  |  | 1 |  |
|  |  | 3 | 1 |  |  | 7 |  |  |
| 4 |  |  | 2 |  | 1 |  |  |  |
| 2 |  |  |  |  | 3 | 5 | 7 |  |
|  | 5 |  |  | 4 |  | 3 |  |  |

# MEDIUM

**551**

| | | | | | | | | |
|---|---|---|---|---|---|---|---|---|
| 3 | 6 | | | | 4 | 1 | | |
| | | | | 6 | 2 | 8 | 3 | |
| | | 1 | | | 7 | | | |
| | 5 | 7 | 6 | | | | | |
| 8 | | | | 5 | | | | 4 |
| | | | | | 8 | 3 | 5 | |
| | | | 7 | | | 9 | | |
| | 4 | 8 | 3 | 9 | | | | |
| | | 6 | 8 | | | | 7 | 5 |

| | | | | | | | | |
|---|---|---|---|---|---|---|---|---|
| 4 | | | | 1 | | | 7 | |
| | 7 | | 3 | | 2 | 1 | | |
| | 9 | | | | | | 3 | 6 |
| | | 3 | | | 4 | 6 | | |
| 5 | | | 9 | | 8 | | | 1 |
| | | 7 | 2 | | | 4 | | |
| 3 | 2 | | | | | | 1 | |
| | | 8 | 6 | | 7 | | 4 | |
| | 4 | | | 5 | | | | 2 |

**553**

| | | | | | | | | |
|---|---|---|---|---|---|---|---|---|
| | | | | 6 | 2 | 1 | | |
| | 1 | 5 | 3 | | | | | 7 |
| 2 | | 8 | | | | | | 6 |
| 4 | 7 | | | | 3 | | | |
| | | 9 | 7 | | 5 | 4 | | |
| | | | 4 | | | | 6 | 9 |
| 1 | | | | | | 8 | | 2 |
| 5 | | | | | 7 | 9 | 4 | |
| | | 7 | 8 | 1 | | | | |

**554**

| | | | | | | | | |
|---|---|---|---|---|---|---|---|---|
| | 2 | | | 9 | | | 7 | 8 |
| 9 | | | | | 1 | 2 | | |
| | 4 | 5 | | 8 | | | | 6 |
| | 7 | 1 | 8 | | 4 | | | |
| | | | | | | | | |
| | | | 3 | | 2 | 5 | 4 | |
| 5 | | | | 3 | | 8 | 9 | |
| | | 6 | 9 | | | | | 4 |
| 4 | 9 | | | 1 | | | 2 | |

# MEDIUM

**555**

| | | | | | | | | |
|---|---|---|---|---|---|---|---|---|
| | 1 | 3 | | | 5 | | | 8 |
| | | 7 | 1 | 6 | | | | 2 |
| | | 4 | | | 8 | | 6 | |
| | | | 8 | | | | 9 | |
| | 2 | | | 1 | | | 7 | |
| | 6 | | | | 9 | | | |
| | 7 | | 4 | | | 5 | | |
| 5 | | | | 9 | 2 | 3 | | |
| 9 | | | 7 | | | 6 | 1 | |

**556**

| | | | | | | | | |
|---|---|---|---|---|---|---|---|---|
| | | | | 7 | | 3 | | |
| 1 | | | 6 | | | | 5 | 7 |
| 7 | 6 | 9 | 1 | | | | | |
| | | 2 | | | 5 | | 8 | |
| | 1 | | 2 | | 4 | | 7 | |
| | 8 | | 7 | | | 4 | | |
| | | | | | 8 | 2 | 6 | 4 |
| 8 | 4 | | | | 6 | | | 5 |
| | | 5 | | 9 | | | | |

| | | | | | | | | |
|---|---|---|---|---|---|---|---|---|
| 6 | | 4 | | | | | | 3 |
| | 5 | | 9 | | | 7 | 4 | |
| 8 | | | | 5 | 6 | | | |
| | 2 | 8 | 3 | | 9 | | | |
| | | 1 | | | | 9 | | |
| | | | 1 | | 7 | 8 | 3 | |
| | | | 8 | 2 | | | | 4 |
| | 7 | 5 | | | 4 | | 9 | |
| 4 | | | | | | 1 | | 5 |

## 558

| | | | | | | | | |
|---|---|---|---|---|---|---|---|---|
| | 6 | 1 | 7 | | | | | |
| 7 | | | 2 | 3 | | | 8 | |
| | 3 | | | | 6 | | | 9 |
| | | | | 4 | 8 | 1 | | |
| | 4 | 8 | | | | 5 | 9 | |
| | | 6 | 5 | 1 | | | | |
| 3 | | | 4 | | | | 7 | |
| | 9 | | | 7 | 5 | | | 2 |
| | | | | | 9 | 6 | 5 | |

# MEDIUM

**559**

| | | | | | | | | |
|---|---|---|---|---|---|---|---|---|
| | | 3 | | | 8 | 7 | | 6 |
| 7 | | | | 1 | | | | 9 |
| | | 8 | | | 6 | | 4 | |
| | 4 | 5 | 3 | 9 | | | | |
| | 6 | | | | | | 2 | |
| | | | | 2 | 7 | 9 | 5 | |
| | 3 | | 4 | | | 6 | | |
| 6 | | | | 7 | | | | 8 |
| 8 | | 9 | 1 | | | 4 | | |

**560**

| | | | | | | | | |
|---|---|---|---|---|---|---|---|---|
| | | | | 9 | | | | 5 |
| | | 9 | 8 | | 3 | | | 1 |
| 3 | | 5 | | | 7 | 9 | | |
| | | | | 3 | | | 5 | 8 |
| | 6 | | 4 | | 1 | | 7 | |
| 9 | 2 | | | 8 | | | | |
| | | 7 | 1 | | | 5 | | 2 |
| 1 | | | 5 | | 8 | 6 | | |
| 8 | | | | 6 | | | | |

561

| | | | | | | | | |
|---|---|---|---|---|---|---|---|---|
| | 5 | | | | | 6 | | 3 |
| | | | 8 | | | | 7 | 5 |
| | | 3 | 4 | 2 | | | | |
| 3 | | 8 | 7 | | | 1 | | |
| | 1 | | 9 | | 3 | | 8 | |
| | | 5 | | | 1 | 9 | | 7 |
| | | | | 1 | 7 | 5 | | |
| 5 | 3 | | | | 4 | | | |
| 2 | | 4 | | | | | 6 | |

562

| | | | | | | | | |
|---|---|---|---|---|---|---|---|---|
| 6 | | | | 4 | 5 | | | 8 |
| | | 5 | | | 3 | | 7 | |
| 7 | 2 | | | | | 3 | | |
| | 5 | | 2 | | 4 | | | |
| 2 | 9 | | | | | | 5 | 1 |
| | | | 1 | | 9 | | 8 | |
| | | 9 | | | | | 4 | 6 |
| | 1 | | 4 | | | 2 | | |
| 8 | | | 3 | 6 | | | | 9 |

# MEDIUM

**563**

| | | | | | | | | |
|---|---|---|---|---|---|---|---|---|
| 4 | 2 | | | | | 6 | | 8 |
| | | | 4 | | 7 | 1 | | |
| | 1 | | 5 | 8 | | | | |
| | | | 8 | | | 7 | 9 | |
| | | 4 | | 2 | | 8 | | |
| | 5 | 1 | | | 3 | | | |
| | | | | 3 | 4 | | 8 | |
| | | 5 | 2 | | 1 | | | |
| 7 | | 6 | | | | | 1 | 3 |

**564**

| | | | | | | | | |
|---|---|---|---|---|---|---|---|---|
| 9 | | 5 | | | 1 | | 3 | |
| 6 | 2 | | 5 | | | 7 | | |
| | | | | 7 | | | 1 | |
| | | 4 | | 5 | 8 | | | 9 |
| 7 | | | | | | | | 3 |
| 3 | | | 7 | 2 | | 5 | | |
| | 8 | | | 9 | | | | |
| | | 7 | | | 4 | | 6 | 1 |
| | 9 | | 6 | | | 8 | | 4 |

565

| | | | | | | | | |
|---|---|---|---|---|---|---|---|---|
| | | 1 | 9 | | 8 | | | 5 |
| | 4 | | | | | | | |
| | | | | 1 | 2 | 9 | | 4 |
| 1 | | | | 2 | | | 9 | 6 |
| | | 9 | 7 | | 6 | 1 | | |
| 8 | 5 | | | 9 | | | | 7 |
| 2 | | 8 | 4 | 6 | | | | |
| | | | | | | | 5 | |
| 6 | | | 1 | | 7 | 3 | | |

566

| | | | | | | | | |
|---|---|---|---|---|---|---|---|---|
| | | 2 | | 7 | | | 4 | |
| 7 | | 4 | | | 5 | | | 9 |
| 6 | | | | | 2 | | 3 | |
| 2 | 8 | 1 | | 4 | | | | |
| | | | 5 | | 7 | | | |
| | | | | 3 | | 4 | 1 | 6 |
| | 6 | | 1 | | | | | 8 |
| 4 | | | 8 | | | 1 | | 3 |
| | 9 | | | 2 | | 5 | | |

**567**

| | | | | | | | | |
|---|---|---|---|---|---|---|---|---|
| | | 8 | | | 6 | | | 9 |
| | 6 | 5 | | | | | 3 | 2 |
| | 9 | | | 4 | 1 | | | |
| | | | 9 | | 5 | 4 | | |
| 5 | | 9 | | | | 2 | | 3 |
| | | 4 | 7 | | 8 | | | |
| | | | 6 | 9 | | | 7 | |
| 1 | 2 | | | | | 6 | 9 | |
| 9 | | | 4 | | | 3 | | |

**568**

| | | | | | | | | |
|---|---|---|---|---|---|---|---|---|
| | | | 9 | | 4 | 6 | | 5 |
| 8 | | | | | 3 | | | |
| 6 | 3 | | | | | | 7 | |
| | 8 | | 3 | 5 | | 7 | | |
| | 2 | 5 | | | | 9 | 6 | |
| | | 1 | | 2 | 9 | | 8 | |
| | 9 | | | | | | 4 | 7 |
| | | | 5 | | | | | 9 |
| 4 | | 7 | 8 | | 2 | | | |

569

|  |  |  |  |  |  |  |  |  |
|---|---|---|---|---|---|---|---|---|
|  |  |  | 7 |  |  |  | 8 | 3 |
| 4 | 2 |  |  | 8 |  |  |  |  |
| 8 |  | 9 |  |  | 3 | 5 |  |  |
|  |  |  | 9 |  |  | 7 |  | 4 |
|  | 6 |  | 2 |  | 1 |  | 9 |  |
| 1 |  | 8 |  |  | 7 |  |  |  |
|  |  | 1 | 8 |  |  | 4 |  | 9 |
|  |  |  |  | 4 |  |  | 2 | 6 |
| 3 | 4 |  |  |  | 6 |  |  |  |

570

|  |  |  |  |  |  |  |  |  |
|---|---|---|---|---|---|---|---|---|
| 4 |  | 8 |  | 3 |  | 5 |  |  |
|  |  |  |  | 9 |  | 4 | 6 | 7 |
|  |  | 7 |  |  | 5 |  |  |  |
|  |  |  | 9 |  | 7 |  | 8 |  |
| 1 | 7 |  |  |  |  |  | 3 | 6 |
|  | 5 |  | 1 |  | 3 |  |  |  |
|  |  |  | 8 |  |  | 3 |  |  |
| 2 | 1 | 4 |  | 7 |  |  |  |  |
|  |  | 5 |  | 1 |  | 9 |  | 2 |

# MEDIUM

**571**

|   |   |   |   |   |   |   |   |   |
|---|---|---|---|---|---|---|---|---|
|   |   |   |   | 3 |   | 1 |   |   |
|   | 4 |   | 6 |   | 8 | 2 |   |   |
|   | 3 |   |   |   |   |   | 8 | 4 |
|   | 5 |   | 2 |   |   | 4 |   | 8 |
| 9 |   |   |   | 1 |   |   |   | 5 |
| 8 |   | 7 |   |   | 9 |   | 3 |   |
| 2 | 1 |   |   |   |   |   | 5 |   |
|   |   | 8 | 7 |   | 2 |   | 1 |   |
|   |   | 3 |   | 6 |   |   |   |   |

**572**

|   |   |   |   |   |   |   |   |   |
|---|---|---|---|---|---|---|---|---|
|   |   |   | 9 |   | 4 | 6 | 3 |   |
|   | 9 | 7 |   |   |   |   | 4 | 8 |
|   |   |   | 8 |   |   |   |   |   |
| 4 |   |   |   | 9 |   | 3 |   | 2 |
| 1 |   |   | 5 |   | 6 |   |   | 4 |
| 3 |   | 5 |   | 2 |   |   |   | 6 |
|   |   |   |   |   | 1 |   |   |   |
| 2 | 8 |   |   |   |   | 5 | 9 |   |
|   | 3 | 6 | 2 |   | 9 |   |   |   |

573

| | | | | | | | | |
|---|---|---|---|---|---|---|---|---|
| 2 | | 9 | | | | 4 | | |
| | | | | 6 | 2 | 8 | | |
| | 3 | 1 | 9 | | | | | |
| 4 | 6 | | | | 9 | | | 8 |
| | 7 | | 8 | | 5 | | 4 | |
| 8 | | | 2 | | | | 3 | 1 |
| | | | | | 7 | 9 | 5 | |
| | | 7 | 3 | 5 | | | | |
| | | 6 | | | | 3 | | 7 |

574

| | | | | | | | | |
|---|---|---|---|---|---|---|---|---|
| 3 | 2 | | | 6 | | 4 | | |
| 8 | 5 | | | | 4 | 6 | | |
| | | | 7 | | | 2 | | 5 |
| | | | 3 | | | 7 | | 1 |
| | | | 6 | | 7 | | | |
| 9 | | 4 | | | 5 | | | |
| 1 | | 2 | | | 8 | | | |
| | | 5 | 2 | | | | 4 | 3 |
| | | 8 | | 3 | | | 5 | 2 |

# MEDIUM

575

| | | | | | | | | |
|---|---|---|---|---|---|---|---|---|
| | 6 | 8 | | | | 7 | | |
| | 7 | | | 5 | | 6 | | 2 |
| | 2 | | 1 | | | | | 3 |
| 6 | | 5 | | 4 | | | | |
| 7 | | | 3 | | 1 | | | 5 |
| | | | | 7 | | 4 | | 1 |
| 1 | | | | | 5 | | 8 | |
| 2 | | 4 | | 9 | | | 3 | |
| | | 7 | | | | 5 | 4 | |

576

| | | | | | | | | |
|---|---|---|---|---|---|---|---|---|
| 8 | | | | | 1 | 5 | 7 | |
| 4 | | | 2 | 9 | | | | |
| 1 | | 9 | | | | | 6 | |
| 6 | | | | | 8 | | 4 | |
| | | 3 | 7 | | 4 | 2 | | |
| | 4 | | 5 | | | | | 6 |
| | 2 | | | | | 9 | | 7 |
| | | | | 5 | 7 | | | 1 |
| | 8 | 5 | 9 | | | | | 4 |

577

| | | | | | | | | |
|---|---|---|---|---|---|---|---|---|
| 1 | | | | 2 | | 3 | 8 | |
| | | | 8 | | | | | |
| 6 | | 2 | 5 | | 4 | | | |
| | 6 | | | 4 | | 7 | 1 | |
| | | 4 | 3 | | 9 | 5 | | |
| | 5 | 7 | | 8 | | | 9 | |
| | | | 7 | | 2 | 9 | | 1 |
| | | | | | 3 | | | |
| | 2 | 3 | | 9 | | | | 5 |

578

| | | | | | | | | |
|---|---|---|---|---|---|---|---|---|
| | | 5 | 3 | | | | | |
| 2 | | | 4 | | 5 | 9 | | |
| 1 | 8 | | | | | | 5 | 2 |
| | 5 | | 2 | | | 6 | | |
| 9 | | | | 5 | | | | 4 |
| | | 2 | | | 6 | | 7 | |
| 7 | 1 | | | | | | 6 | 3 |
| | | 3 | 7 | | 9 | | | 1 |
| | | | | | 2 | 5 | | |

**579**

| | | | | | | | | |
|---|---|---|---|---|---|---|---|---|
| | 1 | | | | | 7 | 2 | |
| | | 9 | 3 | 2 | | | | |
| 7 | | | | 1 | | 8 | | |
| 2 | | | | | 9 | | 7 | 8 |
| | 8 | | 4 | | 2 | | 5 | |
| 3 | 5 | | 7 | | | | | 6 |
| | | 8 | | 7 | | | | 2 |
| | | | | 9 | 4 | 1 | | |
| | 3 | 6 | | | | | 4 | |

**580**

| | | | | | | | | |
|---|---|---|---|---|---|---|---|---|
| 1 | | | | 2 | | | 5 | |
| 4 | | | 6 | | | 8 | | |
| | | | 7 | 5 | | | | 4 |
| | 5 | | 1 | | | | 3 | 9 |
| | 6 | | 4 | | 3 | | 7 | |
| 7 | 4 | | | | 5 | | 8 | |
| 6 | | | | 3 | 1 | | | |
| | | 9 | | | 2 | | | 3 |
| | 1 | | | 4 | | | | 2 |

581

|  |  | 1 | 5 |  |  | 7 |  | 9 |
|---|---|---|---|---|---|---|---|---|
|  |  |  | 4 |  |  |  | 1 |  |
|  | 9 | 3 |  |  | 2 |  |  |  |
| 4 |  | 8 |  | 2 |  |  |  | 7 |
| 1 |  |  | 3 |  | 6 |  |  | 2 |
| 9 |  |  |  | 7 |  | 1 |  | 4 |
|  |  |  | 6 |  |  | 9 | 2 |  |
|  | 8 |  |  |  | 3 |  |  |  |
| 5 |  | 4 |  |  | 7 | 6 |  |  |

| 4 |  |  | 5 | 6 |  |  |  | 3 |
|---|---|---|---|---|---|---|---|---|
|  | 1 |  |  |  |  | 4 |  | 5 |
|  |  |  | 2 |  | 3 | 1 |  |  |
|  |  | 7 |  | 8 |  | 3 |  |  |
|  | 5 |  | 3 |  | 9 |  | 4 |  |
|  |  | 4 |  | 1 |  | 6 |  |  |
|  |  | 6 | 8 |  | 7 |  |  |  |
| 7 |  | 3 |  |  |  |  | 2 |  |
| 9 |  |  |  | 5 | 2 |  |  | 7 |

# MEDIUM

**583**

| 6 |   |   | 4 |   |   | 2 |   |   |
|---|---|---|---|---|---|---|---|---|
| 1 | 4 |   |   |   |   |   |   | 5 |
|   | 9 |   |   | 2 | 6 | 4 |   |   |
|   | 1 |   | 3 | 5 |   | 8 |   |   |
|   |   | 8 |   |   |   | 9 |   |   |
|   |   | 6 |   | 9 | 8 |   | 3 |   |
|   |   | 1 | 8 | 7 |   |   | 2 |   |
| 2 |   |   |   |   |   |   | 1 | 9 |
|   |   | 3 |   |   | 4 |   |   | 8 |

**584**

| 6 |   | 1 |   |   |   |   |   | 4 |
|---|---|---|---|---|---|---|---|---|
|   |   |   | 3 |   |   | 1 | 8 |   |
|   |   |   |   | 1 | 4 |   |   | 7 |
|   | 6 | 3 |   |   | 2 | 9 |   |   |
|   | 1 |   |   | 3 |   |   | 5 |   |
|   |   | 9 | 4 |   |   | 8 | 2 |   |
| 5 |   |   | 6 | 7 |   |   |   |   |
|   | 9 | 2 |   |   | 3 |   |   |   |
| 8 |   |   |   |   |   | 3 |   | 9 |

585

|   |   |   |   |   |   |   |   |   |
|---|---|---|---|---|---|---|---|---|
|  | 7 |  | 2 |  | 3 | 8 |  |  |
|  | 9 |  |  |  | 4 |  |  | 6 |
| 4 |  |  |  |  |  | 5 |  | 3 |
|  | 8 |  | 1 | 2 |  |  |  | 7 |
|  | 2 |  |  |  |  |  | 6 |  |
| 9 |  |  |  | 8 | 7 |  | 1 |  |
| 3 |  | 6 |  |  |  |  |  | 5 |
| 7 |  |  | 4 |  |  |  | 3 |  |
|  |  | 8 | 7 |  | 6 |  | 9 |  |

586

|   |   |   |   |   |   |   |   |   |
|---|---|---|---|---|---|---|---|---|
|  |  | 7 | 6 |  |  |  | 5 | 1 |
| 4 |  |  |  |  |  | 3 |  |  |
|  | 1 |  |  | 2 | 8 |  |  |  |
|  |  | 9 | 2 |  | 6 | 7 |  |  |
| 5 | 8 |  |  |  |  |  | 2 | 3 |
|  |  | 6 | 8 |  | 1 | 5 |  |  |
|  |  |  | 1 | 4 |  |  | 7 |  |
|  |  | 8 |  |  |  |  |  | 4 |
| 1 | 7 |  |  |  | 3 | 9 |  |  |

# MEDIUM

**587**

| | | | | | | | | |
|---|---|---|---|---|---|---|---|---|
| 3 | | | | 9 | | 4 | 5 | |
| | | | 7 | | | | 8 | 9 |
| | | 5 | | 2 | 6 | | | |
| | 1 | | 3 | | 9 | | | 4 |
| | | 8 | | | | 5 | | |
| 2 | | | 1 | | 5 | | 3 | |
| | | | 9 | 3 | | 7 | | |
| 1 | 5 | | | | 7 | | | |
| | 9 | 2 | | 1 | | | | 6 |

**588**

| | | | | | | | | |
|---|---|---|---|---|---|---|---|---|
| | 5 | | 3 | | | | | 1 |
| 3 | 4 | | 2 | | | 7 | | |
| 9 | | | | | 1 | | | 5 |
| | | | | | 8 | 1 | 5 | |
| | | 6 | | 2 | | 3 | | |
| | 2 | 7 | 9 | | | | | |
| 2 | | | 4 | | | | | 3 |
| | | 4 | | | 5 | | 6 | 9 |
| 7 | | | | | 2 | | 1 | |

589

| | | 4 | 2 | | 7 | | | |
|---|---|---|---|---|---|---|---|---|
| | | | 6 | | | | 9 | 2 |
| 7 | | 3 | | 1 | | | | |
| | 4 | | | 3 | 8 | | | 9 |
| | 9 | 8 | | | | 2 | 7 | |
| 1 | | | 7 | 9 | | | 8 | |
| | | | | 2 | | 6 | | 8 |
| 6 | 3 | | | | 9 | | | |
| | | | 5 | | 1 | 9 | | |

590

| | | 9 | | | 7 | | | 1 |
|---|---|---|---|---|---|---|---|---|
| 5 | | | 9 | | | | 8 | |
| 7 | | | | 5 | 2 | | 6 | |
| | | | | 8 | 9 | | 1 | |
| 9 | | 4 | | | | 2 | | 3 |
| | 6 | | 7 | 2 | | | | |
| | 3 | | 4 | 6 | | | | 2 |
| | 7 | | | | 5 | | | 8 |
| 6 | | | 2 | | | 1 | | |

# MEDIUM

**591**

| | | | | | | | | |
|---|---|---|---|---|---|---|---|---|
| | 9 | | | 1 | | 8 | | |
| | | | 9 | | | | 5 | 3 |
| | 6 | 5 | 8 | | | 1 | | |
| | 4 | | 5 | 7 | | | | |
| 5 | | 7 | | | | 4 | | 2 |
| | | | | 8 | 1 | | 6 | |
| | | 9 | | | 8 | 7 | 2 | |
| 2 | 8 | | | | 7 | | | |
| | | 1 | | 6 | | | 9 | |

**592**

| | | | | | | | | |
|---|---|---|---|---|---|---|---|---|
| 7 | | 6 | | | | | 5 | |
| | | | | | 3 | | 9 | 2 |
| | | 5 | | | 6 | | | 3 |
| | | 2 | | 9 | | 8 | 6 | |
| 6 | | | | 1 | | | | 4 |
| | 1 | 3 | | 4 | | 2 | | |
| 1 | | | 8 | | | 3 | | |
| 8 | 6 | | 9 | | | | | |
| | 5 | | | | | 1 | | 9 |

593

| | | | | | | | | |
|---|---|---|---|---|---|---|---|---|
| 7 | | | | 9 | | | | |
| | 9 | 3 | | | | 8 | 2 | |
| | | | 6 | 3 | 4 | 1 | | |
| 2 | 7 | | 4 | | | | | |
| | 6 | | 1 | | 7 | | 9 | |
| | | | | | 9 | | 8 | 7 |
| | | 5 | 8 | 6 | 2 | | | |
| | 8 | 4 | | | | 3 | 5 | |
| | | | | 4 | | | | 8 |

594

| | | | | | | | | |
|---|---|---|---|---|---|---|---|---|
| | | | 1 | | | | 2 | 6 |
| 1 | | | | | | 7 | 9 | |
| 3 | 8 | 7 | | | 6 | | | |
| | 5 | 1 | | 4 | | | | 3 |
| | | | 8 | | 2 | | | |
| 4 | | | | 1 | | 5 | 6 | |
| | | | 2 | | | 8 | 4 | 1 |
| | 1 | 9 | | | | | | 7 |
| 5 | 2 | | | | 1 | | | |

**595**

| | | | | | | | | |
|---|---|---|---|---|---|---|---|---|
| | | 6 | | | | 5 | 9 | |
| | 1 | 4 | | | 5 | | | |
| | 3 | | 1 | 7 | | | | |
| | | | 5 | | | 9 | 6 | |
| 6 | | | 2 | | 8 | | | 7 |
| | 7 | 8 | | | 3 | | | |
| | | | | 4 | 9 | | 2 | |
| | | | 8 | | | 3 | 4 | |
| | 8 | 5 | | | | 7 | | |

**596**

| | | | | | | | | |
|---|---|---|---|---|---|---|---|---|
| | 6 | | 1 | | | | 9 | 3 |
| | | | 6 | 7 | | | | |
| 4 | | | | 5 | | | 6 | 1 |
| 6 | | | | | 1 | | 8 | |
| | | 3 | 9 | | 7 | 1 | | |
| | 9 | | 5 | | | | | 2 |
| 9 | 7 | | | 1 | | | | 4 |
| | | | | 2 | 8 | | | |
| 8 | 3 | | | | 5 | | 7 | |

597

| | | | | | | | | |
|---|---|---|---|---|---|---|---|---|
| 7 | | | | 3 | | | 6 | |
| | | 5 | | | 2 | | | |
| | 8 | | | 4 | | 9 | | 2 |
| | | 8 | | | 9 | 4 | | 1 |
| | 9 | | 7 | | 3 | | 2 | |
| 3 | | 2 | 8 | | | 7 | | |
| 2 | | 9 | | 7 | | | 8 | |
| | | | 2 | | | 1 | | |
| | 5 | | | 8 | | | | 6 |

598

| | | | | | | | | |
|---|---|---|---|---|---|---|---|---|
| | | | | 3 | 1 | 9 | | 7 |
| 8 | | 4 | | | 5 | | | |
| | 1 | | 2 | | | 5 | | |
| | | | | 5 | 2 | | 9 | 1 |
| | | 6 | | | | 7 | | |
| 7 | 2 | | 9 | 1 | | | | |
| | | 3 | | | 7 | | 5 | |
| | | | 5 | | | 2 | | 8 |
| 2 | | 7 | 4 | 8 | | | | |

# MEDIUM

599

| | | | | | | | | |
|---|---|---|---|---|---|---|---|---|
| 5 | 6 | | | | 1 | | 7 | |
| | | | | | 4 | | | 3 |
| 7 | | 3 | 5 | | | | | 1 |
| | 5 | 6 | | 8 | | 7 | | |
| | | | 2 | | 9 | | | |
| | | 8 | | 6 | | 3 | 9 | |
| 3 | | | | | 7 | 6 | | 8 |
| 8 | | | 9 | | | | | |
| | 7 | | 8 | | | | 3 | 5 |

600

| | | | | | | | | |
|---|---|---|---|---|---|---|---|---|
| | | | 9 | | 2 | | | |
| 2 | 1 | 6 | | | | 5 | | |
| 7 | | | | 3 | 6 | | | 8 |
| | | | | 4 | 8 | 9 | | 3 |
| | 8 | | | | | | 7 | |
| 6 | | 4 | 7 | 2 | | | | |
| 5 | | | 6 | 9 | | | | 2 |
| | | 2 | | | | 1 | 4 | 6 |
| | | | 2 | | 3 | | | |

**601**

| | | | | | | | | |
|---|---|---|---|---|---|---|---|---|
| | 5 | 7 | 8 | | | | | |
| | | | 2 | | | | 3 | 7 |
| | | 9 | | 5 | | | 2 | 8 |
| | | 6 | 5 | 3 | | | 1 | |
| 1 | | | | | | | | 3 |
| | 2 | | | 7 | 4 | 6 | | |
| 4 | 1 | | | 9 | | 3 | | |
| 7 | 6 | | | | 2 | | | |
| | | | | | 7 | 1 | 4 | |

**602**

| | | | | | | | | |
|---|---|---|---|---|---|---|---|---|
| | | | | 5 | 1 | | 2 | |
| | 5 | 9 | 3 | | | | | 7 |
| 1 | 2 | | | | | 8 | | |
| | | 3 | 6 | 8 | | | | 5 |
| 4 | | | | | | | | 8 |
| 7 | | | | 4 | 9 | 2 | | |
| | | 2 | | | | | 1 | 4 |
| 8 | | | | | 2 | 5 | 7 | |
| | 6 | | 9 | 7 | | | | |

# MEDIUM

603

| | | | | | | | | |
|---|---|---|---|---|---|---|---|---|
| | 5 | | 7 | | | | 9 | |
| | | | 5 | 8 | | 1 | | 2 |
| | 9 | 8 | | 1 | | | | |
| | | 6 | 2 | | | 4 | 3 | |
| | | | 8 | | 6 | | | |
| | 8 | 4 | | | 5 | 9 | | |
| | | | | 5 | | 2 | 4 | |
| 4 | | 7 | | 6 | 3 | | | |
| | 1 | | | | 8 | | 7 | |

604

| | | | | | | | | |
|---|---|---|---|---|---|---|---|---|
| 9 | | | | | | 3 | | |
| | | 7 | | | | | 9 | 4 |
| 8 | | 3 | 1 | | 4 | | | |
| 3 | | | | 7 | | 2 | 1 | |
| | 2 | | 6 | | 5 | | 8 | |
| | 9 | 6 | | 2 | | | | 3 |
| | | | 5 | | 3 | 9 | | 2 |
| 1 | 7 | | | | | 4 | | |
| | | 2 | | | | | | 8 |

605

| | | | | | | | | |
|---|---|---|---|---|---|---|---|---|
| 6 | | | 2 | 1 | | 5 | | |
| | | | 3 | | | 6 | | |
| | 3 | 9 | | | | 4 | | 7 |
| | 8 | | | 9 | 3 | | | 2 |
| | 9 | | | | | | 7 | |
| 2 | | | 1 | 7 | | | 9 | |
| 8 | | 4 | | | | 2 | 1 | |
| | | 5 | | | 4 | | | |
| | | 6 | | 5 | 1 | | | 3 |

606

| | | | | | | | | |
|---|---|---|---|---|---|---|---|---|
| 9 | | 6 | 2 | | | 4 | | |
| | | | 5 | 7 | | | 9 | 6 |
| 3 | | | | | | 8 | | |
| | | 9 | 6 | 8 | | | | 7 |
| | 7 | | | | | | 6 | |
| 5 | | | | 1 | 9 | 2 | | |
| | | 3 | | | | | | 4 |
| 2 | 1 | | | 4 | 6 | | | |
| | | 8 | | | 5 | 6 | | 3 |

**607**

| | | | | | | | | |
|---|---|---|---|---|---|---|---|---|
| 4 | | | | | 2 | | 5 | |
| | | | 4 | | | 9 | | 6 |
| 1 | 9 | 8 | 7 | | | | | |
| | | | 6 | | | 5 | 1 | |
| | 5 | | | 8 | | | 7 | |
| | 8 | 7 | | | 4 | | | |
| | | | | | 6 | 4 | 9 | 1 |
| 9 | | 6 | | | 7 | | | |
| | 1 | | 9 | | | | | 3 |

**608**

| | | | | | | | | |
|---|---|---|---|---|---|---|---|---|
| | 5 | | | | | | 8 | 7 |
| | | | | 7 | | 2 | | 4 |
| | 9 | 4 | | 5 | 2 | | | |
| 5 | 3 | | 7 | | 9 | | | |
| 8 | | | | | | | | 9 |
| | | | 3 | | 6 | | 1 | 8 |
| | | | 6 | 9 | | 8 | 4 | |
| 6 | | 8 | | 3 | | | | |
| 4 | 2 | | | | | | 6 | |

609

| | | | | | | | | |
|---|---|---|---|---|---|---|---|---|
| 8 | 9 | | 2 | | | | | |
| | 4 | | | | 8 | 9 | | 6 |
| | | | 9 | 7 | | 2 | | |
| | | | 3 | 6 | | | 5 | |
| | 1 | 3 | | | | 4 | 6 | |
| | 5 | | | 2 | 4 | | | |
| | | 1 | | 5 | 9 | | | |
| 4 | | 6 | 7 | | | | 2 | |
| | | | | | 2 | | 8 | 4 |

610

| | | | | | | | | |
|---|---|---|---|---|---|---|---|---|
| 3 | | 8 | | 7 | | 6 | | |
| | 5 | | | | 4 | 3 | | 9 |
| 9 | | | | 2 | | | | |
| | 3 | 5 | | | 2 | | | 7 |
| | | | 4 | | 6 | | | |
| 2 | | | 3 | | | 5 | 8 | |
| | | | | 1 | | | | 4 |
| 7 | | 9 | 6 | | | | 1 | |
| | | 1 | | 3 | | 7 | | 8 |

# MEDIUM

611

| | | | | | | | | |
|---|---|---|---|---|---|---|---|---|
| 1 | 8 | | | | | 9 | | |
| | | | | 8 | 4 | | | |
| | | 3 | | 5 | 7 | | 1 | |
| | 9 | | 8 | | 2 | | | 1 |
| 2 | 1 | | | | | | 9 | 8 |
| 3 | | | 4 | | 1 | | 7 | |
| | 6 | | 5 | 7 | | 3 | | |
| | | | 2 | 1 | | | | |
| | | 9 | | | | | 6 | 5 |

612

| | | | | | | | | |
|---|---|---|---|---|---|---|---|---|
| 1 | | | 9 | | | | 5 | 6 |
| | | 8 | 2 | | 5 | 7 | | |
| 4 | | | 6 | | | | | |
| 7 | | | | 8 | | 4 | | |
| | 9 | | | 2 | | | 1 | |
| | | 5 | | 7 | | | | 8 |
| | | | | | 4 | | | 1 |
| | | 4 | 3 | | 2 | 8 | | |
| 5 | 6 | | | | 1 | | | 3 |

613

| | | | | | | | | |
|---|---|---|---|---|---|---|---|---|
| 7 | | | | 2 | | | 5 | |
| 1 | | | 9 | | | | 6 | |
| 5 | | | 7 | | | 9 | | 1 |
| | | 4 | 3 | | | 8 | | |
| | 9 | | | 4 | | | 2 | |
| | | 5 | | | 1 | 3 | | |
| 4 | | 1 | | | 3 | | | 2 |
| | 6 | | | | 2 | | | 8 |
| | 3 | | | 6 | | | | 4 |

614

| | | | | | | | | |
|---|---|---|---|---|---|---|---|---|
| | | 5 | | | | 9 | | |
| 6 | | | | 7 | 3 | | 8 | |
| | | 2 | 9 | | 4 | | 3 | |
| | | | 7 | 3 | | | | 9 |
| | 7 | 3 | | | | 2 | 6 | |
| 9 | | | | 5 | 6 | | | |
| | 9 | | 1 | | 5 | 7 | | |
| | 5 | | 4 | 8 | | | | 6 |
| | | 6 | | | | 1 | | |

## MEDIUM

**615**

| | | | | | | | | |
|---|---|---|---|---|---|---|---|---|
| | 1 | | | 9 | | | | |
| 5 | | 2 | | | | | 3 | 1 |
| | | 6 | 1 | | 3 | | | |
| | | 1 | 4 | | | | 5 | 2 |
| | | 8 | | 3 | | 9 | | |
| 2 | 6 | | | | 1 | 3 | | |
| | | | 3 | | 2 | 5 | | |
| 1 | 3 | | | | | 8 | | 6 |
| | | | | 4 | | | 7 | |

**616**

| | | | | | | | | |
|---|---|---|---|---|---|---|---|---|
| | 1 | | | 7 | | 3 | 5 | |
| | | 7 | 3 | | | | | 1 |
| | | 4 | | 5 | | | | 2 |
| 6 | | | 8 | | | | 4 | |
| 1 | | | 4 | | 3 | | | 6 |
| | 3 | | | | 2 | | | 9 |
| 9 | | | | 3 | | 4 | | |
| 7 | | | | | 1 | 9 | | |
| | 2 | 8 | | 4 | | | 3 | |

**617**

| | | | | | | | | |
|---|---|---|---|---|---|---|---|---|
| | | 1 | | | | | | 3 |
| | 7 | 5 | | | 4 | | | 6 |
| | 9 | | | 8 | 5 | | | 2 |
| | 1 | | 6 | | | 9 | | |
| 4 | | | 9 | | 2 | | | 7 |
| | | 9 | | | 1 | | 3 | |
| 6 | | | 7 | 1 | | | 4 | |
| 9 | | | 5 | | | 8 | 2 | |
| 1 | | | | | | 7 | | |

**618**

| | | | | | | | | |
|---|---|---|---|---|---|---|---|---|
| 7 | | | 3 | | | 6 | 9 | |
| | | 5 | 6 | | | | 7 | |
| | | | | | 1 | | | 3 |
| 6 | | 4 | | 1 | | | 3 | |
| | | 8 | | 5 | | 9 | | |
| | 5 | | | 2 | | 8 | | 4 |
| 1 | | | 9 | | | | | |
| | 6 | | | | 4 | 1 | | |
| | 3 | 9 | | | 2 | | | 8 |

# MEDIUM

**619**

| | | | | | | | | |
|---|---|---|---|---|---|---|---|---|
| 8 | | | | | | | 6 | |
| 2 | | | | | 1 | | 8 | |
| | 4 | | 6 | | 2 | | 3 | |
| | | 8 | | 5 | | 2 | | 9 |
| 1 | | | | 9 | | | | 3 |
| 6 | | 7 | | 2 | | 5 | | |
| | 8 | | 3 | | 7 | | 5 | |
| | 7 | | 5 | | | | | 1 |
| | 6 | | | | | | | 7 |

**620**

| | | | | | | | | |
|---|---|---|---|---|---|---|---|---|
| 8 | | | | 2 | 4 | | | 9 |
| | 2 | | | | | 7 | 4 | |
| | | | 1 | | | 5 | | |
| | 7 | | 5 | | 1 | | 3 | |
| 6 | | 1 | | | | 8 | | 4 |
| | 5 | | 6 | | 9 | | 1 | |
| | | 9 | | | 5 | | | |
| | 4 | 7 | | | | | 8 | |
| 2 | | | 4 | 6 | | | | 5 |

621

| | | | | | | | | |
|---|---|---|---|---|---|---|---|---|
| | | 6 | 8 | | 7 | | | |
| | | | 2 | | | 1 | 6 | 8 |
| | 3 | 2 | | | | | | |
| 6 | | | 7 | | | 8 | 5 | |
| 3 | | | | 4 | | | | 2 |
| | 2 | 9 | | | 3 | | | 6 |
| | | | | | | 4 | 9 | |
| 7 | 5 | 8 | | | 2 | | | |
| | | | 5 | | 6 | 2 | | |

622

| | | | | | | | | |
|---|---|---|---|---|---|---|---|---|
| 3 | | | | | | 5 | 4 | |
| | | | | 2 | 3 | | | |
| 8 | | 1 | | | 4 | | 9 | |
| | | | 7 | 1 | | 3 | 6 | |
| 9 | 1 | | | | | | 8 | 2 |
| | 7 | 2 | | 9 | 8 | | | |
| | 4 | | 2 | | | 6 | | 5 |
| | | | 6 | 4 | | | | |
| | 9 | 6 | | | | | | 7 |

**623**

| | | | | | | | | |
|---|---|---|---|---|---|---|---|---|
| 9 | | | 2 | | | | 7 | 3 |
| | 7 | | | 9 | | | 6 | |
| | | | 4 | 7 | | 1 | | |
| | 2 | | 3 | | | | | 8 |
| | | 3 | 6 | | 2 | 7 | | |
| 8 | | | | | 5 | | 1 | |
| | | 8 | | 6 | 4 | | | |
| | 6 | | | 2 | | | 4 | |
| 5 | 4 | | | | 1 | | | 6 |

**624**

| | | | | | | | | |
|---|---|---|---|---|---|---|---|---|
| 3 | | | 4 | | | | 5 | |
| | | | 3 | 7 | 2 | | | |
| 8 | | | | | | 3 | 7 | |
| 1 | | | | 5 | 6 | 9 | | |
| 6 | | 4 | | | | 1 | | 2 |
| | | 2 | 1 | 3 | | | | 6 |
| | 7 | 9 | | | | | | 8 |
| | | | 6 | 4 | 9 | | | |
| | 3 | | | | 7 | | | 5 |

625

| | | | | | | | | |
|---|---|---|---|---|---|---|---|---|
| | | 6 | 3 | | | | 8 | 4 |
| 4 | | | | | | | | |
| 8 | | | | 9 | 5 | | 7 | |
| 2 | | | | | 6 | 8 | 9 | |
| | | 9 | 8 | | 4 | 1 | | |
| | 7 | 8 | 2 | | | | | 5 |
| | 5 | | 7 | 4 | | | | 6 |
| | | | | | | | | 2 |
| 6 | 4 | | | | 1 | 3 | | |

626

| | | | | | | | | |
|---|---|---|---|---|---|---|---|---|
| | 9 | | | | | | | |
| 7 | | | | 4 | 3 | 1 | | |
| | | 3 | | 7 | | 2 | | 6 |
| | | 6 | | | 7 | | 1 | 2 |
| 9 | | | 3 | | 2 | | | 7 |
| 2 | 5 | | 4 | | | 8 | | |
| 6 | | 9 | | 5 | | 7 | | |
| | | 1 | 9 | 6 | | | | 8 |
| | | | | | | | 6 | |

# MEDIUM

**627**

| | | | | | | | | |
|---|---|---|---|---|---|---|---|---|
| | 5 | 1 | | | | | 2 | 8 |
| 9 | | | | | 8 | | 6 | |
| | | | 3 | | 5 | 4 | | |
| | | | 7 | 5 | | | | 6 |
| 3 | | 4 | | | | 2 | | 1 |
| 8 | | | | 2 | 1 | | | |
| | | 2 | 1 | | 7 | | | |
| | 3 | | 5 | | | | | 4 |
| 5 | 8 | | | | | 7 | 1 | |

**628**

| | | | | | | | | |
|---|---|---|---|---|---|---|---|---|
| | 7 | | | | 5 | | 2 | 1 |
| 6 | | | | 2 | 8 | | | |
| | 1 | | | | | | 8 | 5 |
| | | 5 | | 1 | 9 | | | 8 |
| | | 6 | | | | 2 | | |
| 3 | | | 2 | 8 | | 4 | | |
| 4 | 3 | | | | | | 6 | |
| | | | 7 | 3 | | | | 4 |
| 1 | 6 | | 4 | | | | 7 | |

629

| | | | | | | | | |
|---|---|---|---|---|---|---|---|---|
| 8 | | | 4 | 1 | 6 | | | |
| | | 7 | | | 5 | | 4 | |
| 6 | | | | | | 5 | 3 | |
| 1 | | | | | 7 | 8 | | |
| | 5 | | | 6 | | | 2 | |
| | | 2 | 5 | | | | | 7 |
| | 7 | 4 | | | | | | 9 |
| | 1 | | 7 | | | 2 | | |
| | | | 3 | 9 | 2 | | | 1 |

630

| | | | | | | | | |
|---|---|---|---|---|---|---|---|---|
| 2 | | | | | | 3 | | |
| | 9 | | | 7 | 3 | | | 5 |
| | | 7 | | | 9 | 2 | 8 | |
| | 3 | 5 | | | 7 | | 4 | |
| | | | | 4 | | | | |
| | 6 | | 1 | | | 7 | 3 | |
| | 7 | 8 | 4 | | | 5 | | |
| 9 | | | 6 | 2 | | | 7 | |
| | | 4 | | | | | | 9 |

# MEDIUM

**631**

| | | | | | | | | |
|---|---|---|---|---|---|---|---|---|
| | | 6 | | | | | | 8 |
| | 8 | | 9 | | | 3 | 1 | |
| | 4 | 9 | | | 1 | | 5 | |
| 3 | | | | 6 | | 9 | | |
| 8 | | | | 3 | | | | 7 |
| | | 7 | | 5 | | | | 2 |
| | 7 | | 5 | | | 4 | 8 | |
| | 5 | 3 | | | 7 | | 2 | |
| 2 | | | | | | 1 | | |

**632**

| | | | | | | | | |
|---|---|---|---|---|---|---|---|---|
| | | | | 3 | 2 | 1 | | |
| | | | | | | 3 | 9 | |
| 8 | | 3 | | | 5 | | | 7 |
| | | | | | 9 | | 4 | 6 |
| | 9 | | 8 | | 4 | | 5 | |
| 4 | 5 | | 7 | | | | | |
| 6 | | | 9 | | | 4 | | 2 |
| | 2 | 7 | | | | | | |
| | | 1 | 3 | 2 | | | | |

633

| | | | | | | | | |
|---|---|---|---|---|---|---|---|---|
| | | | 1 | | 4 | | | |
| | | | | | 9 | 1 | 2 | 3 |
| 9 | 7 | | | | | 4 | | |
| | 1 | | | 4 | | 9 | | 2 |
| | 3 | | 8 | | 2 | | 4 | |
| 2 | | 4 | | 6 | | | 8 | |
| | | 7 | | | | | 6 | 8 |
| 4 | 9 | 5 | 3 | | | | | |
| | | | 7 | | 1 | | | |

634

| | | | | | | | | |
|---|---|---|---|---|---|---|---|---|
| 8 | | | 5 | | | 2 | | |
| 4 | | | | 1 | 3 | 7 | | |
| | | 1 | | | | | 9 | 4 |
| | | 7 | 4 | 5 | | | 8 | |
| 9 | | | | | | | | 6 |
| | 4 | | | 8 | 9 | 5 | | |
| 2 | 7 | | | | | 6 | | |
| | | 4 | 7 | 6 | | | | 3 |
| | | 3 | | | 4 | | | 5 |

# MEDIUM

**635**

| | | | | | | | | |
|---|---|---|---|---|---|---|---|---|
| | 2 | 9 | 1 | | | | | |
| | | 8 | | 5 | 9 | | | |
| 1 | | | | | | 4 | 3 | |
| | 5 | 7 | 4 | 8 | | | | |
| 4 | | | | | | | | 7 |
| | | | | 6 | 3 | 1 | 5 | |
| | 1 | 4 | | | | | | 3 |
| | | | 2 | 3 | | 8 | | |
| | | | | | 7 | 9 | 4 | |

**636**

| | | | | | | | | |
|---|---|---|---|---|---|---|---|---|
| | 4 | | | | 7 | 5 | 6 | |
| | | 1 | | | 8 | | | 7 |
| 6 | 2 | | | | | 1 | | |
| | 1 | 4 | | 5 | 9 | | | |
| 8 | | | | | | | | 9 |
| | | | 6 | 3 | | 8 | 5 | |
| | | 9 | | | | | 8 | 5 |
| 1 | | | 2 | | | 9 | | |
| | 8 | 3 | 5 | | | | 2 | |

637

| | | | | | | | | |
|---|---|---|---|---|---|---|---|---|
| | | | 4 | 2 | | 8 | | 6 |
| | 4 | 2 | | 9 | | | | 1 |
| | | 1 | | | 5 | | | |
| | 3 | 4 | 5 | | 9 | | | |
| 8 | | | | | | | | 5 |
| | | | 2 | | 3 | 4 | 9 | |
| | | | 9 | | | 1 | | |
| 9 | | | | 3 | | 7 | 8 | |
| 2 | | 8 | | 4 | 6 | | | |

638

| | | | | | | | | |
|---|---|---|---|---|---|---|---|---|
| 8 | | 2 | 9 | 6 | | | | |
| | | | | | | 2 | 4 | |
| 6 | 4 | | | | | 9 | 8 | |
| | | | 2 | | | | 7 | 1 |
| | | 8 | 3 | | 1 | 6 | | |
| 3 | 6 | | | | 9 | | | |
| | 3 | 5 | | | | | 1 | 8 |
| | 7 | 6 | | | | | | |
| | | | | 3 | 7 | 4 | | 2 |

## MEDIUM

**639**

| | | | | | | | | |
|---|---|---|---|---|---|---|---|---|
| 6 | 5 | 4 | | | | | | |
| | | | 6 | 1 | 4 | 7 | | |
| | | 1 | | 3 | | | 4 | |
| 1 | 7 | | 5 | | | | | |
| | | 8 | 4 | | 3 | 1 | | |
| | | | | | 9 | | 3 | 2 |
| | 2 | | | 4 | | 5 | | |
| | | 6 | 7 | 8 | 1 | | | |
| | | | | | | 4 | 6 | 7 |

**640**

| | | | | | | | | |
|---|---|---|---|---|---|---|---|---|
| | 8 | | | | 4 | | | |
| 7 | | | 6 | 2 | | | | 3 |
| 4 | | | | 1 | | 7 | 9 | |
| | 1 | | | | 3 | | 5 | 6 |
| | | | 1 | | 9 | | | |
| 6 | 9 | | 5 | | | | 3 | |
| | 7 | 1 | | 3 | | | | 4 |
| 2 | | | | 4 | 1 | | | 9 |
| | | | 9 | | | | 2 | |

641

|   |   |   |   |   |   |   |   |   |
|---|---|---|---|---|---|---|---|---|
|   |   |   | 9 |   |   |   | 6 | 1 |
| 3 |   | 1 |   |   | 7 |   |   |   |
| 4 | 9 |   |   | 5 |   | 2 |   |   |
|   |   |   | 6 |   |   | 1 |   | 2 |
|   | 1 |   |   | 3 |   |   | 8 |   |
| 8 |   | 7 |   |   | 1 |   |   |   |
|   |   | 9 |   | 1 |   |   | 3 | 6 |
|   |   |   | 5 |   |   | 8 |   | 7 |
| 2 | 7 |   |   |   | 6 |   |   |   |

|   |   |   |   |   |   |   |   |   |
|---|---|---|---|---|---|---|---|---|
|   | 5 |   |   |   | 3 | 9 |   |   |
|   |   | 8 |   | 7 |   | 2 |   | 5 |
| 7 |   |   | 6 |   |   |   | 8 |   |
|   | 2 |   | 8 |   |   |   |   | 6 |
| 9 |   |   |   | 4 |   |   |   | 2 |
| 3 |   |   |   |   | 7 |   | 1 |   |
|   | 4 |   |   |   | 6 |   |   | 8 |
| 2 |   | 7 |   | 9 |   | 1 |   |   |
|   |   | 3 | 5 |   |   |   | 9 |   |

# MEDIUM

**643**

| | | | | | | | | |
|---|---|---|---|---|---|---|---|---|
| | 6 | | | 9 | | 5 | | 8 |
| | 1 | | | | | | | |
| 3 | | | 4 | | | 9 | | 6 |
| 4 | 8 | 6 | 5 | | | | | |
| | 2 | | | 4 | | | 8 | |
| | | | | | 6 | 4 | 9 | 7 |
| 2 | | 3 | | | 7 | | | 4 |
| | | | | | | | 5 | |
| 5 | | 8 | | 2 | | | 3 | |

**644**

| | | | | | | | | |
|---|---|---|---|---|---|---|---|---|
| | 3 | | 6 | 9 | | 7 | | |
| | | | | | 8 | | | 4 |
| 8 | | 9 | | | 4 | 1 | | |
| | | | | 8 | 5 | | 4 | |
| 6 | | 5 | | | | 9 | | 2 |
| | 8 | | 7 | 2 | | | | |
| | | 8 | 5 | | | 4 | | 6 |
| 2 | | | 8 | | | | | |
| | | 7 | | 4 | 2 | | 3 | |

**645**

| | | | | | | | | |
|---|---|---|---|---|---|---|---|---|
| | | | 6 | | 5 | | | |
| 2 | | 4 | | | | 9 | 7 | |
| 1 | | | 2 | | | 5 | 3 | |
| | 7 | 2 | | 5 | | | | |
| 5 | | | 4 | | 1 | | | 7 |
| | | | | 6 | | 8 | 9 | |
| | 2 | 5 | | | 7 | | | 1 |
| | 1 | 7 | | | | 4 | | 3 |
| | | | 1 | | 3 | | | |

**646**

| | | | | | | | | |
|---|---|---|---|---|---|---|---|---|
| 2 | | 9 | | | | 7 | | |
| | | | 6 | 5 | | | | 1 |
| | | 3 | 9 | | 7 | 8 | | |
| | 6 | | | | 9 | | | 8 |
| | 3 | | | 1 | | | 4 | |
| 8 | | | 3 | | | | 7 | |
| | | 1 | 7 | | 4 | 9 | | |
| 7 | | | | 3 | 8 | | | |
| | | 6 | | | | 3 | | 7 |

# MEDIUM

**647**

| | | | | | | | | |
|---|---|---|---|---|---|---|---|---|
| | 9 | | | | | | 4 | 8 |
| | | 5 | | 8 | | 1 | | |
| 1 | | | | 4 | 7 | 3 | | |
| | 2 | 4 | 3 | | | | | 1 |
| | | | 4 | | 5 | | | |
| 7 | | | | | 9 | 6 | 3 | |
| | | 6 | 2 | 5 | | | | 3 |
| | | 2 | | 6 | | 8 | | |
| 5 | 8 | | | | | | 7 | |

**648**

| | | | | | | | | |
|---|---|---|---|---|---|---|---|---|
| | 9 | | | | | 3 | | 6 |
| | | | 1 | | 7 | 5 | | |
| | 2 | 1 | 3 | | | | | |
| | 6 | | | | 3 | | 2 | |
| | | 5 | | 4 | | 7 | | |
| | 7 | | 6 | | | | 9 | |
| | | | | | 9 | 1 | 4 | |
| | | 6 | 5 | | 4 | | | |
| 2 | | 8 | | | | | 5 | |

649

| | | | | | | | | |
|---|---|---|---|---|---|---|---|---|
| | | 6 | | | 9 | | | |
| | | | 8 | 7 | | | 5 | |
| 4 | 7 | 3 | | | | | | 2 |
| 5 | | 1 | | 8 | | | | 9 |
| | | 4 | 7 | | 6 | 2 | | |
| 7 | | | | 3 | | 8 | | 5 |
| 1 | | | | | | 6 | 3 | 8 |
| | 9 | | | 1 | 3 | | | |
| | | | 6 | | | 5 | | |

650

| | | | | | | | | |
|---|---|---|---|---|---|---|---|---|
| | | 5 | | | 1 | | 4 | 7 |
| | | 3 | | | 9 | | | 8 |
| 4 | 1 | | | | 3 | | | |
| | 8 | | | | | 2 | | 4 |
| | | | 9 | 7 | 4 | | | |
| 1 | | 4 | | | | | 3 | |
| | | | 6 | | | | 7 | 2 |
| 5 | | | 1 | | | 6 | | |
| 7 | 4 | | 8 | | | 5 | | |

# MEDIUM

**651**

|  |  |  |  |  |  |  |  |  |
|---|---|---|---|---|---|---|---|---|
|  |  |  |  | 1 |  |  | 6 | 4 |
| 7 |  | 1 |  |  | 4 |  |  |  |
|  | 5 |  | 2 |  | 3 | 1 |  |  |
|  |  | 3 |  |  | 2 |  |  | 8 |
|  | 1 |  |  | 4 |  |  | 9 |  |
| 2 |  |  | 7 |  |  | 3 |  |  |
|  |  | 2 | 8 |  | 5 |  | 3 |  |
|  |  |  | 4 |  |  | 8 |  | 7 |
| 5 | 4 |  |  | 3 |  |  |  |  |

**652**

|  |  |  |  |  |  |  |  |  |
|---|---|---|---|---|---|---|---|---|
|  |  | 8 | 9 |  |  | 6 |  | 3 |
| 7 |  |  |  |  | 3 |  | 2 |  |
|  | 2 |  | 6 | 4 |  |  |  |  |
|  |  |  |  | 6 | 1 | 9 |  | 4 |
|  | 7 |  |  |  |  |  | 8 |  |
| 2 |  | 4 | 7 | 8 |  |  |  |  |
|  |  |  |  | 3 | 7 |  | 9 |  |
|  | 9 |  | 4 |  |  |  |  | 5 |
| 4 |  | 1 |  |  | 5 | 2 |  |  |

**653**

| | | | | | | | | |
|---|---|---|---|---|---|---|---|---|
| | 3 | | 8 | | | | 6 | |
| | 9 | | | 1 | | 4 | | |
| | | | 9 | | | | 2 | 5 |
| 1 | | | 5 | | | 6 | | 8 |
| | | 7 | 4 | | 1 | 9 | | |
| 9 | | 5 | | | 2 | | | 3 |
| 6 | 1 | | | | 8 | | | |
| | | 2 | | 4 | | | 9 | |
| | 7 | | | | 5 | | 3 | |

**654**

| | | | | | | | | |
|---|---|---|---|---|---|---|---|---|
| | 5 | | | | | | | 8 |
| | 7 | 3 | 1 | | | 2 | | |
| | | | 4 | | 8 | 3 | 7 | |
| 1 | | | | 9 | | 6 | 8 | |
| | | | | 5 | | | | |
| | 8 | 6 | | 3 | | | | 2 |
| | 1 | 2 | 9 | | 7 | | | |
| | | 8 | | | 2 | 7 | 4 | |
| 9 | | | | | | | 2 | |

# HARD

655

| | | | | | | | | |
|---|---|---|---|---|---|---|---|---|
| 1 | | 3 | | | | 2 | 8 | |
| | | | | 2 | 4 | 3 | | 6 |
| | | 6 | 9 | | | | | |
| | 3 | | 5 | 9 | | | | 4 |
| 4 | | | | | | | | 5 |
| 5 | | | | 4 | 6 | | 9 | |
| | | | | | 7 | 9 | | |
| 9 | | 4 | 3 | 8 | | | | |
| | 2 | 7 | | | | 6 | | 1 |

656

| | | | | | | | | |
|---|---|---|---|---|---|---|---|---|
| | | 3 | 4 | 1 | | | | |
| | 8 | | 2 | | | | | 7 |
| | 6 | 2 | | | | 3 | | 5 |
| | | | 6 | | 7 | 1 | | 3 |
| | 1 | | | | | | 2 | |
| 3 | | 5 | 1 | | 2 | | | |
| 6 | | 4 | | | | 8 | 3 | |
| 9 | | | | | 8 | | 4 | |
| | | | | 9 | 4 | 2 | | |

657

|   |   |   |   |   |   |   |   |   |
|---|---|---|---|---|---|---|---|---|
|   | 8 |   |   | 9 |   |   |   |   |
|   | 1 |   |   |   | 4 |   |   | 2 |
| 9 |   | 3 | 5 |   |   | 4 |   |   |
|   |   | 1 | 8 |   |   | 2 | 7 |   |
|   |   |   |   | 3 |   |   |   |   |
|   | 6 | 2 |   |   | 1 | 3 |   |   |
|   |   | 7 |   |   | 3 | 8 |   | 4 |
| 3 |   |   | 9 |   |   |   | 1 |   |
|   |   |   |   | 2 |   |   | 6 |   |

658

|   |   |   |   |   |   |   |   |   |
|---|---|---|---|---|---|---|---|---|
|   | 8 |   |   | 4 | 1 |   |   | 3 |
|   | 3 |   | 9 |   |   |   | 5 |   |
|   |   |   | 2 |   |   | 8 |   | 1 |
| 3 |   |   | 4 |   |   | 9 |   |   |
| 5 |   |   |   | 1 |   |   |   | 8 |
|   |   | 8 |   |   | 9 |   |   | 4 |
| 8 |   | 7 |   |   | 3 |   |   |   |
|   | 6 |   |   |   | 7 |   | 2 |   |
| 9 |   |   | 1 | 5 |   |   | 8 |   |

# HARD

**659**

| | | | | | | | | |
|---|---|---|---|---|---|---|---|---|
| | 7 | | 8 | | | 5 | | 6 |
| | | | | 9 | 4 | 2 | | |
| | 4 | 3 | 6 | | | | | |
| | | 2 | | 8 | 9 | | 7 | |
| 6 | | | | | | | | 5 |
| | 9 | | 5 | 7 | | 8 | | |
| | | | | | 8 | 7 | 6 | |
| | | 6 | 9 | 1 | | | | |
| 4 | | 8 | | | 7 | | 1 | |

**660**

| | | | | | | | | |
|---|---|---|---|---|---|---|---|---|
| | 2 | | | | 1 | 5 | | 9 |
| | 5 | 3 | | | 4 | | 1 | |
| | | | | | | | 6 | |
| 9 | | 2 | 3 | | | 7 | | |
| | | | 4 | | 2 | | | |
| | | 4 | | | 6 | 8 | | 3 |
| | 3 | | | | | | | |
| | 4 | | 8 | | | 9 | 5 | |
| 1 | | 5 | 2 | | | | 8 | |

661

| | | 1 | | | 4 | | | 9 |
|---|---|---|---|---|---|---|---|---|
| | 3 | | 9 | | | 1 | 2 | |
| | 9 | | 3 | | | 4 | | |
| | | 5 | 4 | 6 | | | | 3 |
| 2 | | | | | | | | 4 |
| 6 | | | | 9 | 2 | 8 | | |
| | | 7 | | | 9 | | 8 | |
| | 2 | 6 | | | 3 | | 4 | |
| 3 | | | 1 | | | 5 | | |

| | | | | | 5 | | | 4 |
|---|---|---|---|---|---|---|---|---|
| | | 8 | 3 | | | | | 5 |
| 4 | 5 | | | | | 9 | 2 | |
| 5 | 8 | | 1 | | | | 4 | |
| | | 1 | | 7 | | 8 | | |
| | 9 | | | | 4 | | 3 | 2 |
| | 2 | 4 | | | | | 9 | 6 |
| 1 | | | | | 6 | 4 | | |
| 6 | | | 4 | | | | | |

# HARD

**663**

| | | | | | | | | |
|---|---|---|---|---|---|---|---|---|
| | | 5 | | | 2 | | | 1 |
| 2 | | | | | | 4 | 6 | |
| 7 | | 1 | | 6 | | 9 | | |
| | 5 | | | 3 | | | | 6 |
| | 9 | | 5 | | 4 | | 3 | |
| 8 | | | | 2 | | | 9 | |
| | | 7 | | 1 | | 6 | | 8 |
| | 6 | 8 | | | | | | 9 |
| 5 | | | 6 | | | 7 | | |

**664**

| | | | | | | | | |
|---|---|---|---|---|---|---|---|---|
| | 9 | | 6 | | | | | 2 |
| | 5 | | | | 3 | 9 | | |
| | | 8 | | | 4 | 6 | | |
| 5 | | | 4 | 1 | | 3 | | |
| 7 | | | | | | | | 4 |
| | | 1 | | 7 | 6 | | | 9 |
| | | 4 | 8 | | | 7 | | |
| | | 7 | 1 | | | | 3 | |
| 6 | | | | | 7 | | 2 | |

665

| | | | | | | | | |
|---|---|---|---|---|---|---|---|---|
| | | 5 | | | 6 | | 1 | 3 |
| 3 | 7 | | | | | 4 | | |
| | | 6 | 5 | | 1 | | | |
| 1 | | | | | 4 | | | 9 |
| | | 8 | | 9 | | 3 | | |
| 2 | | | 3 | | | | | 6 |
| | | | 4 | | 5 | 2 | | |
| | | 4 | | | | | 9 | 8 |
| 7 | 5 | | 8 | | | 6 | | |

666

| | | | | | | | | |
|---|---|---|---|---|---|---|---|---|
| 8 | 5 | | 3 | | | | 7 | |
| | 7 | | | | | | 2 | |
| | | 6 | | 7 | | 4 | | |
| | | 2 | 8 | 9 | | | | 6 |
| 6 | | | | | | | | 9 |
| 7 | | | | 3 | 6 | 8 | | |
| | | 4 | | 8 | | 2 | | |
| | 6 | | | | | | 3 | |
| | 2 | | | | 1 | | 8 | 4 |

# HARD

**667**

| 9 |  |  | 7 |  |  |  |  |  |
|---|---|---|---|---|---|---|---|---|
|  | 5 |  | 4 |  |  |  | 3 | 9 |
|  |  |  | 5 |  |  | 2 |  | 7 |
|  | 9 |  | 6 |  |  | 3 |  | 2 |
|  | 7 |  |  | 5 |  |  | 8 |  |
| 3 |  | 4 |  |  | 8 |  | 7 |  |
| 5 |  | 7 |  |  | 4 |  |  |  |
| 4 | 1 |  |  |  | 9 |  | 2 |  |
|  |  |  |  |  | 5 |  |  | 6 |

**668**

| 7 | 8 |  |  | 2 |  |  | 6 |  |
|---|---|---|---|---|---|---|---|---|
| 1 |  |  | 5 |  |  | 2 |  |  |
|  |  |  |  | 6 |  | 4 | 1 |  |
|  |  | 1 |  |  | 4 |  |  | 3 |
|  |  | 3 | 2 |  | 5 | 9 |  |  |
| 4 |  |  | 7 |  |  | 1 |  |  |
|  | 1 | 8 |  | 4 |  |  |  |  |
|  |  | 4 |  |  | 8 |  |  | 6 |
|  | 9 |  |  | 5 |  |  | 4 | 1 |

669

| | | | | | | | | |
|---|---|---|---|---|---|---|---|---|
| | | 2 | 1 | 9 | | | 5 | |
| | | | | | | | 7 | |
| 1 | 8 | | 5 | | | 6 | | |
| 5 | | | 3 | | | 2 | | 6 |
| | 6 | | 8 | | 5 | | 9 | |
| 9 | | 3 | | | 4 | | | 5 |
| | | 7 | | | 1 | | 2 | 8 |
| | 3 | | | | | | | |
| | 9 | | | 5 | 8 | 4 | | |

670

| | | | | | | | | |
|---|---|---|---|---|---|---|---|---|
| | | | | | 9 | | | |
| | 5 | 6 | 3 | | 1 | | | |
| 1 | 2 | | | | | | 7 | 5 |
| | | 8 | | | 2 | 5 | | 7 |
| | | 7 | | 3 | | 6 | | |
| 6 | | 2 | 5 | | | 4 | | |
| 4 | 6 | | | | | | 5 | 9 |
| | | | 4 | | 5 | 8 | 1 | |
| | | | 7 | | | | | |

# HARD

671

| | | | | | | | | |
|---|---|---|---|---|---|---|---|---|
| | | | 8 | | | 3 | 1 | |
| 3 | | | 1 | | | | | |
| | | 6 | | 9 | | | 7 | 5 |
| 8 | | | | 7 | | 2 | | |
| 9 | | | 3 | | 6 | | | 1 |
| | | 3 | | 1 | | | | 9 |
| 4 | 2 | | | 3 | | 9 | | |
| | | | | | 2 | | | 7 |
| | 5 | 9 | | | 8 | | | |

672

| | | | | | | | | |
|---|---|---|---|---|---|---|---|---|
| | 2 | 5 | 8 | | | | | 3 |
| 3 | | | 7 | | | 9 | 4 | |
| | | 9 | | | 1 | | | 6 |
| | | | 9 | | | | 1 | |
| 1 | | | | 6 | | | | 2 |
| | 4 | | | | 3 | | | |
| 8 | | | 3 | | | 2 | | |
| | 6 | 4 | | | 5 | | | 1 |
| 2 | | | | | 9 | 7 | 5 | |

673

| | | | | | | | | |
|---|---|---|---|---|---|---|---|---|
| 7 | | | | 4 | | 5 | | 3 |
| | | 4 | | 6 | | | 2 | |
| | 5 | 1 | | | | 4 | | |
| | | | 3 | | 5 | | 9 | |
| 3 | | | | | | | | 6 |
| | 1 | | 6 | | 8 | | | |
| | | 3 | | | | 9 | 1 | |
| | 4 | | | 7 | | 6 | | |
| 5 | | 7 | | 3 | | | | 2 |

674

| | | | | | | | | |
|---|---|---|---|---|---|---|---|---|
| | 9 | 8 | | 4 | | | | |
| | | | | | 5 | | 4 | 3 |
| | | 3 | | | 8 | | 9 | 1 |
| 4 | | | | | | | 5 | 9 |
| | | | 9 | 5 | 2 | | | |
| 6 | 5 | | | | | | | 7 |
| 3 | 1 | | 7 | | | 6 | | |
| 7 | 6 | | 4 | | | | | |
| | | | | 3 | | 1 | 7 | |

# HARD

**675**

| | | | | | | | | |
|---|---|---|---|---|---|---|---|---|
| | | | | | 2 | | 5 | 7 |
| | | 7 | | 5 | | | 1 | 4 |
| 2 | 6 | | | | | | | |
| 1 | 3 | | | | 5 | | | |
| | | 4 | | 8 | | 5 | | |
| | | | 7 | | | | 4 | 2 |
| | | | | | | | 8 | 5 |
| 4 | 2 | | | 9 | | 1 | | |
| 7 | 5 | | 4 | | | | | |

**676**

| | | | | | | | | |
|---|---|---|---|---|---|---|---|---|
| | 5 | 9 | | | 3 | 8 | | |
| 3 | | | | | | | | |
| 1 | | | 8 | | 6 | 9 | | |
| | | 4 | | 3 | 7 | | | 6 |
| | 9 | | | | | | 4 | |
| 2 | | | 6 | 4 | | 5 | | |
| | | 6 | 3 | | 5 | | | 8 |
| | | | | | | | | 1 |
| | | 1 | 4 | | | 3 | 9 | |

677

| | | | | | | | | |
|---|---|---|---|---|---|---|---|---|
| | | | | 8 | 4 | | | 3 |
| 5 | | 7 | | | 6 | | | |
| 4 | | 3 | | | 1 | | 7 | |
| 8 | | | 6 | | | | 1 | |
| | | 4 | | 1 | | 2 | | |
| | 1 | | | | 9 | | | 8 |
| | 9 | | 3 | | | 7 | | 1 |
| | | | 8 | | | 3 | | 2 |
| 7 | | | 1 | 9 | | | | |

678

| | | | | | | | | |
|---|---|---|---|---|---|---|---|---|
| | | 2 | 6 | 8 | | | | |
| 4 | | 6 | | 5 | | | 7 | |
| 8 | | | | | 7 | 2 | 4 | |
| | | 9 | 7 | | 1 | | | |
| | 3 | | | | | | 1 | |
| | | | 8 | | 5 | 4 | | |
| | 5 | 1 | 2 | | | | | 4 |
| | 8 | | | 4 | | 5 | | 1 |
| | | | | 1 | 3 | 7 | | |

# HARD

**679**

| | | | | | | | | |
|---|---|---|---|---|---|---|---|---|
| | | 7 | | 8 | | 1 | 2 | |
| 8 | | | | | 4 | | | |
| | | | 2 | | | 8 | | 6 |
| 5 | 1 | | | | 9 | | 6 | |
| | | 2 | 5 | | 6 | 7 | | |
| | 7 | | 8 | | | | 5 | 2 |
| 4 | | 3 | | | 7 | | | |
| | | | 4 | | | | | 5 |
| | 5 | 9 | | 6 | | 4 | | |

**680**

| | | | | | | | | |
|---|---|---|---|---|---|---|---|---|
| | | 5 | | 6 | | | | 2 |
| 4 | | | | | 2 | 9 | 5 | |
| | 2 | | 1 | | | | 8 | |
| | | 8 | 6 | | 1 | | | 9 |
| | | | | | | | | |
| 9 | | | 2 | | 8 | 5 | | |
| | 3 | | | | 5 | | 4 | |
| | 7 | 2 | 8 | | | | | 1 |
| 8 | | | | 1 | | 6 | | |

681

| | | | | | | | | |
|---|---|---|---|---|---|---|---|---|
| | 8 | 6 | 5 | | | | 2 | |
| | | 1 | | | 7 | | | |
| 7 | | | 6 | 8 | | | | 5 |
| 5 | | | | | | 8 | 4 | |
| | | | 4 | 1 | 5 | | | |
| | 3 | 4 | | | | | | 1 |
| 2 | | | | 4 | 3 | | | 6 |
| | | | 2 | | | 3 | | |
| | 9 | | | | 6 | 4 | 7 | |

682

| | | | | | | | | |
|---|---|---|---|---|---|---|---|---|
| 4 | | | | | | | 3 | |
| | 5 | 2 | | | 8 | | | 9 |
| | | 9 | | 5 | 3 | | | 7 |
| | | 3 | 6 | | | | 4 | |
| | | 7 | | 3 | | 1 | | |
| | 2 | | | | 9 | 7 | | |
| 2 | | | 8 | 4 | | 5 | | |
| 7 | | | 2 | | | 3 | 8 | |
| | 4 | | | | | | | 6 |

# HARD

683

|   |   |   |   |   |   |   |   |   |
|---|---|---|---|---|---|---|---|---|
|   |   | 7 |   | 6 |   | 1 |   |   |
|   | 2 |   | 5 |   | 9 |   | 4 |   |
|   | 8 |   |   |   | 2 |   |   | 3 |
|   |   | 5 |   |   |   |   | 9 | 6 |
|   |   |   | 6 | 5 | 4 |   |   |   |
| 4 | 3 |   |   |   |   | 8 |   |   |
| 5 |   |   | 1 |   |   |   | 2 |   |
|   | 6 |   | 2 |   | 5 |   | 1 |   |
|   |   | 2 |   | 9 |   | 5 |   |   |

684

|   |   |   |   |   |   |   |   |   |
|---|---|---|---|---|---|---|---|---|
|   |   |   | 3 |   | 4 | 8 |   |   |
| 8 |   | 1 |   | 9 |   |   | 3 |   |
| 3 | 5 |   |   |   | 7 |   |   |   |
| 1 | 7 |   |   |   | 6 |   |   |   |
|   |   | 5 |   | 4 |   | 3 |   |   |
|   |   |   | 5 |   |   |   | 9 | 2 |
|   |   |   | 9 |   |   |   | 4 | 8 |
|   | 1 |   |   | 6 |   | 2 |   | 3 |
|   |   | 8 | 4 |   | 1 |   |   |   |

**685**

| | | | | | | | | |
|---|---|---|---|---|---|---|---|---|
| | | | | 2 | 7 | | | 8 |
| | 6 | | 8 | | | | 3 | |
| 2 | | 5 | | | | 9 | | |
| | 5 | 8 | 9 | | | | | |
| | 2 | | | 4 | | | 8 | |
| | | | | | 3 | 7 | 9 | |
| | | 1 | | | | 3 | | 4 |
| | 4 | | | | 8 | | 7 | |
| 6 | | | 5 | 3 | | | | |

**686**

| | | | | | | | | |
|---|---|---|---|---|---|---|---|---|
| | 5 | 6 | | | 8 | 9 | | |
| | | | | | | 6 | | 5 |
| 7 | 8 | | 9 | | | | | |
| | | 2 | 8 | | 7 | | 9 | |
| | | | | | | | | |
| | 6 | | 3 | | 4 | 5 | | |
| | | | | | 9 | | 1 | 8 |
| 1 | | 4 | | | | | | |
| | | 5 | 7 | | | 3 | 2 | |

# HARD

**687**

| 1 |  |  |  |  |  | 2 |  |  |
|---|---|---|---|---|---|---|---|---|
|  | 8 |  | 4 | 7 |  |  | 5 |  |
| 7 | 5 |  |  |  | 1 | 6 |  |  |
|  |  |  | 6 |  | 2 |  | 8 |  |
| 2 |  |  |  |  |  |  |  | 5 |
|  | 4 |  | 7 |  | 9 |  |  |  |
|  |  | 5 | 2 |  |  |  | 4 | 9 |
|  | 9 |  |  | 8 | 4 |  | 1 |  |
|  |  | 3 |  |  |  |  |  | 7 |

**688**

|  | 7 |  |  | 3 | 8 |  |  | 5 |
|---|---|---|---|---|---|---|---|---|
|  |  | 8 |  |  |  | 7 |  |  |
|  | 1 |  | 7 |  |  |  | 8 | 4 |
| 7 | 2 |  | 3 | 6 |  |  |  |  |
| 9 |  |  |  |  |  |  |  | 2 |
|  |  |  |  | 8 | 7 |  | 4 | 9 |
| 1 | 3 |  |  |  | 4 |  | 5 |  |
|  |  | 5 |  |  |  | 4 |  |  |
| 6 |  |  | 5 | 1 |  |  | 9 |  |

689

| | | | | | | | | |
|---|---|---|---|---|---|---|---|---|
| | 8 | | 4 | | | 6 | 1 | |
| 6 | | 1 | | | 3 | | | 7 |
| | | | | | | 8 | | |
| 1 | | | 6 | | | 7 | 5 | |
| | 4 | | | 5 | | | 3 | |
| | 9 | 5 | | | 2 | | | 6 |
| | | 3 | | | | | | |
| 8 | | | 5 | | | 3 | | 1 |
| | 1 | 7 | | | 8 | | 2 | |

690

| | | | | | | | | |
|---|---|---|---|---|---|---|---|---|
| | 4 | | | 1 | | 7 | | |
| | | | | | 5 | | 2 | |
| | 6 | | | | 3 | | | 4 |
| | | | | 9 | 1 | 6 | | 2 |
| 6 | 1 | | | | | | 9 | 5 |
| 2 | | 5 | 7 | 8 | | | | |
| 4 | | | 6 | | | | 3 | |
| | 8 | | 1 | | | | | |
| | | 6 | | 4 | | | 5 | |

# HARD

**691**

| | | | | | | | | |
|---|---|---|---|---|---|---|---|---|
| 9 | 7 | | | | 6 | | | |
| | | 8 | | 9 | 4 | 7 | | |
| | 4 | | | | 5 | | 8 | |
| | | 3 | 5 | | | | 6 | |
| | | 7 | | 6 | | 9 | | |
| | 5 | | | | 2 | 1 | | |
| | 6 | | 3 | | | | 9 | |
| | | 4 | 8 | 2 | | 3 | | |
| | | | 6 | | | | 1 | 2 |

**692**

| | | | | | | | | |
|---|---|---|---|---|---|---|---|---|
| 9 | | | | | | | 8 | |
| | | 5 | 4 | | | | | 6 |
| | 2 | | 3 | | | | 9 | |
| | | 1 | | 7 | | | | 9 |
| | 9 | | 8 | | 5 | | 3 | |
| 3 | | | | 2 | | 6 | | |
| | 4 | | | | 9 | | 1 | |
| 8 | | | | | 2 | 9 | | |
| | 7 | | | | | | | 4 |

**693**

| | | | | | | | | |
|---|---|---|---|---|---|---|---|---|
| | | | | | 9 | | 3 | |
| | | | 1 | | 3 | | 8 | 9 |
| 6 | 3 | | | | | 1 | | |
| | 8 | 2 | | | 1 | | | 5 |
| | | 7 | | 5 | | 8 | | |
| 5 | | | 3 | | | 9 | 1 | |
| | | 5 | | | | | 2 | 1 |
| 1 | 9 | | 4 | | 2 | | | |
| | 2 | | 6 | | | | | |

**694**

| | | | | | | | | |
|---|---|---|---|---|---|---|---|---|
| 9 | | | | | 3 | | 2 | 8 |
| | | 2 | | | 8 | 3 | | |
| 7 | 8 | | | | 6 | | 4 | |
| | 1 | | 7 | | | | | |
| 3 | | | | 5 | | | | 9 |
| | | | | | 2 | | 1 | |
| | 3 | | 9 | | | | 8 | 7 |
| | | 9 | 6 | | | 5 | | |
| 6 | 5 | | 8 | | | | | 2 |

# HARD

**695**

| | | | | | | | | |
|---|---|---|---|---|---|---|---|---|
| | | | | 3 | | | 6 | |
| 1 | | 4 | 6 | | | 2 | | |
| | 5 | 2 | 7 | | | | 9 | |
| | | | 3 | | | 4 | 8 | |
| 4 | | | | 9 | | | | 2 |
| | 2 | 1 | | | 6 | | | |
| | 4 | | | | 3 | 5 | 2 | |
| | | 9 | | | 4 | 8 | | 7 |
| | 1 | | | 6 | | | | |

**696**

| | | | | | | | | |
|---|---|---|---|---|---|---|---|---|
| 7 | | | 1 | | | | 3 | |
| | 1 | 8 | 2 | | | | | |
| | | 2 | | 8 | | 1 | | 9 |
| 2 | | | 9 | | | | | 5 |
| | | 6 | | 5 | | 4 | | |
| 1 | | | | | 2 | | | 7 |
| 6 | | 7 | | 1 | | 5 | | |
| | | | | | 7 | 8 | 9 | |
| | 5 | | | | 9 | | | 6 |

# HARD

**697**

| | | | | | | | | |
|---|---|---|---|---|---|---|---|---|
| 8 | | | | | 9 | | 6 | |
| | | 3 | 7 | | | | | 4 |
| | 1 | | | | | 3 | | 8 |
| 5 | 9 | 4 | 8 | | | | | |
| | 2 | | 3 | | 5 | | 8 | |
| | | | | | 2 | 6 | 1 | 5 |
| 1 | | 7 | | | | | 3 | |
| 2 | | | | | 7 | 8 | | |
| | 8 | | 6 | | | | | 1 |

**698**

| | | | | | | | | |
|---|---|---|---|---|---|---|---|---|
| 3 | | | 4 | | 2 | | | |
| 4 | | 9 | | 3 | | 2 | | |
| | 2 | | 9 | | | 3 | | 7 |
| | | | | 9 | | | 1 | |
| 5 | | | 8 | | 1 | | | 4 |
| | 9 | | | 7 | | | | |
| 8 | | 3 | | | 9 | | 2 | |
| | | 2 | | 6 | | 5 | | 8 |
| | | | 2 | | 7 | | | 6 |

# HARD

**699**

| | | | | | | | | |
|---|---|---|---|---|---|---|---|---|
| 2 | 8 | | | | | | | 9 |
| | 1 | | 6 | | 3 | | | |
| | | 5 | | 9 | 2 | | 4 | |
| | 5 | | 7 | | | | | 6 |
| | | 7 | | 2 | | 1 | | |
| 1 | | | | | 8 | | 7 | |
| | 3 | | 1 | 6 | | 7 | | |
| | | | 3 | | 9 | | 8 | |
| 4 | | | | | | | 1 | 3 |

**700**

| | | | | | | | | |
|---|---|---|---|---|---|---|---|---|
| | | | 7 | | 4 | | 3 | |
| | 7 | 6 | | | | 4 | | |
| 3 | 8 | | | | 5 | | | |
| 2 | | | | 4 | | 5 | | 1 |
| | 4 | | | 3 | | | 9 | |
| 9 | | 8 | | 7 | | | | 6 |
| | | | 8 | | | | 2 | 4 |
| | | 5 | | | | 1 | 6 | |
| | 2 | | 6 | | 7 | | | |

**701**

| 6 |  |  |  | 3 |  |  |  |  |
|---|---|---|---|---|---|---|---|---|
|  |  | 9 | 5 |  |  | 4 |  | 8 |
|  | 7 |  | 9 |  | 4 |  |  | 6 |
|  | 8 |  | 1 |  |  |  | 7 |  |
| 1 |  |  |  | 4 |  |  |  | 5 |
|  | 6 |  |  |  | 5 |  | 8 |  |
| 8 |  |  | 7 |  | 3 |  | 4 |  |
| 3 |  | 2 |  |  | 9 | 5 |  |  |
|  |  |  |  | 5 |  |  |  | 2 |

**702**

|  |  | 5 |  |  | 8 | 4 | 6 |  |
|---|---|---|---|---|---|---|---|---|
| 6 | 3 |  |  |  |  |  | 8 |  |
| 7 |  |  | 2 | 9 | 6 |  |  |  |
| 5 |  |  |  | 3 | 9 |  |  |  |
|  | 6 |  |  |  |  |  | 2 |  |
|  |  |  | 7 | 8 |  |  |  | 6 |
|  |  |  | 4 | 2 | 1 |  |  | 3 |
|  | 7 |  |  |  |  |  | 1 | 2 |
|  | 1 | 2 | 8 |  |  | 5 |  |  |

# HARD

**703**

| | | | | | | | | |
|---|---|---|---|---|---|---|---|---|
| 2 | | | | | | 6 | 3 | |
| | 1 | | | | 4 | | | 9 |
| | | 3 | | 5 | 8 | | | 2 |
| | 3 | 6 | | | 9 | | | |
| | | 4 | | 6 | | 1 | | |
| | | | 8 | | | 3 | 2 | |
| 4 | | | 1 | 8 | | 5 | | |
| 3 | | | 5 | | | | 6 | |
| | 6 | 7 | | | | | | 1 |

**704**

| | | | | | | | | |
|---|---|---|---|---|---|---|---|---|
| | | | | 5 | | | | 7 |
| 2 | | | 1 | | | 9 | | 5 |
| | 7 | 9 | 4 | | | | | |
| | 4 | | 3 | | | 7 | | |
| | 9 | | | 7 | | | 8 | |
| | | 5 | | | 8 | | 6 | |
| | | | | | 2 | 6 | 5 | |
| 1 | | 7 | | | 6 | | | 8 |
| 6 | | | | 8 | | | | |

**705**

|   | 2 |   | 5 | 6 |   |   | 7 |   |
|---|---|---|---|---|---|---|---|---|
|   |   | 5 |   |   |   |   | 6 | 2 |
| 4 |   | 6 | 2 |   | 7 |   |   |   |
| 9 |   |   |   |   |   |   | 8 |   |
|   |   |   | 9 | 7 | 6 |   |   |   |
|   | 3 |   |   |   |   |   |   | 6 |
|   |   |   | 1 |   | 8 | 5 |   | 7 |
| 7 | 4 |   |   |   |   | 1 |   |   |
|   | 8 |   |   | 9 | 3 |   | 2 |   |

**706**

|   |   |   | 3 | 5 |   |   |   | 1 |
|---|---|---|---|---|---|---|---|---|
|   | 2 | 1 |   |   | 8 | 3 |   |   |
|   |   |   | 2 |   |   |   | 4 |   |
| 7 |   | 8 | 4 | 9 |   |   |   |   |
| 4 |   | 6 |   |   |   | 2 |   | 3 |
|   |   |   |   | 3 | 5 | 4 |   | 7 |
|   | 1 |   |   |   | 3 |   |   |   |
|   |   | 3 | 7 |   |   | 8 | 5 |   |
| 2 |   |   |   | 6 | 4 |   |   |   |

# HARD

707

| | | | | | | | | |
|---|---|---|---|---|---|---|---|---|
| | 2 | 9 | | | 3 | | | 6 |
| 8 | | | 9 | 2 | | | | |
| | | | | | | 2 | 4 | |
| | | 8 | | 3 | | 6 | 1 | |
| | 3 | | 1 | | 5 | | 9 | |
| | 1 | 4 | | 9 | | 3 | | |
| | 5 | 7 | | | | | | |
| | | | | 7 | 9 | | | 2 |
| 6 | | | 3 | | | 4 | 8 | |

708

| | | | | | | | | |
|---|---|---|---|---|---|---|---|---|
| 9 | | | | | 8 | 7 | | 1 |
| 4 | 8 | | 5 | | | | | |
| | | | | | 1 | 5 | 8 | |
| | | 2 | | | 9 | | | 6 |
| | 6 | | | 1 | | | 2 | |
| 8 | | | 7 | | | 1 | | |
| | 3 | 4 | 9 | | | | | |
| | | | | | 4 | | 9 | 2 |
| 2 | | 7 | 6 | | | | | 8 |

709

| | | | | | | | | |
|---|---|---|---|---|---|---|---|---|
| 4 | 5 | | 8 | | | | | 2 |
| | | | | | | 1 | | 4 |
| | | 3 | | 2 | 4 | | | |
| | | 4 | | | 5 | | 6 | 9 |
| | | 7 | 6 | | 8 | 4 | | |
| 5 | 8 | | 1 | | | 2 | | |
| | | | 4 | 8 | | 9 | | |
| 7 | | 1 | | | | | | |
| 2 | | | | | 1 | | 4 | 5 |

710

| | | | | | | | | |
|---|---|---|---|---|---|---|---|---|
| 5 | 8 | | | | | | 3 | 7 |
| | | | 3 | 1 | | 5 | | |
| | | | 7 | | 5 | | | 9 |
| 4 | | | 5 | | | 3 | | |
| | | 5 | | 2 | | 4 | | |
| | | 2 | | | 6 | | | 8 |
| 1 | | | 2 | | 4 | | | |
| | | 7 | | 5 | 9 | | | |
| 9 | 5 | | | | | | 2 | 4 |

# HARD

**711**

| | | | | | | | | |
|---|---|---|---|---|---|---|---|---|
| | | 5 | | | 8 | 6 | | 4 |
| 4 | | | | 7 | 6 | | | |
| | 6 | | | | | 7 | 3 | |
| | | | 7 | | | 8 | 4 | |
| 8 | | | | 5 | | | | 1 |
| | 2 | 6 | | | 4 | | | |
| | 8 | 3 | | | | | 5 | |
| | | | 8 | 3 | | | | 7 |
| 6 | | 9 | 5 | | | 1 | | |

**712**

| | | | | | | | | |
|---|---|---|---|---|---|---|---|---|
| 6 | | 7 | 9 | | | | | 8 |
| | | | 1 | | 6 | 4 | 9 | |
| | | | | 2 | | | 6 | |
| | | 1 | 5 | | | | | 4 |
| | | 3 | | 1 | | 6 | | |
| 4 | | | | | 3 | 9 | | |
| | 8 | | | 9 | | | | |
| | 4 | 2 | 6 | | 5 | | | |
| 1 | | | | | 8 | 5 | | 2 |

713

| | | | | | | | | |
|---|---|---|---|---|---|---|---|---|
| | 9 | 5 | | 8 | | | 7 | |
| | | 3 | 5 | | 6 | 4 | | |
| 7 | | | | | 3 | | | |
| | | 7 | | 2 | 5 | | 3 | |
| 1 | | | | | | | | 7 |
| | 8 | | 9 | 4 | | 1 | | |
| | | | 3 | | | | | 4 |
| | | 4 | 7 | | 2 | 8 | | |
| | 2 | | | 6 | | 7 | 5 | |

714

| | | | | | | | | |
|---|---|---|---|---|---|---|---|---|
| 1 | | | 4 | | 2 | | | |
| | 2 | 9 | | | 5 | | | 8 |
| 8 | | | | | | 2 | 7 | |
| | 6 | | | 7 | | | 5 | |
| 4 | | | 3 | | 9 | | | 2 |
| | 7 | | | 5 | | | 9 | |
| | 9 | 2 | | | | | | 6 |
| 3 | | | 5 | | | 9 | 4 | |
| | | | 9 | | 7 | | | 3 |

# HARD

**715**

| | | | | | | | | |
|---|---|---|---|---|---|---|---|---|
| 5 | | | | | 8 | | 7 | |
| | | 3 | | 2 | | 4 | | 6 |
| | | 4 | 3 | | 5 | | | |
| | | 1 | | | | | 3 | 8 |
| | | | 6 | 3 | 7 | | | |
| 3 | 4 | | | | | 9 | | |
| | | | 9 | | 6 | 5 | | |
| 4 | | 6 | | 7 | | 2 | | |
| | 9 | | 2 | | | | | 7 |

**716**

| | | | | | | | | |
|---|---|---|---|---|---|---|---|---|
| | | 7 | | | | | | 4 |
| 4 | 3 | | 1 | | 9 | | | |
| | | 6 | | | 7 | 1 | 9 | |
| 8 | | | | 9 | | | 7 | |
| 3 | | | | 6 | | | | 2 |
| | 4 | | | 5 | | | | 1 |
| | 5 | 3 | 9 | | | 4 | | |
| | | | 3 | | 8 | | 2 | 9 |
| 9 | | | | | | 6 | | |

717

| | | | | | | | | |
|---|---|---|---|---|---|---|---|---|
| 8 | | | | | 9 | 1 | 6 | |
| | 5 | | 8 | | | | 4 | |
| 9 | 7 | | | | | | | 3 |
| | | | | 1 | | 7 | | 6 |
| | | 7 | | 4 | | 3 | | |
| 2 | | 8 | | 3 | | | | |
| 7 | | | | | | | 9 | 4 |
| | 1 | | | | 6 | | 3 | |
| | 2 | 5 | 4 | | | | | 1 |

718

| | | | | | | | | |
|---|---|---|---|---|---|---|---|---|
| 1 | 7 | | | | | | 6 | 5 |
| | | 3 | | 1 | 9 | | 4 | |
| | | 9 | | | | | | |
| | | 1 | | | 5 | | | 8 |
| 2 | | | | 8 | | | | 9 |
| 8 | | | 7 | | | 5 | | |
| | | | | | | 2 | | |
| | 2 | | 5 | 4 | | 1 | | |
| 6 | 4 | | | | | | 3 | 7 |

# HARD

**719**

| | | | | | | | | |
|---|---|---|---|---|---|---|---|---|
| | 4 | | | | | | 3 | |
| | 3 | | | | 1 | 7 | | |
| | 5 | | | | 4 | 9 | | 1 |
| 1 | | | | 3 | 2 | | | |
| 3 | | | | | | | | 5 |
| | | | 8 | 5 | | | | 3 |
| 2 | | 9 | 6 | | | | 8 | |
| | | 3 | 1 | | | | 9 | |
| | 6 | | | | | | 4 | |

**720**

| | | | | | | | | |
|---|---|---|---|---|---|---|---|---|
| 2 | | | | 7 | | | | |
| | 5 | 3 | | | 4 | 9 | | |
| 6 | | | 8 | | | | 7 | 3 |
| | | 6 | | | | | 1 | 4 |
| | | | 7 | 4 | 1 | | | |
| 9 | 4 | | | | | 3 | | |
| 4 | 9 | | | | 8 | | | 2 |
| | | 2 | 4 | | | 6 | 9 | |
| | | | | 3 | | | | 1 |

**721**

| | | | | | | | | |
|---|---|---|---|---|---|---|---|---|
| | 8 | 2 | | 9 | 7 | | | |
| | | | 6 | | | | 9 | |
| 7 | | 9 | | 2 | | | | 1 |
| | | 7 | 4 | | | 5 | | |
| 3 | | | 9 | | 6 | | | 8 |
| | | 5 | | | 8 | 9 | | |
| 1 | | | | 4 | | 6 | | 2 |
| | 4 | | | | 1 | | | |
| | | | 2 | 6 | | 1 | 5 | |

**722**

| | | | | | | | | |
|---|---|---|---|---|---|---|---|---|
| | | | 2 | | 7 | 3 | | |
| 3 | | | 9 | | | | 8 | 5 |
| 4 | 1 | | | 6 | | | 7 | |
| 8 | | | | 4 | | | | |
| | 9 | | 6 | | 2 | | 3 | |
| | | | | 3 | | | | 6 |
| | 2 | | | 7 | | | 4 | 8 |
| 7 | 8 | | | | 6 | | | 3 |
| | | 3 | 8 | | 5 | | | |

# HARD

## 723

|   |   |   |   |   |   |   |   |   |
|---|---|---|---|---|---|---|---|---|
|   | 1 |   | 3 |   |   |   | 7 | 2 |
|   |   |   | 9 |   |   | 4 | 1 |   |
| 4 |   | 2 |   | 6 |   |   |   |   |
|   |   | 7 | 8 |   |   | 6 |   |   |
| 8 |   |   |   | 9 |   |   |   | 5 |
|   |   | 9 |   |   | 3 | 1 |   |   |
|   |   |   |   | 5 |   | 8 |   | 3 |
|   | 6 | 8 |   |   | 9 |   |   |   |
| 2 | 3 |   |   |   | 6 |   | 9 |   |

|   |   |   |   |   |   |   |   |   |
|---|---|---|---|---|---|---|---|---|
|   |   |   |   | 7 | 3 | 8 | 5 |   |
|   | 5 |   | 6 |   |   |   |   | 2 |
| 3 |   | 1 |   |   |   | 7 |   |   |
| 1 |   |   | 4 |   |   |   | 8 |   |
|   | 4 |   |   | 6 |   |   | 9 |   |
|   | 9 |   |   |   | 2 |   |   | 1 |
|   |   | 5 |   |   |   | 9 |   | 8 |
| 2 |   |   |   |   | 5 |   | 4 |   |
|   | 6 | 8 | 2 | 1 |   |   |   |   |

725

| | | | | | | | | |
|---|---|---|---|---|---|---|---|---|
| | 4 | 9 | | 5 | | | | 7 |
| | 8 | 6 | | | 4 | | | |
| | | | | | | | 4 | 8 |
| | 5 | 2 | | 6 | | | | 4 |
| 8 | | | 3 | | 1 | | | 6 |
| 6 | | | | 4 | | 9 | 8 | |
| 9 | 6 | | | | | | | |
| | | | 5 | | | 1 | 3 | |
| 5 | | | | 8 | | 4 | 6 | |

726

| | | | | | | | | |
|---|---|---|---|---|---|---|---|---|
| 4 | | | | | | 9 | | |
| | | 9 | | 4 | 3 | | 5 | |
| 7 | | 5 | | | 1 | 3 | | |
| | 6 | | 7 | | | | 3 | |
| | 9 | | | 8 | | | 7 | |
| | 7 | | | | 9 | | 1 | |
| | | 2 | 5 | | | 7 | | 6 |
| | 4 | | 2 | 3 | | 1 | | |
| | | 6 | | | | | | 3 |

# HARD

**727**

| | | | | | | | | |
|---|---|---|---|---|---|---|---|---|
| | | | 9 | | | 4 | | |
| | 3 | | | | 5 | 1 | | 9 |
| 7 | 4 | | | | | | 2 | |
| 1 | | | | | 9 | 8 | 4 | |
| 9 | | | | 5 | | | | 3 |
| | 5 | 4 | 3 | | | | | 2 |
| | 9 | | | | | | 6 | 4 |
| 5 | | 7 | 2 | | | | 8 | |
| | | 2 | | | 3 | | | |

**728**

| | | | | | | | | |
|---|---|---|---|---|---|---|---|---|
| 2 | | | | 3 | 1 | | 7 | |
| | | | 2 | | | | | 1 |
| | 1 | | | | | 5 | | 2 |
| | 8 | 4 | 7 | | | | | 6 |
| | | 1 | | 4 | | 8 | | |
| 7 | | | | | 8 | 4 | 5 | |
| 4 | | 8 | | | | | 2 | |
| 6 | | | | | 3 | | | |
| | 9 | | 4 | 7 | | | | 8 |

729

| | | | | | | | | |
|---|---|---|---|---|---|---|---|---|
| | | | | 5 | 8 | | | 1 |
| | | 5 | 3 | | | 6 | | 7 |
| 3 | | | 1 | | | 2 | | |
| | | | 5 | | | 3 | | 9 |
| | 6 | | | 3 | | | 2 | |
| 8 | | 3 | | | 1 | | | |
| | | 8 | | | 7 | | | 2 |
| 6 | | 1 | | | 3 | 9 | | |
| 7 | | | 4 | 6 | | | | |

730

| | | | | | | | | |
|---|---|---|---|---|---|---|---|---|
| 1 | | | | 4 | | | | |
| | | 8 | 2 | | | 4 | | 3 |
| 2 | | | 8 | | 3 | | 6 | |
| | | | | 5 | 6 | 2 | 8 | |
| 7 | | | | | | | | 6 |
| | 2 | 6 | 9 | 1 | | | | |
| | 1 | | 5 | | 4 | | | 8 |
| 3 | | 4 | | | 2 | 5 | | |
| | | | | 3 | | | | 2 |

**731**

| | | | | | | | | |
|---|---|---|---|---|---|---|---|---|
| 1 | | | | | | | | 4 |
| | 2 | | | | 1 | 8 | 6 | |
| | 4 | 6 | | | 3 | 9 | | |
| | | 4 | 7 | | 6 | | | 9 |
| 9 | | | | | | | | 6 |
| 5 | | | 1 | | 8 | 2 | | |
| | | 8 | 3 | | | 4 | 9 | |
| | 3 | 5 | 4 | | | | 1 | |
| 4 | | | | | | | | 3 |

**732**

| | | | | | | | | |
|---|---|---|---|---|---|---|---|---|
| 9 | | | | 6 | | | 5 | 3 |
| | 7 | 3 | | | | | 4 | |
| 4 | | | | | 1 | 7 | | |
| 1 | | | 8 | | | | 7 | |
| | | 7 | | 2 | | 9 | | |
| | 8 | | | | 5 | | | 4 |
| | | 4 | 5 | | | | | 8 |
| | 6 | | | | | 5 | 9 | |
| 8 | 5 | | | 1 | | | | 7 |

**733**

| | | | | | | | | |
|---|---|---|---|---|---|---|---|---|
| | | 9 | | | | 3 | 2 | |
| 3 | | | | 5 | 8 | | | |
| | | 6 | | | 2 | 9 | 5 | |
| | | | | | | | 1 | 4 |
| | | | 5 | 1 | 6 | | | |
| 6 | 3 | | | | | | | |
| | 9 | 8 | 3 | | | 2 | | |
| | | | 7 | 6 | | | | 9 |
| | 6 | 7 | | | | 4 | | |

**734**

| | | | | | | | | |
|---|---|---|---|---|---|---|---|---|
| 1 | | 7 | | | | | 8 | |
| | 3 | | 4 | | 2 | | | 9 |
| | | | 7 | | | | 5 | 6 |
| | | | | 2 | | 5 | 9 | 8 |
| | | | | 4 | | | | |
| 3 | 8 | 2 | | 7 | | | | |
| 8 | 4 | | | | 3 | | | |
| 6 | | | 2 | | 4 | | 3 | |
| | 1 | | | | | 6 | | 5 |

# HARD

**735**

| | | | | | | | | |
|---|---|---|---|---|---|---|---|---|
| | 2 | | | | | 5 | | |
| | | 3 | 8 | | 2 | 1 | | |
| 7 | 1 | | | | 9 | | 6 | |
| | | 5 | 2 | 7 | | | 8 | |
| 4 | | | | | | | | 5 |
| | 7 | | | 8 | 4 | 6 | | |
| | 9 | | 6 | | | | 7 | 1 |
| | | 7 | 4 | | 1 | 8 | | |
| | | 1 | | | | | 2 | |

**736**

| | | | | | | | | |
|---|---|---|---|---|---|---|---|---|
| | | | | 1 | 3 | 6 | | |
| 8 | | | | | | 9 | | |
| | 3 | | 5 | | | | 2 | 1 |
| | 1 | 8 | | | 9 | | 6 | |
| 3 | | | | 4 | | | | 7 |
| | 9 | | 3 | | | 5 | 4 | |
| 1 | 8 | | | | 2 | | 5 | |
| | | 5 | | | | | | 3 |
| | | 7 | 1 | 3 | | | | |

**737**

| | | | | | | | | |
|---|---|---|---|---|---|---|---|---|
| 7 | | 6 | | | 1 | | | 8 |
| 3 | 2 | | 4 | | | | | |
| | | | 3 | | | 7 | 4 | |
| | | | 6 | | | | 8 | 2 |
| | | 5 | | 3 | | 4 | | |
| 6 | 8 | | | | 4 | | | |
| | 6 | 2 | | | 3 | | | |
| | | | | | 7 | | 9 | 6 |
| 5 | | | 2 | | | 1 | | 4 |

**738**

| | | | | | | | | |
|---|---|---|---|---|---|---|---|---|
| 7 | | 1 | 8 | | | | | 9 |
| | | 4 | 6 | 5 | | | 2 | |
| | 2 | | | | 4 | | | |
| | 9 | | | | 6 | 5 | | 1 |
| | | | | 8 | | | | |
| 5 | | 7 | 3 | | | | 8 | |
| | | | 5 | | | | 6 | |
| | 1 | | | 2 | 8 | 9 | | |
| 8 | | | | | 7 | 2 | | 3 |

# HARD

**739**

| | | | | | | | | |
|---|---|---|---|---|---|---|---|---|
| 4 | | | | | 3 | | 7 | |
| | 5 | 7 | 4 | | | | | |
| | 3 | | | 6 | | 5 | | 9 |
| | | | 9 | | | | | 3 |
| | | 2 | | 7 | | 4 | | |
| 3 | | | | | 8 | | | |
| 6 | | 1 | | 5 | | | 9 | |
| | | | | | 7 | 2 | 5 | |
| | 2 | | 6 | | | | | 8 |

**740**

| | | | | | | | | |
|---|---|---|---|---|---|---|---|---|
| 8 | 9 | | | | | | | 5 |
| | | 4 | | 7 | | 9 | | |
| | 2 | | 8 | | | 1 | | |
| 4 | 5 | | | | 3 | | | 2 |
| | | 2 | | 4 | | 8 | | |
| 6 | | | 2 | | | | 3 | 9 |
| | | 9 | | | 4 | | 8 | |
| | | 5 | | 3 | | 2 | | |
| 2 | | | | | | | 6 | 4 |

**741**

| | | | | | | | | |
|---|---|---|---|---|---|---|---|---|
| 1 | | | 6 | 3 | | | 7 | |
| | | | | | 4 | | 6 | |
| | | 9 | | | | 4 | | 3 |
| | 9 | 2 | | 6 | | | | 8 |
| | 4 | | 2 | | 3 | | 9 | |
| 8 | | | | 5 | | 3 | 2 | |
| 4 | | 8 | | | | 5 | | |
| | 6 | | 1 | | | | | |
| | 7 | | | 4 | 6 | | | 2 |

**742**

| | | | | | | | | |
|---|---|---|---|---|---|---|---|---|
| | | 1 | 9 | 7 | | 3 | | |
| 5 | 6 | | | | 4 | 9 | | |
| 4 | | | | | 5 | | | |
| | 8 | 5 | | | | | | 9 |
| | | | 5 | 3 | 1 | | | |
| 7 | | | | | | 5 | 2 | |
| | | | 2 | | | | | 6 |
| | | 2 | 4 | | | | 1 | 8 |
| | | 4 | | 6 | 8 | 2 | | |

# HARD

**743**

| | | | | | | | | |
|---|---|---|---|---|---|---|---|---|
| 5 | | | | 7 | | 1 | | |
| | | | 4 | | 5 | | 3 | |
| | | 9 | | | | 4 | | 6 |
| | | | | | 3 | | | 8 |
| 4 | | | 9 | | 6 | | | 3 |
| 6 | | | 2 | | | | | |
| 7 | | 8 | | | | 9 | | |
| | 6 | | 5 | | 4 | | | |
| | | 2 | | 1 | | | | 5 |

**744**

| | | | | | | | | |
|---|---|---|---|---|---|---|---|---|
| | | | | | 8 | | 9 | 3 |
| 4 | 9 | | 1 | | | 5 | | |
| | 8 | | | 5 | | | | 1 |
| | | 5 | 9 | | | | | 7 |
| | 2 | | | 6 | | | 1 | |
| 9 | | | | | 2 | 3 | | |
| 5 | | | | 7 | | | 2 | |
| | | 8 | | | 1 | | 4 | 5 |
| 2 | 1 | | 8 | | | | | |

**745**

| | | | | | | | | |
|---|---|---|---|---|---|---|---|---|
| 1 | 3 | | | | 6 | | 2 | |
| | | 7 | | | | | | 4 |
| | | | | | 3 | | 8 | 5 |
| | 1 | 4 | 8 | | | | | 6 |
| | | 5 | | 2 | | 9 | | |
| 8 | | | | | 9 | 5 | 1 | |
| 7 | 8 | | 3 | | | | | |
| 5 | | | | | | 8 | | |
| | 2 | | 9 | | | | 5 | 1 |

**746**

| | | | | | | | | |
|---|---|---|---|---|---|---|---|---|
| | | | | 8 | 2 | | | 1 |
| | | | 6 | | | 8 | | |
| | 5 | 1 | | | | | 2 | |
| 7 | | | 8 | | | | 9 | |
| | 8 | | 4 | | 6 | | 1 | |
| | 4 | | | | 5 | | | 3 |
| | 7 | | | | | 9 | 6 | |
| | | 3 | | | 4 | | | |
| 5 | | | 1 | 9 | | | | |

## HARD

**747**

| | 3 | | | | | | | 8 |
|---|---|---|---|---|---|---|---|---|
| | 7 | 8 | 6 | | | | | 4 |
| 6 | | | | 3 | | 9 | 7 | |
| 3 | | | | | | 1 | 4 | |
| | | | 4 | 5 | 3 | | | |
| | 8 | 4 | | | | | | 3 |
| | 6 | 1 | | 7 | | | | 9 |
| 2 | | | | | 1 | 5 | 6 | |
| 7 | | | | | | | 1 | |

**748**

| | 8 | 4 | | | | | | 3 |
|---|---|---|---|---|---|---|---|---|
| 9 | 5 | | 8 | | | | 1 | |
| | | | | | 9 | 4 | | |
| 4 | | | | 7 | | | 8 | 9 |
| | | 9 | 4 | | 5 | 1 | | |
| 7 | 2 | | | 8 | | | | 5 |
| | | 2 | 1 | | | | | |
| | 4 | | | | 8 | | 7 | 6 |
| 3 | | | | | | 2 | 5 | |

749

| | | | | | | | | |
|---|---|---|---|---|---|---|---|---|
| | | | | 7 | | | 4 | |
| | 3 | | | 2 | 9 | 5 | | |
| 5 | | 4 | 3 | | | | 1 | |
| | | | 7 | | 2 | 6 | | |
| 2 | | 8 | | | | 4 | | 3 |
| | | 7 | 5 | | 4 | | | |
| | 1 | | | | 6 | 7 | | 9 |
| | | 5 | 9 | 1 | | | 3 | |
| | 9 | | | 5 | | | | |

750

| | | | | | | | | |
|---|---|---|---|---|---|---|---|---|
| 8 | | | | | 2 | | | 4 |
| 6 | | | 3 | 8 | | | | |
| | | 7 | 5 | | | 8 | | 9 |
| | | 6 | | 5 | 7 | 9 | | |
| | 5 | | | | | | 1 | |
| | | 9 | 1 | 3 | | 6 | | |
| 5 | | 2 | | | 4 | 3 | | |
| | | | | 7 | 5 | | | 1 |
| 1 | | | 2 | | | | | 7 |

# HARD

**751**

| | | | | | | | | |
|---|---|---|---|---|---|---|---|---|
| | | | 9 | | 2 | | | |
| 7 | | 3 | | | | 4 | | |
| 9 | | | | | 5 | 6 | 8 | |
| | | | | 6 | 3 | 7 | | 5 |
| 8 | | | | | | | | 6 |
| 5 | | 6 | 7 | 2 | | | | |
| | 6 | 5 | 3 | | | | | 2 |
| | | 9 | | | | 1 | | 7 |
| | | | 6 | | 1 | | | |

**752**

| | | | | | | | | |
|---|---|---|---|---|---|---|---|---|
| 5 | | | | | | | | 3 |
| | | | 8 | 9 | | 1 | 7 | |
| | 4 | 8 | | | | 6 | | |
| | | 5 | | 8 | 9 | | 4 | |
| 8 | | | | | | | | 1 |
| | 9 | | 6 | 2 | | 3 | | |
| | | 6 | | | | 7 | 3 | |
| | 8 | 7 | | 6 | 4 | | | |
| 1 | | | | | | | | 6 |

**753**

<table>
<tr><td></td><td></td><td>2</td><td>4</td><td></td><td></td><td></td><td>1</td><td>7</td></tr>
<tr><td></td><td></td><td>5</td><td></td><td>1</td><td></td><td>4</td><td></td><td></td></tr>
<tr><td></td><td>8</td><td></td><td>6</td><td></td><td></td><td></td><td></td><td></td></tr>
<tr><td></td><td>1</td><td></td><td></td><td></td><td>9</td><td>2</td><td>4</td><td></td></tr>
<tr><td></td><td></td><td></td><td></td><td>3</td><td></td><td></td><td></td><td></td></tr>
<tr><td></td><td>3</td><td>9</td><td>2</td><td></td><td></td><td></td><td>5</td><td></td></tr>
<tr><td></td><td></td><td></td><td></td><td></td><td>6</td><td></td><td>8</td><td></td></tr>
<tr><td></td><td></td><td>1</td><td></td><td>2</td><td></td><td>6</td><td></td><td></td></tr>
<tr><td>2</td><td>7</td><td></td><td></td><td></td><td>4</td><td>3</td><td></td><td></td></tr>
</table>

**754**

<table>
<tr><td></td><td>6</td><td></td><td>8</td><td>2</td><td></td><td></td><td>9</td><td></td></tr>
<tr><td></td><td></td><td>9</td><td>4</td><td></td><td></td><td></td><td></td><td></td></tr>
<tr><td>3</td><td>5</td><td></td><td></td><td>1</td><td></td><td>8</td><td></td><td></td></tr>
<tr><td></td><td></td><td></td><td></td><td></td><td>8</td><td></td><td></td><td>1</td></tr>
<tr><td></td><td>7</td><td></td><td>6</td><td></td><td>3</td><td></td><td>5</td><td></td></tr>
<tr><td>6</td><td></td><td></td><td>9</td><td></td><td></td><td></td><td></td><td></td></tr>
<tr><td></td><td></td><td>5</td><td></td><td>6</td><td></td><td></td><td>4</td><td>8</td></tr>
<tr><td></td><td></td><td></td><td></td><td></td><td>4</td><td>3</td><td></td><td></td></tr>
<tr><td></td><td>4</td><td></td><td></td><td>9</td><td>2</td><td></td><td>7</td><td></td></tr>
</table>

755

| | | | | | | | | |
|---|---|---|---|---|---|---|---|---|
| 6 | | | 3 | 4 | | | 7 | |
| 8 | | | | | 9 | | | |
| 5 | | | | | 7 | 9 | | |
| | | 7 | 5 | | | 8 | 1 | |
| 1 | | | | 8 | | | | 9 |
| | 8 | 4 | | | 1 | 6 | | |
| | | 6 | 7 | | | | | 2 |
| | | | 4 | | | | | 5 |
| | 5 | | | 2 | 3 | | | 7 |

756

| | | | | | | | | |
|---|---|---|---|---|---|---|---|---|
| | | 9 | | 1 | | 6 | | |
| 8 | | | | | 6 | | | 4 |
| 6 | | | | 4 | | 1 | 2 | |
| | 7 | | | | 3 | 8 | | |
| 3 | | | 1 | | 5 | | | 9 |
| | | 1 | 8 | | | | 3 | |
| | 6 | 8 | | 3 | | | | 7 |
| 4 | | | 5 | | | | | 2 |
| | | 5 | | 8 | | 3 | | |

757

| | | | | | | | | |
|---|---|---|---|---|---|---|---|---|
| 8 | | 9 | | | 1 | | | |
| | 6 | | | | 9 | | | 3 |
| | 3 | | 6 | | | | 1 | |
| 3 | | 5 | | 4 | 7 | | | |
| 9 | 4 | | | | | | 3 | 2 |
| | | | 9 | 1 | | 4 | | 5 |
| | 5 | | | | 6 | | 9 | |
| 2 | | | 7 | | | | 8 | |
| | | | 3 | | | 5 | | 1 |

758

| | | | | | | | | |
|---|---|---|---|---|---|---|---|---|
| | | 4 | 7 | 3 | | | 6 | |
| 6 | | | | | 9 | | | |
| 9 | | | | | | 7 | 1 | |
| 3 | | 2 | 8 | 7 | | | | |
| | 8 | | | | | | 7 | |
| | | | | 2 | 4 | 3 | | 8 |
| | 2 | 6 | | | | | | 7 |
| | | | 1 | | | | | 2 |
| | 1 | | | 5 | 7 | 6 | | |

## HARD

**759**

| | | | | | | | | |
|---|---|---|---|---|---|---|---|---|
| | 9 | | 3 | 1 | | | | 6 |
| | | 2 | 6 | | | 3 | | |
| | 7 | | | | | 8 | | |
| | | 3 | | 7 | | | | 1 |
| | | | 2 | | 3 | | | |
| 7 | | | | 5 | | 4 | | |
| | | 5 | | | | | 4 | |
| | | 4 | | | 8 | 2 | | |
| 9 | | | | 2 | 1 | | 6 | |

**760**

| | | | | | | | | |
|---|---|---|---|---|---|---|---|---|
| | 1 | | | 9 | | | | 4 |
| 6 | | | | | 2 | 8 | | |
| | | 9 | 6 | | | 1 | 7 | |
| | 5 | | 9 | | | | | 8 |
| | | 3 | 1 | | 5 | 4 | | |
| 9 | | | | | 4 | | 2 | |
| | 4 | 8 | | | 7 | 9 | | |
| | | 2 | 8 | | | | | 7 |
| 1 | | | | 4 | | | 8 | |

761

| | | | | | | | | |
|---|---|---|---|---|---|---|---|---|
| | 2 | 6 | | | | | | 9 |
| | 9 | | 2 | 8 | | | | |
| 1 | | | | 6 | 9 | | | 4 |
| | 7 | | 8 | | | | | 2 |
| | | 1 | 9 | | 3 | 8 | | |
| 8 | | | | | 2 | | 1 | |
| 6 | | | 3 | 4 | | | | 8 |
| | | | | 9 | 6 | | 5 | |
| 7 | | | | | | 4 | 3 | |

762

| | | | | | | | | |
|---|---|---|---|---|---|---|---|---|
| 9 | 4 | 3 | 6 | | | | | |
| | | | 3 | | | 1 | 9 | |
| 8 | | | | 9 | 7 | | 4 | |
| | | | 4 | | | 8 | 5 | |
| | | | | 2 | | | | |
| | 5 | 7 | | | 9 | | | |
| | 2 | | 9 | 3 | | | | 6 |
| | 9 | 1 | | | 2 | | | |
| | | | | | 4 | 9 | 8 | 2 |

# HARD

**763**

| | | | | | | | | |
|---|---|---|---|---|---|---|---|---|
| | | 2 | | 7 | 3 | | | 6 |
| | | | | | 5 | 3 | | |
| 8 | 3 | | 2 | | | | | |
| | | 5 | | | 2 | | 7 | 9 |
| | 9 | | | 8 | | | 4 | |
| 7 | 4 | | 1 | | | 6 | | |
| | | | | | 7 | | 9 | 4 |
| | | 4 | 5 | | | | | |
| 3 | | | 4 | 9 | | 7 | | |

**764**

| | | | | | | | | |
|---|---|---|---|---|---|---|---|---|
| | | | 8 | | 6 | | 2 | |
| | 7 | | | 9 | | 3 | | 1 |
| | | 9 | | | 1 | | | |
| | 3 | 6 | 1 | | | 7 | | |
| 7 | | | | 6 | | | | 2 |
| | | 1 | | | 9 | 5 | 3 | |
| | | | 9 | | | 6 | | |
| 3 | | 5 | | 8 | | | 9 | |
| | 4 | | 6 | | 7 | | | |

**765**

| | | | | | | | | |
|---|---|---|---|---|---|---|---|---|
| 3 | 8 | | 4 | | | | 1 | |
| 7 | | | | 2 | | 4 | | 3 |
| | | | | | 3 | | | 9 |
| | 1 | | | | 8 | 7 | | |
| | | 9 | | 4 | | 1 | | |
| | | 2 | 9 | | | | 4 | |
| 6 | | | 1 | | | | | |
| 1 | | 5 | | 9 | | | | 4 |
| | 4 | | | | 2 | | 5 | 1 |

**766**

| | | | | | | | | |
|---|---|---|---|---|---|---|---|---|
| 8 | | | 9 | | | 4 | | 3 |
| | | 9 | | 5 | | | | |
| | 5 | | | | 2 | | 6 | 9 |
| | | 1 | 5 | | | | | 7 |
| | | 4 | 2 | | 9 | 6 | | |
| 3 | | | | | 1 | 9 | | |
| 4 | 1 | | 3 | | | | 2 | |
| | | | | 2 | | 5 | | |
| 2 | | 7 | | | 5 | | | 8 |

# HARD

**767**

| | 9 | | 5 | 8 | | | | |
|---|---|---|---|---|---|---|---|---|
| 3 | | | 2 | | | 6 | | 8 |
| | | | | | 6 | | | 9 |
| | | 7 | 6 | | | 4 | | 3 |
| | 1 | | | 5 | | | 9 | |
| 6 | | 9 | | | 1 | 8 | | |
| 9 | | | 4 | | | | | |
| 7 | | 3 | | | 2 | | | 1 |
| | | | | 7 | 8 | | 6 | |

**768**

| | | | | 9 | | | | |
|---|---|---|---|---|---|---|---|---|
| | | 5 | | | 7 | | 2 | 8 |
| | 2 | | 5 | | | | 3 | 1 |
| 2 | 9 | | | | 1 | 6 | | |
| | | | | 6 | | | | |
| | | 6 | 4 | | | | 8 | 2 |
| 8 | 6 | | | | 3 | | 4 | |
| 3 | 4 | | 6 | | | 1 | | |
| | | | | 1 | | | | |

**769**

| | | | | | | | | |
|---|---|---|---|---|---|---|---|---|
| 4 | | | | 8 | | | | 6 |
| | 2 | 6 | | | 1 | | | |
| | | 8 | 6 | | | | 9 | |
| | 9 | 4 | 1 | | | | | 8 |
| | | 2 | | 9 | | 7 | | |
| 7 | | | | | 4 | 5 | 6 | |
| | 3 | | | | 5 | 4 | | |
| | | | 8 | | | 6 | 5 | |
| 6 | | | | 1 | | | | 3 |

**770**

| | | | | | | | | |
|---|---|---|---|---|---|---|---|---|
| | | | | 1 | 5 | | | |
| | 7 | 8 | 9 | | | | | 1 |
| | 5 | 1 | | | | | 8 | 6 |
| 1 | | | | | 2 | 8 | | |
| | 4 | | 6 | | 3 | | 1 | |
| | | 9 | 5 | | | | | 2 |
| 7 | 9 | | | | | 1 | 3 | |
| 8 | | | | | 9 | 4 | 2 | |
| | | | 1 | 3 | | | | |

# HARD

771

|   |   |   |   |   |   |   |   |   |
|---|---|---|---|---|---|---|---|---|
|   |   |   |   | 8 |   | 5 | 6 |   |
| 8 | 9 |   | 3 |   |   |   |   |   |
| 4 |   | 7 |   | 1 |   |   |   | 3 |
|   | 2 | 1 | 9 |   |   | 8 |   |   |
|   |   |   | 6 |   | 1 |   |   |   |
|   |   | 9 |   |   | 8 | 6 | 1 |   |
| 2 |   |   |   | 5 |   | 1 |   | 8 |
|   |   |   |   |   | 3 |   | 7 | 4 |
|   | 1 | 4 |   | 9 |   |   |   |   |

772

|   |   |   |   |   |   |   |   |   |
|---|---|---|---|---|---|---|---|---|
| 6 | 4 |   | 2 |   |   |   | 9 |   |
| 1 |   |   | 3 |   |   | 4 | 7 |   |
| 3 |   |   |   | 1 |   |   |   |   |
|   |   |   | 4 |   | 9 |   | 2 |   |
|   |   | 7 |   |   |   | 6 |   |   |
|   | 6 |   | 7 |   | 3 |   |   |   |
|   |   |   |   | 4 |   |   |   | 5 |
|   | 1 | 4 |   |   | 5 |   |   | 7 |
|   | 9 |   |   |   | 7 |   | 8 | 4 |

**773**

| | | | | | | | | |
|---|---|---|---|---|---|---|---|---|
| | 2 | | 6 | 4 | | | | 8 |
| | | | | | 3 | 5 | 9 | |
| 8 | | | | | 5 | | 1 | |
| | | 1 | 4 | | | | | 9 |
| | | | | 8 | | | | |
| 2 | | | | | 9 | 7 | | |
| | 6 | | 2 | | | | | 3 |
| | 3 | 2 | 5 | | | | | |
| 9 | | | | 6 | 7 | | 5 | |

**774**

| | | | | | | | | |
|---|---|---|---|---|---|---|---|---|
| | | 9 | 6 | 4 | | | 1 | |
| | | | | | | 9 | | |
| | 4 | | 3 | | | 2 | 7 | |
| | 5 | | 7 | | | 8 | | 2 |
| 6 | | | 8 | | 4 | | | 7 |
| 9 | | 7 | | | 5 | | 3 | |
| | 1 | 4 | | | 7 | | 5 | |
| | | 2 | | | | | | |
| | 9 | | | 8 | 3 | 7 | | |

# HARD

**775**

| | 9 | | | | 4 | | | 1 |
|---|---|---|---|---|---|---|---|---|
| | | | 5 | 1 | | | 6 | |
| | 3 | 1 | | | | 9 | | |
| | 5 | 3 | | | 2 | | | 6 |
| 9 | | | 7 | | 6 | | | 3 |
| 8 | | | 4 | | | 7 | 5 | |
| | | 6 | | | | 1 | 9 | |
| | 8 | | | 6 | 7 | | | |
| 2 | | | 1 | | | | 7 | |

**776**

| | 1 | | | | 5 | | | 9 |
|---|---|---|---|---|---|---|---|---|
| | | 6 | | 4 | | | | 1 |
| | | | | 7 | 1 | 2 | 6 | |
| 1 | | | 4 | | | 9 | | |
| 2 | | | 1 | | 6 | | | 3 |
| | | 4 | | | 7 | | | 5 |
| | 2 | 3 | 5 | 8 | | | | |
| 6 | | | | 1 | | 5 | | |
| 5 | | | 3 | | | | 4 | |

777

| | 3 | | | | 4 | 8 | | |
|---|---|---|---|---|---|---|---|---|
| | 4 | | | | 6 | 7 | | 2 |
| | 8 | | | | 5 | | | |
| | | | 2 | | | 5 | 4 | 3 |
| 3 | | | | 4 | | | | 6 |
| 4 | 5 | 1 | | | 7 | | | |
| | | | 4 | | | | 2 | |
| 9 | | 6 | 8 | | | | 1 | |
| | | 4 | 9 | | | | 8 | |

| | | | | 8 | 7 | | 9 | |
|---|---|---|---|---|---|---|---|---|
| | 3 | | | | | 4 | | 8 |
| 8 | 5 | | 4 | | | | | 6 |
| 4 | | | 9 | | | | 3 | |
| | | 8 | | 7 | | 6 | | |
| | 9 | | | | 6 | | | 7 |
| 9 | | | | | 1 | | 8 | 2 |
| 2 | | 3 | | | | | 5 | |
| | 1 | | 2 | 3 | | | | |

**779**

| | | | | | | | | |
|---|---|---|---|---|---|---|---|---|
| 7 | | | 6 | 5 | | 1 | | |
| | 4 | | 8 | | | | | |
| 5 | 9 | | | | 1 | 3 | | |
| | 3 | | | | 2 | | | 1 |
| 9 | | | | 8 | | | | 2 |
| 2 | | | 3 | | | | 9 | |
| | | 8 | 2 | | | | 7 | 3 |
| | | | | | 6 | | 8 | |
| | | 7 | | 3 | 8 | | | 9 |

**780**

| | | | | | | | | |
|---|---|---|---|---|---|---|---|---|
| | | 2 | 3 | | 1 | | | 6 |
| | | 4 | | | | 2 | | 7 |
| 6 | | | | 7 | | | 9 | |
| | 6 | | | 3 | 4 | | 2 | |
| | | 8 | | | | 9 | | |
| | 7 | | 8 | 5 | | | 6 | |
| | 2 | | | 8 | | | | 9 |
| 4 | | 5 | | | | 3 | | |
| 9 | | | 1 | | 5 | 6 | | |

781

| | | | | | | | | |
|---|---|---|---|---|---|---|---|---|
| | | 8 | | | 2 | 1 | 6 | |
| | | | | | 6 | 8 | | |
| 5 | | | 8 | | | | | 7 |
| 7 | 8 | | | 9 | 5 | | | |
| 4 | | 9 | | | | 7 | | 6 |
| | | | 2 | 4 | | | 8 | 1 |
| 1 | | | | | 3 | | | 2 |
| | | 3 | 7 | | | | | |
| | 5 | 4 | 1 | | | 3 | | |

| | | | | | | | | |
|---|---|---|---|---|---|---|---|---|
| 3 | | | | 7 | | | | |
| | | 4 | | | 8 | | 3 | 6 |
| | 1 | 5 | | | | 9 | | 8 |
| | | | 1 | | | | 2 | 7 |
| | | 2 | | 4 | | 5 | | |
| 5 | 7 | | | | 3 | | | |
| 6 | | 3 | | | | 1 | 9 | |
| 2 | 4 | | 9 | | | 3 | | |
| | | | | 3 | | | | 2 |

# HARD

**783**

| | | | | | | | | |
|---|---|---|---|---|---|---|---|---|
| | | | | 2 | 4 | 3 | | |
| | 8 | 5 | | | | | 4 | 6 |
| 3 | | | 6 | | | | | |
| | | 8 | 1 | | | | 2 | 3 |
| | | 1 | 4 | | 2 | 6 | | |
| 2 | 7 | | | | 9 | 8 | | |
| | | | | | 1 | | | 9 |
| 6 | 9 | | | | | 1 | 7 | |
| | | 3 | 9 | 4 | | | | |

| | | | | | | | | |
|---|---|---|---|---|---|---|---|---|
| 8 | 9 | | | | 2 | 3 | | |
| 6 | | | 7 | 8 | | | | 2 |
| | | 2 | | | | 8 | | |
| | 4 | | 5 | | | 7 | | |
| | 8 | | 4 | | 7 | | 5 | |
| | | 7 | | | 3 | | 9 | |
| | | 8 | | | | 5 | | |
| 7 | | | | 5 | 4 | | | 9 |
| | | 3 | 2 | | | | 8 | 1 |

785

| | | | | | | | | |
|---|---|---|---|---|---|---|---|---|
| 9 | | | 1 | | | | 4 | |
| 2 | | 3 | 4 | | | | 8 | |
| | | | | | | 9 | | 1 |
| 7 | | | | 8 | | 3 | 5 | |
| | 6 | | | 5 | | | 7 | |
| | 5 | 8 | | 7 | | | | 6 |
| 8 | | 4 | | | | | | |
| | 3 | | | | 9 | 1 | | 8 |
| | 2 | | | | 8 | | | 5 |

786

| | | | | | | | | |
|---|---|---|---|---|---|---|---|---|
| 7 | | | | | 4 | 1 | 2 | |
| | 3 | | | 7 | | | | |
| 4 | | | 8 | 1 | | | | 7 |
| | | 4 | 7 | | | | 6 | 2 |
| | | | 4 | | 1 | | | |
| 2 | 5 | | | | 6 | 3 | | |
| 9 | | | | 4 | 7 | | | 8 |
| | | | | 9 | | | 7 | |
| | 7 | 3 | 1 | | | | | 6 |

**787**

| | | | | | | | | |
|---|---|---|---|---|---|---|---|---|
| | 6 | | 1 | | | | 7 | |
| | | | 8 | | 2 | 6 | | |
| 3 | 9 | 2 | | | | 1 | | |
| 1 | | | | 8 | | | | 7 |
| 2 | | | 4 | | 7 | | | 3 |
| 7 | | | | 9 | | | | 8 |
| | | 1 | | | | 8 | 5 | 4 |
| | | 8 | 7 | | 1 | | | |
| | 3 | | | | 8 | | 2 | |

**788**

| | | | | | | | | |
|---|---|---|---|---|---|---|---|---|
| 4 | | | | | 6 | 9 | | 7 |
| | 1 | | 4 | 2 | | | | |
| | | 7 | 1 | | | | | 2 |
| | | | 6 | | | 3 | 5 | |
| | | 1 | | 3 | | 8 | | |
| | 3 | 9 | | | 8 | | | |
| 2 | | | | | 3 | 7 | | |
| | | | | 7 | 1 | | 6 | |
| 1 | | 8 | 5 | | | | | 3 |

789

| | | | | | | | | |
|---|---|---|---|---|---|---|---|---|
| 3 | | | | | 5 | 8 | | |
| | 5 | | 9 | | 8 | | | 3 |
| 8 | | | | | | 9 | 1 | |
| | 3 | | 2 | | | | 5 | 8 |
| | | | | 6 | | | | |
| 4 | 8 | | | | 9 | | 2 | |
| | 6 | 4 | | | | | | 7 |
| 7 | | | 1 | | 6 | | 9 | |
| | | 3 | 4 | | | | | 6 |

790

| | | | | | | | | |
|---|---|---|---|---|---|---|---|---|
| 3 | | | 8 | 9 | | | | 4 |
| 5 | 9 | | | | | 8 | | |
| | | | 3 | | | 5 | | |
| | 1 | | 9 | | 8 | | | |
| 6 | | 3 | | | | 9 | | 8 |
| | | | 1 | | 4 | | 2 | |
| | | 8 | | | 7 | | | |
| | | 4 | | | | | 8 | 3 |
| 9 | | | | 8 | 3 | | | 2 |

**791**

| | | | | | | | | |
|---|---|---|---|---|---|---|---|---|
| | | 6 | 2 | | | 4 | | |
| | 1 | | 7 | | 8 | 5 | | |
| | 4 | | | 1 | | | | 3 |
| | 2 | | | | 5 | | | 6 |
| | | 8 | | 9 | | 1 | | |
| 9 | | | 1 | | | | 3 | |
| 2 | | | | 5 | | | 4 | |
| | | 5 | 9 | | 1 | | 2 | |
| | | 1 | | | 4 | 3 | | |

**792**

| | | | | | | | | |
|---|---|---|---|---|---|---|---|---|
| | 1 | | | 6 | 5 | | | 3 |
| 4 | 6 | | | | 8 | | | |
| | | | | | 7 | 6 | 5 | |
| | 3 | 6 | 7 | | | | | |
| 7 | | | | 9 | | | | 1 |
| | | | | | 4 | 7 | 3 | |
| | 2 | 9 | 3 | | | | | |
| | | | 8 | | | | 6 | 9 |
| 6 | | | 4 | 7 | | | 1 | |

**793**

|   | 7 |   |   | 6 |   |   | 9 | 5 |
|---|---|---|---|---|---|---|---|---|
|   | 5 |   | 9 |   |   | 3 |   |   |
|   |   | 1 | 8 |   |   |   |   | 4 |
| 2 |   |   |   | 9 | 6 | 7 |   |   |
|   | 9 |   |   |   |   |   | 4 |   |
|   |   | 8 | 7 | 1 |   |   |   | 9 |
| 3 |   |   |   |   | 9 | 4 |   |   |
|   |   | 9 |   |   | 3 |   | 6 |   |
| 7 | 4 |   |   | 5 |   |   | 8 |   |

**794**

|   |   | 9 |   |   |   |   |   | 1 |
|---|---|---|---|---|---|---|---|---|
|   |   |   |   |   | 1 | 2 | 4 |   |
| 5 |   |   |   |   | 2 | 8 |   |   |
|   | 9 | 7 |   |   | 8 |   |   |   |
| 6 |   |   |   | 4 |   |   |   | 7 |
|   |   |   | 3 |   |   | 6 | 2 |   |
|   |   | 8 | 9 |   |   |   |   | 2 |
|   | 5 | 6 | 2 |   |   |   |   |   |
| 4 |   |   |   |   |   | 7 |   |   |

# HARD

**795**

| | | | | | | | | |
|---|---|---|---|---|---|---|---|---|
| | 6 | 2 | 7 | | | | | |
| 3 | | | 6 | | 1 | 5 | | |
| | | | | 3 | | | 1 | 7 |
| | | 4 | 5 | | | | | 8 |
| 8 | | | | 6 | | | | 9 |
| 6 | | | | | 8 | 3 | | |
| 2 | 8 | | | 7 | | | | |
| | | 1 | 8 | | 2 | | | 6 |
| | | | | | 3 | 9 | 8 | |

**796**

| | | | | | | | | |
|---|---|---|---|---|---|---|---|---|
| | 8 | | | | 2 | | 5 | 4 |
| | 2 | | | | | | | |
| | | 3 | | 7 | | 2 | | 9 |
| 4 | | | 1 | | | | 9 | |
| | | 1 | 2 | | 6 | 5 | | |
| | 7 | | | | 9 | | | 1 |
| 3 | | 7 | | 2 | | 9 | | |
| | | | | | | | 4 | |
| 6 | 4 | | 9 | | | | 1 | |

797

| | | | | | | | | |
|---|---|---|---|---|---|---|---|---|
| 6 | | 4 | 2 | | 7 | | | |
| | 1 | | | | | 7 | 3 | |
| | 8 | | 5 | 1 | | | | |
| 8 | 7 | | | | 4 | | | |
| | | | | 5 | | | | |
| | | | 7 | | | | 2 | 9 |
| | | | | 4 | 5 | | 1 | |
| | 4 | 9 | | | | | 6 | |
| | | | 8 | | 3 | 5 | | 4 |

798

| | | | | | | | | |
|---|---|---|---|---|---|---|---|---|
| | | 1 | 4 | | 5 | | | 9 |
| | | | 8 | | | 1 | 7 | |
| 4 | | 9 | | | | | | |
| 6 | | | | 8 | | 7 | 4 | |
| | 7 | | | 3 | | | 6 | |
| | 1 | 4 | | 5 | | | | 3 |
| | | | | | | 4 | | 2 |
| | 9 | 5 | | | 6 | | | |
| 3 | | | 5 | | 8 | 9 | | |

# HARD

**799**

| | | 2 | 3 | 9 | | | | 7 |
|---|---|---|---|---|---|---|---|---|
| | | 6 | | | | | | 3 |
| 7 | | | 4 | | | | 5 | |
| 3 | | | 2 | | 8 | 6 | | |
| | 8 | 4 | | | | 9 | 7 | |
| | | 1 | 9 | | 4 | | | 8 |
| | 2 | | | | 3 | | | 4 |
| 8 | | | | | | 5 | | |
| 4 | | | | 1 | 9 | 7 | | |

**800**

| | 3 | | | | 8 | | | |
|---|---|---|---|---|---|---|---|---|
| | | | 5 | | | 6 | 7 | |
| | 4 | | 1 | | | 9 | | |
| 5 | | 3 | 6 | | | 8 | | |
| | 9 | | | 7 | | | 6 | |
| | | 1 | | | 2 | 7 | | 4 |
| | | 6 | | | 5 | | 1 | |
| | 5 | 7 | | | 3 | | | |
| | | | 9 | | | | 5 | |

**801**

| | | | | | | | | |
|---|---|---|---|---|---|---|---|---|
| | | | | | 1 | 7 | 5 | |
| | | 3 | | 6 | 5 | 4 | | |
| 5 | | | 2 | | | | | 1 |
| 9 | | | | 2 | | 8 | 1 | |
| | | | 9 | | 6 | | | |
| | 3 | 1 | | 8 | | | | 9 |
| 4 | | | | | 2 | | | 6 |
| | | 8 | 4 | 5 | | 9 | | |
| | 9 | 2 | 6 | | | | | |

**802**

| | | | | | | | | |
|---|---|---|---|---|---|---|---|---|
| | | 5 | 2 | 6 | | | | 4 |
| | 6 | | 8 | | | | 1 | |
| | | | | | | | 6 | |
| | | 3 | | | 6 | 2 | | 5 |
| | 1 | | | 2 | | | 4 | |
| 6 | | 9 | 7 | | | 8 | | |
| | 5 | | | | | | | |
| | 9 | | | | 2 | | 7 | |
| 8 | | | | 1 | 4 | 6 | | |

# HARD

**803**

| | | | | | | | | |
|---|---|---|---|---|---|---|---|---|
| 8 | | | | 9 | | | 6 | 1 |
| 5 | 9 | 7 | | | | | | |
| | | | 5 | | 3 | | | 7 |
| | 5 | | 9 | | | 2 | | |
| | 8 | | | 4 | | | 1 | |
| | | 2 | | | 1 | | 4 | |
| 4 | | | 8 | | 5 | | | |
| | | | | | | 3 | 8 | 4 |
| 7 | 3 | | | 6 | | | | 2 |

**804**

| | | | | | | | | |
|---|---|---|---|---|---|---|---|---|
| 1 | | | 2 | | | | | 9 |
| | 9 | | | | 5 | | | 3 |
| | | 4 | 8 | | | 1 | 2 | |
| | | 1 | 6 | | | | | 5 |
| | | 5 | | 7 | | 6 | | |
| 2 | | | | | 4 | 7 | | |
| | 8 | 6 | | | 1 | 9 | | |
| 9 | | | 3 | | | | 6 | |
| 4 | | | | | 6 | | | 7 |

805

| | | | | | | | | |
|---|---|---|---|---|---|---|---|---|
| 3 | | | | | 7 | 2 | | |
| | 7 | 8 | 9 | 5 | | | | |
| | | | | | | 7 | 3 | 8 |
| 6 | | | 8 | | | | | 7 |
| | | 7 | | 9 | | 1 | | |
| 1 | | | | | 2 | | | 9 |
| 4 | 5 | 1 | | | | | | |
| | | | | 2 | 9 | 8 | 5 | |
| | | 2 | 3 | | | | | 6 |

806

| | | | | | | | | |
|---|---|---|---|---|---|---|---|---|
| 9 | | | | | 7 | 5 | 3 | |
| 7 | | | | | 5 | | | 8 |
| | | 5 | 2 | 8 | | | | |
| | 4 | | | 7 | | | | 1 |
| | 3 | | 8 | | 2 | | 9 | |
| 6 | | | | 9 | | | 8 | |
| | | | | 5 | 4 | 7 | | |
| 5 | | | 7 | | | | | 3 |
| | 7 | 6 | 3 | | | | | 2 |

# HARD

**807**

| | | | | | | | | |
|---|---|---|---|---|---|---|---|---|
| 1 | | | | | 4 | 9 | | 8 |
| | | 3 | | 2 | 8 | | | |
| | | 6 | | | 7 | 5 | 2 | |
| | 9 | | | | | | | 4 |
| | | | 2 | 4 | 6 | | | |
| 7 | | | | | | | 1 | |
| | 4 | 9 | 8 | | | 1 | | |
| | | | 6 | 5 | | 3 | | |
| 5 | | 1 | 4 | | | | | 6 |

**808**

| | | | | | | | | |
|---|---|---|---|---|---|---|---|---|
| 6 | | 8 | | 5 | | 7 | | |
| | 4 | | 1 | | | 9 | 8 | |
| | 5 | | | | 3 | 6 | | |
| | 6 | | | | 2 | | | 1 |
| | | | | 3 | | | | |
| 3 | | | 4 | | | | 5 | |
| | | 6 | 7 | | | | 2 | |
| | 8 | 2 | | | 5 | | 6 | |
| | | 4 | | 2 | | 1 | | 7 |

**809**

| | | | | | | | | |
|---|---|---|---|---|---|---|---|---|
| | | 4 | | | 9 | | | 2 |
| | | | 4 | 8 | | | 6 | |
| 3 | 8 | | 5 | | | | | |
| | 9 | 7 | | | | | | 6 |
| | | | 9 | 1 | 4 | | | |
| 5 | | | | | | 8 | 3 | |
| | | | | | 7 | | 1 | 3 |
| | 6 | | | 3 | 5 | | | |
| 7 | | | 6 | | | 2 | | |

**810**

| | | | | | | | | |
|---|---|---|---|---|---|---|---|---|
| 9 | | | | | 8 | 5 | | |
| | | 4 | 3 | | | | | 8 |
| 1 | | | | | 4 | | 3 | |
| 5 | | 6 | | | 2 | | | |
| | 2 | | | 9 | | | 5 | |
| | | | 1 | | | 6 | | 7 |
| | 3 | | 8 | | | | | 5 |
| 6 | | | | | 3 | 9 | | |
| | | 2 | 9 | | | | | 6 |

# HARD

811

| 3 |  |  |  |  | 1 |  |  |  |
|---|---|---|---|---|---|---|---|---|
| 6 |  | 7 |  | 2 |  |  | 9 |  |
|  |  |  | 4 |  | 6 |  |  | 8 |
|  | 6 |  |  | 3 |  | 5 |  |  |
|  |  | 1 | 2 |  | 5 | 6 |  |  |
|  |  | 2 |  | 6 |  |  | 8 |  |
| 2 |  |  | 7 |  | 3 |  |  |  |
|  | 1 |  |  | 5 |  | 4 |  | 7 |
|  |  |  | 8 |  |  |  |  | 5 |

812

|  | 3 | 6 |  | 4 |  |  |  | 7 |
|---|---|---|---|---|---|---|---|---|
| 8 |  |  | 3 | 6 |  |  |  |  |
|  | 9 |  | 1 |  |  |  | 3 | 4 |
|  |  |  | 2 |  | 3 | 5 |  | 9 |
|  |  |  |  |  |  |  |  |  |
| 3 |  | 9 | 6 |  | 1 |  |  |  |
| 4 | 1 |  |  |  | 5 |  | 8 |  |
|  |  |  |  | 1 | 6 |  |  | 5 |
| 5 |  |  |  | 3 |  | 7 | 2 |  |

**813**

|   |   |   |   |   |   |   |   |   |
|---|---|---|---|---|---|---|---|---|
|   | 6 |   | 8 |   |   |   |   |   |
|   | 1 |   |   | 3 | 2 |   |   |   |
| 3 |   |   |   |   |   | 7 |   | 5 |
|   | 3 |   |   |   | 7 | 1 | 5 |   |
| 1 |   |   |   | 8 |   |   |   | 2 |
|   | 9 | 8 | 5 |   |   |   | 6 |   |
| 6 |   | 1 |   |   |   |   |   | 7 |
|   |   |   | 9 | 6 |   |   | 1 |   |
|   |   |   |   |   | 4 |   | 3 |   |

**814**

|   |   |   |   |   |   |   |   |   |
|---|---|---|---|---|---|---|---|---|
| 2 |   |   |   |   | 5 | 3 | 9 |   |
| 9 |   |   |   | 6 |   |   |   | 2 |
|   |   | 5 | 3 |   | 9 | 7 |   |   |
|   |   |   | 6 |   |   |   |   | 5 |
|   |   | 4 |   | 5 |   | 9 |   |   |
| 1 |   |   |   |   | 3 |   |   |   |
|   |   | 8 | 5 |   | 7 | 6 |   |   |
| 5 |   |   |   | 9 |   |   |   | 1 |
|   | 7 | 9 | 2 |   |   |   |   | 4 |

# HARD

**815**

| | | | | | | | | |
|---|---|---|---|---|---|---|---|---|
| | | | 8 | | | 3 | 1 | |
| 8 | | | | | 4 | | 9 | |
| 1 | | | | 9 | | 6 | | |
| | 9 | | | 1 | | | 5 | 3 |
| | | | 5 | | 2 | | | |
| 4 | 5 | | | 3 | | | 6 | |
| | | 6 | | 7 | | | | 1 |
| | 2 | | 9 | | | | | 6 |
| | 1 | 9 | | | 8 | | | |

**816**

| | | | | | | | | |
|---|---|---|---|---|---|---|---|---|
| | 3 | | 1 | | 9 | 8 | | |
| 2 | | | | | 3 | 4 | | |
| | 8 | | | | | 5 | | 1 |
| 3 | | | 5 | | | | | 2 |
| | | 9 | | 7 | | 1 | | |
| 7 | | | | | 4 | | | 9 |
| 1 | | 3 | | | | | 6 | |
| | | 4 | 9 | | | | | 8 |
| | | 5 | 6 | | 7 | | 1 | |

**817**

| 7 |  |  |  |  | 6 | 3 |  |  |
|---|---|---|---|---|---|---|---|---|
|  |  | 3 |  |  | 1 |  | 6 | 5 |
|  |  | 9 | 3 |  |  |  | 2 |  |
|  |  | 2 |  | 7 | 8 |  | 9 |  |
|  |  |  |  |  |  |  |  |  |
|  | 7 |  | 4 | 2 |  | 5 |  |  |
|  | 9 |  |  |  | 7 | 8 |  |  |
| 4 | 5 |  | 8 |  |  | 1 |  |  |
|  |  | 8 | 5 |  |  |  |  | 7 |

**818**

|  | 9 |  | 2 |  |  | 3 | 4 |  |
|---|---|---|---|---|---|---|---|---|
|  | 6 |  |  | 8 | 7 |  |  |  |
|  |  | 1 |  |  |  |  | 8 | 6 |
|  |  | 5 | 7 |  |  | 2 |  | 3 |
|  |  |  | 5 |  | 8 |  |  |  |
| 9 |  | 4 |  |  | 2 | 8 |  |  |
| 8 | 5 |  |  |  |  | 1 |  |  |
|  |  |  | 8 | 2 |  |  | 6 |  |
|  | 3 | 6 |  |  | 9 |  | 7 |  |

# HARD

819

| | | | | | | | | |
|---|---|---|---|---|---|---|---|---|
| 1 | | | | | | 5 | | |
| 5 | | | 7 | 1 | | | 6 | |
| | | 9 | | | | | 8 | |
| | 1 | 6 | 4 | | | | 2 | |
| | | 5 | 6 | | 3 | 8 | | |
| | 9 | | | | 2 | 6 | 3 | |
| | 8 | | | | | 4 | | |
| | 4 | | | 2 | 6 | | | 8 |
| | | 7 | | | | | | 3 |

820

| | | | | | | | | |
|---|---|---|---|---|---|---|---|---|
| | 1 | | 7 | | 4 | | | |
| | | 6 | | | 5 | | | 4 |
| 8 | | | | 3 | | | 7 | |
| | 4 | | | | 9 | 7 | | 1 |
| | 2 | | | 1 | | | 5 | |
| 1 | | 5 | 4 | | | | 2 | |
| | 3 | | | 9 | | | | 7 |
| 6 | | | 3 | | | 1 | | |
| | | | 5 | | 6 | | 3 | |

821

| | | | | | | | | |
|---|---|---|---|---|---|---|---|---|
| | | 3 | | 6 | | | | |
| 8 | | | | | 1 | | 6 | 5 |
| | 6 | 4 | | | 2 | 1 | | |
| 4 | 9 | | 1 | | | 3 | | |
| | | | | 5 | | | | |
| | | 1 | | | 3 | | 9 | 7 |
| | | 8 | 3 | | | 6 | 5 | |
| 1 | 5 | | 2 | | | | | 9 |
| | | | | 7 | | 2 | | |

822

| | | | | | | | | |
|---|---|---|---|---|---|---|---|---|
| 8 | 1 | | | 9 | | | | |
| | | 7 | 5 | | | 3 | 8 | |
| 3 | | | | | 7 | 4 | | 2 |
| 7 | | 1 | 9 | | | | | |
| | | | | 3 | | | | |
| | | | | | 5 | 9 | | 1 |
| 1 | | 5 | 8 | | | | | 3 |
| | 6 | 8 | | | 1 | 7 | | |
| | | | | 7 | | | 5 | 8 |

# HARD

823

| 3 | | | | | | 4 | 9 | |
|---|---|---|---|---|---|---|---|---|
| | | 5 | 3 | | 9 | | | |
| | | | | | 2 | 6 | | 5 |
| 5 | | 1 | | | | | 7 | |
| | | | 2 | 8 | 5 | | | |
| | 4 | | | | | 9 | | 6 |
| 9 | | 3 | 7 | | | | | |
| | | | 8 | | 6 | 3 | | |
| | 1 | 2 | | | | | | 7 |

824

| 8 | | | | 7 | 1 | 5 | | |
|---|---|---|---|---|---|---|---|---|
| 2 | | | | | 5 | | | |
| 4 | | | | | 9 | 3 | 8 | |
| | | 2 | | 1 | 3 | | 7 | |
| | | | | | | | | |
| | 5 | | 7 | 2 | | 6 | | |
| | 2 | 7 | 6 | | | | | 8 |
| | | | 1 | | | | | 6 |
| | | 4 | 5 | 9 | | | | 3 |

**825**

| | | | | | | | | |
|---|---|---|---|---|---|---|---|---|
| | | 8 | 7 | | | | | 6 |
| | | 5 | | | | | 4 | |
| 3 | | | | 9 | | | 2 | |
| | | 9 | | | 4 | | 6 | 5 |
| | 3 | | | 5 | | | 7 | |
| 5 | 4 | | 6 | | | 2 | | |
| | 7 | | | 8 | | | | 1 |
| | 9 | | | | | 6 | | |
| 1 | | | | | 9 | 8 | | |

**826**

| | | | | | | | | |
|---|---|---|---|---|---|---|---|---|
| 7 | | | | 5 | | 9 | | 2 |
| | | 9 | 7 | | | | | |
| | 4 | 6 | | 9 | | 5 | | |
| 3 | | | 1 | | 2 | | 7 | |
| | 1 | | | | | | 9 | |
| | 6 | | 8 | | 9 | | | 3 |
| | | 3 | | 8 | | 6 | 5 | |
| | | | | | 4 | 2 | | |
| 6 | | 4 | | 2 | | | | 9 |

# HARD

**827**

| | | | | | | | | |
|---|---|---|---|---|---|---|---|---|
| | | | | 6 | 3 | | | 9 |
| | | 3 | | | 7 | | 4 | |
| 2 | | | 1 | | | 3 | | 7 |
| 6 | | | 3 | | | | 2 | |
| | 8 | | | 7 | | | 6 | |
| | 4 | | | | 5 | | | 3 |
| 8 | | 9 | | | 6 | | | 4 |
| | 2 | | 5 | | | 6 | | |
| 4 | | | 7 | 1 | | | | |

**828**

| | | | | | | | | |
|---|---|---|---|---|---|---|---|---|
| 5 | | | | | 9 | 6 | | |
| 1 | | | | | | 9 | | 8 |
| | 6 | | 3 | | 5 | | | |
| | | 1 | 4 | | | | 7 | 6 |
| | | 2 | | 3 | | 4 | | |
| 9 | 4 | | | | 6 | 1 | | |
| | | | 2 | | 8 | | 9 | |
| 7 | | 8 | | | | | | 2 |
| | | 6 | 9 | | | | | 5 |

829

| | | | | | | | | |
|---|---|---|---|---|---|---|---|---|
| | 4 | 6 | | | 2 | | | |
| | | | | | | | | 9 |
| | | | 5 | | 9 | 4 | 1 | |
| | | | 9 | | | 1 | 7 | 2 |
| 2 | | | | 7 | | | | 4 |
| 4 | 6 | 7 | | | 8 | | | |
| | 5 | 9 | 2 | | 3 | | | |
| 8 | | | | | | | | |
| | | | 7 | | | 3 | 8 | |

830

| | | | | | | | | |
|---|---|---|---|---|---|---|---|---|
| | | 5 | | 9 | | | 8 | |
| | 2 | 4 | | | | 5 | | |
| | 9 | | 6 | | | | | 7 |
| 2 | | 3 | | 1 | | | | 8 |
| | 8 | | 2 | | 7 | | 6 | |
| 5 | | | | 6 | | 2 | | 4 |
| 7 | | | | | 9 | | 1 | |
| | | 1 | | | | 9 | 7 | |
| | 3 | | | 7 | | 8 | | |

# HARD

**831**

| | | | | | | | | |
|---|---|---|---|---|---|---|---|---|
| | | 5 | | 9 | | 4 | | |
| 8 | | 6 | | | 2 | | | |
| | 2 | | 7 | | | | 8 | 5 |
| 5 | 6 | | | | | | 3 | |
| | | | 6 | 7 | 5 | | | |
| | 4 | | | | | | 7 | 6 |
| 3 | 1 | | | | 6 | | 4 | |
| | | | 1 | | | 2 | | 8 |
| | | 8 | | 2 | | 6 | | |

**832**

| | | | | | | | | |
|---|---|---|---|---|---|---|---|---|
| | | 3 | 4 | | 5 | | | |
| 7 | | | | | | 4 | 3 | 1 |
| | | 9 | | 7 | | | | 2 |
| | 1 | | | | 2 | 3 | | 4 |
| | | | | 5 | | | | |
| 9 | | 4 | 8 | | | | 2 | |
| 2 | | | | 4 | | 5 | | |
| 3 | 8 | 1 | | | | | | 9 |
| | | | 6 | | 9 | 2 | | |

833

| 4 | | | | 9 | | 6 | | 8 |
|---|---|---|---|---|---|---|---|---|
| | 6 | | | | 8 | | | 7 |
| | | | | | 6 | 4 | | |
| 2 | | 3 | | | 4 | | 5 | |
| | | | 8 | | 9 | | | |
| | 5 | | 2 | | | 9 | | 4 |
| | | 4 | 1 | | | | | |
| 5 | | | 4 | | | | 7 | |
| 7 | | 1 | | 6 | | | | 3 |

| | | 8 | | 1 | | 6 | | |
|---|---|---|---|---|---|---|---|---|
| | | | 7 | | 9 | | 5 | 8 |
| 1 | 5 | 7 | 4 | | | | | |
| | | | 9 | | | | 1 | |
| | | 1 | | 8 | | 3 | | |
| | 7 | | | | 3 | | | |
| | | | | | 2 | 5 | 4 | 3 |
| 8 | 3 | | 6 | | 4 | | | |
| | | 9 | | 3 | | 7 | | |

# HARD

835

|   |   |   |   |   |   |   |   |   |
|---|---|---|---|---|---|---|---|---|
|   | 4 |   | 7 |   |   |   | 2 | 6 |
| 8 |   |   |   | 5 | 1 |   |   |   |
|   | 2 | 5 |   |   | 9 |   |   | 1 |
|   |   | 2 |   |   | 4 | 6 |   |   |
|   |   |   |   | 7 |   |   |   |   |
|   |   | 7 | 1 |   |   | 4 |   |   |
| 2 |   |   | 9 |   |   | 3 | 5 |   |
|   |   |   | 5 | 6 |   |   |   | 8 |
| 5 | 7 |   |   |   | 2 |   | 6 |   |

836

|   |   |   |   |   |   |   |   |   |
|---|---|---|---|---|---|---|---|---|
| 4 |   | 9 | 5 |   |   | 7 |   |   |
|   |   |   |   |   |   | 4 |   | 9 |
|   | 1 |   |   | 9 | 4 |   | 3 |   |
| 7 | 9 |   | 4 |   |   | 2 |   |   |
|   |   |   |   | 8 |   |   |   |   |
|   |   | 4 |   |   | 6 |   | 9 | 5 |
|   | 4 |   | 2 | 3 |   |   | 5 |   |
| 3 |   | 1 |   |   |   |   |   |   |
|   |   | 8 |   |   | 1 | 3 |   | 7 |

**837**

| | | | | | | | | |
|---|---|---|---|---|---|---|---|---|
| | | | | | 1 | 8 | | |
| | 4 | 7 | | | 6 | 1 | | |
| | 1 | | | | | | 7 | 9 |
| 3 | | 4 | | | 8 | | | |
| | 7 | | | 5 | | | 2 | |
| | | | 3 | | | 6 | | 7 |
| 5 | 8 | | | | | | 3 | |
| | | 2 | 1 | | | 9 | 8 | |
| | | 3 | 5 | | | | | |

**838**

| | | | | | | | | |
|---|---|---|---|---|---|---|---|---|
| 2 | | | | | 8 | | | 1 |
| | 4 | | 3 | | 9 | | | |
| 8 | | | | 4 | | 7 | 9 | |
| | | 4 | | | 3 | | | 7 |
| | 9 | | | 1 | | | 5 | |
| 3 | | | 7 | | | 1 | | |
| | 5 | 8 | | 2 | | | | 3 |
| | | | 8 | | 4 | | 7 | |
| 6 | | | 9 | | | | | 4 |

# HARD

**839**

| | | | | | | | | |
|---|---|---|---|---|---|---|---|---|
| 6 | 1 | | 4 | | 2 | | | |
| | | | | | | 1 | 4 | 9 |
| | 8 | 4 | | | | 2 | | |
| | | 8 | 2 | | | | | 6 |
| 4 | | | | 3 | | | | 7 |
| 3 | | | | | 1 | 9 | | |
| | | 7 | | | | 8 | 5 | |
| 1 | 5 | 9 | | | | | | |
| | | | 1 | | 7 | | 9 | 2 |

**840**

| | | | | | | | | |
|---|---|---|---|---|---|---|---|---|
| 5 | | | | | 2 | | | |
| 9 | | | | | | | 1 | 6 |
| | | | 1 | 4 | 8 | 2 | | |
| | | 2 | | | 9 | | 8 | |
| | | 9 | | 2 | | 1 | | |
| | 6 | | 8 | | | 5 | | |
| | | 6 | 7 | 8 | 5 | | | |
| 4 | 8 | | | | | | | 5 |
| | | | 3 | | | | | 8 |

841

| | | | | | | | | |
|---|---|---|---|---|---|---|---|---|
| | 9 | | 5 | | | | 1 | |
| | | | 8 | | | 9 | 2 | |
| | | 4 | 6 | | | | | 5 |
| 5 | | 9 | 3 | | | | | 7 |
| 6 | | | | 2 | | | | 1 |
| 3 | | | | | 4 | 6 | | 2 |
| 4 | | | | | 3 | 5 | | |
| | 5 | 3 | | | 8 | | | |
| | 8 | | | | 6 | | 3 | |

842

| | | | | | | | | |
|---|---|---|---|---|---|---|---|---|
| 5 | 1 | | 8 | | | | | 6 |
| | | 6 | | | 2 | | | |
| | 9 | | | | | 8 | | |
| 4 | | | 1 | | | | 3 | 2 |
| | 5 | | 3 | | 6 | | 4 | |
| 9 | 3 | | | | 8 | | | 1 |
| | | 9 | | | | | 2 | |
| | | | 6 | | | 4 | | |
| 8 | | | | | 7 | | 5 | 9 |

# HARD

843

| 9 |  |  |  |  |  |  | 6 |  |
|---|---|---|---|---|---|---|---|---|
|  |  | 5 | 7 |  | 4 |  |  |  |
|  |  |  | 2 | 9 |  | 5 | 3 |  |
| 6 |  | 7 | 1 |  |  |  | 4 |  |
|  | 2 |  |  | 4 |  |  | 1 |  |
|  | 1 |  |  |  | 3 | 6 |  | 2 |
|  | 7 | 3 |  | 1 | 9 |  |  |  |
|  |  |  | 4 |  | 5 | 9 |  |  |
|  | 5 |  |  |  |  |  |  | 8 |

844

|  |  | 8 |  | 4 |  |  |  |  |
|---|---|---|---|---|---|---|---|---|
|  | 4 |  | 9 |  | 8 |  | 5 |  |
| 1 |  |  |  |  | 6 |  |  | 2 |
| 4 |  |  |  |  | 2 | 5 |  |  |
|  |  | 1 |  | 8 |  | 7 |  |  |
|  |  | 5 | 4 |  |  |  |  | 3 |
| 2 |  |  | 1 |  |  |  |  | 9 |
|  | 9 |  | 7 |  | 3 |  | 1 |  |
|  |  |  |  | 5 |  | 2 |  |  |

**845**

| | | | | | | | | |
|---|---|---|---|---|---|---|---|---|
| | 7 | | | 8 | | | | |
| | | 6 | | | 3 | 1 | | 4 |
| | 8 | | 6 | | | | 2 | |
| | | 9 | 5 | | | | 7 | 1 |
| | | 1 | | 9 | | 5 | | |
| 7 | 6 | | | | 1 | 3 | | |
| | 4 | | | | 8 | | 1 | |
| 6 | | 8 | 2 | | | 9 | | |
| | | | | 1 | | | 3 | |

**846**

| | | | | | | | | |
|---|---|---|---|---|---|---|---|---|
| 1 | | 4 | | 6 | | 3 | | |
| 8 | | | 5 | | | | | |
| | | | | 3 | | | 2 | 4 |
| | 5 | 9 | | | 6 | 8 | | |
| 3 | | | 8 | | 4 | | | 2 |
| | | 8 | 3 | | | 5 | 7 | |
| 6 | 4 | | | 7 | | | | |
| | | | | | 3 | | | 7 |
| | | 1 | | 8 | | 2 | | 6 |

# HARD

**847**

| | | | | | | | | |
|---|---|---|---|---|---|---|---|---|
| 6 | | | | 5 | | | 1 | |
| | | 7 | | | 9 | 4 | | |
| 5 | | 9 | 1 | | 2 | | | |
| 9 | 6 | | 5 | | | | | |
| | | 1 | | 9 | | 7 | | |
| | | | | | 8 | | 6 | 9 |
| | | | 9 | | 7 | 5 | | 8 |
| | | 2 | 6 | | | 3 | | |
| | 9 | | | 2 | | | | 4 |

**848**

| | | | | | | | | |
|---|---|---|---|---|---|---|---|---|
| 7 | 8 | | | | 6 | 4 | | |
| 6 | | | | | | | | 1 |
| | | 9 | | | 3 | 8 | 2 | |
| | | 8 | | 9 | 7 | | | |
| 4 | 7 | | | | | | 6 | 8 |
| | | | 6 | 8 | | 7 | | |
| | 4 | 6 | 5 | | | 3 | | |
| 9 | | | | | | | | 4 |
| | | 7 | 9 | | | | 8 | 5 |

**849**

| | | | | | | | | |
|---|---|---|---|---|---|---|---|---|
| 3 | 4 | | | 9 | | | | 8 |
| | | 9 | 1 | | | 6 | | |
| | | 2 | | | 3 | | | 7 |
| | | | | | | | 1 | 9 |
| | | | 7 | 2 | 9 | | | |
| 9 | 6 | | | | | | | |
| 2 | | | 8 | | | 3 | | |
| | | 8 | | | 2 | 4 | | |
| 4 | | | | 6 | | | 2 | 5 |

**850**

| | | | | | | | | |
|---|---|---|---|---|---|---|---|---|
| 6 | | | | | | | 1 | 5 |
| | 5 | 4 | | 1 | | 2 | | |
| | | | 9 | | 4 | | | |
| | 7 | | | | 1 | | | 2 |
| 8 | | | | 2 | | | | 1 |
| 9 | | | 7 | | | | 6 | |
| | | | 3 | | 9 | | | |
| | | 3 | | 7 | | 8 | 5 | |
| 2 | 1 | | | | | | | 3 |

## HARD

**851**

| | | | | | | | | |
|---|---|---|---|---|---|---|---|---|
| 8 | | | | | 4 | 3 | | |
| | | | 2 | 7 | | | | |
| 5 | | 1 | | | 3 | | | 2 |
| | 1 | 9 | 6 | | | 5 | | |
| | 6 | | | 3 | | | 1 | |
| | | 5 | | | 1 | 6 | 2 | |
| 4 | | | 3 | | | 7 | | 1 |
| | | | | 2 | 8 | | | |
| | | 8 | 1 | | | | | 6 |

**852**

| | | | | | | | | |
|---|---|---|---|---|---|---|---|---|
| | 6 | | 5 | | | 7 | 2 | |
| 1 | | | | | | | | |
| | | | | 8 | 6 | | 1 | 5 |
| | 1 | 6 | | | 8 | | | 4 |
| 5 | | | | 1 | | | | 7 |
| 7 | | | 4 | | | 6 | 8 | |
| 4 | 3 | | 8 | 7 | | | | |
| | | | | | | | | 9 |
| | 7 | 9 | | | 2 | | 4 | |

853

|   |   | 9 |   |   |   |   |   | 4 |
|---|---|---|---|---|---|---|---|---|
| 6 |   |   |   | 3 | 5 |   |   |   |
| 3 | 8 |   |   | 2 |   | 5 |   |   |
|   |   |   | 7 |   |   | 2 | 9 | 3 |
|   |   | 2 | 3 |   | 1 | 7 |   |   |
| 7 | 3 | 5 |   |   | 2 |   |   |   |
|   |   | 7 |   | 9 |   |   | 8 | 6 |
|   |   |   | 5 | 1 |   |   |   | 7 |
| 4 |   |   |   |   |   | 1 |   |   |

| 3 |   | 5 |   |   | 8 |   |   | 2 |
|---|---|---|---|---|---|---|---|---|
|   | 2 |   |   | 9 |   | 8 | 7 |   |
|   |   |   | 6 |   |   |   |   |   |
| 4 |   |   | 2 |   | 5 |   |   |   |
|   | 5 | 8 |   |   |   | 7 | 6 |   |
|   |   |   | 8 |   | 9 |   |   | 4 |
|   |   |   |   |   | 1 |   |   |   |
|   | 4 | 3 |   | 8 |   |   | 5 |   |
| 9 |   |   | 5 |   |   | 3 |   | 7 |

# HARD

**855**

| | | | | | | | | |
|---|---|---|---|---|---|---|---|---|
| | | | | 7 | 8 | | 2 | |
| 7 | 3 | | | | | | | 4 |
| 2 | | | 3 | | 4 | 1 | | |
| | | 8 | 9 | | | 2 | 5 | |
| | | | | 8 | | | | |
| | 2 | 1 | | | 5 | 8 | | |
| | | 2 | 5 | | 3 | | | 8 |
| 6 | | | | | | | 1 | 5 |
| | 9 | | 1 | 4 | | | | |

**856**

| | | | | | | | | |
|---|---|---|---|---|---|---|---|---|
| | 2 | | 4 | | 1 | 9 | | |
| 5 | | | 6 | | | | 4 | |
| | | 8 | | | | 3 | | |
| 6 | | 4 | | 9 | | | | |
| | 5 | | | 1 | | | 9 | |
| | | | | 7 | | 8 | | 6 |
| | | 5 | | | | 4 | | |
| | 7 | | | | 8 | | | 3 |
| | | 2 | 3 | | 7 | | 8 | |

**857**

| 8 |  | 4 |  | 9 |  |  | 1 |  |
|---|---|---|---|---|---|---|---|---|
| 6 |  |  | 2 |  |  | 8 |  |  |
|  |  |  |  |  | 3 |  |  | 6 |
|  | 4 |  |  |  | 1 |  | 7 | 8 |
|  | 9 |  |  | 4 |  |  | 2 |  |
| 7 | 8 |  | 5 |  |  |  | 9 |  |
| 9 |  |  | 4 |  |  |  |  |  |
|  |  | 3 |  |  | 8 |  |  | 2 |
|  | 7 |  |  | 6 |  | 1 |  | 4 |

**858**

|  | 7 |  |  |  |  |  | 1 | 2 |
|---|---|---|---|---|---|---|---|---|
| 6 |  |  | 9 |  |  |  |  |  |
| 2 |  |  | 4 | 1 |  |  |  |  |
|  |  |  |  |  | 7 | 3 | 5 |  |
| 9 |  |  |  | 3 |  |  |  | 1 |
|  | 2 | 3 | 8 |  |  |  |  |  |
|  |  |  |  | 8 | 3 |  |  | 7 |
|  |  |  |  |  | 6 |  |  | 5 |
| 1 | 8 |  |  |  |  |  | 4 |  |

# HARD

**859**

| | | | | | | | | |
|---|---|---|---|---|---|---|---|---|
| | 6 | 4 | 3 | | | | | |
| | | | | 5 | | | 7 | 3 |
| | 5 | | 6 | | 1 | 4 | | |
| | | | 8 | 1 | | | | |
| 9 | | 6 | | | | 1 | | 2 |
| | | | | 2 | 6 | | | |
| | | 5 | 7 | | 2 | | 9 | |
| 8 | 7 | | | 3 | | | | |
| | | | | | 5 | 7 | 4 | |

**860**

| | | | | | | | | |
|---|---|---|---|---|---|---|---|---|
| | 9 | 6 | | | 3 | | | |
| | | | | | | 4 | 8 | |
| 5 | | | 7 | | | | | 9 |
| 2 | | | | 6 | | 9 | | |
| 9 | | | | 1 | | | | 2 |
| | | 7 | | 5 | | | | 3 |
| 6 | | | | | 9 | | | 1 |
| | 5 | 1 | | | | | | |
| | | | 6 | | | 8 | 7 | |

**861**

| | | | | | | | | |
|---|---|---|---|---|---|---|---|---|
| | | 6 | | | | 8 | | 9 |
| | | 7 | 6 | 5 | | | | |
| | 3 | | 2 | | | | 4 | 7 |
| | | | | 4 | 3 | | 6 | |
| 6 | | | | | | | | 3 |
| | 2 | | 9 | 6 | | | | |
| 3 | 5 | | | | 8 | | 9 | |
| | | | | 3 | 6 | 1 | | |
| 8 | | 4 | | | | 7 | | |

**862**

| | | | | | | | | |
|---|---|---|---|---|---|---|---|---|
| | | | | | | 7 | 9 | |
| 5 | | 9 | | | | 1 | | |
| | 7 | | 2 | 4 | 9 | | | |
| | | 7 | | 3 | 5 | | 8 | |
| 3 | | | | | | | | 1 |
| | 6 | | 4 | 1 | | 3 | | |
| | | | 3 | 7 | 4 | | 2 | |
| | | 5 | | | | 9 | | 7 |
| | 4 | 2 | | | | | | |

# HARD

**863**

| | | | | | | | | |
|---|---|---|---|---|---|---|---|---|
| | | 4 | | | | | | 2 |
| | | | 3 | | | | 7 | 5 |
| 2 | 7 | | | 1 | | 8 | | |
| | 3 | | 2 | | | 1 | | |
| 6 | | | 8 | | 9 | | | 4 |
| | | 8 | | | 1 | | 5 | |
| | | 3 | | 6 | | | 4 | 9 |
| 7 | 9 | | | | 8 | | | |
| 1 | | | | | | 7 | | |

**864**

| | | | | | | | | |
|---|---|---|---|---|---|---|---|---|
| 8 | 9 | | | | 6 | | | |
| | | | 4 | | | 5 | 3 | |
| | | | | 9 | | | 4 | 6 |
| | | | 8 | | | 4 | | 1 |
| | | 5 | | 6 | | 7 | | |
| 1 | | 8 | | | 3 | | | |
| 9 | 8 | | | 5 | | | | |
| | 1 | 3 | | | 8 | | | |
| | | | 2 | | | | 7 | 8 |

**865**

| | | | | | | | | |
|---|---|---|---|---|---|---|---|---|
| 5 | 2 | | 4 | | | | | |
| | 1 | | | | 7 | 2 | 5 | |
| | | | | | 9 | | | 4 |
| | | 3 | 7 | | | | | 2 |
| | | 2 | | 5 | | 8 | | |
| 9 | | | | | 3 | 1 | | |
| 8 | | | 3 | | | | | |
| | 4 | 1 | 6 | | | | 2 | |
| | | | | | 8 | | 6 | 7 |

**866**

| | | | | | | | | |
|---|---|---|---|---|---|---|---|---|
| | | | 3 | | | 6 | | |
| | 7 | 9 | 1 | | | | | |
| | | 6 | 7 | 9 | | | 8 | |
| 9 | | | | 1 | | | | 7 |
| 2 | | | 5 | | 7 | | | 8 |
| 5 | | | | 8 | | | | 4 |
| | 9 | | | 2 | 6 | 7 | | |
| | | | | | 1 | 4 | 3 | |
| | | 5 | | | 3 | | | |

**867**

| | | | | | | | | |
|---|---|---|---|---|---|---|---|---|
| | 2 | 8 | | | 6 | | | 3 |
| | | 3 | | 7 | 2 | 1 | | |
| 4 | | | | | | | | |
| 1 | 9 | | | | 5 | | 2 | |
| | | | 7 | | 3 | | | |
| | 3 | | 9 | | | | 4 | 7 |
| | | | | | | | | 6 |
| | | 6 | 2 | 3 | | 8 | | |
| 3 | | | 6 | | | 4 | 9 | |

**868**

| | | | | | | | | |
|---|---|---|---|---|---|---|---|---|
| | 6 | 8 | | 1 | | | 5 | |
| 3 | | | 5 | | | 7 | | |
| | | 7 | | 6 | | | | 3 |
| | | | 4 | | | | 9 | |
| 5 | | | 9 | | 1 | | | 6 |
| | 8 | | | | 5 | | | |
| 8 | | | | 9 | | 6 | | |
| | | 4 | | | 2 | | | 9 |
| | 7 | | | 3 | | 1 | 4 | |

**869**

| | | | | | | | | |
|---|---|---|---|---|---|---|---|---|
| | | 7 | | | 1 | | | 4 |
| | 6 | | 8 | 7 | | | | |
| | 2 | | | | | 8 | 9 | |
| 6 | | | 3 | | | 5 | | 1 |
| | | | | 1 | | | | |
| 2 | | 1 | | | 8 | | | 3 |
| | 8 | 5 | | | | | 7 | |
| | | | | 5 | 6 | | 3 | |
| 4 | | | 9 | | | 2 | | |

**870**

| | | | | | | | | |
|---|---|---|---|---|---|---|---|---|
| | | | | | | | | |
| | | 7 | | 4 | | | 1 | 6 |
| 8 | | | 9 | | 7 | | | 3 |
| 7 | 8 | | | 6 | | | 2 | |
| | 9 | | 8 | | 1 | | 3 | |
| | 1 | | | 7 | | | 9 | 4 |
| 6 | | | 1 | | 2 | | | 8 |
| 4 | 5 | | | 8 | | 1 | | |
| | | | | | | | | |

# HARD

**871**

| | | | | | | | | |
|---|---|---|---|---|---|---|---|---|
| | | 8 | | | | | | |
| | | | | | 3 | 4 | | 8 |
| | | 3 | 4 | 9 | | | | |
| 2 | 3 | | | | 1 | 6 | | |
| | 1 | | 8 | | 9 | | 5 | |
| | | 4 | 5 | | | | 2 | 1 |
| | | | | 6 | 5 | 8 | | |
| 7 | | 6 | 3 | | | | | |
| | | | | | | 9 | | |

**872**

| | | | | | | | | |
|---|---|---|---|---|---|---|---|---|
| | 1 | | | | 5 | | | |
| | | 3 | 8 | 7 | | | 2 | |
| 6 | | | | | | 3 | | 7 |
| | | | | 8 | 7 | | | 9 |
| 9 | 6 | | | | | | 1 | 4 |
| 2 | | | 6 | 1 | | | | |
| 5 | | 2 | | | | | | 8 |
| | 7 | | | 6 | 8 | 5 | | |
| | | | 5 | | | | 7 | |

873

| | | | | | | | | |
|---|---|---|---|---|---|---|---|---|
| | | | | | 2 | | 5 | 9 |
| 2 | | | 7 | | | | 8 | |
| | | 6 | | | 5 | | | 7 |
| 5 | | | | | 6 | 1 | 7 | |
| | | | | 5 | | | | |
| | 9 | 3 | 4 | | | | | 6 |
| 9 | | | 1 | | | 7 | | |
| | 3 | | | | 7 | | | 2 |
| 4 | 1 | | 3 | | | | | |

874

| | | | | | | | | |
|---|---|---|---|---|---|---|---|---|
| 8 | | 9 | 1 | | | | | |
| | | 2 | | 9 | 4 | | | |
| | 6 | | 8 | | | 1 | 3 | |
| | 4 | | | | 3 | | | |
| | | 1 | | 6 | | 9 | | |
| | | | 7 | | | | 6 | |
| | 9 | 3 | | | 7 | | 5 | |
| | | | 5 | 2 | | 3 | | |
| | | | | | 8 | 4 | | 6 |

# HARD

**875**

| | | | | | | | | |
|---|---|---|---|---|---|---|---|---|
| | | | | 6 | 4 | 5 | | |
| 3 | | | | | | | | 9 |
| 5 | 6 | | | | 2 | | | 1 |
| | 2 | | | 1 | 3 | | 5 | |
| | | 1 | | | | 7 | | |
| | 3 | | 9 | 8 | | | 4 | |
| 8 | | | 2 | | | | 1 | 7 |
| 4 | | | | | | | | 5 |
| | | 7 | 6 | 3 | | | | |

**876**

| | | | | | | | | |
|---|---|---|---|---|---|---|---|---|
| | 9 | | | | 6 | | | |
| 6 | | | | | 5 | 9 | | |
| | | 3 | 1 | | | 8 | 6 | |
| | | 4 | | 2 | 7 | | | 6 |
| | 8 | | | | | | 7 | |
| 2 | | | 6 | 5 | | 3 | | |
| | 6 | 9 | | | 8 | 7 | | |
| | | 2 | 5 | | | | | 4 |
| | | | 3 | | | | 8 | |

**877**

| | | | | | | | | |
|---|---|---|---|---|---|---|---|---|
| | | 8 | 9 | | 6 | | 7 | |
| 9 | | 7 | | | | | | |
| | 6 | | 8 | 4 | | | | 1 |
| | 9 | 1 | | | 8 | | | |
| | | | | 3 | | | | |
| | | | 5 | | | 7 | 4 | |
| 7 | | | | 9 | 4 | | 5 | |
| | | | | | | 4 | | 7 |
| | 2 | | 6 | | 3 | 1 | | |

**878**

| | | | | | | | | |
|---|---|---|---|---|---|---|---|---|
| | 4 | | 1 | | | | | |
| | | | 6 | 7 | 5 | | 9 | |
| 6 | 5 | | | | | | | 8 |
| | | | | | 8 | 7 | 6 | |
| | | 2 | | 4 | | 9 | | |
| | 6 | 5 | 2 | | | | | |
| 5 | | | | | | | 3 | 1 |
| | 3 | | 5 | 1 | 7 | | | |
| | | | | | 3 | | 8 | |

# HARD

**879**

| | | | | | | | | |
|---|---|---|---|---|---|---|---|---|
| 8 | | | | 4 | 1 | | 7 | |
| | 6 | 3 | | | | 8 | | |
| | | | | | 3 | | | 5 |
| | 8 | | | | 6 | | | 7 |
| 5 | | | 7 | | 8 | | | 6 |
| 3 | | | 9 | | | | 8 | |
| 6 | | | 8 | | | | | |
| | | 5 | | | | 7 | 2 | |
| | 9 | | 1 | 2 | | | | 4 |

**880**

| | | | | | | | | |
|---|---|---|---|---|---|---|---|---|
| 4 | | | | | | | | 7 |
| | | 9 | 4 | | | 8 | | |
| | | | | | 9 | | 6 | 4 |
| | 4 | | | | 6 | | 7 | 3 |
| | | 2 | | 7 | | 4 | | |
| 8 | 3 | | 1 | | | | 2 | |
| 6 | 7 | | 9 | | | | | |
| | | 4 | | | 5 | 9 | | |
| 5 | | | | | | | | 1 |

**881**

| | | | | | 3 | 8 | | |
|---|---|---|---|---|---|---|---|---|
| 3 | 6 | | 8 | | | | 7 | |
| | | | 1 | 5 | | 2 | 4 | |
| | | | 6 | 9 | | | 2 | |
| | | 7 | | | | 9 | | |
| | 2 | | | 3 | 1 | | | |
| | 4 | 1 | | 8 | 5 | | | |
| | 8 | | | | 7 | | 1 | 4 |
| | | 6 | 3 | | | | | |

**882**

| 2 | | 7 | | | | 8 | 3 | |
|---|---|---|---|---|---|---|---|---|
| | | 6 | | | 3 | | | 1 |
| | | | 8 | | 4 | | | |
| | 8 | 2 | 6 | | | | | |
| 7 | | | | 5 | | | | 4 |
| | | | | | 9 | 3 | 7 | |
| | | | 9 | | 5 | | | |
| 5 | | | 2 | | | 7 | | |
| | 2 | 3 | | | | 1 | | 5 |

# HARD

**883**

| | | | | | | | | |
|---|---|---|---|---|---|---|---|---|
| | | 9 | 7 | | | 6 | | |
| | 4 | | 8 | | | | 2 | 3 |
| | 2 | | | | 9 | | 7 | |
| 3 | | | | | 7 | 8 | | |
| | | | | 5 | | | | |
| | | 4 | 6 | | | | | 5 |
| | 3 | | 2 | | | | 9 | |
| 4 | 1 | | | | 6 | | 8 | |
| | | 8 | | | 5 | 7 | | |

**884**

| | | | | | | | | |
|---|---|---|---|---|---|---|---|---|
| 2 | | | | 8 | | | | 4 |
| | | 3 | | | | 1 | | 7 |
| | | | 4 | | 1 | | | |
| | 7 | | 9 | | | 2 | 6 | |
| | | 6 | | 1 | | 5 | | |
| | 2 | 5 | | | 3 | | 1 | |
| | | | 8 | | 4 | | | |
| 8 | | 7 | | | | 9 | | |
| 3 | | | | 9 | | | | 5 |

**885**

| | | | | | | | | |
|---|---|---|---|---|---|---|---|---|
| 9 | | | | | 6 | 1 | | 2 |
| | | 6 | | | | | | |
| | 4 | | 2 | 8 | | | | 3 |
| 8 | | | | | 9 | | 7 | |
| | 5 | | 8 | | 4 | | 2 | |
| | 3 | | 7 | | | | | 5 |
| 5 | | | | 2 | 8 | | 3 | |
| | | | | | | 2 | | |
| 6 | | 4 | 9 | | | | | 7 |

**886**

| | | | | | | | | |
|---|---|---|---|---|---|---|---|---|
| | | | | 1 | 9 | | | 4 |
| 5 | | | | | 2 | 9 | | 1 |
| | 3 | | | | | | 8 | |
| | | 6 | | | 4 | | 1 | |
| 1 | | | | 9 | | | | 8 |
| | 2 | | 5 | | | 7 | | |
| | 5 | | | | | | 2 | |
| 3 | | 9 | 2 | | | | | 6 |
| 2 | | | 1 | 4 | | | | |

# HARD

887

|   |   |   |   |   |   |   |   |   |
|---|---|---|---|---|---|---|---|---|
|   | 5 |   | 3 |   |   | 4 |   | 8 |
|   | 4 |   |   |   | 8 |   |   | 2 |
|   |   | 7 |   |   |   |   |   | 1 |
|   | 6 | 5 |   | 9 |   |   |   |   |
|   |   | 2 |   | 1 |   | 8 |   |   |
|   |   |   |   | 4 |   | 5 | 2 |   |
| 1 |   |   |   |   |   | 6 |   |   |
| 3 |   |   | 9 |   |   |   | 8 |   |
| 5 |   | 4 |   |   | 7 |   | 9 |   |

888

|   |   |   |   |   |   |   |   |   |
|---|---|---|---|---|---|---|---|---|
| 6 |   |   | 5 |   | 3 |   |   |   |
| 4 |   |   |   |   |   | 3 | 7 | 8 |
|   |   |   |   | 8 | 7 |   |   |   |
|   |   | 4 |   |   | 5 |   | 8 |   |
|   |   | 2 |   | 1 |   | 7 |   |   |
|   | 3 |   | 7 |   |   | 9 |   |   |
|   |   |   | 6 | 5 |   |   |   |   |
| 5 | 4 | 9 |   |   |   |   |   | 1 |
|   |   |   | 2 |   | 9 |   |   | 5 |

889

| | | | | | | | | |
|---|---|---|---|---|---|---|---|---|
| | | 2 | 8 | | | | 7 | |
| | | | 5 | | | 2 | 9 | |
| | 1 | | | | 3 | | | 4 |
| | | 8 | | | | 4 | | 6 |
| | | | 3 | 6 | 2 | | | |
| 6 | | 7 | | | | 9 | | |
| 9 | | | 4 | | | | 2 | |
| | 2 | 1 | | | 7 | | | |
| | 4 | | | | 5 | 1 | | |

890

| | | | | | | | | |
|---|---|---|---|---|---|---|---|---|
| | | 6 | 8 | | | | | 2 |
| 4 | | | 9 | | | | 1 | |
| | | 1 | | | | 9 | 4 | |
| | | | 3 | | | 4 | 2 | |
| 2 | | | | 9 | | | | 7 |
| | 6 | 7 | | | 2 | | | |
| | 2 | 3 | | | | 1 | | |
| | 8 | | | | 1 | | | 5 |
| 6 | | | | | 5 | 2 | | |

# HARD

**891**

| | | | | | | | | |
|---|---|---|---|---|---|---|---|---|
| 9 | | | 6 | | 8 | | | 7 |
| | 1 | | | | 2 | | 3 | |
| 2 | | | | | | 5 | | |
| 5 | | 1 | | 8 | | | | |
| | | 7 | 9 | | 5 | 2 | | |
| | | | | 3 | | 7 | | 5 |
| | | 2 | | | | | | 6 |
| | 9 | | 5 | | | | 4 | |
| 8 | | | 1 | | 4 | | | 9 |

**892**

| | | | | | | | | |
|---|---|---|---|---|---|---|---|---|
| | 4 | | | | 5 | 6 | | |
| | 5 | | 8 | 1 | | | | |
| | | | | | | 9 | 5 | 8 |
| | | | 4 | 5 | | 7 | 9 | |
| | | 4 | | | | 3 | | |
| | 8 | 7 | | 2 | 9 | | | |
| 4 | 3 | 6 | | | | | | |
| | | | | 3 | 4 | | 6 | |
| | | 2 | 7 | | | | 4 | |

**893**

|   |   |   |   |   |   |   |   |   |
|---|---|---|---|---|---|---|---|---|
|   |   |   | 7 | 4 |   |   | 9 |   |
|   |   | 4 |   |   |   | 2 |   | 1 |
|   | 6 |   |   |   | 5 |   | 4 |   |
|   | 8 | 3 |   |   | 1 |   |   | 7 |
|   |   |   |   | 5 |   |   |   |   |
| 5 |   |   | 3 |   |   | 4 | 8 |   |
|   | 7 |   | 6 |   |   |   | 5 |   |
| 1 |   | 6 |   |   |   | 9 |   |   |
|   | 2 |   |   | 1 | 7 |   |   |   |

**894**

|   |   |   |   |   |   |   |   |   |
|---|---|---|---|---|---|---|---|---|
|   |   | 7 |   |   |   |   |   | 6 |
| 4 |   |   | 9 |   |   |   |   | 2 |
|   | 1 |   |   | 3 | 8 |   | 7 |   |
| 1 |   |   | 2 |   |   |   |   |   |
|   |   | 8 | 3 |   | 9 | 6 |   |   |
|   |   |   |   |   | 4 |   |   | 1 |
|   | 7 |   | 1 | 4 |   |   | 6 |   |
| 5 |   |   |   |   | 6 |   |   | 4 |
| 3 |   |   |   |   |   | 2 |   |   |

895

| | | | | | | | | |
|---|---|---|---|---|---|---|---|---|
| 9 | | 5 | | | | | | |
| | | | | 4 | 1 | 2 | | |
| | 1 | | | 3 | 8 | | 7 | |
| 2 | | | 4 | | 7 | 3 | | |
| | 5 | | | | | | 2 | |
| | | 8 | 2 | | 3 | | | 4 |
| | 3 | | 6 | 8 | | | 1 | |
| | | 6 | 1 | 7 | | | | |
| | | | | | | 9 | | 8 |

896

| | | | | | | | | |
|---|---|---|---|---|---|---|---|---|
| 4 | | | 7 | | | 2 | | |
| | | 5 | | 4 | | 9 | | |
| 8 | 3 | | | | 9 | | | 4 |
| | 6 | | 3 | 2 | | | | |
| | 1 | | | | | | 2 | |
| | | | | 5 | 8 | | 7 | |
| 2 | | | 4 | | | | 9 | 7 |
| | | 7 | | 8 | | 6 | | |
| | | 3 | | | 7 | | | 8 |

897

| | | | | | | | | |
|---|---|---|---|---|---|---|---|---|
| 7 | 2 | | 5 | | | 6 | | |
| | | | | | | | 7 | 2 |
| | | 9 | | | 7 | | 3 | |
| | 9 | | | 8 | | | | 4 |
| | | 4 | 6 | | 5 | 9 | | |
| 8 | | | | 3 | | | 2 | |
| | 1 | | 8 | | | 2 | | |
| 9 | 7 | | | | | | | |
| | | 2 | | | 1 | | 5 | 8 |

898

| | | | | | | | | |
|---|---|---|---|---|---|---|---|---|
| | 6 | | | | | | 4 | 7 |
| 5 | | 2 | 4 | | | | | 9 |
| | | 7 | 3 | 6 | | | | |
| | | 4 | | | 8 | | | |
| 9 | | | 7 | | 2 | | | 6 |
| | | | 1 | | | 2 | | |
| | | | | 7 | 4 | 6 | | |
| 6 | | | | | 1 | 9 | | 4 |
| 3 | 4 | | | | | | 1 | |

**899**

| | | | | | | | | |
|---|---|---|---|---|---|---|---|---|
| 2 | 5 | | | | 6 | | | |
| | 4 | | 1 | | | 8 | | |
| 3 | | | 7 | | | | 4 | |
| | | 3 | 9 | | | | 2 | |
| 6 | | | | 4 | | | | 8 |
| | 9 | | | | 7 | 4 | | |
| | 3 | | | | 1 | | | 7 |
| | | 7 | | | 9 | | 8 | |
| | | | 2 | | | | 1 | 5 |

**900**

| | | | | | | | | |
|---|---|---|---|---|---|---|---|---|
| 1 | 4 | | | | | | | 9 |
| | | 2 | | | 9 | | | 7 |
| | | 8 | | 4 | 2 | | | |
| | 6 | | | 9 | | 5 | | 3 |
| | | | 6 | | 7 | | | |
| 2 | | 9 | | 3 | | | 6 | |
| | | | 9 | 8 | | 7 | | |
| 9 | | | 4 | | | 3 | | |
| 7 | | | | | | | 8 | 5 |

**901**

| | | | | | | | | |
|---|---|---|---|---|---|---|---|---|
| | | 8 | 7 | 5 | | | 3 | |
| 9 | | | | 8 | | | 6 | |
| | 2 | | | | 6 | | | 9 |
| | | 1 | | | 5 | 6 | | |
| | | | 8 | | 2 | | | |
| | | 7 | 4 | | | 9 | | |
| 5 | | | 6 | | | | 9 | |
| | 9 | | | 1 | | | | 4 |
| | 4 | | | 2 | 7 | 5 | | |

**902**

| | | | | | | | | |
|---|---|---|---|---|---|---|---|---|
| | | 7 | | | | 2 | | |
| 6 | 9 | | 5 | 7 | | | | |
| | | | 4 | | | 9 | 6 | |
| 2 | | | | 5 | | 6 | 8 | |
| | | | 3 | | 6 | | | |
| | 7 | 6 | | 2 | | | | 5 |
| | 5 | 2 | | | 1 | | | |
| | | | | 8 | 3 | | 4 | 9 |
| | | 3 | | | | 1 | | |

# CHALLENGER

**903**

| | | | | | | | | |
|---|---|---|---|---|---|---|---|---|
| | | | 3 | | | | | 7 |
| 4 | | 3 | | | 2 | | 9 | |
| | | | | | 6 | 4 | 3 | |
| 2 | | | | 1 | 4 | | 8 | |
| | 1 | | | | | | 6 | |
| | 8 | | 9 | 7 | | | | 2 |
| | 3 | 8 | 4 | | | | | |
| | 4 | | 8 | | | 5 | | 6 |
| 5 | | | | | 1 | | | |

**904**

| | | | | | | | | |
|---|---|---|---|---|---|---|---|---|
| | | 9 | | | 3 | | 2 | |
| 1 | | | | | | | | 8 |
| | 8 | | 9 | 1 | | 4 | | |
| 8 | | | 5 | | | 1 | | |
| 2 | | | 6 | | 4 | | | 5 |
| | | 7 | | | 9 | | | 4 |
| | | 3 | | 6 | 1 | | 9 | |
| 4 | | | | | | | | 3 |
| | 1 | | 3 | | | 7 | | |

905

| | | | | | | | | |
|---|---|---|---|---|---|---|---|---|
| 3 | | 4 | | 6 | | | 7 | |
| | 6 | | | | 5 | 4 | | 1 |
| | | | | | 2 | | | |
| 7 | | 1 | | 9 | 8 | | | |
| | 2 | | | | | | 1 | |
| | | | 1 | 2 | | 7 | | 8 |
| | | | 3 | | | | | |
| 8 | | 3 | 6 | | | | 5 | |
| | 9 | | | 8 | | 6 | | 7 |

906

| | | | | | | | | |
|---|---|---|---|---|---|---|---|---|
| | 1 | 2 | 3 | | 8 | | | |
| | 5 | | 7 | | | 3 | | 2 |
| 8 | | | | | | | | 1 |
| | | | | 5 | 1 | | | 3 |
| | | 8 | | | | 5 | | |
| 1 | | | 6 | 3 | | | | |
| 4 | | | | | | | | 8 |
| 2 | | 9 | | | 7 | | 3 | |
| | | | 9 | | 2 | 1 | 4 | |

# CHALLENGER

**907**

| | | | | | | | | |
|---|---|---|---|---|---|---|---|---|
| | | | | | 3 | | 9 | |
| 6 | | | | 5 | | 4 | | 3 |
| | | 3 | | | 8 | | | |
| 8 | | 9 | | | 7 | | 2 | |
| | 4 | | | 3 | | | 6 | |
| | 6 | | 2 | | | 8 | | 9 |
| | | | 5 | | | 2 | | |
| 7 | | 4 | | 1 | | | | 6 |
| | 3 | | 7 | | | | | |

**908**

| | | | | | | | | |
|---|---|---|---|---|---|---|---|---|
| | | 2 | | | 3 | | 7 | |
| | | | 4 | | 7 | | 5 | |
| 9 | | | | | | 4 | | |
| 2 | | | | 7 | | | 3 | 4 |
| | 8 | | | 1 | | | 9 | |
| 3 | 9 | | | 4 | | | | 5 |
| | | 3 | | | | | | 6 |
| | 1 | | 6 | | 4 | | | |
| | 4 | | 1 | | | 5 | | |

909

| | | | | | | | | |
|---|---|---|---|---|---|---|---|---|
| | 2 | | | | 5 | | 6 | |
| 4 | 3 | | 7 | | | | | |
| | | 9 | | 1 | | 2 | | |
| | | 4 | | | 2 | | | 8 |
| 5 | | | | 6 | | | | 9 |
| 8 | | | 9 | | | 5 | | |
| | | 3 | | 8 | | 7 | | |
| | | | | | 3 | | 1 | 6 |
| | 6 | | 5 | | | | 4 | |

910

| | | | | | | | | |
|---|---|---|---|---|---|---|---|---|
| 3 | | 1 | | | 8 | 6 | | |
| | 9 | | | | | 8 | | 2 |
| | | | | 9 | 7 | | 5 | |
| 9 | | | | | 2 | | | |
| | 7 | | | 5 | | | 6 | |
| | | | 4 | | | | | 8 |
| | 3 | | 7 | 1 | | | | |
| 5 | | 4 | | | | | 9 | |
| | | 6 | 5 | | | 1 | | 4 |

# CHALLENGER

**911**

| | | | | | | | | |
|---|---|---|---|---|---|---|---|---|
| | | | 1 | | 5 | | | |
| 9 | | 2 | | | 6 | | 7 | |
| | 5 | | | | | | | 1 |
| | 7 | | | | 3 | 8 | 4 | |
| 6 | | | | 7 | | | | 3 |
| | 8 | 3 | 2 | | | | 1 | |
| 8 | | | | | | | 5 | |
| | 4 | | 7 | | | 2 | | 6 |
| | | | 3 | | 4 | | | |

**912**

| | | | | | | | | |
|---|---|---|---|---|---|---|---|---|
| | | 2 | | 7 | | | 4 | 1 |
| | | | | | | 3 | | |
| | 8 | | | | 6 | | | 5 |
| 1 | 6 | | | | 7 | | 8 | |
| | | 8 | | 6 | | 5 | | |
| | 4 | | 5 | | | | 1 | 7 |
| 8 | | | 1 | | | | 7 | |
| | | 7 | | | | | | |
| 2 | 1 | | | 3 | | 9 | | |

913

| | | | | | | | | |
|---|---|---|---|---|---|---|---|---|
| | | | | | 8 | | | 4 |
| 5 | 9 | | | | | 6 | 8 | |
| | | | | 3 | | | 1 | |
| | | 9 | 2 | 8 | | | | 1 |
| 3 | 7 | | | | | | 6 | 2 |
| 2 | | | | 4 | 7 | 3 | | |
| | 8 | | | 9 | | | | |
| | 2 | 3 | | | | | 7 | 5 |
| 4 | | | 5 | | | | | |

914

| | | | | | | | | |
|---|---|---|---|---|---|---|---|---|
| 6 | | | | 2 | | 8 | | |
| 9 | | | | | | | 6 | 3 |
| | | | 8 | | 3 | 9 | | |
| | 7 | | | 1 | 5 | 3 | | |
| 8 | | | | | | | | 6 |
| | | 5 | 6 | 3 | | | 7 | |
| | | 1 | 9 | | 6 | | | |
| 7 | 6 | | | | | | | 4 |
| | | 4 | | 5 | | | | 9 |

# CHALLENGER

**915**

| | | | | | | | | |
|---|---|---|---|---|---|---|---|---|
| | 8 | | 2 | | 4 | | 7 | |
| | | | | | | | | 3 |
| | 4 | 7 | | 3 | | 2 | | |
| 5 | 7 | | 6 | | | 3 | | |
| | | | | 4 | | | | |
| | | 3 | | | 2 | | 5 | 9 |
| | | 4 | | 9 | | 7 | 3 | |
| 7 | | | | | | | | |
| | 6 | | 3 | | 1 | | 2 | |

**916**

| | | | | | | | | |
|---|---|---|---|---|---|---|---|---|
| | | | 6 | 3 | | 9 | | 8 |
| 6 | | | | | 5 | | 1 | |
| | 4 | | 1 | | | | | |
| 8 | | | 9 | | | | | 3 |
| | 1 | | | 8 | | | 7 | |
| 2 | | | | | 7 | | | 6 |
| | | | | | 9 | | 5 | |
| | 9 | | 8 | | | | | 2 |
| 7 | | 5 | | 6 | 2 | | | |

917

| | | | | | | | | |
|---|---|---|---|---|---|---|---|---|
| | | 3 | 2 | | | 1 | | |
| 2 | | | | | | | 5 | |
| | 8 | | 1 | | | | 6 | |
| 4 | | 5 | 3 | | | | | 7 |
| | | 9 | | 5 | | 4 | | |
| 6 | | | | | 9 | 5 | | 3 |
| | 7 | | | | 1 | | 9 | |
| | 5 | | | | | | | 8 |
| | | 6 | | | 3 | 7 | | |

918

| | | | | | | | | |
|---|---|---|---|---|---|---|---|---|
| 7 | 2 | 9 | | | | | | |
| | | | | 2 | | | | 5 |
| | 1 | | 8 | | 7 | | | 2 |
| 6 | | 8 | | 3 | | | | |
| | 3 | | 1 | | 9 | | 5 | |
| | | | | 7 | | 2 | | 8 |
| 9 | | | 7 | | 4 | | 1 | |
| 4 | | | | 5 | | | | |
| | | | | | | 8 | 4 | 6 |

# CHALLENGER

**919**

| | | | | | | | | |
|---|---|---|---|---|---|---|---|---|
| 7 | | 5 | | | | 6 | 9 | |
| | | | 6 | | | | 3 | |
| 3 | | 1 | | 7 | | | 2 | |
| | | | 8 | | | 9 | 4 | |
| | | | | 6 | | | | |
| | 4 | 8 | | | 9 | | | |
| | 1 | | | 9 | | 4 | | 7 |
| | 5 | | | | 1 | | | |
| | 8 | 3 | | | | 5 | | 9 |

**920**

| | | | | | | | | |
|---|---|---|---|---|---|---|---|---|
| 4 | 3 | | | | | 6 | 1 | |
| | | | | 4 | 9 | | | 3 |
| 2 | | | 3 | | | | | |
| 6 | | 3 | 8 | | | | | |
| | 5 | | | 7 | | | 3 | |
| | | | | | 1 | 8 | | 5 |
| | | | | | 7 | | | 8 |
| 1 | | | 4 | 2 | | | | |
| | 8 | 2 | | | | | 5 | 7 |

921

| | | | | | | | | |
|---|---|---|---|---|---|---|---|---|
| | 3 | 7 | | | | 6 | | |
| | 2 | | | | | | | 4 |
| 1 | | | | 7 | 6 | | 3 | |
| | | | 5 | 2 | | 4 | | |
| | 1 | 2 | | | | 8 | 9 | |
| | | 4 | | 8 | 9 | | | |
| | 5 | | 7 | 3 | | | | 8 |
| 3 | | | | | | | 4 | |
| | | 8 | | | | 2 | 5 | |

| | | | | | | | | |
|---|---|---|---|---|---|---|---|---|
| | 3 | | | | 9 | | | |
| | | | | | | 3 | | 5 |
| | 5 | | | | 2 | 6 | 7 | |
| | | | | | 6 | | 5 | 8 |
| | | 6 | | 2 | | 1 | | |
| 7 | 9 | | 3 | | | | | |
| | 6 | 8 | 4 | | | | 2 | |
| 4 | | 7 | | | | | | |
| | | | 8 | | | | 6 | |

# CHALLENGER

**923**

| | | | | | | | | |
|---|---|---|---|---|---|---|---|---|
| | 3 | 2 | | | | | | |
| | | 7 | | | 6 | | 9 | 5 |
| | | | | 2 | 5 | | 7 | 3 |
| | 1 | | 9 | | | | | 8 |
| | | | 1 | | 7 | | | |
| 6 | | | | | 4 | | 1 | |
| 3 | 9 | | 6 | 4 | | | | |
| 4 | 7 | | 5 | | | 6 | | |
| | | | | | | 9 | 3 | |

**924**

| | | | | | | | | |
|---|---|---|---|---|---|---|---|---|
| 3 | | | | 6 | 8 | | | |
| 1 | 4 | | | | | 7 | | |
| | | 6 | 1 | | | 5 | | |
| 7 | 8 | | 4 | | | | | |
| | | | 5 | | 2 | | | |
| | | | | | 7 | | 3 | 4 |
| | | 5 | | | 1 | 8 | | |
| | | 9 | | | | | 6 | 7 |
| | | | 3 | 2 | | | | 5 |

**925**

| | | | | | | | | |
|---|---|---|---|---|---|---|---|---|
| | 3 | | | | 9 | | | 6 |
| | | 9 | | | 2 | | | |
| | 6 | | | 3 | | | 7 | |
| 4 | | | | | 6 | | 3 | |
| | | 6 | 9 | | 1 | 8 | | |
| | 8 | | 2 | | | | | 7 |
| | 1 | | | 8 | | | 4 | |
| | | | 1 | | | 5 | | |
| 5 | | | 3 | | | | 8 | |

**926**

| | | | | | | | | |
|---|---|---|---|---|---|---|---|---|
| | 8 | | | | | 9 | 5 | |
| | | 6 | | | 1 | | | |
| 2 | | | 4 | | 9 | | 8 | |
| | 5 | | | | 2 | | | |
| 1 | | | | 6 | | | | 5 |
| | | | 1 | | | | 4 | |
| | 4 | | 6 | | 3 | | | 7 |
| | | | 5 | | | 3 | | |
| | 2 | 8 | | | | | 1 | |

# CHALLENGER

**927**

| | | | | | | | | |
|---|---|---|---|---|---|---|---|---|
| | 8 | | 3 | | | 9 | | |
| 3 | | | | | | 5 | | 6 |
| 2 | | | 9 | 8 | | 3 | | |
| | | | | 7 | 9 | | | 4 |
| | | 8 | | | | 7 | | |
| 1 | | | 5 | 4 | | | | |
| | | 1 | | 9 | 5 | | | 3 |
| 7 | | 4 | | | | | | 2 |
| | | 3 | | | 2 | | 7 | |

**928**

| | | | | | | | | |
|---|---|---|---|---|---|---|---|---|
| | 5 | | | | 1 | 7 | | |
| 7 | 8 | | | | | 9 | 3 | |
| | | | | 6 | 7 | | | 8 |
| | 6 | | | | 2 | | | |
| | | 4 | | 3 | | 1 | | |
| | | | 1 | | | | 9 | |
| 5 | | | 4 | 8 | | | | |
| | 7 | 8 | | | | | 1 | 5 |
| | | 9 | 7 | | | | 2 | |

929

| | | | | | | | | |
|---|---|---|---|---|---|---|---|---|
| 1 | | 5 | | | | 6 | | |
| 3 | | 2 | 4 | | | | | 5 |
| | | | | | 5 | | 7 | |
| | | 7 | 9 | | | | | 8 |
| | 8 | | | 6 | | | 4 | |
| 9 | | | | | 1 | 2 | | |
| | 5 | | 1 | | | | | |
| 2 | | | | | 6 | 4 | | 3 |
| | | 6 | | | | 9 | | 1 |

930

| | | | | | | | | |
|---|---|---|---|---|---|---|---|---|
| | | | 6 | | | | 5 | |
| | 7 | | | 5 | | 9 | | |
| 1 | | | 4 | | | | | 2 |
| 2 | | 3 | | 4 | 7 | | | |
| 9 | | 4 | | | | 7 | | 3 |
| | | | 2 | 8 | | 1 | | 4 |
| 7 | | | | | 5 | | | 6 |
| | | 5 | | 3 | | | 8 | |
| | 3 | | | | 4 | | | |

# CHALLENGER

**931**

| | | | | | | | | |
|---|---|---|---|---|---|---|---|---|
| | 4 | | 5 | | | | | 9 |
| 8 | | 3 | | | | | | |
| | 9 | | 2 | | | 3 | 1 | |
| | | | | 2 | 1 | | 9 | |
| | | 1 | | | | 4 | | |
| | 8 | | 7 | 9 | | | | |
| | 3 | 7 | | | 6 | | 2 | |
| | | | | | | 6 | | 3 |
| 6 | | | | | 8 | | 4 | |

**932**

| | | | | | | | | |
|---|---|---|---|---|---|---|---|---|
| | 3 | | | 5 | 4 | 9 | | |
| 1 | 4 | | | | | | | 7 |
| 6 | | | | 8 | | | | |
| | 9 | | 4 | | | | 2 | |
| | | 4 | 9 | | 8 | 7 | | |
| | 1 | | | | 2 | | 9 | |
| | | | | 4 | | | | 5 |
| 9 | | | | | | | 4 | 3 |
| | | 7 | 8 | 3 | | | 6 | |

933

| | | | | | | | | |
|---|---|---|---|---|---|---|---|---|
| | 8 | | 2 | | | | | 1 |
| | | 6 | | 7 | | 9 | | 4 |
| | | 7 | | | 9 | | | |
| | 4 | | | | 1 | | | 3 |
| | | 2 | | 5 | | 8 | | |
| 7 | | | 8 | | | | 5 | |
| | | | 9 | | | 5 | | |
| 6 | | 4 | | 1 | | 3 | | |
| 8 | | | | | 2 | | 9 | |

| | | | | | | | | |
|---|---|---|---|---|---|---|---|---|
| | | | 8 | 4 | | | | |
| | | 7 | 5 | | | | 2 | |
| 5 | 8 | | | | 6 | 4 | | |
| | | 3 | | | 5 | | | 7 |
| 9 | | | | 6 | | | | 8 |
| 1 | | | 7 | | | 6 | | |
| | | 1 | 9 | | | | 3 | 2 |
| | 3 | | | | 4 | 7 | | |
| | | | | 5 | 3 | | | |

**935**

| | | | | | | | | |
|---|---|---|---|---|---|---|---|---|
| | 4 | 7 | 2 | | | | 6 | |
| | | | | | | 5 | 4 | |
| | 8 | | | | 1 | | | 2 |
| | | 5 | | | 2 | | | 9 |
| 8 | | | | 9 | | | | 7 |
| 7 | | | 1 | | | 6 | | |
| 1 | | | 3 | | | | 8 | |
| | 7 | 2 | | | | | | |
| | 3 | | | | 7 | 2 | 1 | |

**936**

| | | | | | | | | |
|---|---|---|---|---|---|---|---|---|
| | | | | 8 | | | 5 | |
| | | | | | 5 | | | 9 |
| | 1 | 5 | | | 7 | | 3 | |
| | | | | | 6 | 4 | 7 | |
| | | 6 | | 1 | | 8 | | |
| | 8 | 7 | 5 | | | | | |
| | 9 | | 3 | | | 2 | 1 | |
| 1 | | | 6 | | | | | |
| | 2 | | | 4 | | | | |

**937**

| | | | | | | | | |
|---|---|---|---|---|---|---|---|---|
| 2 | | | | 4 | | | | 9 |
| 9 | | | | 8 | 5 | | 1 | |
| | | | | | | 5 | 6 | |
| | | 4 | 5 | | | 8 | | |
| | 9 | | 7 | | 8 | | 4 | |
| | | 3 | | | 1 | 2 | | |
| | 7 | 5 | | | | | | |
| | 3 | | 9 | 5 | | | | 7 |
| 4 | | | | 7 | | | | 3 |

**938**

| | | | | | | | | |
|---|---|---|---|---|---|---|---|---|
| 5 | | | 2 | 8 | | | 7 | |
| | 8 | | | | | | | |
| 3 | | | | | 1 | | | 5 |
| | | 7 | | | 6 | | 3 | 9 |
| | 9 | | | 3 | | | 5 | |
| 2 | 1 | | 5 | | | 4 | | |
| 6 | | | 8 | | | | | 3 |
| | | | | | | | 2 | |
| | 2 | | | 4 | 7 | | | 1 |

939

| | | | | | | | | |
|---|---|---|---|---|---|---|---|---|
| | 3 | 9 | | | 4 | | | |
| | | | | | 5 | | 9 | 3 |
| | | 2 | 9 | | | | 7 | |
| | | 7 | 3 | | | 6 | | |
| 9 | | | | 6 | | | | 2 |
| | | 5 | | | 7 | 4 | | |
| | 1 | | | | 3 | 9 | | |
| 2 | 5 | | 1 | | | | | |
| | | | 4 | | | 5 | 8 | |

940

| | | | | | | | | |
|---|---|---|---|---|---|---|---|---|
| 5 | 6 | | 7 | | | | | |
| | | 7 | | | | | | 1 |
| | | | 8 | 9 | | | 2 | |
| | | 1 | 2 | | 4 | | | 8 |
| 8 | 3 | | | | | | 7 | 2 |
| 9 | | | 5 | | 7 | 1 | | |
| | 5 | | | 4 | 8 | | | |
| 4 | | | | | | 3 | | |
| | | | | | 1 | | 6 | 4 |

**941**

| | | | | | | | | |
|---|---|---|---|---|---|---|---|---|
| 8 | | | 4 | | | 6 | | |
| | 2 | 5 | | | | | | |
| 4 | | | | | 1 | | 7 | 8 |
| | 7 | | | | | 5 | 2 | |
| | | | 7 | 1 | 4 | | | |
| | 4 | 6 | | | | | 1 | |
| 1 | 9 | | 6 | | | | | 5 |
| | | | | | | 2 | 9 | |
| | | 2 | | | 5 | | | 3 |

**942**

| | | | | | | | | |
|---|---|---|---|---|---|---|---|---|
| | 8 | | 6 | | 1 | | | 7 |
| | 5 | | | | 8 | 6 | | |
| | | 9 | | 4 | | | | 5 |
| | | | 4 | | | | | 8 |
| | | 1 | | 6 | | 4 | | |
| 2 | | | | | 9 | | | |
| 3 | | | | 1 | | 2 | | |
| | | 6 | 9 | | | | 5 | |
| 9 | | | 8 | | 2 | | 6 | |

## 943

| | | | | | | | | |
|---|---|---|---|---|---|---|---|---|
| | 3 | | 1 | | | | 4 | |
| 4 | | 9 | | | 2 | | | 3 |
| | | | | 4 | | 5 | | |
| 6 | | | 8 | | | 4 | 7 | |
| | | | | 5 | | | | |
| | 9 | 3 | | | 1 | | | 8 |
| | | 1 | | 6 | | | | |
| 5 | | | 9 | | | 3 | | 7 |
| | 8 | | | | 7 | | 2 | |

## 944

| | | | | | | | | |
|---|---|---|---|---|---|---|---|---|
| | | 3 | | 9 | 5 | 2 | | |
| | | | 4 | | | | | 7 |
| | 7 | | | | 1 | | | 9 |
| 3 | | | | 5 | | | 1 | 6 |
| | | | 3 | | 9 | | | |
| 7 | 8 | | | 1 | | | | 2 |
| 8 | | | 1 | | | | 6 | |
| 1 | | | | | 3 | | | |
| | | 9 | 5 | 4 | | 1 | | |

945

| | | | | | | | | |
|---|---|---|---|---|---|---|---|---|
| | 2 | | | | 5 | | | 3 |
| | | 1 | 4 | 6 | | | | |
| | 9 | | | | | 1 | 4 | |
| 3 | 1 | | 8 | | | 9 | | |
| | | | | 9 | | | | |
| | | 9 | | | 1 | | 7 | 2 |
| | 8 | 3 | | | | | 2 | |
| | | | | 5 | 8 | 7 | | |
| 7 | | | 6 | | | | 8 | |

946

| | | | | | | | | |
|---|---|---|---|---|---|---|---|---|
| | 2 | 3 | | | 1 | | | |
| 4 | | | | | 9 | | 8 | |
| | | | 3 | 8 | | 5 | | |
| 6 | | | 8 | | | | 1 | |
| 5 | | | | 7 | | | | 3 |
| | 4 | | | | 6 | | | 7 |
| | | 4 | | 9 | 7 | | | |
| | 8 | | 1 | | | | | 5 |
| | | | 6 | | | 1 | 2 | |

# CHALLENGER

**947**

| 1 | 2 |  |  | 4 | 3 |  |  |  |
|---|---|---|---|---|---|---|---|---|
| 7 |  |  |  | 9 |  | 4 |  | 6 |
|  |  | 5 |  |  |  |  |  |  |
| 5 |  |  |  |  | 6 | 1 |  |  |
|  |  |  | 7 |  | 9 |  |  |  |
|  |  | 2 | 8 |  |  |  |  | 7 |
|  |  |  |  |  |  | 9 |  |  |
| 3 |  | 9 |  | 6 |  |  |  | 2 |
|  |  |  | 9 | 2 |  |  | 3 | 8 |

**948**

|  | 1 |  |  |  | 2 |  | 4 |  |
|---|---|---|---|---|---|---|---|---|
|  |  | 5 | 8 | 4 |  |  |  | 2 |
|  |  |  |  |  |  |  |  |  |
| 7 |  |  |  | 9 |  | 6 | 8 |  |
|  | 3 |  | 7 |  | 4 |  | 2 |  |
|  | 2 | 9 |  | 5 |  |  |  | 4 |
|  |  |  |  |  |  |  |  |  |
| 3 |  |  |  | 7 | 6 | 5 |  |  |
|  | 7 |  | 9 |  |  |  | 6 |  |

**949**

|  |  | 7 |  |  |  |  |  | 9 |
|---|---|---|---|---|---|---|---|---|
|  | 5 |  | 6 |  |  | 3 |  | 8 |
|  | 3 |  | 4 | 8 |  |  |  |  |
|  | 9 |  |  |  | 3 |  |  | 2 |
|  |  |  | 8 |  | 6 |  |  |  |
| 4 |  |  | 9 |  |  |  | 6 |  |
|  |  |  |  | 1 | 7 |  | 8 |  |
| 8 |  | 3 |  |  | 4 |  | 1 |  |
| 7 |  |  |  |  |  | 5 |  |  |

**950**

|  |  |  | 8 |  | 9 |  |  | 7 |
|---|---|---|---|---|---|---|---|---|
|  | 8 |  |  | 1 |  |  | 2 |  |
|  | 9 |  |  |  |  |  |  | 1 |
|  |  |  | 9 | 8 |  | 7 |  |  |
|  | 2 | 9 |  |  |  | 8 | 4 |  |
|  |  | 3 |  | 2 | 4 |  |  |  |
| 9 |  |  |  |  |  |  | 5 |  |
|  | 6 |  |  | 3 |  |  | 9 |  |
| 1 |  |  | 6 |  | 2 |  |  |  |

# CHALLENGER

**951**

| | | | | | | 1 | | 3 |
|---|---|---|---|---|---|---|---|---|
| | | 2 | 8 | | | | | |
| 9 | 4 | | 2 | | 1 | | | |
| | | 3 | | 2 | | 9 | 6 | |
| | | | 1 | | 8 | | | |
| | 7 | 4 | | 6 | | 5 | | |
| | | | 7 | | 2 | | 9 | 8 |
| | | | | | 5 | 4 | | |
| 4 | | 9 | | | | | | |

**952**

| | | | | 3 | | | 6 | |
|---|---|---|---|---|---|---|---|---|
| | | 5 | 1 | | 8 | | | 4 |
| | | 4 | 9 | | | 3 | | |
| | | | | 1 | 9 | | 4 | |
| 2 | | | | | | | | 9 |
| | 7 | | 3 | 4 | | | | |
| | | 9 | | | 7 | 6 | | |
| 8 | | | 4 | | 1 | 7 | | |
| | 2 | | | 6 | | | | |

953

| | | | | | | | | |
|---|---|---|---|---|---|---|---|---|
| | 3 | | | | 8 | | 2 | |
| | | 9 | | | 7 | 3 | 4 | |
| | | | | 3 | | 6 | | |
| | | | | | | 1 | | 9 |
| | | | 4 | 2 | 6 | | | |
| 6 | | 8 | | | | | | |
| | | 2 | | 8 | | | | |
| | 6 | 4 | 1 | | | 9 | | |
| | 9 | | 6 | | | | 5 | |

954

| | | | | | | | | |
|---|---|---|---|---|---|---|---|---|
| | | | | | | | | 9 |
| | | 2 | 5 | | 8 | | 3 | |
| 3 | 1 | | | 2 | | 7 | | |
| | | 5 | 3 | | | | 7 | |
| | | | 8 | | 7 | | | |
| | 2 | | | | 6 | 9 | | |
| | | 6 | | 8 | | | 5 | 4 |
| | 8 | | 7 | | 1 | 2 | | |
| 2 | | | | | | | | |

# CHALLENGER

**955**

| | | | | | | | | |
|---|---|---|---|---|---|---|---|---|
| | 3 | | 4 | | | 8 | 5 | |
| 6 | | | | 8 | | | 9 | 7 |
| 1 | | | | 2 | | | | |
| | | | 2 | | 8 | | | 3 |
| | | 8 | | | | 9 | | |
| 4 | | | 6 | | 3 | | | |
| | | | | 4 | | | | 5 |
| 7 | 9 | | | 3 | | | | 8 |
| | 4 | 1 | | | 2 | | 7 | |

**956**

| | | | | | | | | |
|---|---|---|---|---|---|---|---|---|
| | 1 | | 4 | 7 | | | | 8 |
| 5 | | | | | | 3 | | |
| | 2 | | 3 | | | | 5 | |
| 2 | | 3 | | | 6 | | | |
| | | | 9 | | 1 | | | |
| | | | 2 | | | 9 | | 6 |
| | 8 | | | | 9 | | 2 | |
| | | 6 | | | | | | 7 |
| 9 | | | | 4 | 7 | | 8 | |

957

| | | | | | | | | |
|---|---|---|---|---|---|---|---|---|
| 1 | | 8 | | 6 | | | | 3 |
| | | | 3 | | | | | 7 |
| | 3 | | | | | 1 | 5 | |
| | 8 | | | 3 | 7 | | 6 | |
| 4 | | | | | | | | 9 |
| | 6 | | 2 | 9 | | | 8 | |
| | 4 | 3 | | | | | 1 | |
| 5 | | | | | 3 | | | |
| 6 | | | | 8 | | 9 | | 2 |

958

| | | | | | | | | |
|---|---|---|---|---|---|---|---|---|
| | | 8 | 9 | | | | | |
| | | 6 | | | 3 | 4 | | |
| | | | | | 5 | 2 | 8 | |
| | 1 | | | 6 | | | 4 | |
| 8 | | | 3 | | 2 | | | 1 |
| | 3 | | | 5 | | | 2 | |
| | 9 | 2 | 4 | | | | | |
| | | 7 | 5 | | | 9 | | |
| | | | | | 1 | 7 | | |

**959**

| | | | | | | | | |
|---|---|---|---|---|---|---|---|---|
| | 9 | | | 2 | | | | 8 |
| | | | 4 | | 1 | 5 | 7 | |
| 1 | | | | | 8 | | 2 | |
| 6 | | | | | 9 | | | |
| | | 7 | | 8 | | 4 | | |
| | | | 5 | | | | | 1 |
| | 8 | | 1 | | | | | 6 |
| | 3 | 6 | 7 | | 2 | | | |
| 7 | | | | 6 | | | 9 | |

**960**

| | | | | | | | | |
|---|---|---|---|---|---|---|---|---|
| | | 5 | | 6 | | 4 | | |
| | 4 | | | | 7 | | | 3 |
| 2 | 1 | | | | | | | |
| 1 | | | 6 | 4 | | 9 | | |
| 6 | | 4 | | | | 1 | | 8 |
| | | 3 | | 8 | 9 | | | 6 |
| | | | | | | | 1 | 5 |
| 5 | | | 8 | | | | 9 | |
| | | 2 | | 5 | | 6 | | |

# CHALLENGER

**961**

| | | | | | | | | |
|---|---|---|---|---|---|---|---|---|
| | 7 | | | | | | | |
| | 9 | | 2 | | 4 | | | 3 |
| | | 1 | | 3 | 6 | 4 | | |
| 2 | 6 | | 9 | | | | 4 | |
| | | | | 5 | | | | |
| | 1 | | | | 8 | | 7 | 9 |
| | | 6 | 3 | 9 | | 5 | | |
| 1 | | | 4 | | 7 | | 3 | |
| | | | | | | | 6 | |

**962**

| | | | | | | | | |
|---|---|---|---|---|---|---|---|---|
| | 7 | | | 4 | 2 | | | |
| | | 1 | | | 3 | 2 | | |
| 5 | | | | | | | | 7 |
| | 9 | | 7 | | | | 1 | 6 |
| | 1 | | | 3 | | | 5 | |
| 6 | 3 | | | | 8 | | 2 | |
| 1 | | | | | | | | 4 |
| | | 9 | 3 | | | 6 | | |
| | | | 2 | 9 | | | 7 | |

**963**

| | | | | | | | | |
|---|---|---|---|---|---|---|---|---|
| 1 | | 8 | | | | | | |
| | | | 8 | | | | | 9 |
| | | 3 | 2 | | | 4 | 7 | |
| | 3 | | | 8 | | | | 2 |
| | 5 | | 7 | | 9 | | 4 | |
| 4 | | | | 1 | | | 9 | |
| | 1 | 5 | | | 6 | 9 | | |
| 7 | | | | | 3 | | | |
| | | | | | | 2 | | 5 |

**964**

| | | | | | | | | |
|---|---|---|---|---|---|---|---|---|
| 6 | | | 7 | 2 | | | | |
| 5 | | | | | | | 1 | 2 |
| | | 2 | | | 9 | | 6 | |
| | | | | | 7 | | 3 | 4 |
| | | 1 | | 8 | | 2 | | |
| 9 | 3 | | 6 | | | | | |
| | 2 | | 3 | | | 8 | | |
| 1 | 5 | | | | | | | 9 |
| | | | | 9 | 1 | | | 7 |

**965**

| | | | | | | | | |
|---|---|---|---|---|---|---|---|---|
| | 6 | 9 | | | 4 | | | 3 |
| | | | | 3 | | 6 | | |
| | 1 | | | | 9 | | | |
| | 7 | 2 | | | 1 | | | 6 |
| | | 6 | | 7 | | 9 | | |
| 3 | | | 5 | | | 4 | 7 | |
| | | | 3 | | | | 5 | |
| | | 8 | | 1 | | | | |
| 6 | | | 7 | | | 3 | 8 | |

**966**

| | | | | | | | | |
|---|---|---|---|---|---|---|---|---|
| 1 | | 5 | | | | | | 6 |
| 3 | | | 5 | 7 | | | | |
| | 4 | | | | 1 | 5 | | |
| 2 | | | | 6 | 8 | 9 | | |
| | 8 | | | | | | 1 | |
| | | 1 | 4 | 9 | | | | 7 |
| | | 6 | 3 | | | | 4 | |
| | | | | 1 | 7 | | | 5 |
| 9 | | | | | | 7 | | 2 |

# CHALLENGER

**967**

| | | | | | | | | |
|---|---|---|---|---|---|---|---|---|
| 5 | | | 6 | | | | | 2 |
| | 7 | 1 | 8 | | | | 5 | |
| 2 | | | | | | 1 | 8 | |
| | | | | 9 | | 4 | | |
| | 9 | | 3 | | 1 | | 6 | |
| | | 8 | | 4 | | | | |
| | 5 | 6 | | | | | | 1 |
| | 2 | | | | 9 | 5 | 4 | |
| 9 | | | | | 5 | | | 8 |

**968**

| | | | | | | | | |
|---|---|---|---|---|---|---|---|---|
| | 7 | | | | 8 | 9 | | |
| | 5 | | 2 | | | | | 8 |
| | 8 | 2 | | | 1 | | | 6 |
| | | | | 1 | | 2 | | |
| | 6 | | 8 | | 9 | | 3 | |
| | | 7 | | 2 | | | | |
| 1 | | | 3 | | | 8 | 6 | |
| 7 | | | | | 4 | | 5 | |
| | | 3 | 1 | | | | 9 | |

969

| | | | | | | | | |
|---|---|---|---|---|---|---|---|---|
| | | 6 | | | 3 | | 1 | |
| 3 | | | 7 | | | | | |
| 4 | | 2 | | | 6 | | | 5 |
| | | | | 2 | 9 | | | 7 |
| | 3 | 9 | | | | 1 | 5 | |
| 8 | | | 6 | 1 | | | | |
| 7 | | | 5 | | | 8 | | 1 |
| | | | | | 7 | | | 4 |
| | 5 | | 4 | | | 9 | | |

970

| | | | | | | | | |
|---|---|---|---|---|---|---|---|---|
| | 7 | 5 | 9 | | | | | 2 |
| 3 | | | | | | 1 | | |
| | 8 | | | | 1 | | | |
| | | | | 4 | 5 | 9 | | 3 |
| 6 | 9 | | | | | | 5 | 1 |
| 4 | | 3 | 1 | 6 | | | | |
| | | | 8 | | | | 7 | |
| | | 7 | | | | | | 8 |
| 8 | | | | | 2 | 6 | 1 | |

**971**

| | | | | | | | | |
|---|---|---|---|---|---|---|---|---|
| 5 | | | 3 | | 9 | | | 2 |
| | | | | | | | 1 | 5 |
| | 1 | 4 | | | 6 | 8 | | |
| | 6 | | | | 2 | 5 | | |
| | | | | 8 | | | | |
| | | 7 | 4 | | | | 2 | |
| | | 1 | 5 | | | 9 | 8 | |
| 9 | 5 | | | | | | | |
| 3 | | | 1 | | 7 | | | 6 |

**972**

| | | | | | | | | |
|---|---|---|---|---|---|---|---|---|
| | | 1 | | | | | | |
| | | 2 | 4 | | 7 | | | 3 |
| | 4 | | | | 3 | 9 | 5 | |
| | | 6 | 7 | | | | 1 | 8 |
| | | | | 4 | | | | |
| 8 | 9 | | | | 6 | 2 | | |
| | 5 | 3 | 6 | | | | 9 | |
| 1 | | | 3 | | 2 | 7 | | |
| | | | | | | 3 | | |

973

| | | | | | | | | |
|---|---|---|---|---|---|---|---|---|
| | | | | 2 | | | | 6 |
| 5 | | 3 | | | | 1 | | |
| | 8 | 2 | 9 | | | | 7 | |
| | | | 3 | | | 2 | 6 | |
| 8 | | | | 1 | | | | 5 |
| | 3 | 5 | | | 9 | | | |
| | 9 | | | | 7 | 8 | 1 | |
| | | 7 | | | | 6 | | 4 |
| 4 | | | | 9 | | | | |

| | | | | | | | | |
|---|---|---|---|---|---|---|---|---|
| | 7 | | | 9 | | 6 | | 5 |
| | 5 | | | | | | | 3 |
| 8 | 2 | | 3 | | 6 | | | |
| 4 | | | | | 2 | | | |
| | 9 | | | 3 | | | 1 | |
| | | | 9 | | | | | 7 |
| | | | 1 | | 5 | | 8 | 2 |
| 3 | | | | | | | 6 | |
| 2 | | 8 | | 4 | | | 5 | |

**975**

| | | | | | | | | |
|---|---|---|---|---|---|---|---|---|
| | | 2 | 7 | | | 3 | | |
| | 9 | | | 6 | | | | 7 |
| | 5 | | | | 8 | | 6 | |
| | | | 1 | | 6 | | | 9 |
| | 1 | 6 | | | | 8 | 4 | |
| 2 | | | 9 | | 4 | | | |
| | 8 | | 5 | | | | 7 | |
| 5 | | | | 7 | | | 1 | |
| | | 4 | | | 1 | 2 | | |

**976**

| | | | | | | | | |
|---|---|---|---|---|---|---|---|---|
| 2 | | | | | 3 | | | 4 |
| | 3 | | | | 2 | | 7 | |
| 7 | | | | 1 | | 8 | | |
| | | 9 | 1 | 8 | | 3 | | |
| | 5 | | | | | | 9 | |
| | | 8 | | 2 | 9 | 6 | | |
| | | 7 | | 4 | | | | 2 |
| | 1 | | 5 | | | | 3 | |
| 5 | | | 2 | | | | | 6 |

977

| | | | | | | | | |
|---|---|---|---|---|---|---|---|---|
| | 7 | 3 | | | | | 1 | |
| 1 | | | | 6 | | 3 | 9 | |
| 6 | | | 2 | | | | | |
| | | | | | 8 | 9 | | 2 |
| | 2 | | | 5 | | | 3 | |
| 9 | | 4 | 6 | | | | | |
| | | | | | 9 | | | 5 |
| | 9 | 7 | | 2 | | | | 3 |
| | 6 | | | | | 8 | 2 | |

978

| | | | | | | | | |
|---|---|---|---|---|---|---|---|---|
| 4 | | | 5 | | | 8 | | |
| | 5 | | | | 8 | | 1 | |
| | | | | 1 | 6 | 2 | | |
| | | 4 | 1 | | | | | 8 |
| | | 6 | | 2 | | 1 | | |
| 2 | | | | | 7 | 4 | | |
| | | 8 | 7 | 6 | | | | |
| | 3 | | 9 | | | | 8 | |
| | | 5 | | | 1 | | | 2 |

# CHALLENGER

## 979

| | | | | | | | | |
|---|---|---|---|---|---|---|---|---|
| | 8 | | | | 6 | | | |
| | | | 7 | | | | 3 | 4 |
| 6 | | | | 2 | | 1 | 8 | |
| | | 7 | 6 | 4 | | | | |
| 3 | | | | | | | | 2 |
| | | | | 7 | 3 | 5 | | |
| | 6 | 4 | | 1 | | | | 9 |
| 8 | 5 | | | | 7 | | | |
| | | | 9 | | | | 5 | |

## 980

| | | | | | | | | |
|---|---|---|---|---|---|---|---|---|
| 4 | | | | | | 2 | | |
| 3 | | | 6 | | | | 7 | |
| | 8 | 5 | | | 1 | 6 | | |
| | | | | 3 | | | 6 | 2 |
| | 9 | | 4 | | 2 | | 8 | |
| 5 | 3 | | | 8 | | | | |
| | | 6 | 9 | | | 8 | 4 | |
| | 4 | | | | 8 | | | 6 |
| | | 8 | | | | | | 9 |

**981**

| | | | | | | | | |
|---|---|---|---|---|---|---|---|---|
| 1 | | | | | | | 2 | |
| | | 6 | | | 3 | 7 | | |
| | 8 | | | | 6 | | 3 | 5 |
| | | 2 | 5 | 3 | | | 4 | |
| | | | | | | | | |
| | 9 | | | 8 | 1 | 6 | | |
| 7 | 2 | | 1 | | | | 8 | |
| | | 9 | 4 | | | 2 | | |
| | 6 | | | | | | | 7 |

**982**

| | | | | | | | | |
|---|---|---|---|---|---|---|---|---|
| | | | | 6 | | | | 1 |
| | 2 | 5 | | | 3 | 4 | | |
| | 6 | | 5 | | | | | |
| | 8 | 7 | 2 | | 6 | | | |
| 4 | | | | | | | | 5 |
| | | | 3 | | 9 | 8 | 7 | |
| | | | | | 5 | | 4 | |
| | | 4 | 6 | | | 2 | 8 | |
| 1 | | | | 8 | | | | |

**983**

| | | | | | | | | |
|---|---|---|---|---|---|---|---|---|
| | | | | | | 3 | | |
| 7 | 2 | | | | 9 | | | |
| | 8 | 9 | 7 | | | 1 | | |
| | 5 | 4 | 8 | | | | | |
| | 3 | | 9 | | 2 | | 4 | |
| | | | | | 4 | 5 | 1 | |
| | | 2 | | | 5 | 9 | 6 | |
| | | | 4 | | | | 5 | 8 |
| | | 6 | | | | | | |

**984**

| | | | | | | | | |
|---|---|---|---|---|---|---|---|---|
| | | 9 | | | 7 | | | |
| 3 | 4 | | | | 1 | | 7 | |
| | | | | | | 6 | | 4 |
| | 7 | | | 5 | | | 4 | |
| 2 | | | 9 | | 4 | | | 3 |
| | 9 | | | 8 | | | 5 | |
| 4 | | 6 | | | | | | |
| | 2 | | 3 | | | | 6 | 1 |
| | | | 8 | | | 3 | | |

985

|   |   |   |   |   |   |   |   |   |
|---|---|---|---|---|---|---|---|---|
|   | 9 |   | 8 |   | 2 |   |   | 3 |
|   |   |   |   |   |   |   |   | 6 |
| 6 | 3 |   |   |   |   |   | 9 |   |
|   | 5 | 6 | 7 |   |   |   |   |   |
| 4 |   |   |   | 8 |   |   |   | 1 |
|   |   |   |   |   | 3 | 8 | 5 |   |
|   | 4 |   |   |   |   |   | 1 | 9 |
| 9 |   |   |   |   |   |   |   |   |
| 2 |   |   | 9 |   | 1 |   | 7 |   |

986

|   |   |   |   |   |   |   |   |   |
|---|---|---|---|---|---|---|---|---|
|   | 7 | 9 |   |   |   | 6 | 3 |   |
|   |   |   |   | 9 |   | 2 |   |   |
|   | 4 |   |   |   | 7 |   |   | 9 |
| 5 |   |   |   |   | 3 |   | 9 |   |
|   |   |   |   | 7 |   |   |   |   |
|   | 2 |   | 1 |   |   |   |   | 5 |
| 9 |   |   | 8 |   |   |   | 1 |   |
|   |   | 2 |   | 4 |   |   |   |   |
|   | 5 | 3 |   |   |   | 8 | 7 |   |

**987**

| | | | | | | | | |
|---|---|---|---|---|---|---|---|---|
| | | 5 | | 4 | 3 | | | |
| | 1 | | | | | | | 7 |
| | 3 | | | | | 6 | | |
| | | | 6 | | | 5 | 7 | |
| | | 2 | | 5 | | 3 | | |
| | 4 | 1 | | | 7 | | | |
| | | 9 | | | | | 2 | |
| 2 | | | | | | | 1 | |
| | | | 8 | 6 | | 9 | | |

**988**

| | | | | | | | | |
|---|---|---|---|---|---|---|---|---|
| | 1 | | | | 6 | 7 | | 5 |
| 4 | | | | | | | | |
| | 5 | | | 4 | 3 | 1 | | |
| | | | 6 | | | | | 2 |
| | | 3 | 8 | | 5 | 9 | | |
| 8 | | | | | 9 | | | |
| | | 4 | 1 | 5 | | | 9 | |
| | | | | | | | | 4 |
| 6 | | 7 | 4 | | | | 8 | |

989

| | | | | | | | | |
|---|---|---|---|---|---|---|---|---|
| 2 | | | | | | | 3 | |
| | | 4 | 3 | | | 6 | | |
| | | 9 | | | 4 | 1 | | |
| 5 | 2 | | | 9 | | | 4 | |
| | | | 2 | | 7 | | | |
| | 7 | | | 8 | | | 5 | 2 |
| | | 5 | 6 | | | 2 | | |
| | | 6 | | | 2 | 3 | | |
| | 9 | | | | | | | 8 |

990

| | | | | | | | | |
|---|---|---|---|---|---|---|---|---|
| 5 | | | | 2 | | | 4 | |
| 8 | | | | 9 | 5 | | | |
| | | | | | 6 | 9 | | |
| | 6 | | | | 7 | | | 8 |
| | 5 | | 2 | | 3 | | 6 | |
| 1 | | | 8 | | | | 5 | |
| | | 7 | 6 | | | | | |
| | | | 5 | 4 | | | | 1 |
| | 9 | | | 7 | | | | 2 |

# CHALLENGER

## 991

| | | | | | | | | |
|---|---|---|---|---|---|---|---|---|
| | 7 | | 1 | | | | 2 | 8 |
| | | 1 | 5 | | | 4 | | |
| 9 | | | | | 4 | | | |
| | 2 | 9 | | | 1 | 5 | | |
| | | | | 7 | | | | |
| | | 7 | 3 | | | 1 | 8 | |
| | | | 8 | | | | | 6 |
| | | 8 | | | 6 | 3 | | |
| 1 | 6 | | | | 2 | | 4 | |

## 992

| | | | | | | | | |
|---|---|---|---|---|---|---|---|---|
| | | 9 | | | | | 3 | 8 |
| | | | 8 | | | | | 9 |
| 5 | | | 3 | | 1 | 6 | | |
| 4 | | 3 | 1 | | | | 6 | |
| | | | | 4 | | | | |
| | 9 | | | | 3 | 2 | | 4 |
| | | 8 | 7 | | 4 | | | 6 |
| 2 | | | | | 8 | | | |
| 6 | 5 | | | | | 4 | | |

993

| | | | | | | | | |
|---|---|---|---|---|---|---|---|---|
| | | 9 | | 5 | | | | |
| 8 | | | 2 | | 4 | | | 9 |
| | 7 | | 9 | | | 5 | | |
| | | 8 | | | 7 | 4 | 9 | |
| | | | | 1 | | | | |
| | 6 | 2 | 5 | | | 7 | | |
| | | 3 | | | 1 | | 8 | |
| 7 | | | 3 | | 8 | | | 4 |
| | | | | 9 | | 2 | | |

994

| | | | | | | | | |
|---|---|---|---|---|---|---|---|---|
| | | 5 | 9 | | | | | 4 |
| | | | 5 | | | 6 | | |
| | 6 | 3 | | | | 5 | 7 | |
| | 3 | | 8 | | | | 4 | 2 |
| | | | | 5 | | | | |
| 6 | 7 | | | | 3 | | 1 | |
| | 4 | 7 | | | | 9 | 5 | |
| | | 2 | | | 5 | | | |
| 1 | | | | | 7 | 4 | | |

**995**

| | | | | | | | | |
|---|---|---|---|---|---|---|---|---|
| 7 | 9 | | | | 8 | | | 2 |
| | | | | 5 | | 8 | | |
| 6 | | 8 | | | 7 | | | |
| | | | | | 3 | | | 6 |
| | | 1 | | 8 | | 2 | | |
| 9 | | | 1 | | | | | |
| | | | 2 | | | 6 | | 5 |
| | | 7 | | 9 | | | | |
| 8 | | | 3 | | | | 9 | 4 |

**996**

| | | | | | | | | |
|---|---|---|---|---|---|---|---|---|
| 7 | | | 6 | | | | 2 | |
| | 2 | | | | | | | 1 |
| | | 1 | | | 7 | 3 | | |
| | | 8 | | | 6 | | 4 | |
| | | 9 | 3 | | 5 | 6 | | |
| | 6 | | 7 | | | 8 | | |
| | | 4 | 8 | | | 7 | | |
| 6 | | | | | | | 9 | |
| | 9 | | | | 3 | | | 8 |

**997**

| | | | | | | | | |
|---|---|---|---|---|---|---|---|---|
| | | | | | 3 | | 2 | |
| | | | 9 | | | 6 | | 8 |
| 7 | 2 | | | | | 4 | | |
| 1 | | | | | | 9 | 8 | |
| | | | 6 | 3 | 5 | | | |
| | 4 | 7 | | | | | | 2 |
| | | 4 | | | | | 9 | 1 |
| 2 | | 3 | | | 8 | | | |
| | 6 | | 4 | | | | | |

**998**

| | | | | | | | | |
|---|---|---|---|---|---|---|---|---|
| | | | | 5 | 2 | 1 | | 4 |
| | | | | | | | | 5 |
| 4 | | 9 | 8 | | | | | |
| | | 6 | 2 | | | 3 | | 8 |
| | | | 3 | | 7 | | | |
| 8 | | 7 | | | 9 | 5 | | |
| | | | | | 3 | 8 | | 1 |
| 6 | | | | | | | | |
| 5 | | 1 | 4 | 2 | | | | |

## 999

| | | | | | | | | |
|---|---|---|---|---|---|---|---|---|
| | 5 | 3 | 9 | | | | | 1 |
| | 2 | | | 8 | | | 4 | |
| | | | 2 | | 1 | | | |
| | | 7 | 8 | 4 | | | | 3 |
| | | | | | | | | |
| 4 | | | | 3 | 6 | 8 | | |
| | | | 6 | | 8 | | | |
| | 1 | | | 7 | | | 6 | |
| 8 | | | | | 2 | 5 | 7 | |

## 1000

| | | | | | | | | |
|---|---|---|---|---|---|---|---|---|
| | | | 8 | | | 2 | | 1 |
| 2 | | | | | | | | 9 |
| | 7 | 5 | | 6 | | | | |
| 7 | | | | 4 | | | | |
| | | 4 | 2 | | 6 | 1 | | |
| | | | | 7 | | | | 4 |
| | | | | 1 | | 5 | 9 | |
| 3 | | | | | | | | 2 |
| 8 | | 6 | | | 4 | | | |

**1001**

| | | | | | | | | |
|---|---|---|---|---|---|---|---|---|
| | 6 | | | 4 | | 7 | | |
| | | | 2 | | | 8 | 4 | |
| 8 | | | | | 7 | | | |
| | 1 | | | 8 | 9 | | | 6 |
| | | 7 | | | | 3 | | |
| 6 | | | 4 | 2 | | | 9 | |
| | | | 5 | | | | | 1 |
| | 3 | 6 | | | 2 | | | |
| | | 2 | | 9 | | | 6 | |

**1002**

| | | | | | | | | |
|---|---|---|---|---|---|---|---|---|
| 2 | | 5 | | | 8 | | | |
| | | | | | | 7 | | |
| | 6 | | | | 3 | 8 | | |
| 3 | | | | | 5 | 2 | 9 | |
| 4 | | | 1 | | 6 | | | 7 |
| | 8 | 7 | 2 | | | | | 5 |
| | | 1 | 6 | | | | 2 | |
| | | 9 | | | | | | |
| | | | 5 | | | 4 | | 6 |

# CHALLENGER

**1003**

| | | | | | | | | |
|---|---|---|---|---|---|---|---|---|
| | 7 | 5 | | | | | 9 | |
| | | 1 | | | 5 | | | |
| 8 | | | | 7 | | 2 | | |
| 1 | | | 2 | | 8 | | | 4 |
| | 5 | 3 | | | | 1 | 2 | |
| 7 | | | 5 | | 1 | | | 6 |
| | | 7 | | 2 | | | | 9 |
| | | | 7 | | | 4 | | |
| | 8 | | | | | 3 | 7 | |

**1004**

| | | | | | | | | |
|---|---|---|---|---|---|---|---|---|
| | | | 4 | | 3 | 2 | | |
| | 5 | | | | | | | 4 |
| | 8 | | | 2 | | | | 7 |
| 7 | 3 | | | 1 | 5 | | | |
| | 9 | | | | | | 7 | |
| | | | 7 | 6 | | | 1 | 5 |
| 4 | | | | 7 | | | 8 | |
| 9 | | | | | | | 5 | |
| | | 3 | 5 | | 1 | | | |

**1005**

| | | | | | | | | |
|---|---|---|---|---|---|---|---|---|
| | | | | | | | 6 | |
| 1 | | | | 4 | | | | 7 |
| | 6 | | 8 | | 3 | | | 9 |
| 4 | 7 | | | | 9 | 5 | | |
| | 9 | | 5 | | 8 | | 7 | |
| | | 8 | 4 | | | | 9 | 1 |
| 6 | | | 1 | | 4 | | 2 | |
| 7 | | | | 5 | | | | 3 |
| | 1 | | | | | | | |

**1006**

| | | | | | | | | |
|---|---|---|---|---|---|---|---|---|
| | 1 | | 8 | | | 7 | 4 | |
| | | | | 1 | | | | |
| | 8 | | 2 | | | 9 | 6 | |
| 5 | | 7 | | | | | | 6 |
| | | | 3 | 6 | 7 | | | |
| 3 | | | | | | 2 | | 7 |
| | 3 | 6 | | | 2 | | 1 | |
| | | | | 4 | | | | |
| | 7 | 4 | | | 5 | | 8 | |

# CHALLENGER

**1007**

| | | | | | | | | |
|---|---|---|---|---|---|---|---|---|
| 6 | 2 | | | | | | 1 | 7 |
| | | | | | 6 | 9 | | |
| | | 9 | 8 | | 7 | | | |
| 9 | 7 | | | 3 | | | | |
| | 6 | | | 8 | | | 9 | |
| | | | | 4 | | | 2 | 1 |
| | | | 1 | | 4 | 2 | | |
| | | 8 | 5 | | | | | |
| 2 | 1 | | | | | | 5 | 4 |

**1008**

| | | | | | | | | |
|---|---|---|---|---|---|---|---|---|
| | | | | | 8 | 1 | | |
| | 3 | 2 | 4 | | | | | |
| | 1 | | | | | 2 | | 3 |
| | | 1 | | 8 | 9 | | | 2 |
| 9 | 8 | | | | | | 4 | 6 |
| 2 | | | 7 | 4 | | 8 | | |
| 6 | | 8 | | | | | 3 | |
| | | | | | 2 | 6 | 7 | |
| | | 5 | 8 | | | | | |

**1009**

|  |  | 2 |  | 8 |  |  |  |  |
|---|---|---|---|---|---|---|---|---|
|  |  | 5 | 2 |  |  |  |  | 4 |
| 6 |  |  |  |  | 1 | 8 |  |  |
| 3 | 9 |  |  |  |  |  | 2 |  |
|  |  |  | 8 | 7 | 5 |  |  |  |
|  | 5 |  |  |  |  |  | 8 | 1 |
|  |  | 4 | 6 |  |  |  |  | 7 |
| 9 |  |  |  |  | 7 | 6 |  |  |
|  |  |  |  | 3 |  | 2 |  |  |

**1010**

|  |  |  |  |  |  |  | 2 |  |
|---|---|---|---|---|---|---|---|---|
| 7 |  |  |  |  | 1 |  | 9 | 4 |
| 1 | 5 |  | 7 | 4 |  |  |  |  |
|  |  |  | 2 | 7 |  |  | 4 |  |
| 3 |  |  |  |  |  |  |  | 9 |
|  | 7 |  |  | 1 | 6 |  |  |  |
|  |  |  |  | 9 | 7 |  | 3 | 8 |
| 5 | 6 |  | 3 |  |  |  |  | 2 |
|  | 9 |  |  |  |  |  |  |  |

**1011**

| | | | | | | | | |
|---|---|---|---|---|---|---|---|---|
| 5 | | 3 | | | | 9 | 2 | |
| 6 | | | 7 | | | | | 1 |
| | | | | 5 | | | 8 | |
| 4 | | | 8 | 6 | | 1 | | |
| | | | | | | | | |
| | | 8 | | 1 | 9 | | | 5 |
| | 9 | | | 3 | | | | |
| 1 | | | | | 7 | | | 9 |
| | 5 | 6 | | | | 4 | | 2 |

**1012**

| | | | | | | | | |
|---|---|---|---|---|---|---|---|---|
| 3 | | | 2 | | | | 8 | 9 |
| 6 | | | | | | | 4 | |
| | 5 | | | 1 | | | 7 | |
| | | 7 | 1 | | | | | 3 |
| | | | 4 | | 6 | | | |
| 5 | | | | | 9 | 1 | | |
| | 6 | | | 9 | | | 3 | |
| | 9 | | | | | | | 5 |
| 4 | 8 | | | | 3 | | | 7 |

**1013**

| | | | | | | | | |
|---|---|---|---|---|---|---|---|---|
| | | | 8 | | 7 | | | 3 |
| | 2 | | | | | | 8 | |
| 7 | 4 | | | 1 | | | | |
| 1 | | 7 | | 6 | | | | |
| | | 4 | 7 | | 2 | 5 | | |
| | | | | 3 | | 4 | | 6 |
| | | | | 7 | | | 6 | 5 |
| | 1 | | | | | | 2 | |
| 5 | | | 9 | | 8 | | | |

**1014**

| | | | | | | | | |
|---|---|---|---|---|---|---|---|---|
| | 6 | | | | | 9 | | |
| | | 2 | 6 | | | | 7 | |
| 7 | | 1 | | 3 | | | | 4 |
| 2 | | | 9 | | | 3 | | |
| | | | | 5 | | | | |
| | | 3 | | | 1 | | | 2 |
| 6 | | | | 7 | | 5 | | 1 |
| | 1 | | | | 4 | 7 | | |
| | | 4 | | | | | 8 | |

### 1

| 7 | 5 | 2 | 8 | 3 | 6 | 9 | 1 | 4 |
|---|---|---|---|---|---|---|---|---|
| 3 | 6 | 8 | 4 | 9 | 1 | 7 | 2 | 5 |
| 4 | 9 | 1 | 2 | 7 | 5 | 6 | 8 | 3 |
| 2 | 1 | 4 | 9 | 5 | 3 | 8 | 7 | 6 |
| 9 | 7 | 3 | 6 | 8 | 4 | 1 | 5 | 2 |
| 6 | 8 | 5 | 7 | 1 | 2 | 4 | 3 | 9 |
| 1 | 4 | 9 | 5 | 2 | 8 | 3 | 6 | 7 |
| 5 | 3 | 7 | 1 | 6 | 9 | 2 | 4 | 8 |
| 8 | 2 | 6 | 3 | 4 | 7 | 5 | 9 | 1 |

### 2

| 2 | 5 | 7 | 8 | 4 | 3 | 6 | 9 | 1 |
|---|---|---|---|---|---|---|---|---|
| 8 | 9 | 4 | 7 | 6 | 1 | 3 | 2 | 5 |
| 1 | 3 | 6 | 5 | 2 | 9 | 8 | 4 | 7 |
| 7 | 8 | 1 | 2 | 5 | 4 | 9 | 3 | 6 |
| 5 | 6 | 9 | 3 | 7 | 8 | 4 | 1 | 2 |
| 3 | 4 | 2 | 1 | 9 | 6 | 5 | 7 | 8 |
| 6 | 1 | 5 | 9 | 3 | 7 | 2 | 8 | 4 |
| 4 | 7 | 3 | 6 | 8 | 2 | 1 | 5 | 9 |
| 9 | 2 | 8 | 4 | 1 | 5 | 7 | 6 | 3 |

### 3

| 8 | 6 | 2 | 7 | 1 | 4 | 9 | 3 | 5 |
|---|---|---|---|---|---|---|---|---|
| 3 | 4 | 5 | 9 | 2 | 6 | 1 | 8 | 7 |
| 7 | 1 | 9 | 5 | 8 | 3 | 4 | 2 | 6 |
| 4 | 9 | 7 | 2 | 6 | 5 | 3 | 1 | 8 |
| 2 | 8 | 6 | 1 | 3 | 7 | 5 | 4 | 9 |
| 1 | 5 | 3 | 8 | 4 | 9 | 7 | 6 | 2 |
| 6 | 7 | 8 | 4 | 9 | 1 | 2 | 5 | 3 |
| 9 | 2 | 4 | 3 | 5 | 8 | 6 | 7 | 1 |
| 5 | 3 | 1 | 6 | 7 | 2 | 8 | 9 | 4 |

### 4

| 5 | 4 | 1 | 7 | 9 | 8 | 6 | 3 | 2 |
|---|---|---|---|---|---|---|---|---|
| 7 | 2 | 3 | 4 | 6 | 1 | 9 | 8 | 5 |
| 6 | 8 | 9 | 2 | 5 | 3 | 7 | 1 | 4 |
| 2 | 7 | 6 | 5 | 3 | 9 | 8 | 4 | 1 |
| 3 | 1 | 4 | 8 | 2 | 6 | 5 | 9 | 7 |
| 9 | 5 | 8 | 1 | 7 | 4 | 2 | 6 | 3 |
| 1 | 6 | 5 | 9 | 4 | 2 | 3 | 7 | 8 |
| 8 | 3 | 2 | 6 | 1 | 7 | 4 | 5 | 9 |
| 4 | 9 | 7 | 3 | 8 | 5 | 1 | 2 | 6 |

### 5

| 3 | 1 | 6 | 7 | 9 | 5 | 4 | 8 | 2 |
|---|---|---|---|---|---|---|---|---|
| 4 | 2 | 5 | 6 | 8 | 3 | 1 | 7 | 9 |
| 7 | 8 | 9 | 4 | 1 | 2 | 3 | 5 | 6 |
| 8 | 7 | 3 | 9 | 6 | 1 | 2 | 4 | 5 |
| 2 | 5 | 4 | 8 | 3 | 7 | 9 | 6 | 1 |
| 6 | 9 | 1 | 2 | 5 | 4 | 7 | 3 | 8 |
| 1 | 3 | 8 | 5 | 4 | 9 | 6 | 2 | 7 |
| 9 | 6 | 2 | 3 | 7 | 8 | 5 | 1 | 4 |
| 5 | 4 | 7 | 1 | 2 | 6 | 8 | 9 | 3 |

### 6

| 3 | 7 | 6 | 5 | 4 | 8 | 1 | 2 | 9 |
|---|---|---|---|---|---|---|---|---|
| 4 | 1 | 8 | 9 | 6 | 2 | 5 | 3 | 7 |
| 9 | 2 | 5 | 3 | 1 | 7 | 4 | 6 | 8 |
| 5 | 9 | 7 | 4 | 2 | 6 | 8 | 1 | 3 |
| 6 | 3 | 2 | 1 | 8 | 9 | 7 | 4 | 5 |
| 1 | 8 | 4 | 7 | 3 | 5 | 6 | 9 | 2 |
| 8 | 5 | 1 | 6 | 9 | 3 | 2 | 7 | 4 |
| 7 | 4 | 9 | 2 | 5 | 1 | 3 | 8 | 6 |
| 2 | 6 | 3 | 8 | 7 | 4 | 9 | 5 | 1 |

### 7

| 1 | 9 | 8 | 5 | 7 | 4 | 3 | 6 | 2 |
|---|---|---|---|---|---|---|---|---|
| 4 | 6 | 2 | 1 | 3 | 8 | 5 | 7 | 9 |
| 5 | 3 | 7 | 9 | 2 | 6 | 8 | 4 | 1 |
| 2 | 8 | 6 | 4 | 1 | 5 | 7 | 9 | 3 |
| 7 | 4 | 1 | 3 | 6 | 9 | 2 | 5 | 8 |
| 3 | 5 | 9 | 7 | 8 | 2 | 6 | 1 | 4 |
| 8 | 1 | 3 | 6 | 4 | 7 | 9 | 2 | 5 |
| 6 | 2 | 5 | 8 | 9 | 1 | 4 | 3 | 7 |
| 9 | 7 | 4 | 2 | 5 | 3 | 1 | 8 | 6 |

### 8

| 7 | 3 | 1 | 6 | 4 | 5 | 2 | 9 | 8 |
|---|---|---|---|---|---|---|---|---|
| 6 | 4 | 2 | 8 | 9 | 1 | 7 | 3 | 5 |
| 9 | 5 | 8 | 3 | 2 | 7 | 6 | 1 | 4 |
| 5 | 9 | 4 | 1 | 6 | 2 | 3 | 8 | 7 |
| 1 | 6 | 3 | 7 | 8 | 9 | 5 | 4 | 2 |
| 2 | 8 | 7 | 4 | 5 | 3 | 9 | 6 | 1 |
| 4 | 2 | 6 | 9 | 7 | 8 | 1 | 5 | 3 |
| 3 | 7 | 9 | 5 | 1 | 4 | 8 | 2 | 6 |
| 8 | 1 | 5 | 2 | 3 | 6 | 4 | 7 | 9 |

### 9

| 8 | 6 | 4 | 9 | 3 | 2 | 1 | 5 | 7 |
|---|---|---|---|---|---|---|---|---|
| 2 | 3 | 9 | 5 | 7 | 1 | 6 | 8 | 4 |
| 5 | 1 | 7 | 8 | 6 | 4 | 3 | 9 | 2 |
| 1 | 8 | 6 | 4 | 9 | 7 | 2 | 3 | 5 |
| 3 | 7 | 2 | 6 | 8 | 5 | 4 | 1 | 9 |
| 9 | 4 | 5 | 2 | 1 | 3 | 8 | 7 | 6 |
| 7 | 9 | 3 | 1 | 2 | 6 | 5 | 4 | 8 |
| 4 | 2 | 1 | 7 | 5 | 8 | 9 | 6 | 3 |
| 6 | 5 | 8 | 3 | 4 | 9 | 7 | 2 | 1 |

### 10

| 3 | 2 | 1 | 7 | 9 | 8 | 4 | 5 | 6 |
|---|---|---|---|---|---|---|---|---|
| 5 | 8 | 4 | 2 | 1 | 6 | 7 | 3 | 9 |
| 9 | 7 | 6 | 5 | 4 | 3 | 8 | 1 | 2 |
| 4 | 6 | 8 | 3 | 5 | 2 | 1 | 9 | 7 |
| 7 | 9 | 3 | 8 | 6 | 1 | 2 | 4 | 5 |
| 1 | 5 | 2 | 9 | 7 | 4 | 6 | 8 | 3 |
| 8 | 4 | 9 | 6 | 3 | 7 | 5 | 2 | 1 |
| 2 | 3 | 7 | 1 | 8 | 5 | 9 | 6 | 4 |
| 6 | 1 | 5 | 4 | 2 | 9 | 3 | 7 | 8 |

### 11

| 9 | 6 | 4 | 5 | 2 | 1 | 3 | 7 | 8 |
|---|---|---|---|---|---|---|---|---|
| 8 | 7 | 1 | 6 | 9 | 3 | 5 | 2 | 4 |
| 5 | 3 | 2 | 8 | 7 | 4 | 9 | 1 | 6 |
| 3 | 5 | 9 | 4 | 1 | 6 | 7 | 8 | 2 |
| 2 | 1 | 6 | 7 | 5 | 8 | 4 | 3 | 9 |
| 7 | 4 | 8 | 9 | 3 | 2 | 6 | 5 | 1 |
| 4 | 8 | 5 | 1 | 6 | 7 | 2 | 9 | 3 |
| 6 | 9 | 3 | 2 | 8 | 5 | 1 | 4 | 7 |
| 1 | 2 | 7 | 3 | 4 | 9 | 8 | 6 | 5 |

### 12

| 3 | 9 | 4 | 6 | 8 | 5 | 2 | 7 | 1 |
|---|---|---|---|---|---|---|---|---|
| 1 | 5 | 7 | 4 | 2 | 9 | 8 | 6 | 3 |
| 6 | 8 | 2 | 1 | 3 | 7 | 9 | 5 | 4 |
| 4 | 2 | 3 | 9 | 6 | 1 | 7 | 8 | 5 |
| 8 | 1 | 6 | 5 | 7 | 2 | 3 | 4 | 9 |
| 9 | 7 | 5 | 8 | 4 | 3 | 1 | 2 | 6 |
| 7 | 6 | 1 | 3 | 5 | 8 | 4 | 9 | 2 |
| 2 | 4 | 9 | 7 | 1 | 6 | 5 | 3 | 8 |
| 5 | 3 | 8 | 2 | 9 | 4 | 6 | 1 | 7 |

### 13

| 1 | 9 | 5 | 3 | 2 | 4 | 6 | 7 | 8 |
|---|---|---|---|---|---|---|---|---|
| 6 | 8 | 4 | 7 | 1 | 9 | 2 | 3 | 5 |
| 2 | 3 | 7 | 6 | 8 | 5 | 4 | 9 | 1 |
| 8 | 2 | 9 | 1 | 6 | 7 | 3 | 5 | 4 |
| 7 | 5 | 3 | 4 | 9 | 2 | 1 | 8 | 6 |
| 4 | 1 | 6 | 5 | 3 | 8 | 9 | 2 | 7 |
| 3 | 7 | 8 | 9 | 4 | 6 | 5 | 1 | 2 |
| 5 | 4 | 1 | 2 | 7 | 3 | 8 | 6 | 9 |
| 9 | 6 | 2 | 8 | 5 | 1 | 7 | 4 | 3 |

### 14

| 1 | 6 | 2 | 4 | 9 | 8 | 3 | 5 | 7 |
|---|---|---|---|---|---|---|---|---|
| 9 | 8 | 3 | 5 | 1 | 7 | 2 | 4 | 6 |
| 4 | 5 | 7 | 3 | 6 | 2 | 8 | 9 | 1 |
| 3 | 7 | 4 | 1 | 5 | 9 | 6 | 8 | 2 |
| 8 | 9 | 1 | 6 | 2 | 3 | 4 | 7 | 5 |
| 5 | 2 | 6 | 8 | 7 | 4 | 1 | 3 | 9 |
| 7 | 4 | 9 | 2 | 3 | 6 | 5 | 1 | 8 |
| 6 | 3 | 5 | 7 | 8 | 1 | 9 | 2 | 4 |
| 2 | 1 | 8 | 9 | 4 | 5 | 7 | 6 | 3 |

### 15

| 3 | 1 | 7 | 6 | 9 | 5 | 2 | 8 | 4 |
|---|---|---|---|---|---|---|---|---|
| 5 | 9 | 4 | 1 | 2 | 8 | 3 | 6 | 7 |
| 6 | 8 | 2 | 4 | 3 | 7 | 1 | 9 | 5 |
| 1 | 6 | 3 | 7 | 5 | 2 | 8 | 4 | 9 |
| 9 | 4 | 5 | 8 | 6 | 3 | 7 | 1 | 2 |
| 2 | 7 | 8 | 9 | 4 | 1 | 5 | 3 | 6 |
| 4 | 5 | 1 | 3 | 7 | 6 | 9 | 2 | 8 |
| 7 | 3 | 6 | 2 | 8 | 9 | 4 | 5 | 1 |
| 8 | 2 | 9 | 5 | 1 | 4 | 6 | 7 | 3 |

### 16

| 6 | 5 | 8 | 2 | 1 | 7 | 4 | 9 | 3 |
|---|---|---|---|---|---|---|---|---|
| 7 | 4 | 1 | 8 | 9 | 3 | 6 | 2 | 5 |
| 2 | 3 | 9 | 5 | 6 | 4 | 1 | 7 | 8 |
| 1 | 6 | 5 | 7 | 3 | 8 | 9 | 4 | 2 |
| 9 | 2 | 4 | 1 | 5 | 6 | 8 | 3 | 7 |
| 3 | 8 | 7 | 4 | 2 | 9 | 5 | 1 | 6 |
| 4 | 1 | 3 | 6 | 7 | 5 | 2 | 8 | 9 |
| 8 | 9 | 6 | 3 | 4 | 2 | 7 | 5 | 1 |
| 5 | 7 | 2 | 9 | 8 | 1 | 3 | 6 | 4 |

### 17

| 8 | 3 | 1 | 2 | 5 | 9 | 4 | 7 | 6 |
|---|---|---|---|---|---|---|---|---|
| 4 | 7 | 5 | 6 | 1 | 8 | 9 | 2 | 3 |
| 6 | 2 | 9 | 4 | 3 | 7 | 5 | 8 | 1 |
| 2 | 1 | 7 | 5 | 9 | 6 | 8 | 3 | 4 |
| 3 | 5 | 6 | 8 | 4 | 2 | 7 | 1 | 9 |
| 9 | 4 | 8 | 3 | 7 | 1 | 6 | 5 | 2 |
| 7 | 8 | 2 | 9 | 6 | 3 | 1 | 4 | 5 |
| 1 | 6 | 4 | 7 | 2 | 5 | 3 | 9 | 8 |
| 5 | 9 | 3 | 1 | 8 | 4 | 2 | 6 | 7 |

### 18

| 5 | 2 | 8 | 6 | 4 | 7 | 9 | 1 | 3 |
|---|---|---|---|---|---|---|---|---|
| 3 | 6 | 4 | 1 | 5 | 9 | 2 | 8 | 7 |
| 7 | 9 | 1 | 2 | 8 | 3 | 5 | 6 | 4 |
| 6 | 8 | 3 | 5 | 1 | 4 | 7 | 9 | 2 |
| 2 | 4 | 9 | 3 | 7 | 8 | 1 | 5 | 6 |
| 1 | 5 | 7 | 9 | 2 | 6 | 4 | 3 | 8 |
| 8 | 3 | 2 | 7 | 9 | 1 | 6 | 4 | 5 |
| 9 | 7 | 6 | 4 | 3 | 5 | 8 | 2 | 1 |
| 4 | 1 | 5 | 8 | 6 | 2 | 3 | 7 | 9 |

### 19

| 6 | 2 | 3 | 7 | 5 | 9 | 1 | 4 | 8 |
|---|---|---|---|---|---|---|---|---|
| 9 | 4 | 5 | 2 | 8 | 1 | 6 | 7 | 3 |
| 8 | 1 | 7 | 3 | 6 | 4 | 5 | 2 | 9 |
| 2 | 7 | 9 | 5 | 4 | 8 | 3 | 1 | 6 |
| 4 | 6 | 1 | 9 | 7 | 3 | 2 | 8 | 5 |
| 5 | 3 | 8 | 6 | 1 | 2 | 4 | 9 | 7 |
| 3 | 8 | 2 | 4 | 9 | 6 | 7 | 5 | 1 |
| 7 | 9 | 4 | 1 | 3 | 5 | 8 | 6 | 2 |
| 1 | 5 | 6 | 8 | 2 | 7 | 9 | 3 | 4 |

### 20

| 2 | 6 | 9 | 8 | 3 | 1 | 7 | 4 | 5 |
|---|---|---|---|---|---|---|---|---|
| 3 | 4 | 5 | 2 | 7 | 6 | 8 | 9 | 1 |
| 1 | 8 | 7 | 4 | 5 | 9 | 3 | 6 | 2 |
| 7 | 5 | 4 | 6 | 8 | 3 | 1 | 2 | 9 |
| 8 | 2 | 1 | 7 | 9 | 5 | 4 | 3 | 6 |
| 9 | 3 | 6 | 1 | 2 | 4 | 5 | 7 | 8 |
| 6 | 1 | 8 | 3 | 4 | 2 | 9 | 5 | 7 |
| 4 | 9 | 2 | 5 | 1 | 7 | 6 | 8 | 3 |
| 5 | 7 | 3 | 9 | 6 | 8 | 2 | 1 | 4 |

**21**

| 1 | 7 | 4 | 8 | 3 | 2 | 5 | 9 | 6 |
|---|---|---|---|---|---|---|---|---|
| 2 | 8 | 6 | 9 | 4 | 5 | 1 | 7 | 3 |
| 5 | 9 | 3 | 6 | 7 | 1 | 2 | 4 | 8 |
| 8 | 4 | 5 | 3 | 1 | 7 | 6 | 2 | 9 |
| 6 | 2 | 1 | 5 | 9 | 8 | 4 | 3 | 7 |
| 9 | 3 | 7 | 4 | 2 | 6 | 8 | 5 | 1 |
| 7 | 5 | 2 | 1 | 6 | 9 | 3 | 8 | 4 |
| 3 | 1 | 8 | 7 | 5 | 4 | 9 | 6 | 2 |
| 4 | 6 | 9 | 2 | 8 | 3 | 7 | 1 | 5 |

**22**

| 7 | 4 | 1 | 3 | 2 | 8 | 6 | 9 | 5 |
|---|---|---|---|---|---|---|---|---|
| 3 | 2 | 9 | 6 | 5 | 7 | 8 | 1 | 4 |
| 6 | 5 | 8 | 1 | 4 | 9 | 7 | 2 | 3 |
| 4 | 7 | 3 | 5 | 6 | 1 | 2 | 8 | 9 |
| 9 | 1 | 2 | 7 | 8 | 3 | 5 | 4 | 6 |
| 8 | 6 | 5 | 2 | 9 | 4 | 1 | 3 | 7 |
| 5 | 8 | 4 | 9 | 1 | 6 | 3 | 7 | 2 |
| 2 | 9 | 7 | 8 | 3 | 5 | 4 | 6 | 1 |
| 1 | 3 | 6 | 4 | 7 | 2 | 9 | 5 | 8 |

**23**

| 5 | 4 | 8 | 7 | 9 | 6 | 1 | 3 | 2 |
|---|---|---|---|---|---|---|---|---|
| 9 | 2 | 3 | 5 | 4 | 1 | 6 | 8 | 7 |
| 1 | 6 | 7 | 2 | 8 | 3 | 5 | 9 | 4 |
| 3 | 5 | 6 | 9 | 2 | 4 | 8 | 7 | 1 |
| 8 | 9 | 2 | 1 | 7 | 5 | 4 | 6 | 3 |
| 4 | 7 | 1 | 6 | 3 | 8 | 9 | 2 | 5 |
| 6 | 1 | 9 | 3 | 5 | 2 | 7 | 4 | 8 |
| 7 | 3 | 4 | 8 | 1 | 9 | 2 | 5 | 6 |
| 2 | 8 | 5 | 4 | 6 | 7 | 3 | 1 | 9 |

**24**

| 5 | 1 | 8 | 9 | 3 | 6 | 7 | 4 | 2 |
|---|---|---|---|---|---|---|---|---|
| 6 | 9 | 4 | 2 | 1 | 7 | 5 | 3 | 8 |
| 3 | 7 | 2 | 5 | 4 | 8 | 1 | 6 | 9 |
| 1 | 2 | 3 | 6 | 5 | 9 | 8 | 7 | 4 |
| 8 | 4 | 6 | 7 | 2 | 3 | 9 | 5 | 1 |
| 9 | 5 | 7 | 4 | 8 | 1 | 6 | 2 | 3 |
| 7 | 8 | 1 | 3 | 6 | 2 | 4 | 9 | 5 |
| 2 | 6 | 5 | 8 | 9 | 4 | 3 | 1 | 7 |
| 4 | 3 | 9 | 1 | 7 | 5 | 2 | 8 | 6 |

**25**

| 3 | 5 | 8 | 2 | 1 | 6 | 9 | 4 | 7 |
|---|---|---|---|---|---|---|---|---|
| 7 | 9 | 6 | 4 | 8 | 5 | 2 | 3 | 1 |
| 4 | 1 | 2 | 3 | 7 | 9 | 5 | 8 | 6 |
| 6 | 4 | 3 | 5 | 9 | 2 | 7 | 1 | 8 |
| 2 | 8 | 5 | 7 | 4 | 1 | 3 | 6 | 9 |
| 9 | 7 | 1 | 8 | 6 | 3 | 4 | 2 | 5 |
| 8 | 2 | 9 | 6 | 3 | 7 | 1 | 5 | 4 |
| 5 | 6 | 7 | 1 | 2 | 4 | 8 | 9 | 3 |
| 1 | 3 | 4 | 9 | 5 | 8 | 6 | 7 | 2 |

**26**

| 7 | 3 | 8 | 1 | 9 | 2 | 4 | 5 | 6 |
|---|---|---|---|---|---|---|---|---|
| 6 | 2 | 5 | 7 | 4 | 3 | 8 | 1 | 9 |
| 4 | 1 | 9 | 5 | 8 | 6 | 2 | 7 | 3 |
| 8 | 9 | 1 | 3 | 2 | 4 | 7 | 6 | 5 |
| 3 | 4 | 7 | 6 | 5 | 1 | 9 | 8 | 2 |
| 2 | 5 | 6 | 8 | 7 | 9 | 3 | 4 | 1 |
| 1 | 7 | 4 | 2 | 3 | 5 | 6 | 9 | 8 |
| 9 | 6 | 2 | 4 | 1 | 8 | 5 | 3 | 7 |
| 5 | 8 | 3 | 9 | 6 | 7 | 1 | 2 | 4 |

**27**

| 8 | 2 | 5 | 1 | 3 | 6 | 7 | 9 | 4 |
|---|---|---|---|---|---|---|---|---|
| 3 | 7 | 9 | 2 | 4 | 5 | 1 | 8 | 6 |
| 4 | 1 | 6 | 8 | 9 | 7 | 3 | 2 | 5 |
| 1 | 9 | 8 | 6 | 7 | 3 | 5 | 4 | 2 |
| 2 | 5 | 3 | 4 | 1 | 9 | 8 | 6 | 7 |
| 7 | 6 | 4 | 5 | 8 | 2 | 9 | 1 | 3 |
| 6 | 8 | 1 | 7 | 5 | 4 | 2 | 3 | 9 |
| 9 | 4 | 7 | 3 | 2 | 1 | 6 | 5 | 8 |
| 5 | 3 | 2 | 9 | 6 | 8 | 4 | 7 | 1 |

**28**

| 2 | 9 | 5 | 1 | 4 | 3 | 6 | 8 | 7 |
|---|---|---|---|---|---|---|---|---|
| 8 | 3 | 6 | 5 | 2 | 7 | 1 | 4 | 9 |
| 7 | 1 | 4 | 9 | 6 | 8 | 3 | 2 | 5 |
| 1 | 8 | 2 | 3 | 9 | 5 | 7 | 6 | 4 |
| 5 | 4 | 9 | 2 | 7 | 6 | 8 | 3 | 1 |
| 6 | 7 | 3 | 8 | 1 | 4 | 9 | 5 | 2 |
| 3 | 6 | 1 | 4 | 5 | 9 | 2 | 7 | 8 |
| 9 | 5 | 7 | 6 | 8 | 2 | 4 | 1 | 3 |
| 4 | 2 | 8 | 7 | 3 | 1 | 5 | 9 | 6 |

**29**

| 3 | 1 | 7 | 4 | 9 | 2 | 8 | 5 | 6 |
|---|---|---|---|---|---|---|---|---|
| 4 | 2 | 8 | 6 | 3 | 5 | 1 | 7 | 9 |
| 9 | 6 | 5 | 1 | 7 | 8 | 3 | 4 | 2 |
| 6 | 3 | 9 | 5 | 2 | 1 | 4 | 8 | 7 |
| 7 | 5 | 4 | 9 | 8 | 3 | 6 | 2 | 1 |
| 2 | 8 | 1 | 7 | 6 | 4 | 5 | 9 | 3 |
| 8 | 7 | 2 | 3 | 4 | 6 | 9 | 1 | 5 |
| 5 | 9 | 3 | 8 | 1 | 7 | 2 | 6 | 4 |
| 1 | 4 | 6 | 2 | 5 | 9 | 7 | 3 | 8 |

**30**

| 6 | 2 | 1 | 3 | 5 | 8 | 4 | 9 | 7 |
|---|---|---|---|---|---|---|---|---|
| 9 | 5 | 8 | 4 | 7 | 6 | 1 | 2 | 3 |
| 7 | 3 | 4 | 1 | 9 | 2 | 8 | 5 | 6 |
| 2 | 1 | 9 | 6 | 8 | 4 | 3 | 7 | 5 |
| 3 | 4 | 5 | 9 | 1 | 7 | 2 | 6 | 8 |
| 8 | 6 | 7 | 5 | 2 | 3 | 9 | 1 | 4 |
| 5 | 7 | 3 | 2 | 4 | 1 | 6 | 8 | 9 |
| 1 | 8 | 6 | 7 | 3 | 9 | 5 | 4 | 2 |
| 4 | 9 | 2 | 8 | 6 | 5 | 7 | 3 | 1 |

**31**

| 9 | 3 | 6 | 7 | 1 | 8 | 5 | 4 | 2 |
|---|---|---|---|---|---|---|---|---|
| 5 | 8 | 1 | 3 | 2 | 4 | 6 | 9 | 7 |
| 4 | 2 | 7 | 5 | 6 | 9 | 1 | 8 | 3 |
| 2 | 1 | 8 | 9 | 3 | 7 | 4 | 6 | 5 |
| 6 | 9 | 3 | 1 | 4 | 5 | 7 | 2 | 8 |
| 7 | 5 | 4 | 2 | 8 | 6 | 9 | 3 | 1 |
| 1 | 6 | 5 | 8 | 9 | 3 | 2 | 7 | 4 |
| 3 | 7 | 9 | 4 | 5 | 2 | 8 | 1 | 6 |
| 8 | 4 | 2 | 6 | 7 | 1 | 3 | 5 | 9 |

**32**

| 6 | 4 | 3 | 7 | 2 | 9 | 8 | 1 | 5 |
|---|---|---|---|---|---|---|---|---|
| 1 | 9 | 7 | 5 | 6 | 8 | 3 | 4 | 2 |
| 5 | 8 | 2 | 1 | 4 | 3 | 6 | 9 | 7 |
| 7 | 3 | 1 | 6 | 8 | 2 | 9 | 5 | 4 |
| 9 | 6 | 8 | 4 | 7 | 5 | 1 | 2 | 3 |
| 4 | 2 | 5 | 9 | 3 | 1 | 7 | 6 | 8 |
| 8 | 1 | 4 | 2 | 9 | 7 | 5 | 3 | 6 |
| 3 | 5 | 6 | 8 | 1 | 4 | 2 | 7 | 9 |
| 2 | 7 | 9 | 3 | 5 | 6 | 4 | 8 | 1 |

**33**

| 7 | 8 | 5 | 9 | 1 | 6 | 3 | 2 | 4 |
|---|---|---|---|---|---|---|---|---|
| 3 | 2 | 1 | 7 | 4 | 5 | 8 | 9 | 6 |
| 4 | 6 | 9 | 3 | 2 | 8 | 1 | 7 | 5 |
| 2 | 3 | 4 | 8 | 7 | 1 | 6 | 5 | 9 |
| 9 | 1 | 6 | 5 | 3 | 2 | 4 | 8 | 7 |
| 5 | 7 | 8 | 4 | 6 | 9 | 2 | 1 | 3 |
| 6 | 4 | 2 | 1 | 9 | 7 | 5 | 3 | 8 |
| 8 | 9 | 3 | 2 | 5 | 4 | 7 | 6 | 1 |
| 1 | 5 | 7 | 6 | 8 | 3 | 9 | 4 | 2 |

**34**

| 1 | 4 | 7 | 9 | 2 | 8 | 3 | 5 | 6 |
|---|---|---|---|---|---|---|---|---|
| 6 | 3 | 2 | 1 | 5 | 7 | 9 | 4 | 8 |
| 9 | 5 | 8 | 6 | 4 | 3 | 1 | 2 | 7 |
| 7 | 2 | 3 | 5 | 8 | 9 | 6 | 1 | 4 |
| 4 | 1 | 5 | 7 | 6 | 2 | 8 | 3 | 9 |
| 8 | 6 | 9 | 3 | 1 | 4 | 5 | 7 | 2 |
| 3 | 8 | 4 | 2 | 9 | 1 | 7 | 6 | 5 |
| 2 | 7 | 6 | 8 | 3 | 5 | 4 | 9 | 1 |
| 5 | 9 | 1 | 4 | 7 | 6 | 2 | 8 | 3 |

**35**

| 8 | 3 | 1 | 7 | 2 | 5 | 6 | 9 | 4 |
|---|---|---|---|---|---|---|---|---|
| 4 | 2 | 7 | 9 | 6 | 3 | 1 | 8 | 5 |
| 5 | 9 | 6 | 4 | 8 | 1 | 7 | 3 | 2 |
| 1 | 8 | 5 | 2 | 9 | 6 | 4 | 7 | 3 |
| 7 | 4 | 9 | 3 | 1 | 8 | 5 | 2 | 6 |
| 3 | 6 | 2 | 5 | 7 | 4 | 9 | 1 | 8 |
| 2 | 5 | 4 | 1 | 3 | 7 | 8 | 6 | 9 |
| 9 | 7 | 8 | 6 | 5 | 2 | 3 | 4 | 1 |
| 6 | 1 | 3 | 8 | 4 | 9 | 2 | 5 | 7 |

**36**

| 4 | 3 | 7 | 1 | 8 | 5 | 9 | 6 | 2 |
|---|---|---|---|---|---|---|---|---|
| 2 | 1 | 5 | 9 | 6 | 3 | 4 | 7 | 8 |
| 6 | 8 | 9 | 2 | 4 | 7 | 5 | 1 | 3 |
| 1 | 4 | 3 | 5 | 7 | 8 | 6 | 2 | 9 |
| 7 | 2 | 6 | 3 | 9 | 1 | 8 | 5 | 4 |
| 9 | 5 | 8 | 6 | 2 | 4 | 7 | 3 | 1 |
| 3 | 9 | 1 | 8 | 5 | 6 | 2 | 4 | 7 |
| 5 | 7 | 2 | 4 | 1 | 9 | 3 | 8 | 6 |
| 8 | 6 | 4 | 7 | 3 | 2 | 1 | 9 | 5 |

**37**

| 8 | 4 | 5 | 1 | 3 | 2 | 7 | 6 | 9 |
|---|---|---|---|---|---|---|---|---|
| 3 | 7 | 6 | 9 | 4 | 5 | 8 | 2 | 1 |
| 2 | 1 | 9 | 8 | 7 | 6 | 3 | 4 | 5 |
| 6 | 8 | 4 | 7 | 5 | 3 | 9 | 1 | 2 |
| 9 | 2 | 3 | 4 | 6 | 1 | 5 | 7 | 8 |
| 1 | 5 | 7 | 2 | 8 | 9 | 4 | 3 | 6 |
| 7 | 9 | 8 | 6 | 1 | 4 | 2 | 5 | 3 |
| 4 | 3 | 1 | 5 | 2 | 8 | 6 | 9 | 7 |
| 5 | 6 | 2 | 3 | 9 | 7 | 1 | 8 | 4 |

**38**

| 4 | 5 | 3 | 9 | 8 | 1 | 7 | 2 | 6 |
|---|---|---|---|---|---|---|---|---|
| 7 | 6 | 8 | 3 | 2 | 5 | 4 | 1 | 9 |
| 9 | 1 | 2 | 6 | 4 | 7 | 5 | 8 | 3 |
| 8 | 2 | 9 | 5 | 6 | 3 | 1 | 4 | 7 |
| 5 | 4 | 1 | 7 | 9 | 8 | 3 | 6 | 2 |
| 6 | 3 | 7 | 4 | 1 | 2 | 9 | 5 | 8 |
| 2 | 7 | 4 | 1 | 3 | 6 | 8 | 9 | 5 |
| 1 | 8 | 5 | 2 | 7 | 9 | 6 | 3 | 4 |
| 3 | 9 | 6 | 8 | 5 | 4 | 2 | 7 | 1 |

**39**

| 3 | 7 | 4 | 9 | 6 | 8 | 2 | 1 | 5 |
|---|---|---|---|---|---|---|---|---|
| 6 | 2 | 9 | 5 | 1 | 3 | 8 | 4 | 7 |
| 8 | 5 | 1 | 7 | 4 | 2 | 6 | 9 | 3 |
| 4 | 8 | 2 | 1 | 3 | 7 | 5 | 6 | 9 |
| 1 | 3 | 5 | 6 | 2 | 9 | 7 | 8 | 4 |
| 9 | 6 | 7 | 8 | 5 | 4 | 3 | 2 | 1 |
| 7 | 4 | 3 | 2 | 9 | 6 | 1 | 5 | 8 |
| 5 | 9 | 6 | 3 | 8 | 1 | 4 | 7 | 2 |
| 2 | 1 | 8 | 4 | 7 | 5 | 9 | 3 | 6 |

**40**

| 1 | 5 | 8 | 7 | 3 | 2 | 4 | 6 | 9 |
|---|---|---|---|---|---|---|---|---|
| 6 | 9 | 2 | 4 | 8 | 5 | 3 | 1 | 7 |
| 7 | 3 | 4 | 1 | 6 | 9 | 2 | 5 | 8 |
| 3 | 4 | 1 | 6 | 2 | 8 | 9 | 7 | 5 |
| 9 | 2 | 7 | 5 | 1 | 4 | 8 | 3 | 6 |
| 8 | 6 | 5 | 3 | 9 | 7 | 1 | 4 | 2 |
| 4 | 8 | 6 | 9 | 7 | 3 | 5 | 2 | 1 |
| 2 | 1 | 3 | 8 | 5 | 6 | 7 | 9 | 4 |
| 5 | 7 | 9 | 2 | 4 | 1 | 6 | 8 | 3 |

## 41

| 5 | 7 | 2 | 8 | 4 | 3 | 9 | 1 | 6 |
|---|---|---|---|---|---|---|---|---|
| 3 | 9 | 4 | 5 | 1 | 6 | 8 | 2 | 7 |
| 6 | 8 | 1 | 7 | 9 | 2 | 5 | 4 | 3 |
| 7 | 2 | 5 | 6 | 8 | 9 | 4 | 3 | 1 |
| 8 | 3 | 6 | 4 | 7 | 1 | 2 | 5 | 9 |
| 1 | 4 | 9 | 2 | 3 | 5 | 7 | 6 | 8 |
| 4 | 5 | 7 | 1 | 6 | 8 | 3 | 9 | 2 |
| 9 | 6 | 8 | 3 | 2 | 4 | 1 | 7 | 5 |
| 2 | 1 | 3 | 9 | 5 | 7 | 6 | 8 | 4 |

## 42

| 4 | 5 | 9 | 3 | 6 | 1 | 7 | 2 | 8 |
|---|---|---|---|---|---|---|---|---|
| 7 | 8 | 2 | 5 | 4 | 9 | 3 | 1 | 6 |
| 3 | 6 | 1 | 7 | 2 | 8 | 9 | 4 | 5 |
| 5 | 9 | 4 | 6 | 7 | 2 | 8 | 3 | 1 |
| 2 | 3 | 6 | 8 | 1 | 4 | 5 | 9 | 7 |
| 1 | 7 | 8 | 9 | 3 | 5 | 4 | 6 | 2 |
| 6 | 1 | 5 | 4 | 8 | 3 | 2 | 7 | 9 |
| 9 | 2 | 3 | 1 | 5 | 7 | 6 | 8 | 4 |
| 8 | 4 | 7 | 2 | 9 | 6 | 1 | 5 | 3 |

## 43

| 6 | 7 | 8 | 5 | 1 | 2 | 3 | 9 | 4 |
|---|---|---|---|---|---|---|---|---|
| 3 | 5 | 2 | 4 | 6 | 9 | 8 | 7 | 1 |
| 1 | 9 | 4 | 8 | 3 | 7 | 5 | 2 | 6 |
| 8 | 2 | 3 | 7 | 4 | 1 | 6 | 5 | 9 |
| 4 | 1 | 9 | 2 | 5 | 6 | 7 | 3 | 8 |
| 7 | 6 | 5 | 9 | 8 | 3 | 4 | 1 | 2 |
| 9 | 8 | 6 | 3 | 2 | 5 | 1 | 4 | 7 |
| 5 | 4 | 7 | 1 | 9 | 8 | 2 | 6 | 3 |
| 2 | 3 | 1 | 6 | 7 | 4 | 9 | 8 | 5 |

## 44

| 1 | 4 | 3 | 2 | 8 | 5 | 6 | 9 | 7 |
|---|---|---|---|---|---|---|---|---|
| 7 | 5 | 9 | 6 | 4 | 3 | 1 | 2 | 8 |
| 8 | 6 | 2 | 9 | 7 | 1 | 5 | 4 | 3 |
| 5 | 1 | 7 | 4 | 2 | 9 | 8 | 3 | 6 |
| 4 | 9 | 6 | 3 | 5 | 8 | 7 | 1 | 2 |
| 3 | 2 | 8 | 1 | 6 | 7 | 9 | 5 | 4 |
| 9 | 7 | 5 | 8 | 3 | 4 | 2 | 6 | 1 |
| 2 | 3 | 1 | 7 | 9 | 6 | 4 | 8 | 5 |
| 6 | 8 | 4 | 5 | 1 | 2 | 3 | 7 | 9 |

## 45

| 7 | 5 | 9 | 4 | 2 | 3 | 6 | 1 | 8 |
|---|---|---|---|---|---|---|---|---|
| 4 | 6 | 1 | 9 | 7 | 8 | 3 | 5 | 2 |
| 2 | 8 | 3 | 6 | 5 | 1 | 4 | 7 | 9 |
| 5 | 3 | 4 | 7 | 8 | 2 | 9 | 6 | 1 |
| 1 | 9 | 8 | 5 | 4 | 6 | 7 | 2 | 3 |
| 6 | 2 | 7 | 1 | 3 | 9 | 8 | 4 | 5 |
| 8 | 1 | 6 | 2 | 9 | 4 | 5 | 3 | 7 |
| 9 | 7 | 2 | 3 | 6 | 5 | 1 | 8 | 4 |
| 3 | 4 | 5 | 8 | 1 | 7 | 2 | 9 | 6 |

## 46

| 7 | 5 | 9 | 8 | 2 | 4 | 6 | 3 | 1 |
|---|---|---|---|---|---|---|---|---|
| 2 | 6 | 4 | 1 | 9 | 3 | 7 | 5 | 8 |
| 3 | 8 | 1 | 5 | 6 | 7 | 2 | 4 | 9 |
| 9 | 1 | 5 | 6 | 3 | 2 | 8 | 7 | 4 |
| 8 | 2 | 7 | 4 | 5 | 9 | 1 | 6 | 3 |
| 6 | 4 | 3 | 7 | 8 | 1 | 9 | 2 | 5 |
| 1 | 3 | 2 | 9 | 4 | 6 | 5 | 8 | 7 |
| 5 | 7 | 6 | 3 | 1 | 8 | 4 | 9 | 2 |
| 4 | 9 | 8 | 2 | 7 | 5 | 3 | 1 | 6 |

## 47

| 8 | 2 | 6 | 5 | 9 | 3 | 4 | 1 | 7 |
|---|---|---|---|---|---|---|---|---|
| 3 | 7 | 4 | 8 | 1 | 6 | 9 | 2 | 5 |
| 1 | 9 | 5 | 4 | 2 | 7 | 8 | 3 | 6 |
| 9 | 5 | 1 | 6 | 7 | 4 | 3 | 8 | 2 |
| 7 | 4 | 8 | 2 | 3 | 5 | 6 | 9 | 1 |
| 2 | 6 | 3 | 1 | 8 | 9 | 7 | 5 | 4 |
| 4 | 1 | 9 | 7 | 5 | 8 | 2 | 6 | 3 |
| 5 | 8 | 7 | 3 | 6 | 2 | 1 | 4 | 9 |
| 6 | 3 | 2 | 9 | 4 | 1 | 5 | 7 | 8 |

## 48

| 5 | 4 | 8 | 9 | 2 | 7 | 3 | 1 | 6 |
|---|---|---|---|---|---|---|---|---|
| 2 | 6 | 9 | 1 | 5 | 3 | 8 | 7 | 4 |
| 1 | 3 | 7 | 4 | 6 | 8 | 5 | 2 | 9 |
| 7 | 5 | 2 | 6 | 1 | 4 | 9 | 8 | 3 |
| 8 | 9 | 6 | 5 | 3 | 2 | 1 | 4 | 7 |
| 4 | 1 | 3 | 7 | 8 | 9 | 2 | 6 | 5 |
| 9 | 2 | 5 | 8 | 4 | 6 | 7 | 3 | 1 |
| 6 | 8 | 1 | 3 | 7 | 5 | 4 | 9 | 2 |
| 3 | 7 | 4 | 2 | 9 | 1 | 6 | 5 | 8 |

## 49

| 5 | 2 | 6 | 3 | 4 | 9 | 7 | 8 | 1 |
|---|---|---|---|---|---|---|---|---|
| 1 | 3 | 8 | 6 | 5 | 7 | 4 | 9 | 2 |
| 4 | 7 | 9 | 1 | 8 | 2 | 6 | 3 | 5 |
| 9 | 1 | 5 | 8 | 6 | 3 | 2 | 4 | 7 |
| 3 | 4 | 7 | 9 | 2 | 5 | 1 | 6 | 8 |
| 6 | 8 | 2 | 4 | 7 | 1 | 3 | 5 | 9 |
| 8 | 5 | 1 | 7 | 3 | 6 | 9 | 2 | 4 |
| 7 | 6 | 4 | 2 | 9 | 8 | 5 | 1 | 3 |
| 2 | 9 | 3 | 5 | 1 | 4 | 8 | 7 | 6 |

## 50

| 5 | 3 | 9 | 4 | 6 | 2 | 8 | 7 | 1 |
|---|---|---|---|---|---|---|---|---|
| 7 | 8 | 1 | 5 | 9 | 3 | 6 | 4 | 2 |
| 6 | 4 | 2 | 1 | 8 | 7 | 9 | 3 | 5 |
| 4 | 5 | 8 | 2 | 1 | 9 | 7 | 6 | 3 |
| 1 | 9 | 6 | 3 | 7 | 8 | 2 | 5 | 4 |
| 3 | 2 | 7 | 6 | 5 | 4 | 1 | 8 | 9 |
| 8 | 6 | 5 | 9 | 3 | 1 | 4 | 2 | 7 |
| 2 | 1 | 3 | 7 | 4 | 6 | 5 | 9 | 8 |
| 9 | 7 | 4 | 8 | 2 | 5 | 3 | 1 | 6 |

## 51

| 8 | 3 | 5 | 6 | 9 | 2 | 1 | 4 | 7 |
|---|---|---|---|---|---|---|---|---|
| 7 | 1 | 9 | 8 | 4 | 3 | 6 | 5 | 2 |
| 4 | 2 | 6 | 5 | 7 | 1 | 8 | 9 | 3 |
| 6 | 9 | 4 | 3 | 1 | 8 | 7 | 2 | 5 |
| 2 | 8 | 1 | 7 | 5 | 9 | 3 | 6 | 4 |
| 3 | 5 | 7 | 4 | 2 | 6 | 9 | 1 | 8 |
| 1 | 7 | 3 | 2 | 6 | 4 | 5 | 8 | 9 |
| 9 | 4 | 8 | 1 | 3 | 5 | 2 | 7 | 6 |
| 5 | 6 | 2 | 9 | 8 | 7 | 4 | 3 | 1 |

## 52

| 3 | 6 | 1 | 4 | 7 | 9 | 8 | 2 | 5 |
|---|---|---|---|---|---|---|---|---|
| 4 | 5 | 7 | 8 | 1 | 2 | 3 | 9 | 6 |
| 8 | 2 | 9 | 6 | 5 | 3 | 4 | 1 | 7 |
| 1 | 9 | 5 | 2 | 4 | 7 | 6 | 8 | 3 |
| 2 | 8 | 4 | 3 | 6 | 5 | 1 | 7 | 9 |
| 7 | 3 | 6 | 1 | 9 | 8 | 5 | 4 | 2 |
| 5 | 4 | 2 | 7 | 3 | 1 | 9 | 6 | 8 |
| 9 | 1 | 8 | 5 | 2 | 6 | 7 | 3 | 4 |
| 6 | 7 | 3 | 9 | 8 | 4 | 2 | 5 | 1 |

## 53

| 3 | 8 | 4 | 2 | 6 | 1 | 5 | 9 | 7 |
|---|---|---|---|---|---|---|---|---|
| 2 | 7 | 6 | 8 | 9 | 5 | 1 | 4 | 3 |
| 1 | 9 | 5 | 4 | 7 | 3 | 2 | 6 | 8 |
| 7 | 6 | 2 | 1 | 5 | 9 | 8 | 3 | 4 |
| 4 | 3 | 8 | 7 | 2 | 6 | 9 | 1 | 5 |
| 5 | 1 | 9 | 3 | 8 | 4 | 7 | 2 | 6 |
| 8 | 4 | 3 | 9 | 1 | 7 | 6 | 5 | 2 |
| 6 | 2 | 1 | 5 | 4 | 8 | 3 | 7 | 9 |
| 9 | 5 | 7 | 6 | 3 | 2 | 4 | 8 | 1 |

## 54

| 2 | 9 | 1 | 5 | 4 | 8 | 7 | 3 | 6 |
|---|---|---|---|---|---|---|---|---|
| 8 | 7 | 6 | 3 | 2 | 9 | 4 | 5 | 1 |
| 3 | 5 | 4 | 6 | 1 | 7 | 8 | 2 | 9 |
| 6 | 3 | 5 | 7 | 9 | 2 | 1 | 8 | 4 |
| 1 | 4 | 2 | 8 | 5 | 6 | 3 | 9 | 7 |
| 7 | 8 | 9 | 1 | 3 | 4 | 2 | 6 | 5 |
| 9 | 1 | 7 | 2 | 8 | 5 | 6 | 4 | 3 |
| 5 | 6 | 8 | 4 | 7 | 3 | 9 | 1 | 2 |
| 4 | 2 | 3 | 9 | 6 | 1 | 5 | 7 | 8 |

## 55

| 1 | 6 | 4 | 5 | 7 | 9 | 8 | 3 | 2 |
|---|---|---|---|---|---|---|---|---|
| 9 | 5 | 7 | 2 | 3 | 8 | 6 | 4 | 1 |
| 8 | 3 | 2 | 1 | 6 | 4 | 5 | 7 | 9 |
| 5 | 7 | 1 | 3 | 4 | 6 | 9 | 2 | 8 |
| 2 | 4 | 3 | 8 | 9 | 5 | 7 | 1 | 6 |
| 6 | 9 | 8 | 7 | 2 | 1 | 3 | 5 | 4 |
| 7 | 8 | 6 | 4 | 1 | 3 | 2 | 9 | 5 |
| 4 | 2 | 9 | 6 | 5 | 7 | 1 | 8 | 3 |
| 3 | 1 | 5 | 9 | 8 | 2 | 4 | 6 | 7 |

## 56

| 6 | 7 | 3 | 9 | 8 | 4 | 2 | 5 | 1 |
|---|---|---|---|---|---|---|---|---|
| 5 | 8 | 2 | 7 | 3 | 1 | 4 | 6 | 9 |
| 1 | 4 | 9 | 6 | 5 | 2 | 8 | 3 | 7 |
| 2 | 5 | 7 | 1 | 4 | 3 | 6 | 9 | 8 |
| 4 | 6 | 8 | 2 | 9 | 7 | 5 | 1 | 3 |
| 3 | 9 | 1 | 8 | 6 | 5 | 7 | 2 | 4 |
| 7 | 3 | 5 | 4 | 1 | 6 | 9 | 8 | 2 |
| 8 | 1 | 4 | 5 | 2 | 9 | 3 | 7 | 6 |
| 9 | 2 | 6 | 3 | 7 | 8 | 1 | 4 | 5 |

## 57

| 2 | 6 | 5 | 1 | 9 | 4 | 7 | 8 | 3 |
|---|---|---|---|---|---|---|---|---|
| 8 | 3 | 1 | 7 | 2 | 5 | 6 | 9 | 4 |
| 4 | 7 | 9 | 6 | 8 | 3 | 5 | 2 | 1 |
| 9 | 5 | 6 | 3 | 7 | 2 | 1 | 4 | 8 |
| 7 | 2 | 8 | 4 | 6 | 1 | 9 | 3 | 5 |
| 1 | 4 | 3 | 8 | 5 | 9 | 2 | 7 | 6 |
| 5 | 8 | 4 | 2 | 1 | 7 | 3 | 6 | 9 |
| 6 | 9 | 2 | 5 | 3 | 8 | 4 | 1 | 7 |
| 3 | 1 | 7 | 9 | 4 | 6 | 8 | 5 | 2 |

## 58

| 2 | 5 | 4 | 7 | 6 | 1 | 8 | 3 | 9 |
|---|---|---|---|---|---|---|---|---|
| 7 | 6 | 9 | 8 | 3 | 2 | 4 | 1 | 5 |
| 3 | 8 | 1 | 9 | 4 | 5 | 7 | 6 | 2 |
| 6 | 7 | 8 | 2 | 9 | 3 | 1 | 5 | 4 |
| 4 | 3 | 2 | 1 | 5 | 6 | 9 | 8 | 7 |
| 9 | 1 | 5 | 4 | 8 | 7 | 3 | 2 | 6 |
| 8 | 2 | 3 | 5 | 7 | 9 | 6 | 4 | 1 |
| 1 | 4 | 7 | 6 | 2 | 8 | 5 | 9 | 3 |
| 5 | 9 | 6 | 3 | 1 | 4 | 2 | 7 | 8 |

## 59

| 8 | 2 | 6 | 1 | 4 | 7 | 5 | 9 | 3 |
|---|---|---|---|---|---|---|---|---|
| 1 | 5 | 4 | 9 | 3 | 8 | 7 | 6 | 2 |
| 3 | 7 | 9 | 6 | 2 | 5 | 1 | 4 | 8 |
| 2 | 9 | 3 | 5 | 6 | 4 | 8 | 1 | 7 |
| 6 | 8 | 5 | 7 | 9 | 1 | 3 | 2 | 4 |
| 7 | 4 | 1 | 3 | 8 | 2 | 6 | 5 | 9 |
| 5 | 6 | 2 | 8 | 7 | 9 | 4 | 3 | 1 |
| 9 | 3 | 7 | 4 | 1 | 6 | 2 | 8 | 5 |
| 4 | 1 | 8 | 2 | 5 | 3 | 9 | 7 | 6 |

## 60

| 9 | 3 | 6 | 4 | 2 | 8 | 5 | 1 | 7 |
|---|---|---|---|---|---|---|---|---|
| 1 | 8 | 7 | 9 | 6 | 5 | 2 | 4 | 3 |
| 4 | 5 | 2 | 7 | 3 | 1 | 8 | 9 | 6 |
| 8 | 7 | 9 | 1 | 4 | 3 | 6 | 5 | 2 |
| 3 | 4 | 5 | 2 | 7 | 6 | 1 | 8 | 9 |
| 6 | 2 | 1 | 8 | 5 | 9 | 7 | 3 | 4 |
| 7 | 6 | 8 | 5 | 9 | 4 | 3 | 2 | 1 |
| 5 | 9 | 3 | 6 | 1 | 2 | 4 | 7 | 8 |
| 2 | 1 | 4 | 3 | 8 | 7 | 9 | 6 | 5 |

## 61

| 1 | 4 | 5 | 2 | 7 | 6 | 3 | 8 | 9 |
|---|---|---|---|---|---|---|---|---|
| 8 | 6 | 2 | 9 | 4 | 3 | 7 | 1 | 5 |
| 9 | 3 | 7 | 5 | 1 | 8 | 4 | 6 | 2 |
| 6 | 8 | 4 | 7 | 2 | 9 | 1 | 5 | 3 |
| 7 | 9 | 3 | 1 | 6 | 5 | 2 | 4 | 8 |
| 2 | 5 | 1 | 3 | 8 | 4 | 9 | 7 | 6 |
| 5 | 1 | 8 | 4 | 9 | 2 | 6 | 3 | 7 |
| 3 | 7 | 9 | 6 | 5 | 1 | 8 | 2 | 4 |
| 4 | 2 | 6 | 8 | 3 | 7 | 5 | 9 | 1 |

## 62

| 8 | 2 | 9 | 7 | 3 | 5 | 4 | 6 | 1 |
|---|---|---|---|---|---|---|---|---|
| 1 | 6 | 4 | 9 | 2 | 8 | 5 | 3 | 7 |
| 5 | 7 | 3 | 6 | 1 | 4 | 8 | 2 | 9 |
| 6 | 8 | 7 | 2 | 5 | 1 | 9 | 4 | 3 |
| 4 | 1 | 5 | 8 | 9 | 3 | 6 | 7 | 2 |
| 3 | 9 | 2 | 4 | 6 | 7 | 1 | 5 | 8 |
| 7 | 3 | 8 | 5 | 4 | 9 | 2 | 1 | 6 |
| 2 | 4 | 1 | 3 | 8 | 6 | 7 | 9 | 5 |
| 9 | 5 | 6 | 1 | 7 | 2 | 3 | 8 | 4 |

## 63

| 2 | 6 | 7 | 3 | 8 | 4 | 5 | 9 | 1 |
|---|---|---|---|---|---|---|---|---|
| 8 | 1 | 5 | 2 | 7 | 9 | 4 | 6 | 3 |
| 3 | 4 | 9 | 6 | 5 | 1 | 2 | 8 | 7 |
| 6 | 5 | 3 | 8 | 4 | 2 | 1 | 7 | 9 |
| 9 | 7 | 4 | 1 | 3 | 5 | 6 | 2 | 8 |
| 1 | 8 | 2 | 9 | 6 | 7 | 3 | 4 | 5 |
| 7 | 3 | 8 | 4 | 1 | 6 | 9 | 5 | 2 |
| 4 | 2 | 1 | 5 | 9 | 8 | 7 | 3 | 6 |
| 5 | 9 | 6 | 7 | 2 | 3 | 8 | 1 | 4 |

## 64

| 5 | 4 | 2 | 8 | 6 | 9 | 1 | 7 | 3 |
|---|---|---|---|---|---|---|---|---|
| 6 | 7 | 1 | 2 | 4 | 3 | 8 | 9 | 5 |
| 8 | 3 | 9 | 1 | 5 | 7 | 4 | 2 | 6 |
| 3 | 1 | 8 | 9 | 2 | 5 | 6 | 4 | 7 |
| 9 | 5 | 6 | 7 | 1 | 4 | 2 | 3 | 8 |
| 7 | 2 | 4 | 3 | 8 | 6 | 5 | 1 | 9 |
| 2 | 9 | 5 | 6 | 7 | 1 | 3 | 8 | 4 |
| 1 | 6 | 3 | 4 | 9 | 8 | 7 | 5 | 2 |
| 4 | 8 | 7 | 5 | 3 | 2 | 9 | 6 | 1 |

## 65

| 8 | 1 | 2 | 3 | 5 | 7 | 9 | 6 | 4 |
|---|---|---|---|---|---|---|---|---|
| 9 | 7 | 5 | 4 | 2 | 6 | 3 | 1 | 8 |
| 4 | 6 | 3 | 9 | 1 | 8 | 7 | 2 | 5 |
| 1 | 8 | 7 | 5 | 6 | 3 | 2 | 4 | 9 |
| 5 | 3 | 9 | 1 | 4 | 2 | 6 | 8 | 7 |
| 6 | 2 | 4 | 7 | 8 | 9 | 1 | 5 | 3 |
| 2 | 9 | 6 | 8 | 7 | 5 | 4 | 3 | 1 |
| 3 | 5 | 1 | 6 | 9 | 4 | 8 | 7 | 2 |
| 7 | 4 | 8 | 2 | 3 | 1 | 5 | 9 | 6 |

## 66

| 5 | 2 | 7 | 1 | 9 | 8 | 6 | 3 | 4 |
|---|---|---|---|---|---|---|---|---|
| 4 | 3 | 9 | 5 | 7 | 6 | 8 | 1 | 2 |
| 1 | 8 | 6 | 4 | 2 | 3 | 5 | 9 | 7 |
| 7 | 1 | 3 | 2 | 5 | 4 | 9 | 6 | 8 |
| 9 | 5 | 8 | 6 | 1 | 7 | 2 | 4 | 3 |
| 2 | 6 | 4 | 3 | 8 | 9 | 7 | 5 | 1 |
| 8 | 7 | 1 | 9 | 4 | 5 | 3 | 2 | 6 |
| 3 | 4 | 5 | 8 | 6 | 2 | 1 | 7 | 9 |
| 6 | 9 | 2 | 7 | 3 | 1 | 4 | 8 | 5 |

## 67

| 1 | 8 | 7 | 5 | 6 | 9 | 2 | 3 | 4 |
|---|---|---|---|---|---|---|---|---|
| 2 | 6 | 9 | 1 | 4 | 3 | 7 | 5 | 8 |
| 4 | 3 | 5 | 8 | 7 | 2 | 1 | 6 | 9 |
| 7 | 1 | 2 | 3 | 8 | 6 | 9 | 4 | 5 |
| 3 | 5 | 8 | 2 | 9 | 4 | 6 | 1 | 7 |
| 6 | 9 | 4 | 7 | 1 | 5 | 8 | 2 | 3 |
| 9 | 2 | 1 | 4 | 3 | 7 | 5 | 8 | 6 |
| 5 | 7 | 3 | 6 | 2 | 8 | 4 | 9 | 1 |
| 8 | 4 | 6 | 9 | 5 | 1 | 3 | 7 | 2 |

## 68

| 4 | 5 | 9 | 3 | 2 | 7 | 8 | 6 | 1 |
|---|---|---|---|---|---|---|---|---|
| 7 | 3 | 1 | 9 | 8 | 6 | 5 | 4 | 2 |
| 8 | 2 | 6 | 4 | 5 | 1 | 7 | 3 | 9 |
| 9 | 8 | 4 | 6 | 7 | 5 | 1 | 2 | 3 |
| 5 | 7 | 2 | 1 | 9 | 3 | 6 | 8 | 4 |
| 1 | 6 | 3 | 2 | 4 | 8 | 9 | 5 | 7 |
| 2 | 1 | 7 | 8 | 6 | 4 | 3 | 9 | 5 |
| 3 | 4 | 8 | 5 | 1 | 9 | 2 | 7 | 6 |
| 6 | 9 | 5 | 7 | 3 | 2 | 4 | 1 | 8 |

## 69

| 1 | 2 | 9 | 4 | 5 | 3 | 6 | 7 | 8 |
|---|---|---|---|---|---|---|---|---|
| 8 | 6 | 7 | 2 | 1 | 9 | 5 | 4 | 3 |
| 3 | 5 | 4 | 6 | 8 | 7 | 9 | 1 | 2 |
| 2 | 7 | 8 | 5 | 6 | 4 | 1 | 3 | 9 |
| 4 | 9 | 1 | 3 | 7 | 2 | 8 | 6 | 5 |
| 5 | 3 | 6 | 8 | 9 | 1 | 7 | 2 | 4 |
| 9 | 8 | 2 | 1 | 4 | 6 | 3 | 5 | 7 |
| 7 | 1 | 3 | 9 | 2 | 5 | 4 | 8 | 6 |
| 6 | 4 | 5 | 7 | 3 | 8 | 2 | 9 | 1 |

## 70

| 3 | 4 | 8 | 5 | 1 | 2 | 7 | 6 | 9 |
|---|---|---|---|---|---|---|---|---|
| 6 | 1 | 2 | 9 | 8 | 7 | 4 | 5 | 3 |
| 9 | 5 | 7 | 4 | 3 | 6 | 1 | 2 | 8 |
| 2 | 3 | 1 | 7 | 4 | 8 | 5 | 9 | 6 |
| 5 | 7 | 6 | 1 | 2 | 9 | 3 | 8 | 4 |
| 4 | 8 | 9 | 3 | 6 | 5 | 2 | 1 | 7 |
| 7 | 6 | 5 | 2 | 9 | 3 | 8 | 4 | 1 |
| 8 | 2 | 4 | 6 | 7 | 1 | 9 | 3 | 5 |
| 1 | 9 | 3 | 8 | 5 | 4 | 6 | 7 | 2 |

## 71

| 3 | 1 | 6 | 5 | 7 | 8 | 2 | 9 | 4 |
|---|---|---|---|---|---|---|---|---|
| 8 | 2 | 5 | 6 | 4 | 9 | 7 | 3 | 1 |
| 9 | 4 | 7 | 3 | 2 | 1 | 8 | 6 | 5 |
| 4 | 9 | 1 | 7 | 5 | 2 | 6 | 8 | 3 |
| 7 | 6 | 3 | 9 | 8 | 4 | 1 | 5 | 2 |
| 5 | 8 | 2 | 1 | 3 | 6 | 4 | 7 | 9 |
| 1 | 3 | 8 | 4 | 6 | 5 | 9 | 2 | 7 |
| 6 | 7 | 9 | 2 | 1 | 3 | 5 | 4 | 8 |
| 2 | 5 | 4 | 8 | 9 | 7 | 3 | 1 | 6 |

## 72

| 6 | 1 | 3 | 7 | 9 | 4 | 8 | 2 | 5 |
|---|---|---|---|---|---|---|---|---|
| 9 | 5 | 7 | 3 | 2 | 8 | 6 | 1 | 4 |
| 4 | 8 | 2 | 5 | 6 | 1 | 9 | 3 | 7 |
| 5 | 7 | 9 | 1 | 8 | 6 | 2 | 4 | 3 |
| 8 | 3 | 6 | 2 | 4 | 5 | 7 | 9 | 1 |
| 2 | 4 | 1 | 9 | 3 | 7 | 5 | 8 | 6 |
| 7 | 6 | 8 | 4 | 1 | 9 | 3 | 5 | 2 |
| 1 | 2 | 5 | 8 | 7 | 3 | 4 | 6 | 9 |
| 3 | 9 | 4 | 6 | 5 | 2 | 1 | 7 | 8 |

## 73

| 9 | 8 | 7 | 5 | 3 | 6 | 2 | 4 | 1 |
|---|---|---|---|---|---|---|---|---|
| 6 | 1 | 5 | 4 | 7 | 2 | 3 | 8 | 9 |
| 3 | 4 | 2 | 1 | 8 | 9 | 5 | 6 | 7 |
| 7 | 3 | 4 | 2 | 9 | 1 | 6 | 5 | 8 |
| 8 | 2 | 1 | 3 | 6 | 5 | 9 | 7 | 4 |
| 5 | 6 | 9 | 7 | 4 | 8 | 1 | 3 | 2 |
| 4 | 5 | 8 | 9 | 1 | 3 | 7 | 2 | 6 |
| 2 | 9 | 6 | 8 | 5 | 7 | 4 | 1 | 3 |
| 1 | 7 | 3 | 6 | 2 | 4 | 8 | 9 | 5 |

## 74

| 8 | 6 | 9 | 5 | 4 | 1 | 7 | 2 | 3 |
|---|---|---|---|---|---|---|---|---|
| 1 | 4 | 7 | 2 | 8 | 3 | 6 | 5 | 9 |
| 5 | 3 | 2 | 7 | 9 | 6 | 4 | 8 | 1 |
| 3 | 2 | 8 | 6 | 5 | 9 | 1 | 7 | 4 |
| 6 | 5 | 1 | 4 | 7 | 8 | 9 | 3 | 2 |
| 7 | 9 | 4 | 3 | 1 | 2 | 5 | 6 | 8 |
| 2 | 1 | 5 | 8 | 6 | 4 | 3 | 9 | 7 |
| 9 | 7 | 3 | 1 | 2 | 5 | 8 | 4 | 6 |
| 4 | 8 | 6 | 9 | 3 | 7 | 2 | 1 | 5 |

## 75

| 9 | 7 | 5 | 8 | 4 | 6 | 1 | 2 | 3 |
|---|---|---|---|---|---|---|---|---|
| 1 | 3 | 4 | 2 | 5 | 9 | 8 | 6 | 7 |
| 2 | 8 | 6 | 7 | 1 | 3 | 5 | 4 | 9 |
| 5 | 9 | 1 | 6 | 3 | 2 | 7 | 8 | 4 |
| 7 | 6 | 2 | 5 | 8 | 4 | 3 | 9 | 1 |
| 3 | 4 | 8 | 9 | 7 | 1 | 2 | 5 | 6 |
| 6 | 1 | 3 | 4 | 2 | 5 | 9 | 7 | 8 |
| 4 | 2 | 7 | 1 | 9 | 8 | 6 | 3 | 5 |
| 8 | 5 | 9 | 3 | 6 | 7 | 4 | 1 | 2 |

## 76

| 5 | 8 | 9 | 1 | 3 | 2 | 4 | 7 | 6 |
|---|---|---|---|---|---|---|---|---|
| 2 | 3 | 4 | 5 | 7 | 6 | 1 | 9 | 8 |
| 6 | 1 | 7 | 9 | 4 | 8 | 2 | 5 | 3 |
| 8 | 6 | 3 | 7 | 2 | 5 | 9 | 4 | 1 |
| 1 | 9 | 2 | 8 | 6 | 4 | 5 | 3 | 7 |
| 4 | 7 | 5 | 3 | 1 | 9 | 8 | 6 | 2 |
| 9 | 4 | 1 | 6 | 8 | 7 | 3 | 2 | 5 |
| 3 | 5 | 6 | 2 | 9 | 1 | 7 | 8 | 4 |
| 7 | 2 | 8 | 4 | 5 | 3 | 6 | 1 | 9 |

## 77

| 3 | 4 | 9 | 5 | 6 | 8 | 7 | 2 | 1 |
|---|---|---|---|---|---|---|---|---|
| 2 | 5 | 6 | 7 | 9 | 1 | 4 | 3 | 8 |
| 1 | 8 | 7 | 4 | 3 | 2 | 5 | 9 | 6 |
| 5 | 7 | 3 | 2 | 8 | 4 | 6 | 1 | 9 |
| 8 | 9 | 2 | 1 | 5 | 6 | 3 | 7 | 4 |
| 4 | 6 | 1 | 3 | 7 | 9 | 8 | 5 | 2 |
| 9 | 2 | 5 | 8 | 4 | 7 | 1 | 6 | 3 |
| 6 | 3 | 4 | 9 | 1 | 5 | 2 | 8 | 7 |
| 7 | 1 | 8 | 6 | 2 | 3 | 9 | 4 | 5 |

## 78

| 5 | 1 | 3 | 7 | 2 | 6 | 8 | 9 | 4 |
|---|---|---|---|---|---|---|---|---|
| 7 | 6 | 9 | 1 | 8 | 4 | 3 | 2 | 5 |
| 8 | 4 | 2 | 9 | 5 | 3 | 7 | 6 | 1 |
| 4 | 7 | 8 | 6 | 1 | 2 | 5 | 3 | 9 |
| 6 | 3 | 1 | 4 | 9 | 5 | 2 | 8 | 7 |
| 2 | 9 | 5 | 8 | 3 | 7 | 1 | 4 | 6 |
| 9 | 8 | 6 | 3 | 7 | 1 | 4 | 5 | 2 |
| 3 | 5 | 7 | 2 | 4 | 9 | 6 | 1 | 8 |
| 1 | 2 | 4 | 5 | 6 | 8 | 9 | 7 | 3 |

## 79

| 4 | 8 | 7 | 9 | 2 | 1 | 3 | 6 | 5 |
|---|---|---|---|---|---|---|---|---|
| 2 | 5 | 3 | 8 | 6 | 4 | 9 | 7 | 1 |
| 1 | 9 | 6 | 7 | 5 | 3 | 8 | 4 | 2 |
| 8 | 2 | 9 | 1 | 3 | 7 | 6 | 5 | 4 |
| 6 | 4 | 1 | 5 | 8 | 9 | 2 | 3 | 7 |
| 7 | 3 | 5 | 2 | 4 | 6 | 1 | 9 | 8 |
| 9 | 7 | 8 | 3 | 1 | 5 | 4 | 2 | 6 |
| 3 | 1 | 4 | 6 | 7 | 2 | 5 | 8 | 9 |
| 5 | 6 | 2 | 4 | 9 | 8 | 7 | 1 | 3 |

## 80

| 2 | 3 | 5 | 6 | 8 | 1 | 7 | 4 | 9 |
|---|---|---|---|---|---|---|---|---|
| 1 | 9 | 8 | 4 | 7 | 5 | 3 | 6 | 2 |
| 7 | 6 | 4 | 9 | 2 | 3 | 1 | 5 | 8 |
| 8 | 2 | 6 | 3 | 9 | 4 | 5 | 1 | 7 |
| 9 | 4 | 3 | 1 | 5 | 7 | 8 | 2 | 6 |
| 5 | 1 | 7 | 2 | 6 | 8 | 4 | 9 | 3 |
| 6 | 7 | 1 | 8 | 4 | 2 | 9 | 3 | 5 |
| 3 | 8 | 9 | 5 | 1 | 6 | 2 | 7 | 4 |
| 4 | 5 | 2 | 7 | 3 | 9 | 6 | 8 | 1 |

**81**

| 8 | 1 | 5 | 2 | 9 | 4 | 6 | 3 | 7 |
|---|---|---|---|---|---|---|---|---|
| 9 | 2 | 6 | 3 | 5 | 7 | 4 | 8 | 1 |
| 7 | 3 | 4 | 6 | 8 | 1 | 5 | 9 | 2 |
| 2 | 9 | 1 | 8 | 4 | 5 | 3 | 7 | 6 |
| 4 | 5 | 3 | 1 | 7 | 6 | 8 | 2 | 9 |
| 6 | 8 | 7 | 9 | 3 | 2 | 1 | 4 | 5 |
| 3 | 7 | 2 | 5 | 6 | 8 | 9 | 1 | 4 |
| 1 | 6 | 9 | 4 | 2 | 3 | 7 | 5 | 8 |
| 5 | 4 | 8 | 7 | 1 | 9 | 2 | 6 | 3 |

**82**

| 4 | 9 | 6 | 1 | 2 | 7 | 5 | 3 | 8 |
|---|---|---|---|---|---|---|---|---|
| 7 | 8 | 3 | 5 | 4 | 9 | 6 | 2 | 1 |
| 1 | 5 | 2 | 6 | 3 | 8 | 4 | 7 | 9 |
| 3 | 4 | 8 | 2 | 5 | 6 | 9 | 1 | 7 |
| 2 | 1 | 9 | 3 | 7 | 4 | 8 | 5 | 6 |
| 6 | 7 | 5 | 9 | 8 | 1 | 3 | 4 | 2 |
| 9 | 3 | 7 | 8 | 1 | 5 | 2 | 6 | 4 |
| 8 | 2 | 1 | 4 | 6 | 3 | 7 | 9 | 5 |
| 5 | 6 | 4 | 7 | 9 | 2 | 1 | 8 | 3 |

**83**

| 9 | 3 | 6 | 8 | 2 | 7 | 5 | 4 | 1 |
|---|---|---|---|---|---|---|---|---|
| 4 | 5 | 8 | 3 | 6 | 1 | 7 | 9 | 2 |
| 7 | 1 | 2 | 5 | 9 | 4 | 8 | 6 | 3 |
| 3 | 4 | 7 | 1 | 8 | 6 | 2 | 5 | 9 |
| 1 | 8 | 9 | 2 | 4 | 5 | 3 | 7 | 6 |
| 2 | 6 | 5 | 7 | 3 | 9 | 1 | 8 | 4 |
| 6 | 2 | 3 | 9 | 7 | 8 | 4 | 1 | 5 |
| 8 | 9 | 1 | 4 | 5 | 3 | 6 | 2 | 7 |
| 5 | 7 | 4 | 6 | 1 | 2 | 9 | 3 | 8 |

**84**

| 8 | 4 | 3 | 5 | 9 | 6 | 2 | 1 | 7 |
|---|---|---|---|---|---|---|---|---|
| 1 | 5 | 2 | 7 | 3 | 4 | 9 | 8 | 6 |
| 7 | 6 | 9 | 1 | 8 | 2 | 3 | 5 | 4 |
| 9 | 2 | 5 | 6 | 7 | 8 | 4 | 3 | 1 |
| 3 | 7 | 8 | 4 | 2 | 1 | 5 | 6 | 9 |
| 6 | 1 | 4 | 9 | 5 | 3 | 7 | 2 | 8 |
| 5 | 9 | 1 | 2 | 6 | 7 | 8 | 4 | 3 |
| 2 | 3 | 6 | 8 | 4 | 9 | 1 | 7 | 5 |
| 4 | 8 | 7 | 3 | 1 | 5 | 6 | 9 | 2 |

**85**

| 4 | 5 | 8 | 6 | 1 | 7 | 2 | 3 | 9 |
|---|---|---|---|---|---|---|---|---|
| 6 | 1 | 9 | 3 | 2 | 8 | 5 | 7 | 4 |
| 2 | 7 | 3 | 4 | 5 | 9 | 8 | 1 | 6 |
| 7 | 3 | 1 | 5 | 9 | 2 | 4 | 6 | 8 |
| 8 | 9 | 6 | 7 | 4 | 3 | 1 | 2 | 5 |
| 5 | 4 | 2 | 8 | 6 | 1 | 7 | 9 | 3 |
| 1 | 6 | 7 | 9 | 8 | 5 | 3 | 4 | 2 |
| 9 | 2 | 5 | 1 | 3 | 4 | 6 | 8 | 7 |
| 3 | 8 | 4 | 2 | 7 | 6 | 9 | 5 | 1 |

**86**

| 2 | 4 | 7 | 9 | 8 | 6 | 5 | 1 | 3 |
|---|---|---|---|---|---|---|---|---|
| 1 | 9 | 6 | 3 | 4 | 5 | 7 | 8 | 2 |
| 3 | 5 | 8 | 1 | 7 | 2 | 4 | 9 | 6 |
| 8 | 2 | 5 | 6 | 1 | 4 | 3 | 7 | 9 |
| 4 | 6 | 3 | 7 | 9 | 8 | 2 | 5 | 1 |
| 9 | 7 | 1 | 2 | 5 | 3 | 8 | 6 | 4 |
| 7 | 3 | 4 | 8 | 6 | 1 | 9 | 2 | 5 |
| 6 | 8 | 2 | 5 | 3 | 9 | 1 | 4 | 7 |
| 5 | 1 | 9 | 4 | 2 | 7 | 6 | 3 | 8 |

**87**

| 2 | 1 | 7 | 5 | 3 | 6 | 4 | 9 | 8 |
|---|---|---|---|---|---|---|---|---|
| 3 | 5 | 9 | 8 | 4 | 7 | 2 | 6 | 1 |
| 4 | 8 | 6 | 2 | 1 | 9 | 7 | 5 | 3 |
| 5 | 6 | 1 | 7 | 2 | 8 | 9 | 3 | 4 |
| 7 | 3 | 8 | 9 | 6 | 4 | 5 | 1 | 2 |
| 9 | 2 | 4 | 3 | 5 | 1 | 6 | 8 | 7 |
| 8 | 9 | 3 | 4 | 7 | 5 | 1 | 2 | 6 |
| 1 | 4 | 2 | 6 | 9 | 3 | 8 | 7 | 5 |
| 6 | 7 | 5 | 1 | 8 | 2 | 3 | 4 | 9 |

**88**

| 5 | 9 | 2 | 4 | 3 | 6 | 8 | 1 | 7 |
|---|---|---|---|---|---|---|---|---|
| 8 | 3 | 1 | 7 | 5 | 2 | 4 | 6 | 9 |
| 7 | 4 | 6 | 1 | 9 | 8 | 2 | 5 | 3 |
| 1 | 2 | 8 | 3 | 7 | 4 | 5 | 9 | 6 |
| 9 | 7 | 5 | 8 | 6 | 1 | 3 | 2 | 4 |
| 3 | 6 | 4 | 9 | 2 | 5 | 1 | 7 | 8 |
| 2 | 1 | 3 | 6 | 4 | 9 | 7 | 8 | 5 |
| 4 | 8 | 9 | 5 | 1 | 7 | 6 | 3 | 2 |
| 6 | 5 | 7 | 2 | 8 | 3 | 9 | 4 | 1 |

**89**

| 5 | 6 | 8 | 4 | 7 | 1 | 2 | 3 | 9 |
|---|---|---|---|---|---|---|---|---|
| 4 | 3 | 1 | 9 | 2 | 5 | 8 | 6 | 7 |
| 7 | 2 | 9 | 3 | 8 | 6 | 4 | 5 | 1 |
| 6 | 9 | 5 | 8 | 3 | 7 | 1 | 2 | 4 |
| 1 | 7 | 4 | 6 | 5 | 2 | 3 | 9 | 8 |
| 2 | 8 | 3 | 1 | 4 | 9 | 5 | 7 | 6 |
| 8 | 5 | 2 | 7 | 6 | 4 | 9 | 1 | 3 |
| 9 | 4 | 7 | 5 | 1 | 3 | 6 | 8 | 2 |
| 3 | 1 | 6 | 2 | 9 | 8 | 7 | 4 | 5 |

**90**

| 7 | 8 | 5 | 4 | 9 | 6 | 3 | 2 | 1 |
|---|---|---|---|---|---|---|---|---|
| 9 | 1 | 6 | 2 | 7 | 3 | 4 | 8 | 5 |
| 2 | 3 | 4 | 8 | 5 | 1 | 6 | 9 | 7 |
| 4 | 7 | 3 | 9 | 1 | 2 | 8 | 5 | 6 |
| 8 | 2 | 9 | 5 | 6 | 4 | 1 | 7 | 3 |
| 5 | 6 | 1 | 7 | 3 | 8 | 2 | 4 | 9 |
| 6 | 5 | 2 | 3 | 8 | 9 | 7 | 1 | 4 |
| 3 | 9 | 8 | 1 | 4 | 7 | 5 | 6 | 2 |
| 1 | 4 | 7 | 6 | 2 | 5 | 9 | 3 | 8 |

**91**

| 9 | 4 | 3 | 6 | 1 | 5 | 2 | 8 | 7 |
|---|---|---|---|---|---|---|---|---|
| 8 | 1 | 6 | 2 | 7 | 9 | 5 | 3 | 4 |
| 5 | 2 | 7 | 4 | 3 | 8 | 9 | 6 | 1 |
| 1 | 5 | 4 | 8 | 9 | 6 | 3 | 7 | 2 |
| 2 | 3 | 9 | 7 | 5 | 1 | 8 | 4 | 6 |
| 7 | 6 | 8 | 3 | 4 | 2 | 1 | 5 | 9 |
| 6 | 9 | 5 | 1 | 8 | 7 | 4 | 2 | 3 |
| 4 | 8 | 2 | 9 | 6 | 3 | 7 | 1 | 5 |
| 3 | 7 | 1 | 5 | 2 | 4 | 6 | 9 | 8 |

**92**

| 7 | 5 | 8 | 1 | 2 | 4 | 9 | 6 | 3 |
|---|---|---|---|---|---|---|---|---|
| 1 | 3 | 6 | 9 | 8 | 7 | 4 | 5 | 2 |
| 2 | 9 | 4 | 3 | 5 | 6 | 1 | 7 | 8 |
| 5 | 8 | 2 | 4 | 6 | 1 | 7 | 3 | 9 |
| 9 | 6 | 3 | 8 | 7 | 5 | 2 | 4 | 1 |
| 4 | 7 | 1 | 2 | 9 | 3 | 5 | 8 | 6 |
| 6 | 2 | 7 | 5 | 1 | 8 | 3 | 9 | 4 |
| 8 | 4 | 9 | 7 | 3 | 2 | 6 | 1 | 5 |
| 3 | 1 | 5 | 6 | 4 | 9 | 8 | 2 | 7 |

**93**

| 2 | 5 | 9 | 1 | 4 | 3 | 6 | 8 | 7 |
|---|---|---|---|---|---|---|---|---|
| 8 | 1 | 4 | 9 | 6 | 7 | 5 | 3 | 2 |
| 6 | 7 | 3 | 2 | 5 | 8 | 9 | 1 | 4 |
| 5 | 3 | 6 | 4 | 9 | 2 | 8 | 7 | 1 |
| 1 | 9 | 2 | 8 | 7 | 5 | 3 | 4 | 6 |
| 4 | 8 | 7 | 6 | 3 | 1 | 2 | 5 | 9 |
| 7 | 4 | 8 | 3 | 2 | 6 | 1 | 9 | 5 |
| 3 | 6 | 5 | 7 | 1 | 9 | 4 | 2 | 8 |
| 9 | 2 | 1 | 5 | 8 | 4 | 7 | 6 | 3 |

**94**

| 7 | 5 | 8 | 6 | 4 | 1 | 9 | 3 | 2 |
|---|---|---|---|---|---|---|---|---|
| 3 | 4 | 2 | 8 | 9 | 7 | 5 | 1 | 6 |
| 1 | 9 | 6 | 2 | 5 | 3 | 8 | 4 | 7 |
| 6 | 2 | 3 | 1 | 8 | 9 | 7 | 5 | 4 |
| 9 | 1 | 7 | 4 | 3 | 5 | 6 | 2 | 8 |
| 5 | 8 | 4 | 7 | 6 | 2 | 3 | 9 | 1 |
| 8 | 3 | 1 | 5 | 2 | 6 | 4 | 7 | 9 |
| 4 | 7 | 9 | 3 | 1 | 8 | 2 | 6 | 5 |
| 2 | 6 | 5 | 9 | 7 | 4 | 1 | 8 | 3 |

**95**

| 6 | 3 | 9 | 1 | 5 | 8 | 4 | 7 | 2 |
|---|---|---|---|---|---|---|---|---|
| 2 | 1 | 7 | 4 | 6 | 3 | 8 | 5 | 9 |
| 4 | 5 | 8 | 9 | 7 | 2 | 3 | 1 | 6 |
| 7 | 4 | 2 | 6 | 3 | 1 | 5 | 9 | 8 |
| 9 | 6 | 3 | 2 | 8 | 5 | 1 | 4 | 7 |
| 5 | 8 | 1 | 7 | 4 | 9 | 2 | 6 | 3 |
| 1 | 7 | 4 | 3 | 2 | 6 | 9 | 8 | 5 |
| 3 | 9 | 5 | 8 | 1 | 7 | 6 | 2 | 4 |
| 8 | 2 | 6 | 5 | 9 | 4 | 7 | 3 | 1 |

**96**

| 7 | 4 | 1 | 6 | 8 | 3 | 5 | 9 | 2 |
|---|---|---|---|---|---|---|---|---|
| 8 | 5 | 2 | 7 | 4 | 9 | 6 | 3 | 1 |
| 6 | 9 | 3 | 1 | 2 | 5 | 4 | 8 | 7 |
| 3 | 6 | 9 | 8 | 1 | 4 | 7 | 2 | 5 |
| 2 | 8 | 4 | 5 | 6 | 7 | 9 | 1 | 3 |
| 1 | 7 | 5 | 3 | 9 | 2 | 8 | 6 | 4 |
| 5 | 2 | 8 | 9 | 7 | 1 | 3 | 4 | 6 |
| 4 | 3 | 6 | 2 | 5 | 8 | 1 | 7 | 9 |
| 9 | 1 | 7 | 4 | 3 | 6 | 2 | 5 | 8 |

**97**

| 3 | 6 | 2 | 1 | 8 | 9 | 4 | 7 | 5 |
|---|---|---|---|---|---|---|---|---|
| 1 | 5 | 8 | 7 | 2 | 4 | 3 | 6 | 9 |
| 9 | 7 | 4 | 6 | 3 | 5 | 8 | 1 | 2 |
| 4 | 1 | 9 | 8 | 5 | 2 | 6 | 3 | 7 |
| 8 | 3 | 7 | 9 | 1 | 6 | 2 | 5 | 4 |
| 5 | 2 | 6 | 3 | 4 | 7 | 9 | 8 | 1 |
| 7 | 9 | 1 | 2 | 6 | 3 | 5 | 4 | 8 |
| 6 | 8 | 5 | 4 | 9 | 1 | 7 | 2 | 3 |
| 2 | 4 | 3 | 5 | 7 | 8 | 1 | 9 | 6 |

**98**

| 3 | 2 | 7 | 5 | 9 | 1 | 6 | 8 | 4 |
|---|---|---|---|---|---|---|---|---|
| 1 | 9 | 4 | 8 | 2 | 6 | 5 | 7 | 3 |
| 6 | 8 | 5 | 4 | 3 | 7 | 2 | 1 | 9 |
| 7 | 4 | 9 | 6 | 5 | 2 | 8 | 3 | 1 |
| 5 | 1 | 2 | 3 | 8 | 4 | 9 | 6 | 7 |
| 8 | 6 | 3 | 7 | 1 | 9 | 4 | 2 | 5 |
| 9 | 5 | 6 | 2 | 7 | 3 | 1 | 4 | 8 |
| 4 | 3 | 8 | 1 | 6 | 5 | 7 | 9 | 2 |
| 2 | 7 | 1 | 9 | 4 | 8 | 3 | 5 | 6 |

**99**

| 6 | 2 | 4 | 9 | 1 | 3 | 5 | 8 | 7 |
|---|---|---|---|---|---|---|---|---|
| 9 | 5 | 3 | 7 | 8 | 2 | 4 | 6 | 1 |
| 1 | 7 | 8 | 4 | 6 | 5 | 3 | 9 | 2 |
| 2 | 1 | 6 | 3 | 5 | 8 | 9 | 7 | 4 |
| 7 | 3 | 9 | 6 | 4 | 1 | 8 | 2 | 5 |
| 8 | 4 | 5 | 2 | 9 | 7 | 6 | 1 | 3 |
| 4 | 8 | 1 | 5 | 7 | 6 | 2 | 3 | 9 |
| 3 | 9 | 7 | 8 | 2 | 4 | 1 | 5 | 6 |
| 5 | 6 | 2 | 1 | 3 | 9 | 7 | 4 | 8 |

**100**

| 2 | 7 | 4 | 3 | 9 | 1 | 6 | 5 | 8 |
|---|---|---|---|---|---|---|---|---|
| 9 | 3 | 1 | 6 | 8 | 5 | 2 | 7 | 4 |
| 6 | 8 | 5 | 2 | 4 | 7 | 9 | 3 | 1 |
| 4 | 2 | 8 | 7 | 3 | 9 | 5 | 1 | 6 |
| 1 | 6 | 7 | 8 | 5 | 4 | 3 | 9 | 2 |
| 5 | 9 | 3 | 1 | 6 | 2 | 8 | 4 | 7 |
| 7 | 1 | 9 | 5 | 2 | 8 | 4 | 6 | 3 |
| 8 | 4 | 6 | 9 | 7 | 3 | 1 | 2 | 5 |
| 3 | 5 | 2 | 4 | 1 | 6 | 7 | 8 | 9 |

### 101

| 4 | 1 | 9 | 7 | 3 | 5 | 2 | 6 | 8 |
|---|---|---|---|---|---|---|---|---|
| 6 | 2 | 8 | 9 | 4 | 1 | 7 | 5 | 3 |
| 7 | 3 | 5 | 8 | 2 | 6 | 4 | 9 | 1 |
| 1 | 5 | 6 | 2 | 7 | 4 | 8 | 3 | 9 |
| 8 | 7 | 2 | 3 | 5 | 9 | 6 | 1 | 4 |
| 3 | 9 | 4 | 1 | 6 | 8 | 5 | 2 | 7 |
| 5 | 6 | 1 | 4 | 8 | 3 | 9 | 7 | 2 |
| 2 | 4 | 3 | 6 | 9 | 7 | 1 | 8 | 5 |
| 9 | 8 | 7 | 5 | 1 | 2 | 3 | 4 | 6 |

### 102

| 2 | 3 | 5 | 7 | 9 | 1 | 8 | 4 | 6 |
|---|---|---|---|---|---|---|---|---|
| 8 | 1 | 6 | 4 | 5 | 3 | 7 | 2 | 9 |
| 4 | 7 | 9 | 8 | 6 | 2 | 3 | 1 | 5 |
| 3 | 6 | 1 | 5 | 7 | 8 | 4 | 9 | 2 |
| 9 | 5 | 8 | 2 | 4 | 6 | 1 | 3 | 7 |
| 7 | 4 | 2 | 1 | 3 | 9 | 6 | 5 | 8 |
| 5 | 8 | 7 | 9 | 1 | 4 | 2 | 6 | 3 |
| 6 | 9 | 4 | 3 | 2 | 7 | 5 | 8 | 1 |
| 1 | 2 | 3 | 6 | 8 | 5 | 9 | 7 | 4 |

### 103

| 3 | 4 | 8 | 5 | 7 | 2 | 6 | 9 | 1 |
|---|---|---|---|---|---|---|---|---|
| 1 | 5 | 2 | 4 | 6 | 9 | 3 | 8 | 7 |
| 6 | 7 | 9 | 1 | 3 | 8 | 4 | 5 | 2 |
| 9 | 6 | 4 | 7 | 2 | 3 | 8 | 1 | 5 |
| 7 | 1 | 5 | 9 | 8 | 4 | 2 | 3 | 6 |
| 8 | 2 | 3 | 6 | 5 | 1 | 7 | 4 | 9 |
| 5 | 9 | 7 | 3 | 4 | 6 | 1 | 2 | 8 |
| 2 | 3 | 1 | 8 | 9 | 7 | 5 | 6 | 4 |
| 4 | 8 | 6 | 2 | 1 | 5 | 9 | 7 | 3 |

### 104

| 5 | 8 | 9 | 2 | 1 | 3 | 6 | 4 | 7 |
|---|---|---|---|---|---|---|---|---|
| 6 | 7 | 3 | 9 | 8 | 4 | 5 | 2 | 1 |
| 2 | 4 | 1 | 6 | 7 | 5 | 3 | 9 | 8 |
| 1 | 3 | 7 | 5 | 9 | 6 | 2 | 8 | 4 |
| 9 | 5 | 8 | 7 | 4 | 2 | 1 | 6 | 3 |
| 4 | 6 | 2 | 8 | 3 | 1 | 9 | 7 | 5 |
| 3 | 9 | 5 | 4 | 6 | 7 | 8 | 1 | 2 |
| 7 | 1 | 6 | 3 | 2 | 8 | 4 | 5 | 9 |
| 8 | 2 | 4 | 1 | 5 | 9 | 7 | 3 | 6 |

### 105

| 3 | 6 | 5 | 2 | 8 | 4 | 9 | 1 | 7 |
|---|---|---|---|---|---|---|---|---|
| 9 | 4 | 2 | 1 | 5 | 7 | 6 | 3 | 8 |
| 8 | 7 | 1 | 6 | 9 | 3 | 5 | 4 | 2 |
| 7 | 1 | 8 | 5 | 4 | 6 | 2 | 9 | 3 |
| 5 | 2 | 4 | 9 | 3 | 8 | 7 | 6 | 1 |
| 6 | 3 | 9 | 7 | 1 | 2 | 8 | 5 | 4 |
| 4 | 5 | 3 | 8 | 2 | 9 | 1 | 7 | 6 |
| 1 | 8 | 6 | 4 | 7 | 5 | 3 | 2 | 9 |
| 2 | 9 | 7 | 3 | 6 | 1 | 4 | 8 | 5 |

### 106

| 2 | 8 | 3 | 6 | 4 | 1 | 7 | 5 | 9 |
|---|---|---|---|---|---|---|---|---|
| 9 | 7 | 1 | 5 | 8 | 3 | 2 | 6 | 4 |
| 5 | 4 | 6 | 2 | 9 | 7 | 3 | 1 | 8 |
| 6 | 1 | 8 | 9 | 3 | 2 | 5 | 4 | 7 |
| 4 | 9 | 2 | 7 | 6 | 5 | 8 | 3 | 1 |
| 3 | 5 | 7 | 8 | 1 | 4 | 6 | 9 | 2 |
| 1 | 2 | 5 | 3 | 7 | 9 | 4 | 8 | 6 |
| 8 | 3 | 9 | 4 | 2 | 6 | 1 | 7 | 5 |
| 7 | 6 | 4 | 1 | 5 | 8 | 9 | 2 | 3 |

### 107

| 3 | 6 | 4 | 5 | 1 | 2 | 7 | 8 | 9 |
|---|---|---|---|---|---|---|---|---|
| 7 | 2 | 9 | 6 | 8 | 4 | 5 | 3 | 1 |
| 5 | 8 | 1 | 3 | 9 | 7 | 4 | 6 | 2 |
| 4 | 7 | 6 | 1 | 3 | 9 | 8 | 2 | 5 |
| 1 | 3 | 5 | 8 | 2 | 6 | 9 | 7 | 4 |
| 8 | 9 | 2 | 7 | 4 | 5 | 6 | 1 | 3 |
| 9 | 1 | 7 | 4 | 6 | 3 | 2 | 5 | 8 |
| 6 | 4 | 3 | 2 | 5 | 8 | 1 | 9 | 7 |
| 2 | 5 | 8 | 9 | 7 | 1 | 3 | 4 | 6 |

### 108

| 6 | 1 | 3 | 5 | 2 | 4 | 8 | 9 | 7 |
|---|---|---|---|---|---|---|---|---|
| 7 | 5 | 9 | 6 | 1 | 8 | 3 | 4 | 2 |
| 2 | 8 | 4 | 9 | 3 | 7 | 1 | 5 | 6 |
| 8 | 6 | 7 | 3 | 4 | 9 | 2 | 1 | 5 |
| 1 | 9 | 2 | 8 | 5 | 6 | 4 | 7 | 3 |
| 4 | 3 | 5 | 2 | 7 | 1 | 6 | 8 | 9 |
| 5 | 4 | 1 | 7 | 6 | 2 | 9 | 3 | 8 |
| 3 | 2 | 8 | 4 | 9 | 5 | 7 | 6 | 1 |
| 9 | 7 | 6 | 1 | 8 | 3 | 5 | 2 | 4 |

### 109

| 6 | 2 | 9 | 4 | 8 | 1 | 3 | 7 | 5 |
|---|---|---|---|---|---|---|---|---|
| 3 | 4 | 7 | 5 | 2 | 6 | 1 | 9 | 8 |
| 1 | 8 | 5 | 3 | 7 | 9 | 2 | 6 | 4 |
| 2 | 7 | 8 | 6 | 9 | 4 | 5 | 3 | 1 |
| 5 | 3 | 6 | 7 | 1 | 8 | 4 | 2 | 9 |
| 9 | 1 | 4 | 2 | 3 | 5 | 7 | 8 | 6 |
| 4 | 6 | 2 | 8 | 5 | 7 | 9 | 1 | 3 |
| 8 | 9 | 3 | 1 | 4 | 2 | 6 | 5 | 7 |
| 7 | 5 | 1 | 9 | 6 | 3 | 8 | 4 | 2 |

### 110

| 5 | 7 | 2 | 3 | 9 | 1 | 8 | 4 | 6 |
|---|---|---|---|---|---|---|---|---|
| 8 | 3 | 6 | 5 | 7 | 4 | 1 | 2 | 9 |
| 4 | 9 | 1 | 8 | 6 | 2 | 5 | 7 | 3 |
| 1 | 6 | 8 | 9 | 4 | 3 | 2 | 5 | 7 |
| 9 | 5 | 3 | 1 | 2 | 7 | 4 | 6 | 8 |
| 2 | 4 | 7 | 6 | 8 | 5 | 3 | 9 | 1 |
| 6 | 2 | 9 | 4 | 1 | 8 | 7 | 3 | 5 |
| 3 | 1 | 4 | 7 | 5 | 6 | 9 | 8 | 2 |
| 7 | 8 | 5 | 2 | 3 | 9 | 6 | 1 | 4 |

### 111

| 1 | 2 | 3 | 6 | 7 | 9 | 8 | 4 | 5 |
|---|---|---|---|---|---|---|---|---|
| 9 | 8 | 7 | 5 | 1 | 4 | 6 | 2 | 3 |
| 5 | 6 | 4 | 8 | 2 | 3 | 1 | 9 | 7 |
| 6 | 9 | 2 | 3 | 4 | 7 | 5 | 1 | 8 |
| 8 | 7 | 1 | 9 | 5 | 6 | 4 | 3 | 2 |
| 4 | 3 | 5 | 1 | 8 | 2 | 9 | 7 | 6 |
| 7 | 1 | 8 | 4 | 3 | 5 | 2 | 6 | 9 |
| 2 | 4 | 9 | 7 | 6 | 8 | 3 | 5 | 1 |
| 3 | 5 | 6 | 2 | 9 | 1 | 7 | 8 | 4 |

### 112

| 6 | 5 | 7 | 9 | 8 | 4 | 3 | 1 | 2 |
|---|---|---|---|---|---|---|---|---|
| 4 | 2 | 9 | 1 | 3 | 7 | 8 | 5 | 6 |
| 1 | 8 | 3 | 5 | 2 | 6 | 7 | 4 | 9 |
| 7 | 4 | 6 | 2 | 5 | 8 | 1 | 9 | 3 |
| 2 | 9 | 8 | 3 | 6 | 1 | 4 | 7 | 5 |
| 5 | 3 | 1 | 7 | 4 | 9 | 6 | 2 | 8 |
| 8 | 7 | 2 | 6 | 1 | 5 | 9 | 3 | 4 |
| 3 | 1 | 4 | 8 | 9 | 2 | 5 | 6 | 7 |
| 9 | 6 | 5 | 4 | 7 | 3 | 2 | 8 | 1 |

### 113

| 5 | 2 | 8 | 6 | 9 | 1 | 4 | 7 | 3 |
|---|---|---|---|---|---|---|---|---|
| 7 | 1 | 4 | 5 | 2 | 3 | 6 | 8 | 9 |
| 9 | 6 | 3 | 8 | 4 | 7 | 2 | 5 | 1 |
| 4 | 5 | 6 | 2 | 3 | 9 | 7 | 1 | 8 |
| 8 | 7 | 2 | 1 | 5 | 4 | 3 | 9 | 6 |
| 3 | 9 | 1 | 7 | 8 | 6 | 5 | 4 | 2 |
| 2 | 4 | 5 | 3 | 1 | 8 | 9 | 6 | 7 |
| 6 | 8 | 9 | 4 | 7 | 2 | 1 | 3 | 5 |
| 1 | 3 | 7 | 9 | 6 | 5 | 8 | 2 | 4 |

### 114

| 2 | 5 | 6 | 9 | 7 | 4 | 1 | 8 | 3 |
|---|---|---|---|---|---|---|---|---|
| 4 | 3 | 1 | 6 | 5 | 8 | 2 | 7 | 9 |
| 9 | 7 | 8 | 3 | 2 | 1 | 6 | 5 | 4 |
| 6 | 2 | 3 | 4 | 8 | 7 | 9 | 1 | 5 |
| 7 | 8 | 9 | 5 | 1 | 3 | 4 | 6 | 2 |
| 1 | 4 | 5 | 2 | 9 | 6 | 7 | 3 | 8 |
| 5 | 6 | 2 | 7 | 3 | 9 | 8 | 4 | 1 |
| 3 | 1 | 4 | 8 | 6 | 2 | 5 | 9 | 7 |
| 8 | 9 | 7 | 1 | 4 | 5 | 3 | 2 | 6 |

### 115

| 2 | 9 | 3 | 7 | 5 | 8 | 1 | 4 | 6 |
|---|---|---|---|---|---|---|---|---|
| 7 | 6 | 4 | 3 | 1 | 9 | 8 | 2 | 5 |
| 5 | 8 | 1 | 2 | 4 | 6 | 3 | 9 | 7 |
| 8 | 2 | 9 | 4 | 6 | 3 | 5 | 7 | 1 |
| 1 | 4 | 6 | 5 | 9 | 7 | 2 | 3 | 8 |
| 3 | 5 | 7 | 8 | 2 | 1 | 9 | 6 | 4 |
| 9 | 3 | 8 | 1 | 7 | 4 | 6 | 5 | 2 |
| 4 | 1 | 5 | 6 | 3 | 2 | 7 | 8 | 9 |
| 6 | 7 | 2 | 9 | 8 | 5 | 4 | 1 | 3 |

### 116

| 8 | 7 | 1 | 5 | 4 | 3 | 6 | 2 | 9 |
|---|---|---|---|---|---|---|---|---|
| 6 | 9 | 4 | 7 | 2 | 1 | 3 | 5 | 8 |
| 2 | 5 | 3 | 9 | 8 | 6 | 4 | 1 | 7 |
| 3 | 8 | 2 | 6 | 1 | 9 | 7 | 4 | 5 |
| 7 | 1 | 9 | 4 | 3 | 5 | 2 | 8 | 6 |
| 5 | 4 | 6 | 8 | 7 | 2 | 1 | 9 | 3 |
| 9 | 3 | 8 | 2 | 6 | 4 | 5 | 7 | 1 |
| 4 | 6 | 5 | 1 | 9 | 7 | 8 | 3 | 2 |
| 1 | 2 | 7 | 3 | 5 | 8 | 9 | 6 | 4 |

### 117

| 4 | 1 | 7 | 5 | 9 | 3 | 2 | 8 | 6 |
|---|---|---|---|---|---|---|---|---|
| 2 | 9 | 6 | 4 | 8 | 7 | 1 | 3 | 5 |
| 5 | 8 | 3 | 1 | 6 | 2 | 7 | 9 | 4 |
| 9 | 4 | 1 | 2 | 7 | 6 | 3 | 5 | 8 |
| 6 | 7 | 5 | 8 | 3 | 1 | 4 | 2 | 9 |
| 8 | 3 | 2 | 9 | 5 | 4 | 6 | 7 | 1 |
| 3 | 5 | 4 | 6 | 2 | 9 | 8 | 1 | 7 |
| 1 | 2 | 8 | 7 | 4 | 5 | 9 | 6 | 3 |
| 7 | 6 | 9 | 3 | 1 | 8 | 5 | 4 | 2 |

### 118

| 6 | 9 | 8 | 1 | 7 | 3 | 4 | 5 | 2 |
|---|---|---|---|---|---|---|---|---|
| 5 | 1 | 4 | 2 | 8 | 9 | 6 | 3 | 7 |
| 2 | 3 | 7 | 5 | 6 | 4 | 8 | 9 | 1 |
| 9 | 6 | 5 | 4 | 3 | 7 | 2 | 1 | 8 |
| 1 | 8 | 3 | 6 | 2 | 5 | 9 | 7 | 4 |
| 4 | 7 | 2 | 9 | 1 | 8 | 5 | 6 | 3 |
| 7 | 5 | 9 | 8 | 4 | 1 | 3 | 2 | 6 |
| 8 | 2 | 1 | 3 | 5 | 6 | 7 | 4 | 9 |
| 3 | 4 | 6 | 7 | 9 | 2 | 1 | 8 | 5 |

### 119

| 7 | 3 | 8 | 1 | 9 | 2 | 5 | 6 | 4 |
|---|---|---|---|---|---|---|---|---|
| 6 | 1 | 9 | 4 | 5 | 7 | 2 | 8 | 3 |
| 4 | 2 | 5 | 3 | 6 | 8 | 1 | 9 | 7 |
| 9 | 7 | 2 | 5 | 1 | 6 | 3 | 4 | 8 |
| 8 | 6 | 3 | 9 | 2 | 4 | 7 | 1 | 5 |
| 1 | 5 | 4 | 7 | 8 | 3 | 9 | 2 | 6 |
| 3 | 8 | 6 | 2 | 7 | 9 | 4 | 5 | 1 |
| 5 | 9 | 7 | 6 | 4 | 1 | 8 | 3 | 2 |
| 2 | 4 | 1 | 8 | 3 | 5 | 6 | 7 | 9 |

### 120

| 2 | 7 | 8 | 6 | 1 | 4 | 5 | 9 | 3 |
|---|---|---|---|---|---|---|---|---|
| 9 | 1 | 6 | 3 | 2 | 5 | 7 | 4 | 8 |
| 4 | 5 | 3 | 9 | 8 | 7 | 2 | 6 | 1 |
| 3 | 2 | 5 | 7 | 6 | 8 | 9 | 1 | 4 |
| 1 | 8 | 9 | 4 | 5 | 2 | 6 | 3 | 7 |
| 7 | 6 | 4 | 1 | 3 | 9 | 8 | 5 | 2 |
| 6 | 9 | 7 | 2 | 4 | 1 | 3 | 8 | 5 |
| 5 | 4 | 2 | 8 | 9 | 3 | 1 | 7 | 6 |
| 8 | 3 | 1 | 5 | 7 | 6 | 4 | 2 | 9 |

### 121

| 6 | 8 | 4 | 7 | 2 | 5 | 3 | 9 | 1 |
|---|---|---|---|---|---|---|---|---|
| 7 | 3 | 5 | 6 | 9 | 1 | 8 | 2 | 4 |
| 9 | 2 | 1 | 4 | 3 | 8 | 6 | 7 | 5 |
| 5 | 1 | 2 | 9 | 4 | 6 | 7 | 8 | 3 |
| 8 | 6 | 3 | 5 | 7 | 2 | 1 | 4 | 9 |
| 4 | 9 | 7 | 1 | 8 | 3 | 5 | 6 | 2 |
| 1 | 7 | 9 | 8 | 5 | 4 | 2 | 3 | 6 |
| 2 | 4 | 6 | 3 | 1 | 7 | 9 | 5 | 8 |
| 3 | 5 | 8 | 2 | 6 | 9 | 4 | 1 | 7 |

### 122

| 3 | 7 | 1 | 2 | 6 | 8 | 5 | 9 | 4 |
|---|---|---|---|---|---|---|---|---|
| 5 | 6 | 2 | 9 | 4 | 1 | 3 | 8 | 7 |
| 9 | 8 | 4 | 7 | 5 | 3 | 1 | 6 | 2 |
| 1 | 9 | 3 | 8 | 7 | 5 | 2 | 4 | 6 |
| 6 | 5 | 7 | 4 | 3 | 2 | 8 | 1 | 9 |
| 2 | 4 | 8 | 1 | 9 | 6 | 7 | 5 | 3 |
| 4 | 1 | 5 | 3 | 2 | 9 | 6 | 7 | 8 |
| 7 | 2 | 6 | 5 | 8 | 4 | 9 | 3 | 1 |
| 8 | 3 | 9 | 6 | 1 | 7 | 4 | 2 | 5 |

### 123

| 3 | 2 | 6 | 4 | 8 | 5 | 9 | 7 | 1 |
|---|---|---|---|---|---|---|---|---|
| 4 | 9 | 7 | 6 | 1 | 3 | 8 | 5 | 2 |
| 5 | 8 | 1 | 2 | 9 | 7 | 4 | 6 | 3 |
| 9 | 6 | 3 | 8 | 7 | 1 | 2 | 4 | 5 |
| 1 | 5 | 4 | 9 | 2 | 6 | 3 | 8 | 7 |
| 8 | 7 | 2 | 5 | 3 | 4 | 1 | 9 | 6 |
| 6 | 3 | 9 | 1 | 5 | 8 | 7 | 2 | 4 |
| 2 | 1 | 5 | 7 | 4 | 9 | 6 | 3 | 8 |
| 7 | 4 | 8 | 3 | 6 | 2 | 5 | 1 | 9 |

### 124

| 7 | 2 | 6 | 8 | 5 | 4 | 3 | 9 | 1 |
|---|---|---|---|---|---|---|---|---|
| 3 | 5 | 4 | 9 | 1 | 6 | 8 | 2 | 7 |
| 8 | 9 | 1 | 7 | 2 | 3 | 5 | 6 | 4 |
| 2 | 1 | 8 | 6 | 7 | 9 | 4 | 3 | 5 |
| 5 | 6 | 3 | 1 | 4 | 8 | 2 | 7 | 9 |
| 4 | 7 | 9 | 5 | 3 | 2 | 1 | 8 | 6 |
| 1 | 8 | 5 | 2 | 9 | 7 | 6 | 4 | 3 |
| 6 | 4 | 7 | 3 | 8 | 1 | 9 | 5 | 2 |
| 9 | 3 | 2 | 4 | 6 | 5 | 7 | 1 | 8 |

### 125

| 7 | 9 | 8 | 5 | 1 | 2 | 4 | 6 | 3 |
|---|---|---|---|---|---|---|---|---|
| 4 | 6 | 1 | 8 | 3 | 7 | 9 | 2 | 5 |
| 2 | 5 | 3 | 9 | 4 | 6 | 1 | 7 | 8 |
| 8 | 1 | 2 | 3 | 9 | 5 | 7 | 4 | 6 |
| 5 | 3 | 9 | 7 | 6 | 4 | 8 | 1 | 2 |
| 6 | 4 | 7 | 2 | 8 | 1 | 5 | 3 | 9 |
| 9 | 8 | 6 | 4 | 7 | 3 | 2 | 5 | 1 |
| 1 | 7 | 5 | 6 | 2 | 8 | 3 | 9 | 4 |
| 3 | 2 | 4 | 1 | 5 | 9 | 6 | 8 | 7 |

### 126

| 7 | 6 | 2 | 9 | 8 | 3 | 4 | 5 | 1 |
|---|---|---|---|---|---|---|---|---|
| 3 | 4 | 8 | 7 | 1 | 5 | 9 | 2 | 6 |
| 5 | 1 | 9 | 2 | 6 | 4 | 3 | 8 | 7 |
| 8 | 2 | 1 | 6 | 4 | 9 | 5 | 7 | 3 |
| 9 | 3 | 5 | 8 | 7 | 1 | 6 | 4 | 2 |
| 4 | 7 | 6 | 3 | 5 | 2 | 8 | 1 | 9 |
| 1 | 9 | 7 | 5 | 3 | 8 | 2 | 6 | 4 |
| 2 | 8 | 4 | 1 | 9 | 6 | 7 | 3 | 5 |
| 6 | 5 | 3 | 4 | 2 | 7 | 1 | 9 | 8 |

### 127

| 4 | 9 | 1 | 8 | 7 | 6 | 2 | 3 | 5 |
|---|---|---|---|---|---|---|---|---|
| 6 | 3 | 5 | 4 | 1 | 2 | 7 | 8 | 9 |
| 2 | 8 | 7 | 9 | 5 | 3 | 4 | 6 | 1 |
| 7 | 1 | 3 | 6 | 8 | 5 | 9 | 2 | 4 |
| 9 | 6 | 8 | 7 | 2 | 4 | 5 | 1 | 3 |
| 5 | 2 | 4 | 1 | 3 | 9 | 8 | 7 | 6 |
| 3 | 7 | 9 | 5 | 6 | 8 | 1 | 4 | 2 |
| 8 | 4 | 2 | 3 | 9 | 1 | 6 | 5 | 7 |
| 1 | 5 | 6 | 2 | 4 | 7 | 3 | 9 | 8 |

### 128

| 9 | 4 | 5 | 2 | 8 | 1 | 6 | 7 | 3 |
|---|---|---|---|---|---|---|---|---|
| 8 | 1 | 7 | 6 | 3 | 9 | 2 | 5 | 4 |
| 6 | 2 | 3 | 4 | 5 | 7 | 9 | 8 | 1 |
| 3 | 7 | 4 | 9 | 2 | 6 | 5 | 1 | 8 |
| 5 | 6 | 9 | 3 | 1 | 8 | 7 | 4 | 2 |
| 1 | 8 | 2 | 7 | 4 | 5 | 3 | 9 | 6 |
| 2 | 9 | 6 | 1 | 7 | 4 | 8 | 3 | 5 |
| 7 | 5 | 1 | 8 | 6 | 3 | 4 | 2 | 9 |
| 4 | 3 | 8 | 5 | 9 | 2 | 1 | 6 | 7 |

### 129

| 1 | 3 | 5 | 8 | 7 | 9 | 4 | 2 | 6 |
|---|---|---|---|---|---|---|---|---|
| 7 | 2 | 8 | 3 | 4 | 6 | 5 | 9 | 1 |
| 6 | 4 | 9 | 5 | 2 | 1 | 8 | 7 | 3 |
| 3 | 1 | 6 | 4 | 8 | 7 | 2 | 5 | 9 |
| 4 | 5 | 7 | 6 | 9 | 2 | 1 | 3 | 8 |
| 8 | 9 | 2 | 1 | 5 | 3 | 7 | 6 | 4 |
| 5 | 6 | 4 | 7 | 3 | 8 | 9 | 1 | 2 |
| 2 | 8 | 3 | 9 | 1 | 5 | 6 | 4 | 7 |
| 9 | 7 | 1 | 2 | 6 | 4 | 3 | 8 | 5 |

### 130

| 8 | 6 | 5 | 9 | 4 | 2 | 3 | 7 | 1 |
|---|---|---|---|---|---|---|---|---|
| 3 | 9 | 2 | 7 | 1 | 8 | 4 | 5 | 6 |
| 1 | 4 | 7 | 3 | 5 | 6 | 8 | 9 | 2 |
| 6 | 5 | 4 | 1 | 8 | 7 | 2 | 3 | 9 |
| 2 | 3 | 8 | 6 | 9 | 5 | 7 | 1 | 4 |
| 9 | 7 | 1 | 4 | 2 | 3 | 5 | 6 | 8 |
| 4 | 2 | 9 | 5 | 3 | 1 | 6 | 8 | 7 |
| 5 | 8 | 6 | 2 | 7 | 9 | 1 | 4 | 3 |
| 7 | 1 | 3 | 8 | 6 | 4 | 9 | 2 | 5 |

### 131

| 4 | 8 | 1 | 2 | 5 | 7 | 9 | 3 | 6 |
|---|---|---|---|---|---|---|---|---|
| 9 | 5 | 2 | 6 | 3 | 8 | 1 | 4 | 7 |
| 7 | 3 | 6 | 9 | 1 | 4 | 2 | 5 | 8 |
| 8 | 1 | 9 | 3 | 6 | 5 | 7 | 2 | 4 |
| 5 | 6 | 7 | 4 | 2 | 9 | 3 | 8 | 1 |
| 3 | 2 | 4 | 7 | 8 | 1 | 5 | 6 | 9 |
| 1 | 4 | 8 | 5 | 7 | 2 | 6 | 9 | 3 |
| 2 | 9 | 3 | 1 | 4 | 6 | 8 | 7 | 5 |
| 6 | 7 | 5 | 8 | 9 | 3 | 4 | 1 | 2 |

### 132

| 3 | 5 | 9 | 4 | 1 | 7 | 6 | 8 | 2 |
|---|---|---|---|---|---|---|---|---|
| 1 | 4 | 7 | 2 | 6 | 8 | 5 | 3 | 9 |
| 6 | 2 | 8 | 5 | 3 | 9 | 1 | 7 | 4 |
| 7 | 9 | 4 | 6 | 8 | 3 | 2 | 5 | 1 |
| 8 | 3 | 2 | 9 | 5 | 1 | 7 | 4 | 6 |
| 5 | 6 | 1 | 7 | 4 | 2 | 3 | 9 | 8 |
| 2 | 7 | 3 | 8 | 9 | 6 | 4 | 1 | 5 |
| 9 | 1 | 5 | 3 | 2 | 4 | 8 | 6 | 7 |
| 4 | 8 | 6 | 1 | 7 | 5 | 9 | 2 | 3 |

### 133

| 5 | 1 | 2 | 3 | 8 | 7 | 6 | 4 | 9 |
|---|---|---|---|---|---|---|---|---|
| 7 | 9 | 6 | 4 | 2 | 5 | 8 | 3 | 1 |
| 4 | 8 | 3 | 6 | 9 | 1 | 5 | 7 | 2 |
| 8 | 5 | 9 | 1 | 3 | 2 | 4 | 6 | 7 |
| 2 | 7 | 1 | 8 | 6 | 4 | 3 | 9 | 5 |
| 6 | 3 | 4 | 5 | 7 | 9 | 2 | 1 | 8 |
| 3 | 2 | 8 | 9 | 1 | 6 | 7 | 5 | 4 |
| 1 | 6 | 5 | 7 | 4 | 8 | 9 | 2 | 3 |
| 9 | 4 | 7 | 2 | 5 | 3 | 1 | 8 | 6 |

### 134

| 8 | 6 | 1 | 2 | 9 | 7 | 3 | 5 | 4 |
|---|---|---|---|---|---|---|---|---|
| 2 | 7 | 4 | 5 | 8 | 3 | 1 | 9 | 6 |
| 9 | 3 | 5 | 4 | 1 | 6 | 8 | 2 | 7 |
| 7 | 9 | 8 | 6 | 3 | 2 | 5 | 4 | 1 |
| 5 | 2 | 3 | 8 | 4 | 1 | 7 | 6 | 9 |
| 1 | 4 | 6 | 9 | 7 | 5 | 2 | 8 | 3 |
| 6 | 5 | 7 | 3 | 2 | 9 | 4 | 1 | 8 |
| 3 | 8 | 9 | 1 | 5 | 4 | 6 | 7 | 2 |
| 4 | 1 | 2 | 7 | 6 | 8 | 9 | 3 | 5 |

### 135

| 6 | 9 | 2 | 5 | 3 | 7 | 4 | 1 | 8 |
|---|---|---|---|---|---|---|---|---|
| 5 | 4 | 8 | 6 | 1 | 2 | 3 | 7 | 9 |
| 1 | 3 | 7 | 9 | 8 | 4 | 6 | 2 | 5 |
| 8 | 2 | 3 | 1 | 6 | 5 | 9 | 4 | 7 |
| 4 | 7 | 5 | 8 | 2 | 9 | 1 | 6 | 3 |
| 9 | 1 | 6 | 7 | 4 | 3 | 5 | 8 | 2 |
| 3 | 6 | 1 | 2 | 9 | 8 | 7 | 5 | 4 |
| 2 | 5 | 4 | 3 | 7 | 1 | 8 | 9 | 6 |
| 7 | 8 | 9 | 4 | 5 | 6 | 2 | 3 | 1 |

### 136

| 4 | 1 | 2 | 7 | 8 | 5 | 3 | 9 | 6 |
|---|---|---|---|---|---|---|---|---|
| 8 | 3 | 6 | 9 | 2 | 1 | 7 | 4 | 5 |
| 5 | 7 | 9 | 3 | 4 | 6 | 1 | 8 | 2 |
| 7 | 2 | 5 | 4 | 3 | 8 | 6 | 1 | 9 |
| 9 | 4 | 1 | 6 | 7 | 2 | 5 | 3 | 8 |
| 6 | 8 | 3 | 1 | 5 | 9 | 2 | 7 | 4 |
| 1 | 9 | 8 | 2 | 6 | 7 | 4 | 5 | 3 |
| 3 | 6 | 7 | 5 | 9 | 4 | 8 | 2 | 1 |
| 2 | 5 | 4 | 8 | 1 | 3 | 9 | 6 | 7 |

### 137

| 7 | 2 | 8 | 6 | 9 | 5 | 1 | 4 | 3 |
|---|---|---|---|---|---|---|---|---|
| 5 | 1 | 6 | 4 | 8 | 3 | 9 | 2 | 7 |
| 4 | 3 | 9 | 2 | 1 | 7 | 8 | 6 | 5 |
| 1 | 8 | 5 | 7 | 2 | 9 | 6 | 3 | 4 |
| 3 | 6 | 2 | 5 | 4 | 1 | 7 | 9 | 8 |
| 9 | 4 | 7 | 8 | 3 | 6 | 5 | 1 | 2 |
| 8 | 7 | 1 | 3 | 6 | 4 | 2 | 5 | 9 |
| 6 | 5 | 4 | 9 | 7 | 2 | 3 | 8 | 1 |
| 2 | 9 | 3 | 1 | 5 | 8 | 4 | 7 | 6 |

### 138

| 2 | 6 | 9 | 4 | 7 | 5 | 3 | 1 | 8 |
|---|---|---|---|---|---|---|---|---|
| 7 | 4 | 3 | 8 | 1 | 6 | 2 | 9 | 5 |
| 1 | 8 | 5 | 3 | 2 | 9 | 6 | 4 | 7 |
| 4 | 5 | 2 | 1 | 6 | 8 | 7 | 3 | 9 |
| 6 | 3 | 7 | 5 | 9 | 2 | 1 | 8 | 4 |
| 8 | 9 | 1 | 7 | 3 | 4 | 5 | 2 | 6 |
| 9 | 7 | 4 | 2 | 5 | 3 | 8 | 6 | 1 |
| 5 | 2 | 8 | 6 | 4 | 1 | 9 | 7 | 3 |
| 3 | 1 | 6 | 9 | 8 | 7 | 4 | 5 | 2 |

### 139

| 8 | 6 | 2 | 7 | 5 | 9 | 4 | 3 | 1 |
|---|---|---|---|---|---|---|---|---|
| 3 | 4 | 9 | 8 | 6 | 1 | 2 | 7 | 5 |
| 1 | 7 | 5 | 2 | 3 | 4 | 6 | 9 | 8 |
| 6 | 1 | 7 | 5 | 9 | 3 | 8 | 4 | 2 |
| 9 | 2 | 4 | 6 | 8 | 7 | 1 | 5 | 3 |
| 5 | 8 | 3 | 4 | 1 | 2 | 7 | 6 | 9 |
| 4 | 9 | 8 | 1 | 7 | 5 | 3 | 2 | 6 |
| 2 | 5 | 6 | 3 | 4 | 8 | 9 | 1 | 7 |
| 7 | 3 | 1 | 9 | 2 | 6 | 5 | 8 | 4 |

### 140

| 7 | 6 | 3 | 2 | 8 | 5 | 4 | 1 | 9 |
|---|---|---|---|---|---|---|---|---|
| 5 | 9 | 1 | 3 | 7 | 4 | 2 | 8 | 6 |
| 2 | 8 | 4 | 9 | 6 | 1 | 5 | 7 | 3 |
| 8 | 2 | 5 | 4 | 9 | 7 | 6 | 3 | 1 |
| 3 | 4 | 9 | 6 | 1 | 8 | 7 | 5 | 2 |
| 6 | 1 | 7 | 5 | 3 | 2 | 8 | 9 | 4 |
| 4 | 3 | 8 | 1 | 5 | 6 | 9 | 2 | 7 |
| 1 | 5 | 6 | 7 | 2 | 9 | 3 | 4 | 8 |
| 9 | 7 | 2 | 8 | 4 | 3 | 1 | 6 | 5 |

**141**

| 6 | 2 | 4 | 9 | 8 | 7 | 5 | 3 | 1 |
|---|---|---|---|---|---|---|---|---|
| 3 | 1 | 8 | 5 | 2 | 4 | 9 | 6 | 7 |
| 9 | 5 | 7 | 6 | 3 | 1 | 4 | 8 | 2 |
| 7 | 4 | 3 | 2 | 5 | 6 | 1 | 9 | 8 |
| 1 | 9 | 6 | 8 | 4 | 3 | 2 | 7 | 5 |
| 2 | 8 | 5 | 1 | 7 | 9 | 6 | 4 | 3 |
| 4 | 3 | 1 | 7 | 9 | 2 | 8 | 5 | 6 |
| 5 | 6 | 9 | 3 | 1 | 8 | 7 | 2 | 4 |
| 8 | 7 | 2 | 4 | 6 | 5 | 3 | 1 | 9 |

**142**

| 5 | 1 | 3 | 9 | 7 | 6 | 4 | 8 | 2 |
|---|---|---|---|---|---|---|---|---|
| 6 | 7 | 2 | 4 | 3 | 8 | 9 | 5 | 1 |
| 8 | 4 | 9 | 5 | 1 | 2 | 3 | 6 | 7 |
| 9 | 6 | 4 | 7 | 5 | 1 | 2 | 3 | 8 |
| 7 | 3 | 8 | 2 | 6 | 9 | 5 | 1 | 4 |
| 2 | 5 | 1 | 3 | 8 | 4 | 6 | 7 | 9 |
| 3 | 2 | 7 | 1 | 9 | 5 | 8 | 4 | 6 |
| 4 | 8 | 5 | 6 | 2 | 7 | 1 | 9 | 3 |
| 1 | 9 | 6 | 8 | 4 | 3 | 7 | 2 | 5 |

**143**

| 4 | 2 | 1 | 7 | 5 | 9 | 8 | 6 | 3 |
|---|---|---|---|---|---|---|---|---|
| 3 | 8 | 9 | 2 | 6 | 1 | 7 | 4 | 5 |
| 5 | 6 | 7 | 3 | 8 | 4 | 1 | 9 | 2 |
| 8 | 4 | 5 | 9 | 2 | 3 | 6 | 7 | 1 |
| 9 | 3 | 6 | 8 | 1 | 7 | 5 | 2 | 4 |
| 1 | 7 | 2 | 5 | 4 | 6 | 3 | 8 | 9 |
| 7 | 1 | 8 | 4 | 3 | 2 | 9 | 5 | 6 |
| 6 | 9 | 4 | 1 | 7 | 5 | 2 | 3 | 8 |
| 2 | 5 | 3 | 6 | 9 | 8 | 4 | 1 | 7 |

**144**

| 5 | 6 | 2 | 8 | 7 | 1 | 3 | 4 | 9 |
|---|---|---|---|---|---|---|---|---|
| 3 | 7 | 1 | 9 | 4 | 2 | 5 | 8 | 6 |
| 4 | 8 | 9 | 3 | 5 | 6 | 7 | 1 | 2 |
| 6 | 3 | 8 | 7 | 2 | 9 | 1 | 5 | 4 |
| 9 | 4 | 7 | 1 | 6 | 5 | 8 | 2 | 3 |
| 2 | 1 | 5 | 4 | 8 | 3 | 9 | 6 | 7 |
| 7 | 9 | 6 | 2 | 1 | 8 | 4 | 3 | 5 |
| 8 | 5 | 4 | 6 | 3 | 7 | 2 | 9 | 1 |
| 1 | 2 | 3 | 5 | 9 | 4 | 6 | 7 | 8 |

**145**

| 4 | 2 | 1 | 5 | 3 | 8 | 6 | 7 | 9 |
|---|---|---|---|---|---|---|---|---|
| 3 | 6 | 7 | 9 | 4 | 1 | 5 | 8 | 2 |
| 8 | 9 | 5 | 7 | 6 | 2 | 1 | 4 | 3 |
| 6 | 3 | 9 | 2 | 7 | 5 | 4 | 1 | 8 |
| 1 | 7 | 8 | 6 | 9 | 4 | 3 | 2 | 5 |
| 5 | 4 | 2 | 1 | 8 | 3 | 7 | 9 | 6 |
| 9 | 8 | 6 | 4 | 5 | 7 | 2 | 3 | 1 |
| 2 | 5 | 4 | 3 | 1 | 9 | 8 | 6 | 7 |
| 7 | 1 | 3 | 8 | 2 | 6 | 9 | 5 | 4 |

**146**

| 6 | 4 | 1 | 3 | 9 | 7 | 5 | 8 | 2 |
|---|---|---|---|---|---|---|---|---|
| 7 | 5 | 8 | 2 | 1 | 4 | 3 | 6 | 9 |
| 2 | 3 | 9 | 8 | 6 | 5 | 7 | 1 | 4 |
| 9 | 7 | 6 | 5 | 8 | 3 | 4 | 2 | 1 |
| 4 | 2 | 5 | 1 | 7 | 6 | 9 | 3 | 8 |
| 8 | 1 | 3 | 4 | 2 | 9 | 6 | 5 | 7 |
| 1 | 9 | 4 | 6 | 5 | 8 | 2 | 7 | 3 |
| 5 | 8 | 7 | 9 | 3 | 2 | 1 | 4 | 6 |
| 3 | 6 | 2 | 7 | 4 | 1 | 8 | 9 | 5 |

**147**

| 3 | 5 | 7 | 4 | 6 | 1 | 2 | 9 | 8 |
|---|---|---|---|---|---|---|---|---|
| 2 | 6 | 8 | 9 | 7 | 3 | 5 | 4 | 1 |
| 4 | 1 | 9 | 5 | 2 | 8 | 3 | 6 | 7 |
| 8 | 7 | 1 | 6 | 9 | 5 | 4 | 3 | 2 |
| 5 | 2 | 4 | 1 | 3 | 7 | 6 | 8 | 9 |
| 6 | 9 | 3 | 8 | 4 | 2 | 1 | 7 | 5 |
| 9 | 4 | 5 | 2 | 8 | 6 | 7 | 1 | 3 |
| 1 | 3 | 6 | 7 | 5 | 9 | 8 | 2 | 4 |
| 7 | 8 | 2 | 3 | 1 | 4 | 9 | 5 | 6 |

**148**

| 3 | 8 | 4 | 6 | 9 | 7 | 5 | 2 | 1 |
|---|---|---|---|---|---|---|---|---|
| 1 | 6 | 7 | 5 | 8 | 2 | 4 | 9 | 3 |
| 9 | 5 | 2 | 3 | 1 | 4 | 7 | 8 | 6 |
| 4 | 9 | 5 | 8 | 2 | 6 | 3 | 1 | 7 |
| 2 | 1 | 8 | 7 | 5 | 3 | 6 | 4 | 9 |
| 6 | 7 | 3 | 1 | 4 | 9 | 2 | 5 | 8 |
| 8 | 3 | 1 | 2 | 6 | 5 | 9 | 7 | 4 |
| 7 | 2 | 9 | 4 | 3 | 8 | 1 | 6 | 5 |
| 5 | 4 | 6 | 9 | 7 | 1 | 8 | 3 | 2 |

**149**

| 1 | 8 | 6 | 2 | 9 | 7 | 5 | 4 | 3 |
|---|---|---|---|---|---|---|---|---|
| 7 | 4 | 9 | 5 | 3 | 1 | 8 | 2 | 6 |
| 3 | 5 | 2 | 4 | 6 | 8 | 7 | 9 | 1 |
| 9 | 6 | 3 | 8 | 2 | 5 | 4 | 1 | 7 |
| 5 | 1 | 8 | 6 | 7 | 4 | 2 | 3 | 9 |
| 2 | 7 | 4 | 3 | 1 | 9 | 6 | 5 | 8 |
| 4 | 2 | 1 | 7 | 8 | 3 | 9 | 6 | 5 |
| 6 | 9 | 7 | 1 | 5 | 2 | 3 | 8 | 4 |
| 8 | 3 | 5 | 9 | 4 | 6 | 1 | 7 | 2 |

**150**

| 2 | 9 | 6 | 4 | 7 | 5 | 3 | 8 | 1 |
|---|---|---|---|---|---|---|---|---|
| 4 | 1 | 8 | 2 | 9 | 3 | 5 | 6 | 7 |
| 7 | 5 | 3 | 6 | 8 | 1 | 2 | 4 | 9 |
| 8 | 7 | 1 | 3 | 6 | 4 | 9 | 5 | 2 |
| 5 | 2 | 4 | 7 | 1 | 9 | 6 | 3 | 8 |
| 3 | 6 | 9 | 5 | 2 | 8 | 7 | 1 | 4 |
| 6 | 8 | 5 | 9 | 4 | 7 | 1 | 2 | 3 |
| 1 | 3 | 7 | 8 | 5 | 2 | 4 | 9 | 6 |
| 9 | 4 | 2 | 1 | 3 | 6 | 8 | 7 | 5 |

**151**

| 7 | 6 | 4 | 2 | 1 | 5 | 8 | 3 | 9 |
|---|---|---|---|---|---|---|---|---|
| 3 | 8 | 2 | 7 | 6 | 9 | 5 | 1 | 4 |
| 9 | 1 | 5 | 4 | 8 | 3 | 6 | 2 | 7 |
| 6 | 3 | 8 | 9 | 5 | 1 | 7 | 4 | 2 |
| 5 | 2 | 7 | 3 | 4 | 6 | 9 | 8 | 1 |
| 1 | 4 | 9 | 8 | 7 | 2 | 3 | 5 | 6 |
| 2 | 7 | 1 | 5 | 9 | 8 | 4 | 6 | 3 |
| 8 | 9 | 3 | 6 | 2 | 4 | 1 | 7 | 5 |
| 4 | 5 | 6 | 1 | 3 | 7 | 2 | 9 | 8 |

**152**

| 2 | 1 | 3 | 4 | 7 | 5 | 6 | 9 | 8 |
|---|---|---|---|---|---|---|---|---|
| 5 | 8 | 4 | 2 | 6 | 9 | 3 | 7 | 1 |
| 9 | 6 | 7 | 8 | 1 | 3 | 4 | 2 | 5 |
| 4 | 2 | 1 | 7 | 8 | 6 | 9 | 5 | 3 |
| 8 | 7 | 9 | 5 | 3 | 4 | 1 | 6 | 2 |
| 3 | 5 | 6 | 9 | 2 | 1 | 8 | 4 | 7 |
| 7 | 9 | 5 | 3 | 4 | 8 | 2 | 1 | 6 |
| 6 | 4 | 8 | 1 | 5 | 2 | 7 | 3 | 9 |
| 1 | 3 | 2 | 6 | 9 | 7 | 5 | 8 | 4 |

**153**

| 8 | 4 | 9 | 2 | 7 | 6 | 3 | 1 | 5 |
|---|---|---|---|---|---|---|---|---|
| 6 | 2 | 5 | 9 | 1 | 3 | 8 | 7 | 4 |
| 7 | 1 | 3 | 4 | 8 | 5 | 6 | 2 | 9 |
| 9 | 5 | 4 | 3 | 2 | 7 | 1 | 6 | 8 |
| 2 | 7 | 1 | 6 | 9 | 8 | 4 | 5 | 3 |
| 3 | 8 | 6 | 5 | 4 | 1 | 2 | 9 | 7 |
| 5 | 3 | 8 | 7 | 6 | 2 | 9 | 4 | 1 |
| 4 | 6 | 7 | 1 | 3 | 9 | 5 | 8 | 2 |
| 1 | 9 | 2 | 8 | 5 | 4 | 7 | 3 | 6 |

**154**

| 5 | 8 | 2 | 3 | 1 | 6 | 4 | 7 | 9 |
|---|---|---|---|---|---|---|---|---|
| 4 | 9 | 3 | 5 | 7 | 8 | 6 | 2 | 1 |
| 7 | 6 | 1 | 4 | 9 | 2 | 5 | 8 | 3 |
| 3 | 5 | 4 | 1 | 2 | 9 | 8 | 6 | 7 |
| 1 | 7 | 8 | 6 | 4 | 5 | 9 | 3 | 2 |
| 6 | 2 | 9 | 7 | 8 | 3 | 1 | 5 | 4 |
| 9 | 1 | 6 | 8 | 3 | 7 | 2 | 4 | 5 |
| 2 | 3 | 5 | 9 | 6 | 4 | 7 | 1 | 8 |
| 8 | 4 | 7 | 2 | 5 | 1 | 3 | 9 | 6 |

**155**

| 5 | 1 | 6 | 4 | 3 | 7 | 2 | 9 | 8 |
|---|---|---|---|---|---|---|---|---|
| 3 | 7 | 4 | 9 | 2 | 8 | 1 | 5 | 6 |
| 2 | 8 | 9 | 6 | 1 | 5 | 7 | 4 | 3 |
| 8 | 4 | 5 | 3 | 7 | 1 | 9 | 6 | 2 |
| 9 | 3 | 2 | 5 | 6 | 4 | 8 | 1 | 7 |
| 7 | 6 | 1 | 2 | 8 | 9 | 4 | 3 | 5 |
| 4 | 5 | 8 | 7 | 9 | 3 | 6 | 2 | 1 |
| 6 | 9 | 7 | 1 | 5 | 2 | 3 | 8 | 4 |
| 1 | 2 | 3 | 8 | 4 | 6 | 5 | 7 | 9 |

**156**

| 5 | 9 | 4 | 3 | 1 | 8 | 6 | 7 | 2 |
|---|---|---|---|---|---|---|---|---|
| 1 | 3 | 8 | 7 | 6 | 2 | 9 | 4 | 5 |
| 6 | 7 | 2 | 5 | 9 | 4 | 3 | 1 | 8 |
| 9 | 2 | 5 | 6 | 4 | 1 | 7 | 8 | 3 |
| 3 | 8 | 6 | 9 | 5 | 7 | 4 | 2 | 1 |
| 4 | 1 | 7 | 2 | 8 | 3 | 5 | 6 | 9 |
| 7 | 4 | 3 | 8 | 2 | 9 | 1 | 5 | 6 |
| 8 | 5 | 1 | 4 | 3 | 6 | 2 | 9 | 7 |
| 2 | 6 | 9 | 1 | 7 | 5 | 8 | 3 | 4 |

**157**

| 1 | 7 | 5 | 4 | 9 | 2 | 3 | 6 | 8 |
|---|---|---|---|---|---|---|---|---|
| 8 | 9 | 4 | 3 | 6 | 1 | 2 | 7 | 5 |
| 3 | 2 | 6 | 7 | 5 | 8 | 9 | 4 | 1 |
| 2 | 3 | 7 | 8 | 4 | 9 | 1 | 5 | 6 |
| 9 | 4 | 8 | 5 | 1 | 6 | 7 | 3 | 2 |
| 5 | 6 | 1 | 2 | 3 | 7 | 8 | 9 | 4 |
| 4 | 5 | 2 | 1 | 7 | 3 | 6 | 8 | 9 |
| 7 | 8 | 9 | 6 | 2 | 5 | 4 | 1 | 3 |
| 6 | 1 | 3 | 9 | 8 | 4 | 5 | 2 | 7 |

**158**

| 1 | 6 | 5 | 3 | 4 | 7 | 2 | 9 | 8 |
|---|---|---|---|---|---|---|---|---|
| 2 | 9 | 7 | 8 | 5 | 6 | 4 | 1 | 3 |
| 3 | 8 | 4 | 9 | 2 | 1 | 7 | 5 | 6 |
| 8 | 4 | 6 | 5 | 1 | 3 | 9 | 7 | 2 |
| 7 | 3 | 1 | 2 | 6 | 9 | 8 | 4 | 5 |
| 5 | 2 | 9 | 7 | 8 | 4 | 6 | 3 | 1 |
| 6 | 5 | 3 | 4 | 9 | 2 | 1 | 8 | 7 |
| 9 | 1 | 8 | 6 | 7 | 5 | 3 | 2 | 4 |
| 4 | 7 | 2 | 1 | 3 | 8 | 5 | 6 | 9 |

**159**

| 9 | 1 | 3 | 5 | 6 | 7 | 2 | 8 | 4 |
|---|---|---|---|---|---|---|---|---|
| 6 | 8 | 2 | 4 | 1 | 9 | 7 | 5 | 3 |
| 7 | 4 | 5 | 8 | 3 | 2 | 6 | 1 | 9 |
| 8 | 2 | 1 | 9 | 5 | 4 | 3 | 7 | 6 |
| 5 | 6 | 9 | 3 | 7 | 1 | 4 | 2 | 8 |
| 3 | 7 | 4 | 2 | 8 | 6 | 1 | 9 | 5 |
| 4 | 9 | 6 | 1 | 2 | 8 | 5 | 3 | 7 |
| 1 | 3 | 8 | 7 | 4 | 5 | 9 | 6 | 2 |
| 2 | 5 | 7 | 6 | 9 | 3 | 8 | 4 | 1 |

**160**

| 9 | 1 | 3 | 5 | 8 | 2 | 7 | 6 | 4 |
|---|---|---|---|---|---|---|---|---|
| 6 | 4 | 5 | 3 | 9 | 7 | 2 | 1 | 8 |
| 2 | 8 | 7 | 1 | 6 | 4 | 5 | 9 | 3 |
| 5 | 2 | 8 | 9 | 1 | 6 | 4 | 3 | 7 |
| 1 | 7 | 4 | 2 | 3 | 8 | 6 | 5 | 9 |
| 3 | 6 | 9 | 7 | 4 | 5 | 1 | 8 | 2 |
| 7 | 9 | 1 | 4 | 5 | 3 | 8 | 2 | 6 |
| 8 | 5 | 2 | 6 | 7 | 9 | 3 | 4 | 1 |
| 4 | 3 | 6 | 8 | 2 | 1 | 9 | 7 | 5 |

### 161

| 1 | 3 | 2 | 5 | 4 | 7 | 9 | 8 | 6 |
|---|---|---|---|---|---|---|---|---|
| 4 | 8 | 6 | 3 | 2 | 9 | 7 | 5 | 1 |
| 5 | 7 | 9 | 6 | 8 | 1 | 2 | 3 | 4 |
| 7 | 9 | 3 | 4 | 1 | 8 | 6 | 2 | 5 |
| 6 | 1 | 8 | 2 | 7 | 5 | 4 | 9 | 3 |
| 2 | 5 | 4 | 9 | 6 | 3 | 8 | 1 | 7 |
| 9 | 6 | 5 | 7 | 3 | 2 | 1 | 4 | 8 |
| 8 | 2 | 7 | 1 | 5 | 4 | 3 | 6 | 9 |
| 3 | 4 | 1 | 8 | 9 | 6 | 5 | 7 | 2 |

### 162

| 5 | 6 | 3 | 2 | 9 | 4 | 1 | 7 | 8 |
|---|---|---|---|---|---|---|---|---|
| 8 | 7 | 9 | 6 | 3 | 1 | 2 | 4 | 5 |
| 2 | 4 | 1 | 7 | 8 | 5 | 6 | 9 | 3 |
| 7 | 3 | 5 | 4 | 1 | 9 | 8 | 2 | 6 |
| 1 | 2 | 8 | 3 | 7 | 6 | 9 | 5 | 4 |
| 6 | 9 | 4 | 8 | 5 | 2 | 7 | 3 | 1 |
| 9 | 1 | 7 | 5 | 4 | 8 | 3 | 6 | 2 |
| 3 | 5 | 2 | 1 | 6 | 7 | 4 | 8 | 9 |
| 4 | 8 | 6 | 9 | 2 | 3 | 5 | 1 | 7 |

### 163

| 7 | 1 | 6 | 4 | 2 | 8 | 5 | 9 | 3 |
|---|---|---|---|---|---|---|---|---|
| 3 | 4 | 9 | 1 | 5 | 6 | 8 | 2 | 7 |
| 2 | 5 | 8 | 7 | 9 | 3 | 6 | 1 | 4 |
| 1 | 3 | 2 | 6 | 8 | 4 | 9 | 7 | 5 |
| 5 | 9 | 7 | 2 | 3 | 1 | 4 | 6 | 8 |
| 8 | 6 | 4 | 9 | 7 | 5 | 1 | 3 | 2 |
| 6 | 7 | 3 | 8 | 4 | 9 | 2 | 5 | 1 |
| 4 | 2 | 1 | 5 | 6 | 7 | 3 | 8 | 9 |
| 9 | 8 | 5 | 3 | 1 | 2 | 7 | 4 | 6 |

### 164

| 2 | 7 | 3 | 6 | 8 | 4 | 9 | 1 | 5 |
|---|---|---|---|---|---|---|---|---|
| 4 | 9 | 6 | 5 | 1 | 7 | 8 | 2 | 3 |
| 1 | 5 | 8 | 3 | 9 | 2 | 7 | 4 | 6 |
| 9 | 3 | 1 | 8 | 2 | 6 | 5 | 7 | 4 |
| 5 | 8 | 7 | 1 | 4 | 3 | 2 | 6 | 9 |
| 6 | 2 | 4 | 7 | 5 | 9 | 1 | 3 | 8 |
| 7 | 6 | 9 | 2 | 3 | 5 | 4 | 8 | 1 |
| 8 | 4 | 2 | 9 | 6 | 1 | 3 | 5 | 7 |
| 3 | 1 | 5 | 4 | 7 | 8 | 6 | 9 | 2 |

### 165

| 1 | 5 | 7 | 6 | 4 | 3 | 8 | 9 | 2 |
|---|---|---|---|---|---|---|---|---|
| 6 | 3 | 9 | 2 | 5 | 8 | 7 | 4 | 1 |
| 4 | 2 | 8 | 1 | 7 | 9 | 5 | 6 | 3 |
| 5 | 9 | 1 | 4 | 3 | 2 | 6 | 7 | 8 |
| 7 | 8 | 3 | 9 | 6 | 1 | 2 | 5 | 4 |
| 2 | 4 | 6 | 5 | 8 | 7 | 1 | 3 | 9 |
| 9 | 1 | 4 | 7 | 2 | 6 | 3 | 8 | 5 |
| 3 | 6 | 5 | 8 | 1 | 4 | 9 | 2 | 7 |
| 8 | 7 | 2 | 3 | 9 | 5 | 4 | 1 | 6 |

### 166

| 1 | 3 | 4 | 8 | 2 | 9 | 7 | 5 | 6 |
|---|---|---|---|---|---|---|---|---|
| 9 | 2 | 7 | 6 | 5 | 3 | 8 | 1 | 4 |
| 8 | 5 | 6 | 7 | 1 | 4 | 9 | 2 | 3 |
| 5 | 7 | 1 | 4 | 9 | 8 | 3 | 6 | 2 |
| 6 | 9 | 3 | 1 | 7 | 2 | 5 | 4 | 8 |
| 2 | 4 | 8 | 3 | 6 | 5 | 1 | 9 | 7 |
| 3 | 6 | 2 | 9 | 8 | 1 | 4 | 7 | 5 |
| 7 | 8 | 9 | 5 | 4 | 6 | 2 | 3 | 1 |
| 4 | 1 | 5 | 2 | 3 | 7 | 6 | 8 | 9 |

### 167

| 8 | 3 | 7 | 4 | 5 | 9 | 1 | 2 | 6 |
|---|---|---|---|---|---|---|---|---|
| 2 | 1 | 9 | 6 | 8 | 7 | 4 | 3 | 5 |
| 5 | 6 | 4 | 3 | 2 | 1 | 7 | 9 | 8 |
| 4 | 5 | 6 | 9 | 3 | 8 | 2 | 1 | 7 |
| 7 | 8 | 1 | 2 | 4 | 5 | 9 | 6 | 3 |
| 9 | 2 | 3 | 7 | 1 | 6 | 5 | 8 | 4 |
| 6 | 4 | 5 | 1 | 9 | 3 | 8 | 7 | 2 |
| 1 | 7 | 2 | 8 | 6 | 4 | 3 | 5 | 9 |
| 3 | 9 | 8 | 5 | 7 | 2 | 6 | 4 | 1 |

### 168

| 9 | 3 | 1 | 4 | 5 | 6 | 2 | 8 | 7 |
|---|---|---|---|---|---|---|---|---|
| 4 | 5 | 8 | 7 | 2 | 3 | 1 | 6 | 9 |
| 6 | 2 | 7 | 9 | 8 | 1 | 5 | 3 | 4 |
| 7 | 8 | 5 | 1 | 9 | 4 | 6 | 2 | 3 |
| 3 | 9 | 6 | 2 | 7 | 8 | 4 | 5 | 1 |
| 2 | 1 | 4 | 6 | 3 | 5 | 7 | 9 | 8 |
| 8 | 6 | 3 | 5 | 4 | 7 | 9 | 1 | 2 |
| 1 | 7 | 9 | 8 | 6 | 2 | 3 | 4 | 5 |
| 5 | 4 | 2 | 3 | 1 | 9 | 8 | 7 | 6 |

### 169

| 8 | 6 | 4 | 1 | 3 | 7 | 9 | 5 | 2 |
|---|---|---|---|---|---|---|---|---|
| 1 | 2 | 7 | 5 | 9 | 6 | 4 | 3 | 8 |
| 5 | 9 | 3 | 4 | 2 | 8 | 6 | 1 | 7 |
| 6 | 7 | 9 | 2 | 8 | 1 | 3 | 4 | 5 |
| 4 | 1 | 2 | 3 | 5 | 9 | 8 | 7 | 6 |
| 3 | 5 | 8 | 7 | 6 | 4 | 1 | 2 | 9 |
| 7 | 3 | 6 | 9 | 4 | 5 | 2 | 8 | 1 |
| 2 | 8 | 5 | 6 | 1 | 3 | 7 | 9 | 4 |
| 9 | 4 | 1 | 8 | 7 | 2 | 5 | 6 | 3 |

### 170

| 7 | 3 | 9 | 1 | 2 | 6 | 5 | 8 | 4 |
|---|---|---|---|---|---|---|---|---|
| 4 | 5 | 6 | 8 | 7 | 3 | 2 | 1 | 9 |
| 2 | 8 | 1 | 5 | 9 | 4 | 3 | 6 | 7 |
| 3 | 1 | 2 | 6 | 4 | 7 | 8 | 9 | 5 |
| 9 | 4 | 8 | 3 | 5 | 2 | 6 | 7 | 1 |
| 6 | 7 | 5 | 9 | 8 | 1 | 4 | 3 | 2 |
| 1 | 9 | 3 | 2 | 6 | 5 | 7 | 4 | 8 |
| 5 | 6 | 7 | 4 | 1 | 8 | 9 | 2 | 3 |
| 8 | 2 | 4 | 7 | 3 | 9 | 1 | 5 | 6 |

### 171

| 3 | 6 | 5 | 9 | 7 | 8 | 2 | 1 | 4 |
|---|---|---|---|---|---|---|---|---|
| 7 | 8 | 4 | 2 | 1 | 6 | 9 | 5 | 3 |
| 1 | 9 | 2 | 4 | 5 | 3 | 6 | 7 | 8 |
| 4 | 5 | 1 | 7 | 8 | 2 | 3 | 9 | 6 |
| 6 | 7 | 8 | 3 | 9 | 1 | 5 | 4 | 2 |
| 2 | 3 | 9 | 6 | 4 | 5 | 7 | 8 | 1 |
| 9 | 4 | 3 | 8 | 2 | 7 | 1 | 6 | 5 |
| 5 | 2 | 7 | 1 | 6 | 4 | 8 | 3 | 9 |
| 8 | 1 | 6 | 5 | 3 | 9 | 4 | 2 | 7 |

### 172

| 2 | 5 | 1 | 8 | 4 | 9 | 6 | 7 | 3 |
|---|---|---|---|---|---|---|---|---|
| 8 | 6 | 3 | 7 | 5 | 1 | 9 | 4 | 2 |
| 7 | 4 | 9 | 3 | 2 | 6 | 1 | 5 | 8 |
| 1 | 3 | 2 | 9 | 6 | 5 | 4 | 8 | 7 |
| 6 | 9 | 5 | 4 | 8 | 7 | 2 | 3 | 1 |
| 4 | 7 | 8 | 2 | 1 | 3 | 5 | 6 | 9 |
| 9 | 2 | 6 | 5 | 7 | 8 | 3 | 1 | 4 |
| 5 | 8 | 4 | 1 | 3 | 2 | 7 | 9 | 6 |
| 3 | 1 | 7 | 6 | 9 | 4 | 8 | 2 | 5 |

### 173

| 2 | 4 | 3 | 7 | 9 | 6 | 1 | 5 | 8 |
|---|---|---|---|---|---|---|---|---|
| 8 | 9 | 6 | 5 | 1 | 3 | 4 | 2 | 7 |
| 7 | 5 | 1 | 4 | 8 | 2 | 3 | 9 | 6 |
| 9 | 3 | 7 | 8 | 5 | 4 | 6 | 1 | 2 |
| 6 | 1 | 4 | 2 | 3 | 9 | 8 | 7 | 5 |
| 5 | 8 | 2 | 6 | 7 | 1 | 9 | 3 | 4 |
| 3 | 6 | 5 | 9 | 2 | 8 | 7 | 4 | 1 |
| 4 | 2 | 9 | 1 | 6 | 7 | 5 | 8 | 3 |
| 1 | 7 | 8 | 3 | 4 | 5 | 2 | 6 | 9 |

### 174

| 7 | 4 | 9 | 2 | 3 | 6 | 8 | 5 | 1 |
|---|---|---|---|---|---|---|---|---|
| 5 | 6 | 1 | 8 | 4 | 7 | 2 | 3 | 9 |
| 8 | 2 | 3 | 5 | 1 | 9 | 4 | 7 | 6 |
| 3 | 7 | 8 | 9 | 2 | 4 | 6 | 1 | 5 |
| 9 | 1 | 2 | 6 | 5 | 8 | 7 | 4 | 3 |
| 4 | 5 | 6 | 1 | 7 | 3 | 9 | 2 | 8 |
| 1 | 9 | 7 | 4 | 8 | 5 | 3 | 6 | 2 |
| 6 | 3 | 5 | 7 | 9 | 2 | 1 | 8 | 4 |
| 2 | 8 | 4 | 3 | 6 | 1 | 5 | 9 | 7 |

### 175

| 1 | 3 | 8 | 7 | 4 | 9 | 2 | 5 | 6 |
|---|---|---|---|---|---|---|---|---|
| 9 | 7 | 5 | 6 | 3 | 2 | 8 | 1 | 4 |
| 4 | 6 | 2 | 1 | 5 | 8 | 3 | 7 | 9 |
| 5 | 4 | 6 | 2 | 7 | 3 | 9 | 8 | 1 |
| 8 | 1 | 7 | 5 | 9 | 6 | 4 | 2 | 3 |
| 3 | 2 | 9 | 4 | 8 | 1 | 5 | 6 | 7 |
| 6 | 8 | 1 | 3 | 2 | 4 | 7 | 9 | 5 |
| 2 | 5 | 3 | 9 | 1 | 7 | 6 | 4 | 8 |
| 7 | 9 | 4 | 8 | 6 | 5 | 1 | 3 | 2 |

### 176

| 1 | 3 | 9 | 2 | 6 | 7 | 4 | 8 | 5 |
|---|---|---|---|---|---|---|---|---|
| 5 | 8 | 6 | 9 | 4 | 3 | 2 | 1 | 7 |
| 4 | 2 | 7 | 8 | 5 | 1 | 6 | 9 | 3 |
| 6 | 1 | 8 | 3 | 2 | 4 | 5 | 7 | 9 |
| 7 | 5 | 4 | 6 | 8 | 9 | 1 | 3 | 2 |
| 3 | 9 | 2 | 7 | 1 | 5 | 8 | 4 | 6 |
| 2 | 7 | 5 | 1 | 3 | 8 | 9 | 6 | 4 |
| 9 | 4 | 1 | 5 | 7 | 6 | 3 | 2 | 8 |
| 8 | 6 | 3 | 4 | 9 | 2 | 7 | 5 | 1 |

### 177

| 6 | 8 | 3 | 9 | 2 | 7 | 1 | 5 | 4 |
|---|---|---|---|---|---|---|---|---|
| 4 | 5 | 9 | 1 | 8 | 3 | 7 | 6 | 2 |
| 7 | 1 | 2 | 6 | 5 | 4 | 8 | 3 | 9 |
| 3 | 9 | 5 | 4 | 7 | 2 | 6 | 1 | 8 |
| 1 | 6 | 4 | 8 | 3 | 9 | 2 | 7 | 5 |
| 8 | 2 | 7 | 5 | 1 | 6 | 4 | 9 | 3 |
| 5 | 4 | 1 | 7 | 9 | 8 | 3 | 2 | 6 |
| 9 | 3 | 6 | 2 | 4 | 1 | 5 | 8 | 7 |
| 2 | 7 | 8 | 3 | 6 | 5 | 9 | 4 | 1 |

### 178

| 4 | 9 | 8 | 1 | 2 | 7 | 5 | 3 | 6 |
|---|---|---|---|---|---|---|---|---|
| 7 | 3 | 5 | 6 | 9 | 4 | 8 | 1 | 2 |
| 1 | 2 | 6 | 3 | 5 | 8 | 7 | 9 | 4 |
| 6 | 7 | 9 | 8 | 1 | 3 | 4 | 2 | 5 |
| 3 | 8 | 2 | 4 | 6 | 5 | 1 | 7 | 9 |
| 5 | 4 | 1 | 2 | 7 | 9 | 3 | 6 | 8 |
| 8 | 6 | 4 | 7 | 3 | 2 | 9 | 5 | 1 |
| 2 | 5 | 7 | 9 | 8 | 1 | 6 | 4 | 3 |
| 9 | 1 | 3 | 5 | 4 | 6 | 2 | 8 | 7 |

### 179

| 7 | 3 | 8 | 4 | 2 | 1 | 5 | 9 | 6 |
|---|---|---|---|---|---|---|---|---|
| 6 | 2 | 4 | 9 | 7 | 5 | 1 | 3 | 8 |
| 5 | 1 | 9 | 3 | 6 | 8 | 2 | 7 | 4 |
| 8 | 6 | 1 | 2 | 9 | 3 | 7 | 4 | 5 |
| 4 | 7 | 2 | 5 | 1 | 6 | 3 | 8 | 9 |
| 9 | 5 | 3 | 7 | 8 | 4 | 6 | 2 | 1 |
| 1 | 9 | 7 | 8 | 5 | 2 | 4 | 6 | 3 |
| 3 | 8 | 6 | 1 | 4 | 7 | 9 | 5 | 2 |
| 2 | 4 | 5 | 6 | 3 | 9 | 8 | 1 | 7 |

### 180

| 2 | 3 | 9 | 5 | 4 | 8 | 6 | 7 | 1 |
|---|---|---|---|---|---|---|---|---|
| 5 | 1 | 4 | 7 | 6 | 3 | 9 | 2 | 8 |
| 6 | 7 | 8 | 9 | 2 | 1 | 5 | 3 | 4 |
| 7 | 9 | 5 | 1 | 8 | 4 | 2 | 6 | 3 |
| 8 | 4 | 2 | 3 | 7 | 6 | 1 | 5 | 9 |
| 1 | 6 | 3 | 2 | 5 | 9 | 4 | 8 | 7 |
| 9 | 8 | 1 | 6 | 3 | 2 | 7 | 4 | 5 |
| 3 | 2 | 7 | 4 | 1 | 5 | 8 | 9 | 6 |
| 4 | 5 | 6 | 8 | 9 | 7 | 3 | 1 | 2 |

### 181

| 8 | 5 | 9 | 1 | 4 | 3 | 7 | 6 | 2 |
|---|---|---|---|---|---|---|---|---|
| 4 | 3 | 6 | 5 | 2 | 7 | 9 | 8 | 1 |
| 2 | 7 | 1 | 8 | 9 | 6 | 4 | 5 | 3 |
| 9 | 4 | 5 | 2 | 6 | 1 | 3 | 7 | 8 |
| 6 | 2 | 8 | 3 | 7 | 5 | 1 | 9 | 4 |
| 3 | 1 | 7 | 4 | 8 | 9 | 5 | 2 | 6 |
| 7 | 6 | 3 | 9 | 1 | 8 | 2 | 4 | 5 |
| 1 | 9 | 4 | 6 | 5 | 2 | 8 | 3 | 7 |
| 5 | 8 | 2 | 7 | 3 | 4 | 6 | 1 | 9 |

### 182

| 7 | 6 | 3 | 8 | 5 | 4 | 9 | 1 | 2 |
|---|---|---|---|---|---|---|---|---|
| 1 | 5 | 2 | 7 | 9 | 6 | 3 | 4 | 8 |
| 4 | 9 | 8 | 1 | 2 | 3 | 6 | 7 | 5 |
| 8 | 4 | 7 | 6 | 3 | 2 | 1 | 5 | 9 |
| 5 | 2 | 1 | 9 | 4 | 7 | 8 | 6 | 3 |
| 9 | 3 | 6 | 5 | 8 | 1 | 7 | 2 | 4 |
| 2 | 7 | 4 | 3 | 1 | 9 | 5 | 8 | 6 |
| 6 | 8 | 9 | 4 | 7 | 5 | 2 | 3 | 1 |
| 3 | 1 | 5 | 2 | 6 | 8 | 4 | 9 | 7 |

### 183

| 6 | 1 | 4 | 2 | 7 | 5 | 8 | 3 | 9 |
|---|---|---|---|---|---|---|---|---|
| 5 | 2 | 7 | 8 | 9 | 3 | 6 | 4 | 1 |
| 9 | 8 | 3 | 4 | 1 | 6 | 2 | 7 | 5 |
| 2 | 7 | 8 | 3 | 4 | 1 | 9 | 5 | 6 |
| 3 | 9 | 1 | 5 | 6 | 8 | 7 | 2 | 4 |
| 4 | 6 | 5 | 9 | 2 | 7 | 3 | 1 | 8 |
| 7 | 5 | 2 | 1 | 8 | 9 | 4 | 6 | 3 |
| 1 | 4 | 9 | 6 | 3 | 2 | 5 | 8 | 7 |
| 8 | 3 | 6 | 7 | 5 | 4 | 1 | 9 | 2 |

### 184

| 3 | 9 | 1 | 7 | 2 | 6 | 8 | 5 | 4 |
|---|---|---|---|---|---|---|---|---|
| 5 | 8 | 6 | 4 | 3 | 9 | 2 | 7 | 1 |
| 2 | 4 | 7 | 1 | 8 | 5 | 6 | 3 | 9 |
| 4 | 1 | 9 | 5 | 6 | 2 | 3 | 8 | 7 |
| 7 | 2 | 3 | 8 | 1 | 4 | 5 | 9 | 6 |
| 6 | 5 | 8 | 9 | 7 | 3 | 1 | 4 | 2 |
| 9 | 6 | 5 | 2 | 4 | 8 | 7 | 1 | 3 |
| 8 | 7 | 2 | 3 | 9 | 1 | 4 | 6 | 5 |
| 1 | 3 | 4 | 6 | 5 | 7 | 9 | 2 | 8 |

### 185

| 7 | 5 | 1 | 6 | 2 | 9 | 3 | 8 | 4 |
|---|---|---|---|---|---|---|---|---|
| 2 | 8 | 9 | 4 | 3 | 7 | 1 | 5 | 6 |
| 6 | 4 | 3 | 8 | 1 | 5 | 7 | 2 | 9 |
| 3 | 7 | 2 | 5 | 6 | 1 | 4 | 9 | 8 |
| 1 | 6 | 8 | 9 | 4 | 2 | 5 | 7 | 3 |
| 5 | 9 | 4 | 7 | 8 | 3 | 6 | 1 | 2 |
| 8 | 1 | 7 | 3 | 9 | 6 | 2 | 4 | 5 |
| 9 | 3 | 5 | 2 | 7 | 4 | 8 | 6 | 1 |
| 4 | 2 | 6 | 1 | 5 | 8 | 9 | 3 | 7 |

### 186

| 8 | 6 | 1 | 5 | 7 | 9 | 4 | 3 | 2 |
|---|---|---|---|---|---|---|---|---|
| 2 | 9 | 4 | 6 | 3 | 8 | 1 | 5 | 7 |
| 3 | 5 | 7 | 2 | 4 | 1 | 8 | 6 | 9 |
| 5 | 8 | 2 | 9 | 1 | 4 | 3 | 7 | 6 |
| 1 | 3 | 6 | 7 | 8 | 2 | 5 | 9 | 4 |
| 7 | 4 | 9 | 3 | 6 | 5 | 2 | 1 | 8 |
| 4 | 7 | 8 | 1 | 9 | 3 | 6 | 2 | 5 |
| 9 | 1 | 5 | 8 | 2 | 6 | 7 | 4 | 3 |
| 6 | 2 | 3 | 4 | 5 | 7 | 9 | 8 | 1 |

### 187

| 8 | 1 | 9 | 4 | 6 | 5 | 2 | 7 | 3 |
|---|---|---|---|---|---|---|---|---|
| 6 | 3 | 7 | 9 | 1 | 2 | 8 | 4 | 5 |
| 4 | 5 | 2 | 3 | 8 | 7 | 6 | 1 | 9 |
| 9 | 4 | 1 | 2 | 5 | 3 | 7 | 6 | 8 |
| 3 | 6 | 5 | 7 | 4 | 8 | 9 | 2 | 1 |
| 7 | 2 | 8 | 6 | 9 | 1 | 3 | 5 | 4 |
| 2 | 8 | 4 | 5 | 3 | 6 | 1 | 9 | 7 |
| 1 | 9 | 6 | 8 | 7 | 4 | 5 | 3 | 2 |
| 5 | 7 | 3 | 1 | 2 | 9 | 4 | 8 | 6 |

### 188

| 6 | 9 | 4 | 1 | 8 | 2 | 7 | 3 | 5 |
|---|---|---|---|---|---|---|---|---|
| 7 | 3 | 2 | 5 | 6 | 9 | 1 | 4 | 8 |
| 8 | 5 | 1 | 3 | 7 | 4 | 9 | 6 | 2 |
| 3 | 1 | 8 | 4 | 2 | 7 | 6 | 5 | 9 |
| 5 | 2 | 6 | 8 | 9 | 3 | 4 | 7 | 1 |
| 4 | 7 | 9 | 6 | 5 | 1 | 8 | 2 | 3 |
| 1 | 4 | 7 | 9 | 3 | 5 | 2 | 8 | 6 |
| 2 | 6 | 5 | 7 | 1 | 8 | 3 | 9 | 4 |
| 9 | 8 | 3 | 2 | 4 | 6 | 5 | 1 | 7 |

### 189

| 3 | 2 | 7 | 8 | 1 | 6 | 9 | 5 | 4 |
|---|---|---|---|---|---|---|---|---|
| 4 | 9 | 1 | 2 | 3 | 5 | 7 | 6 | 8 |
| 8 | 6 | 5 | 4 | 7 | 9 | 1 | 3 | 2 |
| 1 | 3 | 6 | 9 | 2 | 4 | 8 | 7 | 5 |
| 7 | 4 | 8 | 3 | 5 | 1 | 2 | 9 | 6 |
| 2 | 5 | 9 | 7 | 6 | 8 | 4 | 1 | 3 |
| 5 | 8 | 4 | 1 | 9 | 3 | 6 | 2 | 7 |
| 9 | 7 | 3 | 6 | 4 | 2 | 5 | 8 | 1 |
| 6 | 1 | 2 | 5 | 8 | 7 | 3 | 4 | 9 |

### 190

| 4 | 8 | 3 | 9 | 2 | 6 | 1 | 7 | 5 |
|---|---|---|---|---|---|---|---|---|
| 1 | 6 | 2 | 7 | 4 | 5 | 8 | 9 | 3 |
| 7 | 9 | 5 | 3 | 8 | 1 | 6 | 2 | 4 |
| 9 | 3 | 7 | 6 | 5 | 2 | 4 | 8 | 1 |
| 6 | 4 | 8 | 1 | 7 | 3 | 2 | 5 | 9 |
| 2 | 5 | 1 | 4 | 9 | 8 | 7 | 3 | 6 |
| 3 | 7 | 4 | 2 | 1 | 9 | 5 | 6 | 8 |
| 8 | 2 | 9 | 5 | 6 | 4 | 3 | 1 | 7 |
| 5 | 1 | 6 | 8 | 3 | 7 | 9 | 4 | 2 |

### 191

| 9 | 6 | 8 | 1 | 7 | 3 | 5 | 2 | 4 |
|---|---|---|---|---|---|---|---|---|
| 4 | 1 | 3 | 5 | 2 | 8 | 6 | 9 | 7 |
| 2 | 7 | 5 | 6 | 9 | 4 | 3 | 1 | 8 |
| 1 | 9 | 7 | 2 | 4 | 5 | 8 | 3 | 6 |
| 8 | 5 | 2 | 7 | 3 | 6 | 9 | 4 | 1 |
| 3 | 4 | 6 | 8 | 1 | 9 | 2 | 7 | 5 |
| 7 | 8 | 4 | 3 | 5 | 2 | 1 | 6 | 9 |
| 5 | 2 | 9 | 4 | 6 | 1 | 7 | 8 | 3 |
| 6 | 3 | 1 | 9 | 8 | 7 | 4 | 5 | 2 |

### 192

| 2 | 9 | 5 | 6 | 4 | 8 | 1 | 3 | 7 |
|---|---|---|---|---|---|---|---|---|
| 4 | 1 | 3 | 2 | 7 | 5 | 9 | 6 | 8 |
| 8 | 6 | 7 | 3 | 9 | 1 | 4 | 2 | 5 |
| 3 | 4 | 8 | 9 | 6 | 7 | 2 | 5 | 1 |
| 7 | 2 | 6 | 1 | 5 | 3 | 8 | 4 | 9 |
| 1 | 5 | 9 | 8 | 2 | 4 | 3 | 7 | 6 |
| 5 | 3 | 2 | 7 | 8 | 9 | 6 | 1 | 4 |
| 6 | 8 | 4 | 5 | 1 | 2 | 7 | 9 | 3 |
| 9 | 7 | 1 | 4 | 3 | 6 | 5 | 8 | 2 |

### 193

| 3 | 8 | 4 | 6 | 7 | 2 | 9 | 1 | 5 |
|---|---|---|---|---|---|---|---|---|
| 7 | 9 | 1 | 5 | 8 | 3 | 2 | 4 | 6 |
| 2 | 6 | 5 | 4 | 9 | 1 | 3 | 7 | 8 |
| 4 | 7 | 2 | 1 | 5 | 9 | 8 | 6 | 3 |
| 8 | 5 | 3 | 2 | 4 | 6 | 1 | 9 | 7 |
| 6 | 1 | 9 | 8 | 3 | 7 | 5 | 2 | 4 |
| 9 | 3 | 6 | 7 | 1 | 5 | 4 | 8 | 2 |
| 1 | 4 | 7 | 3 | 2 | 8 | 6 | 5 | 9 |
| 5 | 2 | 8 | 9 | 6 | 4 | 7 | 3 | 1 |

### 194

| 9 | 3 | 7 | 6 | 8 | 2 | 5 | 1 | 4 |
|---|---|---|---|---|---|---|---|---|
| 2 | 5 | 4 | 1 | 7 | 3 | 6 | 8 | 9 |
| 1 | 6 | 8 | 4 | 5 | 9 | 2 | 3 | 7 |
| 6 | 8 | 2 | 5 | 3 | 4 | 9 | 7 | 1 |
| 5 | 4 | 9 | 8 | 1 | 7 | 3 | 2 | 6 |
| 3 | 7 | 1 | 9 | 2 | 6 | 8 | 4 | 5 |
| 8 | 9 | 6 | 2 | 4 | 1 | 7 | 5 | 3 |
| 4 | 2 | 3 | 7 | 6 | 5 | 1 | 9 | 8 |
| 7 | 1 | 5 | 3 | 9 | 8 | 4 | 6 | 2 |

### 195

| 7 | 9 | 6 | 1 | 5 | 8 | 4 | 2 | 3 |
|---|---|---|---|---|---|---|---|---|
| 3 | 4 | 1 | 9 | 2 | 7 | 6 | 5 | 8 |
| 5 | 2 | 8 | 3 | 6 | 4 | 9 | 1 | 7 |
| 4 | 1 | 3 | 6 | 9 | 5 | 7 | 8 | 2 |
| 2 | 8 | 5 | 4 | 7 | 1 | 3 | 9 | 6 |
| 6 | 7 | 9 | 8 | 3 | 2 | 1 | 4 | 5 |
| 9 | 5 | 2 | 7 | 4 | 3 | 8 | 6 | 1 |
| 8 | 3 | 4 | 2 | 1 | 6 | 5 | 7 | 9 |
| 1 | 6 | 7 | 5 | 8 | 9 | 2 | 3 | 4 |

### 196

| 3 | 9 | 6 | 2 | 7 | 5 | 4 | 1 | 8 |
|---|---|---|---|---|---|---|---|---|
| 4 | 1 | 2 | 3 | 6 | 8 | 9 | 5 | 7 |
| 7 | 8 | 5 | 9 | 4 | 1 | 6 | 2 | 3 |
| 1 | 6 | 3 | 5 | 8 | 4 | 7 | 9 | 2 |
| 2 | 4 | 9 | 7 | 1 | 3 | 5 | 8 | 6 |
| 8 | 5 | 7 | 6 | 2 | 9 | 1 | 3 | 4 |
| 5 | 7 | 1 | 4 | 3 | 2 | 8 | 6 | 9 |
| 9 | 2 | 4 | 8 | 5 | 6 | 3 | 7 | 1 |
| 6 | 3 | 8 | 1 | 9 | 7 | 2 | 4 | 5 |

### 197

| 5 | 6 | 7 | 8 | 9 | 2 | 4 | 1 | 3 |
|---|---|---|---|---|---|---|---|---|
| 3 | 8 | 1 | 4 | 5 | 7 | 9 | 2 | 6 |
| 4 | 9 | 2 | 6 | 3 | 1 | 7 | 8 | 5 |
| 9 | 2 | 8 | 5 | 4 | 6 | 3 | 7 | 1 |
| 1 | 3 | 5 | 7 | 2 | 8 | 6 | 9 | 4 |
| 6 | 7 | 4 | 3 | 1 | 9 | 2 | 5 | 8 |
| 2 | 5 | 9 | 1 | 6 | 4 | 8 | 3 | 7 |
| 8 | 4 | 3 | 9 | 7 | 5 | 1 | 6 | 2 |
| 7 | 1 | 6 | 2 | 8 | 3 | 5 | 4 | 9 |

### 198

| 1 | 2 | 6 | 3 | 8 | 7 | 4 | 5 | 9 |
|---|---|---|---|---|---|---|---|---|
| 4 | 3 | 7 | 9 | 6 | 5 | 1 | 2 | 8 |
| 9 | 8 | 5 | 4 | 1 | 2 | 7 | 3 | 6 |
| 5 | 4 | 3 | 8 | 2 | 1 | 9 | 6 | 7 |
| 7 | 1 | 2 | 6 | 5 | 9 | 3 | 8 | 4 |
| 8 | 6 | 9 | 7 | 4 | 3 | 2 | 1 | 5 |
| 2 | 7 | 8 | 1 | 9 | 6 | 5 | 4 | 3 |
| 3 | 5 | 4 | 2 | 7 | 8 | 6 | 9 | 1 |
| 6 | 9 | 1 | 5 | 3 | 4 | 8 | 7 | 2 |

### 199

| 4 | 7 | 9 | 5 | 2 | 6 | 8 | 3 | 1 |
|---|---|---|---|---|---|---|---|---|
| 8 | 1 | 2 | 9 | 3 | 7 | 6 | 4 | 5 |
| 3 | 6 | 5 | 8 | 4 | 1 | 9 | 7 | 2 |
| 1 | 3 | 8 | 6 | 9 | 4 | 2 | 5 | 7 |
| 9 | 2 | 6 | 7 | 1 | 5 | 3 | 8 | 4 |
| 7 | 5 | 4 | 3 | 8 | 2 | 1 | 6 | 9 |
| 2 | 4 | 7 | 1 | 6 | 3 | 5 | 9 | 8 |
| 6 | 9 | 1 | 4 | 5 | 8 | 7 | 2 | 3 |
| 5 | 8 | 3 | 2 | 7 | 9 | 4 | 1 | 6 |

### 200

| 6 | 4 | 9 | 8 | 7 | 1 | 5 | 3 | 2 |
|---|---|---|---|---|---|---|---|---|
| 5 | 7 | 3 | 6 | 2 | 9 | 1 | 8 | 4 |
| 8 | 1 | 2 | 5 | 4 | 3 | 9 | 6 | 7 |
| 7 | 8 | 4 | 9 | 5 | 6 | 3 | 2 | 1 |
| 1 | 9 | 6 | 7 | 3 | 2 | 8 | 4 | 5 |
| 3 | 2 | 5 | 4 | 1 | 8 | 6 | 7 | 9 |
| 2 | 3 | 7 | 1 | 6 | 5 | 4 | 9 | 8 |
| 9 | 6 | 1 | 2 | 8 | 4 | 7 | 5 | 3 |
| 4 | 5 | 8 | 3 | 9 | 7 | 2 | 1 | 6 |

## 201

| 3 | 1 | 7 | 6 | 4 | 5 | 2 | 8 | 9 |
|---|---|---|---|---|---|---|---|---|
| 2 | 9 | 6 | 7 | 3 | 8 | 5 | 1 | 4 |
| 8 | 5 | 4 | 1 | 9 | 2 | 6 | 7 | 3 |
| 7 | 4 | 5 | 3 | 2 | 1 | 8 | 9 | 6 |
| 1 | 3 | 2 | 8 | 6 | 9 | 4 | 5 | 7 |
| 9 | 6 | 8 | 4 | 5 | 7 | 1 | 3 | 2 |
| 5 | 7 | 3 | 2 | 1 | 6 | 9 | 4 | 8 |
| 6 | 8 | 9 | 5 | 7 | 4 | 3 | 2 | 1 |
| 4 | 2 | 1 | 9 | 8 | 3 | 7 | 6 | 5 |

## 202

| 9 | 3 | 7 | 8 | 5 | 1 | 4 | 6 | 2 |
|---|---|---|---|---|---|---|---|---|
| 5 | 2 | 6 | 4 | 3 | 9 | 7 | 1 | 8 |
| 4 | 1 | 8 | 7 | 2 | 6 | 9 | 5 | 3 |
| 2 | 5 | 9 | 3 | 8 | 4 | 6 | 7 | 1 |
| 1 | 8 | 3 | 5 | 6 | 7 | 2 | 4 | 9 |
| 7 | 6 | 4 | 1 | 9 | 2 | 8 | 3 | 5 |
| 3 | 7 | 5 | 2 | 4 | 8 | 1 | 9 | 6 |
| 8 | 9 | 1 | 6 | 7 | 5 | 3 | 2 | 4 |
| 6 | 4 | 2 | 9 | 1 | 3 | 5 | 8 | 7 |

## 203

| 6 | 8 | 5 | 4 | 1 | 3 | 7 | 9 | 2 |
|---|---|---|---|---|---|---|---|---|
| 4 | 1 | 7 | 5 | 2 | 9 | 6 | 8 | 3 |
| 9 | 3 | 2 | 6 | 7 | 8 | 4 | 5 | 1 |
| 3 | 9 | 1 | 7 | 8 | 2 | 5 | 6 | 4 |
| 2 | 4 | 8 | 3 | 5 | 6 | 1 | 7 | 9 |
| 5 | 7 | 6 | 9 | 4 | 1 | 2 | 3 | 8 |
| 7 | 5 | 9 | 2 | 3 | 4 | 8 | 1 | 6 |
| 8 | 6 | 4 | 1 | 9 | 5 | 3 | 2 | 7 |
| 1 | 2 | 3 | 8 | 6 | 7 | 9 | 4 | 5 |

## 204

| 2 | 1 | 9 | 4 | 5 | 8 | 6 | 3 | 7 |
|---|---|---|---|---|---|---|---|---|
| 3 | 6 | 7 | 2 | 9 | 1 | 4 | 5 | 8 |
| 4 | 8 | 5 | 6 | 3 | 7 | 9 | 1 | 2 |
| 7 | 5 | 8 | 1 | 4 | 9 | 2 | 6 | 3 |
| 9 | 2 | 3 | 7 | 6 | 5 | 8 | 4 | 1 |
| 1 | 4 | 6 | 3 | 8 | 2 | 7 | 9 | 5 |
| 6 | 7 | 1 | 9 | 2 | 3 | 5 | 8 | 4 |
| 5 | 9 | 2 | 8 | 1 | 4 | 3 | 7 | 6 |
| 8 | 3 | 4 | 5 | 7 | 6 | 1 | 2 | 9 |

## 205

| 2 | 1 | 4 | 3 | 6 | 5 | 9 | 8 | 7 |
|---|---|---|---|---|---|---|---|---|
| 8 | 7 | 6 | 9 | 1 | 4 | 5 | 3 | 2 |
| 5 | 9 | 3 | 7 | 2 | 8 | 4 | 1 | 6 |
| 1 | 4 | 5 | 6 | 7 | 9 | 3 | 2 | 8 |
| 3 | 8 | 2 | 4 | 5 | 1 | 6 | 7 | 9 |
| 9 | 6 | 7 | 2 | 8 | 3 | 1 | 5 | 4 |
| 7 | 3 | 8 | 5 | 4 | 6 | 2 | 9 | 1 |
| 6 | 5 | 1 | 8 | 9 | 2 | 7 | 4 | 3 |
| 4 | 2 | 9 | 1 | 3 | 7 | 8 | 6 | 5 |

## 206

| 7 | 1 | 6 | 4 | 8 | 5 | 3 | 9 | 2 |
|---|---|---|---|---|---|---|---|---|
| 2 | 4 | 3 | 9 | 6 | 7 | 1 | 5 | 8 |
| 8 | 5 | 9 | 3 | 2 | 1 | 7 | 4 | 6 |
| 5 | 3 | 4 | 2 | 1 | 8 | 9 | 6 | 7 |
| 6 | 2 | 8 | 7 | 9 | 4 | 5 | 3 | 1 |
| 9 | 7 | 1 | 6 | 5 | 3 | 8 | 2 | 4 |
| 1 | 6 | 5 | 8 | 4 | 9 | 2 | 7 | 3 |
| 3 | 8 | 2 | 5 | 7 | 6 | 4 | 1 | 9 |
| 4 | 9 | 7 | 1 | 3 | 2 | 6 | 8 | 5 |

## 207

| 6 | 2 | 3 | 8 | 4 | 9 | 5 | 1 | 7 |
|---|---|---|---|---|---|---|---|---|
| 7 | 1 | 9 | 6 | 5 | 3 | 2 | 4 | 8 |
| 5 | 8 | 4 | 2 | 1 | 7 | 9 | 3 | 6 |
| 3 | 7 | 2 | 9 | 8 | 4 | 1 | 6 | 5 |
| 9 | 6 | 1 | 3 | 7 | 5 | 4 | 8 | 2 |
| 8 | 4 | 5 | 1 | 6 | 2 | 3 | 7 | 9 |
| 4 | 3 | 8 | 5 | 2 | 6 | 7 | 9 | 1 |
| 1 | 5 | 7 | 4 | 9 | 8 | 6 | 2 | 3 |
| 2 | 9 | 6 | 7 | 3 | 1 | 8 | 5 | 4 |

## 208

| 4 | 3 | 9 | 5 | 6 | 8 | 2 | 1 | 7 |
|---|---|---|---|---|---|---|---|---|
| 1 | 8 | 2 | 7 | 9 | 3 | 5 | 6 | 4 |
| 5 | 7 | 6 | 4 | 1 | 2 | 3 | 8 | 9 |
| 2 | 1 | 4 | 9 | 5 | 7 | 8 | 3 | 6 |
| 8 | 5 | 7 | 2 | 3 | 6 | 9 | 4 | 1 |
| 9 | 6 | 3 | 1 | 8 | 4 | 7 | 2 | 5 |
| 7 | 4 | 1 | 3 | 2 | 5 | 6 | 9 | 8 |
| 6 | 2 | 5 | 8 | 4 | 9 | 1 | 7 | 3 |
| 3 | 9 | 8 | 6 | 7 | 1 | 4 | 5 | 2 |

## 209

| 7 | 2 | 8 | 6 | 4 | 5 | 3 | 1 | 9 |
|---|---|---|---|---|---|---|---|---|
| 4 | 6 | 1 | 2 | 3 | 9 | 7 | 5 | 8 |
| 3 | 9 | 5 | 7 | 8 | 1 | 6 | 2 | 4 |
| 9 | 5 | 4 | 3 | 7 | 8 | 2 | 6 | 1 |
| 2 | 1 | 3 | 9 | 5 | 6 | 4 | 8 | 7 |
| 8 | 7 | 6 | 4 | 1 | 2 | 5 | 9 | 3 |
| 6 | 8 | 7 | 1 | 2 | 3 | 9 | 4 | 5 |
| 5 | 4 | 2 | 8 | 9 | 7 | 1 | 3 | 6 |
| 1 | 3 | 9 | 5 | 6 | 4 | 8 | 7 | 2 |

## 210

| 8 | 7 | 2 | 6 | 4 | 5 | 3 | 9 | 1 |
|---|---|---|---|---|---|---|---|---|
| 4 | 9 | 1 | 8 | 2 | 3 | 6 | 5 | 7 |
| 5 | 6 | 3 | 1 | 9 | 7 | 2 | 4 | 8 |
| 3 | 2 | 5 | 9 | 6 | 1 | 8 | 7 | 4 |
| 6 | 8 | 9 | 3 | 7 | 4 | 5 | 1 | 2 |
| 7 | 1 | 4 | 5 | 8 | 2 | 9 | 3 | 6 |
| 1 | 3 | 7 | 2 | 5 | 6 | 4 | 8 | 9 |
| 9 | 5 | 6 | 4 | 1 | 8 | 7 | 2 | 3 |
| 2 | 4 | 8 | 7 | 3 | 9 | 1 | 6 | 5 |

## 211

| 5 | 4 | 9 | 3 | 8 | 6 | 1 | 2 | 7 |
|---|---|---|---|---|---|---|---|---|
| 2 | 1 | 3 | 5 | 7 | 9 | 6 | 8 | 4 |
| 8 | 7 | 6 | 2 | 1 | 4 | 5 | 9 | 3 |
| 9 | 8 | 2 | 1 | 4 | 7 | 3 | 6 | 5 |
| 1 | 6 | 4 | 9 | 5 | 3 | 8 | 7 | 2 |
| 7 | 3 | 5 | 8 | 6 | 2 | 9 | 4 | 1 |
| 4 | 9 | 1 | 6 | 2 | 5 | 7 | 3 | 8 |
| 3 | 5 | 7 | 4 | 9 | 8 | 2 | 1 | 6 |
| 6 | 2 | 8 | 7 | 3 | 1 | 4 | 5 | 9 |

## 212

| 4 | 2 | 3 | 9 | 8 | 1 | 7 | 6 | 5 |
|---|---|---|---|---|---|---|---|---|
| 6 | 8 | 9 | 7 | 5 | 2 | 4 | 1 | 3 |
| 7 | 5 | 1 | 6 | 4 | 3 | 9 | 2 | 8 |
| 2 | 6 | 4 | 8 | 7 | 5 | 1 | 3 | 9 |
| 1 | 9 | 7 | 4 | 3 | 6 | 8 | 5 | 2 |
| 5 | 3 | 8 | 1 | 2 | 9 | 6 | 7 | 4 |
| 9 | 7 | 2 | 3 | 1 | 8 | 5 | 4 | 6 |
| 8 | 1 | 5 | 2 | 6 | 4 | 3 | 9 | 7 |
| 3 | 4 | 6 | 5 | 9 | 7 | 2 | 8 | 1 |

## 213

| 6 | 5 | 9 | 1 | 3 | 8 | 4 | 7 | 2 |
|---|---|---|---|---|---|---|---|---|
| 7 | 1 | 8 | 4 | 5 | 2 | 3 | 9 | 6 |
| 2 | 3 | 4 | 7 | 9 | 6 | 1 | 5 | 8 |
| 1 | 7 | 5 | 2 | 4 | 9 | 6 | 8 | 3 |
| 4 | 8 | 6 | 5 | 7 | 3 | 9 | 2 | 1 |
| 9 | 2 | 3 | 6 | 8 | 1 | 5 | 4 | 7 |
| 3 | 4 | 2 | 9 | 6 | 7 | 8 | 1 | 5 |
| 5 | 6 | 7 | 8 | 1 | 4 | 2 | 3 | 9 |
| 8 | 9 | 1 | 3 | 2 | 5 | 7 | 6 | 4 |

## 214

| 8 | 3 | 1 | 7 | 2 | 9 | 5 | 6 | 4 |
|---|---|---|---|---|---|---|---|---|
| 4 | 7 | 5 | 1 | 6 | 8 | 2 | 3 | 9 |
| 2 | 9 | 6 | 4 | 3 | 5 | 7 | 1 | 8 |
| 3 | 8 | 9 | 6 | 4 | 7 | 1 | 2 | 5 |
| 6 | 1 | 2 | 8 | 5 | 3 | 9 | 4 | 7 |
| 5 | 4 | 7 | 2 | 9 | 1 | 3 | 8 | 6 |
| 7 | 6 | 3 | 5 | 1 | 4 | 8 | 9 | 2 |
| 9 | 2 | 8 | 3 | 7 | 6 | 4 | 5 | 1 |
| 1 | 5 | 4 | 9 | 8 | 2 | 6 | 7 | 3 |

## 215

| 2 | 8 | 7 | 1 | 5 | 6 | 3 | 4 | 9 |
|---|---|---|---|---|---|---|---|---|
| 6 | 1 | 9 | 4 | 3 | 2 | 5 | 8 | 7 |
| 4 | 3 | 5 | 9 | 8 | 7 | 1 | 2 | 6 |
| 5 | 9 | 6 | 3 | 2 | 1 | 4 | 7 | 8 |
| 1 | 7 | 8 | 6 | 4 | 9 | 2 | 3 | 5 |
| 3 | 2 | 4 | 8 | 7 | 5 | 6 | 9 | 1 |
| 8 | 5 | 2 | 7 | 6 | 3 | 9 | 1 | 4 |
| 9 | 4 | 3 | 5 | 1 | 8 | 7 | 6 | 2 |
| 7 | 6 | 1 | 2 | 9 | 4 | 8 | 5 | 3 |

## 216

| 6 | 2 | 7 | 9 | 5 | 8 | 3 | 1 | 4 |
|---|---|---|---|---|---|---|---|---|
| 5 | 8 | 3 | 7 | 4 | 1 | 2 | 9 | 6 |
| 4 | 1 | 9 | 2 | 6 | 3 | 7 | 5 | 8 |
| 3 | 9 | 6 | 1 | 8 | 4 | 5 | 2 | 7 |
| 1 | 7 | 4 | 5 | 2 | 6 | 9 | 8 | 3 |
| 2 | 5 | 8 | 3 | 7 | 9 | 4 | 6 | 1 |
| 9 | 6 | 1 | 4 | 3 | 5 | 8 | 7 | 2 |
| 8 | 3 | 2 | 6 | 9 | 7 | 1 | 4 | 5 |
| 7 | 4 | 5 | 8 | 1 | 2 | 6 | 3 | 9 |

## 217

| 1 | 6 | 8 | 5 | 7 | 4 | 2 | 3 | 9 |
|---|---|---|---|---|---|---|---|---|
| 3 | 4 | 9 | 2 | 8 | 1 | 5 | 6 | 7 |
| 7 | 2 | 5 | 6 | 3 | 9 | 1 | 4 | 8 |
| 4 | 9 | 7 | 8 | 5 | 3 | 6 | 2 | 1 |
| 2 | 1 | 6 | 9 | 4 | 7 | 8 | 5 | 3 |
| 8 | 5 | 3 | 1 | 6 | 2 | 9 | 7 | 4 |
| 6 | 7 | 1 | 3 | 9 | 5 | 4 | 8 | 2 |
| 5 | 3 | 2 | 4 | 1 | 8 | 7 | 9 | 6 |
| 9 | 8 | 4 | 7 | 2 | 6 | 3 | 1 | 5 |

## 218

| 6 | 5 | 8 | 9 | 3 | 1 | 7 | 4 | 2 |
|---|---|---|---|---|---|---|---|---|
| 3 | 1 | 7 | 6 | 2 | 4 | 9 | 5 | 8 |
| 2 | 4 | 9 | 5 | 8 | 7 | 1 | 3 | 6 |
| 4 | 2 | 1 | 3 | 6 | 9 | 5 | 8 | 7 |
| 5 | 7 | 3 | 4 | 1 | 8 | 6 | 2 | 9 |
| 9 | 8 | 6 | 7 | 5 | 2 | 4 | 1 | 3 |
| 7 | 3 | 2 | 1 | 4 | 6 | 8 | 9 | 5 |
| 1 | 6 | 5 | 8 | 9 | 3 | 2 | 7 | 4 |
| 8 | 9 | 4 | 2 | 7 | 5 | 3 | 6 | 1 |

## 219

| 9 | 6 | 4 | 1 | 7 | 5 | 8 | 3 | 2 |
|---|---|---|---|---|---|---|---|---|
| 1 | 5 | 2 | 3 | 6 | 8 | 7 | 9 | 4 |
| 8 | 7 | 3 | 9 | 2 | 4 | 1 | 5 | 6 |
| 3 | 9 | 8 | 2 | 1 | 7 | 4 | 6 | 5 |
| 7 | 4 | 1 | 5 | 3 | 6 | 9 | 2 | 8 |
| 5 | 2 | 6 | 8 | 4 | 9 | 3 | 7 | 1 |
| 6 | 3 | 9 | 4 | 5 | 1 | 2 | 8 | 7 |
| 2 | 1 | 5 | 7 | 8 | 3 | 6 | 4 | 9 |
| 4 | 8 | 7 | 6 | 9 | 2 | 5 | 1 | 3 |

## 220

| 1 | 7 | 5 | 3 | 8 | 2 | 6 | 4 | 9 |
|---|---|---|---|---|---|---|---|---|
| 2 | 8 | 6 | 9 | 4 | 7 | 5 | 1 | 3 |
| 4 | 3 | 9 | 5 | 1 | 6 | 8 | 7 | 2 |
| 3 | 5 | 7 | 2 | 6 | 4 | 1 | 9 | 8 |
| 9 | 2 | 8 | 7 | 3 | 1 | 4 | 5 | 6 |
| 6 | 4 | 1 | 8 | 5 | 9 | 3 | 2 | 7 |
| 8 | 9 | 4 | 6 | 2 | 5 | 7 | 3 | 1 |
| 7 | 1 | 3 | 4 | 9 | 8 | 2 | 6 | 5 |
| 5 | 6 | 2 | 1 | 7 | 3 | 9 | 8 | 4 |

**221**

| 6 | 5 | 3 | 9 | 7 | 4 | 2 | 8 | 1 |
|---|---|---|---|---|---|---|---|---|
| 9 | 7 | 2 | 1 | 8 | 3 | 6 | 4 | 5 |
| 4 | 8 | 1 | 6 | 2 | 5 | 9 | 7 | 3 |
| 2 | 3 | 6 | 5 | 4 | 7 | 1 | 9 | 8 |
| 8 | 4 | 5 | 2 | 1 | 9 | 7 | 3 | 6 |
| 7 | 1 | 9 | 3 | 6 | 8 | 4 | 5 | 2 |
| 5 | 6 | 8 | 4 | 9 | 1 | 3 | 2 | 7 |
| 3 | 2 | 4 | 7 | 5 | 6 | 8 | 1 | 9 |
| 1 | 9 | 7 | 8 | 3 | 2 | 5 | 6 | 4 |

**222**

| 1 | 4 | 5 | 7 | 9 | 8 | 6 | 2 | 3 |
|---|---|---|---|---|---|---|---|---|
| 6 | 3 | 8 | 2 | 1 | 5 | 4 | 7 | 9 |
| 9 | 7 | 2 | 6 | 4 | 3 | 1 | 5 | 8 |
| 3 | 1 | 6 | 5 | 8 | 2 | 9 | 4 | 7 |
| 4 | 5 | 9 | 1 | 7 | 6 | 3 | 8 | 2 |
| 2 | 8 | 7 | 4 | 3 | 9 | 5 | 1 | 6 |
| 7 | 2 | 4 | 3 | 6 | 1 | 8 | 9 | 5 |
| 8 | 6 | 1 | 9 | 5 | 7 | 2 | 3 | 4 |
| 5 | 9 | 3 | 8 | 2 | 4 | 7 | 6 | 1 |

**223**

| 9 | 4 | 2 | 8 | 5 | 7 | 1 | 3 | 6 |
|---|---|---|---|---|---|---|---|---|
| 3 | 7 | 1 | 4 | 6 | 9 | 8 | 2 | 5 |
| 5 | 8 | 6 | 1 | 3 | 2 | 9 | 7 | 4 |
| 1 | 2 | 7 | 6 | 9 | 4 | 5 | 8 | 3 |
| 8 | 9 | 5 | 7 | 2 | 3 | 6 | 4 | 1 |
| 6 | 3 | 4 | 5 | 1 | 8 | 7 | 9 | 2 |
| 7 | 5 | 8 | 2 | 4 | 1 | 3 | 6 | 9 |
| 4 | 6 | 9 | 3 | 8 | 5 | 2 | 1 | 7 |
| 2 | 1 | 3 | 9 | 7 | 6 | 4 | 5 | 8 |

**224**

| 8 | 6 | 1 | 2 | 7 | 9 | 4 | 5 | 3 |
|---|---|---|---|---|---|---|---|---|
| 4 | 2 | 5 | 3 | 6 | 8 | 1 | 9 | 7 |
| 7 | 9 | 3 | 5 | 4 | 1 | 8 | 2 | 6 |
| 5 | 4 | 2 | 7 | 1 | 3 | 6 | 8 | 9 |
| 1 | 8 | 6 | 9 | 5 | 2 | 3 | 7 | 4 |
| 3 | 7 | 9 | 4 | 8 | 6 | 2 | 1 | 5 |
| 9 | 1 | 8 | 6 | 3 | 5 | 7 | 4 | 2 |
| 6 | 5 | 4 | 1 | 2 | 7 | 9 | 3 | 8 |
| 2 | 3 | 7 | 8 | 9 | 4 | 5 | 6 | 1 |

**225**

| 4 | 6 | 8 | 3 | 1 | 5 | 9 | 2 | 7 |
|---|---|---|---|---|---|---|---|---|
| 2 | 5 | 9 | 7 | 6 | 8 | 3 | 1 | 4 |
| 3 | 1 | 7 | 4 | 9 | 2 | 5 | 6 | 8 |
| 5 | 4 | 3 | 1 | 7 | 6 | 8 | 9 | 2 |
| 6 | 7 | 2 | 9 | 8 | 4 | 1 | 3 | 5 |
| 8 | 9 | 1 | 2 | 5 | 3 | 4 | 7 | 6 |
| 7 | 8 | 6 | 5 | 3 | 1 | 2 | 4 | 9 |
| 1 | 2 | 5 | 6 | 4 | 9 | 7 | 8 | 3 |
| 9 | 3 | 4 | 8 | 2 | 7 | 6 | 5 | 1 |

**226**

| 2 | 3 | 6 | 5 | 9 | 1 | 7 | 4 | 8 |
|---|---|---|---|---|---|---|---|---|
| 8 | 4 | 5 | 7 | 2 | 6 | 1 | 3 | 9 |
| 7 | 1 | 9 | 4 | 8 | 3 | 5 | 6 | 2 |
| 3 | 9 | 1 | 8 | 7 | 2 | 4 | 5 | 6 |
| 6 | 8 | 2 | 3 | 4 | 5 | 9 | 7 | 1 |
| 4 | 5 | 7 | 6 | 1 | 9 | 2 | 8 | 3 |
| 9 | 6 | 4 | 1 | 5 | 8 | 3 | 2 | 7 |
| 5 | 2 | 3 | 9 | 6 | 7 | 8 | 1 | 4 |
| 1 | 7 | 8 | 2 | 3 | 4 | 6 | 9 | 5 |

**227**

| 8 | 2 | 1 | 4 | 6 | 3 | 9 | 5 | 7 |
|---|---|---|---|---|---|---|---|---|
| 9 | 6 | 7 | 2 | 5 | 1 | 3 | 8 | 4 |
| 3 | 5 | 4 | 9 | 7 | 8 | 2 | 6 | 1 |
| 7 | 3 | 6 | 1 | 4 | 9 | 8 | 2 | 5 |
| 2 | 1 | 5 | 6 | 8 | 7 | 4 | 3 | 9 |
| 4 | 9 | 8 | 3 | 2 | 5 | 1 | 7 | 6 |
| 6 | 8 | 2 | 7 | 1 | 4 | 5 | 9 | 3 |
| 5 | 4 | 3 | 8 | 9 | 6 | 7 | 1 | 2 |
| 1 | 7 | 9 | 5 | 3 | 2 | 6 | 4 | 8 |

**228**

| 4 | 6 | 3 | 2 | 9 | 8 | 5 | 7 | 1 |
|---|---|---|---|---|---|---|---|---|
| 2 | 1 | 7 | 6 | 5 | 3 | 8 | 4 | 9 |
| 8 | 9 | 5 | 4 | 7 | 1 | 6 | 3 | 2 |
| 5 | 2 | 6 | 1 | 8 | 7 | 3 | 9 | 4 |
| 9 | 7 | 4 | 5 | 3 | 6 | 2 | 1 | 8 |
| 3 | 8 | 1 | 9 | 4 | 2 | 7 | 5 | 6 |
| 1 | 5 | 8 | 3 | 2 | 9 | 4 | 6 | 7 |
| 6 | 4 | 2 | 7 | 1 | 5 | 9 | 8 | 3 |
| 7 | 3 | 9 | 8 | 6 | 4 | 1 | 2 | 5 |

**229**

| 7 | 1 | 3 | 5 | 8 | 2 | 4 | 6 | 9 |
|---|---|---|---|---|---|---|---|---|
| 8 | 4 | 2 | 9 | 6 | 7 | 3 | 1 | 5 |
| 6 | 5 | 9 | 1 | 4 | 3 | 7 | 8 | 2 |
| 1 | 6 | 5 | 3 | 7 | 9 | 8 | 2 | 4 |
| 3 | 2 | 7 | 8 | 5 | 4 | 6 | 9 | 1 |
| 4 | 9 | 8 | 2 | 1 | 6 | 5 | 3 | 7 |
| 9 | 8 | 6 | 7 | 2 | 5 | 1 | 4 | 3 |
| 5 | 3 | 1 | 4 | 9 | 8 | 2 | 7 | 6 |
| 2 | 7 | 4 | 6 | 3 | 1 | 9 | 5 | 8 |

**230**

| 2 | 8 | 7 | 6 | 4 | 3 | 1 | 9 | 5 |
|---|---|---|---|---|---|---|---|---|
| 3 | 4 | 6 | 9 | 1 | 5 | 7 | 8 | 2 |
| 5 | 1 | 9 | 8 | 7 | 2 | 4 | 6 | 3 |
| 8 | 9 | 4 | 7 | 2 | 1 | 5 | 3 | 6 |
| 7 | 5 | 2 | 3 | 6 | 9 | 8 | 1 | 4 |
| 1 | 6 | 3 | 5 | 8 | 4 | 2 | 7 | 9 |
| 6 | 2 | 1 | 4 | 3 | 8 | 9 | 5 | 7 |
| 4 | 7 | 5 | 1 | 9 | 6 | 3 | 2 | 8 |
| 9 | 3 | 8 | 2 | 5 | 7 | 6 | 4 | 1 |

**231**

| 9 | 6 | 3 | 2 | 4 | 1 | 8 | 7 | 5 |
|---|---|---|---|---|---|---|---|---|
| 1 | 7 | 8 | 6 | 3 | 5 | 4 | 9 | 2 |
| 2 | 4 | 5 | 8 | 9 | 7 | 1 | 6 | 3 |
| 5 | 3 | 7 | 4 | 6 | 8 | 9 | 2 | 1 |
| 6 | 9 | 1 | 5 | 2 | 3 | 7 | 4 | 8 |
| 8 | 2 | 4 | 1 | 7 | 9 | 3 | 5 | 6 |
| 4 | 1 | 2 | 9 | 8 | 6 | 5 | 3 | 7 |
| 7 | 5 | 9 | 3 | 1 | 2 | 6 | 8 | 4 |
| 3 | 8 | 6 | 7 | 5 | 4 | 2 | 1 | 9 |

**232**

| 2 | 6 | 3 | 4 | 5 | 9 | 7 | 8 | 1 |
|---|---|---|---|---|---|---|---|---|
| 8 | 5 | 9 | 3 | 1 | 7 | 2 | 6 | 4 |
| 7 | 1 | 4 | 6 | 8 | 2 | 5 | 3 | 9 |
| 3 | 4 | 7 | 9 | 2 | 8 | 6 | 1 | 5 |
| 5 | 2 | 8 | 1 | 7 | 6 | 9 | 4 | 3 |
| 6 | 9 | 1 | 5 | 3 | 4 | 8 | 2 | 7 |
| 4 | 7 | 5 | 2 | 6 | 3 | 1 | 9 | 8 |
| 9 | 8 | 6 | 7 | 4 | 1 | 3 | 5 | 2 |
| 1 | 3 | 2 | 8 | 9 | 5 | 4 | 7 | 6 |

**233**

| 1 | 2 | 5 | 6 | 4 | 8 | 7 | 9 | 3 |
|---|---|---|---|---|---|---|---|---|
| 8 | 7 | 4 | 1 | 9 | 3 | 5 | 6 | 2 |
| 9 | 3 | 6 | 5 | 2 | 7 | 4 | 8 | 1 |
| 5 | 8 | 2 | 7 | 3 | 1 | 6 | 4 | 9 |
| 7 | 4 | 3 | 9 | 5 | 6 | 1 | 2 | 8 |
| 6 | 1 | 9 | 4 | 8 | 2 | 3 | 5 | 7 |
| 2 | 5 | 8 | 3 | 1 | 4 | 9 | 7 | 6 |
| 3 | 9 | 7 | 2 | 6 | 5 | 8 | 1 | 4 |
| 4 | 6 | 1 | 8 | 7 | 9 | 2 | 3 | 5 |

**234**

| 2 | 7 | 3 | 4 | 6 | 9 | 5 | 8 | 1 |
|---|---|---|---|---|---|---|---|---|
| 9 | 5 | 1 | 8 | 2 | 3 | 4 | 6 | 7 |
| 6 | 8 | 4 | 1 | 5 | 7 | 3 | 9 | 2 |
| 1 | 4 | 8 | 7 | 3 | 5 | 6 | 2 | 9 |
| 7 | 3 | 6 | 2 | 9 | 1 | 8 | 4 | 5 |
| 5 | 2 | 9 | 6 | 8 | 4 | 7 | 1 | 3 |
| 8 | 9 | 7 | 3 | 4 | 2 | 1 | 5 | 6 |
| 4 | 1 | 2 | 5 | 7 | 6 | 9 | 3 | 8 |
| 3 | 6 | 5 | 9 | 1 | 8 | 2 | 7 | 4 |

**235**

| 3 | 4 | 1 | 5 | 7 | 8 | 6 | 2 | 9 |
|---|---|---|---|---|---|---|---|---|
| 5 | 7 | 2 | 6 | 9 | 1 | 8 | 4 | 3 |
| 6 | 9 | 8 | 3 | 4 | 2 | 1 | 7 | 5 |
| 1 | 2 | 7 | 8 | 5 | 6 | 3 | 9 | 4 |
| 8 | 6 | 4 | 7 | 3 | 9 | 2 | 5 | 1 |
| 9 | 3 | 5 | 2 | 1 | 4 | 7 | 8 | 6 |
| 7 | 8 | 9 | 1 | 6 | 5 | 4 | 3 | 2 |
| 2 | 5 | 6 | 4 | 8 | 3 | 9 | 1 | 7 |
| 4 | 1 | 3 | 9 | 2 | 7 | 5 | 6 | 8 |

**236**

| 3 | 6 | 8 | 2 | 7 | 9 | 4 | 5 | 1 |
|---|---|---|---|---|---|---|---|---|
| 2 | 7 | 4 | 6 | 5 | 1 | 3 | 9 | 8 |
| 5 | 1 | 9 | 4 | 8 | 3 | 6 | 2 | 7 |
| 8 | 9 | 6 | 7 | 1 | 4 | 2 | 3 | 5 |
| 7 | 4 | 3 | 5 | 9 | 2 | 1 | 8 | 6 |
| 1 | 2 | 5 | 8 | 3 | 6 | 7 | 4 | 9 |
| 9 | 5 | 2 | 3 | 6 | 7 | 8 | 1 | 4 |
| 6 | 3 | 1 | 9 | 4 | 8 | 5 | 7 | 2 |
| 4 | 8 | 7 | 1 | 2 | 5 | 9 | 6 | 3 |

**237**

| 8 | 7 | 2 | 4 | 1 | 5 | 6 | 9 | 3 |
|---|---|---|---|---|---|---|---|---|
| 1 | 9 | 4 | 2 | 3 | 6 | 8 | 7 | 5 |
| 5 | 6 | 3 | 9 | 8 | 7 | 2 | 4 | 1 |
| 7 | 1 | 9 | 8 | 6 | 3 | 5 | 2 | 4 |
| 3 | 4 | 5 | 1 | 2 | 9 | 7 | 6 | 8 |
| 2 | 8 | 6 | 7 | 5 | 4 | 1 | 3 | 9 |
| 4 | 3 | 1 | 6 | 7 | 8 | 9 | 5 | 2 |
| 6 | 5 | 8 | 3 | 9 | 2 | 4 | 1 | 7 |
| 9 | 2 | 7 | 5 | 4 | 1 | 3 | 8 | 6 |

**238**

| 7 | 4 | 3 | 1 | 9 | 6 | 5 | 2 | 8 |
|---|---|---|---|---|---|---|---|---|
| 1 | 5 | 9 | 3 | 2 | 8 | 6 | 7 | 4 |
| 6 | 8 | 2 | 7 | 5 | 4 | 3 | 1 | 9 |
| 8 | 3 | 1 | 2 | 6 | 9 | 4 | 5 | 7 |
| 9 | 2 | 5 | 4 | 8 | 7 | 1 | 3 | 6 |
| 4 | 7 | 6 | 5 | 3 | 1 | 8 | 9 | 2 |
| 5 | 6 | 7 | 9 | 4 | 3 | 2 | 8 | 1 |
| 3 | 1 | 4 | 8 | 7 | 2 | 9 | 6 | 5 |
| 2 | 9 | 8 | 6 | 1 | 5 | 7 | 4 | 3 |

**239**

| 3 | 9 | 5 | 7 | 6 | 4 | 1 | 8 | 2 |
|---|---|---|---|---|---|---|---|---|
| 6 | 2 | 8 | 5 | 1 | 9 | 3 | 7 | 4 |
| 1 | 4 | 7 | 8 | 2 | 3 | 9 | 5 | 6 |
| 5 | 1 | 3 | 9 | 4 | 6 | 7 | 2 | 8 |
| 7 | 8 | 9 | 3 | 5 | 2 | 4 | 6 | 1 |
| 4 | 6 | 2 | 1 | 7 | 8 | 5 | 3 | 9 |
| 9 | 7 | 6 | 4 | 8 | 5 | 2 | 1 | 3 |
| 8 | 3 | 1 | 2 | 9 | 7 | 6 | 4 | 5 |
| 2 | 5 | 4 | 6 | 3 | 1 | 8 | 9 | 7 |

**240**

| 9 | 6 | 3 | 2 | 4 | 8 | 7 | 5 | 1 |
|---|---|---|---|---|---|---|---|---|
| 1 | 5 | 4 | 9 | 7 | 6 | 3 | 8 | 2 |
| 8 | 7 | 2 | 3 | 5 | 1 | 9 | 6 | 4 |
| 7 | 9 | 6 | 5 | 3 | 2 | 1 | 4 | 8 |
| 3 | 1 | 5 | 7 | 8 | 4 | 2 | 9 | 6 |
| 4 | 2 | 8 | 6 | 1 | 9 | 5 | 7 | 3 |
| 2 | 3 | 9 | 8 | 6 | 5 | 4 | 1 | 7 |
| 5 | 8 | 1 | 4 | 2 | 7 | 6 | 3 | 9 |
| 6 | 4 | 7 | 1 | 9 | 3 | 8 | 2 | 5 |

### 241

| 4 | 3 | 2 | 6 | 7 | 8 | 5 | 1 | 9 |
|---|---|---|---|---|---|---|---|---|
| 8 | 6 | 1 | 9 | 3 | 5 | 4 | 2 | 7 |
| 7 | 5 | 9 | 4 | 1 | 2 | 3 | 8 | 6 |
| 1 | 7 | 6 | 5 | 2 | 3 | 9 | 4 | 8 |
| 5 | 4 | 8 | 7 | 9 | 6 | 2 | 3 | 1 |
| 9 | 2 | 3 | 1 | 8 | 4 | 6 | 7 | 5 |
| 2 | 8 | 5 | 3 | 6 | 1 | 7 | 9 | 4 |
| 3 | 9 | 4 | 8 | 5 | 7 | 1 | 6 | 2 |
| 6 | 1 | 7 | 2 | 4 | 9 | 8 | 5 | 3 |

### 242

| 1 | 3 | 4 | 7 | 2 | 9 | 8 | 5 | 6 |
|---|---|---|---|---|---|---|---|---|
| 2 | 8 | 7 | 5 | 3 | 6 | 9 | 4 | 1 |
| 5 | 6 | 9 | 1 | 4 | 8 | 3 | 7 | 2 |
| 6 | 5 | 1 | 2 | 8 | 4 | 7 | 9 | 3 |
| 3 | 4 | 8 | 9 | 6 | 7 | 1 | 2 | 5 |
| 7 | 9 | 2 | 3 | 1 | 5 | 6 | 8 | 4 |
| 9 | 2 | 3 | 8 | 5 | 1 | 4 | 6 | 7 |
| 4 | 7 | 5 | 6 | 9 | 3 | 2 | 1 | 8 |
| 8 | 1 | 6 | 4 | 7 | 2 | 5 | 3 | 9 |

### 243

| 5 | 4 | 9 | 8 | 7 | 3 | 2 | 1 | 6 |
|---|---|---|---|---|---|---|---|---|
| 7 | 6 | 2 | 9 | 4 | 1 | 8 | 5 | 3 |
| 3 | 1 | 8 | 5 | 2 | 6 | 4 | 7 | 9 |
| 4 | 9 | 5 | 7 | 6 | 2 | 1 | 3 | 8 |
| 2 | 8 | 1 | 3 | 5 | 4 | 9 | 6 | 7 |
| 6 | 3 | 7 | 1 | 8 | 9 | 5 | 2 | 4 |
| 9 | 2 | 3 | 4 | 1 | 7 | 6 | 8 | 5 |
| 1 | 5 | 4 | 6 | 3 | 8 | 7 | 9 | 2 |
| 8 | 7 | 6 | 2 | 9 | 5 | 3 | 4 | 1 |

### 244

| 2 | 4 | 7 | 1 | 8 | 9 | 3 | 6 | 5 |
|---|---|---|---|---|---|---|---|---|
| 9 | 6 | 3 | 7 | 2 | 5 | 8 | 1 | 4 |
| 8 | 5 | 1 | 4 | 6 | 3 | 7 | 9 | 2 |
| 5 | 1 | 6 | 2 | 7 | 8 | 4 | 3 | 9 |
| 7 | 8 | 2 | 3 | 9 | 4 | 6 | 5 | 1 |
| 4 | 3 | 9 | 6 | 5 | 1 | 2 | 7 | 8 |
| 1 | 9 | 4 | 8 | 3 | 6 | 5 | 2 | 7 |
| 6 | 7 | 5 | 9 | 4 | 2 | 1 | 8 | 3 |
| 3 | 2 | 8 | 5 | 1 | 7 | 9 | 4 | 6 |

### 245

| 9 | 4 | 6 | 5 | 1 | 3 | 2 | 8 | 7 |
|---|---|---|---|---|---|---|---|---|
| 7 | 8 | 1 | 9 | 2 | 6 | 4 | 5 | 3 |
| 5 | 2 | 3 | 7 | 4 | 8 | 1 | 9 | 6 |
| 1 | 3 | 9 | 2 | 7 | 5 | 6 | 4 | 8 |
| 4 | 5 | 8 | 1 | 6 | 9 | 7 | 3 | 2 |
| 6 | 7 | 2 | 3 | 8 | 4 | 9 | 1 | 5 |
| 3 | 6 | 4 | 8 | 9 | 2 | 5 | 7 | 1 |
| 2 | 1 | 5 | 4 | 3 | 7 | 8 | 6 | 9 |
| 8 | 9 | 7 | 6 | 5 | 1 | 3 | 2 | 4 |

### 246

| 3 | 8 | 7 | 1 | 2 | 5 | 6 | 4 | 9 |
|---|---|---|---|---|---|---|---|---|
| 2 | 9 | 6 | 7 | 8 | 4 | 5 | 3 | 1 |
| 5 | 4 | 1 | 9 | 3 | 6 | 7 | 8 | 2 |
| 1 | 3 | 4 | 6 | 7 | 8 | 2 | 9 | 5 |
| 9 | 7 | 8 | 3 | 5 | 2 | 4 | 1 | 6 |
| 6 | 2 | 5 | 4 | 9 | 1 | 8 | 7 | 3 |
| 7 | 5 | 9 | 2 | 4 | 3 | 1 | 6 | 8 |
| 4 | 6 | 2 | 8 | 1 | 9 | 3 | 5 | 7 |
| 8 | 1 | 3 | 5 | 6 | 7 | 9 | 2 | 4 |

### 247

| 9 | 5 | 8 | 7 | 4 | 2 | 6 | 3 | 1 |
|---|---|---|---|---|---|---|---|---|
| 6 | 3 | 7 | 1 | 5 | 9 | 4 | 2 | 8 |
| 4 | 1 | 2 | 6 | 8 | 3 | 9 | 7 | 5 |
| 5 | 6 | 4 | 2 | 9 | 1 | 3 | 8 | 7 |
| 1 | 7 | 9 | 8 | 3 | 6 | 5 | 4 | 2 |
| 2 | 8 | 3 | 4 | 7 | 5 | 1 | 9 | 6 |
| 3 | 9 | 6 | 5 | 2 | 7 | 8 | 1 | 4 |
| 8 | 2 | 1 | 9 | 6 | 4 | 7 | 5 | 3 |
| 7 | 4 | 5 | 3 | 1 | 8 | 2 | 6 | 9 |

### 248

| 9 | 6 | 8 | 4 | 1 | 5 | 2 | 7 | 3 |
|---|---|---|---|---|---|---|---|---|
| 2 | 4 | 7 | 6 | 3 | 8 | 5 | 1 | 9 |
| 3 | 1 | 5 | 9 | 7 | 2 | 6 | 4 | 8 |
| 1 | 9 | 6 | 2 | 8 | 3 | 4 | 5 | 7 |
| 4 | 5 | 3 | 1 | 6 | 7 | 8 | 9 | 2 |
| 7 | 8 | 2 | 5 | 4 | 9 | 1 | 3 | 6 |
| 5 | 2 | 1 | 3 | 9 | 6 | 7 | 8 | 4 |
| 6 | 7 | 9 | 8 | 5 | 4 | 3 | 2 | 1 |
| 8 | 3 | 4 | 7 | 2 | 1 | 9 | 6 | 5 |

### 249

| 5 | 7 | 8 | 3 | 1 | 9 | 6 | 2 | 4 |
|---|---|---|---|---|---|---|---|---|
| 6 | 1 | 9 | 4 | 7 | 2 | 3 | 8 | 5 |
| 3 | 4 | 2 | 5 | 8 | 6 | 9 | 1 | 7 |
| 7 | 6 | 4 | 8 | 2 | 1 | 5 | 9 | 3 |
| 2 | 5 | 3 | 6 | 9 | 4 | 1 | 7 | 8 |
| 8 | 9 | 1 | 7 | 5 | 3 | 2 | 4 | 6 |
| 1 | 8 | 5 | 2 | 3 | 7 | 4 | 6 | 9 |
| 9 | 3 | 6 | 1 | 4 | 8 | 7 | 5 | 2 |
| 4 | 2 | 7 | 9 | 6 | 5 | 8 | 3 | 1 |

### 250

| 5 | 6 | 4 | 2 | 7 | 8 | 9 | 1 | 3 |
|---|---|---|---|---|---|---|---|---|
| 7 | 9 | 2 | 6 | 1 | 3 | 8 | 5 | 4 |
| 1 | 8 | 3 | 5 | 4 | 9 | 7 | 2 | 6 |
| 9 | 7 | 6 | 8 | 5 | 2 | 3 | 4 | 1 |
| 4 | 2 | 8 | 1 | 3 | 7 | 5 | 6 | 9 |
| 3 | 1 | 5 | 4 | 9 | 6 | 2 | 7 | 8 |
| 6 | 5 | 9 | 7 | 8 | 4 | 1 | 3 | 2 |
| 2 | 3 | 7 | 9 | 6 | 1 | 4 | 8 | 5 |
| 8 | 4 | 1 | 3 | 2 | 5 | 6 | 9 | 7 |

### 251

| 2 | 3 | 6 | 8 | 9 | 7 | 5 | 1 | 4 |
|---|---|---|---|---|---|---|---|---|
| 7 | 5 | 4 | 6 | 2 | 1 | 8 | 9 | 3 |
| 1 | 9 | 8 | 5 | 3 | 4 | 6 | 7 | 2 |
| 4 | 7 | 5 | 3 | 1 | 6 | 2 | 8 | 9 |
| 3 | 6 | 1 | 9 | 8 | 2 | 4 | 5 | 7 |
| 8 | 2 | 9 | 4 | 7 | 5 | 3 | 6 | 1 |
| 9 | 8 | 7 | 2 | 5 | 3 | 1 | 4 | 6 |
| 6 | 1 | 2 | 7 | 4 | 8 | 9 | 3 | 5 |
| 5 | 4 | 3 | 1 | 6 | 9 | 7 | 2 | 8 |

### 252

| 4 | 9 | 2 | 8 | 3 | 1 | 5 | 6 | 7 |
|---|---|---|---|---|---|---|---|---|
| 5 | 8 | 3 | 7 | 6 | 4 | 2 | 9 | 1 |
| 1 | 6 | 7 | 9 | 5 | 2 | 8 | 3 | 4 |
| 9 | 2 | 8 | 3 | 1 | 5 | 7 | 4 | 6 |
| 3 | 4 | 5 | 6 | 2 | 7 | 1 | 8 | 9 |
| 6 | 7 | 1 | 4 | 8 | 9 | 3 | 5 | 2 |
| 2 | 1 | 6 | 5 | 9 | 3 | 4 | 7 | 8 |
| 8 | 3 | 4 | 1 | 7 | 6 | 9 | 2 | 5 |
| 7 | 5 | 9 | 2 | 4 | 8 | 6 | 1 | 3 |

### 253

| 5 | 9 | 2 | 1 | 6 | 4 | 8 | 7 | 3 |
|---|---|---|---|---|---|---|---|---|
| 4 | 7 | 6 | 9 | 3 | 8 | 2 | 1 | 5 |
| 1 | 8 | 3 | 5 | 7 | 2 | 6 | 9 | 4 |
| 2 | 5 | 8 | 4 | 9 | 1 | 3 | 6 | 7 |
| 3 | 1 | 4 | 6 | 5 | 7 | 9 | 8 | 2 |
| 7 | 6 | 9 | 2 | 8 | 3 | 5 | 4 | 1 |
| 6 | 3 | 7 | 8 | 1 | 5 | 4 | 2 | 9 |
| 8 | 2 | 1 | 3 | 4 | 9 | 7 | 5 | 6 |
| 9 | 4 | 5 | 7 | 2 | 6 | 1 | 3 | 8 |

### 254

| 4 | 3 | 2 | 1 | 5 | 7 | 8 | 9 | 6 |
|---|---|---|---|---|---|---|---|---|
| 5 | 8 | 7 | 6 | 4 | 9 | 3 | 1 | 2 |
| 6 | 9 | 1 | 8 | 3 | 2 | 5 | 4 | 7 |
| 8 | 2 | 6 | 7 | 1 | 5 | 9 | 3 | 4 |
| 9 | 1 | 3 | 2 | 8 | 4 | 6 | 7 | 5 |
| 7 | 4 | 5 | 3 | 9 | 6 | 1 | 2 | 8 |
| 3 | 5 | 4 | 9 | 2 | 8 | 7 | 6 | 1 |
| 2 | 7 | 9 | 5 | 6 | 1 | 4 | 8 | 3 |
| 1 | 6 | 8 | 4 | 7 | 3 | 2 | 5 | 9 |

### 255

| 3 | 5 | 2 | 9 | 8 | 7 | 4 | 6 | 1 |
|---|---|---|---|---|---|---|---|---|
| 1 | 4 | 8 | 5 | 2 | 6 | 9 | 7 | 3 |
| 6 | 7 | 9 | 1 | 3 | 4 | 8 | 2 | 5 |
| 5 | 8 | 3 | 4 | 6 | 2 | 1 | 9 | 7 |
| 7 | 6 | 4 | 3 | 9 | 1 | 5 | 8 | 2 |
| 2 | 9 | 1 | 8 | 7 | 5 | 6 | 3 | 4 |
| 4 | 2 | 6 | 7 | 5 | 9 | 3 | 1 | 8 |
| 8 | 1 | 7 | 6 | 4 | 3 | 2 | 5 | 9 |
| 9 | 3 | 5 | 2 | 1 | 8 | 7 | 4 | 6 |

### 256

| 7 | 9 | 2 | 8 | 3 | 1 | 6 | 4 | 5 |
|---|---|---|---|---|---|---|---|---|
| 4 | 8 | 5 | 6 | 7 | 9 | 3 | 1 | 2 |
| 6 | 1 | 3 | 5 | 2 | 4 | 7 | 9 | 8 |
| 1 | 5 | 7 | 9 | 4 | 3 | 8 | 2 | 6 |
| 8 | 3 | 4 | 2 | 6 | 7 | 9 | 5 | 1 |
| 2 | 6 | 9 | 1 | 5 | 8 | 4 | 7 | 3 |
| 3 | 4 | 6 | 7 | 1 | 5 | 2 | 8 | 9 |
| 9 | 2 | 1 | 4 | 8 | 6 | 5 | 3 | 7 |
| 5 | 7 | 8 | 3 | 9 | 2 | 1 | 6 | 4 |

### 257

| 5 | 2 | 7 | 3 | 1 | 6 | 4 | 8 | 9 |
|---|---|---|---|---|---|---|---|---|
| 1 | 6 | 8 | 9 | 4 | 7 | 3 | 5 | 2 |
| 3 | 4 | 9 | 8 | 2 | 5 | 6 | 1 | 7 |
| 9 | 1 | 5 | 2 | 3 | 4 | 7 | 6 | 8 |
| 4 | 7 | 6 | 1 | 5 | 8 | 2 | 9 | 3 |
| 8 | 3 | 2 | 7 | 6 | 9 | 1 | 4 | 5 |
| 2 | 5 | 1 | 6 | 9 | 3 | 8 | 7 | 4 |
| 7 | 9 | 3 | 4 | 8 | 1 | 5 | 2 | 6 |
| 6 | 8 | 4 | 5 | 7 | 2 | 9 | 3 | 1 |

### 258

| 9 | 8 | 4 | 2 | 7 | 1 | 5 | 6 | 3 |
|---|---|---|---|---|---|---|---|---|
| 7 | 3 | 5 | 6 | 4 | 9 | 8 | 2 | 1 |
| 6 | 2 | 1 | 8 | 3 | 5 | 7 | 4 | 9 |
| 1 | 5 | 2 | 9 | 6 | 3 | 4 | 8 | 7 |
| 4 | 7 | 6 | 5 | 1 | 8 | 3 | 9 | 2 |
| 3 | 9 | 8 | 4 | 2 | 7 | 6 | 1 | 5 |
| 8 | 4 | 9 | 3 | 5 | 2 | 1 | 7 | 6 |
| 5 | 6 | 7 | 1 | 9 | 4 | 2 | 3 | 8 |
| 2 | 1 | 3 | 7 | 8 | 6 | 9 | 5 | 4 |

### 259

| 8 | 6 | 3 | 1 | 4 | 5 | 7 | 9 | 2 |
|---|---|---|---|---|---|---|---|---|
| 4 | 2 | 7 | 6 | 9 | 8 | 3 | 5 | 1 |
| 1 | 9 | 5 | 2 | 3 | 7 | 6 | 8 | 4 |
| 2 | 8 | 9 | 4 | 1 | 6 | 5 | 3 | 7 |
| 6 | 3 | 4 | 7 | 5 | 2 | 9 | 1 | 8 |
| 5 | 7 | 1 | 3 | 8 | 9 | 4 | 2 | 6 |
| 7 | 1 | 8 | 5 | 6 | 3 | 2 | 4 | 9 |
| 9 | 5 | 2 | 8 | 7 | 4 | 1 | 6 | 3 |
| 3 | 4 | 6 | 9 | 2 | 1 | 8 | 7 | 5 |

### 260

| 5 | 3 | 8 | 9 | 1 | 7 | 6 | 2 | 4 |
|---|---|---|---|---|---|---|---|---|
| 6 | 2 | 9 | 8 | 3 | 4 | 1 | 5 | 7 |
| 7 | 1 | 4 | 6 | 2 | 5 | 8 | 3 | 9 |
| 9 | 4 | 2 | 1 | 5 | 3 | 7 | 8 | 6 |
| 8 | 5 | 1 | 7 | 4 | 6 | 3 | 9 | 2 |
| 3 | 6 | 7 | 2 | 8 | 9 | 4 | 1 | 5 |
| 4 | 9 | 3 | 5 | 6 | 8 | 2 | 7 | 1 |
| 2 | 7 | 6 | 3 | 9 | 1 | 5 | 4 | 8 |
| 1 | 8 | 5 | 4 | 7 | 2 | 9 | 6 | 3 |

## 261

| 6 | 9 | 5 | 2 | 7 | 8 | 4 | 1 | 3 |
|---|---|---|---|---|---|---|---|---|
| 3 | 1 | 4 | 6 | 9 | 5 | 8 | 2 | 7 |
| 2 | 8 | 7 | 3 | 4 | 1 | 6 | 5 | 9 |
| 4 | 2 | 1 | 7 | 6 | 3 | 5 | 9 | 8 |
| 8 | 3 | 6 | 5 | 2 | 9 | 7 | 4 | 1 |
| 7 | 5 | 9 | 8 | 1 | 4 | 3 | 6 | 2 |
| 1 | 6 | 3 | 9 | 5 | 7 | 2 | 8 | 4 |
| 9 | 7 | 2 | 4 | 8 | 6 | 1 | 3 | 5 |
| 5 | 4 | 8 | 1 | 3 | 2 | 9 | 7 | 6 |

## 262

| 5 | 7 | 6 | 2 | 3 | 4 | 9 | 8 | 1 |
|---|---|---|---|---|---|---|---|---|
| 2 | 9 | 3 | 8 | 7 | 1 | 4 | 5 | 6 |
| 8 | 4 | 1 | 6 | 5 | 9 | 3 | 2 | 7 |
| 9 | 5 | 4 | 1 | 6 | 2 | 7 | 3 | 8 |
| 7 | 3 | 2 | 5 | 9 | 8 | 6 | 1 | 4 |
| 1 | 6 | 8 | 3 | 4 | 7 | 5 | 9 | 2 |
| 3 | 1 | 9 | 4 | 2 | 6 | 8 | 7 | 5 |
| 4 | 8 | 5 | 7 | 1 | 3 | 2 | 6 | 9 |
| 6 | 2 | 7 | 9 | 8 | 5 | 1 | 4 | 3 |

## 263

| 5 | 2 | 7 | 9 | 8 | 3 | 4 | 1 | 6 |
|---|---|---|---|---|---|---|---|---|
| 4 | 1 | 9 | 6 | 2 | 7 | 3 | 8 | 5 |
| 8 | 3 | 6 | 1 | 5 | 4 | 2 | 7 | 9 |
| 7 | 8 | 2 | 5 | 6 | 1 | 9 | 4 | 3 |
| 9 | 4 | 5 | 7 | 3 | 2 | 1 | 6 | 8 |
| 3 | 6 | 1 | 8 | 4 | 9 | 5 | 2 | 7 |
| 6 | 5 | 4 | 2 | 9 | 8 | 7 | 3 | 1 |
| 2 | 7 | 8 | 3 | 1 | 5 | 6 | 9 | 4 |
| 1 | 9 | 3 | 4 | 7 | 6 | 8 | 5 | 2 |

## 264

| 6 | 9 | 4 | 3 | 7 | 5 | 2 | 1 | 8 |
|---|---|---|---|---|---|---|---|---|
| 2 | 8 | 3 | 6 | 4 | 1 | 9 | 5 | 7 |
| 7 | 1 | 5 | 8 | 9 | 2 | 4 | 6 | 3 |
| 5 | 6 | 8 | 9 | 2 | 3 | 1 | 7 | 4 |
| 3 | 4 | 1 | 7 | 6 | 8 | 5 | 9 | 2 |
| 9 | 7 | 2 | 5 | 1 | 4 | 3 | 8 | 6 |
| 1 | 3 | 7 | 4 | 5 | 6 | 8 | 2 | 9 |
| 4 | 5 | 9 | 2 | 8 | 7 | 6 | 3 | 1 |
| 8 | 2 | 6 | 1 | 3 | 9 | 7 | 4 | 5 |

## 265

| 1 | 4 | 9 | 8 | 3 | 5 | 7 | 2 | 6 |
|---|---|---|---|---|---|---|---|---|
| 8 | 5 | 6 | 1 | 7 | 2 | 3 | 4 | 9 |
| 7 | 3 | 2 | 9 | 4 | 6 | 1 | 5 | 8 |
| 3 | 2 | 4 | 6 | 1 | 7 | 9 | 8 | 5 |
| 9 | 1 | 8 | 4 | 5 | 3 | 6 | 7 | 2 |
| 6 | 7 | 5 | 2 | 8 | 9 | 4 | 3 | 1 |
| 5 | 8 | 1 | 3 | 6 | 4 | 2 | 9 | 7 |
| 4 | 9 | 7 | 5 | 2 | 1 | 8 | 6 | 3 |
| 2 | 6 | 3 | 7 | 9 | 8 | 5 | 1 | 4 |

## 266

| 9 | 8 | 2 | 3 | 5 | 7 | 4 | 6 | 1 |
|---|---|---|---|---|---|---|---|---|
| 1 | 7 | 3 | 4 | 2 | 6 | 9 | 5 | 8 |
| 4 | 5 | 6 | 1 | 9 | 8 | 2 | 3 | 7 |
| 5 | 1 | 7 | 9 | 4 | 3 | 8 | 2 | 6 |
| 3 | 2 | 4 | 6 | 8 | 5 | 1 | 7 | 9 |
| 8 | 6 | 9 | 2 | 7 | 1 | 3 | 4 | 5 |
| 7 | 4 | 1 | 5 | 3 | 9 | 6 | 8 | 2 |
| 6 | 3 | 5 | 8 | 1 | 2 | 7 | 9 | 4 |
| 2 | 9 | 8 | 7 | 6 | 4 | 5 | 1 | 3 |

## 267

| 2 | 7 | 4 | 5 | 3 | 9 | 6 | 8 | 1 |
|---|---|---|---|---|---|---|---|---|
| 1 | 8 | 5 | 4 | 6 | 7 | 3 | 9 | 2 |
| 6 | 3 | 9 | 2 | 1 | 8 | 5 | 7 | 4 |
| 4 | 5 | 3 | 9 | 2 | 1 | 7 | 6 | 8 |
| 9 | 2 | 7 | 3 | 8 | 6 | 1 | 4 | 5 |
| 8 | 6 | 1 | 7 | 4 | 5 | 2 | 3 | 9 |
| 7 | 9 | 8 | 6 | 5 | 2 | 4 | 1 | 3 |
| 3 | 1 | 2 | 8 | 7 | 4 | 9 | 5 | 6 |
| 5 | 4 | 6 | 1 | 9 | 3 | 8 | 2 | 7 |

## 268

| 8 | 3 | 2 | 5 | 4 | 9 | 1 | 7 | 6 |
|---|---|---|---|---|---|---|---|---|
| 6 | 7 | 4 | 1 | 3 | 8 | 5 | 2 | 9 |
| 5 | 1 | 9 | 7 | 2 | 6 | 4 | 3 | 8 |
| 7 | 8 | 5 | 4 | 6 | 1 | 3 | 9 | 2 |
| 9 | 4 | 3 | 8 | 5 | 2 | 7 | 6 | 1 |
| 1 | 2 | 6 | 9 | 7 | 3 | 8 | 5 | 4 |
| 3 | 9 | 1 | 6 | 8 | 5 | 2 | 4 | 7 |
| 4 | 5 | 8 | 2 | 9 | 7 | 6 | 1 | 3 |
| 2 | 6 | 7 | 3 | 1 | 4 | 9 | 8 | 5 |

## 269

| 3 | 8 | 6 | 2 | 4 | 1 | 9 | 5 | 7 |
|---|---|---|---|---|---|---|---|---|
| 2 | 7 | 1 | 5 | 9 | 8 | 6 | 4 | 3 |
| 5 | 9 | 4 | 6 | 3 | 7 | 1 | 8 | 2 |
| 7 | 4 | 5 | 1 | 8 | 2 | 3 | 9 | 6 |
| 9 | 6 | 2 | 4 | 5 | 3 | 8 | 7 | 1 |
| 8 | 1 | 3 | 7 | 6 | 9 | 4 | 2 | 5 |
| 1 | 3 | 7 | 8 | 2 | 4 | 5 | 6 | 9 |
| 6 | 2 | 8 | 9 | 1 | 5 | 7 | 3 | 4 |
| 4 | 5 | 9 | 3 | 7 | 6 | 2 | 1 | 8 |

## 270

| 4 | 1 | 8 | 9 | 3 | 6 | 2 | 5 | 7 |
|---|---|---|---|---|---|---|---|---|
| 2 | 9 | 6 | 5 | 1 | 7 | 3 | 8 | 4 |
| 3 | 7 | 5 | 2 | 4 | 8 | 6 | 9 | 1 |
| 5 | 2 | 9 | 1 | 6 | 3 | 7 | 4 | 8 |
| 8 | 6 | 4 | 7 | 5 | 9 | 1 | 2 | 3 |
| 1 | 3 | 7 | 4 | 8 | 2 | 5 | 6 | 9 |
| 9 | 8 | 3 | 6 | 7 | 5 | 4 | 1 | 2 |
| 7 | 5 | 1 | 8 | 2 | 4 | 9 | 3 | 6 |
| 6 | 4 | 2 | 3 | 9 | 1 | 8 | 7 | 5 |

## 271

| 5 | 1 | 8 | 3 | 9 | 7 | 2 | 6 | 4 |
|---|---|---|---|---|---|---|---|---|
| 7 | 2 | 3 | 6 | 5 | 4 | 8 | 9 | 1 |
| 6 | 4 | 9 | 8 | 2 | 1 | 7 | 5 | 3 |
| 4 | 9 | 6 | 5 | 7 | 3 | 1 | 2 | 8 |
| 3 | 8 | 7 | 1 | 6 | 2 | 9 | 4 | 5 |
| 1 | 5 | 2 | 4 | 8 | 9 | 3 | 7 | 6 |
| 9 | 6 | 1 | 7 | 4 | 8 | 5 | 3 | 2 |
| 8 | 7 | 4 | 2 | 3 | 5 | 6 | 1 | 9 |
| 2 | 3 | 5 | 9 | 1 | 6 | 4 | 8 | 7 |

## 272

| 4 | 3 | 7 | 5 | 2 | 8 | 1 | 9 | 6 |
|---|---|---|---|---|---|---|---|---|
| 1 | 9 | 8 | 6 | 4 | 3 | 2 | 7 | 5 |
| 6 | 5 | 2 | 9 | 1 | 7 | 3 | 8 | 4 |
| 7 | 1 | 5 | 2 | 3 | 4 | 8 | 6 | 9 |
| 8 | 2 | 9 | 1 | 6 | 5 | 4 | 3 | 7 |
| 3 | 6 | 4 | 7 | 8 | 9 | 5 | 2 | 1 |
| 5 | 8 | 3 | 4 | 9 | 6 | 7 | 1 | 2 |
| 9 | 4 | 1 | 3 | 7 | 2 | 6 | 5 | 8 |
| 2 | 7 | 6 | 8 | 5 | 1 | 9 | 4 | 3 |

## 273

| 7 | 2 | 1 | 5 | 9 | 6 | 4 | 3 | 8 |
|---|---|---|---|---|---|---|---|---|
| 9 | 5 | 8 | 4 | 3 | 1 | 6 | 2 | 7 |
| 6 | 3 | 4 | 8 | 2 | 7 | 1 | 5 | 9 |
| 5 | 1 | 7 | 9 | 4 | 3 | 2 | 8 | 6 |
| 2 | 8 | 3 | 1 | 6 | 5 | 7 | 9 | 4 |
| 4 | 9 | 6 | 7 | 8 | 2 | 3 | 1 | 5 |
| 3 | 7 | 2 | 6 | 5 | 9 | 8 | 4 | 1 |
| 1 | 4 | 9 | 3 | 7 | 8 | 5 | 6 | 2 |
| 8 | 6 | 5 | 2 | 1 | 4 | 9 | 7 | 3 |

## 274

| 5 | 8 | 6 | 4 | 9 | 2 | 1 | 3 | 7 |
|---|---|---|---|---|---|---|---|---|
| 9 | 3 | 7 | 1 | 8 | 6 | 2 | 5 | 4 |
| 4 | 2 | 1 | 7 | 3 | 5 | 9 | 8 | 6 |
| 1 | 7 | 4 | 5 | 6 | 8 | 3 | 2 | 9 |
| 2 | 9 | 8 | 3 | 1 | 7 | 4 | 6 | 5 |
| 3 | 6 | 5 | 9 | 2 | 4 | 7 | 1 | 8 |
| 6 | 5 | 9 | 2 | 4 | 3 | 8 | 7 | 1 |
| 7 | 4 | 3 | 8 | 5 | 1 | 6 | 9 | 2 |
| 8 | 1 | 2 | 6 | 7 | 9 | 5 | 4 | 3 |

## 275

| 3 | 2 | 4 | 1 | 5 | 7 | 6 | 8 | 9 |
|---|---|---|---|---|---|---|---|---|
| 7 | 1 | 9 | 8 | 2 | 6 | 4 | 3 | 5 |
| 5 | 8 | 6 | 4 | 3 | 9 | 2 | 1 | 7 |
| 9 | 7 | 5 | 3 | 8 | 2 | 1 | 6 | 4 |
| 1 | 4 | 8 | 9 | 6 | 5 | 7 | 2 | 3 |
| 2 | 6 | 3 | 7 | 4 | 1 | 5 | 9 | 8 |
| 6 | 9 | 7 | 5 | 1 | 3 | 8 | 4 | 2 |
| 8 | 5 | 2 | 6 | 9 | 4 | 3 | 7 | 1 |
| 4 | 3 | 1 | 2 | 7 | 8 | 9 | 5 | 6 |

## 276

| 6 | 8 | 9 | 4 | 7 | 2 | 3 | 1 | 5 |
|---|---|---|---|---|---|---|---|---|
| 5 | 3 | 4 | 1 | 9 | 8 | 7 | 2 | 6 |
| 2 | 7 | 1 | 3 | 5 | 6 | 8 | 4 | 9 |
| 1 | 2 | 8 | 6 | 4 | 9 | 5 | 3 | 7 |
| 9 | 5 | 6 | 7 | 2 | 3 | 4 | 8 | 1 |
| 3 | 4 | 7 | 5 | 8 | 1 | 6 | 9 | 2 |
| 4 | 9 | 2 | 8 | 6 | 5 | 1 | 7 | 3 |
| 8 | 6 | 3 | 9 | 1 | 7 | 2 | 5 | 4 |
| 7 | 1 | 5 | 2 | 3 | 4 | 9 | 6 | 8 |

## 277

| 4 | 8 | 6 | 2 | 3 | 5 | 9 | 7 | 1 |
|---|---|---|---|---|---|---|---|---|
| 9 | 2 | 1 | 6 | 7 | 8 | 4 | 3 | 5 |
| 3 | 7 | 5 | 1 | 9 | 4 | 6 | 2 | 8 |
| 6 | 4 | 9 | 7 | 5 | 1 | 3 | 8 | 2 |
| 7 | 1 | 2 | 8 | 6 | 3 | 5 | 9 | 4 |
| 8 | 5 | 3 | 4 | 2 | 9 | 1 | 6 | 7 |
| 1 | 6 | 7 | 9 | 4 | 2 | 8 | 5 | 3 |
| 2 | 3 | 4 | 5 | 8 | 6 | 7 | 1 | 9 |
| 5 | 9 | 8 | 3 | 1 | 7 | 2 | 4 | 6 |

## 278

| 5 | 8 | 7 | 4 | 3 | 9 | 6 | 2 | 1 |
|---|---|---|---|---|---|---|---|---|
| 9 | 3 | 1 | 2 | 6 | 8 | 7 | 4 | 5 |
| 2 | 4 | 6 | 1 | 5 | 7 | 9 | 3 | 8 |
| 1 | 5 | 8 | 6 | 9 | 2 | 4 | 7 | 3 |
| 6 | 7 | 2 | 5 | 4 | 3 | 1 | 8 | 9 |
| 4 | 9 | 3 | 7 | 8 | 1 | 5 | 6 | 2 |
| 3 | 6 | 4 | 8 | 1 | 5 | 2 | 9 | 7 |
| 7 | 1 | 9 | 3 | 2 | 6 | 8 | 5 | 4 |
| 8 | 2 | 5 | 9 | 7 | 4 | 3 | 1 | 6 |

## 279

| 2 | 8 | 3 | 5 | 7 | 6 | 9 | 4 | 1 |
|---|---|---|---|---|---|---|---|---|
| 1 | 9 | 7 | 2 | 8 | 4 | 5 | 3 | 6 |
| 4 | 6 | 5 | 3 | 1 | 9 | 2 | 7 | 8 |
| 6 | 7 | 2 | 8 | 5 | 3 | 1 | 9 | 4 |
| 3 | 4 | 9 | 6 | 2 | 1 | 8 | 5 | 7 |
| 5 | 1 | 8 | 9 | 4 | 7 | 6 | 2 | 3 |
| 7 | 5 | 4 | 1 | 6 | 2 | 3 | 8 | 9 |
| 8 | 3 | 6 | 4 | 9 | 5 | 7 | 1 | 2 |
| 9 | 2 | 1 | 7 | 3 | 8 | 4 | 6 | 5 |

## 280

| 7 | 6 | 5 | 4 | 8 | 2 | 9 | 3 | 1 |
|---|---|---|---|---|---|---|---|---|
| 8 | 2 | 3 | 9 | 7 | 1 | 5 | 6 | 4 |
| 1 | 4 | 9 | 6 | 5 | 3 | 2 | 8 | 7 |
| 9 | 7 | 1 | 5 | 4 | 6 | 3 | 2 | 8 |
| 2 | 5 | 8 | 3 | 1 | 9 | 4 | 7 | 6 |
| 4 | 3 | 6 | 7 | 2 | 8 | 1 | 9 | 5 |
| 6 | 9 | 7 | 1 | 3 | 4 | 8 | 5 | 2 |
| 3 | 8 | 4 | 2 | 6 | 5 | 7 | 1 | 9 |
| 5 | 1 | 2 | 8 | 9 | 7 | 6 | 4 | 3 |

## 281

| 9 | 4 | 3 | 6 | 1 | 7 | 8 | 5 | 2 |
|---|---|---|---|---|---|---|---|---|
| 5 | 8 | 6 | 3 | 2 | 9 | 1 | 7 | 4 |
| 2 | 1 | 7 | 4 | 8 | 5 | 9 | 3 | 6 |
| 3 | 7 | 1 | 5 | 9 | 4 | 2 | 6 | 8 |
| 8 | 5 | 9 | 2 | 6 | 3 | 7 | 4 | 1 |
| 4 | 6 | 2 | 1 | 7 | 8 | 3 | 9 | 5 |
| 6 | 9 | 8 | 7 | 5 | 2 | 4 | 1 | 3 |
| 7 | 3 | 5 | 8 | 4 | 1 | 6 | 2 | 9 |
| 1 | 2 | 4 | 9 | 3 | 6 | 5 | 8 | 7 |

## 282

| 3 | 5 | 8 | 2 | 4 | 9 | 1 | 6 | 7 |
|---|---|---|---|---|---|---|---|---|
| 4 | 2 | 6 | 1 | 3 | 7 | 8 | 9 | 5 |
| 9 | 7 | 1 | 5 | 6 | 8 | 2 | 4 | 3 |
| 8 | 3 | 2 | 4 | 7 | 1 | 6 | 5 | 9 |
| 6 | 1 | 4 | 8 | 9 | 5 | 3 | 7 | 2 |
| 7 | 9 | 5 | 3 | 2 | 6 | 4 | 8 | 1 |
| 2 | 8 | 3 | 9 | 5 | 4 | 7 | 1 | 6 |
| 1 | 6 | 9 | 7 | 8 | 3 | 5 | 2 | 4 |
| 5 | 4 | 7 | 6 | 1 | 2 | 9 | 3 | 8 |

## 283

| 3 | 5 | 6 | 9 | 8 | 7 | 2 | 1 | 4 |
|---|---|---|---|---|---|---|---|---|
| 9 | 4 | 1 | 6 | 2 | 3 | 5 | 7 | 8 |
| 7 | 8 | 2 | 1 | 4 | 5 | 9 | 6 | 3 |
| 2 | 6 | 5 | 8 | 7 | 4 | 3 | 9 | 1 |
| 4 | 9 | 3 | 2 | 5 | 1 | 7 | 8 | 6 |
| 1 | 7 | 8 | 3 | 6 | 9 | 4 | 5 | 2 |
| 5 | 1 | 7 | 4 | 3 | 6 | 8 | 2 | 9 |
| 8 | 3 | 9 | 5 | 1 | 2 | 6 | 4 | 7 |
| 6 | 2 | 4 | 7 | 9 | 8 | 1 | 3 | 5 |

## 284

| 6 | 4 | 9 | 3 | 8 | 2 | 5 | 7 | 1 |
|---|---|---|---|---|---|---|---|---|
| 3 | 7 | 8 | 5 | 4 | 1 | 6 | 9 | 2 |
| 5 | 2 | 1 | 9 | 6 | 7 | 4 | 3 | 8 |
| 7 | 1 | 4 | 8 | 2 | 3 | 9 | 5 | 6 |
| 8 | 6 | 3 | 1 | 5 | 9 | 7 | 2 | 4 |
| 9 | 5 | 2 | 6 | 7 | 4 | 1 | 8 | 3 |
| 2 | 8 | 5 | 7 | 1 | 6 | 3 | 4 | 9 |
| 1 | 3 | 7 | 4 | 9 | 8 | 2 | 6 | 5 |
| 4 | 9 | 6 | 2 | 3 | 5 | 8 | 1 | 7 |

## 285

| 8 | 7 | 1 | 6 | 4 | 5 | 2 | 3 | 9 |
|---|---|---|---|---|---|---|---|---|
| 2 | 9 | 6 | 7 | 8 | 3 | 1 | 4 | 5 |
| 4 | 5 | 3 | 1 | 2 | 9 | 8 | 7 | 6 |
| 7 | 3 | 9 | 8 | 6 | 2 | 5 | 1 | 4 |
| 6 | 4 | 5 | 3 | 1 | 7 | 9 | 8 | 2 |
| 1 | 8 | 2 | 5 | 9 | 4 | 7 | 6 | 3 |
| 9 | 6 | 7 | 4 | 5 | 8 | 3 | 2 | 1 |
| 5 | 1 | 8 | 2 | 3 | 6 | 4 | 9 | 7 |
| 3 | 2 | 4 | 9 | 7 | 1 | 6 | 5 | 8 |

## 286

| 6 | 7 | 5 | 8 | 3 | 9 | 2 | 4 | 1 |
|---|---|---|---|---|---|---|---|---|
| 8 | 2 | 1 | 7 | 6 | 4 | 3 | 5 | 9 |
| 4 | 3 | 9 | 1 | 2 | 5 | 8 | 7 | 6 |
| 1 | 4 | 2 | 5 | 8 | 7 | 9 | 6 | 3 |
| 9 | 5 | 8 | 3 | 4 | 6 | 1 | 2 | 7 |
| 3 | 6 | 7 | 9 | 1 | 2 | 4 | 8 | 5 |
| 5 | 8 | 6 | 2 | 9 | 1 | 7 | 3 | 4 |
| 7 | 1 | 3 | 4 | 5 | 8 | 6 | 9 | 2 |
| 2 | 9 | 4 | 6 | 7 | 3 | 5 | 1 | 8 |

## 287

| 5 | 8 | 9 | 3 | 4 | 1 | 6 | 7 | 2 |
|---|---|---|---|---|---|---|---|---|
| 3 | 1 | 2 | 7 | 9 | 6 | 8 | 5 | 4 |
| 6 | 7 | 4 | 8 | 5 | 2 | 3 | 1 | 9 |
| 2 | 3 | 7 | 5 | 6 | 4 | 9 | 8 | 1 |
| 4 | 9 | 6 | 1 | 3 | 8 | 7 | 2 | 5 |
| 1 | 5 | 8 | 2 | 7 | 9 | 4 | 6 | 3 |
| 7 | 6 | 5 | 9 | 2 | 3 | 1 | 4 | 8 |
| 9 | 4 | 1 | 6 | 8 | 5 | 2 | 3 | 7 |
| 8 | 2 | 3 | 4 | 1 | 7 | 5 | 9 | 6 |

## 288

| 6 | 8 | 1 | 4 | 9 | 5 | 2 | 7 | 3 |
|---|---|---|---|---|---|---|---|---|
| 9 | 7 | 5 | 2 | 8 | 3 | 4 | 1 | 6 |
| 3 | 4 | 2 | 7 | 6 | 1 | 5 | 8 | 9 |
| 7 | 5 | 8 | 3 | 1 | 6 | 9 | 2 | 4 |
| 2 | 9 | 3 | 8 | 4 | 7 | 6 | 5 | 1 |
| 4 | 1 | 6 | 9 | 5 | 2 | 7 | 3 | 8 |
| 5 | 6 | 4 | 1 | 7 | 8 | 3 | 9 | 2 |
| 8 | 2 | 7 | 6 | 3 | 9 | 1 | 4 | 5 |
| 1 | 3 | 9 | 5 | 2 | 4 | 8 | 6 | 7 |

## 289

| 7 | 9 | 1 | 2 | 8 | 6 | 4 | 3 | 5 |
|---|---|---|---|---|---|---|---|---|
| 6 | 5 | 3 | 1 | 9 | 4 | 8 | 7 | 2 |
| 4 | 8 | 2 | 3 | 7 | 5 | 1 | 9 | 6 |
| 3 | 6 | 8 | 7 | 5 | 1 | 2 | 4 | 9 |
| 1 | 2 | 4 | 8 | 6 | 9 | 3 | 5 | 7 |
| 9 | 7 | 5 | 4 | 3 | 2 | 6 | 8 | 1 |
| 8 | 4 | 9 | 6 | 2 | 7 | 5 | 1 | 3 |
| 2 | 3 | 7 | 5 | 1 | 8 | 9 | 6 | 4 |
| 5 | 1 | 6 | 9 | 4 | 3 | 7 | 2 | 8 |

## 290

| 4 | 6 | 1 | 2 | 8 | 3 | 7 | 9 | 5 |
|---|---|---|---|---|---|---|---|---|
| 2 | 8 | 5 | 6 | 9 | 7 | 1 | 3 | 4 |
| 9 | 7 | 3 | 1 | 5 | 4 | 6 | 2 | 8 |
| 3 | 5 | 8 | 9 | 7 | 2 | 4 | 1 | 6 |
| 7 | 1 | 9 | 4 | 6 | 8 | 3 | 5 | 2 |
| 6 | 4 | 2 | 3 | 1 | 5 | 8 | 7 | 9 |
| 8 | 2 | 4 | 5 | 3 | 1 | 9 | 6 | 7 |
| 1 | 9 | 7 | 8 | 2 | 6 | 5 | 4 | 3 |
| 5 | 3 | 6 | 7 | 4 | 9 | 2 | 8 | 1 |

## 291

| 9 | 7 | 6 | 4 | 1 | 3 | 8 | 2 | 5 |
|---|---|---|---|---|---|---|---|---|
| 3 | 8 | 1 | 2 | 9 | 5 | 6 | 7 | 4 |
| 5 | 2 | 4 | 6 | 8 | 7 | 3 | 1 | 9 |
| 1 | 3 | 7 | 8 | 4 | 6 | 9 | 5 | 2 |
| 2 | 6 | 5 | 9 | 3 | 1 | 4 | 8 | 7 |
| 4 | 9 | 8 | 7 | 5 | 2 | 1 | 3 | 6 |
| 7 | 1 | 2 | 3 | 6 | 9 | 5 | 4 | 8 |
| 6 | 4 | 3 | 5 | 2 | 8 | 7 | 9 | 1 |
| 8 | 5 | 9 | 1 | 7 | 4 | 2 | 6 | 3 |

## 292

| 7 | 8 | 1 | 6 | 2 | 9 | 5 | 4 | 3 |
|---|---|---|---|---|---|---|---|---|
| 6 | 9 | 4 | 8 | 3 | 5 | 2 | 7 | 1 |
| 5 | 3 | 2 | 1 | 7 | 4 | 9 | 8 | 6 |
| 9 | 4 | 5 | 7 | 8 | 3 | 6 | 1 | 2 |
| 3 | 1 | 6 | 5 | 4 | 2 | 8 | 9 | 7 |
| 8 | 2 | 7 | 9 | 1 | 6 | 4 | 3 | 5 |
| 4 | 7 | 8 | 2 | 6 | 1 | 3 | 5 | 9 |
| 2 | 5 | 3 | 4 | 9 | 7 | 1 | 6 | 8 |
| 1 | 6 | 9 | 3 | 5 | 8 | 7 | 2 | 4 |

## 293

| 6 | 8 | 5 | 9 | 3 | 2 | 1 | 4 | 7 |
|---|---|---|---|---|---|---|---|---|
| 9 | 1 | 4 | 6 | 7 | 5 | 3 | 2 | 8 |
| 3 | 7 | 2 | 1 | 8 | 4 | 6 | 9 | 5 |
| 2 | 6 | 3 | 5 | 9 | 1 | 7 | 8 | 4 |
| 8 | 9 | 1 | 4 | 2 | 7 | 5 | 6 | 3 |
| 5 | 4 | 7 | 3 | 6 | 8 | 2 | 1 | 9 |
| 1 | 2 | 8 | 7 | 4 | 3 | 9 | 5 | 6 |
| 7 | 5 | 6 | 8 | 1 | 9 | 4 | 3 | 2 |
| 4 | 3 | 9 | 2 | 5 | 6 | 8 | 7 | 1 |

## 294

| 3 | 9 | 8 | 1 | 4 | 5 | 7 | 6 | 2 |
|---|---|---|---|---|---|---|---|---|
| 1 | 4 | 6 | 7 | 9 | 2 | 3 | 8 | 5 |
| 2 | 5 | 7 | 8 | 6 | 3 | 1 | 9 | 4 |
| 7 | 8 | 9 | 2 | 1 | 6 | 5 | 4 | 3 |
| 5 | 2 | 4 | 3 | 8 | 9 | 6 | 1 | 7 |
| 6 | 1 | 3 | 5 | 7 | 4 | 9 | 2 | 8 |
| 8 | 3 | 5 | 6 | 2 | 1 | 4 | 7 | 9 |
| 4 | 6 | 2 | 9 | 3 | 7 | 8 | 5 | 1 |
| 9 | 7 | 1 | 4 | 5 | 8 | 2 | 3 | 6 |

## 295

| 9 | 1 | 5 | 6 | 7 | 3 | 4 | 2 | 8 |
|---|---|---|---|---|---|---|---|---|
| 4 | 7 | 2 | 9 | 1 | 8 | 5 | 6 | 3 |
| 3 | 8 | 6 | 5 | 2 | 4 | 1 | 9 | 7 |
| 5 | 4 | 9 | 8 | 3 | 2 | 7 | 1 | 6 |
| 2 | 3 | 7 | 1 | 6 | 5 | 9 | 8 | 4 |
| 8 | 6 | 1 | 4 | 9 | 7 | 2 | 3 | 5 |
| 7 | 9 | 8 | 3 | 4 | 1 | 6 | 5 | 2 |
| 1 | 2 | 3 | 7 | 5 | 6 | 8 | 4 | 9 |
| 6 | 5 | 4 | 2 | 8 | 9 | 3 | 7 | 1 |

## 296

| 9 | 2 | 4 | 6 | 3 | 5 | 7 | 1 | 8 |
|---|---|---|---|---|---|---|---|---|
| 6 | 7 | 1 | 8 | 4 | 9 | 5 | 2 | 3 |
| 3 | 5 | 8 | 2 | 7 | 1 | 6 | 4 | 9 |
| 8 | 4 | 7 | 3 | 5 | 6 | 2 | 9 | 1 |
| 1 | 9 | 6 | 7 | 2 | 4 | 8 | 3 | 5 |
| 2 | 3 | 5 | 1 | 9 | 8 | 4 | 7 | 6 |
| 7 | 6 | 2 | 9 | 8 | 3 | 1 | 5 | 4 |
| 4 | 1 | 9 | 5 | 6 | 7 | 3 | 8 | 2 |
| 5 | 8 | 3 | 4 | 1 | 2 | 9 | 6 | 7 |

## 297

| 4 | 1 | 5 | 6 | 2 | 7 | 9 | 3 | 8 |
|---|---|---|---|---|---|---|---|---|
| 6 | 9 | 3 | 4 | 1 | 8 | 5 | 2 | 7 |
| 7 | 8 | 2 | 3 | 9 | 5 | 4 | 1 | 6 |
| 9 | 3 | 6 | 2 | 8 | 1 | 7 | 5 | 4 |
| 5 | 2 | 4 | 9 | 7 | 3 | 6 | 8 | 1 |
| 1 | 7 | 8 | 5 | 6 | 4 | 2 | 9 | 3 |
| 3 | 5 | 9 | 8 | 4 | 6 | 1 | 7 | 2 |
| 8 | 4 | 1 | 7 | 5 | 2 | 3 | 6 | 9 |
| 2 | 6 | 7 | 1 | 3 | 9 | 8 | 4 | 5 |

## 298

| 6 | 3 | 7 | 5 | 2 | 1 | 8 | 4 | 9 |
|---|---|---|---|---|---|---|---|---|
| 8 | 5 | 4 | 6 | 9 | 7 | 3 | 1 | 2 |
| 2 | 1 | 9 | 4 | 8 | 3 | 5 | 7 | 6 |
| 1 | 6 | 2 | 8 | 7 | 4 | 9 | 3 | 5 |
| 9 | 8 | 5 | 1 | 3 | 6 | 4 | 2 | 7 |
| 4 | 7 | 3 | 2 | 5 | 9 | 6 | 8 | 1 |
| 3 | 9 | 8 | 7 | 1 | 5 | 2 | 6 | 4 |
| 7 | 2 | 6 | 9 | 4 | 8 | 1 | 5 | 3 |
| 5 | 4 | 1 | 3 | 6 | 2 | 7 | 9 | 8 |

## 299

| 3 | 1 | 7 | 9 | 8 | 5 | 4 | 6 | 2 |
|---|---|---|---|---|---|---|---|---|
| 2 | 6 | 8 | 1 | 4 | 3 | 7 | 5 | 9 |
| 5 | 9 | 4 | 7 | 2 | 6 | 8 | 1 | 3 |
| 6 | 8 | 1 | 2 | 9 | 7 | 5 | 3 | 4 |
| 4 | 2 | 3 | 8 | 5 | 1 | 6 | 9 | 7 |
| 7 | 5 | 9 | 3 | 6 | 4 | 1 | 2 | 8 |
| 1 | 7 | 6 | 4 | 3 | 9 | 2 | 8 | 5 |
| 9 | 4 | 2 | 5 | 1 | 8 | 3 | 7 | 6 |
| 8 | 3 | 5 | 6 | 7 | 2 | 9 | 4 | 1 |

## 300

| 7 | 1 | 9 | 8 | 6 | 2 | 5 | 3 | 4 |
|---|---|---|---|---|---|---|---|---|
| 4 | 2 | 5 | 7 | 1 | 3 | 8 | 9 | 6 |
| 8 | 3 | 6 | 9 | 5 | 4 | 1 | 7 | 2 |
| 6 | 9 | 4 | 5 | 3 | 1 | 7 | 2 | 8 |
| 3 | 8 | 1 | 4 | 2 | 7 | 6 | 5 | 9 |
| 2 | 5 | 7 | 6 | 8 | 9 | 3 | 4 | 1 |
| 9 | 6 | 8 | 3 | 4 | 5 | 2 | 1 | 7 |
| 5 | 7 | 2 | 1 | 9 | 8 | 4 | 6 | 3 |
| 1 | 4 | 3 | 2 | 7 | 6 | 9 | 8 | 5 |

## 301

| 7 | 9 | 2 | 5 | 1 | 6 | 3 | 4 | 8 |
|---|---|---|---|---|---|---|---|---|
| 6 | 8 | 3 | 2 | 4 | 7 | 9 | 1 | 5 |
| 4 | 5 | 1 | 8 | 9 | 3 | 7 | 6 | 2 |
| 5 | 3 | 8 | 4 | 2 | 9 | 6 | 7 | 1 |
| 9 | 6 | 4 | 1 | 7 | 5 | 2 | 8 | 3 |
| 2 | 1 | 7 | 3 | 6 | 8 | 5 | 9 | 4 |
| 8 | 2 | 6 | 9 | 5 | 1 | 4 | 3 | 7 |
| 3 | 7 | 5 | 6 | 8 | 4 | 1 | 2 | 9 |
| 1 | 4 | 9 | 7 | 3 | 2 | 8 | 5 | 6 |

## 302

| 3 | 5 | 9 | 6 | 7 | 8 | 4 | 2 | 1 |
|---|---|---|---|---|---|---|---|---|
| 4 | 7 | 8 | 2 | 3 | 1 | 6 | 5 | 9 |
| 6 | 2 | 1 | 5 | 4 | 9 | 7 | 8 | 3 |
| 5 | 8 | 4 | 9 | 6 | 2 | 3 | 1 | 7 |
| 7 | 3 | 6 | 1 | 5 | 4 | 2 | 9 | 8 |
| 1 | 9 | 2 | 7 | 8 | 3 | 5 | 4 | 6 |
| 2 | 4 | 3 | 8 | 9 | 6 | 1 | 7 | 5 |
| 9 | 1 | 7 | 3 | 2 | 5 | 8 | 6 | 4 |
| 8 | 6 | 5 | 4 | 1 | 7 | 9 | 3 | 2 |

## 303

| 4 | 7 | 3 | 1 | 8 | 5 | 9 | 6 | 2 |
|---|---|---|---|---|---|---|---|---|
| 5 | 9 | 8 | 4 | 6 | 2 | 1 | 3 | 7 |
| 2 | 1 | 6 | 9 | 7 | 3 | 4 | 8 | 5 |
| 6 | 4 | 1 | 5 | 2 | 8 | 7 | 9 | 3 |
| 7 | 8 | 9 | 6 | 3 | 1 | 2 | 5 | 4 |
| 3 | 5 | 2 | 7 | 4 | 9 | 8 | 1 | 6 |
| 8 | 2 | 4 | 3 | 1 | 6 | 5 | 7 | 9 |
| 1 | 3 | 5 | 2 | 9 | 7 | 6 | 4 | 8 |
| 9 | 6 | 7 | 8 | 5 | 4 | 3 | 2 | 1 |

## 304

| 2 | 9 | 5 | 6 | 4 | 8 | 1 | 3 | 7 |
|---|---|---|---|---|---|---|---|---|
| 3 | 4 | 6 | 7 | 2 | 1 | 5 | 8 | 9 |
| 7 | 8 | 1 | 3 | 5 | 9 | 2 | 6 | 4 |
| 1 | 7 | 9 | 5 | 3 | 4 | 6 | 2 | 8 |
| 5 | 6 | 8 | 9 | 1 | 2 | 7 | 4 | 3 |
| 4 | 3 | 2 | 8 | 7 | 6 | 9 | 5 | 1 |
| 8 | 1 | 4 | 2 | 9 | 5 | 3 | 7 | 6 |
| 6 | 5 | 3 | 1 | 8 | 7 | 4 | 9 | 2 |
| 9 | 2 | 7 | 4 | 6 | 3 | 8 | 1 | 5 |

## 305

| 7 | 3 | 2 | 6 | 1 | 4 | 5 | 8 | 9 |
|---|---|---|---|---|---|---|---|---|
| 1 | 4 | 9 | 8 | 5 | 7 | 3 | 2 | 6 |
| 6 | 8 | 5 | 2 | 9 | 3 | 1 | 4 | 7 |
| 4 | 6 | 3 | 7 | 8 | 5 | 2 | 9 | 1 |
| 5 | 7 | 1 | 9 | 2 | 6 | 8 | 3 | 4 |
| 2 | 9 | 8 | 3 | 4 | 1 | 6 | 7 | 5 |
| 3 | 1 | 6 | 4 | 7 | 2 | 9 | 5 | 8 |
| 9 | 2 | 4 | 5 | 6 | 8 | 7 | 1 | 3 |
| 8 | 5 | 7 | 1 | 3 | 9 | 4 | 6 | 2 |

## 306

| 7 | 6 | 9 | 1 | 2 | 8 | 5 | 3 | 4 |
|---|---|---|---|---|---|---|---|---|
| 1 | 8 | 3 | 4 | 7 | 5 | 2 | 9 | 6 |
| 5 | 2 | 4 | 9 | 6 | 3 | 8 | 1 | 7 |
| 6 | 4 | 1 | 2 | 8 | 7 | 9 | 5 | 3 |
| 2 | 3 | 5 | 6 | 9 | 4 | 7 | 8 | 1 |
| 8 | 9 | 7 | 5 | 3 | 1 | 6 | 4 | 2 |
| 4 | 7 | 2 | 8 | 1 | 9 | 3 | 6 | 5 |
| 9 | 5 | 6 | 3 | 4 | 2 | 1 | 7 | 8 |
| 3 | 1 | 8 | 7 | 5 | 6 | 4 | 2 | 9 |

## 307

| 8 | 1 | 6 | 4 | 5 | 3 | 2 | 9 | 7 |
|---|---|---|---|---|---|---|---|---|
| 7 | 5 | 3 | 1 | 2 | 9 | 8 | 6 | 4 |
| 9 | 4 | 2 | 6 | 7 | 8 | 5 | 3 | 1 |
| 2 | 9 | 4 | 8 | 3 | 7 | 1 | 5 | 6 |
| 1 | 3 | 8 | 5 | 9 | 6 | 4 | 7 | 2 |
| 5 | 6 | 7 | 2 | 4 | 1 | 3 | 8 | 9 |
| 3 | 8 | 9 | 7 | 1 | 2 | 6 | 4 | 5 |
| 4 | 7 | 1 | 3 | 6 | 5 | 9 | 2 | 8 |
| 6 | 2 | 5 | 9 | 8 | 4 | 7 | 1 | 3 |

## 308

| 8 | 7 | 2 | 6 | 3 | 5 | 4 | 1 | 9 |
|---|---|---|---|---|---|---|---|---|
| 5 | 1 | 6 | 9 | 4 | 2 | 3 | 7 | 8 |
| 9 | 3 | 4 | 8 | 1 | 7 | 6 | 2 | 5 |
| 7 | 4 | 5 | 3 | 9 | 6 | 1 | 8 | 2 |
| 3 | 6 | 9 | 1 | 2 | 8 | 5 | 4 | 7 |
| 2 | 8 | 1 | 7 | 5 | 4 | 9 | 6 | 3 |
| 6 | 9 | 7 | 4 | 8 | 3 | 2 | 5 | 1 |
| 4 | 2 | 3 | 5 | 7 | 1 | 8 | 9 | 6 |
| 1 | 5 | 8 | 2 | 6 | 9 | 7 | 3 | 4 |

## 309

| 1 | 5 | 6 | 4 | 2 | 8 | 3 | 7 | 9 |
|---|---|---|---|---|---|---|---|---|
| 2 | 8 | 9 | 7 | 5 | 3 | 6 | 4 | 1 |
| 3 | 7 | 4 | 1 | 9 | 6 | 8 | 2 | 5 |
| 4 | 6 | 5 | 8 | 7 | 9 | 1 | 3 | 2 |
| 8 | 3 | 2 | 5 | 4 | 1 | 7 | 9 | 6 |
| 7 | 9 | 1 | 3 | 6 | 2 | 5 | 8 | 4 |
| 5 | 2 | 8 | 9 | 1 | 7 | 4 | 6 | 3 |
| 6 | 1 | 7 | 2 | 3 | 4 | 9 | 5 | 8 |
| 9 | 4 | 3 | 6 | 8 | 5 | 2 | 1 | 7 |

## 310

| 4 | 8 | 7 | 3 | 6 | 1 | 2 | 5 | 9 |
|---|---|---|---|---|---|---|---|---|
| 2 | 5 | 1 | 7 | 9 | 8 | 3 | 6 | 4 |
| 6 | 3 | 9 | 4 | 5 | 2 | 8 | 7 | 1 |
| 9 | 1 | 5 | 8 | 3 | 6 | 7 | 4 | 2 |
| 8 | 2 | 4 | 5 | 7 | 9 | 1 | 3 | 6 |
| 7 | 6 | 3 | 1 | 2 | 4 | 5 | 9 | 8 |
| 3 | 4 | 8 | 9 | 1 | 7 | 6 | 2 | 5 |
| 5 | 9 | 6 | 2 | 8 | 3 | 4 | 1 | 7 |
| 1 | 7 | 2 | 6 | 4 | 5 | 9 | 8 | 3 |

## 311

| 4 | 2 | 8 | 9 | 7 | 3 | 6 | 1 | 5 |
|---|---|---|---|---|---|---|---|---|
| 7 | 3 | 1 | 6 | 4 | 5 | 2 | 9 | 8 |
| 5 | 6 | 9 | 1 | 2 | 8 | 7 | 3 | 4 |
| 2 | 9 | 7 | 8 | 1 | 4 | 5 | 6 | 3 |
| 8 | 4 | 3 | 2 | 5 | 6 | 1 | 7 | 9 |
| 6 | 1 | 5 | 7 | 3 | 9 | 8 | 4 | 2 |
| 3 | 7 | 6 | 5 | 9 | 2 | 4 | 8 | 1 |
| 1 | 5 | 4 | 3 | 8 | 7 | 9 | 2 | 6 |
| 9 | 8 | 2 | 4 | 6 | 1 | 3 | 5 | 7 |

## 312

| 8 | 2 | 4 | 3 | 1 | 7 | 9 | 5 | 6 |
|---|---|---|---|---|---|---|---|---|
| 1 | 3 | 6 | 8 | 9 | 5 | 4 | 7 | 2 |
| 7 | 5 | 9 | 6 | 2 | 4 | 3 | 1 | 8 |
| 2 | 1 | 7 | 4 | 6 | 3 | 5 | 8 | 9 |
| 4 | 8 | 5 | 2 | 7 | 9 | 6 | 3 | 1 |
| 6 | 9 | 3 | 5 | 8 | 1 | 2 | 4 | 7 |
| 3 | 6 | 2 | 7 | 4 | 8 | 1 | 9 | 5 |
| 5 | 7 | 1 | 9 | 3 | 2 | 8 | 6 | 4 |
| 9 | 4 | 8 | 1 | 5 | 6 | 7 | 2 | 3 |

## 313

| 6 | 7 | 5 | 8 | 9 | 4 | 1 | 2 | 3 |
|---|---|---|---|---|---|---|---|---|
| 9 | 3 | 2 | 7 | 6 | 1 | 4 | 5 | 8 |
| 1 | 4 | 8 | 5 | 2 | 3 | 7 | 9 | 6 |
| 2 | 9 | 4 | 1 | 3 | 8 | 6 | 7 | 5 |
| 5 | 1 | 7 | 2 | 4 | 6 | 3 | 8 | 9 |
| 8 | 6 | 3 | 9 | 5 | 7 | 2 | 1 | 4 |
| 4 | 5 | 1 | 3 | 7 | 9 | 8 | 6 | 2 |
| 7 | 2 | 6 | 4 | 8 | 5 | 9 | 3 | 1 |
| 3 | 8 | 9 | 6 | 1 | 2 | 5 | 4 | 7 |

## 314

| 3 | 6 | 4 | 7 | 9 | 8 | 2 | 5 | 1 |
|---|---|---|---|---|---|---|---|---|
| 8 | 7 | 5 | 4 | 2 | 1 | 9 | 3 | 6 |
| 1 | 2 | 9 | 6 | 3 | 5 | 4 | 8 | 7 |
| 2 | 4 | 3 | 1 | 7 | 9 | 5 | 6 | 8 |
| 9 | 8 | 7 | 3 | 5 | 6 | 1 | 4 | 2 |
| 6 | 5 | 1 | 8 | 4 | 2 | 3 | 7 | 9 |
| 4 | 1 | 6 | 2 | 8 | 3 | 7 | 9 | 5 |
| 5 | 3 | 8 | 9 | 1 | 7 | 6 | 2 | 4 |
| 7 | 9 | 2 | 5 | 6 | 4 | 8 | 1 | 3 |

## 315

| 2 | 3 | 9 | 5 | 8 | 7 | 6 | 1 | 4 |
|---|---|---|---|---|---|---|---|---|
| 1 | 5 | 8 | 9 | 4 | 6 | 3 | 2 | 7 |
| 4 | 6 | 7 | 1 | 2 | 3 | 5 | 8 | 9 |
| 5 | 4 | 2 | 6 | 7 | 8 | 1 | 9 | 3 |
| 7 | 9 | 6 | 4 | 3 | 1 | 8 | 5 | 2 |
| 3 | 8 | 1 | 2 | 5 | 9 | 4 | 7 | 6 |
| 8 | 2 | 5 | 3 | 9 | 4 | 7 | 6 | 1 |
| 9 | 1 | 3 | 7 | 6 | 5 | 2 | 4 | 8 |
| 6 | 7 | 4 | 8 | 1 | 2 | 9 | 3 | 5 |

## 316

| 2 | 9 | 4 | 6 | 7 | 3 | 8 | 5 | 1 |
|---|---|---|---|---|---|---|---|---|
| 1 | 6 | 3 | 8 | 9 | 5 | 2 | 4 | 7 |
| 8 | 5 | 7 | 4 | 1 | 2 | 3 | 6 | 9 |
| 9 | 4 | 1 | 2 | 3 | 7 | 6 | 8 | 5 |
| 5 | 3 | 8 | 9 | 4 | 6 | 1 | 7 | 2 |
| 7 | 2 | 6 | 1 | 5 | 8 | 4 | 9 | 3 |
| 4 | 7 | 2 | 5 | 8 | 1 | 9 | 3 | 6 |
| 6 | 8 | 5 | 3 | 2 | 9 | 7 | 1 | 4 |
| 3 | 1 | 9 | 7 | 6 | 4 | 5 | 2 | 8 |

## 317

| 3 | 1 | 2 | 4 | 6 | 7 | 8 | 9 | 5 |
|---|---|---|---|---|---|---|---|---|
| 9 | 8 | 4 | 2 | 3 | 5 | 1 | 6 | 7 |
| 6 | 5 | 7 | 1 | 8 | 9 | 4 | 2 | 3 |
| 2 | 3 | 6 | 8 | 9 | 4 | 5 | 7 | 1 |
| 8 | 9 | 5 | 6 | 7 | 1 | 3 | 4 | 2 |
| 4 | 7 | 1 | 3 | 5 | 2 | 6 | 8 | 9 |
| 1 | 6 | 3 | 7 | 2 | 8 | 9 | 5 | 4 |
| 5 | 2 | 8 | 9 | 4 | 3 | 7 | 1 | 6 |
| 7 | 4 | 9 | 5 | 1 | 6 | 2 | 3 | 8 |

## 318

| 6 | 3 | 9 | 1 | 5 | 8 | 2 | 7 | 4 |
|---|---|---|---|---|---|---|---|---|
| 7 | 5 | 1 | 2 | 4 | 6 | 9 | 3 | 8 |
| 4 | 2 | 8 | 3 | 7 | 9 | 6 | 5 | 1 |
| 8 | 6 | 2 | 4 | 9 | 3 | 7 | 1 | 5 |
| 1 | 7 | 5 | 8 | 6 | 2 | 3 | 4 | 9 |
| 9 | 4 | 3 | 7 | 1 | 5 | 8 | 6 | 2 |
| 3 | 8 | 4 | 5 | 2 | 7 | 1 | 9 | 6 |
| 5 | 9 | 7 | 6 | 8 | 1 | 4 | 2 | 3 |
| 2 | 1 | 6 | 9 | 3 | 4 | 5 | 8 | 7 |

## 319

| 6 | 7 | 3 | 2 | 4 | 8 | 5 | 1 | 9 |
|---|---|---|---|---|---|---|---|---|
| 9 | 5 | 8 | 6 | 7 | 1 | 3 | 4 | 2 |
| 1 | 4 | 2 | 9 | 5 | 3 | 7 | 8 | 6 |
| 5 | 2 | 9 | 3 | 8 | 4 | 6 | 7 | 1 |
| 7 | 1 | 6 | 5 | 9 | 2 | 4 | 3 | 8 |
| 8 | 3 | 4 | 7 | 1 | 6 | 2 | 9 | 5 |
| 4 | 6 | 7 | 8 | 2 | 9 | 1 | 5 | 3 |
| 3 | 8 | 1 | 4 | 6 | 5 | 9 | 2 | 7 |
| 2 | 9 | 5 | 1 | 3 | 7 | 8 | 6 | 4 |

## 320

| 2 | 5 | 7 | 1 | 8 | 3 | 6 | 4 | 9 |
|---|---|---|---|---|---|---|---|---|
| 8 | 4 | 6 | 5 | 2 | 9 | 3 | 1 | 7 |
| 3 | 1 | 9 | 4 | 6 | 7 | 5 | 2 | 8 |
| 5 | 2 | 3 | 7 | 9 | 4 | 8 | 6 | 1 |
| 1 | 6 | 4 | 3 | 5 | 8 | 9 | 7 | 2 |
| 9 | 7 | 8 | 6 | 1 | 2 | 4 | 5 | 3 |
| 6 | 9 | 1 | 2 | 3 | 5 | 7 | 8 | 4 |
| 7 | 8 | 2 | 9 | 4 | 6 | 1 | 3 | 5 |
| 4 | 3 | 5 | 8 | 7 | 1 | 2 | 9 | 6 |

**321**

| 1 | 5 | 2 | 7 | 4 | 6 | 3 | 8 | 9 |
|---|---|---|---|---|---|---|---|---|
| 4 | 6 | 9 | 8 | 5 | 3 | 1 | 7 | 2 |
| 8 | 3 | 7 | 1 | 9 | 2 | 5 | 4 | 6 |
| 9 | 7 | 5 | 4 | 3 | 8 | 6 | 2 | 1 |
| 2 | 4 | 1 | 5 | 6 | 7 | 8 | 9 | 3 |
| 3 | 8 | 6 | 2 | 1 | 9 | 4 | 5 | 7 |
| 5 | 2 | 8 | 6 | 7 | 1 | 9 | 3 | 4 |
| 6 | 9 | 4 | 3 | 2 | 5 | 7 | 1 | 8 |
| 7 | 1 | 3 | 9 | 8 | 4 | 2 | 6 | 5 |

**322**

| 4 | 6 | 8 | 2 | 3 | 1 | 9 | 7 | 5 |
|---|---|---|---|---|---|---|---|---|
| 5 | 7 | 9 | 4 | 8 | 6 | 1 | 2 | 3 |
| 2 | 3 | 1 | 9 | 7 | 5 | 8 | 6 | 4 |
| 7 | 9 | 6 | 1 | 5 | 8 | 4 | 3 | 2 |
| 1 | 8 | 4 | 3 | 2 | 7 | 6 | 5 | 9 |
| 3 | 5 | 2 | 6 | 4 | 9 | 7 | 1 | 8 |
| 9 | 2 | 3 | 7 | 1 | 4 | 5 | 8 | 6 |
| 8 | 4 | 7 | 5 | 6 | 3 | 2 | 9 | 1 |
| 6 | 1 | 5 | 8 | 9 | 2 | 3 | 4 | 7 |

**323**

| 1 | 4 | 5 | 2 | 8 | 3 | 7 | 6 | 9 |
|---|---|---|---|---|---|---|---|---|
| 3 | 6 | 8 | 9 | 5 | 7 | 4 | 1 | 2 |
| 7 | 2 | 9 | 1 | 6 | 4 | 8 | 5 | 3 |
| 8 | 5 | 1 | 7 | 3 | 9 | 6 | 2 | 4 |
| 2 | 3 | 7 | 4 | 1 | 6 | 9 | 8 | 5 |
| 4 | 9 | 6 | 5 | 2 | 8 | 1 | 3 | 7 |
| 6 | 8 | 4 | 3 | 7 | 2 | 5 | 9 | 1 |
| 5 | 7 | 3 | 6 | 9 | 1 | 2 | 4 | 8 |
| 9 | 1 | 2 | 8 | 4 | 5 | 3 | 7 | 6 |

**324**

| 3 | 5 | 8 | 9 | 1 | 2 | 6 | 7 | 4 |
|---|---|---|---|---|---|---|---|---|
| 9 | 2 | 7 | 6 | 4 | 5 | 3 | 1 | 8 |
| 6 | 4 | 1 | 7 | 3 | 8 | 2 | 9 | 5 |
| 5 | 1 | 9 | 2 | 6 | 7 | 8 | 4 | 3 |
| 4 | 6 | 3 | 8 | 9 | 1 | 7 | 5 | 2 |
| 7 | 8 | 2 | 3 | 5 | 4 | 9 | 6 | 1 |
| 8 | 9 | 4 | 1 | 2 | 6 | 5 | 3 | 7 |
| 2 | 3 | 5 | 4 | 7 | 9 | 1 | 8 | 6 |
| 1 | 7 | 6 | 5 | 8 | 3 | 4 | 2 | 9 |

**325**

| 1 | 7 | 8 | 9 | 4 | 3 | 6 | 2 | 5 |
|---|---|---|---|---|---|---|---|---|
| 3 | 5 | 4 | 6 | 1 | 2 | 9 | 8 | 7 |
| 9 | 2 | 6 | 5 | 7 | 8 | 4 | 3 | 1 |
| 6 | 9 | 2 | 4 | 3 | 7 | 5 | 1 | 8 |
| 7 | 3 | 5 | 1 | 8 | 9 | 2 | 4 | 6 |
| 4 | 8 | 1 | 2 | 5 | 6 | 7 | 9 | 3 |
| 8 | 6 | 9 | 3 | 2 | 5 | 1 | 7 | 4 |
| 5 | 1 | 7 | 8 | 9 | 4 | 3 | 6 | 2 |
| 2 | 4 | 3 | 7 | 6 | 1 | 8 | 5 | 9 |

**326**

| 4 | 2 | 1 | 7 | 8 | 5 | 3 | 9 | 6 |
|---|---|---|---|---|---|---|---|---|
| 7 | 8 | 9 | 1 | 3 | 6 | 2 | 4 | 5 |
| 5 | 6 | 3 | 2 | 4 | 9 | 8 | 7 | 1 |
| 9 | 1 | 2 | 4 | 5 | 8 | 6 | 3 | 7 |
| 3 | 4 | 8 | 6 | 1 | 7 | 5 | 2 | 9 |
| 6 | 7 | 5 | 3 | 9 | 2 | 1 | 8 | 4 |
| 2 | 9 | 6 | 8 | 7 | 1 | 4 | 5 | 3 |
| 1 | 5 | 4 | 9 | 2 | 3 | 7 | 6 | 8 |
| 8 | 3 | 7 | 5 | 6 | 4 | 9 | 1 | 2 |

**327**

| 7 | 9 | 4 | 1 | 3 | 2 | 5 | 8 | 6 |
|---|---|---|---|---|---|---|---|---|
| 3 | 5 | 1 | 6 | 9 | 8 | 4 | 2 | 7 |
| 2 | 6 | 8 | 4 | 7 | 5 | 3 | 1 | 9 |
| 5 | 4 | 7 | 3 | 2 | 9 | 1 | 6 | 8 |
| 8 | 3 | 9 | 7 | 1 | 6 | 2 | 5 | 4 |
| 1 | 2 | 6 | 8 | 5 | 4 | 9 | 7 | 3 |
| 4 | 7 | 5 | 2 | 8 | 3 | 6 | 9 | 1 |
| 6 | 1 | 2 | 9 | 4 | 7 | 8 | 3 | 5 |
| 9 | 8 | 3 | 5 | 6 | 1 | 7 | 4 | 2 |

**328**

| 9 | 3 | 6 | 4 | 5 | 2 | 8 | 1 | 7 |
|---|---|---|---|---|---|---|---|---|
| 8 | 1 | 7 | 3 | 9 | 6 | 4 | 2 | 5 |
| 5 | 2 | 4 | 8 | 1 | 7 | 9 | 6 | 3 |
| 4 | 5 | 2 | 9 | 3 | 1 | 6 | 7 | 8 |
| 6 | 8 | 9 | 7 | 4 | 5 | 1 | 3 | 2 |
| 3 | 7 | 1 | 2 | 6 | 8 | 5 | 4 | 9 |
| 2 | 4 | 8 | 6 | 7 | 9 | 3 | 5 | 1 |
| 7 | 6 | 5 | 1 | 8 | 3 | 2 | 9 | 4 |
| 1 | 9 | 3 | 5 | 2 | 4 | 7 | 8 | 6 |

**329**

| 3 | 1 | 7 | 2 | 4 | 6 | 8 | 9 | 5 |
|---|---|---|---|---|---|---|---|---|
| 6 | 5 | 2 | 8 | 9 | 7 | 3 | 4 | 1 |
| 9 | 4 | 8 | 3 | 5 | 1 | 6 | 7 | 2 |
| 5 | 7 | 1 | 9 | 6 | 8 | 4 | 2 | 3 |
| 8 | 2 | 3 | 5 | 7 | 4 | 9 | 1 | 6 |
| 4 | 6 | 9 | 1 | 2 | 3 | 7 | 5 | 8 |
| 7 | 3 | 5 | 4 | 8 | 2 | 1 | 6 | 9 |
| 1 | 9 | 4 | 6 | 3 | 5 | 2 | 8 | 7 |
| 2 | 8 | 6 | 7 | 1 | 9 | 5 | 3 | 4 |

**330**

| 3 | 2 | 1 | 5 | 6 | 8 | 4 | 7 | 9 |
|---|---|---|---|---|---|---|---|---|
| 6 | 9 | 8 | 2 | 4 | 7 | 5 | 3 | 1 |
| 5 | 4 | 7 | 1 | 9 | 3 | 8 | 6 | 2 |
| 1 | 3 | 5 | 4 | 8 | 2 | 7 | 9 | 6 |
| 8 | 7 | 4 | 6 | 3 | 9 | 2 | 1 | 5 |
| 9 | 6 | 2 | 7 | 1 | 5 | 3 | 4 | 8 |
| 2 | 8 | 9 | 3 | 7 | 1 | 6 | 5 | 4 |
| 4 | 1 | 3 | 8 | 5 | 6 | 9 | 2 | 7 |
| 7 | 5 | 6 | 9 | 2 | 4 | 1 | 8 | 3 |

**331**

| 9 | 7 | 4 | 6 | 8 | 5 | 1 | 2 | 3 |
|---|---|---|---|---|---|---|---|---|
| 3 | 6 | 8 | 9 | 1 | 2 | 4 | 5 | 7 |
| 5 | 2 | 1 | 7 | 3 | 4 | 9 | 8 | 6 |
| 7 | 3 | 9 | 1 | 2 | 8 | 5 | 6 | 4 |
| 2 | 8 | 6 | 4 | 5 | 7 | 3 | 1 | 9 |
| 1 | 4 | 5 | 3 | 6 | 9 | 8 | 7 | 2 |
| 4 | 1 | 7 | 8 | 9 | 6 | 2 | 3 | 5 |
| 8 | 9 | 2 | 5 | 7 | 3 | 6 | 4 | 1 |
| 6 | 5 | 3 | 2 | 4 | 1 | 7 | 9 | 8 |

**332**

| 4 | 6 | 3 | 9 | 8 | 1 | 2 | 7 | 5 |
|---|---|---|---|---|---|---|---|---|
| 1 | 5 | 2 | 3 | 7 | 6 | 4 | 9 | 8 |
| 7 | 9 | 8 | 4 | 2 | 5 | 3 | 6 | 1 |
| 9 | 7 | 5 | 1 | 6 | 4 | 8 | 2 | 3 |
| 8 | 2 | 1 | 7 | 3 | 9 | 6 | 5 | 4 |
| 6 | 3 | 4 | 8 | 5 | 2 | 7 | 1 | 9 |
| 2 | 1 | 6 | 5 | 4 | 8 | 9 | 3 | 7 |
| 3 | 4 | 9 | 2 | 1 | 7 | 5 | 8 | 6 |
| 5 | 8 | 7 | 6 | 9 | 3 | 1 | 4 | 2 |

**333**

| 3 | 4 | 5 | 8 | 6 | 1 | 9 | 7 | 2 |
|---|---|---|---|---|---|---|---|---|
| 1 | 7 | 6 | 3 | 2 | 9 | 8 | 4 | 5 |
| 2 | 8 | 9 | 7 | 4 | 5 | 6 | 3 | 1 |
| 7 | 6 | 1 | 2 | 8 | 3 | 5 | 9 | 4 |
| 8 | 2 | 3 | 5 | 9 | 4 | 1 | 6 | 7 |
| 5 | 9 | 4 | 6 | 1 | 7 | 3 | 2 | 8 |
| 6 | 1 | 8 | 9 | 7 | 2 | 4 | 5 | 3 |
| 9 | 3 | 7 | 4 | 5 | 8 | 2 | 1 | 6 |
| 4 | 5 | 2 | 1 | 3 | 6 | 7 | 8 | 9 |

**334**

| 7 | 9 | 3 | 6 | 4 | 5 | 8 | 2 | 1 |
|---|---|---|---|---|---|---|---|---|
| 4 | 1 | 5 | 9 | 8 | 2 | 7 | 6 | 3 |
| 2 | 8 | 6 | 1 | 3 | 7 | 5 | 9 | 4 |
| 1 | 5 | 7 | 3 | 6 | 9 | 4 | 8 | 2 |
| 8 | 4 | 9 | 5 | 2 | 1 | 6 | 3 | 7 |
| 3 | 6 | 2 | 4 | 7 | 8 | 1 | 5 | 9 |
| 9 | 2 | 4 | 7 | 5 | 6 | 3 | 1 | 8 |
| 6 | 3 | 8 | 2 | 1 | 4 | 9 | 7 | 5 |
| 5 | 7 | 1 | 8 | 9 | 3 | 2 | 4 | 6 |

**335**

| 6 | 7 | 2 | 1 | 9 | 8 | 5 | 4 | 3 |
|---|---|---|---|---|---|---|---|---|
| 3 | 9 | 5 | 4 | 6 | 2 | 7 | 1 | 8 |
| 1 | 8 | 4 | 7 | 3 | 5 | 9 | 2 | 6 |
| 7 | 6 | 1 | 3 | 4 | 9 | 8 | 5 | 2 |
| 9 | 4 | 8 | 2 | 5 | 1 | 6 | 3 | 7 |
| 2 | 5 | 3 | 6 | 8 | 7 | 1 | 9 | 4 |
| 4 | 3 | 7 | 5 | 1 | 6 | 2 | 8 | 9 |
| 5 | 2 | 9 | 8 | 7 | 4 | 3 | 6 | 1 |
| 8 | 1 | 6 | 9 | 2 | 3 | 4 | 7 | 5 |

**336**

| 7 | 9 | 5 | 1 | 6 | 8 | 4 | 2 | 3 |
|---|---|---|---|---|---|---|---|---|
| 2 | 1 | 3 | 9 | 4 | 7 | 5 | 8 | 6 |
| 4 | 8 | 6 | 5 | 3 | 2 | 7 | 9 | 1 |
| 6 | 4 | 8 | 2 | 9 | 3 | 1 | 5 | 7 |
| 5 | 7 | 2 | 4 | 8 | 1 | 6 | 3 | 9 |
| 1 | 3 | 9 | 7 | 5 | 6 | 8 | 4 | 2 |
| 3 | 2 | 1 | 8 | 7 | 4 | 9 | 6 | 5 |
| 9 | 6 | 4 | 3 | 1 | 5 | 2 | 7 | 8 |
| 8 | 5 | 7 | 6 | 2 | 9 | 3 | 1 | 4 |

**337**

| 2 | 9 | 3 | 5 | 4 | 6 | 8 | 1 | 7 |
|---|---|---|---|---|---|---|---|---|
| 8 | 5 | 6 | 1 | 9 | 7 | 3 | 2 | 4 |
| 7 | 4 | 1 | 8 | 3 | 2 | 9 | 5 | 6 |
| 1 | 3 | 7 | 6 | 5 | 4 | 2 | 8 | 9 |
| 9 | 6 | 2 | 7 | 8 | 3 | 1 | 4 | 5 |
| 5 | 8 | 4 | 2 | 1 | 9 | 6 | 7 | 3 |
| 3 | 2 | 5 | 4 | 6 | 1 | 7 | 9 | 8 |
| 4 | 7 | 9 | 3 | 2 | 8 | 5 | 6 | 1 |
| 6 | 1 | 8 | 9 | 7 | 5 | 4 | 3 | 2 |

**338**

| 4 | 1 | 8 | 6 | 2 | 5 | 3 | 7 | 9 |
|---|---|---|---|---|---|---|---|---|
| 3 | 2 | 6 | 7 | 9 | 4 | 5 | 1 | 8 |
| 7 | 9 | 5 | 3 | 8 | 1 | 6 | 2 | 4 |
| 2 | 5 | 9 | 1 | 3 | 7 | 4 | 8 | 6 |
| 6 | 4 | 7 | 8 | 5 | 2 | 9 | 3 | 1 |
| 8 | 3 | 1 | 9 | 4 | 6 | 7 | 5 | 2 |
| 9 | 6 | 2 | 5 | 1 | 3 | 8 | 4 | 7 |
| 5 | 7 | 4 | 2 | 6 | 8 | 1 | 9 | 3 |
| 1 | 8 | 3 | 4 | 7 | 9 | 2 | 6 | 5 |

**339**

| 1 | 3 | 9 | 5 | 4 | 6 | 8 | 7 | 2 |
|---|---|---|---|---|---|---|---|---|
| 6 | 5 | 2 | 1 | 7 | 8 | 4 | 9 | 3 |
| 7 | 8 | 4 | 3 | 9 | 2 | 1 | 5 | 6 |
| 5 | 1 | 7 | 6 | 2 | 9 | 3 | 4 | 8 |
| 8 | 9 | 3 | 4 | 5 | 1 | 2 | 6 | 7 |
| 4 | 2 | 6 | 7 | 8 | 3 | 5 | 1 | 9 |
| 2 | 6 | 8 | 9 | 1 | 5 | 7 | 3 | 4 |
| 3 | 4 | 1 | 8 | 6 | 7 | 9 | 2 | 5 |
| 9 | 7 | 5 | 2 | 3 | 4 | 6 | 8 | 1 |

**340**

| 7 | 6 | 1 | 8 | 2 | 5 | 3 | 9 | 4 |
|---|---|---|---|---|---|---|---|---|
| 9 | 2 | 8 | 7 | 3 | 4 | 6 | 1 | 5 |
| 3 | 5 | 4 | 9 | 1 | 6 | 7 | 8 | 2 |
| 8 | 1 | 6 | 5 | 7 | 3 | 4 | 2 | 9 |
| 5 | 7 | 3 | 2 | 4 | 9 | 1 | 6 | 8 |
| 2 | 4 | 9 | 6 | 8 | 1 | 5 | 3 | 7 |
| 4 | 9 | 5 | 1 | 6 | 8 | 2 | 7 | 3 |
| 1 | 8 | 2 | 3 | 5 | 7 | 9 | 4 | 6 |
| 6 | 3 | 7 | 4 | 9 | 2 | 8 | 5 | 1 |

**341**

| 7 | 5 | 8 | 2 | 1 | 4 | 3 | 9 | 6 |
|---|---|---|---|---|---|---|---|---|
| 1 | 3 | 2 | 9 | 6 | 7 | 4 | 5 | 8 |
| 6 | 9 | 4 | 5 | 8 | 3 | 2 | 1 | 7 |
| 5 | 6 | 9 | 1 | 3 | 2 | 8 | 7 | 4 |
| 2 | 7 | 3 | 8 | 4 | 5 | 9 | 6 | 1 |
| 8 | 4 | 1 | 7 | 9 | 6 | 5 | 3 | 2 |
| 9 | 8 | 6 | 4 | 5 | 1 | 7 | 2 | 3 |
| 3 | 2 | 5 | 6 | 7 | 8 | 1 | 4 | 9 |
| 4 | 1 | 7 | 3 | 2 | 9 | 6 | 8 | 5 |

**342**

| 6 | 7 | 1 | 5 | 4 | 2 | 9 | 3 | 8 |
|---|---|---|---|---|---|---|---|---|
| 9 | 4 | 2 | 8 | 3 | 7 | 6 | 1 | 5 |
| 5 | 3 | 8 | 9 | 6 | 1 | 7 | 2 | 4 |
| 4 | 8 | 7 | 3 | 9 | 6 | 1 | 5 | 2 |
| 1 | 2 | 6 | 4 | 7 | 5 | 3 | 8 | 9 |
| 3 | 5 | 9 | 2 | 1 | 8 | 4 | 7 | 6 |
| 8 | 1 | 4 | 6 | 2 | 3 | 5 | 9 | 7 |
| 2 | 6 | 3 | 7 | 5 | 9 | 8 | 4 | 1 |
| 7 | 9 | 5 | 1 | 8 | 4 | 2 | 6 | 3 |

**343**

| 4 | 2 | 5 | 7 | 8 | 9 | 1 | 6 | 3 |
|---|---|---|---|---|---|---|---|---|
| 8 | 1 | 3 | 6 | 4 | 5 | 9 | 2 | 7 |
| 9 | 6 | 7 | 1 | 2 | 3 | 4 | 8 | 5 |
| 2 | 9 | 6 | 8 | 7 | 1 | 3 | 5 | 4 |
| 3 | 7 | 4 | 5 | 9 | 6 | 8 | 1 | 2 |
| 1 | 5 | 8 | 2 | 3 | 4 | 6 | 7 | 9 |
| 7 | 3 | 2 | 9 | 6 | 8 | 5 | 4 | 1 |
| 5 | 8 | 9 | 4 | 1 | 7 | 2 | 3 | 6 |
| 6 | 4 | 1 | 3 | 5 | 2 | 7 | 9 | 8 |

**344**

| 3 | 9 | 2 | 8 | 4 | 7 | 5 | 6 | 1 |
|---|---|---|---|---|---|---|---|---|
| 1 | 5 | 4 | 6 | 3 | 2 | 9 | 7 | 8 |
| 7 | 8 | 6 | 5 | 1 | 9 | 4 | 3 | 2 |
| 5 | 2 | 7 | 9 | 8 | 4 | 6 | 1 | 3 |
| 4 | 6 | 1 | 3 | 2 | 5 | 7 | 8 | 9 |
| 9 | 3 | 8 | 7 | 6 | 1 | 2 | 5 | 4 |
| 2 | 7 | 3 | 4 | 5 | 8 | 1 | 9 | 6 |
| 6 | 1 | 9 | 2 | 7 | 3 | 8 | 4 | 5 |
| 8 | 4 | 5 | 1 | 9 | 6 | 3 | 2 | 7 |

**345**

| 6 | 1 | 5 | 3 | 4 | 7 | 2 | 9 | 8 |
|---|---|---|---|---|---|---|---|---|
| 2 | 9 | 4 | 5 | 6 | 8 | 7 | 3 | 1 |
| 7 | 3 | 8 | 2 | 9 | 1 | 4 | 6 | 5 |
| 5 | 8 | 9 | 6 | 1 | 4 | 3 | 7 | 2 |
| 4 | 2 | 1 | 7 | 5 | 3 | 6 | 8 | 9 |
| 3 | 7 | 6 | 8 | 2 | 9 | 1 | 5 | 4 |
| 9 | 4 | 7 | 1 | 3 | 5 | 8 | 2 | 6 |
| 1 | 6 | 3 | 9 | 8 | 2 | 5 | 4 | 7 |
| 8 | 5 | 2 | 4 | 7 | 6 | 9 | 1 | 3 |

**346**

| 8 | 9 | 4 | 5 | 2 | 1 | 6 | 7 | 3 |
|---|---|---|---|---|---|---|---|---|
| 1 | 3 | 2 | 9 | 7 | 6 | 4 | 5 | 8 |
| 6 | 5 | 7 | 3 | 4 | 8 | 2 | 1 | 9 |
| 4 | 8 | 3 | 6 | 5 | 9 | 7 | 2 | 1 |
| 2 | 6 | 9 | 1 | 8 | 7 | 5 | 3 | 4 |
| 7 | 1 | 5 | 2 | 3 | 4 | 9 | 8 | 6 |
| 5 | 2 | 1 | 4 | 9 | 3 | 8 | 6 | 7 |
| 3 | 4 | 8 | 7 | 6 | 5 | 1 | 9 | 2 |
| 9 | 7 | 6 | 8 | 1 | 2 | 3 | 4 | 5 |

**347**

| 1 | 3 | 7 | 6 | 9 | 4 | 8 | 5 | 2 |
|---|---|---|---|---|---|---|---|---|
| 8 | 2 | 6 | 3 | 5 | 7 | 1 | 4 | 9 |
| 4 | 5 | 9 | 2 | 8 | 1 | 3 | 7 | 6 |
| 6 | 7 | 8 | 1 | 4 | 5 | 2 | 9 | 3 |
| 5 | 9 | 3 | 8 | 2 | 6 | 4 | 1 | 7 |
| 2 | 4 | 1 | 7 | 3 | 9 | 5 | 6 | 8 |
| 3 | 1 | 5 | 9 | 6 | 2 | 7 | 8 | 4 |
| 9 | 8 | 4 | 5 | 7 | 3 | 6 | 2 | 1 |
| 7 | 6 | 2 | 4 | 1 | 8 | 9 | 3 | 5 |

**348**

| 9 | 5 | 2 | 8 | 4 | 3 | 7 | 6 | 1 |
|---|---|---|---|---|---|---|---|---|
| 4 | 3 | 7 | 1 | 9 | 6 | 2 | 5 | 8 |
| 6 | 8 | 1 | 5 | 2 | 7 | 9 | 4 | 3 |
| 2 | 9 | 4 | 6 | 1 | 5 | 3 | 8 | 7 |
| 5 | 7 | 3 | 9 | 8 | 2 | 6 | 1 | 4 |
| 8 | 1 | 6 | 7 | 3 | 4 | 5 | 2 | 9 |
| 7 | 6 | 8 | 3 | 5 | 1 | 4 | 9 | 2 |
| 3 | 2 | 9 | 4 | 6 | 8 | 1 | 7 | 5 |
| 1 | 4 | 5 | 2 | 7 | 9 | 8 | 3 | 6 |

**349**

| 1 | 7 | 8 | 2 | 9 | 4 | 6 | 5 | 3 |
|---|---|---|---|---|---|---|---|---|
| 3 | 2 | 9 | 6 | 5 | 7 | 1 | 4 | 8 |
| 5 | 4 | 6 | 3 | 1 | 8 | 9 | 7 | 2 |
| 8 | 9 | 3 | 4 | 2 | 5 | 7 | 1 | 6 |
| 7 | 5 | 1 | 9 | 6 | 3 | 2 | 8 | 4 |
| 4 | 6 | 2 | 8 | 7 | 1 | 5 | 3 | 9 |
| 6 | 1 | 4 | 7 | 8 | 2 | 3 | 9 | 5 |
| 2 | 8 | 7 | 5 | 3 | 9 | 4 | 6 | 1 |
| 9 | 3 | 5 | 1 | 4 | 6 | 8 | 2 | 7 |

**350**

| 2 | 8 | 9 | 1 | 4 | 7 | 3 | 5 | 6 |
|---|---|---|---|---|---|---|---|---|
| 7 | 3 | 5 | 6 | 8 | 2 | 1 | 4 | 9 |
| 4 | 1 | 6 | 5 | 9 | 3 | 2 | 7 | 8 |
| 6 | 7 | 1 | 4 | 3 | 8 | 5 | 9 | 2 |
| 5 | 4 | 8 | 2 | 1 | 9 | 7 | 6 | 3 |
| 9 | 2 | 3 | 7 | 5 | 6 | 4 | 8 | 1 |
| 3 | 6 | 4 | 8 | 2 | 5 | 9 | 1 | 7 |
| 1 | 9 | 7 | 3 | 6 | 4 | 8 | 2 | 5 |
| 8 | 5 | 2 | 9 | 7 | 1 | 6 | 3 | 4 |

**351**

| 8 | 7 | 3 | 5 | 6 | 9 | 2 | 1 | 4 |
|---|---|---|---|---|---|---|---|---|
| 5 | 6 | 1 | 2 | 3 | 4 | 8 | 9 | 7 |
| 9 | 2 | 4 | 1 | 8 | 7 | 3 | 5 | 6 |
| 6 | 8 | 2 | 9 | 5 | 1 | 4 | 7 | 3 |
| 7 | 1 | 9 | 8 | 4 | 3 | 6 | 2 | 5 |
| 4 | 3 | 5 | 7 | 2 | 6 | 9 | 8 | 1 |
| 1 | 4 | 8 | 6 | 7 | 2 | 5 | 3 | 9 |
| 2 | 9 | 6 | 3 | 1 | 5 | 7 | 4 | 8 |
| 3 | 5 | 7 | 4 | 9 | 8 | 1 | 6 | 2 |

**352**

| 2 | 7 | 3 | 6 | 5 | 9 | 1 | 4 | 8 |
|---|---|---|---|---|---|---|---|---|
| 8 | 1 | 4 | 2 | 3 | 7 | 5 | 9 | 6 |
| 9 | 6 | 5 | 8 | 4 | 1 | 3 | 2 | 7 |
| 3 | 5 | 7 | 4 | 9 | 6 | 8 | 1 | 2 |
| 4 | 8 | 6 | 1 | 2 | 3 | 9 | 7 | 5 |
| 1 | 9 | 2 | 7 | 8 | 5 | 6 | 3 | 4 |
| 5 | 4 | 1 | 3 | 6 | 2 | 7 | 8 | 9 |
| 6 | 3 | 8 | 9 | 7 | 4 | 2 | 5 | 1 |
| 7 | 2 | 9 | 5 | 1 | 8 | 4 | 6 | 3 |

**353**

| 2 | 8 | 4 | 9 | 6 | 7 | 3 | 5 | 1 |
|---|---|---|---|---|---|---|---|---|
| 3 | 7 | 6 | 1 | 5 | 4 | 2 | 8 | 9 |
| 9 | 1 | 5 | 2 | 3 | 8 | 4 | 7 | 6 |
| 8 | 9 | 2 | 4 | 7 | 1 | 5 | 6 | 3 |
| 1 | 5 | 3 | 8 | 9 | 6 | 7 | 4 | 2 |
| 6 | 4 | 7 | 5 | 2 | 3 | 9 | 1 | 8 |
| 7 | 2 | 9 | 6 | 8 | 5 | 1 | 3 | 4 |
| 4 | 3 | 8 | 7 | 1 | 9 | 6 | 2 | 5 |
| 5 | 6 | 1 | 3 | 4 | 2 | 8 | 9 | 7 |

**354**

| 8 | 5 | 4 | 3 | 2 | 1 | 9 | 7 | 6 |
|---|---|---|---|---|---|---|---|---|
| 1 | 2 | 7 | 9 | 4 | 6 | 8 | 3 | 5 |
| 9 | 6 | 3 | 5 | 7 | 8 | 2 | 4 | 1 |
| 6 | 3 | 9 | 2 | 5 | 7 | 4 | 1 | 8 |
| 7 | 4 | 8 | 6 | 1 | 9 | 5 | 2 | 3 |
| 5 | 1 | 2 | 8 | 3 | 4 | 7 | 6 | 9 |
| 3 | 7 | 5 | 1 | 9 | 2 | 6 | 8 | 4 |
| 2 | 9 | 6 | 4 | 8 | 3 | 1 | 5 | 7 |
| 4 | 8 | 1 | 7 | 6 | 5 | 3 | 9 | 2 |

**355**

| 6 | 5 | 2 | 7 | 1 | 3 | 4 | 8 | 9 |
|---|---|---|---|---|---|---|---|---|
| 8 | 1 | 4 | 2 | 9 | 6 | 7 | 3 | 5 |
| 7 | 3 | 9 | 8 | 4 | 5 | 6 | 2 | 1 |
| 5 | 9 | 7 | 6 | 3 | 8 | 1 | 4 | 2 |
| 1 | 6 | 8 | 4 | 2 | 9 | 5 | 7 | 3 |
| 4 | 2 | 3 | 1 | 5 | 7 | 8 | 9 | 6 |
| 3 | 4 | 6 | 5 | 8 | 2 | 9 | 1 | 7 |
| 2 | 7 | 1 | 9 | 6 | 4 | 3 | 5 | 8 |
| 9 | 8 | 5 | 3 | 7 | 1 | 2 | 6 | 4 |

**356**

| 4 | 7 | 3 | 9 | 1 | 5 | 6 | 8 | 2 |
|---|---|---|---|---|---|---|---|---|
| 1 | 9 | 5 | 2 | 8 | 6 | 7 | 4 | 3 |
| 6 | 8 | 2 | 7 | 3 | 4 | 1 | 5 | 9 |
| 2 | 1 | 4 | 5 | 7 | 3 | 9 | 6 | 8 |
| 7 | 3 | 9 | 1 | 6 | 8 | 5 | 2 | 4 |
| 5 | 6 | 8 | 4 | 9 | 2 | 3 | 7 | 1 |
| 3 | 4 | 7 | 6 | 2 | 9 | 8 | 1 | 5 |
| 9 | 5 | 1 | 8 | 4 | 7 | 2 | 3 | 6 |
| 8 | 2 | 6 | 3 | 5 | 1 | 4 | 9 | 7 |

**357**

| 6 | 7 | 2 | 1 | 9 | 3 | 8 | 5 | 4 |
|---|---|---|---|---|---|---|---|---|
| 5 | 9 | 8 | 7 | 4 | 6 | 2 | 3 | 1 |
| 4 | 3 | 1 | 2 | 8 | 5 | 9 | 6 | 7 |
| 7 | 6 | 9 | 3 | 2 | 8 | 4 | 1 | 5 |
| 2 | 1 | 4 | 5 | 6 | 9 | 7 | 8 | 3 |
| 8 | 5 | 3 | 4 | 7 | 1 | 6 | 2 | 9 |
| 1 | 2 | 7 | 8 | 5 | 4 | 3 | 9 | 6 |
| 9 | 8 | 5 | 6 | 3 | 7 | 1 | 4 | 2 |
| 3 | 4 | 6 | 9 | 1 | 2 | 5 | 7 | 8 |

**358**

| 5 | 4 | 2 | 8 | 6 | 3 | 1 | 9 | 7 |
|---|---|---|---|---|---|---|---|---|
| 7 | 3 | 6 | 1 | 2 | 9 | 5 | 8 | 4 |
| 9 | 1 | 8 | 5 | 4 | 7 | 3 | 2 | 6 |
| 1 | 6 | 7 | 9 | 5 | 2 | 4 | 3 | 8 |
| 3 | 9 | 4 | 6 | 1 | 8 | 7 | 5 | 2 |
| 2 | 8 | 5 | 7 | 3 | 4 | 9 | 6 | 1 |
| 4 | 2 | 1 | 3 | 8 | 5 | 6 | 7 | 9 |
| 6 | 5 | 9 | 2 | 7 | 1 | 8 | 4 | 3 |
| 8 | 7 | 3 | 4 | 9 | 6 | 2 | 1 | 5 |

**359**

| 4 | 6 | 3 | 8 | 5 | 1 | 2 | 7 | 9 |
|---|---|---|---|---|---|---|---|---|
| 9 | 7 | 2 | 3 | 6 | 4 | 8 | 1 | 5 |
| 1 | 8 | 5 | 2 | 9 | 7 | 3 | 6 | 4 |
| 6 | 2 | 4 | 1 | 8 | 9 | 7 | 5 | 3 |
| 5 | 9 | 7 | 4 | 2 | 3 | 6 | 8 | 1 |
| 8 | 3 | 1 | 6 | 7 | 5 | 4 | 9 | 2 |
| 7 | 1 | 8 | 5 | 3 | 2 | 9 | 4 | 6 |
| 3 | 4 | 9 | 7 | 1 | 6 | 5 | 2 | 8 |
| 2 | 5 | 6 | 9 | 4 | 8 | 1 | 3 | 7 |

**360**

| 2 | 3 | 7 | 9 | 5 | 6 | 4 | 8 | 1 |
|---|---|---|---|---|---|---|---|---|
| 8 | 6 | 9 | 4 | 3 | 1 | 2 | 7 | 5 |
| 4 | 1 | 5 | 2 | 8 | 7 | 3 | 9 | 6 |
| 1 | 5 | 6 | 3 | 4 | 9 | 8 | 2 | 7 |
| 7 | 9 | 4 | 8 | 6 | 2 | 1 | 5 | 3 |
| 3 | 8 | 2 | 1 | 7 | 5 | 6 | 4 | 9 |
| 9 | 7 | 1 | 6 | 2 | 8 | 5 | 3 | 4 |
| 5 | 2 | 3 | 7 | 1 | 4 | 9 | 6 | 8 |
| 6 | 4 | 8 | 5 | 9 | 3 | 7 | 1 | 2 |

## 361

| 5 | 9 | 2 | 1 | 4 | 3 | 8 | 7 | 6 |
|---|---|---|---|---|---|---|---|---|
| 7 | 4 | 6 | 8 | 9 | 5 | 3 | 1 | 2 |
| 3 | 8 | 1 | 7 | 2 | 6 | 5 | 9 | 4 |
| 8 | 3 | 9 | 6 | 7 | 2 | 4 | 5 | 1 |
| 6 | 2 | 5 | 4 | 1 | 8 | 9 | 3 | 7 |
| 4 | 1 | 7 | 5 | 3 | 9 | 6 | 2 | 8 |
| 1 | 5 | 4 | 3 | 6 | 7 | 2 | 8 | 9 |
| 9 | 6 | 3 | 2 | 8 | 1 | 7 | 4 | 5 |
| 2 | 7 | 8 | 9 | 5 | 4 | 1 | 6 | 3 |

## 362

| 2 | 1 | 4 | 8 | 5 | 3 | 7 | 9 | 6 |
|---|---|---|---|---|---|---|---|---|
| 5 | 8 | 9 | 6 | 7 | 1 | 4 | 2 | 3 |
| 6 | 3 | 7 | 2 | 4 | 9 | 5 | 1 | 8 |
| 9 | 5 | 6 | 3 | 1 | 4 | 8 | 7 | 2 |
| 7 | 2 | 8 | 9 | 6 | 5 | 1 | 3 | 4 |
| 3 | 4 | 1 | 7 | 8 | 2 | 9 | 6 | 5 |
| 1 | 7 | 5 | 4 | 3 | 6 | 2 | 8 | 9 |
| 8 | 6 | 2 | 5 | 9 | 7 | 3 | 4 | 1 |
| 4 | 9 | 3 | 1 | 2 | 8 | 6 | 5 | 7 |

## 363

| 9 | 3 | 4 | 7 | 6 | 2 | 8 | 1 | 5 |
|---|---|---|---|---|---|---|---|---|
| 2 | 7 | 5 | 1 | 8 | 9 | 3 | 6 | 4 |
| 6 | 8 | 1 | 3 | 5 | 4 | 7 | 9 | 2 |
| 1 | 2 | 9 | 6 | 3 | 8 | 5 | 4 | 7 |
| 7 | 5 | 3 | 9 | 4 | 1 | 2 | 8 | 6 |
| 8 | 4 | 6 | 5 | 2 | 7 | 9 | 3 | 1 |
| 3 | 1 | 2 | 8 | 7 | 6 | 4 | 5 | 9 |
| 5 | 9 | 7 | 4 | 1 | 3 | 6 | 2 | 8 |
| 4 | 6 | 8 | 2 | 9 | 5 | 1 | 7 | 3 |

## 364

| 7 | 8 | 2 | 6 | 5 | 9 | 3 | 1 | 4 |
|---|---|---|---|---|---|---|---|---|
| 5 | 1 | 6 | 7 | 3 | 4 | 8 | 2 | 9 |
| 9 | 4 | 3 | 2 | 1 | 8 | 7 | 6 | 5 |
| 2 | 6 | 5 | 9 | 7 | 1 | 4 | 3 | 8 |
| 4 | 3 | 9 | 8 | 2 | 6 | 5 | 7 | 1 |
| 8 | 7 | 1 | 3 | 4 | 5 | 2 | 9 | 6 |
| 1 | 2 | 8 | 5 | 9 | 7 | 6 | 4 | 3 |
| 3 | 5 | 4 | 1 | 6 | 2 | 9 | 8 | 7 |
| 6 | 9 | 7 | 4 | 8 | 3 | 1 | 5 | 2 |

## 365

| 6 | 9 | 7 | 3 | 4 | 8 | 2 | 1 | 5 |
|---|---|---|---|---|---|---|---|---|
| 1 | 3 | 8 | 5 | 6 | 2 | 9 | 7 | 4 |
| 4 | 5 | 2 | 9 | 7 | 1 | 6 | 3 | 8 |
| 8 | 2 | 1 | 6 | 5 | 9 | 7 | 4 | 3 |
| 5 | 6 | 3 | 7 | 1 | 4 | 8 | 2 | 9 |
| 9 | 7 | 4 | 2 | 8 | 3 | 5 | 6 | 1 |
| 2 | 4 | 5 | 8 | 3 | 6 | 1 | 9 | 7 |
| 3 | 8 | 6 | 1 | 9 | 7 | 4 | 5 | 2 |
| 7 | 1 | 9 | 4 | 2 | 5 | 3 | 8 | 6 |

## 366

| 8 | 7 | 3 | 4 | 5 | 6 | 2 | 9 | 1 |
|---|---|---|---|---|---|---|---|---|
| 1 | 2 | 4 | 3 | 8 | 9 | 6 | 5 | 7 |
| 6 | 5 | 9 | 2 | 1 | 7 | 4 | 3 | 8 |
| 5 | 4 | 1 | 9 | 6 | 3 | 8 | 7 | 2 |
| 9 | 3 | 7 | 1 | 2 | 8 | 5 | 6 | 4 |
| 2 | 8 | 6 | 7 | 4 | 5 | 3 | 1 | 9 |
| 7 | 9 | 8 | 6 | 3 | 2 | 1 | 4 | 5 |
| 4 | 6 | 2 | 5 | 9 | 1 | 7 | 8 | 3 |
| 3 | 1 | 5 | 8 | 7 | 4 | 9 | 2 | 6 |

## 367

| 4 | 3 | 8 | 7 | 2 | 1 | 9 | 6 | 5 |
|---|---|---|---|---|---|---|---|---|
| 7 | 9 | 5 | 8 | 6 | 3 | 2 | 4 | 1 |
| 6 | 2 | 1 | 5 | 4 | 9 | 7 | 3 | 8 |
| 8 | 4 | 9 | 2 | 3 | 7 | 5 | 1 | 6 |
| 1 | 7 | 2 | 6 | 8 | 5 | 3 | 9 | 4 |
| 5 | 6 | 3 | 1 | 9 | 4 | 8 | 7 | 2 |
| 2 | 8 | 7 | 3 | 1 | 6 | 4 | 5 | 9 |
| 9 | 5 | 6 | 4 | 7 | 8 | 1 | 2 | 3 |
| 3 | 1 | 4 | 9 | 5 | 2 | 6 | 8 | 7 |

## 368

| 2 | 1 | 8 | 4 | 7 | 9 | 3 | 5 | 6 |
|---|---|---|---|---|---|---|---|---|
| 3 | 6 | 7 | 5 | 2 | 1 | 9 | 4 | 8 |
| 5 | 9 | 4 | 8 | 3 | 6 | 2 | 7 | 1 |
| 9 | 7 | 3 | 2 | 6 | 5 | 8 | 1 | 4 |
| 4 | 8 | 5 | 1 | 9 | 7 | 6 | 3 | 2 |
| 6 | 2 | 1 | 3 | 8 | 4 | 5 | 9 | 7 |
| 8 | 4 | 9 | 6 | 1 | 3 | 7 | 2 | 5 |
| 7 | 5 | 6 | 9 | 4 | 2 | 1 | 8 | 3 |
| 1 | 3 | 2 | 7 | 5 | 8 | 4 | 6 | 9 |

## 369

| 5 | 7 | 1 | 6 | 9 | 4 | 3 | 8 | 2 |
|---|---|---|---|---|---|---|---|---|
| 2 | 6 | 4 | 7 | 8 | 3 | 9 | 1 | 5 |
| 3 | 8 | 9 | 1 | 2 | 5 | 6 | 4 | 7 |
| 6 | 2 | 7 | 8 | 3 | 9 | 1 | 5 | 4 |
| 9 | 4 | 8 | 5 | 1 | 2 | 7 | 3 | 6 |
| 1 | 5 | 3 | 4 | 6 | 7 | 8 | 2 | 9 |
| 8 | 3 | 2 | 9 | 5 | 6 | 4 | 7 | 1 |
| 7 | 9 | 5 | 3 | 4 | 1 | 2 | 6 | 8 |
| 4 | 1 | 6 | 2 | 7 | 8 | 5 | 9 | 3 |

## 370

| 2 | 5 | 6 | 3 | 9 | 1 | 7 | 8 | 4 |
|---|---|---|---|---|---|---|---|---|
| 1 | 3 | 4 | 7 | 2 | 8 | 6 | 9 | 5 |
| 7 | 8 | 9 | 6 | 4 | 5 | 2 | 1 | 3 |
| 4 | 7 | 1 | 5 | 3 | 6 | 8 | 2 | 9 |
| 9 | 2 | 5 | 8 | 7 | 4 | 1 | 3 | 6 |
| 8 | 6 | 3 | 2 | 1 | 9 | 5 | 4 | 7 |
| 3 | 1 | 2 | 9 | 5 | 7 | 4 | 6 | 8 |
| 5 | 9 | 8 | 4 | 6 | 2 | 3 | 7 | 1 |
| 6 | 4 | 7 | 1 | 8 | 3 | 9 | 5 | 2 |

## 371

| 1 | 4 | 5 | 9 | 7 | 8 | 6 | 2 | 3 |
|---|---|---|---|---|---|---|---|---|
| 9 | 3 | 2 | 5 | 4 | 6 | 7 | 1 | 8 |
| 8 | 7 | 6 | 2 | 1 | 3 | 9 | 4 | 5 |
| 5 | 9 | 4 | 8 | 6 | 1 | 3 | 7 | 2 |
| 7 | 6 | 3 | 4 | 2 | 9 | 5 | 8 | 1 |
| 2 | 8 | 1 | 3 | 5 | 7 | 4 | 6 | 9 |
| 6 | 2 | 7 | 1 | 9 | 5 | 8 | 3 | 4 |
| 4 | 5 | 8 | 7 | 3 | 2 | 1 | 9 | 6 |
| 3 | 1 | 9 | 6 | 8 | 4 | 2 | 5 | 7 |

## 372

| 3 | 1 | 4 | 7 | 5 | 6 | 8 | 2 | 9 |
|---|---|---|---|---|---|---|---|---|
| 2 | 6 | 9 | 8 | 4 | 3 | 7 | 1 | 5 |
| 5 | 7 | 8 | 1 | 9 | 2 | 3 | 6 | 4 |
| 6 | 4 | 3 | 5 | 7 | 1 | 2 | 9 | 8 |
| 9 | 5 | 1 | 3 | 2 | 8 | 4 | 7 | 6 |
| 8 | 2 | 7 | 9 | 6 | 4 | 5 | 3 | 1 |
| 4 | 3 | 2 | 6 | 8 | 9 | 1 | 5 | 7 |
| 7 | 8 | 6 | 2 | 1 | 5 | 9 | 4 | 3 |
| 1 | 9 | 5 | 4 | 3 | 7 | 6 | 8 | 2 |

## 373

| 8 | 3 | 1 | 6 | 5 | 7 | 9 | 4 | 2 |
|---|---|---|---|---|---|---|---|---|
| 4 | 6 | 2 | 9 | 3 | 1 | 8 | 7 | 5 |
| 5 | 9 | 7 | 8 | 4 | 2 | 3 | 6 | 1 |
| 2 | 7 | 8 | 3 | 6 | 9 | 1 | 5 | 4 |
| 9 | 5 | 6 | 1 | 8 | 4 | 2 | 3 | 7 |
| 1 | 4 | 3 | 7 | 2 | 5 | 6 | 8 | 9 |
| 7 | 8 | 9 | 5 | 1 | 3 | 4 | 2 | 6 |
| 6 | 2 | 5 | 4 | 9 | 8 | 7 | 1 | 3 |
| 3 | 1 | 4 | 2 | 7 | 6 | 5 | 9 | 8 |

## 374

| 1 | 7 | 5 | 2 | 8 | 6 | 4 | 9 | 3 |
|---|---|---|---|---|---|---|---|---|
| 6 | 4 | 8 | 1 | 9 | 3 | 2 | 5 | 7 |
| 3 | 2 | 9 | 4 | 7 | 5 | 1 | 8 | 6 |
| 9 | 1 | 2 | 6 | 3 | 8 | 7 | 4 | 5 |
| 7 | 8 | 4 | 9 | 5 | 2 | 3 | 6 | 1 |
| 5 | 6 | 3 | 7 | 1 | 4 | 8 | 2 | 9 |
| 8 | 3 | 1 | 5 | 2 | 9 | 6 | 7 | 4 |
| 2 | 5 | 6 | 3 | 4 | 7 | 9 | 1 | 8 |
| 4 | 9 | 7 | 8 | 6 | 1 | 5 | 3 | 2 |

## 375

| 2 | 9 | 5 | 6 | 1 | 7 | 4 | 3 | 8 |
|---|---|---|---|---|---|---|---|---|
| 3 | 7 | 1 | 8 | 4 | 2 | 6 | 5 | 9 |
| 6 | 8 | 4 | 5 | 9 | 3 | 2 | 7 | 1 |
| 9 | 3 | 6 | 2 | 5 | 1 | 8 | 4 | 7 |
| 4 | 2 | 7 | 9 | 8 | 6 | 3 | 1 | 5 |
| 1 | 5 | 8 | 7 | 3 | 4 | 9 | 2 | 6 |
| 8 | 6 | 3 | 4 | 7 | 5 | 1 | 9 | 2 |
| 7 | 4 | 2 | 1 | 6 | 9 | 5 | 8 | 3 |
| 5 | 1 | 9 | 3 | 2 | 8 | 7 | 6 | 4 |

## 376

| 2 | 1 | 7 | 3 | 5 | 8 | 6 | 9 | 4 |
|---|---|---|---|---|---|---|---|---|
| 9 | 3 | 8 | 6 | 1 | 4 | 5 | 2 | 7 |
| 4 | 5 | 6 | 2 | 9 | 7 | 3 | 8 | 1 |
| 5 | 4 | 9 | 1 | 2 | 3 | 7 | 6 | 8 |
| 8 | 7 | 3 | 9 | 4 | 6 | 1 | 5 | 2 |
| 1 | 6 | 2 | 7 | 8 | 5 | 4 | 3 | 9 |
| 3 | 2 | 4 | 8 | 6 | 1 | 9 | 7 | 5 |
| 6 | 9 | 5 | 4 | 7 | 2 | 8 | 1 | 3 |
| 7 | 8 | 1 | 5 | 3 | 9 | 2 | 4 | 6 |

## 377

| 1 | 5 | 4 | 7 | 8 | 3 | 2 | 6 | 9 |
|---|---|---|---|---|---|---|---|---|
| 9 | 6 | 7 | 5 | 2 | 4 | 1 | 3 | 8 |
| 2 | 3 | 8 | 9 | 1 | 6 | 7 | 5 | 4 |
| 5 | 2 | 1 | 8 | 9 | 7 | 3 | 4 | 6 |
| 6 | 7 | 9 | 3 | 4 | 2 | 5 | 8 | 1 |
| 8 | 4 | 3 | 1 | 6 | 5 | 9 | 2 | 7 |
| 3 | 1 | 6 | 2 | 7 | 8 | 4 | 9 | 5 |
| 4 | 9 | 2 | 6 | 5 | 1 | 8 | 7 | 3 |
| 7 | 8 | 5 | 4 | 3 | 9 | 6 | 1 | 2 |

## 378

| 3 | 8 | 7 | 2 | 9 | 4 | 1 | 6 | 5 |
|---|---|---|---|---|---|---|---|---|
| 9 | 4 | 1 | 6 | 3 | 5 | 7 | 8 | 2 |
| 2 | 6 | 5 | 7 | 8 | 1 | 3 | 9 | 4 |
| 7 | 3 | 4 | 8 | 5 | 2 | 9 | 1 | 6 |
| 8 | 1 | 6 | 9 | 4 | 3 | 5 | 2 | 7 |
| 5 | 9 | 2 | 1 | 6 | 7 | 8 | 4 | 3 |
| 6 | 5 | 9 | 3 | 2 | 8 | 4 | 7 | 1 |
| 1 | 2 | 3 | 4 | 7 | 9 | 6 | 5 | 8 |
| 4 | 7 | 8 | 5 | 1 | 6 | 2 | 3 | 9 |

## 379

| 1 | 7 | 2 | 6 | 9 | 3 | 8 | 5 | 4 |
|---|---|---|---|---|---|---|---|---|
| 6 | 3 | 4 | 5 | 1 | 8 | 7 | 2 | 9 |
| 9 | 8 | 5 | 4 | 2 | 7 | 3 | 6 | 1 |
| 8 | 6 | 1 | 9 | 7 | 4 | 5 | 3 | 2 |
| 5 | 2 | 7 | 1 | 3 | 6 | 4 | 9 | 8 |
| 3 | 4 | 9 | 8 | 5 | 2 | 6 | 1 | 7 |
| 4 | 9 | 3 | 7 | 6 | 1 | 2 | 8 | 5 |
| 2 | 1 | 8 | 3 | 4 | 5 | 9 | 7 | 6 |
| 7 | 5 | 6 | 2 | 8 | 9 | 1 | 4 | 3 |

## 380

| 4 | 3 | 2 | 7 | 1 | 8 | 5 | 6 | 9 |
|---|---|---|---|---|---|---|---|---|
| 9 | 1 | 6 | 3 | 5 | 2 | 4 | 8 | 7 |
| 5 | 8 | 7 | 6 | 4 | 9 | 3 | 2 | 1 |
| 6 | 9 | 3 | 5 | 8 | 4 | 1 | 7 | 2 |
| 1 | 7 | 4 | 2 | 6 | 3 | 9 | 5 | 8 |
| 2 | 5 | 8 | 9 | 7 | 1 | 6 | 3 | 4 |
| 3 | 6 | 1 | 8 | 9 | 7 | 2 | 4 | 5 |
| 7 | 4 | 5 | 1 | 2 | 6 | 8 | 9 | 3 |
| 8 | 2 | 9 | 4 | 3 | 5 | 7 | 1 | 6 |

381

| 3 | 2 | 4 | 9 | 1 | 7 | 8 | 6 | 5 |
|---|---|---|---|---|---|---|---|---|
| 1 | 9 | 8 | 3 | 5 | 6 | 7 | 4 | 2 |
| 5 | 6 | 7 | 8 | 2 | 4 | 1 | 3 | 9 |
| 6 | 4 | 3 | 2 | 7 | 9 | 5 | 8 | 1 |
| 8 | 5 | 2 | 1 | 6 | 3 | 4 | 9 | 7 |
| 7 | 1 | 9 | 5 | 4 | 8 | 3 | 2 | 6 |
| 9 | 8 | 5 | 7 | 3 | 2 | 6 | 1 | 4 |
| 4 | 3 | 1 | 6 | 9 | 5 | 2 | 7 | 8 |
| 2 | 7 | 6 | 4 | 8 | 1 | 9 | 5 | 3 |

382

| 1 | 4 | 6 | 9 | 7 | 3 | 8 | 2 | 5 |
|---|---|---|---|---|---|---|---|---|
| 2 | 5 | 3 | 1 | 4 | 8 | 9 | 6 | 7 |
| 7 | 9 | 8 | 6 | 2 | 5 | 4 | 1 | 3 |
| 4 | 8 | 9 | 3 | 5 | 2 | 6 | 7 | 1 |
| 6 | 1 | 2 | 7 | 8 | 9 | 5 | 3 | 4 |
| 3 | 7 | 5 | 4 | 1 | 6 | 2 | 9 | 8 |
| 9 | 3 | 4 | 8 | 6 | 1 | 7 | 5 | 2 |
| 5 | 6 | 7 | 2 | 3 | 4 | 1 | 8 | 9 |
| 8 | 2 | 1 | 5 | 9 | 7 | 3 | 4 | 6 |

383

| 3 | 4 | 9 | 2 | 8 | 6 | 7 | 1 | 5 |
|---|---|---|---|---|---|---|---|---|
| 6 | 2 | 1 | 7 | 5 | 3 | 4 | 8 | 9 |
| 7 | 8 | 5 | 4 | 1 | 9 | 6 | 3 | 2 |
| 8 | 7 | 2 | 5 | 9 | 4 | 3 | 6 | 1 |
| 9 | 1 | 3 | 6 | 7 | 2 | 5 | 4 | 8 |
| 4 | 5 | 6 | 1 | 3 | 8 | 2 | 9 | 7 |
| 5 | 6 | 7 | 9 | 4 | 1 | 8 | 2 | 3 |
| 2 | 9 | 8 | 3 | 6 | 7 | 1 | 5 | 4 |
| 1 | 3 | 4 | 8 | 2 | 5 | 9 | 7 | 6 |

384

| 6 | 8 | 1 | 4 | 2 | 5 | 9 | 3 | 7 |
|---|---|---|---|---|---|---|---|---|
| 9 | 7 | 3 | 1 | 6 | 8 | 4 | 5 | 2 |
| 5 | 2 | 4 | 9 | 3 | 7 | 6 | 1 | 8 |
| 1 | 5 | 7 | 6 | 4 | 3 | 2 | 8 | 9 |
| 8 | 4 | 2 | 7 | 9 | 1 | 5 | 6 | 3 |
| 3 | 6 | 9 | 5 | 8 | 2 | 7 | 4 | 1 |
| 7 | 3 | 8 | 2 | 5 | 4 | 1 | 9 | 6 |
| 2 | 9 | 5 | 8 | 1 | 6 | 3 | 7 | 4 |
| 4 | 1 | 6 | 3 | 7 | 9 | 8 | 2 | 5 |

385

| 9 | 4 | 7 | 5 | 3 | 1 | 6 | 2 | 8 |
|---|---|---|---|---|---|---|---|---|
| 5 | 2 | 8 | 7 | 6 | 9 | 1 | 4 | 3 |
| 3 | 6 | 1 | 8 | 2 | 4 | 5 | 7 | 9 |
| 7 | 1 | 9 | 3 | 5 | 8 | 4 | 6 | 2 |
| 6 | 8 | 2 | 4 | 1 | 7 | 3 | 9 | 5 |
| 4 | 5 | 3 | 2 | 9 | 6 | 7 | 8 | 1 |
| 1 | 3 | 4 | 6 | 8 | 2 | 9 | 5 | 7 |
| 8 | 9 | 6 | 1 | 7 | 5 | 2 | 3 | 4 |
| 2 | 7 | 5 | 9 | 4 | 3 | 8 | 1 | 6 |

386

| 7 | 8 | 9 | 6 | 1 | 5 | 2 | 4 | 3 |
|---|---|---|---|---|---|---|---|---|
| 6 | 2 | 3 | 8 | 4 | 7 | 9 | 1 | 5 |
| 4 | 5 | 1 | 9 | 3 | 2 | 7 | 6 | 8 |
| 5 | 1 | 6 | 7 | 8 | 9 | 4 | 3 | 2 |
| 3 | 7 | 2 | 4 | 5 | 6 | 1 | 8 | 9 |
| 9 | 4 | 8 | 1 | 2 | 3 | 6 | 5 | 7 |
| 1 | 9 | 4 | 5 | 7 | 8 | 3 | 2 | 6 |
| 2 | 6 | 5 | 3 | 9 | 1 | 8 | 7 | 4 |
| 8 | 3 | 7 | 2 | 6 | 4 | 5 | 9 | 1 |

387

| 7 | 5 | 2 | 4 | 1 | 8 | 9 | 6 | 3 |
|---|---|---|---|---|---|---|---|---|
| 3 | 8 | 4 | 9 | 2 | 6 | 5 | 7 | 1 |
| 1 | 9 | 6 | 3 | 5 | 7 | 8 | 4 | 2 |
| 9 | 7 | 8 | 6 | 4 | 3 | 1 | 2 | 5 |
| 4 | 1 | 3 | 5 | 7 | 2 | 6 | 8 | 9 |
| 6 | 2 | 5 | 1 | 8 | 9 | 4 | 3 | 7 |
| 5 | 6 | 9 | 7 | 3 | 4 | 2 | 1 | 8 |
| 2 | 3 | 1 | 8 | 6 | 5 | 7 | 9 | 4 |
| 8 | 4 | 7 | 2 | 9 | 1 | 3 | 5 | 6 |

388

| 4 | 3 | 9 | 1 | 5 | 8 | 7 | 6 | 2 |
|---|---|---|---|---|---|---|---|---|
| 6 | 1 | 2 | 7 | 4 | 9 | 8 | 5 | 3 |
| 8 | 7 | 5 | 6 | 2 | 3 | 4 | 1 | 9 |
| 2 | 8 | 7 | 5 | 6 | 1 | 3 | 9 | 4 |
| 5 | 6 | 3 | 4 | 9 | 7 | 2 | 8 | 1 |
| 9 | 4 | 1 | 8 | 3 | 2 | 5 | 7 | 6 |
| 1 | 9 | 4 | 2 | 8 | 5 | 6 | 3 | 7 |
| 3 | 5 | 6 | 9 | 7 | 4 | 1 | 2 | 8 |
| 7 | 2 | 8 | 3 | 1 | 6 | 9 | 4 | 5 |

389

| 9 | 3 | 2 | 4 | 6 | 8 | 7 | 1 | 5 |
|---|---|---|---|---|---|---|---|---|
| 5 | 4 | 7 | 1 | 9 | 2 | 6 | 3 | 8 |
| 6 | 8 | 1 | 3 | 5 | 7 | 2 | 9 | 4 |
| 7 | 2 | 8 | 9 | 4 | 6 | 1 | 5 | 3 |
| 1 | 9 | 6 | 5 | 2 | 3 | 4 | 8 | 7 |
| 3 | 5 | 4 | 7 | 8 | 1 | 9 | 2 | 6 |
| 8 | 1 | 5 | 6 | 7 | 9 | 3 | 4 | 2 |
| 4 | 7 | 9 | 2 | 3 | 5 | 8 | 6 | 1 |
| 2 | 6 | 3 | 8 | 1 | 4 | 5 | 7 | 9 |

390

| 2 | 7 | 8 | 3 | 4 | 5 | 6 | 1 | 9 |
|---|---|---|---|---|---|---|---|---|
| 5 | 1 | 6 | 8 | 9 | 7 | 3 | 2 | 4 |
| 4 | 3 | 9 | 2 | 6 | 1 | 5 | 7 | 8 |
| 9 | 4 | 3 | 1 | 7 | 8 | 2 | 5 | 6 |
| 1 | 6 | 7 | 9 | 5 | 2 | 4 | 8 | 3 |
| 8 | 5 | 2 | 6 | 3 | 4 | 1 | 9 | 7 |
| 3 | 2 | 1 | 4 | 8 | 9 | 7 | 6 | 5 |
| 6 | 8 | 5 | 7 | 2 | 3 | 9 | 4 | 1 |
| 7 | 9 | 4 | 5 | 1 | 6 | 8 | 3 | 2 |

391

| 1 | 5 | 4 | 6 | 2 | 3 | 8 | 7 | 9 |
|---|---|---|---|---|---|---|---|---|
| 7 | 8 | 6 | 9 | 1 | 5 | 3 | 2 | 4 |
| 9 | 3 | 2 | 7 | 4 | 8 | 1 | 5 | 6 |
| 8 | 4 | 5 | 3 | 9 | 7 | 6 | 1 | 2 |
| 2 | 1 | 9 | 8 | 6 | 4 | 7 | 3 | 5 |
| 6 | 7 | 3 | 2 | 5 | 1 | 4 | 9 | 8 |
| 4 | 9 | 7 | 5 | 3 | 6 | 2 | 8 | 1 |
| 3 | 2 | 1 | 4 | 8 | 9 | 5 | 6 | 7 |
| 5 | 6 | 8 | 1 | 7 | 2 | 9 | 4 | 3 |

392

| 4 | 8 | 2 | 1 | 9 | 7 | 6 | 3 | 5 |
|---|---|---|---|---|---|---|---|---|
| 5 | 6 | 1 | 4 | 8 | 3 | 7 | 2 | 9 |
| 3 | 7 | 9 | 2 | 6 | 5 | 4 | 8 | 1 |
| 9 | 4 | 6 | 8 | 1 | 2 | 5 | 7 | 3 |
| 1 | 2 | 7 | 3 | 5 | 4 | 9 | 6 | 8 |
| 8 | 3 | 5 | 6 | 7 | 9 | 1 | 4 | 2 |
| 2 | 5 | 8 | 7 | 4 | 1 | 3 | 9 | 6 |
| 7 | 9 | 3 | 5 | 2 | 6 | 8 | 1 | 4 |
| 6 | 1 | 4 | 9 | 3 | 8 | 2 | 5 | 7 |

393

| 2 | 7 | 1 | 6 | 4 | 3 | 9 | 5 | 8 |
|---|---|---|---|---|---|---|---|---|
| 8 | 6 | 5 | 2 | 9 | 7 | 1 | 4 | 3 |
| 3 | 4 | 9 | 8 | 5 | 1 | 7 | 6 | 2 |
| 7 | 5 | 8 | 9 | 1 | 2 | 4 | 3 | 6 |
| 9 | 2 | 3 | 5 | 6 | 4 | 8 | 1 | 7 |
| 6 | 1 | 4 | 7 | 3 | 8 | 2 | 9 | 5 |
| 5 | 9 | 7 | 1 | 8 | 6 | 3 | 2 | 4 |
| 4 | 8 | 6 | 3 | 2 | 9 | 5 | 7 | 1 |
| 1 | 3 | 2 | 4 | 7 | 5 | 6 | 8 | 9 |

394

| 2 | 5 | 3 | 6 | 8 | 4 | 1 | 7 | 9 |
|---|---|---|---|---|---|---|---|---|
| 9 | 6 | 7 | 3 | 1 | 2 | 4 | 8 | 5 |
| 8 | 4 | 1 | 9 | 5 | 7 | 2 | 6 | 3 |
| 5 | 2 | 8 | 1 | 3 | 9 | 7 | 4 | 6 |
| 4 | 1 | 9 | 7 | 6 | 8 | 5 | 3 | 2 |
| 7 | 3 | 6 | 4 | 2 | 5 | 9 | 1 | 8 |
| 6 | 9 | 4 | 2 | 7 | 3 | 8 | 5 | 1 |
| 3 | 7 | 5 | 8 | 9 | 1 | 6 | 2 | 4 |
| 1 | 8 | 2 | 5 | 4 | 6 | 3 | 9 | 7 |

395

| 8 | 6 | 2 | 9 | 4 | 7 | 5 | 3 | 1 |
|---|---|---|---|---|---|---|---|---|
| 3 | 5 | 1 | 6 | 2 | 8 | 4 | 7 | 9 |
| 9 | 4 | 7 | 5 | 3 | 1 | 8 | 2 | 6 |
| 4 | 1 | 8 | 3 | 7 | 9 | 6 | 5 | 2 |
| 7 | 9 | 5 | 4 | 6 | 2 | 1 | 8 | 3 |
| 6 | 2 | 3 | 1 | 8 | 5 | 9 | 4 | 7 |
| 1 | 8 | 6 | 7 | 5 | 3 | 2 | 9 | 4 |
| 2 | 7 | 9 | 8 | 1 | 4 | 3 | 6 | 5 |
| 5 | 3 | 4 | 2 | 9 | 6 | 7 | 1 | 8 |

396

| 8 | 7 | 5 | 4 | 3 | 1 | 9 | 2 | 6 |
|---|---|---|---|---|---|---|---|---|
| 3 | 1 | 6 | 7 | 2 | 9 | 4 | 5 | 8 |
| 2 | 4 | 9 | 6 | 8 | 5 | 1 | 7 | 3 |
| 4 | 5 | 7 | 1 | 6 | 8 | 2 | 3 | 9 |
| 1 | 6 | 3 | 2 | 9 | 7 | 5 | 8 | 4 |
| 9 | 8 | 2 | 5 | 4 | 3 | 7 | 6 | 1 |
| 7 | 9 | 1 | 8 | 5 | 6 | 3 | 4 | 2 |
| 5 | 2 | 8 | 3 | 1 | 4 | 6 | 9 | 7 |
| 6 | 3 | 4 | 9 | 7 | 2 | 8 | 1 | 5 |

397

| 2 | 7 | 6 | 9 | 5 | 3 | 1 | 4 | 8 |
|---|---|---|---|---|---|---|---|---|
| 9 | 8 | 1 | 2 | 4 | 6 | 5 | 3 | 7 |
| 5 | 4 | 3 | 7 | 1 | 8 | 9 | 6 | 2 |
| 4 | 9 | 7 | 1 | 2 | 5 | 3 | 8 | 6 |
| 3 | 1 | 5 | 6 | 8 | 7 | 4 | 2 | 9 |
| 8 | 6 | 2 | 3 | 9 | 4 | 7 | 5 | 1 |
| 7 | 5 | 9 | 8 | 3 | 2 | 6 | 1 | 4 |
| 1 | 3 | 8 | 4 | 6 | 9 | 2 | 7 | 5 |
| 6 | 2 | 4 | 5 | 7 | 1 | 8 | 9 | 3 |

398

| 8 | 4 | 7 | 9 | 6 | 2 | 1 | 5 | 3 |
|---|---|---|---|---|---|---|---|---|
| 2 | 1 | 5 | 4 | 8 | 3 | 7 | 6 | 9 |
| 3 | 6 | 9 | 1 | 5 | 7 | 2 | 4 | 8 |
| 5 | 2 | 1 | 3 | 7 | 9 | 6 | 8 | 4 |
| 4 | 7 | 6 | 5 | 2 | 8 | 9 | 3 | 1 |
| 9 | 8 | 3 | 6 | 4 | 1 | 5 | 7 | 2 |
| 1 | 5 | 8 | 7 | 9 | 4 | 3 | 2 | 6 |
| 6 | 9 | 2 | 8 | 3 | 5 | 4 | 1 | 7 |
| 7 | 3 | 4 | 2 | 1 | 6 | 8 | 9 | 5 |

399

| 4 | 2 | 7 | 1 | 3 | 9 | 6 | 8 | 5 |
|---|---|---|---|---|---|---|---|---|
| 1 | 6 | 8 | 5 | 7 | 2 | 9 | 4 | 3 |
| 5 | 9 | 3 | 6 | 8 | 4 | 1 | 7 | 2 |
| 8 | 7 | 6 | 9 | 2 | 5 | 3 | 1 | 4 |
| 3 | 1 | 2 | 4 | 6 | 8 | 7 | 5 | 9 |
| 9 | 5 | 4 | 7 | 1 | 3 | 2 | 6 | 8 |
| 6 | 4 | 9 | 3 | 5 | 1 | 8 | 2 | 7 |
| 2 | 3 | 1 | 8 | 4 | 7 | 5 | 9 | 6 |
| 7 | 8 | 5 | 2 | 9 | 6 | 4 | 3 | 1 |

400

| 7 | 1 | 9 | 4 | 3 | 5 | 6 | 8 | 2 |
|---|---|---|---|---|---|---|---|---|
| 5 | 6 | 8 | 2 | 9 | 7 | 3 | 4 | 1 |
| 2 | 4 | 3 | 6 | 1 | 8 | 5 | 9 | 7 |
| 6 | 8 | 1 | 3 | 2 | 9 | 7 | 5 | 4 |
| 9 | 7 | 4 | 8 | 5 | 6 | 2 | 1 | 3 |
| 3 | 2 | 5 | 7 | 4 | 1 | 8 | 6 | 9 |
| 1 | 3 | 6 | 9 | 8 | 2 | 4 | 7 | 5 |
| 8 | 9 | 2 | 5 | 7 | 4 | 1 | 3 | 6 |
| 4 | 5 | 7 | 1 | 6 | 3 | 9 | 2 | 8 |

## 401

| 8 | 4 | 7 | 6 | 9 | 5 | 3 | 1 | 2 |
|---|---|---|---|---|---|---|---|---|
| 5 | 9 | 3 | 7 | 2 | 1 | 4 | 6 | 8 |
| 1 | 6 | 2 | 3 | 8 | 4 | 7 | 9 | 5 |
| 6 | 2 | 5 | 9 | 7 | 8 | 1 | 4 | 3 |
| 4 | 7 | 8 | 1 | 5 | 3 | 6 | 2 | 9 |
| 9 | 3 | 1 | 4 | 6 | 2 | 8 | 5 | 7 |
| 3 | 8 | 6 | 5 | 1 | 9 | 2 | 7 | 4 |
| 7 | 5 | 4 | 2 | 3 | 6 | 9 | 8 | 1 |
| 2 | 1 | 9 | 8 | 4 | 7 | 5 | 3 | 6 |

## 402

| 4 | 8 | 5 | 2 | 3 | 6 | 9 | 7 | 1 |
|---|---|---|---|---|---|---|---|---|
| 1 | 3 | 6 | 9 | 7 | 4 | 2 | 8 | 5 |
| 7 | 2 | 9 | 5 | 1 | 8 | 6 | 4 | 3 |
| 6 | 9 | 2 | 3 | 8 | 5 | 7 | 1 | 4 |
| 3 | 4 | 7 | 1 | 6 | 2 | 8 | 5 | 9 |
| 5 | 1 | 8 | 7 | 4 | 9 | 3 | 6 | 2 |
| 8 | 6 | 3 | 4 | 2 | 1 | 5 | 9 | 7 |
| 9 | 7 | 1 | 8 | 5 | 3 | 4 | 2 | 6 |
| 2 | 5 | 4 | 6 | 9 | 7 | 1 | 3 | 8 |

## 403

| 9 | 2 | 1 | 7 | 3 | 5 | 8 | 6 | 4 |
|---|---|---|---|---|---|---|---|---|
| 7 | 3 | 8 | 6 | 4 | 2 | 1 | 5 | 9 |
| 6 | 5 | 4 | 8 | 9 | 1 | 3 | 2 | 7 |
| 1 | 9 | 6 | 2 | 8 | 4 | 5 | 7 | 3 |
| 8 | 4 | 2 | 5 | 7 | 3 | 9 | 1 | 6 |
| 3 | 7 | 5 | 1 | 6 | 9 | 4 | 8 | 2 |
| 4 | 8 | 7 | 3 | 1 | 6 | 2 | 9 | 5 |
| 5 | 1 | 9 | 4 | 2 | 7 | 6 | 3 | 8 |
| 2 | 6 | 3 | 9 | 5 | 8 | 7 | 4 | 1 |

## 404

| 1 | 8 | 3 | 5 | 7 | 9 | 4 | 6 | 2 |
|---|---|---|---|---|---|---|---|---|
| 4 | 5 | 6 | 3 | 8 | 2 | 7 | 1 | 9 |
| 2 | 7 | 9 | 6 | 4 | 1 | 5 | 3 | 8 |
| 8 | 9 | 1 | 7 | 5 | 6 | 3 | 2 | 4 |
| 3 | 2 | 7 | 4 | 1 | 8 | 9 | 5 | 6 |
| 5 | 6 | 4 | 9 | 2 | 3 | 1 | 8 | 7 |
| 9 | 1 | 5 | 8 | 6 | 4 | 2 | 7 | 3 |
| 7 | 3 | 8 | 2 | 9 | 5 | 6 | 4 | 1 |
| 6 | 4 | 2 | 1 | 3 | 7 | 8 | 9 | 5 |

## 405

| 9 | 6 | 2 | 3 | 1 | 8 | 5 | 7 | 4 |
|---|---|---|---|---|---|---|---|---|
| 8 | 3 | 7 | 5 | 4 | 9 | 2 | 1 | 6 |
| 4 | 5 | 1 | 6 | 2 | 7 | 3 | 8 | 9 |
| 7 | 9 | 6 | 4 | 3 | 2 | 1 | 5 | 8 |
| 3 | 1 | 4 | 8 | 5 | 6 | 7 | 9 | 2 |
| 2 | 8 | 5 | 7 | 9 | 1 | 4 | 6 | 3 |
| 1 | 2 | 3 | 9 | 8 | 5 | 6 | 4 | 7 |
| 6 | 4 | 9 | 1 | 7 | 3 | 8 | 2 | 5 |
| 5 | 7 | 8 | 2 | 6 | 4 | 9 | 3 | 1 |

## 406

| 2 | 7 | 4 | 1 | 8 | 5 | 6 | 9 | 3 |
|---|---|---|---|---|---|---|---|---|
| 3 | 6 | 8 | 4 | 9 | 7 | 2 | 5 | 1 |
| 9 | 5 | 1 | 3 | 6 | 2 | 4 | 8 | 7 |
| 8 | 9 | 6 | 2 | 7 | 1 | 3 | 4 | 5 |
| 1 | 3 | 5 | 9 | 4 | 6 | 8 | 7 | 2 |
| 7 | 4 | 2 | 5 | 3 | 8 | 9 | 1 | 6 |
| 6 | 1 | 7 | 8 | 2 | 4 | 5 | 3 | 9 |
| 4 | 2 | 3 | 7 | 5 | 9 | 1 | 6 | 8 |
| 5 | 8 | 9 | 6 | 1 | 3 | 7 | 2 | 4 |

## 407

| 3 | 1 | 8 | 9 | 5 | 4 | 6 | 2 | 7 |
|---|---|---|---|---|---|---|---|---|
| 7 | 4 | 5 | 6 | 1 | 2 | 8 | 9 | 3 |
| 6 | 2 | 9 | 3 | 7 | 8 | 4 | 5 | 1 |
| 4 | 9 | 7 | 1 | 3 | 6 | 5 | 8 | 2 |
| 5 | 8 | 2 | 4 | 9 | 7 | 3 | 1 | 6 |
| 1 | 6 | 3 | 8 | 2 | 5 | 9 | 7 | 4 |
| 2 | 3 | 4 | 7 | 8 | 9 | 1 | 6 | 5 |
| 9 | 5 | 6 | 2 | 4 | 1 | 7 | 3 | 8 |
| 8 | 7 | 1 | 5 | 6 | 3 | 2 | 4 | 9 |

## 408

| 6 | 4 | 7 | 8 | 9 | 1 | 5 | 2 | 3 |
|---|---|---|---|---|---|---|---|---|
| 2 | 1 | 9 | 5 | 3 | 6 | 4 | 8 | 7 |
| 3 | 8 | 5 | 7 | 2 | 4 | 1 | 6 | 9 |
| 8 | 7 | 6 | 9 | 5 | 2 | 3 | 4 | 1 |
| 5 | 2 | 4 | 1 | 6 | 3 | 7 | 9 | 8 |
| 9 | 3 | 1 | 4 | 7 | 8 | 2 | 5 | 6 |
| 1 | 5 | 3 | 6 | 4 | 9 | 8 | 7 | 2 |
| 4 | 6 | 8 | 2 | 1 | 7 | 9 | 3 | 5 |
| 7 | 9 | 2 | 3 | 8 | 5 | 6 | 1 | 4 |

## 409

| 8 | 4 | 7 | 6 | 1 | 5 | 9 | 2 | 3 |
|---|---|---|---|---|---|---|---|---|
| 2 | 5 | 1 | 7 | 9 | 3 | 8 | 4 | 6 |
| 3 | 6 | 9 | 2 | 8 | 4 | 5 | 7 | 1 |
| 1 | 2 | 5 | 8 | 4 | 7 | 3 | 6 | 9 |
| 7 | 8 | 6 | 3 | 5 | 9 | 4 | 1 | 2 |
| 9 | 3 | 4 | 1 | 6 | 2 | 7 | 8 | 5 |
| 5 | 7 | 3 | 4 | 2 | 1 | 6 | 9 | 8 |
| 4 | 1 | 8 | 9 | 3 | 6 | 2 | 5 | 7 |
| 6 | 9 | 2 | 5 | 7 | 8 | 1 | 3 | 4 |

## 410

| 1 | 6 | 2 | 5 | 9 | 3 | 4 | 7 | 8 |
|---|---|---|---|---|---|---|---|---|
| 8 | 9 | 7 | 4 | 1 | 2 | 3 | 5 | 6 |
| 3 | 5 | 4 | 6 | 7 | 8 | 1 | 2 | 9 |
| 9 | 4 | 1 | 8 | 2 | 5 | 6 | 3 | 7 |
| 6 | 7 | 8 | 1 | 3 | 4 | 5 | 9 | 2 |
| 2 | 3 | 5 | 7 | 6 | 9 | 8 | 4 | 1 |
| 4 | 1 | 6 | 2 | 5 | 7 | 9 | 8 | 3 |
| 7 | 8 | 3 | 9 | 4 | 6 | 2 | 1 | 5 |
| 5 | 2 | 9 | 3 | 8 | 1 | 7 | 6 | 4 |

## 411

| 5 | 4 | 8 | 3 | 7 | 6 | 2 | 9 | 1 |
|---|---|---|---|---|---|---|---|---|
| 3 | 7 | 1 | 9 | 2 | 8 | 5 | 4 | 6 |
| 2 | 6 | 9 | 4 | 1 | 5 | 3 | 8 | 7 |
| 8 | 3 | 7 | 2 | 6 | 9 | 1 | 5 | 4 |
| 1 | 9 | 6 | 5 | 3 | 4 | 7 | 2 | 8 |
| 4 | 2 | 5 | 1 | 8 | 7 | 6 | 3 | 9 |
| 7 | 1 | 4 | 8 | 5 | 3 | 9 | 6 | 2 |
| 6 | 8 | 3 | 7 | 9 | 2 | 4 | 1 | 5 |
| 9 | 5 | 2 | 6 | 4 | 1 | 8 | 7 | 3 |

## 412

| 3 | 1 | 4 | 7 | 6 | 8 | 9 | 5 | 2 |
|---|---|---|---|---|---|---|---|---|
| 5 | 9 | 6 | 2 | 3 | 4 | 8 | 1 | 7 |
| 2 | 8 | 7 | 5 | 9 | 1 | 4 | 6 | 3 |
| 9 | 5 | 1 | 8 | 2 | 6 | 3 | 7 | 4 |
| 4 | 2 | 8 | 3 | 1 | 7 | 6 | 9 | 5 |
| 7 | 6 | 3 | 4 | 5 | 9 | 1 | 2 | 8 |
| 8 | 4 | 9 | 6 | 7 | 5 | 2 | 3 | 1 |
| 6 | 3 | 5 | 1 | 8 | 2 | 7 | 4 | 9 |
| 1 | 7 | 2 | 9 | 4 | 3 | 5 | 8 | 6 |

## 413

| 8 | 2 | 5 | 9 | 6 | 3 | 1 | 4 | 7 |
|---|---|---|---|---|---|---|---|---|
| 3 | 1 | 6 | 2 | 7 | 4 | 8 | 9 | 5 |
| 4 | 7 | 9 | 5 | 8 | 1 | 2 | 6 | 3 |
| 9 | 8 | 1 | 4 | 3 | 7 | 6 | 5 | 2 |
| 7 | 6 | 2 | 1 | 5 | 8 | 9 | 3 | 4 |
| 5 | 4 | 3 | 6 | 2 | 9 | 7 | 1 | 8 |
| 6 | 5 | 4 | 7 | 9 | 2 | 3 | 8 | 1 |
| 1 | 3 | 7 | 8 | 4 | 6 | 5 | 2 | 9 |
| 2 | 9 | 8 | 3 | 1 | 5 | 4 | 7 | 6 |

## 414

| 3 | 6 | 5 | 8 | 7 | 2 | 4 | 1 | 9 |
|---|---|---|---|---|---|---|---|---|
| 7 | 1 | 4 | 9 | 6 | 3 | 8 | 5 | 2 |
| 9 | 8 | 2 | 4 | 1 | 5 | 3 | 7 | 6 |
| 4 | 3 | 9 | 2 | 5 | 1 | 6 | 8 | 7 |
| 8 | 5 | 7 | 6 | 3 | 4 | 9 | 2 | 1 |
| 6 | 2 | 1 | 7 | 9 | 8 | 5 | 3 | 4 |
| 2 | 9 | 8 | 3 | 4 | 7 | 1 | 6 | 5 |
| 5 | 4 | 3 | 1 | 2 | 6 | 7 | 9 | 8 |
| 1 | 7 | 6 | 5 | 8 | 9 | 2 | 4 | 3 |

## 415

| 5 | 2 | 9 | 8 | 3 | 1 | 4 | 7 | 6 |
|---|---|---|---|---|---|---|---|---|
| 4 | 6 | 3 | 7 | 2 | 5 | 8 | 1 | 9 |
| 1 | 8 | 7 | 6 | 9 | 4 | 2 | 3 | 5 |
| 3 | 5 | 2 | 4 | 1 | 9 | 6 | 8 | 7 |
| 6 | 7 | 4 | 2 | 8 | 3 | 5 | 9 | 1 |
| 8 | 9 | 1 | 5 | 6 | 7 | 3 | 4 | 2 |
| 9 | 4 | 8 | 1 | 5 | 6 | 7 | 2 | 3 |
| 2 | 3 | 5 | 9 | 7 | 8 | 1 | 6 | 4 |
| 7 | 1 | 6 | 3 | 4 | 2 | 9 | 5 | 8 |

## 416

| 8 | 9 | 4 | 1 | 2 | 3 | 6 | 5 | 7 |
|---|---|---|---|---|---|---|---|---|
| 5 | 1 | 2 | 7 | 6 | 8 | 9 | 4 | 3 |
| 7 | 3 | 6 | 9 | 4 | 5 | 8 | 2 | 1 |
| 3 | 4 | 8 | 5 | 1 | 9 | 2 | 7 | 6 |
| 9 | 5 | 1 | 2 | 7 | 6 | 4 | 3 | 8 |
| 2 | 6 | 7 | 3 | 8 | 4 | 1 | 9 | 5 |
| 4 | 7 | 9 | 8 | 5 | 1 | 3 | 6 | 2 |
| 1 | 2 | 3 | 6 | 9 | 7 | 5 | 8 | 4 |
| 6 | 8 | 5 | 4 | 3 | 2 | 7 | 1 | 9 |

## 417

| 2 | 4 | 9 | 5 | 6 | 3 | 8 | 7 | 1 |
|---|---|---|---|---|---|---|---|---|
| 8 | 7 | 1 | 2 | 4 | 9 | 3 | 5 | 6 |
| 6 | 5 | 3 | 7 | 1 | 8 | 9 | 2 | 4 |
| 7 | 9 | 2 | 8 | 5 | 4 | 1 | 6 | 3 |
| 3 | 8 | 5 | 1 | 2 | 6 | 4 | 9 | 7 |
| 4 | 1 | 6 | 9 | 3 | 7 | 5 | 8 | 2 |
| 9 | 2 | 4 | 6 | 8 | 1 | 7 | 3 | 5 |
| 5 | 3 | 8 | 4 | 7 | 2 | 6 | 1 | 9 |
| 1 | 6 | 7 | 3 | 9 | 5 | 2 | 4 | 8 |

## 418

| 6 | 2 | 3 | 8 | 4 | 7 | 5 | 9 | 1 |
|---|---|---|---|---|---|---|---|---|
| 7 | 9 | 5 | 2 | 1 | 6 | 8 | 3 | 4 |
| 1 | 8 | 4 | 3 | 9 | 5 | 7 | 2 | 6 |
| 5 | 6 | 1 | 4 | 2 | 3 | 9 | 8 | 7 |
| 2 | 4 | 8 | 7 | 5 | 9 | 1 | 6 | 3 |
| 3 | 7 | 9 | 6 | 8 | 1 | 2 | 4 | 5 |
| 4 | 1 | 7 | 9 | 6 | 2 | 3 | 5 | 8 |
| 8 | 5 | 2 | 1 | 3 | 4 | 6 | 7 | 9 |
| 9 | 3 | 6 | 5 | 7 | 8 | 4 | 1 | 2 |

## 419

| 9 | 3 | 7 | 2 | 6 | 4 | 5 | 8 | 1 |
|---|---|---|---|---|---|---|---|---|
| 5 | 1 | 2 | 8 | 3 | 7 | 4 | 6 | 9 |
| 6 | 4 | 8 | 5 | 9 | 1 | 3 | 7 | 2 |
| 1 | 6 | 9 | 4 | 2 | 3 | 7 | 5 | 8 |
| 8 | 7 | 4 | 9 | 5 | 6 | 2 | 1 | 3 |
| 2 | 5 | 3 | 7 | 1 | 8 | 9 | 4 | 6 |
| 7 | 2 | 1 | 3 | 8 | 5 | 6 | 9 | 4 |
| 3 | 8 | 5 | 6 | 4 | 9 | 1 | 2 | 7 |
| 4 | 9 | 6 | 1 | 7 | 2 | 8 | 3 | 5 |

## 420

| 7 | 4 | 3 | 5 | 2 | 9 | 1 | 6 | 8 |
|---|---|---|---|---|---|---|---|---|
| 9 | 1 | 5 | 6 | 4 | 8 | 2 | 3 | 7 |
| 6 | 2 | 8 | 3 | 1 | 7 | 9 | 5 | 4 |
| 3 | 9 | 2 | 1 | 8 | 6 | 4 | 7 | 5 |
| 4 | 8 | 1 | 7 | 5 | 2 | 6 | 9 | 3 |
| 5 | 7 | 6 | 9 | 3 | 4 | 8 | 2 | 1 |
| 2 | 3 | 7 | 4 | 6 | 1 | 5 | 8 | 9 |
| 8 | 5 | 4 | 2 | 9 | 3 | 7 | 1 | 6 |
| 1 | 6 | 9 | 8 | 7 | 5 | 3 | 4 | 2 |

## 421

| 3 | 4 | 6 | 5 | 2 | 9 | 8 | 1 | 7 |
|---|---|---|---|---|---|---|---|---|
| 5 | 1 | 2 | 3 | 8 | 7 | 4 | 6 | 9 |
| 7 | 8 | 9 | 6 | 1 | 4 | 2 | 3 | 5 |
| 6 | 5 | 7 | 8 | 9 | 3 | 1 | 2 | 4 |
| 4 | 2 | 8 | 1 | 7 | 6 | 5 | 9 | 3 |
| 1 | 9 | 3 | 4 | 5 | 2 | 7 | 8 | 6 |
| 8 | 6 | 1 | 7 | 3 | 5 | 9 | 4 | 2 |
| 2 | 7 | 4 | 9 | 6 | 1 | 3 | 5 | 8 |
| 9 | 3 | 5 | 2 | 4 | 8 | 6 | 7 | 1 |

## 422

| 1 | 3 | 9 | 2 | 8 | 7 | 6 | 5 | 4 |
|---|---|---|---|---|---|---|---|---|
| 4 | 6 | 7 | 3 | 5 | 9 | 1 | 2 | 8 |
| 2 | 8 | 5 | 1 | 6 | 4 | 7 | 9 | 3 |
| 7 | 2 | 1 | 6 | 4 | 5 | 8 | 3 | 9 |
| 9 | 5 | 6 | 8 | 3 | 1 | 4 | 7 | 2 |
| 8 | 4 | 3 | 9 | 7 | 2 | 5 | 6 | 1 |
| 3 | 9 | 4 | 5 | 1 | 6 | 2 | 8 | 7 |
| 6 | 7 | 2 | 4 | 9 | 8 | 3 | 1 | 5 |
| 5 | 1 | 8 | 7 | 2 | 3 | 9 | 4 | 6 |

## 423

| 5 | 2 | 7 | 3 | 1 | 8 | 4 | 6 | 9 |
|---|---|---|---|---|---|---|---|---|
| 9 | 3 | 1 | 2 | 4 | 6 | 7 | 8 | 5 |
| 8 | 6 | 4 | 7 | 5 | 9 | 1 | 3 | 2 |
| 3 | 9 | 6 | 5 | 7 | 4 | 2 | 1 | 8 |
| 7 | 4 | 8 | 6 | 2 | 1 | 9 | 5 | 3 |
| 2 | 1 | 5 | 8 | 9 | 3 | 6 | 7 | 4 |
| 4 | 5 | 3 | 1 | 6 | 2 | 8 | 9 | 7 |
| 1 | 7 | 2 | 9 | 8 | 5 | 3 | 4 | 6 |
| 6 | 8 | 9 | 4 | 3 | 7 | 5 | 2 | 1 |

## 424

| 6 | 9 | 1 | 5 | 8 | 7 | 3 | 4 | 2 |
|---|---|---|---|---|---|---|---|---|
| 4 | 3 | 8 | 9 | 1 | 2 | 6 | 5 | 7 |
| 7 | 5 | 2 | 6 | 4 | 3 | 1 | 9 | 8 |
| 5 | 1 | 9 | 7 | 2 | 4 | 8 | 3 | 6 |
| 8 | 2 | 4 | 3 | 9 | 6 | 7 | 1 | 5 |
| 3 | 6 | 7 | 8 | 5 | 1 | 9 | 2 | 4 |
| 2 | 7 | 6 | 4 | 3 | 9 | 5 | 8 | 1 |
| 1 | 8 | 3 | 2 | 6 | 5 | 4 | 7 | 9 |
| 9 | 4 | 5 | 1 | 7 | 8 | 2 | 6 | 3 |

## 425

| 3 | 6 | 5 | 1 | 7 | 9 | 4 | 8 | 2 |
|---|---|---|---|---|---|---|---|---|
| 1 | 4 | 8 | 6 | 5 | 2 | 7 | 3 | 9 |
| 7 | 9 | 2 | 3 | 4 | 8 | 6 | 5 | 1 |
| 9 | 5 | 7 | 4 | 3 | 1 | 2 | 6 | 8 |
| 6 | 2 | 4 | 8 | 9 | 7 | 5 | 1 | 3 |
| 8 | 1 | 3 | 5 | 2 | 6 | 9 | 4 | 7 |
| 2 | 8 | 6 | 9 | 1 | 5 | 3 | 7 | 4 |
| 5 | 3 | 9 | 7 | 8 | 4 | 1 | 2 | 6 |
| 4 | 7 | 1 | 2 | 6 | 3 | 8 | 9 | 5 |

## 426

| 1 | 8 | 6 | 9 | 5 | 2 | 7 | 3 | 4 |
|---|---|---|---|---|---|---|---|---|
| 4 | 2 | 9 | 7 | 3 | 8 | 1 | 6 | 5 |
| 5 | 3 | 7 | 6 | 1 | 4 | 2 | 9 | 8 |
| 6 | 7 | 5 | 1 | 8 | 9 | 4 | 2 | 3 |
| 3 | 9 | 2 | 5 | 4 | 6 | 8 | 1 | 7 |
| 8 | 4 | 1 | 3 | 2 | 7 | 9 | 5 | 6 |
| 2 | 6 | 4 | 8 | 9 | 3 | 5 | 7 | 1 |
| 7 | 1 | 8 | 2 | 6 | 5 | 3 | 4 | 9 |
| 9 | 5 | 3 | 4 | 7 | 1 | 6 | 8 | 2 |

## 427

| 5 | 9 | 4 | 3 | 2 | 7 | 8 | 6 | 1 |
|---|---|---|---|---|---|---|---|---|
| 8 | 7 | 1 | 4 | 6 | 9 | 3 | 2 | 5 |
| 3 | 2 | 6 | 1 | 8 | 5 | 4 | 9 | 7 |
| 6 | 3 | 7 | 8 | 9 | 1 | 5 | 4 | 2 |
| 2 | 8 | 9 | 6 | 5 | 4 | 7 | 1 | 3 |
| 1 | 4 | 5 | 2 | 7 | 3 | 6 | 8 | 9 |
| 9 | 5 | 8 | 7 | 1 | 6 | 2 | 3 | 4 |
| 7 | 6 | 3 | 9 | 4 | 2 | 1 | 5 | 8 |
| 4 | 1 | 2 | 5 | 3 | 8 | 9 | 7 | 6 |

## 428

| 3 | 9 | 8 | 7 | 4 | 5 | 2 | 6 | 1 |
|---|---|---|---|---|---|---|---|---|
| 7 | 5 | 6 | 1 | 9 | 2 | 8 | 4 | 3 |
| 1 | 4 | 2 | 8 | 3 | 6 | 5 | 9 | 7 |
| 9 | 8 | 3 | 6 | 2 | 1 | 4 | 7 | 5 |
| 2 | 1 | 7 | 4 | 5 | 8 | 6 | 3 | 9 |
| 4 | 6 | 5 | 9 | 7 | 3 | 1 | 8 | 2 |
| 5 | 2 | 4 | 3 | 6 | 9 | 7 | 1 | 8 |
| 8 | 7 | 9 | 5 | 1 | 4 | 3 | 2 | 6 |
| 6 | 3 | 1 | 2 | 8 | 7 | 9 | 5 | 4 |

## 429

| 3 | 5 | 8 | 1 | 4 | 9 | 6 | 2 | 7 |
|---|---|---|---|---|---|---|---|---|
| 1 | 9 | 2 | 7 | 6 | 3 | 4 | 8 | 5 |
| 7 | 6 | 4 | 5 | 2 | 8 | 9 | 1 | 3 |
| 4 | 1 | 6 | 8 | 7 | 2 | 3 | 5 | 9 |
| 8 | 2 | 5 | 9 | 3 | 4 | 7 | 6 | 1 |
| 9 | 7 | 3 | 6 | 5 | 1 | 2 | 4 | 8 |
| 2 | 8 | 1 | 3 | 9 | 6 | 5 | 7 | 4 |
| 6 | 3 | 7 | 4 | 8 | 5 | 1 | 9 | 2 |
| 5 | 4 | 9 | 2 | 1 | 7 | 8 | 3 | 6 |

## 430

| 3 | 6 | 2 | 7 | 4 | 5 | 8 | 1 | 9 |
|---|---|---|---|---|---|---|---|---|
| 5 | 4 | 7 | 9 | 1 | 8 | 2 | 6 | 3 |
| 1 | 8 | 9 | 3 | 2 | 6 | 7 | 4 | 5 |
| 2 | 5 | 8 | 4 | 6 | 3 | 9 | 7 | 1 |
| 6 | 9 | 1 | 2 | 5 | 7 | 4 | 3 | 8 |
| 7 | 3 | 4 | 1 | 8 | 9 | 5 | 2 | 6 |
| 4 | 7 | 5 | 6 | 9 | 1 | 3 | 8 | 2 |
| 8 | 1 | 3 | 5 | 7 | 2 | 6 | 9 | 4 |
| 9 | 2 | 6 | 8 | 3 | 4 | 1 | 5 | 7 |

## 431

| 4 | 2 | 5 | 8 | 9 | 3 | 1 | 7 | 6 |
|---|---|---|---|---|---|---|---|---|
| 9 | 6 | 8 | 1 | 2 | 7 | 4 | 3 | 5 |
| 1 | 3 | 7 | 5 | 4 | 6 | 8 | 9 | 2 |
| 5 | 1 | 2 | 7 | 3 | 4 | 9 | 6 | 8 |
| 3 | 7 | 6 | 9 | 8 | 1 | 5 | 2 | 4 |
| 8 | 9 | 4 | 6 | 5 | 2 | 7 | 1 | 3 |
| 7 | 4 | 1 | 2 | 6 | 8 | 3 | 5 | 9 |
| 6 | 5 | 3 | 4 | 7 | 9 | 2 | 8 | 1 |
| 2 | 8 | 9 | 3 | 1 | 5 | 6 | 4 | 7 |

## 432

| 8 | 4 | 9 | 1 | 5 | 3 | 2 | 6 | 7 |
|---|---|---|---|---|---|---|---|---|
| 7 | 6 | 2 | 8 | 9 | 4 | 5 | 1 | 3 |
| 5 | 1 | 3 | 2 | 6 | 7 | 8 | 4 | 9 |
| 2 | 9 | 4 | 7 | 8 | 6 | 1 | 3 | 5 |
| 6 | 3 | 7 | 5 | 1 | 2 | 9 | 8 | 4 |
| 1 | 8 | 5 | 3 | 4 | 9 | 6 | 7 | 2 |
| 9 | 5 | 6 | 4 | 3 | 1 | 7 | 2 | 8 |
| 4 | 7 | 8 | 6 | 2 | 5 | 3 | 9 | 1 |
| 3 | 2 | 1 | 9 | 7 | 8 | 4 | 5 | 6 |

## 433

| 7 | 2 | 4 | 6 | 5 | 9 | 1 | 3 | 8 |
|---|---|---|---|---|---|---|---|---|
| 3 | 8 | 9 | 4 | 1 | 2 | 5 | 7 | 6 |
| 6 | 5 | 1 | 3 | 8 | 7 | 2 | 9 | 4 |
| 2 | 4 | 3 | 5 | 9 | 8 | 7 | 6 | 1 |
| 8 | 1 | 7 | 2 | 6 | 3 | 9 | 4 | 5 |
| 5 | 9 | 6 | 7 | 4 | 1 | 8 | 2 | 3 |
| 1 | 7 | 2 | 8 | 3 | 4 | 6 | 5 | 9 |
| 4 | 6 | 8 | 9 | 2 | 5 | 3 | 1 | 7 |
| 9 | 3 | 5 | 1 | 7 | 6 | 4 | 8 | 2 |

## 434

| 2 | 4 | 3 | 7 | 8 | 9 | 1 | 6 | 5 |
|---|---|---|---|---|---|---|---|---|
| 5 | 1 | 7 | 6 | 2 | 4 | 3 | 9 | 8 |
| 9 | 8 | 6 | 5 | 1 | 3 | 2 | 7 | 4 |
| 3 | 9 | 8 | 1 | 6 | 7 | 5 | 4 | 2 |
| 4 | 6 | 2 | 9 | 5 | 8 | 7 | 3 | 1 |
| 1 | 7 | 5 | 4 | 3 | 2 | 6 | 8 | 9 |
| 7 | 5 | 1 | 8 | 4 | 6 | 9 | 2 | 3 |
| 6 | 2 | 4 | 3 | 9 | 5 | 8 | 1 | 7 |
| 8 | 3 | 9 | 2 | 7 | 1 | 4 | 5 | 6 |

## 435

| 1 | 3 | 7 | 4 | 6 | 2 | 8 | 5 | 9 |
|---|---|---|---|---|---|---|---|---|
| 6 | 9 | 5 | 1 | 7 | 8 | 4 | 3 | 2 |
| 4 | 2 | 8 | 5 | 3 | 9 | 1 | 7 | 6 |
| 8 | 7 | 2 | 6 | 9 | 5 | 3 | 1 | 4 |
| 5 | 1 | 9 | 3 | 8 | 4 | 2 | 6 | 7 |
| 3 | 4 | 6 | 7 | 2 | 1 | 5 | 9 | 8 |
| 2 | 8 | 3 | 9 | 5 | 6 | 7 | 4 | 1 |
| 7 | 6 | 1 | 8 | 4 | 3 | 9 | 2 | 5 |
| 9 | 5 | 4 | 2 | 1 | 7 | 6 | 8 | 3 |

## 436

| 5 | 8 | 3 | 7 | 6 | 9 | 2 | 4 | 1 |
|---|---|---|---|---|---|---|---|---|
| 2 | 9 | 7 | 1 | 8 | 4 | 3 | 5 | 6 |
| 6 | 4 | 1 | 5 | 2 | 3 | 8 | 7 | 9 |
| 4 | 6 | 8 | 3 | 7 | 2 | 9 | 1 | 5 |
| 9 | 1 | 2 | 6 | 5 | 8 | 7 | 3 | 4 |
| 7 | 3 | 5 | 9 | 4 | 1 | 6 | 2 | 8 |
| 1 | 5 | 6 | 2 | 9 | 7 | 4 | 8 | 3 |
| 3 | 7 | 4 | 8 | 1 | 6 | 5 | 9 | 2 |
| 8 | 2 | 9 | 4 | 3 | 5 | 1 | 6 | 7 |

## 437

| 8 | 7 | 5 | 9 | 2 | 1 | 6 | 3 | 4 |
|---|---|---|---|---|---|---|---|---|
| 6 | 1 | 4 | 3 | 8 | 5 | 9 | 7 | 2 |
| 3 | 9 | 2 | 7 | 6 | 4 | 5 | 8 | 1 |
| 4 | 3 | 9 | 5 | 7 | 2 | 8 | 1 | 6 |
| 5 | 2 | 6 | 1 | 9 | 8 | 3 | 4 | 7 |
| 7 | 8 | 1 | 4 | 3 | 6 | 2 | 5 | 9 |
| 2 | 6 | 3 | 8 | 1 | 7 | 4 | 9 | 5 |
| 1 | 5 | 8 | 2 | 4 | 9 | 7 | 6 | 3 |
| 9 | 4 | 7 | 6 | 5 | 3 | 1 | 2 | 8 |

## 438

| 4 | 7 | 1 | 2 | 5 | 3 | 6 | 8 | 9 |
|---|---|---|---|---|---|---|---|---|
| 8 | 9 | 6 | 1 | 7 | 4 | 5 | 3 | 2 |
| 5 | 2 | 3 | 9 | 6 | 8 | 1 | 4 | 7 |
| 2 | 1 | 8 | 7 | 4 | 6 | 3 | 9 | 5 |
| 3 | 5 | 4 | 8 | 9 | 2 | 7 | 6 | 1 |
| 7 | 6 | 9 | 3 | 1 | 5 | 4 | 2 | 8 |
| 6 | 8 | 7 | 4 | 2 | 1 | 9 | 5 | 3 |
| 1 | 4 | 2 | 5 | 3 | 9 | 8 | 7 | 6 |
| 9 | 3 | 5 | 6 | 8 | 7 | 2 | 1 | 4 |

## 439

| 7 | 2 | 4 | 9 | 8 | 3 | 5 | 6 | 1 |
|---|---|---|---|---|---|---|---|---|
| 6 | 9 | 1 | 2 | 7 | 5 | 4 | 3 | 8 |
| 3 | 5 | 8 | 4 | 1 | 6 | 2 | 7 | 9 |
| 8 | 6 | 9 | 5 | 3 | 1 | 7 | 4 | 2 |
| 2 | 4 | 3 | 8 | 9 | 7 | 6 | 1 | 5 |
| 1 | 7 | 5 | 6 | 4 | 2 | 8 | 9 | 3 |
| 5 | 3 | 7 | 1 | 6 | 8 | 9 | 2 | 4 |
| 4 | 1 | 2 | 7 | 5 | 9 | 3 | 8 | 6 |
| 9 | 8 | 6 | 3 | 2 | 4 | 1 | 5 | 7 |

## 440

| 4 | 7 | 8 | 5 | 2 | 1 | 6 | 9 | 3 |
|---|---|---|---|---|---|---|---|---|
| 2 | 6 | 5 | 3 | 4 | 9 | 7 | 8 | 1 |
| 9 | 1 | 3 | 6 | 8 | 7 | 4 | 5 | 2 |
| 6 | 3 | 2 | 7 | 1 | 8 | 5 | 4 | 9 |
| 1 | 5 | 4 | 9 | 3 | 6 | 8 | 2 | 7 |
| 7 | 8 | 9 | 4 | 5 | 2 | 1 | 3 | 6 |
| 3 | 4 | 7 | 2 | 6 | 5 | 9 | 1 | 8 |
| 5 | 9 | 1 | 8 | 7 | 3 | 2 | 6 | 4 |
| 8 | 2 | 6 | 1 | 9 | 4 | 3 | 7 | 5 |

### 441

| 6 | 2 | 3 | 7 | 1 | 4 | 5 | 9 | 8 |
|---|---|---|---|---|---|---|---|---|
| 9 | 7 | 4 | 6 | 5 | 8 | 1 | 3 | 2 |
| 8 | 1 | 5 | 3 | 9 | 2 | 4 | 6 | 7 |
| 3 | 4 | 1 | 2 | 8 | 9 | 7 | 5 | 6 |
| 2 | 5 | 6 | 4 | 7 | 3 | 9 | 8 | 1 |
| 7 | 8 | 9 | 5 | 6 | 1 | 3 | 2 | 4 |
| 4 | 3 | 8 | 9 | 2 | 7 | 6 | 1 | 5 |
| 1 | 6 | 7 | 8 | 3 | 5 | 2 | 4 | 9 |
| 5 | 9 | 2 | 1 | 4 | 6 | 8 | 7 | 3 |

### 442

| 4 | 5 | 2 | 7 | 8 | 1 | 6 | 3 | 9 |
|---|---|---|---|---|---|---|---|---|
| 7 | 9 | 1 | 6 | 2 | 3 | 5 | 4 | 8 |
| 3 | 6 | 8 | 4 | 5 | 9 | 2 | 7 | 1 |
| 6 | 2 | 3 | 1 | 7 | 4 | 9 | 8 | 5 |
| 8 | 4 | 9 | 2 | 6 | 5 | 7 | 1 | 3 |
| 5 | 1 | 7 | 9 | 3 | 8 | 4 | 6 | 2 |
| 2 | 8 | 5 | 3 | 4 | 7 | 1 | 9 | 6 |
| 1 | 3 | 4 | 5 | 9 | 6 | 8 | 2 | 7 |
| 9 | 7 | 6 | 8 | 1 | 2 | 3 | 5 | 4 |

### 443

| 4 | 7 | 9 | 1 | 3 | 8 | 5 | 6 | 2 |
|---|---|---|---|---|---|---|---|---|
| 6 | 1 | 3 | 2 | 5 | 9 | 8 | 4 | 7 |
| 5 | 8 | 2 | 4 | 6 | 7 | 9 | 3 | 1 |
| 3 | 5 | 8 | 7 | 4 | 2 | 1 | 9 | 6 |
| 9 | 2 | 6 | 8 | 1 | 3 | 4 | 7 | 5 |
| 7 | 4 | 1 | 6 | 9 | 5 | 3 | 2 | 8 |
| 1 | 6 | 5 | 9 | 2 | 4 | 7 | 8 | 3 |
| 2 | 9 | 7 | 3 | 8 | 1 | 6 | 5 | 4 |
| 8 | 3 | 4 | 5 | 7 | 6 | 2 | 1 | 9 |

### 444

| 3 | 7 | 6 | 8 | 4 | 9 | 5 | 1 | 2 |
|---|---|---|---|---|---|---|---|---|
| 1 | 4 | 2 | 5 | 3 | 6 | 9 | 8 | 7 |
| 8 | 5 | 9 | 1 | 7 | 2 | 3 | 4 | 6 |
| 7 | 8 | 5 | 6 | 2 | 4 | 1 | 3 | 9 |
| 9 | 2 | 1 | 7 | 5 | 3 | 4 | 6 | 8 |
| 6 | 3 | 4 | 9 | 8 | 1 | 2 | 7 | 5 |
| 4 | 1 | 7 | 2 | 6 | 5 | 8 | 9 | 3 |
| 2 | 6 | 3 | 4 | 9 | 8 | 7 | 5 | 1 |
| 5 | 9 | 8 | 3 | 1 | 7 | 6 | 2 | 4 |

### 445

| 1 | 9 | 7 | 4 | 5 | 3 | 8 | 6 | 2 |
|---|---|---|---|---|---|---|---|---|
| 2 | 3 | 6 | 8 | 7 | 1 | 5 | 9 | 4 |
| 4 | 5 | 8 | 2 | 6 | 9 | 7 | 1 | 3 |
| 5 | 7 | 1 | 6 | 4 | 2 | 3 | 8 | 9 |
| 6 | 8 | 2 | 3 | 9 | 5 | 4 | 7 | 1 |
| 3 | 4 | 9 | 7 | 1 | 8 | 2 | 5 | 6 |
| 7 | 2 | 3 | 1 | 8 | 6 | 9 | 4 | 5 |
| 8 | 1 | 5 | 9 | 2 | 4 | 6 | 3 | 7 |
| 9 | 6 | 4 | 5 | 3 | 7 | 1 | 2 | 8 |

### 446

| 4 | 7 | 5 | 1 | 8 | 2 | 9 | 6 | 3 |
|---|---|---|---|---|---|---|---|---|
| 3 | 6 | 2 | 7 | 5 | 9 | 4 | 8 | 1 |
| 1 | 8 | 9 | 6 | 4 | 3 | 7 | 5 | 2 |
| 2 | 1 | 6 | 4 | 9 | 7 | 8 | 3 | 5 |
| 7 | 4 | 8 | 2 | 3 | 5 | 6 | 1 | 9 |
| 5 | 9 | 3 | 8 | 6 | 1 | 2 | 4 | 7 |
| 6 | 5 | 1 | 9 | 7 | 8 | 3 | 2 | 4 |
| 8 | 2 | 7 | 3 | 1 | 4 | 5 | 9 | 6 |
| 9 | 3 | 4 | 5 | 2 | 6 | 1 | 7 | 8 |

### 447

| 4 | 9 | 2 | 7 | 1 | 5 | 6 | 8 | 3 |
|---|---|---|---|---|---|---|---|---|
| 5 | 6 | 8 | 3 | 4 | 2 | 9 | 1 | 7 |
| 7 | 3 | 1 | 6 | 8 | 9 | 4 | 2 | 5 |
| 6 | 5 | 3 | 8 | 9 | 4 | 1 | 7 | 2 |
| 2 | 1 | 9 | 5 | 6 | 7 | 3 | 4 | 8 |
| 8 | 7 | 4 | 2 | 3 | 1 | 5 | 6 | 9 |
| 1 | 8 | 6 | 9 | 7 | 3 | 2 | 5 | 4 |
| 9 | 4 | 5 | 1 | 2 | 8 | 7 | 3 | 6 |
| 3 | 2 | 7 | 4 | 5 | 6 | 8 | 9 | 1 |

### 448

| 9 | 3 | 1 | 5 | 7 | 8 | 6 | 2 | 4 |
|---|---|---|---|---|---|---|---|---|
| 4 | 2 | 7 | 6 | 1 | 3 | 8 | 9 | 5 |
| 8 | 5 | 6 | 9 | 2 | 4 | 7 | 1 | 3 |
| 5 | 7 | 3 | 8 | 4 | 1 | 2 | 6 | 9 |
| 1 | 9 | 2 | 7 | 6 | 5 | 3 | 4 | 8 |
| 6 | 4 | 8 | 3 | 9 | 2 | 5 | 7 | 1 |
| 7 | 8 | 9 | 1 | 3 | 6 | 4 | 5 | 2 |
| 2 | 6 | 5 | 4 | 8 | 9 | 1 | 3 | 7 |
| 3 | 1 | 4 | 2 | 5 | 7 | 9 | 8 | 6 |

### 449

| 1 | 6 | 2 | 4 | 8 | 5 | 3 | 9 | 7 |
|---|---|---|---|---|---|---|---|---|
| 4 | 3 | 8 | 2 | 9 | 7 | 1 | 5 | 6 |
| 9 | 5 | 7 | 6 | 1 | 3 | 2 | 4 | 8 |
| 6 | 8 | 5 | 7 | 2 | 4 | 9 | 1 | 3 |
| 2 | 9 | 3 | 1 | 5 | 8 | 7 | 6 | 4 |
| 7 | 1 | 4 | 3 | 6 | 9 | 8 | 2 | 5 |
| 8 | 7 | 6 | 9 | 4 | 1 | 5 | 3 | 2 |
| 5 | 2 | 9 | 8 | 3 | 6 | 4 | 7 | 1 |
| 3 | 4 | 1 | 5 | 7 | 2 | 6 | 8 | 9 |

### 450

| 4 | 9 | 6 | 1 | 7 | 8 | 3 | 5 | 2 |
|---|---|---|---|---|---|---|---|---|
| 5 | 3 | 8 | 2 | 6 | 9 | 4 | 1 | 7 |
| 7 | 1 | 2 | 5 | 4 | 3 | 8 | 6 | 9 |
| 9 | 5 | 1 | 8 | 3 | 4 | 2 | 7 | 6 |
| 2 | 4 | 7 | 6 | 1 | 5 | 9 | 8 | 3 |
| 8 | 6 | 3 | 9 | 2 | 7 | 5 | 4 | 1 |
| 3 | 8 | 5 | 7 | 9 | 6 | 1 | 2 | 4 |
| 6 | 2 | 4 | 3 | 5 | 1 | 7 | 9 | 8 |
| 1 | 7 | 9 | 4 | 8 | 2 | 6 | 3 | 5 |

### 451

| 2 | 9 | 3 | 6 | 8 | 1 | 4 | 5 | 7 |
|---|---|---|---|---|---|---|---|---|
| 8 | 5 | 1 | 9 | 4 | 7 | 3 | 6 | 2 |
| 6 | 4 | 7 | 2 | 5 | 3 | 9 | 1 | 8 |
| 1 | 2 | 8 | 3 | 7 | 6 | 5 | 9 | 4 |
| 4 | 7 | 9 | 8 | 1 | 5 | 2 | 3 | 6 |
| 5 | 3 | 6 | 4 | 2 | 9 | 7 | 8 | 1 |
| 9 | 1 | 2 | 7 | 3 | 8 | 6 | 4 | 5 |
| 3 | 8 | 4 | 5 | 6 | 2 | 1 | 7 | 9 |
| 7 | 6 | 5 | 1 | 9 | 4 | 8 | 2 | 3 |

### 452

| 7 | 9 | 2 | 3 | 4 | 1 | 8 | 5 | 6 |
|---|---|---|---|---|---|---|---|---|
| 4 | 6 | 5 | 7 | 9 | 8 | 3 | 1 | 2 |
| 3 | 8 | 1 | 5 | 2 | 6 | 4 | 7 | 9 |
| 2 | 1 | 9 | 6 | 5 | 3 | 7 | 4 | 8 |
| 6 | 5 | 7 | 9 | 8 | 4 | 1 | 2 | 3 |
| 8 | 3 | 4 | 2 | 1 | 7 | 9 | 6 | 5 |
| 1 | 2 | 6 | 4 | 3 | 9 | 5 | 8 | 7 |
| 5 | 4 | 3 | 8 | 7 | 2 | 6 | 9 | 1 |
| 9 | 7 | 8 | 1 | 6 | 5 | 2 | 3 | 4 |

### 453

| 9 | 5 | 1 | 4 | 2 | 8 | 7 | 3 | 6 |
|---|---|---|---|---|---|---|---|---|
| 3 | 2 | 8 | 6 | 1 | 7 | 4 | 5 | 9 |
| 6 | 4 | 7 | 3 | 5 | 9 | 1 | 8 | 2 |
| 4 | 3 | 6 | 5 | 7 | 2 | 8 | 9 | 1 |
| 5 | 7 | 9 | 1 | 8 | 6 | 3 | 2 | 4 |
| 1 | 8 | 2 | 9 | 4 | 3 | 5 | 6 | 7 |
| 7 | 9 | 3 | 8 | 6 | 1 | 2 | 4 | 5 |
| 2 | 6 | 4 | 7 | 3 | 5 | 9 | 1 | 8 |
| 8 | 1 | 5 | 2 | 9 | 4 | 6 | 7 | 3 |

### 454

| 7 | 9 | 6 | 5 | 2 | 1 | 3 | 8 | 4 |
|---|---|---|---|---|---|---|---|---|
| 8 | 2 | 5 | 4 | 3 | 6 | 9 | 7 | 1 |
| 1 | 4 | 3 | 9 | 8 | 7 | 6 | 5 | 2 |
| 6 | 3 | 4 | 8 | 1 | 5 | 7 | 2 | 9 |
| 2 | 5 | 8 | 6 | 7 | 9 | 1 | 4 | 3 |
| 9 | 7 | 1 | 2 | 4 | 3 | 5 | 6 | 8 |
| 4 | 1 | 7 | 3 | 5 | 8 | 2 | 9 | 6 |
| 5 | 6 | 2 | 1 | 9 | 4 | 8 | 3 | 7 |
| 3 | 8 | 9 | 7 | 6 | 2 | 4 | 1 | 5 |

### 455

| 9 | 5 | 6 | 3 | 7 | 4 | 2 | 1 | 8 |
|---|---|---|---|---|---|---|---|---|
| 1 | 2 | 3 | 9 | 5 | 8 | 4 | 6 | 7 |
| 4 | 8 | 7 | 1 | 2 | 6 | 5 | 3 | 9 |
| 7 | 3 | 8 | 2 | 4 | 1 | 9 | 5 | 6 |
| 6 | 9 | 4 | 5 | 8 | 3 | 1 | 7 | 2 |
| 2 | 1 | 5 | 7 | 6 | 9 | 3 | 8 | 4 |
| 8 | 7 | 9 | 4 | 3 | 5 | 6 | 2 | 1 |
| 3 | 6 | 1 | 8 | 9 | 2 | 7 | 4 | 5 |
| 5 | 4 | 2 | 6 | 1 | 7 | 8 | 9 | 3 |

### 456

| 9 | 7 | 6 | 5 | 4 | 8 | 1 | 3 | 2 |
|---|---|---|---|---|---|---|---|---|
| 3 | 5 | 8 | 1 | 2 | 6 | 9 | 4 | 7 |
| 1 | 4 | 2 | 3 | 9 | 7 | 8 | 6 | 5 |
| 7 | 2 | 9 | 8 | 6 | 3 | 5 | 1 | 4 |
| 6 | 1 | 3 | 7 | 5 | 4 | 2 | 8 | 9 |
| 5 | 8 | 4 | 2 | 1 | 9 | 3 | 7 | 6 |
| 4 | 6 | 5 | 9 | 3 | 1 | 7 | 2 | 8 |
| 2 | 3 | 7 | 4 | 8 | 5 | 6 | 9 | 1 |
| 8 | 9 | 1 | 6 | 7 | 2 | 4 | 5 | 3 |

### 457

| 6 | 1 | 3 | 7 | 2 | 9 | 8 | 5 | 4 |
|---|---|---|---|---|---|---|---|---|
| 8 | 9 | 7 | 4 | 5 | 3 | 6 | 1 | 2 |
| 5 | 4 | 2 | 6 | 8 | 1 | 7 | 3 | 9 |
| 9 | 3 | 1 | 8 | 7 | 6 | 2 | 4 | 5 |
| 2 | 7 | 8 | 5 | 1 | 4 | 3 | 9 | 6 |
| 4 | 5 | 6 | 3 | 9 | 2 | 1 | 8 | 7 |
| 7 | 2 | 4 | 1 | 3 | 5 | 9 | 6 | 8 |
| 3 | 8 | 5 | 9 | 6 | 7 | 4 | 2 | 1 |
| 1 | 6 | 9 | 2 | 4 | 8 | 5 | 7 | 3 |

### 458

| 2 | 5 | 1 | 3 | 8 | 4 | 6 | 7 | 9 |
|---|---|---|---|---|---|---|---|---|
| 3 | 7 | 9 | 6 | 1 | 2 | 4 | 5 | 8 |
| 4 | 8 | 6 | 9 | 5 | 7 | 2 | 1 | 3 |
| 9 | 3 | 2 | 1 | 6 | 8 | 5 | 4 | 7 |
| 5 | 1 | 7 | 4 | 3 | 9 | 8 | 6 | 2 |
| 6 | 4 | 8 | 2 | 7 | 5 | 3 | 9 | 1 |
| 1 | 9 | 4 | 5 | 2 | 3 | 7 | 8 | 6 |
| 8 | 6 | 3 | 7 | 4 | 1 | 9 | 2 | 5 |
| 7 | 2 | 5 | 8 | 9 | 6 | 1 | 3 | 4 |

### 459

| 3 | 8 | 1 | 5 | 7 | 2 | 4 | 6 | 9 |
|---|---|---|---|---|---|---|---|---|
| 5 | 9 | 6 | 4 | 1 | 8 | 2 | 3 | 7 |
| 7 | 4 | 2 | 9 | 6 | 3 | 8 | 5 | 1 |
| 9 | 1 | 5 | 6 | 2 | 4 | 7 | 8 | 3 |
| 4 | 7 | 8 | 1 | 3 | 5 | 9 | 2 | 6 |
| 2 | 6 | 3 | 7 | 8 | 9 | 1 | 4 | 5 |
| 6 | 3 | 4 | 2 | 9 | 7 | 5 | 1 | 8 |
| 1 | 2 | 7 | 8 | 5 | 6 | 3 | 9 | 4 |
| 8 | 5 | 9 | 3 | 4 | 1 | 6 | 7 | 2 |

### 460

| 5 | 8 | 3 | 7 | 9 | 2 | 1 | 4 | 6 |
|---|---|---|---|---|---|---|---|---|
| 1 | 2 | 4 | 6 | 8 | 5 | 9 | 3 | 7 |
| 7 | 6 | 9 | 1 | 4 | 3 | 8 | 2 | 5 |
| 3 | 5 | 6 | 8 | 1 | 4 | 7 | 9 | 2 |
| 4 | 1 | 2 | 9 | 3 | 7 | 5 | 6 | 8 |
| 9 | 7 | 8 | 2 | 5 | 6 | 3 | 1 | 4 |
| 6 | 9 | 7 | 5 | 2 | 1 | 4 | 8 | 3 |
| 8 | 4 | 5 | 3 | 6 | 9 | 2 | 7 | 1 |
| 2 | 3 | 1 | 4 | 7 | 8 | 6 | 5 | 9 |

### 461

| 2 | 5 | 9 | 8 | 1 | 3 | 4 | 6 | 7 |
|---|---|---|---|---|---|---|---|---|
| 8 | 6 | 4 | 5 | 9 | 7 | 3 | 2 | 1 |
| 7 | 1 | 3 | 2 | 6 | 4 | 5 | 8 | 9 |
| 6 | 4 | 5 | 1 | 7 | 2 | 8 | 9 | 3 |
| 1 | 3 | 8 | 9 | 4 | 6 | 2 | 7 | 5 |
| 9 | 2 | 7 | 3 | 8 | 5 | 1 | 4 | 6 |
| 3 | 8 | 1 | 7 | 2 | 9 | 6 | 5 | 4 |
| 5 | 7 | 6 | 4 | 3 | 8 | 9 | 1 | 2 |
| 4 | 9 | 2 | 6 | 5 | 1 | 7 | 3 | 8 |

### 462

| 6 | 8 | 3 | 1 | 2 | 4 | 7 | 5 | 9 |
|---|---|---|---|---|---|---|---|---|
| 7 | 2 | 4 | 5 | 9 | 8 | 6 | 1 | 3 |
| 5 | 9 | 1 | 7 | 6 | 3 | 2 | 4 | 8 |
| 1 | 7 | 2 | 4 | 5 | 9 | 8 | 3 | 6 |
| 4 | 3 | 5 | 8 | 7 | 6 | 9 | 2 | 1 |
| 9 | 6 | 8 | 2 | 3 | 1 | 4 | 7 | 5 |
| 3 | 1 | 6 | 9 | 4 | 7 | 5 | 8 | 2 |
| 8 | 5 | 7 | 6 | 1 | 2 | 3 | 9 | 4 |
| 2 | 4 | 9 | 3 | 8 | 5 | 1 | 6 | 7 |

### 463

| 3 | 9 | 6 | 2 | 1 | 5 | 7 | 8 | 4 |
|---|---|---|---|---|---|---|---|---|
| 4 | 8 | 2 | 6 | 9 | 7 | 5 | 1 | 3 |
| 5 | 1 | 7 | 3 | 4 | 8 | 6 | 9 | 2 |
| 1 | 3 | 4 | 7 | 5 | 2 | 8 | 6 | 9 |
| 7 | 2 | 9 | 4 | 8 | 6 | 3 | 5 | 1 |
| 6 | 5 | 8 | 1 | 3 | 9 | 4 | 2 | 7 |
| 2 | 4 | 5 | 8 | 7 | 1 | 9 | 3 | 6 |
| 8 | 7 | 1 | 9 | 6 | 3 | 2 | 4 | 5 |
| 9 | 6 | 3 | 5 | 2 | 4 | 1 | 7 | 8 |

### 464

| 3 | 8 | 6 | 1 | 5 | 9 | 2 | 7 | 4 |
|---|---|---|---|---|---|---|---|---|
| 7 | 2 | 9 | 4 | 3 | 6 | 5 | 1 | 8 |
| 1 | 5 | 4 | 8 | 7 | 2 | 3 | 9 | 6 |
| 6 | 9 | 5 | 7 | 8 | 1 | 4 | 2 | 3 |
| 2 | 3 | 7 | 5 | 9 | 4 | 8 | 6 | 1 |
| 8 | 4 | 1 | 6 | 2 | 3 | 9 | 5 | 7 |
| 9 | 1 | 8 | 3 | 6 | 5 | 7 | 4 | 2 |
| 4 | 7 | 2 | 9 | 1 | 8 | 6 | 3 | 5 |
| 5 | 6 | 3 | 2 | 4 | 7 | 1 | 8 | 9 |

### 465

| 1 | 3 | 5 | 7 | 9 | 2 | 8 | 6 | 4 |
|---|---|---|---|---|---|---|---|---|
| 6 | 9 | 2 | 4 | 8 | 3 | 7 | 1 | 5 |
| 7 | 4 | 8 | 1 | 6 | 5 | 9 | 3 | 2 |
| 2 | 6 | 7 | 5 | 3 | 9 | 1 | 4 | 8 |
| 9 | 5 | 4 | 8 | 1 | 7 | 3 | 2 | 6 |
| 8 | 1 | 3 | 2 | 4 | 6 | 5 | 9 | 7 |
| 3 | 2 | 9 | 6 | 7 | 8 | 4 | 5 | 1 |
| 4 | 7 | 6 | 3 | 5 | 1 | 2 | 8 | 9 |
| 5 | 8 | 1 | 9 | 2 | 4 | 6 | 7 | 3 |

### 466

| 3 | 2 | 8 | 4 | 5 | 9 | 6 | 7 | 1 |
|---|---|---|---|---|---|---|---|---|
| 4 | 7 | 5 | 6 | 1 | 2 | 8 | 9 | 3 |
| 9 | 1 | 6 | 7 | 8 | 3 | 4 | 2 | 5 |
| 6 | 5 | 4 | 3 | 2 | 7 | 1 | 8 | 9 |
| 7 | 8 | 9 | 1 | 4 | 6 | 3 | 5 | 2 |
| 2 | 3 | 1 | 5 | 9 | 8 | 7 | 6 | 4 |
| 1 | 6 | 7 | 2 | 3 | 5 | 9 | 4 | 8 |
| 8 | 4 | 2 | 9 | 6 | 1 | 5 | 3 | 7 |
| 5 | 9 | 3 | 8 | 7 | 4 | 2 | 1 | 6 |

### 467

| 9 | 7 | 2 | 8 | 6 | 1 | 4 | 3 | 5 |
|---|---|---|---|---|---|---|---|---|
| 5 | 6 | 4 | 9 | 3 | 7 | 1 | 2 | 8 |
| 1 | 3 | 8 | 2 | 5 | 4 | 9 | 6 | 7 |
| 3 | 5 | 1 | 4 | 7 | 6 | 2 | 8 | 9 |
| 6 | 2 | 9 | 3 | 1 | 8 | 7 | 5 | 4 |
| 4 | 8 | 7 | 5 | 2 | 9 | 6 | 1 | 3 |
| 7 | 9 | 5 | 6 | 8 | 2 | 3 | 4 | 1 |
| 2 | 4 | 3 | 1 | 9 | 5 | 8 | 7 | 6 |
| 8 | 1 | 6 | 7 | 4 | 3 | 5 | 9 | 2 |

### 468

| 4 | 3 | 7 | 5 | 9 | 2 | 6 | 8 | 1 |
|---|---|---|---|---|---|---|---|---|
| 6 | 1 | 9 | 8 | 4 | 3 | 2 | 5 | 7 |
| 2 | 5 | 8 | 7 | 1 | 6 | 3 | 4 | 9 |
| 3 | 8 | 6 | 9 | 7 | 4 | 1 | 2 | 5 |
| 1 | 7 | 2 | 3 | 6 | 5 | 8 | 9 | 4 |
| 5 | 9 | 4 | 2 | 8 | 1 | 7 | 3 | 6 |
| 8 | 6 | 1 | 4 | 2 | 9 | 5 | 7 | 3 |
| 9 | 2 | 3 | 1 | 5 | 7 | 4 | 6 | 8 |
| 7 | 4 | 5 | 6 | 3 | 8 | 9 | 1 | 2 |

### 469

| 1 | 2 | 8 | 3 | 4 | 6 | 5 | 9 | 7 |
|---|---|---|---|---|---|---|---|---|
| 4 | 9 | 3 | 7 | 1 | 5 | 8 | 2 | 6 |
| 7 | 6 | 5 | 9 | 8 | 2 | 3 | 4 | 1 |
| 9 | 5 | 4 | 1 | 3 | 8 | 7 | 6 | 2 |
| 6 | 1 | 2 | 4 | 5 | 7 | 9 | 3 | 8 |
| 8 | 3 | 7 | 2 | 6 | 9 | 1 | 5 | 4 |
| 3 | 8 | 6 | 5 | 7 | 4 | 2 | 1 | 9 |
| 2 | 4 | 1 | 8 | 9 | 3 | 6 | 7 | 5 |
| 5 | 7 | 9 | 6 | 2 | 1 | 4 | 8 | 3 |

### 470

| 3 | 2 | 9 | 5 | 7 | 8 | 4 | 1 | 6 |
|---|---|---|---|---|---|---|---|---|
| 6 | 7 | 4 | 1 | 9 | 3 | 5 | 2 | 8 |
| 8 | 5 | 1 | 6 | 2 | 4 | 3 | 7 | 9 |
| 4 | 8 | 3 | 9 | 5 | 7 | 1 | 6 | 2 |
| 5 | 6 | 7 | 2 | 4 | 1 | 8 | 9 | 3 |
| 1 | 9 | 2 | 3 | 8 | 6 | 7 | 5 | 4 |
| 9 | 3 | 8 | 7 | 1 | 2 | 6 | 4 | 5 |
| 7 | 4 | 5 | 8 | 6 | 9 | 2 | 3 | 1 |
| 2 | 1 | 6 | 4 | 3 | 5 | 9 | 8 | 7 |

### 471

| 8 | 2 | 5 | 7 | 6 | 9 | 4 | 3 | 1 |
|---|---|---|---|---|---|---|---|---|
| 1 | 3 | 6 | 4 | 2 | 5 | 8 | 9 | 7 |
| 7 | 9 | 4 | 3 | 8 | 1 | 5 | 2 | 6 |
| 5 | 4 | 7 | 2 | 9 | 8 | 1 | 6 | 3 |
| 3 | 1 | 8 | 5 | 7 | 6 | 2 | 4 | 9 |
| 9 | 6 | 2 | 1 | 3 | 4 | 7 | 5 | 8 |
| 6 | 5 | 3 | 8 | 1 | 2 | 9 | 7 | 4 |
| 2 | 8 | 9 | 6 | 4 | 7 | 3 | 1 | 5 |
| 4 | 7 | 1 | 9 | 5 | 3 | 6 | 8 | 2 |

### 472

| 9 | 5 | 3 | 7 | 4 | 8 | 1 | 2 | 6 |
|---|---|---|---|---|---|---|---|---|
| 1 | 7 | 4 | 6 | 9 | 2 | 3 | 8 | 5 |
| 2 | 8 | 6 | 5 | 3 | 1 | 9 | 7 | 4 |
| 3 | 4 | 5 | 1 | 8 | 7 | 2 | 6 | 9 |
| 6 | 1 | 8 | 4 | 2 | 9 | 7 | 5 | 3 |
| 7 | 9 | 2 | 3 | 5 | 6 | 8 | 4 | 1 |
| 5 | 3 | 1 | 2 | 7 | 4 | 6 | 9 | 8 |
| 8 | 6 | 7 | 9 | 1 | 5 | 4 | 3 | 2 |
| 4 | 2 | 9 | 8 | 6 | 3 | 5 | 1 | 7 |

### 473

| 7 | 3 | 2 | 9 | 8 | 4 | 1 | 5 | 6 |
|---|---|---|---|---|---|---|---|---|
| 6 | 4 | 8 | 5 | 3 | 1 | 9 | 2 | 7 |
| 1 | 5 | 9 | 2 | 6 | 7 | 8 | 3 | 4 |
| 4 | 9 | 1 | 8 | 7 | 5 | 3 | 6 | 2 |
| 3 | 8 | 5 | 6 | 9 | 2 | 4 | 7 | 1 |
| 2 | 6 | 7 | 4 | 1 | 3 | 5 | 8 | 9 |
| 5 | 1 | 4 | 7 | 2 | 8 | 6 | 9 | 3 |
| 8 | 7 | 6 | 3 | 4 | 9 | 2 | 1 | 5 |
| 9 | 2 | 3 | 1 | 5 | 6 | 7 | 4 | 8 |

### 474

| 8 | 4 | 1 | 7 | 5 | 9 | 6 | 2 | 3 |
|---|---|---|---|---|---|---|---|---|
| 7 | 5 | 3 | 6 | 2 | 8 | 9 | 1 | 4 |
| 6 | 2 | 9 | 4 | 3 | 1 | 7 | 5 | 8 |
| 2 | 7 | 8 | 9 | 6 | 5 | 3 | 4 | 1 |
| 3 | 9 | 5 | 8 | 1 | 4 | 2 | 7 | 6 |
| 4 | 1 | 6 | 2 | 7 | 3 | 8 | 9 | 5 |
| 9 | 3 | 2 | 1 | 4 | 6 | 5 | 8 | 7 |
| 5 | 8 | 4 | 3 | 9 | 7 | 1 | 6 | 2 |
| 1 | 6 | 7 | 5 | 8 | 2 | 4 | 3 | 9 |

### 475

| 2 | 1 | 8 | 6 | 9 | 7 | 3 | 5 | 4 |
|---|---|---|---|---|---|---|---|---|
| 3 | 5 | 6 | 8 | 4 | 2 | 9 | 1 | 7 |
| 7 | 9 | 4 | 1 | 3 | 5 | 8 | 6 | 2 |
| 9 | 7 | 3 | 4 | 8 | 1 | 5 | 2 | 6 |
| 6 | 2 | 1 | 9 | 5 | 3 | 4 | 7 | 8 |
| 8 | 4 | 5 | 7 | 2 | 6 | 1 | 9 | 3 |
| 4 | 6 | 2 | 5 | 1 | 8 | 7 | 3 | 9 |
| 5 | 8 | 7 | 3 | 6 | 9 | 2 | 4 | 1 |
| 1 | 3 | 9 | 2 | 7 | 4 | 6 | 8 | 5 |

### 476

| 5 | 7 | 4 | 8 | 6 | 3 | 2 | 1 | 9 |
|---|---|---|---|---|---|---|---|---|
| 6 | 8 | 2 | 7 | 9 | 1 | 3 | 5 | 4 |
| 3 | 9 | 1 | 2 | 5 | 4 | 6 | 7 | 8 |
| 9 | 6 | 8 | 3 | 2 | 7 | 1 | 4 | 5 |
| 4 | 5 | 3 | 1 | 8 | 9 | 7 | 6 | 2 |
| 2 | 1 | 7 | 5 | 4 | 6 | 9 | 8 | 3 |
| 7 | 2 | 5 | 9 | 1 | 8 | 4 | 3 | 6 |
| 1 | 4 | 9 | 6 | 3 | 5 | 8 | 2 | 7 |
| 8 | 3 | 6 | 4 | 7 | 2 | 5 | 9 | 1 |

### 477

| 2 | 3 | 9 | 6 | 8 | 7 | 1 | 4 | 5 |
|---|---|---|---|---|---|---|---|---|
| 1 | 5 | 6 | 2 | 4 | 3 | 7 | 8 | 9 |
| 8 | 7 | 4 | 5 | 1 | 9 | 3 | 6 | 2 |
| 4 | 8 | 3 | 9 | 7 | 5 | 2 | 1 | 6 |
| 5 | 1 | 2 | 4 | 3 | 6 | 8 | 9 | 7 |
| 6 | 9 | 7 | 8 | 2 | 1 | 4 | 5 | 3 |
| 3 | 6 | 1 | 7 | 9 | 8 | 5 | 2 | 4 |
| 7 | 4 | 5 | 1 | 6 | 2 | 9 | 3 | 8 |
| 9 | 2 | 8 | 3 | 5 | 4 | 6 | 7 | 1 |

### 478

| 4 | 1 | 5 | 2 | 6 | 9 | 8 | 7 | 3 |
|---|---|---|---|---|---|---|---|---|
| 8 | 6 | 7 | 3 | 4 | 5 | 1 | 2 | 9 |
| 3 | 9 | 2 | 1 | 7 | 8 | 5 | 4 | 6 |
| 5 | 3 | 4 | 9 | 2 | 6 | 7 | 8 | 1 |
| 1 | 8 | 6 | 5 | 3 | 7 | 2 | 9 | 4 |
| 2 | 7 | 9 | 8 | 1 | 4 | 6 | 3 | 5 |
| 9 | 2 | 3 | 6 | 8 | 1 | 4 | 5 | 7 |
| 7 | 5 | 1 | 4 | 9 | 2 | 3 | 6 | 8 |
| 6 | 4 | 8 | 7 | 5 | 3 | 9 | 1 | 2 |

### 479

| 2 | 5 | 1 | 9 | 8 | 7 | 6 | 4 | 3 |
|---|---|---|---|---|---|---|---|---|
| 8 | 4 | 9 | 3 | 1 | 6 | 5 | 7 | 2 |
| 7 | 3 | 6 | 2 | 5 | 4 | 8 | 9 | 1 |
| 1 | 7 | 2 | 6 | 4 | 8 | 3 | 5 | 9 |
| 4 | 8 | 3 | 5 | 2 | 9 | 7 | 1 | 6 |
| 9 | 6 | 5 | 7 | 3 | 1 | 4 | 2 | 8 |
| 5 | 1 | 7 | 8 | 9 | 3 | 2 | 6 | 4 |
| 3 | 2 | 4 | 1 | 6 | 5 | 9 | 8 | 7 |
| 6 | 9 | 8 | 4 | 7 | 2 | 1 | 3 | 5 |

### 480

| 6 | 3 | 7 | 8 | 1 | 4 | 9 | 5 | 2 |
|---|---|---|---|---|---|---|---|---|
| 8 | 9 | 1 | 5 | 7 | 2 | 6 | 4 | 3 |
| 4 | 5 | 2 | 9 | 6 | 3 | 7 | 8 | 1 |
| 9 | 8 | 4 | 6 | 2 | 5 | 1 | 3 | 7 |
| 3 | 1 | 6 | 7 | 8 | 9 | 4 | 2 | 5 |
| 7 | 2 | 5 | 4 | 3 | 1 | 8 | 9 | 6 |
| 1 | 6 | 9 | 3 | 5 | 8 | 2 | 7 | 4 |
| 2 | 4 | 3 | 1 | 9 | 7 | 5 | 6 | 8 |
| 5 | 7 | 8 | 2 | 4 | 6 | 3 | 1 | 9 |

**481**

| 8 | 4 | 7 | 3 | 1 | 2 | 6 | 9 | 5 |
|---|---|---|---|---|---|---|---|---|
| 5 | 2 | 3 | 9 | 6 | 7 | 8 | 1 | 4 |
| 6 | 1 | 9 | 4 | 8 | 5 | 2 | 7 | 3 |
| 9 | 7 | 8 | 6 | 2 | 4 | 3 | 5 | 1 |
| 1 | 3 | 6 | 5 | 9 | 8 | 7 | 4 | 2 |
| 4 | 5 | 2 | 7 | 3 | 1 | 9 | 8 | 6 |
| 7 | 8 | 5 | 2 | 4 | 6 | 1 | 3 | 9 |
| 3 | 6 | 4 | 1 | 7 | 9 | 5 | 2 | 8 |
| 2 | 9 | 1 | 8 | 5 | 3 | 4 | 6 | 7 |

**482**

| 6 | 4 | 3 | 5 | 7 | 2 | 9 | 8 | 1 |
|---|---|---|---|---|---|---|---|---|
| 1 | 5 | 9 | 8 | 3 | 6 | 4 | 7 | 2 |
| 2 | 8 | 7 | 9 | 4 | 1 | 6 | 5 | 3 |
| 7 | 3 | 2 | 1 | 8 | 9 | 5 | 6 | 4 |
| 5 | 9 | 8 | 6 | 2 | 4 | 3 | 1 | 7 |
| 4 | 1 | 6 | 3 | 5 | 7 | 8 | 2 | 9 |
| 3 | 7 | 5 | 2 | 9 | 8 | 1 | 4 | 6 |
| 9 | 6 | 4 | 7 | 1 | 5 | 2 | 3 | 8 |
| 8 | 2 | 1 | 4 | 6 | 3 | 7 | 9 | 5 |

**483**

| 5 | 2 | 7 | 9 | 4 | 3 | 1 | 6 | 8 |
|---|---|---|---|---|---|---|---|---|
| 9 | 6 | 4 | 1 | 8 | 5 | 3 | 7 | 2 |
| 3 | 8 | 1 | 2 | 6 | 7 | 9 | 4 | 5 |
| 8 | 5 | 2 | 4 | 3 | 9 | 6 | 1 | 7 |
| 6 | 1 | 3 | 8 | 7 | 2 | 5 | 9 | 4 |
| 4 | 7 | 9 | 5 | 1 | 6 | 8 | 2 | 3 |
| 2 | 3 | 6 | 7 | 9 | 8 | 4 | 5 | 1 |
| 7 | 4 | 8 | 6 | 5 | 1 | 2 | 3 | 9 |
| 1 | 9 | 5 | 3 | 2 | 4 | 7 | 8 | 6 |

**484**

| 9 | 8 | 3 | 1 | 7 | 6 | 5 | 2 | 4 |
|---|---|---|---|---|---|---|---|---|
| 7 | 5 | 2 | 4 | 9 | 3 | 8 | 1 | 6 |
| 6 | 4 | 1 | 5 | 2 | 8 | 3 | 9 | 7 |
| 1 | 2 | 5 | 7 | 6 | 9 | 4 | 8 | 3 |
| 3 | 9 | 4 | 2 | 8 | 5 | 7 | 6 | 1 |
| 8 | 6 | 7 | 3 | 4 | 1 | 9 | 5 | 2 |
| 5 | 7 | 6 | 9 | 3 | 2 | 1 | 4 | 8 |
| 4 | 1 | 8 | 6 | 5 | 7 | 2 | 3 | 9 |
| 2 | 3 | 9 | 8 | 1 | 4 | 6 | 7 | 5 |

**485**

| 5 | 6 | 3 | 2 | 1 | 9 | 7 | 4 | 8 |
|---|---|---|---|---|---|---|---|---|
| 4 | 7 | 1 | 6 | 8 | 5 | 9 | 3 | 2 |
| 9 | 8 | 2 | 4 | 7 | 3 | 1 | 6 | 5 |
| 2 | 5 | 7 | 1 | 3 | 8 | 6 | 9 | 4 |
| 1 | 4 | 8 | 9 | 6 | 7 | 2 | 5 | 3 |
| 6 | 3 | 9 | 5 | 2 | 4 | 8 | 7 | 1 |
| 3 | 9 | 6 | 8 | 5 | 2 | 4 | 1 | 7 |
| 7 | 2 | 4 | 3 | 9 | 1 | 5 | 8 | 6 |
| 8 | 1 | 5 | 7 | 4 | 6 | 3 | 2 | 9 |

**486**

| 9 | 2 | 5 | 6 | 8 | 7 | 3 | 4 | 1 |
|---|---|---|---|---|---|---|---|---|
| 1 | 4 | 3 | 2 | 9 | 5 | 7 | 6 | 8 |
| 7 | 8 | 6 | 4 | 1 | 3 | 5 | 9 | 2 |
| 3 | 5 | 8 | 9 | 7 | 4 | 1 | 2 | 6 |
| 6 | 9 | 7 | 3 | 2 | 1 | 8 | 5 | 4 |
| 2 | 1 | 4 | 8 | 5 | 6 | 9 | 7 | 3 |
| 5 | 3 | 2 | 7 | 6 | 8 | 4 | 1 | 9 |
| 4 | 6 | 1 | 5 | 3 | 9 | 2 | 8 | 7 |
| 8 | 7 | 9 | 1 | 4 | 2 | 6 | 3 | 5 |

**487**

| 5 | 9 | 7 | 2 | 6 | 8 | 1 | 4 | 3 |
|---|---|---|---|---|---|---|---|---|
| 3 | 6 | 2 | 7 | 4 | 1 | 5 | 8 | 9 |
| 1 | 4 | 8 | 5 | 3 | 9 | 7 | 6 | 2 |
| 8 | 3 | 5 | 9 | 7 | 6 | 4 | 2 | 1 |
| 6 | 2 | 9 | 4 | 1 | 5 | 8 | 3 | 7 |
| 4 | 7 | 1 | 3 | 8 | 2 | 6 | 9 | 5 |
| 2 | 8 | 4 | 1 | 9 | 7 | 3 | 5 | 6 |
| 7 | 5 | 6 | 8 | 2 | 3 | 9 | 1 | 4 |
| 9 | 1 | 3 | 6 | 5 | 4 | 2 | 7 | 8 |

**488**

| 5 | 2 | 9 | 6 | 3 | 8 | 1 | 7 | 4 |
|---|---|---|---|---|---|---|---|---|
| 8 | 1 | 6 | 5 | 7 | 4 | 2 | 9 | 3 |
| 7 | 3 | 4 | 1 | 2 | 9 | 5 | 6 | 8 |
| 9 | 6 | 8 | 4 | 1 | 3 | 7 | 2 | 5 |
| 4 | 7 | 3 | 2 | 9 | 5 | 8 | 1 | 6 |
| 2 | 5 | 1 | 8 | 6 | 7 | 3 | 4 | 9 |
| 3 | 4 | 2 | 7 | 5 | 6 | 9 | 8 | 1 |
| 6 | 9 | 7 | 3 | 8 | 1 | 4 | 5 | 2 |
| 1 | 8 | 5 | 9 | 4 | 2 | 6 | 3 | 7 |

**489**

| 3 | 1 | 2 | 4 | 7 | 8 | 9 | 6 | 5 |
|---|---|---|---|---|---|---|---|---|
| 7 | 6 | 5 | 2 | 1 | 9 | 4 | 3 | 8 |
| 8 | 4 | 9 | 3 | 5 | 6 | 1 | 7 | 2 |
| 6 | 7 | 3 | 9 | 2 | 4 | 5 | 8 | 1 |
| 9 | 8 | 4 | 1 | 6 | 5 | 3 | 2 | 7 |
| 5 | 2 | 1 | 7 | 8 | 3 | 6 | 4 | 9 |
| 4 | 9 | 8 | 5 | 3 | 7 | 2 | 1 | 6 |
| 2 | 3 | 6 | 8 | 9 | 1 | 7 | 5 | 4 |
| 1 | 5 | 7 | 6 | 4 | 2 | 8 | 9 | 3 |

**490**

| 2 | 7 | 1 | 3 | 6 | 8 | 4 | 9 | 5 |
|---|---|---|---|---|---|---|---|---|
| 5 | 8 | 6 | 4 | 9 | 2 | 7 | 1 | 3 |
| 9 | 3 | 4 | 1 | 7 | 5 | 8 | 6 | 2 |
| 3 | 5 | 8 | 7 | 4 | 6 | 9 | 2 | 1 |
| 6 | 4 | 7 | 2 | 1 | 9 | 3 | 5 | 8 |
| 1 | 2 | 9 | 5 | 8 | 3 | 6 | 4 | 7 |
| 8 | 6 | 5 | 9 | 2 | 7 | 1 | 3 | 4 |
| 4 | 9 | 3 | 8 | 5 | 1 | 2 | 7 | 6 |
| 7 | 1 | 2 | 6 | 3 | 4 | 5 | 8 | 9 |

**491**

| 2 | 4 | 7 | 3 | 6 | 1 | 8 | 5 | 9 |
|---|---|---|---|---|---|---|---|---|
| 1 | 3 | 9 | 4 | 8 | 5 | 2 | 6 | 7 |
| 8 | 6 | 5 | 7 | 9 | 2 | 4 | 1 | 3 |
| 9 | 5 | 3 | 6 | 1 | 4 | 7 | 8 | 2 |
| 4 | 2 | 8 | 5 | 7 | 3 | 6 | 9 | 1 |
| 7 | 1 | 6 | 8 | 2 | 9 | 3 | 4 | 5 |
| 3 | 8 | 2 | 9 | 5 | 6 | 1 | 7 | 4 |
| 6 | 9 | 4 | 1 | 3 | 7 | 5 | 2 | 8 |
| 5 | 7 | 1 | 2 | 4 | 8 | 9 | 3 | 6 |

**492**

| 3 | 4 | 6 | 5 | 7 | 1 | 2 | 9 | 8 |
|---|---|---|---|---|---|---|---|---|
| 9 | 5 | 2 | 6 | 8 | 4 | 1 | 7 | 3 |
| 7 | 8 | 1 | 2 | 9 | 3 | 4 | 6 | 5 |
| 8 | 2 | 5 | 1 | 6 | 9 | 7 | 3 | 4 |
| 6 | 3 | 7 | 4 | 2 | 8 | 9 | 5 | 1 |
| 1 | 9 | 4 | 7 | 3 | 5 | 8 | 2 | 6 |
| 2 | 6 | 8 | 3 | 1 | 7 | 5 | 4 | 9 |
| 5 | 7 | 9 | 8 | 4 | 6 | 3 | 1 | 2 |
| 4 | 1 | 3 | 9 | 5 | 2 | 6 | 8 | 7 |

**493**

| 8 | 1 | 4 | 3 | 5 | 6 | 2 | 9 | 7 |
|---|---|---|---|---|---|---|---|---|
| 5 | 3 | 2 | 9 | 4 | 7 | 6 | 1 | 8 |
| 7 | 6 | 9 | 1 | 2 | 8 | 5 | 3 | 4 |
| 9 | 7 | 3 | 6 | 8 | 1 | 4 | 2 | 5 |
| 6 | 5 | 8 | 4 | 3 | 2 | 9 | 7 | 1 |
| 4 | 2 | 1 | 5 | 7 | 9 | 3 | 8 | 6 |
| 1 | 4 | 7 | 2 | 9 | 5 | 8 | 6 | 3 |
| 3 | 9 | 6 | 8 | 1 | 4 | 7 | 5 | 2 |
| 2 | 8 | 5 | 7 | 6 | 3 | 1 | 4 | 9 |

**494**

| 7 | 9 | 8 | 4 | 5 | 3 | 2 | 1 | 6 |
|---|---|---|---|---|---|---|---|---|
| 4 | 5 | 2 | 7 | 1 | 6 | 8 | 9 | 3 |
| 1 | 6 | 3 | 8 | 9 | 2 | 7 | 4 | 5 |
| 8 | 4 | 1 | 5 | 6 | 7 | 9 | 3 | 2 |
| 5 | 3 | 7 | 2 | 8 | 9 | 1 | 6 | 4 |
| 6 | 2 | 9 | 3 | 4 | 1 | 5 | 8 | 7 |
| 3 | 1 | 6 | 9 | 7 | 5 | 4 | 2 | 8 |
| 2 | 8 | 5 | 1 | 3 | 4 | 6 | 7 | 9 |
| 9 | 7 | 4 | 6 | 2 | 8 | 3 | 5 | 1 |

**495**

| 1 | 6 | 5 | 7 | 3 | 4 | 2 | 8 | 9 |
|---|---|---|---|---|---|---|---|---|
| 8 | 7 | 9 | 5 | 1 | 2 | 6 | 3 | 4 |
| 2 | 4 | 3 | 8 | 6 | 9 | 7 | 5 | 1 |
| 7 | 1 | 8 | 4 | 2 | 5 | 3 | 9 | 6 |
| 6 | 5 | 4 | 9 | 7 | 3 | 1 | 2 | 8 |
| 3 | 9 | 2 | 6 | 8 | 1 | 4 | 7 | 5 |
| 9 | 8 | 7 | 2 | 4 | 6 | 5 | 1 | 3 |
| 4 | 2 | 1 | 3 | 5 | 8 | 9 | 6 | 7 |
| 5 | 3 | 6 | 1 | 9 | 7 | 8 | 4 | 2 |

**496**

| 6 | 5 | 8 | 3 | 7 | 2 | 9 | 4 | 1 |
|---|---|---|---|---|---|---|---|---|
| 3 | 7 | 4 | 5 | 1 | 9 | 8 | 2 | 6 |
| 2 | 9 | 1 | 6 | 8 | 4 | 3 | 5 | 7 |
| 5 | 8 | 7 | 2 | 3 | 1 | 6 | 9 | 4 |
| 9 | 3 | 6 | 4 | 5 | 8 | 1 | 7 | 2 |
| 1 | 4 | 2 | 7 | 9 | 6 | 5 | 8 | 3 |
| 4 | 6 | 9 | 1 | 2 | 5 | 7 | 3 | 8 |
| 8 | 1 | 3 | 9 | 4 | 7 | 2 | 6 | 5 |
| 7 | 2 | 5 | 8 | 6 | 3 | 4 | 1 | 9 |

**497**

| 8 | 7 | 6 | 1 | 9 | 2 | 5 | 4 | 3 |
|---|---|---|---|---|---|---|---|---|
| 5 | 3 | 9 | 6 | 4 | 8 | 2 | 7 | 1 |
| 4 | 2 | 1 | 3 | 7 | 5 | 9 | 6 | 8 |
| 7 | 6 | 8 | 5 | 2 | 1 | 3 | 9 | 4 |
| 9 | 4 | 5 | 7 | 3 | 6 | 1 | 8 | 2 |
| 2 | 1 | 3 | 4 | 8 | 9 | 7 | 5 | 6 |
| 6 | 5 | 4 | 2 | 1 | 7 | 8 | 3 | 9 |
| 1 | 9 | 7 | 8 | 6 | 3 | 4 | 2 | 5 |
| 3 | 8 | 2 | 9 | 5 | 4 | 6 | 1 | 7 |

**498**

| 2 | 1 | 5 | 6 | 9 | 8 | 4 | 3 | 7 |
|---|---|---|---|---|---|---|---|---|
| 3 | 4 | 8 | 2 | 7 | 5 | 6 | 9 | 1 |
| 7 | 6 | 9 | 4 | 1 | 3 | 2 | 5 | 8 |
| 4 | 2 | 1 | 5 | 8 | 6 | 9 | 7 | 3 |
| 6 | 8 | 7 | 9 | 3 | 1 | 5 | 2 | 4 |
| 9 | 5 | 3 | 7 | 2 | 4 | 1 | 8 | 6 |
| 5 | 7 | 6 | 8 | 4 | 2 | 3 | 1 | 9 |
| 1 | 9 | 2 | 3 | 6 | 7 | 8 | 4 | 5 |
| 8 | 3 | 4 | 1 | 5 | 9 | 7 | 6 | 2 |

**499**

| 8 | 5 | 7 | 2 | 9 | 6 | 3 | 4 | 1 |
|---|---|---|---|---|---|---|---|---|
| 4 | 1 | 6 | 5 | 3 | 8 | 9 | 2 | 7 |
| 3 | 2 | 9 | 4 | 7 | 1 | 8 | 6 | 5 |
| 9 | 3 | 2 | 1 | 6 | 5 | 4 | 7 | 8 |
| 5 | 6 | 4 | 9 | 8 | 7 | 1 | 3 | 2 |
| 7 | 8 | 1 | 3 | 4 | 2 | 6 | 5 | 9 |
| 2 | 4 | 3 | 7 | 1 | 9 | 5 | 8 | 6 |
| 6 | 9 | 5 | 8 | 2 | 3 | 7 | 1 | 4 |
| 1 | 7 | 8 | 6 | 5 | 4 | 2 | 9 | 3 |

**500**

| 2 | 4 | 8 | 6 | 3 | 1 | 7 | 9 | 5 |
|---|---|---|---|---|---|---|---|---|
| 6 | 5 | 9 | 4 | 2 | 7 | 3 | 1 | 8 |
| 7 | 3 | 1 | 5 | 9 | 8 | 6 | 4 | 2 |
| 4 | 2 | 7 | 9 | 1 | 6 | 5 | 8 | 3 |
| 3 | 8 | 6 | 7 | 5 | 4 | 1 | 2 | 9 |
| 9 | 1 | 5 | 3 | 8 | 2 | 4 | 6 | 7 |
| 1 | 7 | 2 | 8 | 4 | 3 | 9 | 5 | 6 |
| 8 | 9 | 3 | 1 | 6 | 5 | 2 | 7 | 4 |
| 5 | 6 | 4 | 2 | 7 | 9 | 8 | 3 | 1 |

### 501

| 6 | 1 | 5 | 9 | 3 | 4 | 2 | 8 | 7 |
|---|---|---|---|---|---|---|---|---|
| 3 | 9 | 7 | 2 | 1 | 8 | 5 | 4 | 6 |
| 2 | 8 | 4 | 6 | 5 | 7 | 9 | 1 | 3 |
| 7 | 2 | 1 | 8 | 6 | 5 | 3 | 9 | 4 |
| 5 | 3 | 9 | 7 | 4 | 2 | 1 | 6 | 8 |
| 4 | 6 | 8 | 3 | 9 | 1 | 7 | 2 | 5 |
| 1 | 4 | 6 | 5 | 7 | 9 | 8 | 3 | 2 |
| 9 | 7 | 2 | 4 | 8 | 3 | 6 | 5 | 1 |
| 8 | 5 | 3 | 1 | 2 | 6 | 4 | 7 | 9 |

### 502

| 6 | 2 | 1 | 7 | 4 | 9 | 5 | 3 | 8 |
|---|---|---|---|---|---|---|---|---|
| 9 | 5 | 3 | 2 | 8 | 1 | 7 | 6 | 4 |
| 8 | 7 | 4 | 6 | 5 | 3 | 2 | 9 | 1 |
| 5 | 1 | 6 | 9 | 3 | 8 | 4 | 2 | 7 |
| 4 | 3 | 2 | 5 | 7 | 6 | 8 | 1 | 9 |
| 7 | 8 | 9 | 1 | 2 | 4 | 3 | 5 | 6 |
| 1 | 4 | 8 | 3 | 9 | 2 | 6 | 7 | 5 |
| 2 | 6 | 7 | 4 | 1 | 5 | 9 | 8 | 3 |
| 3 | 9 | 5 | 8 | 6 | 7 | 1 | 4 | 2 |

### 503

| 8 | 3 | 7 | 4 | 9 | 5 | 2 | 1 | 6 |
|---|---|---|---|---|---|---|---|---|
| 5 | 6 | 1 | 7 | 8 | 2 | 4 | 9 | 3 |
| 2 | 4 | 9 | 1 | 6 | 3 | 8 | 5 | 7 |
| 6 | 5 | 4 | 8 | 3 | 1 | 9 | 7 | 2 |
| 1 | 7 | 2 | 5 | 4 | 9 | 3 | 6 | 8 |
| 9 | 8 | 3 | 2 | 7 | 6 | 5 | 4 | 1 |
| 3 | 1 | 5 | 6 | 2 | 4 | 7 | 8 | 9 |
| 4 | 9 | 8 | 3 | 1 | 7 | 6 | 2 | 5 |
| 7 | 2 | 6 | 9 | 5 | 8 | 1 | 3 | 4 |

### 504

| 3 | 9 | 6 | 8 | 4 | 1 | 5 | 7 | 2 |
|---|---|---|---|---|---|---|---|---|
| 1 | 5 | 4 | 2 | 7 | 6 | 8 | 3 | 9 |
| 7 | 8 | 2 | 5 | 9 | 3 | 4 | 1 | 6 |
| 2 | 6 | 8 | 1 | 3 | 9 | 7 | 4 | 5 |
| 4 | 3 | 5 | 6 | 2 | 7 | 1 | 9 | 8 |
| 9 | 7 | 1 | 4 | 8 | 5 | 6 | 2 | 3 |
| 6 | 4 | 7 | 3 | 5 | 2 | 9 | 8 | 1 |
| 5 | 2 | 9 | 7 | 1 | 8 | 3 | 6 | 4 |
| 8 | 1 | 3 | 9 | 6 | 4 | 2 | 5 | 7 |

### 505

| 3 | 8 | 2 | 4 | 9 | 5 | 6 | 7 | 1 |
|---|---|---|---|---|---|---|---|---|
| 1 | 9 | 6 | 2 | 7 | 8 | 5 | 4 | 3 |
| 7 | 4 | 5 | 6 | 3 | 1 | 9 | 2 | 8 |
| 8 | 2 | 3 | 5 | 1 | 9 | 7 | 6 | 4 |
| 9 | 6 | 7 | 3 | 8 | 4 | 1 | 5 | 2 |
| 5 | 1 | 4 | 7 | 6 | 2 | 8 | 3 | 9 |
| 6 | 5 | 9 | 1 | 4 | 3 | 2 | 8 | 7 |
| 2 | 3 | 8 | 9 | 5 | 7 | 4 | 1 | 6 |
| 4 | 7 | 1 | 8 | 2 | 6 | 3 | 9 | 5 |

### 506

| 6 | 5 | 8 | 7 | 1 | 9 | 4 | 2 | 3 |
|---|---|---|---|---|---|---|---|---|
| 9 | 3 | 4 | 2 | 8 | 5 | 7 | 6 | 1 |
| 7 | 2 | 1 | 6 | 4 | 3 | 9 | 8 | 5 |
| 4 | 1 | 6 | 9 | 3 | 7 | 2 | 5 | 8 |
| 5 | 9 | 7 | 8 | 2 | 6 | 3 | 1 | 4 |
| 2 | 8 | 3 | 4 | 5 | 1 | 6 | 7 | 9 |
| 1 | 7 | 9 | 5 | 6 | 4 | 8 | 3 | 2 |
| 8 | 6 | 5 | 3 | 9 | 2 | 1 | 4 | 7 |
| 3 | 4 | 2 | 1 | 7 | 8 | 5 | 9 | 6 |

### 507

| 8 | 4 | 9 | 6 | 3 | 7 | 1 | 2 | 5 |
|---|---|---|---|---|---|---|---|---|
| 1 | 6 | 2 | 4 | 5 | 9 | 3 | 7 | 8 |
| 7 | 5 | 3 | 8 | 2 | 1 | 9 | 4 | 6 |
| 5 | 8 | 6 | 9 | 4 | 2 | 7 | 3 | 1 |
| 3 | 2 | 1 | 5 | 7 | 6 | 8 | 9 | 4 |
| 4 | 9 | 7 | 1 | 8 | 3 | 6 | 5 | 2 |
| 6 | 1 | 4 | 3 | 9 | 5 | 2 | 8 | 7 |
| 2 | 3 | 5 | 7 | 1 | 8 | 4 | 6 | 9 |
| 9 | 7 | 8 | 2 | 6 | 4 | 5 | 1 | 3 |

### 508

| 8 | 9 | 6 | 7 | 2 | 1 | 4 | 5 | 3 |
|---|---|---|---|---|---|---|---|---|
| 4 | 2 | 7 | 8 | 5 | 3 | 1 | 9 | 6 |
| 1 | 3 | 5 | 4 | 9 | 6 | 2 | 8 | 7 |
| 3 | 4 | 2 | 6 | 1 | 9 | 5 | 7 | 8 |
| 6 | 7 | 1 | 5 | 8 | 4 | 9 | 3 | 2 |
| 9 | 5 | 8 | 3 | 7 | 2 | 6 | 1 | 4 |
| 2 | 1 | 3 | 9 | 4 | 7 | 8 | 6 | 5 |
| 5 | 6 | 9 | 2 | 3 | 8 | 7 | 4 | 1 |
| 7 | 8 | 4 | 1 | 6 | 5 | 3 | 2 | 9 |

### 509

| 2 | 8 | 6 | 3 | 1 | 9 | 5 | 4 | 7 |
|---|---|---|---|---|---|---|---|---|
| 9 | 4 | 7 | 8 | 6 | 5 | 3 | 2 | 1 |
| 5 | 1 | 3 | 4 | 7 | 2 | 8 | 6 | 9 |
| 8 | 2 | 4 | 7 | 3 | 1 | 6 | 9 | 5 |
| 1 | 3 | 5 | 9 | 4 | 6 | 7 | 8 | 2 |
| 6 | 7 | 9 | 5 | 2 | 8 | 4 | 1 | 3 |
| 7 | 6 | 8 | 2 | 9 | 3 | 1 | 5 | 4 |
| 3 | 9 | 1 | 6 | 5 | 4 | 2 | 7 | 8 |
| 4 | 5 | 2 | 1 | 8 | 7 | 9 | 3 | 6 |

### 510

| 7 | 3 | 8 | 1 | 9 | 4 | 2 | 6 | 5 |
|---|---|---|---|---|---|---|---|---|
| 5 | 4 | 2 | 6 | 3 | 7 | 1 | 9 | 8 |
| 1 | 6 | 9 | 2 | 5 | 8 | 4 | 7 | 3 |
| 2 | 5 | 6 | 8 | 7 | 9 | 3 | 4 | 1 |
| 9 | 1 | 3 | 4 | 6 | 2 | 5 | 8 | 7 |
| 8 | 7 | 4 | 5 | 1 | 3 | 9 | 2 | 6 |
| 6 | 8 | 5 | 9 | 2 | 1 | 7 | 3 | 4 |
| 4 | 9 | 7 | 3 | 8 | 5 | 6 | 1 | 2 |
| 3 | 2 | 1 | 7 | 4 | 6 | 8 | 5 | 9 |

### 511

| 7 | 5 | 4 | 6 | 8 | 1 | 9 | 3 | 2 |
|---|---|---|---|---|---|---|---|---|
| 3 | 2 | 1 | 9 | 5 | 4 | 6 | 7 | 8 |
| 8 | 6 | 9 | 3 | 2 | 7 | 1 | 5 | 4 |
| 2 | 8 | 7 | 1 | 9 | 3 | 4 | 6 | 5 |
| 1 | 4 | 5 | 2 | 6 | 8 | 7 | 9 | 3 |
| 9 | 3 | 6 | 4 | 7 | 5 | 2 | 8 | 1 |
| 4 | 7 | 3 | 5 | 1 | 6 | 8 | 2 | 9 |
| 5 | 9 | 8 | 7 | 4 | 2 | 3 | 1 | 6 |
| 6 | 1 | 2 | 8 | 3 | 9 | 5 | 4 | 7 |

### 512

| 6 | 5 | 3 | 4 | 8 | 7 | 2 | 1 | 9 |
|---|---|---|---|---|---|---|---|---|
| 8 | 4 | 9 | 6 | 2 | 1 | 3 | 5 | 7 |
| 2 | 7 | 1 | 3 | 9 | 5 | 4 | 8 | 6 |
| 4 | 1 | 5 | 9 | 3 | 8 | 6 | 7 | 2 |
| 7 | 3 | 6 | 1 | 5 | 2 | 8 | 9 | 4 |
| 9 | 2 | 8 | 7 | 6 | 4 | 1 | 3 | 5 |
| 1 | 6 | 2 | 8 | 7 | 9 | 5 | 4 | 3 |
| 3 | 8 | 7 | 5 | 4 | 6 | 9 | 2 | 1 |
| 5 | 9 | 4 | 2 | 1 | 3 | 7 | 6 | 8 |

### 513

| 7 | 4 | 8 | 1 | 6 | 5 | 3 | 9 | 2 |
|---|---|---|---|---|---|---|---|---|
| 6 | 5 | 3 | 4 | 2 | 9 | 1 | 8 | 7 |
| 1 | 2 | 9 | 8 | 7 | 3 | 5 | 4 | 6 |
| 4 | 1 | 6 | 3 | 9 | 2 | 7 | 5 | 8 |
| 9 | 3 | 2 | 5 | 8 | 7 | 4 | 6 | 1 |
| 8 | 7 | 5 | 6 | 1 | 4 | 9 | 2 | 3 |
| 3 | 8 | 7 | 9 | 4 | 6 | 2 | 1 | 5 |
| 2 | 6 | 4 | 7 | 5 | 1 | 8 | 3 | 9 |
| 5 | 9 | 1 | 2 | 3 | 8 | 6 | 7 | 4 |

### 514

| 5 | 3 | 6 | 2 | 9 | 7 | 8 | 4 | 1 |
|---|---|---|---|---|---|---|---|---|
| 1 | 2 | 4 | 8 | 3 | 5 | 9 | 6 | 7 |
| 7 | 8 | 9 | 1 | 6 | 4 | 5 | 3 | 2 |
| 6 | 9 | 5 | 3 | 2 | 1 | 7 | 8 | 4 |
| 2 | 7 | 8 | 5 | 4 | 6 | 1 | 9 | 3 |
| 3 | 4 | 1 | 7 | 8 | 9 | 6 | 2 | 5 |
| 4 | 6 | 7 | 9 | 1 | 2 | 3 | 5 | 8 |
| 8 | 5 | 2 | 6 | 7 | 3 | 4 | 1 | 9 |
| 9 | 1 | 3 | 4 | 5 | 8 | 2 | 7 | 6 |

### 515

| 5 | 1 | 9 | 2 | 8 | 7 | 6 | 3 | 4 |
|---|---|---|---|---|---|---|---|---|
| 2 | 8 | 4 | 1 | 6 | 3 | 9 | 7 | 5 |
| 6 | 7 | 3 | 9 | 5 | 4 | 2 | 8 | 1 |
| 4 | 9 | 1 | 8 | 7 | 6 | 3 | 5 | 2 |
| 7 | 3 | 6 | 4 | 2 | 5 | 1 | 9 | 8 |
| 8 | 2 | 5 | 3 | 1 | 9 | 7 | 4 | 6 |
| 3 | 5 | 7 | 6 | 4 | 1 | 8 | 2 | 9 |
| 1 | 4 | 8 | 7 | 9 | 2 | 5 | 6 | 3 |
| 9 | 6 | 2 | 5 | 3 | 8 | 4 | 1 | 7 |

### 516

| 2 | 1 | 4 | 8 | 9 | 7 | 3 | 5 | 6 |
|---|---|---|---|---|---|---|---|---|
| 8 | 5 | 6 | 2 | 3 | 4 | 7 | 9 | 1 |
| 7 | 9 | 3 | 1 | 6 | 5 | 4 | 8 | 2 |
| 4 | 7 | 9 | 6 | 1 | 2 | 8 | 3 | 5 |
| 1 | 3 | 5 | 9 | 7 | 8 | 2 | 6 | 4 |
| 6 | 8 | 2 | 5 | 4 | 3 | 9 | 1 | 7 |
| 5 | 6 | 7 | 3 | 2 | 9 | 1 | 4 | 8 |
| 3 | 2 | 1 | 4 | 8 | 6 | 5 | 7 | 9 |
| 9 | 4 | 8 | 7 | 5 | 1 | 6 | 2 | 3 |

### 517

| 1 | 5 | 6 | 7 | 2 | 8 | 4 | 3 | 9 |
|---|---|---|---|---|---|---|---|---|
| 2 | 3 | 9 | 5 | 4 | 6 | 1 | 7 | 8 |
| 4 | 7 | 8 | 3 | 1 | 9 | 2 | 5 | 6 |
| 9 | 2 | 1 | 6 | 8 | 5 | 7 | 4 | 3 |
| 3 | 8 | 5 | 9 | 7 | 4 | 6 | 1 | 2 |
| 6 | 4 | 7 | 1 | 3 | 2 | 8 | 9 | 5 |
| 8 | 6 | 3 | 4 | 5 | 1 | 9 | 2 | 7 |
| 5 | 1 | 2 | 8 | 9 | 7 | 3 | 6 | 4 |
| 7 | 9 | 4 | 2 | 6 | 3 | 5 | 8 | 1 |

### 518

| 2 | 8 | 4 | 1 | 3 | 9 | 5 | 6 | 7 |
|---|---|---|---|---|---|---|---|---|
| 7 | 3 | 9 | 4 | 6 | 5 | 2 | 8 | 1 |
| 5 | 1 | 6 | 2 | 7 | 8 | 9 | 4 | 3 |
| 1 | 2 | 8 | 9 | 4 | 6 | 7 | 3 | 5 |
| 3 | 6 | 5 | 7 | 2 | 1 | 8 | 9 | 4 |
| 9 | 4 | 7 | 5 | 8 | 3 | 1 | 2 | 6 |
| 6 | 7 | 3 | 8 | 1 | 2 | 4 | 5 | 9 |
| 4 | 5 | 2 | 6 | 9 | 7 | 3 | 1 | 8 |
| 8 | 9 | 1 | 3 | 5 | 4 | 6 | 7 | 2 |

### 519

| 9 | 5 | 6 | 4 | 2 | 8 | 3 | 7 | 1 |
|---|---|---|---|---|---|---|---|---|
| 7 | 3 | 4 | 1 | 5 | 9 | 6 | 2 | 8 |
| 1 | 8 | 2 | 3 | 7 | 6 | 5 | 9 | 4 |
| 5 | 1 | 9 | 2 | 6 | 7 | 8 | 4 | 3 |
| 3 | 2 | 8 | 9 | 1 | 4 | 7 | 5 | 6 |
| 4 | 6 | 7 | 5 | 8 | 3 | 9 | 1 | 2 |
| 6 | 9 | 3 | 7 | 4 | 2 | 1 | 8 | 5 |
| 8 | 4 | 1 | 6 | 9 | 5 | 2 | 3 | 7 |
| 2 | 7 | 5 | 8 | 3 | 1 | 4 | 6 | 9 |

### 520

| 4 | 1 | 7 | 8 | 5 | 9 | 6 | 2 | 3 |
|---|---|---|---|---|---|---|---|---|
| 3 | 5 | 2 | 1 | 4 | 6 | 9 | 7 | 8 |
| 9 | 6 | 8 | 3 | 7 | 2 | 4 | 5 | 1 |
| 6 | 2 | 5 | 7 | 1 | 4 | 8 | 3 | 9 |
| 8 | 9 | 4 | 6 | 3 | 5 | 2 | 1 | 7 |
| 7 | 3 | 1 | 9 | 2 | 8 | 5 | 6 | 4 |
| 1 | 4 | 9 | 5 | 6 | 7 | 3 | 8 | 2 |
| 2 | 7 | 6 | 4 | 8 | 3 | 1 | 9 | 5 |
| 5 | 8 | 3 | 2 | 9 | 1 | 7 | 4 | 6 |

**521**

| 4 | 3 | 7 | 2 | 1 | 9 | 6 | 5 | 8 |
|---|---|---|---|---|---|---|---|---|
| 5 | 1 | 8 | 7 | 6 | 4 | 3 | 9 | 2 |
| 2 | 9 | 6 | 8 | 3 | 5 | 7 | 1 | 4 |
| 6 | 8 | 1 | 4 | 7 | 2 | 9 | 3 | 5 |
| 3 | 2 | 4 | 5 | 9 | 6 | 1 | 8 | 7 |
| 9 | 7 | 5 | 1 | 8 | 3 | 4 | 2 | 6 |
| 8 | 6 | 3 | 9 | 2 | 7 | 5 | 4 | 1 |
| 1 | 4 | 9 | 6 | 5 | 8 | 2 | 7 | 3 |
| 7 | 5 | 2 | 3 | 4 | 1 | 8 | 6 | 9 |

**522**

| 4 | 9 | 6 | 7 | 8 | 2 | 3 | 5 | 1 |
|---|---|---|---|---|---|---|---|---|
| 5 | 3 | 8 | 6 | 9 | 1 | 4 | 2 | 7 |
| 2 | 1 | 7 | 4 | 3 | 5 | 6 | 8 | 9 |
| 3 | 5 | 4 | 1 | 7 | 9 | 8 | 6 | 2 |
| 7 | 6 | 9 | 3 | 2 | 8 | 1 | 4 | 5 |
| 1 | 8 | 2 | 5 | 4 | 6 | 9 | 7 | 3 |
| 9 | 4 | 5 | 2 | 6 | 3 | 7 | 1 | 8 |
| 8 | 7 | 1 | 9 | 5 | 4 | 2 | 3 | 6 |
| 6 | 2 | 3 | 8 | 1 | 7 | 5 | 9 | 4 |

**523**

| 5 | 4 | 9 | 8 | 1 | 7 | 6 | 2 | 3 |
|---|---|---|---|---|---|---|---|---|
| 7 | 2 | 8 | 6 | 3 | 9 | 1 | 5 | 4 |
| 6 | 1 | 3 | 4 | 2 | 5 | 8 | 9 | 7 |
| 2 | 3 | 5 | 1 | 9 | 8 | 4 | 7 | 6 |
| 9 | 6 | 1 | 3 | 7 | 4 | 5 | 8 | 2 |
| 4 | 8 | 7 | 5 | 6 | 2 | 9 | 3 | 1 |
| 8 | 7 | 2 | 9 | 4 | 6 | 3 | 1 | 5 |
| 1 | 5 | 6 | 7 | 8 | 3 | 2 | 4 | 9 |
| 3 | 9 | 4 | 2 | 5 | 1 | 7 | 6 | 8 |

**524**

| 6 | 9 | 5 | 4 | 3 | 2 | 1 | 7 | 8 |
|---|---|---|---|---|---|---|---|---|
| 3 | 2 | 7 | 8 | 9 | 1 | 4 | 6 | 5 |
| 1 | 8 | 4 | 6 | 5 | 7 | 3 | 9 | 2 |
| 8 | 1 | 6 | 7 | 4 | 3 | 2 | 5 | 9 |
| 7 | 4 | 2 | 9 | 6 | 5 | 8 | 3 | 1 |
| 9 | 5 | 3 | 2 | 1 | 8 | 6 | 4 | 7 |
| 4 | 7 | 1 | 3 | 2 | 9 | 5 | 8 | 6 |
| 2 | 6 | 9 | 5 | 8 | 4 | 7 | 1 | 3 |
| 5 | 3 | 8 | 1 | 7 | 6 | 9 | 2 | 4 |

**525**

| 6 | 9 | 3 | 5 | 8 | 7 | 2 | 1 | 4 |
|---|---|---|---|---|---|---|---|---|
| 5 | 4 | 2 | 9 | 3 | 1 | 8 | 7 | 6 |
| 7 | 8 | 1 | 2 | 6 | 4 | 5 | 9 | 3 |
| 1 | 5 | 7 | 6 | 4 | 9 | 3 | 2 | 8 |
| 4 | 2 | 8 | 3 | 1 | 5 | 9 | 6 | 7 |
| 3 | 6 | 9 | 8 | 7 | 2 | 1 | 4 | 5 |
| 9 | 3 | 5 | 4 | 2 | 6 | 7 | 8 | 1 |
| 8 | 7 | 6 | 1 | 9 | 3 | 4 | 5 | 2 |
| 2 | 1 | 4 | 7 | 5 | 8 | 6 | 3 | 9 |

**526**

| 6 | 1 | 4 | 7 | 8 | 9 | 3 | 2 | 5 |
|---|---|---|---|---|---|---|---|---|
| 7 | 5 | 8 | 2 | 1 | 3 | 6 | 4 | 9 |
| 9 | 3 | 2 | 4 | 5 | 6 | 8 | 7 | 1 |
| 2 | 6 | 1 | 8 | 4 | 7 | 5 | 9 | 3 |
| 3 | 4 | 9 | 1 | 6 | 5 | 7 | 8 | 2 |
| 5 | 8 | 7 | 9 | 3 | 2 | 4 | 1 | 6 |
| 1 | 7 | 5 | 6 | 9 | 8 | 2 | 3 | 4 |
| 8 | 9 | 6 | 3 | 2 | 4 | 1 | 5 | 7 |
| 4 | 2 | 3 | 5 | 7 | 1 | 9 | 6 | 8 |

**527**

| 6 | 5 | 4 | 3 | 1 | 9 | 8 | 7 | 2 |
|---|---|---|---|---|---|---|---|---|
| 3 | 8 | 2 | 6 | 7 | 5 | 1 | 4 | 9 |
| 1 | 9 | 7 | 2 | 4 | 8 | 6 | 3 | 5 |
| 8 | 7 | 6 | 5 | 2 | 4 | 3 | 9 | 1 |
| 2 | 1 | 5 | 9 | 3 | 6 | 7 | 8 | 4 |
| 9 | 4 | 3 | 1 | 8 | 7 | 2 | 5 | 6 |
| 7 | 6 | 8 | 4 | 9 | 2 | 5 | 1 | 3 |
| 4 | 2 | 1 | 7 | 5 | 3 | 9 | 6 | 8 |
| 5 | 3 | 9 | 8 | 6 | 1 | 4 | 2 | 7 |

**528**

| 4 | 6 | 7 | 2 | 9 | 3 | 5 | 1 | 8 |
|---|---|---|---|---|---|---|---|---|
| 8 | 5 | 2 | 1 | 7 | 6 | 9 | 3 | 4 |
| 3 | 9 | 1 | 4 | 5 | 8 | 2 | 6 | 7 |
| 9 | 2 | 5 | 8 | 3 | 4 | 1 | 7 | 6 |
| 7 | 4 | 8 | 9 | 6 | 1 | 3 | 5 | 2 |
| 1 | 3 | 6 | 5 | 2 | 7 | 4 | 8 | 9 |
| 2 | 1 | 3 | 6 | 8 | 9 | 7 | 4 | 5 |
| 5 | 8 | 4 | 7 | 1 | 2 | 6 | 9 | 3 |
| 6 | 7 | 9 | 3 | 4 | 5 | 8 | 2 | 1 |

**529**

| 2 | 5 | 1 | 6 | 4 | 3 | 7 | 8 | 9 |
|---|---|---|---|---|---|---|---|---|
| 8 | 4 | 6 | 7 | 2 | 9 | 5 | 3 | 1 |
| 7 | 3 | 9 | 1 | 8 | 5 | 6 | 2 | 4 |
| 3 | 7 | 8 | 5 | 9 | 2 | 4 | 1 | 6 |
| 4 | 1 | 2 | 3 | 7 | 6 | 9 | 5 | 8 |
| 9 | 6 | 5 | 8 | 1 | 4 | 3 | 7 | 2 |
| 5 | 2 | 7 | 9 | 6 | 1 | 8 | 4 | 3 |
| 1 | 9 | 3 | 4 | 5 | 8 | 2 | 6 | 7 |
| 6 | 8 | 4 | 2 | 3 | 7 | 1 | 9 | 5 |

**530**

| 7 | 4 | 2 | 5 | 8 | 3 | 1 | 9 | 6 |
|---|---|---|---|---|---|---|---|---|
| 1 | 9 | 3 | 2 | 6 | 7 | 4 | 8 | 5 |
| 5 | 8 | 6 | 4 | 1 | 9 | 3 | 2 | 7 |
| 9 | 5 | 1 | 8 | 3 | 4 | 7 | 6 | 2 |
| 2 | 6 | 8 | 7 | 5 | 1 | 9 | 3 | 4 |
| 3 | 7 | 4 | 9 | 2 | 6 | 8 | 5 | 1 |
| 4 | 2 | 5 | 3 | 7 | 8 | 6 | 1 | 9 |
| 8 | 1 | 9 | 6 | 4 | 5 | 2 | 7 | 3 |
| 6 | 3 | 7 | 1 | 9 | 2 | 5 | 4 | 8 |

**531**

| 8 | 1 | 4 | 7 | 5 | 3 | 9 | 2 | 6 |
|---|---|---|---|---|---|---|---|---|
| 9 | 2 | 7 | 4 | 1 | 6 | 8 | 3 | 5 |
| 3 | 6 | 5 | 9 | 8 | 2 | 4 | 7 | 1 |
| 1 | 9 | 6 | 2 | 7 | 4 | 3 | 5 | 8 |
| 5 | 3 | 2 | 8 | 6 | 1 | 7 | 4 | 9 |
| 7 | 4 | 8 | 5 | 3 | 9 | 1 | 6 | 2 |
| 4 | 5 | 1 | 6 | 9 | 7 | 2 | 8 | 3 |
| 2 | 8 | 9 | 3 | 4 | 5 | 6 | 1 | 7 |
| 6 | 7 | 3 | 1 | 2 | 8 | 5 | 9 | 4 |

**532**

| 9 | 4 | 3 | 2 | 1 | 5 | 7 | 6 | 8 |
|---|---|---|---|---|---|---|---|---|
| 5 | 1 | 2 | 7 | 8 | 6 | 4 | 3 | 9 |
| 8 | 6 | 7 | 4 | 9 | 3 | 1 | 5 | 2 |
| 3 | 2 | 9 | 6 | 4 | 1 | 8 | 7 | 5 |
| 6 | 7 | 8 | 3 | 5 | 2 | 9 | 4 | 1 |
| 1 | 5 | 4 | 8 | 7 | 9 | 3 | 2 | 6 |
| 4 | 3 | 1 | 5 | 2 | 8 | 6 | 9 | 7 |
| 2 | 9 | 6 | 1 | 3 | 7 | 5 | 8 | 4 |
| 7 | 8 | 5 | 9 | 6 | 4 | 2 | 1 | 3 |

**533**

| 3 | 5 | 6 | 8 | 1 | 2 | 4 | 7 | 9 |
|---|---|---|---|---|---|---|---|---|
| 2 | 1 | 4 | 9 | 3 | 7 | 5 | 6 | 8 |
| 7 | 8 | 9 | 4 | 6 | 5 | 3 | 1 | 2 |
| 6 | 2 | 1 | 3 | 7 | 8 | 9 | 4 | 5 |
| 8 | 9 | 3 | 1 | 5 | 4 | 7 | 2 | 6 |
| 4 | 7 | 5 | 6 | 2 | 9 | 8 | 3 | 1 |
| 1 | 6 | 7 | 5 | 9 | 3 | 2 | 8 | 4 |
| 9 | 3 | 8 | 2 | 4 | 6 | 1 | 5 | 7 |
| 5 | 4 | 2 | 7 | 8 | 1 | 6 | 9 | 3 |

**534**

| 9 | 5 | 1 | 2 | 8 | 6 | 4 | 3 | 7 |
|---|---|---|---|---|---|---|---|---|
| 4 | 7 | 8 | 3 | 9 | 1 | 2 | 5 | 6 |
| 2 | 3 | 6 | 5 | 4 | 7 | 1 | 9 | 8 |
| 7 | 2 | 3 | 6 | 1 | 5 | 9 | 8 | 4 |
| 6 | 1 | 9 | 8 | 7 | 4 | 3 | 2 | 5 |
| 5 | 8 | 4 | 9 | 2 | 3 | 6 | 7 | 1 |
| 3 | 6 | 7 | 4 | 5 | 9 | 8 | 1 | 2 |
| 1 | 4 | 2 | 7 | 3 | 8 | 5 | 6 | 9 |
| 8 | 9 | 5 | 1 | 6 | 2 | 7 | 4 | 3 |

**535**

| 6 | 8 | 2 | 9 | 1 | 7 | 5 | 4 | 3 |
|---|---|---|---|---|---|---|---|---|
| 9 | 3 | 1 | 4 | 2 | 5 | 7 | 6 | 8 |
| 5 | 4 | 7 | 3 | 8 | 6 | 2 | 1 | 9 |
| 8 | 5 | 6 | 1 | 3 | 2 | 9 | 7 | 4 |
| 7 | 1 | 3 | 6 | 4 | 9 | 8 | 2 | 5 |
| 2 | 9 | 4 | 7 | 5 | 8 | 1 | 3 | 6 |
| 1 | 2 | 9 | 8 | 6 | 3 | 4 | 5 | 7 |
| 3 | 7 | 5 | 2 | 9 | 4 | 6 | 8 | 1 |
| 4 | 6 | 8 | 5 | 7 | 1 | 3 | 9 | 2 |

**536**

| 5 | 4 | 1 | 2 | 7 | 8 | 3 | 6 | 9 |
|---|---|---|---|---|---|---|---|---|
| 8 | 6 | 2 | 5 | 9 | 3 | 4 | 7 | 1 |
| 7 | 9 | 3 | 4 | 1 | 6 | 8 | 5 | 2 |
| 2 | 5 | 4 | 9 | 3 | 1 | 6 | 8 | 7 |
| 1 | 7 | 6 | 8 | 4 | 5 | 2 | 9 | 3 |
| 9 | 3 | 8 | 7 | 6 | 2 | 1 | 4 | 5 |
| 4 | 8 | 5 | 1 | 2 | 9 | 7 | 3 | 6 |
| 6 | 2 | 9 | 3 | 8 | 7 | 5 | 1 | 4 |
| 3 | 1 | 7 | 6 | 5 | 4 | 9 | 2 | 8 |

**537**

| 4 | 7 | 2 | 8 | 6 | 9 | 1 | 3 | 5 |
|---|---|---|---|---|---|---|---|---|
| 3 | 1 | 9 | 2 | 5 | 4 | 7 | 8 | 6 |
| 6 | 5 | 8 | 1 | 7 | 3 | 2 | 9 | 4 |
| 7 | 9 | 1 | 5 | 3 | 6 | 8 | 4 | 2 |
| 8 | 4 | 5 | 9 | 2 | 1 | 3 | 6 | 7 |
| 2 | 6 | 3 | 7 | 4 | 8 | 9 | 5 | 1 |
| 9 | 8 | 7 | 6 | 1 | 5 | 4 | 2 | 3 |
| 5 | 2 | 4 | 3 | 9 | 7 | 6 | 1 | 8 |
| 1 | 3 | 6 | 4 | 8 | 2 | 5 | 7 | 9 |

**538**

| 9 | 7 | 2 | 1 | 8 | 3 | 5 | 6 | 4 |
|---|---|---|---|---|---|---|---|---|
| 1 | 6 | 8 | 5 | 9 | 4 | 2 | 3 | 7 |
| 3 | 4 | 5 | 2 | 7 | 6 | 1 | 8 | 9 |
| 7 | 5 | 3 | 4 | 6 | 1 | 9 | 2 | 8 |
| 4 | 1 | 9 | 8 | 3 | 2 | 6 | 7 | 5 |
| 8 | 2 | 6 | 7 | 5 | 9 | 3 | 4 | 1 |
| 5 | 3 | 4 | 9 | 2 | 8 | 7 | 1 | 6 |
| 2 | 9 | 1 | 6 | 4 | 7 | 8 | 5 | 3 |
| 6 | 8 | 7 | 3 | 1 | 5 | 4 | 9 | 2 |

**539**

| 3 | 1 | 8 | 9 | 6 | 4 | 2 | 5 | 7 |
|---|---|---|---|---|---|---|---|---|
| 9 | 7 | 4 | 3 | 5 | 2 | 1 | 8 | 6 |
| 2 | 5 | 6 | 1 | 8 | 7 | 9 | 4 | 3 |
| 1 | 2 | 3 | 8 | 4 | 5 | 7 | 6 | 9 |
| 6 | 4 | 7 | 2 | 9 | 1 | 5 | 3 | 8 |
| 5 | 8 | 9 | 6 | 7 | 3 | 4 | 2 | 1 |
| 7 | 3 | 1 | 4 | 2 | 8 | 6 | 9 | 5 |
| 8 | 6 | 2 | 5 | 1 | 9 | 3 | 7 | 4 |
| 4 | 9 | 5 | 7 | 3 | 6 | 8 | 1 | 2 |

**540**

| 5 | 2 | 6 | 3 | 9 | 4 | 8 | 7 | 1 |
|---|---|---|---|---|---|---|---|---|
| 4 | 1 | 8 | 2 | 7 | 5 | 3 | 6 | 9 |
| 7 | 3 | 9 | 6 | 8 | 1 | 5 | 2 | 4 |
| 8 | 9 | 1 | 4 | 5 | 6 | 2 | 3 | 7 |
| 2 | 5 | 4 | 1 | 3 | 7 | 6 | 9 | 8 |
| 6 | 7 | 3 | 8 | 2 | 9 | 4 | 1 | 5 |
| 3 | 8 | 7 | 9 | 4 | 2 | 1 | 5 | 6 |
| 1 | 4 | 5 | 7 | 6 | 3 | 9 | 8 | 2 |
| 9 | 6 | 2 | 5 | 1 | 8 | 7 | 4 | 3 |

### 541

| 8 | 2 | 1 | 6 | 5 | 4 | 7 | 9 | 3 |
|---|---|---|---|---|---|---|---|---|
| 7 | 6 | 3 | 2 | 1 | 9 | 5 | 4 | 8 |
| 9 | 4 | 5 | 7 | 8 | 3 | 2 | 6 | 1 |
| 5 | 9 | 4 | 1 | 2 | 7 | 8 | 3 | 6 |
| 2 | 1 | 8 | 3 | 4 | 6 | 9 | 7 | 5 |
| 6 | 3 | 7 | 8 | 9 | 5 | 4 | 1 | 2 |
| 3 | 8 | 2 | 9 | 7 | 1 | 6 | 5 | 4 |
| 4 | 7 | 6 | 5 | 3 | 8 | 1 | 2 | 9 |
| 1 | 5 | 9 | 4 | 6 | 2 | 3 | 8 | 7 |

### 542

| 2 | 9 | 3 | 8 | 5 | 1 | 7 | 6 | 4 |
|---|---|---|---|---|---|---|---|---|
| 1 | 8 | 6 | 4 | 9 | 7 | 2 | 5 | 3 |
| 5 | 4 | 7 | 6 | 3 | 2 | 8 | 9 | 1 |
| 4 | 6 | 5 | 9 | 1 | 8 | 3 | 2 | 7 |
| 8 | 3 | 1 | 2 | 7 | 6 | 5 | 4 | 9 |
| 9 | 7 | 2 | 5 | 4 | 3 | 6 | 1 | 8 |
| 3 | 5 | 8 | 1 | 2 | 9 | 4 | 7 | 6 |
| 6 | 1 | 4 | 7 | 8 | 5 | 9 | 3 | 2 |
| 7 | 2 | 9 | 3 | 6 | 4 | 1 | 8 | 5 |

### 543

| 9 | 6 | 4 | 2 | 8 | 1 | 7 | 3 | 5 |
|---|---|---|---|---|---|---|---|---|
| 7 | 2 | 5 | 3 | 4 | 9 | 8 | 1 | 6 |
| 1 | 8 | 3 | 5 | 6 | 7 | 4 | 9 | 2 |
| 8 | 4 | 6 | 1 | 3 | 5 | 2 | 7 | 9 |
| 2 | 3 | 9 | 8 | 7 | 4 | 6 | 5 | 1 |
| 5 | 7 | 1 | 9 | 2 | 6 | 3 | 4 | 8 |
| 3 | 1 | 2 | 4 | 9 | 8 | 5 | 6 | 7 |
| 4 | 5 | 7 | 6 | 1 | 2 | 9 | 8 | 3 |
| 6 | 9 | 8 | 7 | 5 | 3 | 1 | 2 | 4 |

### 544

| 8 | 7 | 9 | 5 | 6 | 1 | 3 | 4 | 2 |
|---|---|---|---|---|---|---|---|---|
| 6 | 4 | 1 | 2 | 8 | 3 | 5 | 9 | 7 |
| 5 | 3 | 2 | 7 | 9 | 4 | 8 | 6 | 1 |
| 7 | 2 | 4 | 1 | 3 | 6 | 9 | 5 | 8 |
| 3 | 6 | 8 | 9 | 5 | 2 | 1 | 7 | 4 |
| 1 | 9 | 5 | 8 | 4 | 7 | 6 | 2 | 3 |
| 4 | 1 | 6 | 3 | 2 | 9 | 7 | 8 | 5 |
| 2 | 5 | 7 | 6 | 1 | 8 | 4 | 3 | 9 |
| 9 | 8 | 3 | 4 | 7 | 5 | 2 | 1 | 6 |

### 545

| 3 | 9 | 2 | 7 | 5 | 4 | 6 | 1 | 8 |
|---|---|---|---|---|---|---|---|---|
| 6 | 7 | 5 | 8 | 3 | 1 | 4 | 9 | 2 |
| 4 | 1 | 8 | 9 | 6 | 2 | 5 | 3 | 7 |
| 8 | 2 | 9 | 4 | 7 | 5 | 1 | 6 | 3 |
| 1 | 5 | 6 | 3 | 8 | 9 | 2 | 7 | 4 |
| 7 | 4 | 3 | 2 | 1 | 6 | 9 | 8 | 5 |
| 5 | 8 | 4 | 1 | 9 | 3 | 7 | 2 | 6 |
| 9 | 6 | 7 | 5 | 2 | 8 | 3 | 4 | 1 |
| 2 | 3 | 1 | 6 | 4 | 7 | 8 | 5 | 9 |

### 546

| 1 | 6 | 5 | 3 | 9 | 2 | 7 | 4 | 8 |
|---|---|---|---|---|---|---|---|---|
| 4 | 7 | 3 | 6 | 1 | 8 | 2 | 9 | 5 |
| 2 | 8 | 9 | 5 | 4 | 7 | 6 | 1 | 3 |
| 7 | 1 | 4 | 8 | 3 | 9 | 5 | 6 | 2 |
| 6 | 5 | 8 | 7 | 2 | 1 | 9 | 3 | 4 |
| 9 | 3 | 2 | 4 | 5 | 6 | 8 | 7 | 1 |
| 8 | 9 | 1 | 2 | 7 | 4 | 3 | 5 | 6 |
| 3 | 2 | 7 | 1 | 6 | 5 | 4 | 8 | 9 |
| 5 | 4 | 6 | 9 | 8 | 3 | 1 | 2 | 7 |

### 547

| 9 | 7 | 5 | 3 | 1 | 2 | 8 | 4 | 6 |
|---|---|---|---|---|---|---|---|---|
| 8 | 2 | 6 | 7 | 4 | 5 | 3 | 9 | 1 |
| 3 | 1 | 4 | 6 | 8 | 9 | 7 | 2 | 5 |
| 2 | 5 | 1 | 9 | 3 | 8 | 6 | 7 | 4 |
| 7 | 6 | 8 | 1 | 5 | 4 | 2 | 3 | 9 |
| 4 | 3 | 9 | 2 | 6 | 7 | 5 | 1 | 8 |
| 6 | 9 | 2 | 5 | 7 | 1 | 4 | 8 | 3 |
| 1 | 8 | 3 | 4 | 2 | 6 | 9 | 5 | 7 |
| 5 | 4 | 7 | 8 | 9 | 3 | 1 | 6 | 2 |

### 548

| 9 | 4 | 6 | 8 | 5 | 7 | 1 | 3 | 2 |
|---|---|---|---|---|---|---|---|---|
| 7 | 5 | 3 | 4 | 1 | 2 | 9 | 8 | 6 |
| 2 | 8 | 1 | 3 | 6 | 9 | 5 | 7 | 4 |
| 8 | 1 | 4 | 5 | 9 | 6 | 7 | 2 | 3 |
| 3 | 2 | 7 | 1 | 4 | 8 | 6 | 9 | 5 |
| 6 | 9 | 5 | 2 | 7 | 3 | 8 | 4 | 1 |
| 1 | 7 | 9 | 6 | 3 | 4 | 2 | 5 | 8 |
| 5 | 3 | 2 | 9 | 8 | 1 | 4 | 6 | 7 |
| 4 | 6 | 8 | 7 | 2 | 5 | 3 | 1 | 9 |

### 549

| 7 | 1 | 2 | 3 | 9 | 4 | 6 | 8 | 5 |
|---|---|---|---|---|---|---|---|---|
| 5 | 9 | 3 | 6 | 1 | 8 | 2 | 4 | 7 |
| 8 | 6 | 4 | 5 | 2 | 7 | 1 | 3 | 9 |
| 2 | 7 | 1 | 8 | 5 | 3 | 4 | 9 | 6 |
| 6 | 5 | 8 | 9 | 4 | 1 | 3 | 7 | 2 |
| 4 | 3 | 9 | 2 | 7 | 6 | 8 | 5 | 1 |
| 1 | 4 | 5 | 7 | 8 | 2 | 9 | 6 | 3 |
| 9 | 8 | 6 | 1 | 3 | 5 | 7 | 2 | 4 |
| 3 | 2 | 7 | 4 | 6 | 9 | 5 | 1 | 8 |

### 550

| 3 | 2 | 5 | 4 | 6 | 9 | 1 | 8 | 7 |
|---|---|---|---|---|---|---|---|---|
| 6 | 8 | 9 | 3 | 1 | 7 | 4 | 5 | 2 |
| 7 | 4 | 1 | 5 | 8 | 2 | 9 | 3 | 6 |
| 1 | 7 | 2 | 8 | 3 | 4 | 6 | 9 | 5 |
| 8 | 6 | 4 | 9 | 7 | 5 | 2 | 1 | 3 |
| 5 | 9 | 3 | 1 | 2 | 6 | 7 | 4 | 8 |
| 4 | 3 | 7 | 2 | 5 | 1 | 8 | 6 | 9 |
| 2 | 1 | 8 | 6 | 9 | 3 | 5 | 7 | 4 |
| 9 | 5 | 6 | 7 | 4 | 8 | 3 | 2 | 1 |

### 551

| 3 | 6 | 9 | 5 | 8 | 4 | 1 | 2 | 7 |
|---|---|---|---|---|---|---|---|---|
| 5 | 7 | 4 | 1 | 6 | 2 | 8 | 3 | 9 |
| 2 | 8 | 1 | 9 | 3 | 7 | 5 | 4 | 6 |
| 4 | 5 | 7 | 6 | 1 | 3 | 2 | 9 | 8 |
| 8 | 1 | 3 | 2 | 5 | 9 | 7 | 6 | 4 |
| 6 | 9 | 2 | 4 | 7 | 8 | 3 | 5 | 1 |
| 1 | 2 | 5 | 7 | 4 | 6 | 9 | 8 | 3 |
| 7 | 4 | 8 | 3 | 9 | 5 | 6 | 1 | 2 |
| 9 | 3 | 6 | 8 | 2 | 1 | 4 | 7 | 5 |

### 552

| 4 | 3 | 2 | 8 | 1 | 6 | 9 | 7 | 5 |
|---|---|---|---|---|---|---|---|---|
| 6 | 7 | 5 | 3 | 9 | 2 | 1 | 8 | 4 |
| 8 | 9 | 1 | 7 | 4 | 5 | 2 | 3 | 6 |
| 2 | 1 | 3 | 5 | 7 | 4 | 6 | 9 | 8 |
| 5 | 6 | 4 | 9 | 3 | 8 | 7 | 2 | 1 |
| 9 | 8 | 7 | 2 | 6 | 1 | 4 | 5 | 3 |
| 3 | 2 | 6 | 4 | 8 | 9 | 5 | 1 | 7 |
| 1 | 5 | 8 | 6 | 2 | 7 | 3 | 4 | 9 |
| 7 | 4 | 9 | 1 | 5 | 3 | 8 | 6 | 2 |

### 553

| 7 | 9 | 3 | 5 | 6 | 2 | 1 | 8 | 4 |
|---|---|---|---|---|---|---|---|---|
| 6 | 1 | 5 | 3 | 4 | 8 | 2 | 9 | 7 |
| 2 | 4 | 8 | 1 | 7 | 9 | 3 | 5 | 6 |
| 4 | 7 | 1 | 6 | 9 | 3 | 5 | 2 | 8 |
| 8 | 6 | 9 | 7 | 2 | 5 | 4 | 1 | 3 |
| 3 | 5 | 2 | 4 | 8 | 1 | 7 | 6 | 9 |
| 1 | 3 | 4 | 9 | 5 | 6 | 8 | 7 | 2 |
| 5 | 8 | 6 | 2 | 3 | 7 | 9 | 4 | 1 |
| 9 | 2 | 7 | 8 | 1 | 4 | 6 | 3 | 5 |

### 554

| 1 | 2 | 3 | 6 | 9 | 5 | 4 | 7 | 8 |
|---|---|---|---|---|---|---|---|---|
| 9 | 6 | 8 | 7 | 4 | 1 | 2 | 3 | 5 |
| 7 | 4 | 5 | 2 | 8 | 3 | 9 | 1 | 6 |
| 2 | 7 | 1 | 8 | 5 | 4 | 3 | 6 | 9 |
| 3 | 5 | 4 | 1 | 6 | 9 | 7 | 8 | 2 |
| 6 | 8 | 9 | 3 | 7 | 2 | 5 | 4 | 1 |
| 5 | 1 | 2 | 4 | 3 | 6 | 8 | 9 | 7 |
| 8 | 3 | 6 | 9 | 2 | 7 | 1 | 5 | 4 |
| 4 | 9 | 7 | 5 | 1 | 8 | 6 | 2 | 3 |

### 555

| 6 | 1 | 3 | 9 | 2 | 5 | 7 | 4 | 8 |
|---|---|---|---|---|---|---|---|---|
| 8 | 5 | 7 | 1 | 6 | 4 | 9 | 3 | 2 |
| 2 | 9 | 4 | 3 | 7 | 8 | 1 | 6 | 5 |
| 1 | 3 | 5 | 8 | 4 | 7 | 2 | 9 | 6 |
| 4 | 2 | 9 | 5 | 1 | 6 | 8 | 7 | 3 |
| 7 | 6 | 8 | 2 | 3 | 9 | 4 | 5 | 1 |
| 3 | 7 | 6 | 4 | 8 | 1 | 5 | 2 | 9 |
| 5 | 4 | 1 | 6 | 9 | 2 | 3 | 8 | 7 |
| 9 | 8 | 2 | 7 | 5 | 3 | 6 | 1 | 4 |

### 556

| 2 | 5 | 4 | 8 | 7 | 9 | 3 | 1 | 6 |
|---|---|---|---|---|---|---|---|---|
| 1 | 3 | 8 | 6 | 4 | 2 | 9 | 5 | 7 |
| 7 | 6 | 9 | 1 | 5 | 3 | 8 | 4 | 2 |
| 4 | 7 | 2 | 9 | 3 | 5 | 6 | 8 | 1 |
| 9 | 1 | 6 | 2 | 8 | 4 | 5 | 7 | 3 |
| 5 | 8 | 3 | 7 | 6 | 1 | 4 | 2 | 9 |
| 3 | 9 | 7 | 5 | 1 | 8 | 2 | 6 | 4 |
| 8 | 4 | 1 | 3 | 2 | 6 | 7 | 9 | 5 |
| 6 | 2 | 5 | 4 | 9 | 7 | 1 | 3 | 8 |

### 557

| 6 | 9 | 4 | 2 | 7 | 1 | 5 | 8 | 3 |
|---|---|---|---|---|---|---|---|---|
| 1 | 5 | 2 | 9 | 3 | 8 | 7 | 4 | 6 |
| 8 | 3 | 7 | 4 | 5 | 6 | 2 | 1 | 9 |
| 7 | 2 | 8 | 3 | 6 | 9 | 4 | 5 | 1 |
| 3 | 4 | 1 | 5 | 8 | 2 | 9 | 6 | 7 |
| 5 | 6 | 9 | 1 | 4 | 7 | 8 | 3 | 2 |
| 9 | 1 | 3 | 8 | 2 | 5 | 6 | 7 | 4 |
| 2 | 7 | 5 | 6 | 1 | 4 | 3 | 9 | 8 |
| 4 | 8 | 6 | 7 | 9 | 3 | 1 | 2 | 5 |

### 558

| 8 | 6 | 1 | 7 | 9 | 4 | 3 | 2 | 5 |
|---|---|---|---|---|---|---|---|---|
| 7 | 5 | 9 | 2 | 3 | 1 | 4 | 8 | 6 |
| 4 | 3 | 2 | 8 | 5 | 6 | 7 | 1 | 9 |
| 5 | 2 | 3 | 9 | 4 | 8 | 1 | 6 | 7 |
| 1 | 4 | 8 | 6 | 2 | 7 | 5 | 9 | 3 |
| 9 | 7 | 6 | 5 | 1 | 3 | 2 | 4 | 8 |
| 3 | 8 | 5 | 4 | 6 | 2 | 9 | 7 | 1 |
| 6 | 9 | 4 | 1 | 7 | 5 | 8 | 3 | 2 |
| 2 | 1 | 7 | 3 | 8 | 9 | 6 | 5 | 4 |

### 559

| 4 | 2 | 3 | 9 | 5 | 8 | 7 | 1 | 6 |
|---|---|---|---|---|---|---|---|---|
| 7 | 5 | 6 | 2 | 1 | 4 | 3 | 8 | 9 |
| 1 | 9 | 8 | 7 | 3 | 6 | 5 | 4 | 2 |
| 2 | 4 | 5 | 3 | 9 | 1 | 8 | 6 | 7 |
| 9 | 6 | 7 | 8 | 4 | 5 | 1 | 2 | 3 |
| 3 | 8 | 1 | 6 | 2 | 7 | 9 | 5 | 4 |
| 5 | 3 | 2 | 4 | 8 | 9 | 6 | 7 | 1 |
| 6 | 1 | 4 | 5 | 7 | 3 | 2 | 9 | 8 |
| 8 | 7 | 9 | 1 | 6 | 2 | 4 | 3 | 5 |

### 560

| 7 | 1 | 6 | 2 | 9 | 4 | 8 | 3 | 5 |
|---|---|---|---|---|---|---|---|---|
| 2 | 4 | 9 | 8 | 5 | 3 | 7 | 6 | 1 |
| 3 | 8 | 5 | 6 | 1 | 7 | 9 | 2 | 4 |
| 4 | 7 | 1 | 9 | 3 | 6 | 2 | 5 | 8 |
| 5 | 6 | 8 | 4 | 2 | 1 | 3 | 7 | 9 |
| 9 | 2 | 3 | 7 | 8 | 5 | 4 | 1 | 6 |
| 6 | 3 | 7 | 1 | 4 | 9 | 5 | 8 | 2 |
| 1 | 9 | 2 | 5 | 7 | 8 | 6 | 4 | 3 |
| 8 | 5 | 4 | 3 | 6 | 2 | 1 | 9 | 7 |

**561**

| 8 | 5 | 2 | 1 | 7 | 9 | 6 | 4 | 3 |
|---|---|---|---|---|---|---|---|---|
| 1 | 4 | 9 | 8 | 3 | 6 | 2 | 7 | 5 |
| 7 | 6 | 3 | 4 | 2 | 5 | 8 | 1 | 9 |
| 3 | 9 | 8 | 7 | 4 | 2 | 1 | 5 | 6 |
| 6 | 1 | 7 | 9 | 5 | 3 | 4 | 8 | 2 |
| 4 | 2 | 5 | 6 | 8 | 1 | 9 | 3 | 7 |
| 9 | 8 | 6 | 3 | 1 | 7 | 5 | 2 | 4 |
| 5 | 3 | 1 | 2 | 6 | 4 | 7 | 9 | 8 |
| 2 | 7 | 4 | 5 | 9 | 8 | 3 | 6 | 1 |

**562**

| 6 | 3 | 1 | 7 | 4 | 5 | 9 | 2 | 8 |
|---|---|---|---|---|---|---|---|---|
| 9 | 8 | 5 | 6 | 2 | 3 | 1 | 7 | 4 |
| 7 | 2 | 4 | 9 | 8 | 1 | 3 | 6 | 5 |
| 1 | 5 | 8 | 2 | 7 | 4 | 6 | 9 | 3 |
| 2 | 9 | 7 | 8 | 3 | 6 | 4 | 5 | 1 |
| 4 | 6 | 3 | 1 | 5 | 9 | 7 | 8 | 2 |
| 3 | 7 | 9 | 5 | 1 | 2 | 8 | 4 | 6 |
| 5 | 1 | 6 | 4 | 9 | 8 | 2 | 3 | 7 |
| 8 | 4 | 2 | 3 | 6 | 7 | 5 | 1 | 9 |

**563**

| 4 | 2 | 7 | 3 | 1 | 9 | 6 | 5 | 8 |
|---|---|---|---|---|---|---|---|---|
| 5 | 3 | 8 | 4 | 6 | 7 | 1 | 2 | 9 |
| 6 | 1 | 9 | 5 | 8 | 2 | 3 | 7 | 4 |
| 2 | 6 | 3 | 8 | 4 | 5 | 7 | 9 | 1 |
| 9 | 7 | 4 | 1 | 2 | 6 | 8 | 3 | 5 |
| 8 | 5 | 1 | 7 | 9 | 3 | 4 | 6 | 2 |
| 1 | 9 | 2 | 6 | 3 | 4 | 5 | 8 | 7 |
| 3 | 8 | 5 | 2 | 7 | 1 | 9 | 4 | 6 |
| 7 | 4 | 6 | 9 | 5 | 8 | 2 | 1 | 3 |

**564**

| 9 | 7 | 5 | 8 | 6 | 1 | 4 | 3 | 2 |
|---|---|---|---|---|---|---|---|---|
| 6 | 2 | 1 | 5 | 4 | 3 | 7 | 9 | 8 |
| 8 | 4 | 3 | 9 | 7 | 2 | 6 | 1 | 5 |
| 2 | 6 | 4 | 3 | 5 | 8 | 1 | 7 | 9 |
| 7 | 5 | 9 | 4 | 1 | 6 | 2 | 8 | 3 |
| 3 | 1 | 8 | 7 | 2 | 9 | 5 | 4 | 6 |
| 4 | 8 | 6 | 1 | 9 | 5 | 3 | 2 | 7 |
| 5 | 3 | 7 | 2 | 8 | 4 | 9 | 6 | 1 |
| 1 | 9 | 2 | 6 | 3 | 7 | 8 | 5 | 4 |

**565**

| 3 | 6 | 1 | 9 | 4 | 8 | 2 | 7 | 5 |
|---|---|---|---|---|---|---|---|---|
| 9 | 4 | 2 | 5 | 7 | 3 | 8 | 6 | 1 |
| 5 | 8 | 7 | 6 | 1 | 2 | 9 | 3 | 4 |
| 1 | 7 | 3 | 8 | 2 | 4 | 5 | 9 | 6 |
| 4 | 2 | 9 | 7 | 5 | 6 | 1 | 8 | 3 |
| 8 | 5 | 6 | 3 | 9 | 1 | 4 | 2 | 7 |
| 2 | 3 | 8 | 4 | 6 | 5 | 7 | 1 | 9 |
| 7 | 1 | 4 | 2 | 3 | 9 | 6 | 5 | 8 |
| 6 | 9 | 5 | 1 | 8 | 7 | 3 | 4 | 2 |

**566**

| 8 | 3 | 2 | 9 | 7 | 1 | 6 | 4 | 5 |
|---|---|---|---|---|---|---|---|---|
| 7 | 1 | 4 | 3 | 6 | 5 | 8 | 2 | 9 |
| 6 | 5 | 9 | 4 | 8 | 2 | 7 | 3 | 1 |
| 2 | 8 | 1 | 6 | 4 | 9 | 3 | 5 | 7 |
| 3 | 4 | 6 | 5 | 1 | 7 | 9 | 8 | 2 |
| 9 | 7 | 5 | 2 | 3 | 8 | 4 | 1 | 6 |
| 5 | 6 | 3 | 1 | 9 | 4 | 2 | 7 | 8 |
| 4 | 2 | 7 | 8 | 5 | 6 | 1 | 9 | 3 |
| 1 | 9 | 8 | 7 | 2 | 3 | 5 | 6 | 4 |

**567**

| 3 | 1 | 8 | 2 | 5 | 6 | 7 | 4 | 9 |
|---|---|---|---|---|---|---|---|---|
| 4 | 6 | 5 | 8 | 7 | 9 | 1 | 3 | 2 |
| 7 | 9 | 2 | 3 | 4 | 1 | 8 | 5 | 6 |
| 2 | 8 | 1 | 9 | 3 | 5 | 4 | 6 | 7 |
| 5 | 7 | 9 | 1 | 6 | 4 | 2 | 8 | 3 |
| 6 | 3 | 4 | 7 | 2 | 8 | 9 | 1 | 5 |
| 8 | 4 | 3 | 6 | 9 | 2 | 5 | 7 | 1 |
| 1 | 2 | 7 | 5 | 8 | 3 | 6 | 9 | 4 |
| 9 | 5 | 6 | 4 | 1 | 7 | 3 | 2 | 8 |

**568**

| 1 | 7 | 2 | 9 | 8 | 4 | 6 | 3 | 5 |
|---|---|---|---|---|---|---|---|---|
| 8 | 5 | 4 | 7 | 6 | 3 | 1 | 9 | 2 |
| 6 | 3 | 9 | 2 | 1 | 5 | 4 | 7 | 8 |
| 9 | 8 | 6 | 3 | 5 | 1 | 7 | 2 | 4 |
| 3 | 2 | 5 | 4 | 7 | 8 | 9 | 6 | 1 |
| 7 | 4 | 1 | 6 | 2 | 9 | 5 | 8 | 3 |
| 5 | 9 | 8 | 1 | 3 | 6 | 2 | 4 | 7 |
| 2 | 6 | 3 | 5 | 4 | 7 | 8 | 1 | 9 |
| 4 | 1 | 7 | 8 | 9 | 2 | 3 | 5 | 6 |

**569**

| 5 | 1 | 6 | 7 | 2 | 4 | 9 | 8 | 3 |
|---|---|---|---|---|---|---|---|---|
| 4 | 2 | 3 | 5 | 8 | 9 | 6 | 7 | 1 |
| 8 | 7 | 9 | 6 | 1 | 3 | 5 | 4 | 2 |
| 2 | 3 | 5 | 9 | 6 | 8 | 7 | 1 | 4 |
| 7 | 6 | 4 | 2 | 5 | 1 | 3 | 9 | 8 |
| 1 | 9 | 8 | 4 | 3 | 7 | 2 | 6 | 5 |
| 6 | 5 | 1 | 8 | 7 | 2 | 4 | 3 | 9 |
| 9 | 8 | 7 | 3 | 4 | 5 | 1 | 2 | 6 |
| 3 | 4 | 2 | 1 | 9 | 6 | 8 | 5 | 7 |

**570**

| 4 | 6 | 8 | 7 | 3 | 1 | 5 | 2 | 9 |
|---|---|---|---|---|---|---|---|---|
| 5 | 3 | 1 | 2 | 9 | 8 | 4 | 6 | 7 |
| 9 | 2 | 7 | 6 | 4 | 5 | 8 | 1 | 3 |
| 6 | 4 | 3 | 9 | 2 | 7 | 1 | 8 | 5 |
| 1 | 7 | 9 | 5 | 8 | 4 | 2 | 3 | 6 |
| 8 | 5 | 2 | 1 | 6 | 3 | 7 | 9 | 4 |
| 7 | 9 | 6 | 8 | 5 | 2 | 3 | 4 | 1 |
| 2 | 1 | 4 | 3 | 7 | 9 | 6 | 5 | 8 |
| 3 | 8 | 5 | 4 | 1 | 6 | 9 | 7 | 2 |

**571**

| 7 | 8 | 2 | 4 | 3 | 5 | 1 | 6 | 9 |
|---|---|---|---|---|---|---|---|---|
| 1 | 4 | 5 | 6 | 9 | 8 | 2 | 7 | 3 |
| 6 | 3 | 9 | 1 | 2 | 7 | 5 | 8 | 4 |
| 3 | 5 | 1 | 2 | 7 | 6 | 4 | 9 | 8 |
| 9 | 6 | 4 | 8 | 1 | 3 | 7 | 2 | 5 |
| 8 | 2 | 7 | 5 | 4 | 9 | 6 | 3 | 1 |
| 2 | 1 | 6 | 3 | 8 | 4 | 9 | 5 | 7 |
| 4 | 9 | 8 | 7 | 5 | 2 | 3 | 1 | 6 |
| 5 | 7 | 3 | 9 | 6 | 1 | 8 | 4 | 2 |

**572**

| 8 | 1 | 2 | 9 | 7 | 4 | 6 | 3 | 5 |
|---|---|---|---|---|---|---|---|---|
| 5 | 9 | 7 | 3 | 6 | 2 | 1 | 4 | 8 |
| 6 | 4 | 3 | 8 | 1 | 5 | 7 | 2 | 9 |
| 4 | 6 | 8 | 1 | 9 | 7 | 3 | 5 | 2 |
| 1 | 2 | 9 | 5 | 3 | 6 | 8 | 7 | 4 |
| 3 | 7 | 5 | 4 | 2 | 8 | 9 | 1 | 6 |
| 9 | 5 | 4 | 7 | 8 | 1 | 2 | 6 | 3 |
| 2 | 8 | 1 | 6 | 4 | 3 | 5 | 9 | 7 |
| 7 | 3 | 6 | 2 | 5 | 9 | 4 | 8 | 1 |

**573**

| 2 | 8 | 9 | 5 | 7 | 3 | 4 | 1 | 6 |
|---|---|---|---|---|---|---|---|---|
| 7 | 5 | 4 | 1 | 6 | 2 | 8 | 9 | 3 |
| 6 | 3 | 1 | 9 | 8 | 4 | 2 | 7 | 5 |
| 4 | 6 | 3 | 7 | 1 | 9 | 5 | 2 | 8 |
| 1 | 7 | 2 | 8 | 3 | 5 | 6 | 4 | 9 |
| 8 | 9 | 5 | 2 | 4 | 6 | 7 | 3 | 1 |
| 3 | 1 | 8 | 6 | 2 | 7 | 9 | 5 | 4 |
| 9 | 4 | 7 | 3 | 5 | 8 | 1 | 6 | 2 |
| 5 | 2 | 6 | 4 | 9 | 1 | 3 | 8 | 7 |

**574**

| 3 | 2 | 1 | 5 | 6 | 9 | 4 | 7 | 8 |
|---|---|---|---|---|---|---|---|---|
| 8 | 5 | 7 | 1 | 2 | 4 | 6 | 3 | 9 |
| 4 | 6 | 9 | 7 | 8 | 3 | 2 | 1 | 5 |
| 5 | 8 | 6 | 3 | 4 | 2 | 7 | 9 | 1 |
| 2 | 1 | 3 | 6 | 9 | 7 | 5 | 8 | 4 |
| 9 | 7 | 4 | 8 | 1 | 5 | 3 | 2 | 6 |
| 1 | 3 | 2 | 4 | 5 | 8 | 9 | 6 | 7 |
| 6 | 9 | 5 | 2 | 7 | 1 | 8 | 4 | 3 |
| 7 | 4 | 8 | 9 | 3 | 6 | 1 | 5 | 2 |

**575**

| 5 | 6 | 8 | 9 | 2 | 3 | 7 | 1 | 4 |
|---|---|---|---|---|---|---|---|---|
| 3 | 7 | 1 | 8 | 5 | 4 | 6 | 9 | 2 |
| 4 | 2 | 9 | 1 | 6 | 7 | 8 | 5 | 3 |
| 6 | 1 | 5 | 2 | 4 | 9 | 3 | 7 | 8 |
| 7 | 4 | 2 | 3 | 8 | 1 | 9 | 6 | 5 |
| 9 | 8 | 3 | 5 | 7 | 6 | 4 | 2 | 1 |
| 1 | 9 | 6 | 4 | 3 | 5 | 2 | 8 | 7 |
| 2 | 5 | 4 | 7 | 9 | 8 | 1 | 3 | 6 |
| 8 | 3 | 7 | 6 | 1 | 2 | 5 | 4 | 9 |

**576**

| 8 | 3 | 2 | 6 | 4 | 1 | 5 | 7 | 9 |
|---|---|---|---|---|---|---|---|---|
| 4 | 7 | 6 | 2 | 9 | 5 | 1 | 8 | 3 |
| 1 | 5 | 9 | 8 | 7 | 3 | 4 | 6 | 2 |
| 6 | 9 | 7 | 1 | 2 | 8 | 3 | 4 | 5 |
| 5 | 1 | 3 | 7 | 6 | 4 | 2 | 9 | 8 |
| 2 | 4 | 8 | 5 | 3 | 9 | 7 | 1 | 6 |
| 3 | 2 | 1 | 4 | 8 | 6 | 9 | 5 | 7 |
| 9 | 6 | 4 | 3 | 5 | 7 | 8 | 2 | 1 |
| 7 | 8 | 5 | 9 | 1 | 2 | 6 | 3 | 4 |

**577**

| 1 | 7 | 5 | 9 | 2 | 6 | 3 | 8 | 4 |
|---|---|---|---|---|---|---|---|---|
| 4 | 3 | 9 | 8 | 1 | 7 | 2 | 5 | 6 |
| 6 | 8 | 2 | 5 | 3 | 4 | 1 | 7 | 9 |
| 9 | 6 | 8 | 2 | 4 | 5 | 7 | 1 | 3 |
| 2 | 1 | 4 | 3 | 7 | 9 | 5 | 6 | 8 |
| 3 | 5 | 7 | 6 | 8 | 1 | 4 | 9 | 2 |
| 8 | 4 | 6 | 7 | 5 | 2 | 9 | 3 | 1 |
| 5 | 9 | 1 | 4 | 6 | 3 | 8 | 2 | 7 |
| 7 | 2 | 3 | 1 | 9 | 8 | 6 | 4 | 5 |

**578**

| 6 | 9 | 5 | 3 | 2 | 1 | 7 | 4 | 8 |
|---|---|---|---|---|---|---|---|---|
| 2 | 3 | 7 | 4 | 8 | 5 | 9 | 1 | 6 |
| 1 | 8 | 4 | 6 | 9 | 7 | 3 | 5 | 2 |
| 8 | 5 | 1 | 2 | 7 | 4 | 6 | 3 | 9 |
| 9 | 7 | 6 | 8 | 5 | 3 | 1 | 2 | 4 |
| 3 | 4 | 2 | 9 | 1 | 6 | 8 | 7 | 5 |
| 7 | 1 | 9 | 5 | 4 | 8 | 2 | 6 | 3 |
| 5 | 2 | 3 | 7 | 6 | 9 | 4 | 8 | 1 |
| 4 | 6 | 8 | 1 | 3 | 2 | 5 | 9 | 7 |

**579**

| 6 | 1 | 3 | 8 | 4 | 5 | 7 | 2 | 9 |
|---|---|---|---|---|---|---|---|---|
| 8 | 4 | 9 | 3 | 2 | 7 | 6 | 1 | 5 |
| 7 | 2 | 5 | 9 | 1 | 6 | 8 | 3 | 4 |
| 2 | 6 | 1 | 5 | 3 | 9 | 4 | 7 | 8 |
| 9 | 8 | 7 | 4 | 6 | 2 | 3 | 5 | 1 |
| 3 | 5 | 4 | 7 | 8 | 1 | 2 | 9 | 6 |
| 4 | 9 | 8 | 1 | 7 | 3 | 5 | 6 | 2 |
| 5 | 7 | 2 | 6 | 9 | 4 | 1 | 8 | 3 |
| 1 | 3 | 6 | 2 | 5 | 8 | 9 | 4 | 7 |

**580**

| 1 | 8 | 7 | 3 | 2 | 4 | 9 | 5 | 6 |
|---|---|---|---|---|---|---|---|---|
| 4 | 3 | 5 | 6 | 1 | 9 | 8 | 2 | 7 |
| 2 | 9 | 6 | 7 | 5 | 8 | 3 | 1 | 4 |
| 8 | 5 | 2 | 1 | 7 | 6 | 4 | 3 | 9 |
| 9 | 6 | 1 | 4 | 8 | 3 | 2 | 7 | 5 |
| 7 | 4 | 3 | 2 | 9 | 5 | 6 | 8 | 1 |
| 6 | 2 | 4 | 5 | 3 | 1 | 7 | 9 | 8 |
| 5 | 7 | 9 | 8 | 6 | 2 | 1 | 4 | 3 |
| 3 | 1 | 8 | 9 | 4 | 7 | 5 | 6 | 2 |

### 581

| 2 | 4 | 1 | 5 | 6 | 8 | 7 | 3 | 9 |
|---|---|---|---|---|---|---|---|---|
| 7 | 5 | 6 | 4 | 3 | 9 | 2 | 1 | 8 |
| 8 | 9 | 3 | 7 | 1 | 2 | 5 | 4 | 6 |
| 4 | 6 | 8 | 9 | 2 | 1 | 3 | 5 | 7 |
| 1 | 7 | 5 | 3 | 4 | 6 | 8 | 9 | 2 |
| 9 | 3 | 2 | 8 | 7 | 5 | 1 | 6 | 4 |
| 3 | 1 | 7 | 6 | 8 | 4 | 9 | 2 | 5 |
| 6 | 8 | 9 | 2 | 5 | 3 | 4 | 7 | 1 |
| 5 | 2 | 4 | 1 | 9 | 7 | 6 | 8 | 3 |

### 582

| 4 | 7 | 9 | 5 | 6 | 1 | 2 | 8 | 3 |
|---|---|---|---|---|---|---|---|---|
| 3 | 1 | 2 | 9 | 7 | 8 | 4 | 6 | 5 |
| 8 | 6 | 5 | 2 | 4 | 3 | 1 | 7 | 9 |
| 1 | 9 | 7 | 4 | 8 | 6 | 3 | 5 | 2 |
| 6 | 5 | 8 | 3 | 2 | 9 | 7 | 4 | 1 |
| 2 | 3 | 4 | 7 | 1 | 5 | 6 | 9 | 8 |
| 5 | 2 | 6 | 8 | 3 | 7 | 9 | 1 | 4 |
| 7 | 8 | 3 | 1 | 9 | 4 | 5 | 2 | 6 |
| 9 | 4 | 1 | 6 | 5 | 2 | 8 | 3 | 7 |

### 583

| 6 | 3 | 7 | 4 | 8 | 5 | 2 | 9 | 1 |
|---|---|---|---|---|---|---|---|---|
| 1 | 4 | 2 | 9 | 3 | 7 | 6 | 8 | 5 |
| 8 | 9 | 5 | 1 | 2 | 6 | 4 | 7 | 3 |
| 7 | 1 | 9 | 3 | 5 | 2 | 8 | 4 | 6 |
| 3 | 2 | 8 | 6 | 4 | 1 | 9 | 5 | 7 |
| 4 | 5 | 6 | 7 | 9 | 8 | 1 | 3 | 2 |
| 5 | 6 | 1 | 8 | 7 | 9 | 3 | 2 | 4 |
| 2 | 8 | 4 | 5 | 6 | 3 | 7 | 1 | 9 |
| 9 | 7 | 3 | 2 | 1 | 4 | 5 | 6 | 8 |

### 584

| 6 | 2 | 1 | 7 | 9 | 8 | 5 | 3 | 4 |
|---|---|---|---|---|---|---|---|---|
| 9 | 4 | 7 | 3 | 5 | 6 | 1 | 8 | 2 |
| 3 | 8 | 5 | 2 | 1 | 4 | 6 | 9 | 7 |
| 4 | 6 | 3 | 5 | 8 | 2 | 9 | 7 | 1 |
| 2 | 1 | 8 | 9 | 3 | 7 | 4 | 5 | 6 |
| 7 | 5 | 9 | 4 | 6 | 1 | 8 | 2 | 3 |
| 5 | 3 | 4 | 6 | 7 | 9 | 2 | 1 | 8 |
| 1 | 9 | 2 | 8 | 4 | 3 | 7 | 6 | 5 |
| 8 | 7 | 6 | 1 | 2 | 5 | 3 | 4 | 9 |

### 585

| 5 | 7 | 1 | 2 | 6 | 3 | 8 | 4 | 9 |
|---|---|---|---|---|---|---|---|---|
| 8 | 9 | 3 | 5 | 7 | 4 | 1 | 2 | 6 |
| 4 | 6 | 2 | 8 | 9 | 1 | 5 | 7 | 3 |
| 6 | 8 | 4 | 1 | 2 | 9 | 3 | 5 | 7 |
| 1 | 2 | 7 | 3 | 4 | 5 | 9 | 6 | 8 |
| 9 | 3 | 5 | 6 | 8 | 7 | 2 | 1 | 4 |
| 3 | 4 | 6 | 9 | 1 | 2 | 7 | 8 | 5 |
| 7 | 1 | 9 | 4 | 5 | 8 | 6 | 3 | 2 |
| 2 | 5 | 8 | 7 | 3 | 6 | 4 | 9 | 1 |

### 586

| 8 | 3 | 7 | 6 | 9 | 4 | 2 | 5 | 1 |
|---|---|---|---|---|---|---|---|---|
| 4 | 9 | 2 | 7 | 1 | 5 | 3 | 8 | 6 |
| 6 | 1 | 5 | 3 | 2 | 8 | 4 | 9 | 7 |
| 3 | 4 | 9 | 2 | 5 | 6 | 7 | 1 | 8 |
| 5 | 8 | 1 | 4 | 7 | 9 | 6 | 2 | 3 |
| 7 | 2 | 6 | 8 | 3 | 1 | 5 | 4 | 9 |
| 9 | 6 | 3 | 1 | 4 | 2 | 8 | 7 | 5 |
| 2 | 5 | 8 | 9 | 6 | 7 | 1 | 3 | 4 |
| 1 | 7 | 4 | 5 | 8 | 3 | 9 | 6 | 2 |

### 587

| 3 | 7 | 6 | 8 | 9 | 1 | 4 | 5 | 2 |
|---|---|---|---|---|---|---|---|---|
| 4 | 2 | 1 | 7 | 5 | 3 | 6 | 8 | 9 |
| 9 | 8 | 5 | 4 | 2 | 6 | 1 | 7 | 3 |
| 5 | 1 | 7 | 3 | 8 | 9 | 2 | 6 | 4 |
| 6 | 3 | 8 | 2 | 7 | 4 | 5 | 9 | 1 |
| 2 | 4 | 9 | 1 | 6 | 5 | 8 | 3 | 7 |
| 8 | 6 | 4 | 9 | 3 | 2 | 7 | 1 | 5 |
| 1 | 5 | 3 | 6 | 4 | 7 | 9 | 2 | 8 |
| 7 | 9 | 2 | 5 | 1 | 8 | 3 | 4 | 6 |

### 588

| 6 | 5 | 8 | 3 | 4 | 7 | 9 | 2 | 1 |
|---|---|---|---|---|---|---|---|---|
| 3 | 4 | 1 | 2 | 5 | 9 | 7 | 8 | 6 |
| 9 | 7 | 2 | 6 | 8 | 1 | 4 | 3 | 5 |
| 4 | 9 | 3 | 7 | 6 | 8 | 1 | 5 | 2 |
| 1 | 8 | 6 | 5 | 2 | 4 | 3 | 9 | 7 |
| 5 | 2 | 7 | 9 | 1 | 3 | 6 | 4 | 8 |
| 2 | 1 | 5 | 4 | 9 | 6 | 8 | 7 | 3 |
| 8 | 3 | 4 | 1 | 7 | 5 | 2 | 6 | 9 |
| 7 | 6 | 9 | 8 | 3 | 2 | 5 | 1 | 4 |

### 589

| 9 | 6 | 4 | 2 | 8 | 7 | 1 | 5 | 3 |
|---|---|---|---|---|---|---|---|---|
| 8 | 1 | 5 | 6 | 4 | 3 | 7 | 9 | 2 |
| 7 | 2 | 3 | 9 | 1 | 5 | 8 | 4 | 6 |
| 2 | 4 | 7 | 1 | 3 | 8 | 5 | 6 | 9 |
| 3 | 9 | 8 | 4 | 5 | 6 | 2 | 7 | 1 |
| 1 | 5 | 6 | 7 | 9 | 2 | 3 | 8 | 4 |
| 5 | 7 | 9 | 3 | 2 | 4 | 6 | 1 | 8 |
| 6 | 3 | 1 | 8 | 7 | 9 | 4 | 2 | 5 |
| 4 | 8 | 2 | 5 | 6 | 1 | 9 | 3 | 7 |

### 590

| 8 | 4 | 9 | 6 | 3 | 7 | 5 | 2 | 1 |
|---|---|---|---|---|---|---|---|---|
| 5 | 2 | 6 | 9 | 4 | 1 | 3 | 8 | 7 |
| 7 | 1 | 3 | 8 | 5 | 2 | 9 | 6 | 4 |
| 2 | 5 | 7 | 3 | 8 | 9 | 4 | 1 | 6 |
| 9 | 8 | 4 | 5 | 1 | 6 | 2 | 7 | 3 |
| 3 | 6 | 1 | 7 | 2 | 4 | 8 | 5 | 9 |
| 1 | 3 | 5 | 4 | 6 | 8 | 7 | 9 | 2 |
| 4 | 7 | 2 | 1 | 9 | 5 | 6 | 3 | 8 |
| 6 | 9 | 8 | 2 | 7 | 3 | 1 | 4 | 5 |

### 591

| 3 | 9 | 2 | 7 | 1 | 5 | 8 | 4 | 6 |
|---|---|---|---|---|---|---|---|---|
| 1 | 7 | 8 | 9 | 4 | 6 | 2 | 5 | 3 |
| 4 | 6 | 5 | 8 | 2 | 3 | 1 | 7 | 9 |
| 8 | 4 | 6 | 5 | 7 | 2 | 9 | 3 | 1 |
| 5 | 1 | 7 | 6 | 3 | 9 | 4 | 8 | 2 |
| 9 | 2 | 3 | 4 | 8 | 1 | 5 | 6 | 7 |
| 6 | 3 | 9 | 1 | 5 | 8 | 7 | 2 | 4 |
| 2 | 8 | 4 | 3 | 9 | 7 | 6 | 1 | 5 |
| 7 | 5 | 1 | 2 | 6 | 4 | 3 | 9 | 8 |

### 592

| 7 | 3 | 6 | 1 | 2 | 9 | 4 | 5 | 8 |
|---|---|---|---|---|---|---|---|---|
| 4 | 8 | 1 | 7 | 5 | 3 | 6 | 9 | 2 |
| 2 | 9 | 5 | 4 | 8 | 6 | 7 | 1 | 3 |
| 5 | 4 | 2 | 3 | 9 | 7 | 8 | 6 | 1 |
| 6 | 7 | 8 | 5 | 1 | 2 | 9 | 3 | 4 |
| 9 | 1 | 3 | 6 | 4 | 8 | 2 | 7 | 5 |
| 1 | 2 | 9 | 8 | 7 | 5 | 3 | 4 | 6 |
| 8 | 6 | 4 | 9 | 3 | 1 | 5 | 2 | 7 |
| 3 | 5 | 7 | 2 | 6 | 4 | 1 | 8 | 9 |

### 593

| 7 | 1 | 6 | 2 | 9 | 8 | 4 | 3 | 5 |
|---|---|---|---|---|---|---|---|---|
| 4 | 9 | 3 | 7 | 1 | 5 | 8 | 2 | 6 |
| 8 | 5 | 2 | 6 | 3 | 4 | 1 | 7 | 9 |
| 2 | 7 | 9 | 4 | 8 | 6 | 5 | 1 | 3 |
| 3 | 6 | 8 | 1 | 5 | 7 | 2 | 9 | 4 |
| 5 | 4 | 1 | 3 | 2 | 9 | 6 | 8 | 7 |
| 9 | 3 | 5 | 8 | 6 | 2 | 7 | 4 | 1 |
| 6 | 8 | 4 | 9 | 7 | 1 | 3 | 5 | 2 |
| 1 | 2 | 7 | 5 | 4 | 3 | 9 | 6 | 8 |

### 594

| 9 | 4 | 5 | 1 | 7 | 8 | 3 | 2 | 6 |
|---|---|---|---|---|---|---|---|---|
| 1 | 6 | 2 | 5 | 3 | 4 | 7 | 9 | 8 |
| 3 | 8 | 7 | 9 | 2 | 6 | 4 | 1 | 5 |
| 2 | 5 | 1 | 6 | 4 | 7 | 9 | 8 | 3 |
| 6 | 9 | 3 | 8 | 5 | 2 | 1 | 7 | 4 |
| 4 | 7 | 8 | 3 | 1 | 9 | 5 | 6 | 2 |
| 7 | 3 | 6 | 2 | 9 | 5 | 8 | 4 | 1 |
| 8 | 1 | 9 | 4 | 6 | 3 | 2 | 5 | 7 |
| 5 | 2 | 4 | 7 | 8 | 1 | 6 | 3 | 9 |

### 595

| 7 | 2 | 6 | 3 | 8 | 4 | 5 | 9 | 1 |
|---|---|---|---|---|---|---|---|---|
| 8 | 1 | 4 | 9 | 2 | 5 | 6 | 7 | 3 |
| 5 | 3 | 9 | 1 | 7 | 6 | 2 | 8 | 4 |
| 3 | 4 | 2 | 5 | 1 | 7 | 9 | 6 | 8 |
| 6 | 5 | 1 | 2 | 9 | 8 | 4 | 3 | 7 |
| 9 | 7 | 8 | 4 | 6 | 3 | 1 | 5 | 2 |
| 1 | 6 | 3 | 7 | 4 | 9 | 8 | 2 | 5 |
| 2 | 9 | 7 | 8 | 5 | 1 | 3 | 4 | 6 |
| 4 | 8 | 5 | 6 | 3 | 2 | 7 | 1 | 9 |

### 596

| 7 | 6 | 8 | 1 | 4 | 2 | 5 | 9 | 3 |
|---|---|---|---|---|---|---|---|---|
| 3 | 1 | 5 | 6 | 7 | 9 | 4 | 2 | 8 |
| 4 | 2 | 9 | 8 | 5 | 3 | 7 | 6 | 1 |
| 6 | 5 | 4 | 2 | 3 | 1 | 9 | 8 | 7 |
| 2 | 8 | 3 | 9 | 6 | 7 | 1 | 4 | 5 |
| 1 | 9 | 7 | 5 | 8 | 4 | 6 | 3 | 2 |
| 9 | 7 | 2 | 3 | 1 | 6 | 8 | 5 | 4 |
| 5 | 4 | 6 | 7 | 2 | 8 | 3 | 1 | 9 |
| 8 | 3 | 1 | 4 | 9 | 5 | 2 | 7 | 6 |

### 597

| 7 | 2 | 1 | 9 | 3 | 8 | 5 | 6 | 4 |
|---|---|---|---|---|---|---|---|---|
| 9 | 4 | 5 | 1 | 6 | 2 | 8 | 7 | 3 |
| 6 | 8 | 3 | 5 | 4 | 7 | 9 | 1 | 2 |
| 5 | 7 | 8 | 6 | 2 | 9 | 4 | 3 | 1 |
| 1 | 9 | 4 | 7 | 5 | 3 | 6 | 2 | 8 |
| 3 | 6 | 2 | 8 | 1 | 4 | 7 | 5 | 9 |
| 2 | 1 | 9 | 4 | 7 | 6 | 3 | 8 | 5 |
| 8 | 3 | 6 | 2 | 9 | 5 | 1 | 4 | 7 |
| 4 | 5 | 7 | 3 | 8 | 1 | 2 | 9 | 6 |

### 598

| 5 | 6 | 2 | 8 | 3 | 1 | 9 | 4 | 7 |
|---|---|---|---|---|---|---|---|---|
| 8 | 7 | 4 | 6 | 9 | 5 | 3 | 1 | 2 |
| 3 | 1 | 9 | 2 | 7 | 4 | 5 | 8 | 6 |
| 4 | 3 | 8 | 7 | 5 | 2 | 6 | 9 | 1 |
| 1 | 9 | 6 | 3 | 4 | 8 | 7 | 2 | 5 |
| 7 | 2 | 5 | 9 | 1 | 6 | 8 | 3 | 4 |
| 6 | 8 | 3 | 1 | 2 | 7 | 4 | 5 | 9 |
| 9 | 4 | 1 | 5 | 6 | 3 | 2 | 7 | 8 |
| 2 | 5 | 7 | 4 | 8 | 9 | 1 | 6 | 3 |

### 599

| 5 | 6 | 4 | 3 | 2 | 1 | 8 | 7 | 9 |
|---|---|---|---|---|---|---|---|---|
| 1 | 8 | 9 | 6 | 7 | 4 | 2 | 5 | 3 |
| 7 | 2 | 3 | 5 | 9 | 8 | 4 | 6 | 1 |
| 9 | 5 | 6 | 4 | 8 | 3 | 7 | 1 | 2 |
| 4 | 3 | 7 | 2 | 1 | 9 | 5 | 8 | 6 |
| 2 | 1 | 8 | 7 | 6 | 5 | 3 | 9 | 4 |
| 3 | 9 | 2 | 1 | 5 | 7 | 6 | 4 | 8 |
| 8 | 4 | 5 | 9 | 3 | 6 | 1 | 2 | 7 |
| 6 | 7 | 1 | 8 | 4 | 2 | 9 | 3 | 5 |

### 600

| 8 | 4 | 3 | 9 | 5 | 2 | 6 | 1 | 7 |
|---|---|---|---|---|---|---|---|---|
| 2 | 1 | 6 | 4 | 8 | 7 | 5 | 3 | 9 |
| 7 | 5 | 9 | 1 | 3 | 6 | 4 | 2 | 8 |
| 1 | 2 | 7 | 5 | 4 | 8 | 9 | 6 | 3 |
| 9 | 8 | 5 | 3 | 6 | 1 | 2 | 7 | 4 |
| 6 | 3 | 4 | 7 | 2 | 9 | 8 | 5 | 1 |
| 5 | 7 | 1 | 6 | 9 | 4 | 3 | 8 | 2 |
| 3 | 9 | 2 | 8 | 7 | 5 | 1 | 4 | 6 |
| 4 | 6 | 8 | 2 | 1 | 3 | 7 | 9 | 5 |

## 601

| 2 | 5 | 7 | 8 | 4 | 3 | 9 | 6 | 1 |
|---|---|---|---|---|---|---|---|---|
| 8 | 4 | 1 | 2 | 6 | 9 | 5 | 3 | 7 |
| 6 | 3 | 9 | 7 | 5 | 1 | 4 | 2 | 8 |
| 9 | 7 | 6 | 5 | 3 | 8 | 2 | 1 | 4 |
| 1 | 8 | 4 | 9 | 2 | 6 | 7 | 5 | 3 |
| 3 | 2 | 5 | 1 | 7 | 4 | 6 | 8 | 9 |
| 4 | 1 | 8 | 6 | 9 | 5 | 3 | 7 | 2 |
| 7 | 6 | 3 | 4 | 1 | 2 | 8 | 9 | 5 |
| 5 | 9 | 2 | 3 | 8 | 7 | 1 | 4 | 6 |

## 602

| 3 | 4 | 8 | 7 | 5 | 1 | 9 | 2 | 6 |
|---|---|---|---|---|---|---|---|---|
| 6 | 5 | 9 | 3 | 2 | 8 | 1 | 4 | 7 |
| 1 | 2 | 7 | 4 | 9 | 6 | 8 | 5 | 3 |
| 2 | 1 | 3 | 6 | 8 | 7 | 4 | 9 | 5 |
| 4 | 9 | 5 | 2 | 1 | 3 | 7 | 6 | 8 |
| 7 | 8 | 6 | 5 | 4 | 9 | 2 | 3 | 1 |
| 9 | 7 | 2 | 8 | 3 | 5 | 6 | 1 | 4 |
| 8 | 3 | 4 | 1 | 6 | 2 | 5 | 7 | 9 |
| 5 | 6 | 1 | 9 | 7 | 4 | 3 | 8 | 2 |

## 603

| 6 | 5 | 1 | 7 | 3 | 2 | 8 | 9 | 4 |
|---|---|---|---|---|---|---|---|---|
| 7 | 4 | 3 | 5 | 8 | 9 | 1 | 6 | 2 |
| 2 | 9 | 8 | 6 | 1 | 4 | 3 | 5 | 7 |
| 5 | 7 | 6 | 2 | 9 | 1 | 4 | 3 | 8 |
| 9 | 3 | 2 | 8 | 4 | 6 | 7 | 1 | 5 |
| 1 | 8 | 4 | 3 | 7 | 5 | 9 | 2 | 6 |
| 8 | 6 | 9 | 1 | 5 | 7 | 2 | 4 | 3 |
| 4 | 2 | 7 | 9 | 6 | 3 | 5 | 8 | 1 |
| 3 | 1 | 5 | 4 | 2 | 8 | 6 | 7 | 9 |

## 604

| 9 | 6 | 4 | 7 | 8 | 2 | 3 | 5 | 1 |
|---|---|---|---|---|---|---|---|---|
| 2 | 1 | 7 | 3 | 5 | 6 | 8 | 9 | 4 |
| 8 | 5 | 3 | 1 | 9 | 4 | 6 | 2 | 7 |
| 3 | 8 | 5 | 4 | 7 | 9 | 2 | 1 | 6 |
| 4 | 2 | 1 | 6 | 3 | 5 | 7 | 8 | 9 |
| 7 | 9 | 6 | 8 | 2 | 1 | 5 | 4 | 3 |
| 6 | 4 | 8 | 5 | 1 | 3 | 9 | 7 | 2 |
| 1 | 7 | 9 | 2 | 6 | 8 | 4 | 3 | 5 |
| 5 | 3 | 2 | 9 | 4 | 7 | 1 | 6 | 8 |

## 605

| 6 | 4 | 8 | 2 | 1 | 7 | 5 | 3 | 9 |
|---|---|---|---|---|---|---|---|---|
| 7 | 5 | 2 | 3 | 4 | 9 | 6 | 8 | 1 |
| 1 | 3 | 9 | 5 | 6 | 8 | 4 | 2 | 7 |
| 4 | 8 | 7 | 6 | 9 | 3 | 1 | 5 | 2 |
| 5 | 9 | 1 | 4 | 8 | 2 | 3 | 7 | 6 |
| 2 | 6 | 3 | 1 | 7 | 5 | 8 | 9 | 4 |
| 8 | 7 | 4 | 9 | 3 | 6 | 2 | 1 | 5 |
| 3 | 1 | 5 | 7 | 2 | 4 | 9 | 6 | 8 |
| 9 | 2 | 6 | 8 | 5 | 1 | 7 | 4 | 3 |

## 606

| 9 | 8 | 6 | 2 | 3 | 1 | 4 | 7 | 5 |
|---|---|---|---|---|---|---|---|---|
| 4 | 2 | 1 | 5 | 7 | 8 | 3 | 9 | 6 |
| 3 | 5 | 7 | 9 | 6 | 4 | 8 | 1 | 2 |
| 1 | 3 | 9 | 6 | 8 | 2 | 5 | 4 | 7 |
| 8 | 7 | 2 | 4 | 5 | 3 | 9 | 6 | 1 |
| 5 | 6 | 4 | 7 | 1 | 9 | 2 | 3 | 8 |
| 6 | 9 | 3 | 8 | 2 | 7 | 1 | 5 | 4 |
| 2 | 1 | 5 | 3 | 4 | 6 | 7 | 8 | 9 |
| 7 | 4 | 8 | 1 | 9 | 5 | 6 | 2 | 3 |

## 607

| 4 | 6 | 3 | 8 | 9 | 2 | 1 | 5 | 7 |
|---|---|---|---|---|---|---|---|---|
| 7 | 2 | 5 | 4 | 3 | 1 | 9 | 8 | 6 |
| 1 | 9 | 8 | 7 | 6 | 5 | 3 | 4 | 2 |
| 2 | 4 | 9 | 6 | 7 | 3 | 5 | 1 | 8 |
| 3 | 5 | 1 | 2 | 8 | 9 | 6 | 7 | 4 |
| 6 | 8 | 7 | 5 | 1 | 4 | 2 | 3 | 9 |
| 8 | 7 | 2 | 3 | 5 | 6 | 4 | 9 | 1 |
| 9 | 3 | 6 | 1 | 4 | 7 | 8 | 2 | 5 |
| 5 | 1 | 4 | 9 | 2 | 8 | 7 | 6 | 3 |

## 608

| 2 | 5 | 3 | 4 | 6 | 1 | 9 | 8 | 7 |
|---|---|---|---|---|---|---|---|---|
| 1 | 8 | 6 | 9 | 7 | 3 | 2 | 5 | 4 |
| 7 | 9 | 4 | 8 | 5 | 2 | 6 | 3 | 1 |
| 5 | 3 | 1 | 7 | 8 | 9 | 4 | 2 | 6 |
| 8 | 6 | 2 | 1 | 4 | 5 | 3 | 7 | 9 |
| 9 | 4 | 7 | 3 | 2 | 6 | 5 | 1 | 8 |
| 3 | 1 | 5 | 6 | 9 | 7 | 8 | 4 | 2 |
| 6 | 7 | 8 | 2 | 3 | 4 | 1 | 9 | 5 |
| 4 | 2 | 9 | 5 | 1 | 8 | 7 | 6 | 3 |

## 609

| 8 | 9 | 7 | 2 | 4 | 6 | 3 | 1 | 5 |
|---|---|---|---|---|---|---|---|---|
| 3 | 4 | 2 | 5 | 1 | 8 | 9 | 7 | 6 |
| 1 | 6 | 5 | 9 | 7 | 3 | 2 | 4 | 8 |
| 9 | 2 | 4 | 3 | 6 | 7 | 8 | 5 | 1 |
| 7 | 1 | 3 | 8 | 9 | 5 | 4 | 6 | 2 |
| 6 | 5 | 8 | 1 | 2 | 4 | 7 | 9 | 3 |
| 2 | 8 | 1 | 4 | 5 | 9 | 6 | 3 | 7 |
| 4 | 3 | 6 | 7 | 8 | 1 | 5 | 2 | 9 |
| 5 | 7 | 9 | 6 | 3 | 2 | 1 | 8 | 4 |

## 610

| 3 | 4 | 8 | 9 | 7 | 1 | 6 | 2 | 5 |
|---|---|---|---|---|---|---|---|---|
| 1 | 5 | 2 | 8 | 6 | 4 | 3 | 7 | 9 |
| 9 | 7 | 6 | 5 | 2 | 3 | 8 | 4 | 1 |
| 6 | 3 | 5 | 1 | 8 | 2 | 4 | 9 | 7 |
| 8 | 9 | 7 | 4 | 5 | 6 | 1 | 3 | 2 |
| 2 | 1 | 4 | 3 | 9 | 7 | 5 | 8 | 6 |
| 5 | 2 | 3 | 7 | 1 | 8 | 9 | 6 | 4 |
| 7 | 8 | 9 | 6 | 4 | 5 | 2 | 1 | 3 |
| 4 | 6 | 1 | 2 | 3 | 9 | 7 | 5 | 8 |

## 611

| 1 | 8 | 5 | 6 | 2 | 3 | 9 | 4 | 7 |
|---|---|---|---|---|---|---|---|---|
| 9 | 7 | 2 | 1 | 8 | 4 | 6 | 5 | 3 |
| 6 | 4 | 3 | 9 | 5 | 7 | 8 | 1 | 2 |
| 4 | 9 | 7 | 8 | 6 | 2 | 5 | 3 | 1 |
| 2 | 1 | 6 | 7 | 3 | 5 | 4 | 9 | 8 |
| 3 | 5 | 8 | 4 | 9 | 1 | 2 | 7 | 6 |
| 8 | 6 | 1 | 5 | 7 | 9 | 3 | 2 | 4 |
| 5 | 3 | 4 | 2 | 1 | 6 | 7 | 8 | 9 |
| 7 | 2 | 9 | 3 | 4 | 8 | 1 | 6 | 5 |

## 612

| 1 | 7 | 2 | 9 | 4 | 8 | 3 | 5 | 6 |
|---|---|---|---|---|---|---|---|---|
| 6 | 3 | 8 | 2 | 1 | 5 | 7 | 9 | 4 |
| 4 | 5 | 9 | 6 | 3 | 7 | 1 | 8 | 2 |
| 7 | 2 | 1 | 5 | 8 | 6 | 4 | 3 | 9 |
| 8 | 9 | 6 | 4 | 2 | 3 | 5 | 1 | 7 |
| 3 | 4 | 5 | 1 | 7 | 9 | 6 | 2 | 8 |
| 2 | 8 | 3 | 7 | 5 | 4 | 9 | 6 | 1 |
| 9 | 1 | 4 | 3 | 6 | 2 | 8 | 7 | 5 |
| 5 | 6 | 7 | 8 | 9 | 1 | 2 | 4 | 3 |

## 613

| 7 | 8 | 9 | 1 | 2 | 6 | 4 | 5 | 3 |
|---|---|---|---|---|---|---|---|---|
| 1 | 4 | 3 | 9 | 5 | 8 | 2 | 6 | 7 |
| 5 | 2 | 6 | 7 | 3 | 4 | 9 | 8 | 1 |
| 2 | 1 | 4 | 3 | 9 | 5 | 8 | 7 | 6 |
| 3 | 9 | 8 | 6 | 4 | 7 | 1 | 2 | 5 |
| 6 | 7 | 5 | 2 | 8 | 1 | 3 | 4 | 9 |
| 4 | 5 | 1 | 8 | 7 | 3 | 6 | 9 | 2 |
| 9 | 6 | 7 | 4 | 1 | 2 | 5 | 3 | 8 |
| 8 | 3 | 2 | 5 | 6 | 9 | 7 | 1 | 4 |

## 614

| 4 | 3 | 5 | 6 | 2 | 8 | 9 | 1 | 7 |
|---|---|---|---|---|---|---|---|---|
| 6 | 1 | 9 | 5 | 7 | 3 | 4 | 8 | 2 |
| 7 | 8 | 2 | 9 | 1 | 4 | 6 | 3 | 5 |
| 2 | 6 | 8 | 7 | 3 | 1 | 5 | 4 | 9 |
| 5 | 7 | 3 | 8 | 4 | 9 | 2 | 6 | 1 |
| 9 | 4 | 1 | 2 | 5 | 6 | 8 | 7 | 3 |
| 3 | 9 | 4 | 1 | 6 | 5 | 7 | 2 | 8 |
| 1 | 5 | 7 | 4 | 8 | 2 | 3 | 9 | 6 |
| 8 | 2 | 6 | 3 | 9 | 7 | 1 | 5 | 4 |

## 615

| 7 | 1 | 3 | 5 | 9 | 4 | 2 | 6 | 8 |
|---|---|---|---|---|---|---|---|---|
| 5 | 9 | 2 | 8 | 6 | 7 | 4 | 3 | 1 |
| 8 | 4 | 6 | 1 | 2 | 3 | 7 | 9 | 5 |
| 3 | 7 | 1 | 4 | 8 | 9 | 6 | 5 | 2 |
| 4 | 5 | 8 | 2 | 3 | 6 | 9 | 1 | 7 |
| 2 | 6 | 9 | 7 | 5 | 1 | 3 | 8 | 4 |
| 6 | 8 | 7 | 3 | 1 | 2 | 5 | 4 | 9 |
| 1 | 3 | 4 | 9 | 7 | 5 | 8 | 2 | 6 |
| 9 | 2 | 5 | 6 | 4 | 8 | 1 | 7 | 3 |

## 616

| 2 | 1 | 6 | 9 | 7 | 8 | 3 | 5 | 4 |
|---|---|---|---|---|---|---|---|---|
| 8 | 5 | 7 | 3 | 2 | 4 | 6 | 9 | 1 |
| 3 | 9 | 4 | 1 | 5 | 6 | 7 | 8 | 2 |
| 6 | 7 | 9 | 8 | 1 | 5 | 2 | 4 | 3 |
| 1 | 8 | 2 | 4 | 9 | 3 | 5 | 7 | 6 |
| 4 | 3 | 5 | 7 | 6 | 2 | 8 | 1 | 9 |
| 9 | 6 | 1 | 5 | 3 | 7 | 4 | 2 | 8 |
| 7 | 4 | 3 | 2 | 8 | 1 | 9 | 6 | 5 |
| 5 | 2 | 8 | 6 | 4 | 9 | 1 | 3 | 7 |

## 617

| 8 | 4 | 1 | 2 | 6 | 7 | 5 | 9 | 3 |
|---|---|---|---|---|---|---|---|---|
| 2 | 7 | 5 | 3 | 9 | 4 | 1 | 8 | 6 |
| 3 | 9 | 6 | 1 | 8 | 5 | 4 | 7 | 2 |
| 7 | 1 | 2 | 6 | 3 | 8 | 9 | 5 | 4 |
| 4 | 8 | 3 | 9 | 5 | 2 | 6 | 1 | 7 |
| 5 | 6 | 9 | 4 | 7 | 1 | 2 | 3 | 8 |
| 6 | 2 | 8 | 7 | 1 | 9 | 3 | 4 | 5 |
| 9 | 3 | 7 | 5 | 4 | 6 | 8 | 2 | 1 |
| 1 | 5 | 4 | 8 | 2 | 3 | 7 | 6 | 9 |

## 618

| 7 | 8 | 1 | 3 | 4 | 5 | 6 | 9 | 2 |
|---|---|---|---|---|---|---|---|---|
| 3 | 2 | 5 | 6 | 9 | 8 | 4 | 7 | 1 |
| 4 | 9 | 6 | 2 | 7 | 1 | 5 | 8 | 3 |
| 6 | 7 | 4 | 8 | 1 | 9 | 2 | 3 | 5 |
| 2 | 1 | 8 | 4 | 5 | 3 | 9 | 6 | 7 |
| 9 | 5 | 3 | 7 | 2 | 6 | 8 | 1 | 4 |
| 1 | 4 | 2 | 9 | 8 | 7 | 3 | 5 | 6 |
| 8 | 6 | 7 | 5 | 3 | 4 | 1 | 2 | 9 |
| 5 | 3 | 9 | 1 | 6 | 2 | 7 | 4 | 8 |

## 619

| 8 | 1 | 3 | 4 | 7 | 5 | 9 | 6 | 2 |
|---|---|---|---|---|---|---|---|---|
| 2 | 5 | 6 | 9 | 3 | 1 | 7 | 8 | 4 |
| 7 | 4 | 9 | 6 | 8 | 2 | 1 | 3 | 5 |
| 4 | 3 | 8 | 7 | 5 | 6 | 2 | 1 | 9 |
| 1 | 2 | 5 | 8 | 9 | 4 | 6 | 7 | 3 |
| 6 | 9 | 7 | 1 | 2 | 3 | 5 | 4 | 8 |
| 9 | 8 | 2 | 3 | 1 | 7 | 4 | 5 | 6 |
| 3 | 7 | 4 | 5 | 6 | 9 | 8 | 2 | 1 |
| 5 | 6 | 1 | 2 | 4 | 8 | 3 | 9 | 7 |

## 620

| 8 | 1 | 5 | 7 | 2 | 4 | 3 | 6 | 9 |
|---|---|---|---|---|---|---|---|---|
| 9 | 2 | 6 | 3 | 5 | 8 | 7 | 4 | 1 |
| 7 | 3 | 4 | 1 | 9 | 6 | 5 | 2 | 8 |
| 4 | 7 | 2 | 5 | 8 | 1 | 9 | 3 | 6 |
| 6 | 9 | 1 | 2 | 7 | 3 | 8 | 5 | 4 |
| 3 | 5 | 8 | 6 | 4 | 9 | 2 | 1 | 7 |
| 1 | 6 | 9 | 8 | 3 | 5 | 4 | 7 | 2 |
| 5 | 4 | 7 | 9 | 1 | 2 | 6 | 8 | 3 |
| 2 | 8 | 3 | 4 | 6 | 7 | 1 | 9 | 5 |

### 621

| 1 | 4 | 6 | 8 | 5 | 7 | 3 | 2 | 9 |
|---|---|---|---|---|---|---|---|---|
| 9 | 7 | 5 | 2 | 3 | 4 | 1 | 6 | 8 |
| 8 | 3 | 2 | 9 | 6 | 1 | 5 | 7 | 4 |
| 6 | 1 | 4 | 7 | 2 | 9 | 8 | 5 | 3 |
| 3 | 8 | 7 | 6 | 4 | 5 | 9 | 1 | 2 |
| 5 | 2 | 9 | 1 | 8 | 3 | 7 | 4 | 6 |
| 2 | 6 | 1 | 3 | 7 | 8 | 4 | 9 | 5 |
| 7 | 5 | 8 | 4 | 9 | 2 | 6 | 3 | 1 |
| 4 | 9 | 3 | 5 | 1 | 6 | 2 | 8 | 7 |

### 622

| 3 | 2 | 7 | 9 | 8 | 6 | 5 | 4 | 1 |
|---|---|---|---|---|---|---|---|---|
| 4 | 5 | 9 | 1 | 2 | 3 | 8 | 7 | 6 |
| 8 | 6 | 1 | 5 | 7 | 4 | 2 | 9 | 3 |
| 5 | 8 | 4 | 7 | 1 | 2 | 3 | 6 | 9 |
| 9 | 1 | 3 | 4 | 6 | 5 | 7 | 8 | 2 |
| 6 | 7 | 2 | 3 | 9 | 8 | 1 | 5 | 4 |
| 7 | 4 | 8 | 2 | 3 | 9 | 6 | 1 | 5 |
| 1 | 3 | 5 | 6 | 4 | 7 | 9 | 2 | 8 |
| 2 | 9 | 6 | 8 | 5 | 1 | 4 | 3 | 7 |

### 623

| 9 | 8 | 1 | 2 | 5 | 6 | 4 | 7 | 3 |
|---|---|---|---|---|---|---|---|---|
| 4 | 7 | 2 | 1 | 9 | 3 | 8 | 6 | 5 |
| 6 | 3 | 5 | 4 | 7 | 8 | 1 | 2 | 9 |
| 7 | 2 | 4 | 3 | 1 | 9 | 6 | 5 | 8 |
| 1 | 5 | 3 | 6 | 8 | 2 | 7 | 9 | 4 |
| 8 | 9 | 6 | 7 | 4 | 5 | 3 | 1 | 2 |
| 2 | 1 | 8 | 5 | 6 | 4 | 9 | 3 | 7 |
| 3 | 6 | 9 | 8 | 2 | 7 | 5 | 4 | 1 |
| 5 | 4 | 7 | 9 | 3 | 1 | 2 | 8 | 6 |

### 624

| 3 | 6 | 7 | 4 | 8 | 1 | 2 | 5 | 9 |
|---|---|---|---|---|---|---|---|---|
| 9 | 4 | 5 | 3 | 7 | 2 | 8 | 6 | 1 |
| 8 | 2 | 1 | 9 | 6 | 5 | 3 | 7 | 4 |
| 1 | 8 | 3 | 2 | 5 | 6 | 9 | 4 | 7 |
| 6 | 5 | 4 | 7 | 9 | 8 | 1 | 3 | 2 |
| 7 | 9 | 2 | 1 | 3 | 4 | 5 | 8 | 6 |
| 4 | 7 | 9 | 5 | 2 | 3 | 6 | 1 | 8 |
| 5 | 1 | 8 | 6 | 4 | 9 | 7 | 2 | 3 |
| 2 | 3 | 6 | 8 | 1 | 7 | 4 | 9 | 5 |

### 625

| 7 | 9 | 6 | 3 | 1 | 2 | 5 | 8 | 4 |
|---|---|---|---|---|---|---|---|---|
| 4 | 1 | 5 | 6 | 8 | 7 | 2 | 3 | 9 |
| 8 | 2 | 3 | 4 | 9 | 5 | 6 | 7 | 1 |
| 2 | 3 | 4 | 1 | 5 | 6 | 8 | 9 | 7 |
| 5 | 6 | 9 | 8 | 7 | 4 | 1 | 2 | 3 |
| 1 | 7 | 8 | 2 | 3 | 9 | 4 | 6 | 5 |
| 3 | 5 | 2 | 7 | 4 | 8 | 9 | 1 | 6 |
| 9 | 8 | 1 | 5 | 6 | 3 | 7 | 4 | 2 |
| 6 | 4 | 7 | 9 | 2 | 1 | 3 | 5 | 8 |

### 626

| 1 | 9 | 8 | 6 | 2 | 5 | 3 | 7 | 4 |
|---|---|---|---|---|---|---|---|---|
| 7 | 6 | 2 | 8 | 4 | 3 | 1 | 9 | 5 |
| 5 | 4 | 3 | 1 | 7 | 9 | 2 | 8 | 6 |
| 8 | 3 | 6 | 5 | 9 | 7 | 4 | 1 | 2 |
| 9 | 1 | 4 | 3 | 8 | 2 | 6 | 5 | 7 |
| 2 | 5 | 7 | 4 | 1 | 6 | 8 | 3 | 9 |
| 6 | 8 | 9 | 2 | 5 | 1 | 7 | 4 | 3 |
| 3 | 7 | 1 | 9 | 6 | 4 | 5 | 2 | 8 |
| 4 | 2 | 5 | 7 | 3 | 8 | 9 | 6 | 1 |

### 627

| 7 | 5 | 1 | 6 | 4 | 9 | 3 | 2 | 8 |
|---|---|---|---|---|---|---|---|---|
| 9 | 4 | 3 | 2 | 7 | 8 | 1 | 6 | 5 |
| 6 | 2 | 8 | 3 | 1 | 5 | 4 | 7 | 9 |
| 2 | 1 | 9 | 7 | 5 | 3 | 8 | 4 | 6 |
| 3 | 7 | 4 | 8 | 9 | 6 | 2 | 5 | 1 |
| 8 | 6 | 5 | 4 | 2 | 1 | 9 | 3 | 7 |
| 4 | 9 | 2 | 1 | 6 | 7 | 5 | 8 | 3 |
| 1 | 3 | 7 | 5 | 8 | 2 | 6 | 9 | 4 |
| 5 | 8 | 6 | 9 | 3 | 4 | 7 | 1 | 2 |

### 628

| 8 | 7 | 4 | 9 | 6 | 5 | 3 | 2 | 1 |
|---|---|---|---|---|---|---|---|---|
| 6 | 5 | 3 | 1 | 2 | 8 | 9 | 4 | 7 |
| 9 | 1 | 2 | 3 | 7 | 4 | 6 | 8 | 5 |
| 2 | 4 | 5 | 6 | 1 | 9 | 7 | 3 | 8 |
| 7 | 8 | 6 | 5 | 4 | 3 | 2 | 1 | 9 |
| 3 | 9 | 1 | 2 | 8 | 7 | 4 | 5 | 6 |
| 4 | 3 | 7 | 8 | 9 | 1 | 5 | 6 | 2 |
| 5 | 2 | 8 | 7 | 3 | 6 | 1 | 9 | 4 |
| 1 | 6 | 9 | 4 | 5 | 2 | 8 | 7 | 3 |

### 629

| 8 | 3 | 5 | 4 | 1 | 6 | 7 | 9 | 2 |
|---|---|---|---|---|---|---|---|---|
| 9 | 2 | 7 | 8 | 3 | 5 | 1 | 4 | 6 |
| 6 | 4 | 1 | 2 | 7 | 9 | 5 | 3 | 8 |
| 1 | 6 | 3 | 9 | 2 | 7 | 8 | 5 | 4 |
| 7 | 5 | 8 | 1 | 6 | 4 | 9 | 2 | 3 |
| 4 | 9 | 2 | 5 | 8 | 3 | 6 | 1 | 7 |
| 2 | 7 | 4 | 6 | 5 | 1 | 3 | 8 | 9 |
| 3 | 1 | 9 | 7 | 4 | 8 | 2 | 6 | 5 |
| 5 | 8 | 6 | 3 | 9 | 2 | 4 | 7 | 1 |

### 630

| 2 | 5 | 1 | 8 | 6 | 4 | 3 | 9 | 7 |
|---|---|---|---|---|---|---|---|---|
| 8 | 9 | 6 | 2 | 7 | 3 | 4 | 1 | 5 |
| 3 | 4 | 7 | 5 | 1 | 9 | 2 | 8 | 6 |
| 1 | 3 | 5 | 9 | 8 | 7 | 6 | 4 | 2 |
| 7 | 8 | 2 | 3 | 4 | 6 | 9 | 5 | 1 |
| 4 | 6 | 9 | 1 | 5 | 2 | 7 | 3 | 8 |
| 6 | 7 | 8 | 4 | 9 | 1 | 5 | 2 | 3 |
| 9 | 1 | 3 | 6 | 2 | 5 | 8 | 7 | 4 |
| 5 | 2 | 4 | 7 | 3 | 8 | 1 | 6 | 9 |

### 631

| 1 | 3 | 6 | 4 | 2 | 5 | 7 | 9 | 8 |
|---|---|---|---|---|---|---|---|---|
| 5 | 8 | 2 | 9 | 7 | 6 | 3 | 1 | 4 |
| 7 | 4 | 9 | 3 | 8 | 1 | 2 | 5 | 6 |
| 3 | 2 | 5 | 7 | 6 | 8 | 9 | 4 | 1 |
| 8 | 1 | 4 | 2 | 3 | 9 | 5 | 6 | 7 |
| 9 | 6 | 7 | 1 | 5 | 4 | 8 | 3 | 2 |
| 6 | 7 | 1 | 5 | 9 | 2 | 4 | 8 | 3 |
| 4 | 5 | 3 | 8 | 1 | 7 | 6 | 2 | 9 |
| 2 | 9 | 8 | 6 | 4 | 3 | 1 | 7 | 5 |

### 632

| 5 | 7 | 9 | 6 | 3 | 2 | 1 | 8 | 4 |
|---|---|---|---|---|---|---|---|---|
| 2 | 6 | 4 | 1 | 8 | 7 | 3 | 9 | 5 |
| 8 | 1 | 3 | 4 | 9 | 5 | 6 | 2 | 7 |
| 1 | 3 | 8 | 2 | 5 | 9 | 7 | 4 | 6 |
| 7 | 9 | 6 | 8 | 1 | 4 | 2 | 5 | 3 |
| 4 | 5 | 2 | 7 | 6 | 3 | 8 | 1 | 9 |
| 6 | 8 | 5 | 9 | 7 | 1 | 4 | 3 | 2 |
| 3 | 2 | 7 | 5 | 4 | 8 | 9 | 6 | 1 |
| 9 | 4 | 1 | 3 | 2 | 6 | 5 | 7 | 8 |

### 633

| 3 | 6 | 2 | 1 | 5 | 4 | 8 | 7 | 9 |
|---|---|---|---|---|---|---|---|---|
| 5 | 4 | 8 | 6 | 7 | 9 | 1 | 2 | 3 |
| 9 | 7 | 1 | 2 | 3 | 8 | 4 | 5 | 6 |
| 8 | 1 | 6 | 5 | 4 | 7 | 9 | 3 | 2 |
| 7 | 3 | 9 | 8 | 1 | 2 | 6 | 4 | 5 |
| 2 | 5 | 4 | 9 | 6 | 3 | 7 | 8 | 1 |
| 1 | 2 | 7 | 4 | 9 | 5 | 3 | 6 | 8 |
| 4 | 9 | 5 | 3 | 8 | 6 | 2 | 1 | 7 |
| 6 | 8 | 3 | 7 | 2 | 1 | 5 | 9 | 4 |

### 634

| 8 | 3 | 9 | 5 | 4 | 7 | 2 | 6 | 1 |
|---|---|---|---|---|---|---|---|---|
| 4 | 2 | 6 | 9 | 1 | 3 | 7 | 5 | 8 |
| 7 | 5 | 1 | 8 | 2 | 6 | 3 | 9 | 4 |
| 3 | 6 | 7 | 4 | 5 | 1 | 9 | 8 | 2 |
| 9 | 8 | 5 | 3 | 7 | 2 | 4 | 1 | 6 |
| 1 | 4 | 2 | 6 | 8 | 9 | 5 | 3 | 7 |
| 2 | 7 | 8 | 1 | 3 | 5 | 6 | 4 | 9 |
| 5 | 9 | 4 | 7 | 6 | 8 | 1 | 2 | 3 |
| 6 | 1 | 3 | 2 | 9 | 4 | 8 | 7 | 5 |

### 635

| 3 | 2 | 9 | 1 | 4 | 6 | 5 | 7 | 8 |
|---|---|---|---|---|---|---|---|---|
| 7 | 4 | 8 | 3 | 5 | 9 | 2 | 6 | 1 |
| 1 | 6 | 5 | 8 | 7 | 2 | 4 | 3 | 9 |
| 6 | 5 | 7 | 4 | 8 | 1 | 3 | 9 | 2 |
| 4 | 3 | 1 | 9 | 2 | 5 | 6 | 8 | 7 |
| 8 | 9 | 2 | 7 | 6 | 3 | 1 | 5 | 4 |
| 5 | 1 | 4 | 6 | 9 | 8 | 7 | 2 | 3 |
| 9 | 7 | 6 | 2 | 3 | 4 | 8 | 1 | 5 |
| 2 | 8 | 3 | 5 | 1 | 7 | 9 | 4 | 6 |

### 636

| 9 | 4 | 8 | 1 | 2 | 7 | 5 | 6 | 3 |
|---|---|---|---|---|---|---|---|---|
| 5 | 3 | 1 | 9 | 6 | 8 | 2 | 4 | 7 |
| 6 | 2 | 7 | 3 | 4 | 5 | 1 | 9 | 8 |
| 3 | 1 | 4 | 8 | 5 | 9 | 6 | 7 | 2 |
| 8 | 5 | 6 | 4 | 7 | 2 | 3 | 1 | 9 |
| 7 | 9 | 2 | 6 | 3 | 1 | 8 | 5 | 4 |
| 2 | 6 | 9 | 7 | 1 | 3 | 4 | 8 | 5 |
| 1 | 7 | 5 | 2 | 8 | 4 | 9 | 3 | 6 |
| 4 | 8 | 3 | 5 | 9 | 6 | 7 | 2 | 1 |

### 637

| 3 | 9 | 5 | 4 | 2 | 1 | 8 | 7 | 6 |
|---|---|---|---|---|---|---|---|---|
| 6 | 4 | 2 | 8 | 9 | 7 | 5 | 3 | 1 |
| 7 | 8 | 1 | 3 | 6 | 5 | 2 | 4 | 9 |
| 1 | 3 | 4 | 5 | 8 | 9 | 6 | 2 | 7 |
| 8 | 2 | 9 | 6 | 7 | 4 | 3 | 1 | 5 |
| 5 | 6 | 7 | 2 | 1 | 3 | 4 | 9 | 8 |
| 4 | 7 | 3 | 9 | 5 | 8 | 1 | 6 | 2 |
| 9 | 5 | 6 | 1 | 3 | 2 | 7 | 8 | 4 |
| 2 | 1 | 8 | 7 | 4 | 6 | 9 | 5 | 3 |

### 638

| 8 | 5 | 2 | 9 | 6 | 4 | 1 | 3 | 7 |
|---|---|---|---|---|---|---|---|---|
| 9 | 1 | 3 | 8 | 7 | 5 | 2 | 4 | 6 |
| 6 | 4 | 7 | 1 | 2 | 3 | 9 | 8 | 5 |
| 5 | 9 | 4 | 2 | 8 | 6 | 3 | 7 | 1 |
| 7 | 2 | 8 | 3 | 4 | 1 | 6 | 5 | 9 |
| 3 | 6 | 1 | 7 | 5 | 9 | 8 | 2 | 4 |
| 4 | 3 | 5 | 6 | 9 | 2 | 7 | 1 | 8 |
| 2 | 7 | 6 | 4 | 1 | 8 | 5 | 9 | 3 |
| 1 | 8 | 9 | 5 | 3 | 7 | 4 | 6 | 2 |

### 639

| 6 | 5 | 4 | 8 | 9 | 7 | 2 | 1 | 3 |
|---|---|---|---|---|---|---|---|---|
| 9 | 3 | 2 | 6 | 1 | 4 | 7 | 5 | 8 |
| 7 | 8 | 1 | 2 | 3 | 5 | 9 | 4 | 6 |
| 1 | 7 | 3 | 5 | 2 | 8 | 6 | 9 | 4 |
| 2 | 9 | 8 | 4 | 6 | 3 | 1 | 7 | 5 |
| 4 | 6 | 5 | 1 | 7 | 9 | 8 | 3 | 2 |
| 3 | 2 | 7 | 9 | 4 | 6 | 5 | 8 | 1 |
| 5 | 4 | 6 | 7 | 8 | 1 | 3 | 2 | 9 |
| 8 | 1 | 9 | 3 | 5 | 2 | 4 | 6 | 7 |

### 640

| 1 | 8 | 3 | 7 | 9 | 4 | 2 | 6 | 5 |
|---|---|---|---|---|---|---|---|---|
| 7 | 5 | 9 | 6 | 2 | 8 | 4 | 1 | 3 |
| 4 | 2 | 6 | 3 | 1 | 5 | 7 | 9 | 8 |
| 8 | 1 | 2 | 4 | 7 | 3 | 9 | 5 | 6 |
| 5 | 3 | 7 | 1 | 6 | 9 | 8 | 4 | 2 |
| 6 | 9 | 4 | 5 | 8 | 2 | 1 | 3 | 7 |
| 9 | 7 | 1 | 2 | 3 | 6 | 5 | 8 | 4 |
| 2 | 6 | 5 | 8 | 4 | 1 | 3 | 7 | 9 |
| 3 | 4 | 8 | 9 | 5 | 7 | 6 | 2 | 1 |

## 641

| 7 | 5 | 8 | 9 | 2 | 4 | 3 | 6 | 1 |
|---|---|---|---|---|---|---|---|---|
| 3 | 2 | 1 | 8 | 6 | 7 | 5 | 9 | 4 |
| 4 | 9 | 6 | 1 | 5 | 3 | 2 | 7 | 8 |
| 9 | 3 | 5 | 6 | 7 | 8 | 1 | 4 | 2 |
| 6 | 1 | 2 | 4 | 3 | 5 | 7 | 8 | 9 |
| 8 | 4 | 7 | 2 | 9 | 1 | 6 | 5 | 3 |
| 5 | 8 | 9 | 7 | 1 | 2 | 4 | 3 | 6 |
| 1 | 6 | 3 | 5 | 4 | 9 | 8 | 2 | 7 |
| 2 | 7 | 4 | 3 | 8 | 6 | 9 | 1 | 5 |

## 642

| 6 | 5 | 2 | 4 | 8 | 3 | 9 | 7 | 1 |
|---|---|---|---|---|---|---|---|---|
| 4 | 3 | 8 | 9 | 7 | 1 | 2 | 6 | 5 |
| 7 | 9 | 1 | 6 | 5 | 2 | 4 | 8 | 3 |
| 1 | 2 | 5 | 8 | 3 | 9 | 7 | 4 | 6 |
| 9 | 7 | 6 | 1 | 4 | 5 | 8 | 3 | 2 |
| 3 | 8 | 4 | 2 | 6 | 7 | 5 | 1 | 9 |
| 5 | 4 | 9 | 7 | 1 | 6 | 3 | 2 | 8 |
| 2 | 6 | 7 | 3 | 9 | 8 | 1 | 5 | 4 |
| 8 | 1 | 3 | 5 | 2 | 4 | 6 | 9 | 7 |

## 643

| 7 | 6 | 4 | 3 | 9 | 2 | 5 | 1 | 8 |
|---|---|---|---|---|---|---|---|---|
| 8 | 1 | 9 | 7 | 6 | 5 | 2 | 4 | 3 |
| 3 | 5 | 2 | 4 | 1 | 8 | 9 | 7 | 6 |
| 4 | 8 | 6 | 5 | 7 | 9 | 3 | 2 | 1 |
| 9 | 2 | 7 | 1 | 4 | 3 | 6 | 8 | 5 |
| 1 | 3 | 5 | 2 | 8 | 6 | 4 | 9 | 7 |
| 2 | 9 | 3 | 8 | 5 | 7 | 1 | 6 | 4 |
| 6 | 7 | 1 | 9 | 3 | 4 | 8 | 5 | 2 |
| 5 | 4 | 8 | 6 | 2 | 1 | 7 | 3 | 9 |

## 644

| 4 | 3 | 2 | 6 | 9 | 1 | 7 | 5 | 8 |
|---|---|---|---|---|---|---|---|---|
| 7 | 1 | 6 | 3 | 5 | 8 | 2 | 9 | 4 |
| 8 | 5 | 9 | 2 | 7 | 4 | 1 | 6 | 3 |
| 3 | 2 | 1 | 9 | 8 | 5 | 6 | 4 | 7 |
| 6 | 7 | 5 | 4 | 1 | 3 | 9 | 8 | 2 |
| 9 | 8 | 4 | 7 | 2 | 6 | 3 | 1 | 5 |
| 1 | 9 | 8 | 5 | 3 | 7 | 4 | 2 | 6 |
| 2 | 4 | 3 | 8 | 6 | 9 | 5 | 7 | 1 |
| 5 | 6 | 7 | 1 | 4 | 2 | 8 | 3 | 9 |

## 645

| 7 | 8 | 3 | 6 | 9 | 5 | 1 | 4 | 2 |
|---|---|---|---|---|---|---|---|---|
| 2 | 5 | 4 | 3 | 1 | 8 | 9 | 7 | 6 |
| 1 | 6 | 9 | 2 | 7 | 4 | 5 | 3 | 8 |
| 6 | 7 | 2 | 8 | 5 | 9 | 3 | 1 | 4 |
| 5 | 9 | 8 | 4 | 3 | 1 | 2 | 6 | 7 |
| 4 | 3 | 1 | 7 | 6 | 2 | 8 | 9 | 5 |
| 3 | 2 | 5 | 9 | 4 | 7 | 6 | 8 | 1 |
| 9 | 1 | 7 | 5 | 8 | 6 | 4 | 2 | 3 |
| 8 | 4 | 6 | 1 | 2 | 3 | 7 | 5 | 9 |

## 646

| 2 | 5 | 9 | 4 | 8 | 1 | 7 | 6 | 3 |
|---|---|---|---|---|---|---|---|---|
| 4 | 7 | 8 | 6 | 5 | 3 | 2 | 9 | 1 |
| 6 | 1 | 3 | 9 | 2 | 7 | 8 | 5 | 4 |
| 1 | 6 | 4 | 2 | 7 | 9 | 5 | 3 | 8 |
| 9 | 3 | 7 | 8 | 1 | 5 | 6 | 4 | 2 |
| 8 | 2 | 5 | 3 | 4 | 6 | 1 | 7 | 9 |
| 3 | 8 | 1 | 7 | 6 | 4 | 9 | 2 | 5 |
| 7 | 9 | 2 | 5 | 3 | 8 | 4 | 1 | 6 |
| 5 | 4 | 6 | 1 | 9 | 2 | 3 | 8 | 7 |

## 647

| 2 | 9 | 7 | 6 | 3 | 1 | 5 | 4 | 8 |
|---|---|---|---|---|---|---|---|---|
| 3 | 4 | 5 | 9 | 8 | 2 | 1 | 6 | 7 |
| 1 | 6 | 8 | 5 | 4 | 7 | 3 | 2 | 9 |
| 8 | 2 | 4 | 3 | 7 | 6 | 9 | 5 | 1 |
| 6 | 3 | 9 | 4 | 1 | 5 | 7 | 8 | 2 |
| 7 | 5 | 1 | 8 | 2 | 9 | 6 | 3 | 4 |
| 9 | 7 | 6 | 2 | 5 | 8 | 4 | 1 | 3 |
| 4 | 1 | 2 | 7 | 6 | 3 | 8 | 9 | 5 |
| 5 | 8 | 3 | 1 | 9 | 4 | 2 | 7 | 6 |

## 648

| 5 | 9 | 7 | 4 | 2 | 8 | 3 | 1 | 6 |
|---|---|---|---|---|---|---|---|---|
| 6 | 3 | 4 | 1 | 9 | 7 | 5 | 8 | 2 |
| 8 | 2 | 1 | 3 | 5 | 6 | 9 | 7 | 4 |
| 1 | 6 | 9 | 8 | 7 | 3 | 4 | 2 | 5 |
| 3 | 8 | 5 | 9 | 4 | 2 | 7 | 6 | 1 |
| 4 | 7 | 2 | 6 | 1 | 5 | 8 | 9 | 3 |
| 7 | 5 | 3 | 2 | 6 | 9 | 1 | 4 | 8 |
| 9 | 1 | 6 | 5 | 8 | 4 | 2 | 3 | 7 |
| 2 | 4 | 8 | 7 | 3 | 1 | 6 | 5 | 9 |

## 649

| 8 | 5 | 6 | 3 | 2 | 9 | 1 | 7 | 4 |
|---|---|---|---|---|---|---|---|---|
| 2 | 1 | 9 | 8 | 7 | 4 | 3 | 5 | 6 |
| 4 | 7 | 3 | 1 | 6 | 5 | 9 | 8 | 2 |
| 5 | 3 | 1 | 4 | 8 | 2 | 7 | 6 | 9 |
| 9 | 8 | 4 | 7 | 5 | 6 | 2 | 1 | 3 |
| 7 | 6 | 2 | 9 | 3 | 1 | 8 | 4 | 5 |
| 1 | 4 | 5 | 2 | 9 | 7 | 6 | 3 | 8 |
| 6 | 9 | 8 | 5 | 1 | 3 | 4 | 2 | 7 |
| 3 | 2 | 7 | 6 | 4 | 8 | 5 | 9 | 1 |

## 650

| 6 | 9 | 5 | 2 | 8 | 1 | 3 | 4 | 7 |
|---|---|---|---|---|---|---|---|---|
| 2 | 7 | 3 | 4 | 5 | 9 | 1 | 6 | 8 |
| 4 | 1 | 8 | 7 | 6 | 3 | 9 | 2 | 5 |
| 9 | 8 | 7 | 3 | 1 | 6 | 2 | 5 | 4 |
| 3 | 5 | 2 | 9 | 7 | 4 | 8 | 1 | 6 |
| 1 | 6 | 4 | 5 | 2 | 8 | 7 | 3 | 9 |
| 8 | 3 | 1 | 6 | 9 | 5 | 4 | 7 | 2 |
| 5 | 2 | 9 | 1 | 4 | 7 | 6 | 8 | 3 |
| 7 | 4 | 6 | 8 | 3 | 2 | 5 | 9 | 1 |

## 651

| 3 | 2 | 9 | 5 | 1 | 8 | 7 | 6 | 4 |
|---|---|---|---|---|---|---|---|---|
| 7 | 8 | 1 | 9 | 6 | 4 | 5 | 2 | 3 |
| 6 | 5 | 4 | 2 | 7 | 3 | 1 | 8 | 9 |
| 4 | 9 | 3 | 1 | 5 | 2 | 6 | 7 | 8 |
| 8 | 1 | 7 | 3 | 4 | 6 | 2 | 9 | 5 |
| 2 | 6 | 5 | 7 | 8 | 9 | 3 | 4 | 1 |
| 1 | 7 | 2 | 8 | 9 | 5 | 4 | 3 | 6 |
| 9 | 3 | 6 | 4 | 2 | 1 | 8 | 5 | 7 |
| 5 | 4 | 8 | 6 | 3 | 7 | 9 | 1 | 2 |

## 652

| 1 | 5 | 8 | 9 | 7 | 2 | 6 | 4 | 3 |
|---|---|---|---|---|---|---|---|---|
| 7 | 4 | 6 | 5 | 1 | 3 | 8 | 2 | 9 |
| 9 | 2 | 3 | 6 | 4 | 8 | 7 | 5 | 1 |
| 3 | 8 | 5 | 2 | 6 | 1 | 9 | 7 | 4 |
| 6 | 7 | 9 | 3 | 5 | 4 | 1 | 8 | 2 |
| 2 | 1 | 4 | 7 | 8 | 9 | 5 | 3 | 6 |
| 5 | 6 | 2 | 1 | 3 | 7 | 4 | 9 | 8 |
| 8 | 9 | 7 | 4 | 2 | 6 | 3 | 1 | 5 |
| 4 | 3 | 1 | 8 | 9 | 5 | 2 | 6 | 7 |

## 653

| 2 | 3 | 4 | 8 | 5 | 7 | 1 | 6 | 9 |
|---|---|---|---|---|---|---|---|---|
| 5 | 9 | 6 | 2 | 1 | 3 | 4 | 8 | 7 |
| 7 | 8 | 1 | 9 | 6 | 4 | 3 | 2 | 5 |
| 1 | 2 | 3 | 5 | 7 | 9 | 6 | 4 | 8 |
| 8 | 6 | 7 | 4 | 3 | 1 | 9 | 5 | 2 |
| 9 | 4 | 5 | 6 | 8 | 2 | 7 | 1 | 3 |
| 6 | 1 | 9 | 3 | 2 | 8 | 5 | 7 | 4 |
| 3 | 5 | 2 | 7 | 4 | 6 | 8 | 9 | 1 |
| 4 | 7 | 8 | 1 | 9 | 5 | 2 | 3 | 6 |

## 654

| 2 | 5 | 4 | 3 | 7 | 9 | 1 | 6 | 8 |
|---|---|---|---|---|---|---|---|---|
| 8 | 7 | 3 | 1 | 6 | 5 | 2 | 9 | 4 |
| 6 | 9 | 1 | 4 | 2 | 8 | 3 | 7 | 5 |
| 1 | 3 | 5 | 2 | 9 | 4 | 6 | 8 | 7 |
| 7 | 2 | 9 | 8 | 5 | 6 | 4 | 1 | 3 |
| 4 | 8 | 6 | 7 | 3 | 1 | 9 | 5 | 2 |
| 5 | 1 | 2 | 9 | 4 | 7 | 8 | 3 | 6 |
| 3 | 6 | 8 | 5 | 1 | 2 | 7 | 4 | 9 |
| 9 | 4 | 7 | 6 | 8 | 3 | 5 | 2 | 1 |

## 655

| 1 | 4 | 3 | 6 | 7 | 5 | 2 | 8 | 9 |
|---|---|---|---|---|---|---|---|---|
| 7 | 5 | 9 | 8 | 2 | 4 | 3 | 1 | 6 |
| 2 | 8 | 6 | 9 | 1 | 3 | 4 | 5 | 7 |
| 6 | 3 | 1 | 5 | 9 | 8 | 7 | 2 | 4 |
| 4 | 9 | 8 | 7 | 3 | 2 | 1 | 6 | 5 |
| 5 | 7 | 2 | 1 | 4 | 6 | 8 | 9 | 3 |
| 3 | 1 | 5 | 2 | 6 | 7 | 9 | 4 | 8 |
| 9 | 6 | 4 | 3 | 8 | 1 | 5 | 7 | 2 |
| 8 | 2 | 7 | 4 | 5 | 9 | 6 | 3 | 1 |

## 656

| 7 | 9 | 3 | 4 | 1 | 5 | 6 | 8 | 2 |
|---|---|---|---|---|---|---|---|---|
| 5 | 8 | 1 | 2 | 3 | 6 | 4 | 9 | 7 |
| 4 | 6 | 2 | 8 | 7 | 9 | 3 | 1 | 5 |
| 2 | 4 | 9 | 6 | 8 | 7 | 1 | 5 | 3 |
| 8 | 1 | 6 | 9 | 5 | 3 | 7 | 2 | 4 |
| 3 | 7 | 5 | 1 | 4 | 2 | 9 | 6 | 8 |
| 6 | 5 | 4 | 7 | 2 | 1 | 8 | 3 | 9 |
| 9 | 2 | 7 | 3 | 6 | 8 | 5 | 4 | 1 |
| 1 | 3 | 8 | 5 | 9 | 4 | 2 | 7 | 6 |

## 657

| 2 | 8 | 4 | 1 | 9 | 7 | 6 | 3 | 5 |
|---|---|---|---|---|---|---|---|---|
| 6 | 1 | 5 | 3 | 8 | 4 | 7 | 9 | 2 |
| 9 | 7 | 3 | 5 | 6 | 2 | 4 | 8 | 1 |
| 4 | 3 | 1 | 8 | 5 | 9 | 2 | 7 | 6 |
| 7 | 5 | 9 | 2 | 3 | 6 | 1 | 4 | 8 |
| 8 | 6 | 2 | 4 | 7 | 1 | 3 | 5 | 9 |
| 5 | 9 | 7 | 6 | 1 | 3 | 8 | 2 | 4 |
| 3 | 2 | 6 | 9 | 4 | 8 | 5 | 1 | 7 |
| 1 | 4 | 8 | 7 | 2 | 5 | 9 | 6 | 3 |

## 658

| 6 | 8 | 9 | 5 | 4 | 1 | 2 | 7 | 3 |
|---|---|---|---|---|---|---|---|---|
| 1 | 3 | 2 | 9 | 7 | 8 | 4 | 5 | 6 |
| 7 | 4 | 5 | 2 | 3 | 6 | 8 | 9 | 1 |
| 3 | 7 | 6 | 4 | 8 | 5 | 9 | 1 | 2 |
| 5 | 9 | 4 | 3 | 1 | 2 | 7 | 6 | 8 |
| 2 | 1 | 8 | 7 | 6 | 9 | 5 | 3 | 4 |
| 8 | 5 | 7 | 6 | 2 | 3 | 1 | 4 | 9 |
| 4 | 6 | 1 | 8 | 9 | 7 | 3 | 2 | 5 |
| 9 | 2 | 3 | 1 | 5 | 4 | 6 | 8 | 7 |

## 659

| 2 | 7 | 9 | 8 | 3 | 1 | 5 | 4 | 6 |
|---|---|---|---|---|---|---|---|---|
| 1 | 6 | 5 | 7 | 9 | 4 | 2 | 8 | 3 |
| 8 | 4 | 3 | 6 | 2 | 5 | 1 | 9 | 7 |
| 5 | 1 | 2 | 3 | 8 | 9 | 6 | 7 | 4 |
| 6 | 8 | 7 | 1 | 4 | 2 | 9 | 3 | 5 |
| 3 | 9 | 4 | 5 | 7 | 6 | 8 | 2 | 1 |
| 9 | 3 | 1 | 4 | 5 | 8 | 7 | 6 | 2 |
| 7 | 2 | 6 | 9 | 1 | 3 | 4 | 5 | 8 |
| 4 | 5 | 8 | 2 | 6 | 7 | 3 | 1 | 9 |

## 660

| 4 | 2 | 8 | 6 | 7 | 1 | 5 | 3 | 9 |
|---|---|---|---|---|---|---|---|---|
| 6 | 5 | 3 | 9 | 8 | 4 | 2 | 1 | 7 |
| 7 | 9 | 1 | 5 | 2 | 3 | 4 | 6 | 8 |
| 9 | 6 | 2 | 3 | 1 | 8 | 7 | 4 | 5 |
| 3 | 8 | 7 | 4 | 5 | 2 | 1 | 9 | 6 |
| 5 | 1 | 4 | 7 | 9 | 6 | 8 | 2 | 3 |
| 8 | 3 | 9 | 1 | 4 | 5 | 6 | 7 | 2 |
| 2 | 4 | 6 | 8 | 3 | 7 | 9 | 5 | 1 |
| 1 | 7 | 5 | 2 | 6 | 9 | 3 | 8 | 4 |

## 661

| 5 | 6 | 1 | 2 | 8 | 4 | 7 | 3 | 9 |
|---|---|---|---|---|---|---|---|---|
| 8 | 3 | 4 | 9 | 7 | 5 | 1 | 2 | 6 |
| 7 | 9 | 2 | 3 | 1 | 6 | 4 | 5 | 8 |
| 9 | 1 | 5 | 4 | 6 | 8 | 2 | 7 | 3 |
| 2 | 7 | 8 | 5 | 3 | 1 | 6 | 9 | 4 |
| 6 | 4 | 3 | 7 | 9 | 2 | 8 | 1 | 5 |
| 4 | 5 | 7 | 6 | 2 | 9 | 3 | 8 | 1 |
| 1 | 2 | 6 | 8 | 5 | 3 | 9 | 4 | 7 |
| 3 | 8 | 9 | 1 | 4 | 7 | 5 | 6 | 2 |

## 662

| 9 | 6 | 7 | 2 | 1 | 5 | 3 | 8 | 4 |
|---|---|---|---|---|---|---|---|---|
| 2 | 1 | 8 | 3 | 4 | 9 | 7 | 6 | 5 |
| 4 | 5 | 3 | 8 | 6 | 7 | 9 | 2 | 1 |
| 5 | 8 | 2 | 1 | 9 | 3 | 6 | 4 | 7 |
| 3 | 4 | 1 | 6 | 7 | 2 | 8 | 5 | 9 |
| 7 | 9 | 6 | 5 | 8 | 4 | 1 | 3 | 2 |
| 8 | 2 | 4 | 7 | 3 | 1 | 5 | 9 | 6 |
| 1 | 3 | 5 | 9 | 2 | 6 | 4 | 7 | 8 |
| 6 | 7 | 9 | 4 | 5 | 8 | 2 | 1 | 3 |

## 663

| 6 | 8 | 5 | 9 | 4 | 2 | 3 | 7 | 1 |
|---|---|---|---|---|---|---|---|---|
| 2 | 3 | 9 | 8 | 7 | 1 | 4 | 6 | 5 |
| 7 | 4 | 1 | 3 | 6 | 5 | 9 | 8 | 2 |
| 4 | 5 | 2 | 7 | 3 | 9 | 8 | 1 | 6 |
| 1 | 9 | 6 | 5 | 8 | 4 | 2 | 3 | 7 |
| 8 | 7 | 3 | 1 | 2 | 6 | 5 | 9 | 4 |
| 9 | 2 | 7 | 4 | 1 | 3 | 6 | 5 | 8 |
| 3 | 6 | 8 | 2 | 5 | 7 | 1 | 4 | 9 |
| 5 | 1 | 4 | 6 | 9 | 8 | 7 | 2 | 3 |

## 664

| 4 | 9 | 3 | 6 | 8 | 1 | 5 | 7 | 2 |
|---|---|---|---|---|---|---|---|---|
| 1 | 5 | 6 | 7 | 2 | 3 | 9 | 4 | 8 |
| 2 | 7 | 8 | 5 | 9 | 4 | 6 | 1 | 3 |
| 5 | 6 | 2 | 4 | 1 | 9 | 3 | 8 | 7 |
| 7 | 3 | 9 | 2 | 5 | 8 | 1 | 6 | 4 |
| 8 | 4 | 1 | 3 | 7 | 6 | 2 | 5 | 9 |
| 3 | 1 | 4 | 8 | 6 | 2 | 7 | 9 | 5 |
| 9 | 2 | 7 | 1 | 4 | 5 | 8 | 3 | 6 |
| 6 | 8 | 5 | 9 | 3 | 7 | 4 | 2 | 1 |

## 665

| 8 | 2 | 5 | 7 | 4 | 6 | 9 | 1 | 3 |
|---|---|---|---|---|---|---|---|---|
| 3 | 7 | 1 | 9 | 2 | 8 | 4 | 6 | 5 |
| 4 | 9 | 6 | 5 | 3 | 1 | 7 | 8 | 2 |
| 1 | 3 | 7 | 6 | 5 | 4 | 8 | 2 | 9 |
| 5 | 6 | 8 | 1 | 9 | 2 | 3 | 4 | 7 |
| 2 | 4 | 9 | 3 | 8 | 7 | 1 | 5 | 6 |
| 9 | 8 | 3 | 4 | 6 | 5 | 2 | 7 | 1 |
| 6 | 1 | 4 | 2 | 7 | 3 | 5 | 9 | 8 |
| 7 | 5 | 2 | 8 | 1 | 9 | 6 | 3 | 4 |

## 666

| 8 | 5 | 9 | 3 | 2 | 4 | 6 | 7 | 1 |
|---|---|---|---|---|---|---|---|---|
| 4 | 7 | 1 | 9 | 6 | 8 | 5 | 2 | 3 |
| 2 | 3 | 6 | 1 | 7 | 5 | 4 | 9 | 8 |
| 1 | 4 | 2 | 8 | 9 | 7 | 3 | 5 | 6 |
| 6 | 8 | 3 | 5 | 1 | 2 | 7 | 4 | 9 |
| 7 | 9 | 5 | 4 | 3 | 6 | 8 | 1 | 2 |
| 9 | 1 | 4 | 7 | 8 | 3 | 2 | 6 | 5 |
| 5 | 6 | 8 | 2 | 4 | 9 | 1 | 3 | 7 |
| 3 | 2 | 7 | 6 | 5 | 1 | 9 | 8 | 4 |

## 667

| 9 | 6 | 3 | 7 | 2 | 1 | 4 | 5 | 8 |
|---|---|---|---|---|---|---|---|---|
| 7 | 5 | 2 | 4 | 8 | 6 | 1 | 3 | 9 |
| 1 | 4 | 8 | 5 | 9 | 3 | 2 | 6 | 7 |
| 8 | 9 | 5 | 6 | 4 | 7 | 3 | 1 | 2 |
| 6 | 7 | 1 | 3 | 5 | 2 | 9 | 8 | 4 |
| 3 | 2 | 4 | 9 | 1 | 8 | 6 | 7 | 5 |
| 5 | 3 | 7 | 2 | 6 | 4 | 8 | 9 | 1 |
| 4 | 1 | 6 | 8 | 7 | 9 | 5 | 2 | 3 |
| 2 | 8 | 9 | 1 | 3 | 5 | 7 | 4 | 6 |

## 668

| 7 | 8 | 5 | 4 | 2 | 1 | 3 | 6 | 9 |
|---|---|---|---|---|---|---|---|---|
| 1 | 4 | 6 | 5 | 9 | 3 | 2 | 8 | 7 |
| 9 | 3 | 2 | 8 | 6 | 7 | 4 | 1 | 5 |
| 2 | 7 | 1 | 9 | 8 | 4 | 6 | 5 | 3 |
| 8 | 6 | 3 | 2 | 1 | 5 | 9 | 7 | 4 |
| 4 | 5 | 9 | 7 | 3 | 6 | 1 | 2 | 8 |
| 5 | 1 | 8 | 6 | 4 | 9 | 7 | 3 | 2 |
| 3 | 2 | 4 | 1 | 7 | 8 | 5 | 9 | 6 |
| 6 | 9 | 7 | 3 | 5 | 2 | 8 | 4 | 1 |

## 669

| 3 | 7 | 2 | 1 | 9 | 6 | 8 | 5 | 4 |
|---|---|---|---|---|---|---|---|---|
| 4 | 5 | 6 | 2 | 8 | 3 | 1 | 7 | 9 |
| 1 | 8 | 9 | 5 | 4 | 7 | 6 | 3 | 2 |
| 5 | 1 | 8 | 3 | 7 | 9 | 2 | 4 | 6 |
| 7 | 6 | 4 | 8 | 2 | 5 | 3 | 9 | 1 |
| 9 | 2 | 3 | 6 | 1 | 4 | 7 | 8 | 5 |
| 6 | 4 | 7 | 9 | 3 | 1 | 5 | 2 | 8 |
| 8 | 3 | 5 | 4 | 6 | 2 | 9 | 1 | 7 |
| 2 | 9 | 1 | 7 | 5 | 8 | 4 | 6 | 3 |

## 670

| 7 | 3 | 4 | 2 | 5 | 9 | 1 | 6 | 8 |
|---|---|---|---|---|---|---|---|---|
| 8 | 5 | 6 | 3 | 7 | 1 | 9 | 2 | 4 |
| 1 | 2 | 9 | 6 | 4 | 8 | 3 | 7 | 5 |
| 3 | 4 | 8 | 1 | 6 | 2 | 5 | 9 | 7 |
| 5 | 1 | 7 | 9 | 3 | 4 | 6 | 8 | 2 |
| 6 | 9 | 2 | 5 | 8 | 7 | 4 | 3 | 1 |
| 4 | 6 | 1 | 8 | 2 | 3 | 7 | 5 | 9 |
| 2 | 7 | 3 | 4 | 9 | 5 | 8 | 1 | 6 |
| 9 | 8 | 5 | 7 | 1 | 6 | 2 | 4 | 3 |

## 671

| 7 | 9 | 4 | 8 | 6 | 5 | 3 | 1 | 2 |
|---|---|---|---|---|---|---|---|---|
| 3 | 8 | 5 | 1 | 2 | 7 | 6 | 9 | 4 |
| 2 | 1 | 6 | 4 | 9 | 3 | 8 | 7 | 5 |
| 8 | 4 | 1 | 5 | 7 | 9 | 2 | 3 | 6 |
| 9 | 7 | 2 | 3 | 8 | 6 | 5 | 4 | 1 |
| 5 | 6 | 3 | 2 | 1 | 4 | 7 | 8 | 9 |
| 4 | 2 | 7 | 6 | 3 | 1 | 9 | 5 | 8 |
| 1 | 3 | 8 | 9 | 5 | 2 | 4 | 6 | 7 |
| 6 | 5 | 9 | 7 | 4 | 8 | 1 | 2 | 3 |

## 672

| 4 | 2 | 5 | 8 | 9 | 6 | 1 | 7 | 3 |
|---|---|---|---|---|---|---|---|---|
| 3 | 1 | 6 | 7 | 5 | 2 | 9 | 4 | 8 |
| 7 | 8 | 9 | 4 | 3 | 1 | 5 | 2 | 6 |
| 6 | 7 | 2 | 9 | 4 | 8 | 3 | 1 | 5 |
| 1 | 9 | 3 | 5 | 6 | 7 | 4 | 8 | 2 |
| 5 | 4 | 8 | 1 | 2 | 3 | 6 | 9 | 7 |
| 8 | 5 | 7 | 3 | 1 | 4 | 2 | 6 | 9 |
| 9 | 6 | 4 | 2 | 7 | 5 | 8 | 3 | 1 |
| 2 | 3 | 1 | 6 | 8 | 9 | 7 | 5 | 4 |

## 673

| 7 | 6 | 9 | 2 | 4 | 1 | 5 | 8 | 3 |
|---|---|---|---|---|---|---|---|---|
| 8 | 3 | 4 | 5 | 6 | 9 | 7 | 2 | 1 |
| 2 | 5 | 1 | 7 | 8 | 3 | 4 | 6 | 9 |
| 4 | 7 | 6 | 3 | 1 | 5 | 2 | 9 | 8 |
| 3 | 8 | 2 | 4 | 9 | 7 | 1 | 5 | 6 |
| 9 | 1 | 5 | 6 | 2 | 8 | 3 | 7 | 4 |
| 6 | 2 | 3 | 8 | 5 | 4 | 9 | 1 | 7 |
| 1 | 4 | 8 | 9 | 7 | 2 | 6 | 3 | 5 |
| 5 | 9 | 7 | 1 | 3 | 6 | 8 | 4 | 2 |

## 674

| 5 | 9 | 8 | 1 | 4 | 3 | 7 | 6 | 2 |
|---|---|---|---|---|---|---|---|---|
| 1 | 7 | 6 | 2 | 9 | 5 | 8 | 4 | 3 |
| 2 | 4 | 3 | 6 | 7 | 8 | 5 | 9 | 1 |
| 4 | 2 | 1 | 8 | 6 | 7 | 3 | 5 | 9 |
| 8 | 3 | 7 | 9 | 5 | 2 | 4 | 1 | 6 |
| 6 | 5 | 9 | 3 | 1 | 4 | 2 | 8 | 7 |
| 3 | 1 | 4 | 7 | 8 | 9 | 6 | 2 | 5 |
| 7 | 6 | 5 | 4 | 2 | 1 | 9 | 3 | 8 |
| 9 | 8 | 2 | 5 | 3 | 6 | 1 | 7 | 4 |

## 675

| 8 | 4 | 1 | 9 | 3 | 2 | 6 | 5 | 7 |
|---|---|---|---|---|---|---|---|---|
| 3 | 9 | 7 | 8 | 5 | 6 | 2 | 1 | 4 |
| 2 | 6 | 5 | 1 | 7 | 4 | 8 | 3 | 9 |
| 1 | 3 | 2 | 6 | 4 | 5 | 7 | 9 | 8 |
| 9 | 7 | 4 | 2 | 8 | 3 | 5 | 6 | 1 |
| 5 | 8 | 6 | 7 | 1 | 9 | 3 | 4 | 2 |
| 6 | 1 | 9 | 3 | 2 | 7 | 4 | 8 | 5 |
| 4 | 2 | 3 | 5 | 9 | 8 | 1 | 7 | 6 |
| 7 | 5 | 8 | 4 | 6 | 1 | 9 | 2 | 3 |

## 676

| 7 | 5 | 9 | 1 | 2 | 3 | 8 | 6 | 4 |
|---|---|---|---|---|---|---|---|---|
| 3 | 6 | 8 | 5 | 9 | 4 | 7 | 1 | 2 |
| 1 | 4 | 2 | 8 | 7 | 6 | 9 | 5 | 3 |
| 5 | 1 | 4 | 9 | 3 | 7 | 2 | 8 | 6 |
| 6 | 9 | 3 | 2 | 5 | 8 | 1 | 4 | 7 |
| 2 | 8 | 7 | 6 | 4 | 1 | 5 | 3 | 9 |
| 9 | 2 | 6 | 3 | 1 | 5 | 4 | 7 | 8 |
| 4 | 3 | 5 | 7 | 8 | 9 | 6 | 2 | 1 |
| 8 | 7 | 1 | 4 | 6 | 2 | 3 | 9 | 5 |

## 677

| 9 | 6 | 1 | 7 | 8 | 4 | 5 | 2 | 3 |
|---|---|---|---|---|---|---|---|---|
| 5 | 2 | 7 | 9 | 3 | 6 | 1 | 8 | 4 |
| 4 | 8 | 3 | 2 | 5 | 1 | 9 | 7 | 6 |
| 8 | 5 | 9 | 6 | 2 | 3 | 4 | 1 | 7 |
| 6 | 7 | 4 | 5 | 1 | 8 | 2 | 3 | 9 |
| 3 | 1 | 2 | 4 | 7 | 9 | 6 | 5 | 8 |
| 2 | 9 | 8 | 3 | 4 | 5 | 7 | 6 | 1 |
| 1 | 4 | 5 | 8 | 6 | 7 | 3 | 9 | 2 |
| 7 | 3 | 6 | 1 | 9 | 2 | 8 | 4 | 5 |

## 678

| 3 | 7 | 2 | 6 | 8 | 4 | 1 | 5 | 9 |
|---|---|---|---|---|---|---|---|---|
| 4 | 9 | 6 | 1 | 5 | 2 | 8 | 7 | 3 |
| 8 | 1 | 5 | 3 | 9 | 7 | 2 | 4 | 6 |
| 2 | 4 | 9 | 7 | 6 | 1 | 3 | 8 | 5 |
| 5 | 3 | 8 | 4 | 2 | 9 | 6 | 1 | 7 |
| 1 | 6 | 7 | 8 | 3 | 5 | 4 | 9 | 2 |
| 6 | 5 | 1 | 2 | 7 | 8 | 9 | 3 | 4 |
| 7 | 8 | 3 | 9 | 4 | 6 | 5 | 2 | 1 |
| 9 | 2 | 4 | 5 | 1 | 3 | 7 | 6 | 8 |

## 679

| 3 | 4 | 7 | 6 | 8 | 5 | 1 | 2 | 9 |
|---|---|---|---|---|---|---|---|---|
| 8 | 2 | 6 | 9 | 1 | 4 | 5 | 7 | 3 |
| 1 | 9 | 5 | 2 | 7 | 3 | 8 | 4 | 6 |
| 5 | 1 | 8 | 7 | 2 | 9 | 3 | 6 | 4 |
| 9 | 3 | 2 | 5 | 4 | 6 | 7 | 8 | 1 |
| 6 | 7 | 4 | 8 | 3 | 1 | 9 | 5 | 2 |
| 4 | 6 | 3 | 1 | 5 | 7 | 2 | 9 | 8 |
| 7 | 8 | 1 | 4 | 9 | 2 | 6 | 3 | 5 |
| 2 | 5 | 9 | 3 | 6 | 8 | 4 | 1 | 7 |

## 680

| 7 | 8 | 5 | 4 | 6 | 9 | 1 | 3 | 2 |
|---|---|---|---|---|---|---|---|---|
| 4 | 1 | 3 | 7 | 8 | 2 | 9 | 5 | 6 |
| 6 | 2 | 9 | 1 | 5 | 3 | 7 | 8 | 4 |
| 2 | 5 | 8 | 6 | 3 | 1 | 4 | 7 | 9 |
| 3 | 6 | 7 | 5 | 9 | 4 | 2 | 1 | 8 |
| 9 | 4 | 1 | 2 | 7 | 8 | 5 | 6 | 3 |
| 1 | 3 | 6 | 9 | 2 | 5 | 8 | 4 | 7 |
| 5 | 7 | 2 | 8 | 4 | 6 | 3 | 9 | 1 |
| 8 | 9 | 4 | 3 | 1 | 7 | 6 | 2 | 5 |

## 681

| 9 | 8 | 6 | 5 | 3 | 4 | 1 | 2 | 7 |
|---|---|---|---|---|---|---|---|---|
| 3 | 5 | 1 | 9 | 2 | 7 | 6 | 8 | 4 |
| 7 | 4 | 2 | 6 | 8 | 1 | 9 | 3 | 5 |
| 5 | 1 | 7 | 3 | 6 | 2 | 8 | 4 | 9 |
| 8 | 2 | 9 | 4 | 1 | 5 | 7 | 6 | 3 |
| 6 | 3 | 4 | 7 | 9 | 8 | 2 | 5 | 1 |
| 2 | 7 | 8 | 1 | 4 | 3 | 5 | 9 | 6 |
| 4 | 6 | 5 | 2 | 7 | 9 | 3 | 1 | 8 |
| 1 | 9 | 3 | 8 | 5 | 6 | 4 | 7 | 2 |

## 682

| 4 | 7 | 8 | 9 | 2 | 1 | 6 | 3 | 5 |
|---|---|---|---|---|---|---|---|---|
| 3 | 5 | 2 | 7 | 6 | 8 | 4 | 1 | 9 |
| 1 | 6 | 9 | 4 | 5 | 3 | 8 | 2 | 7 |
| 5 | 1 | 3 | 6 | 7 | 2 | 9 | 4 | 8 |
| 9 | 8 | 7 | 5 | 3 | 4 | 1 | 6 | 2 |
| 6 | 2 | 4 | 1 | 8 | 9 | 7 | 5 | 3 |
| 2 | 3 | 6 | 8 | 4 | 7 | 5 | 9 | 1 |
| 7 | 9 | 5 | 2 | 1 | 6 | 3 | 8 | 4 |
| 8 | 4 | 1 | 3 | 9 | 5 | 2 | 7 | 6 |

## 683

| 9 | 5 | 7 | 4 | 6 | 3 | 1 | 8 | 2 |
|---|---|---|---|---|---|---|---|---|
| 3 | 2 | 1 | 5 | 8 | 9 | 6 | 4 | 7 |
| 6 | 8 | 4 | 7 | 1 | 2 | 9 | 5 | 3 |
| 2 | 1 | 5 | 8 | 3 | 7 | 4 | 9 | 6 |
| 7 | 9 | 8 | 6 | 5 | 4 | 2 | 3 | 1 |
| 4 | 3 | 6 | 9 | 2 | 1 | 8 | 7 | 5 |
| 5 | 4 | 9 | 1 | 7 | 6 | 3 | 2 | 8 |
| 8 | 6 | 3 | 2 | 4 | 5 | 7 | 1 | 9 |
| 1 | 7 | 2 | 3 | 9 | 8 | 5 | 6 | 4 |

## 684

| 6 | 9 | 7 | 3 | 5 | 4 | 8 | 2 | 1 |
|---|---|---|---|---|---|---|---|---|
| 8 | 4 | 1 | 6 | 9 | 2 | 5 | 3 | 7 |
| 3 | 5 | 2 | 1 | 8 | 7 | 9 | 6 | 4 |
| 1 | 7 | 9 | 2 | 3 | 6 | 4 | 8 | 5 |
| 2 | 8 | 5 | 7 | 4 | 9 | 3 | 1 | 6 |
| 4 | 6 | 3 | 5 | 1 | 8 | 7 | 9 | 2 |
| 5 | 2 | 6 | 9 | 7 | 3 | 1 | 4 | 8 |
| 9 | 1 | 4 | 8 | 6 | 5 | 2 | 7 | 3 |
| 7 | 3 | 8 | 4 | 2 | 1 | 6 | 5 | 9 |

## 685

| 1 | 3 | 9 | 4 | 2 | 7 | 5 | 6 | 8 |
|---|---|---|---|---|---|---|---|---|
| 7 | 6 | 4 | 8 | 5 | 9 | 2 | 3 | 1 |
| 2 | 8 | 5 | 3 | 1 | 6 | 9 | 4 | 7 |
| 3 | 5 | 8 | 9 | 7 | 1 | 4 | 2 | 6 |
| 9 | 2 | 7 | 6 | 4 | 5 | 1 | 8 | 3 |
| 4 | 1 | 6 | 2 | 8 | 3 | 7 | 9 | 5 |
| 8 | 9 | 1 | 7 | 6 | 2 | 3 | 5 | 4 |
| 5 | 4 | 3 | 1 | 9 | 8 | 6 | 7 | 2 |
| 6 | 7 | 2 | 5 | 3 | 4 | 8 | 1 | 9 |

## 686

| 4 | 5 | 6 | 1 | 2 | 8 | 9 | 3 | 7 |
|---|---|---|---|---|---|---|---|---|
| 2 | 1 | 9 | 4 | 7 | 3 | 6 | 8 | 5 |
| 7 | 8 | 3 | 9 | 5 | 6 | 2 | 4 | 1 |
| 5 | 4 | 2 | 8 | 6 | 7 | 1 | 9 | 3 |
| 3 | 7 | 1 | 2 | 9 | 5 | 8 | 6 | 4 |
| 9 | 6 | 8 | 3 | 1 | 4 | 5 | 7 | 2 |
| 6 | 2 | 7 | 5 | 3 | 9 | 4 | 1 | 8 |
| 1 | 3 | 4 | 6 | 8 | 2 | 7 | 5 | 9 |
| 8 | 9 | 5 | 7 | 4 | 1 | 3 | 2 | 6 |

## 687

| 1 | 6 | 4 | 5 | 9 | 3 | 2 | 7 | 8 |
|---|---|---|---|---|---|---|---|---|
| 3 | 8 | 2 | 4 | 7 | 6 | 9 | 5 | 1 |
| 7 | 5 | 9 | 8 | 2 | 1 | 6 | 3 | 4 |
| 9 | 7 | 1 | 6 | 5 | 2 | 4 | 8 | 3 |
| 2 | 3 | 6 | 1 | 4 | 8 | 7 | 9 | 5 |
| 5 | 4 | 8 | 7 | 3 | 9 | 1 | 2 | 6 |
| 8 | 1 | 5 | 2 | 6 | 7 | 3 | 4 | 9 |
| 6 | 9 | 7 | 3 | 8 | 4 | 5 | 1 | 2 |
| 4 | 2 | 3 | 9 | 1 | 5 | 8 | 6 | 7 |

## 688

| 2 | 7 | 9 | 4 | 3 | 8 | 1 | 6 | 5 |
|---|---|---|---|---|---|---|---|---|
| 4 | 6 | 8 | 9 | 5 | 1 | 7 | 2 | 3 |
| 5 | 1 | 3 | 7 | 2 | 6 | 9 | 8 | 4 |
| 7 | 2 | 4 | 3 | 6 | 9 | 5 | 1 | 8 |
| 9 | 8 | 6 | 1 | 4 | 5 | 3 | 7 | 2 |
| 3 | 5 | 1 | 2 | 8 | 7 | 6 | 4 | 9 |
| 1 | 3 | 7 | 8 | 9 | 4 | 2 | 5 | 6 |
| 8 | 9 | 5 | 6 | 7 | 2 | 4 | 3 | 1 |
| 6 | 4 | 2 | 5 | 1 | 3 | 8 | 9 | 7 |

## 689

| 9 | 8 | 2 | 4 | 7 | 5 | 6 | 1 | 3 |
|---|---|---|---|---|---|---|---|---|
| 6 | 5 | 1 | 9 | 8 | 3 | 2 | 4 | 7 |
| 3 | 7 | 4 | 2 | 1 | 6 | 8 | 9 | 5 |
| 1 | 3 | 8 | 6 | 4 | 9 | 7 | 5 | 2 |
| 2 | 4 | 6 | 8 | 5 | 7 | 1 | 3 | 9 |
| 7 | 9 | 5 | 1 | 3 | 2 | 4 | 8 | 6 |
| 4 | 2 | 3 | 7 | 9 | 1 | 5 | 6 | 8 |
| 8 | 6 | 9 | 5 | 2 | 4 | 3 | 7 | 1 |
| 5 | 1 | 7 | 3 | 6 | 8 | 9 | 2 | 4 |

## 690

| 5 | 4 | 3 | 8 | 1 | 2 | 7 | 6 | 9 |
|---|---|---|---|---|---|---|---|---|
| 9 | 7 | 8 | 4 | 6 | 5 | 3 | 2 | 1 |
| 1 | 6 | 2 | 9 | 7 | 3 | 5 | 8 | 4 |
| 8 | 3 | 4 | 5 | 9 | 1 | 6 | 7 | 2 |
| 6 | 1 | 7 | 2 | 3 | 4 | 8 | 9 | 5 |
| 2 | 9 | 5 | 7 | 8 | 6 | 4 | 1 | 3 |
| 4 | 5 | 1 | 6 | 2 | 8 | 9 | 3 | 7 |
| 3 | 8 | 9 | 1 | 5 | 7 | 2 | 4 | 6 |
| 7 | 2 | 6 | 3 | 4 | 9 | 1 | 5 | 8 |

## 691

| 9 | 7 | 5 | 2 | 8 | 6 | 4 | 3 | 1 |
|---|---|---|---|---|---|---|---|---|
| 6 | 3 | 8 | 1 | 9 | 4 | 7 | 2 | 5 |
| 2 | 4 | 1 | 7 | 3 | 5 | 6 | 8 | 9 |
| 4 | 9 | 3 | 5 | 1 | 8 | 2 | 6 | 7 |
| 1 | 2 | 7 | 4 | 6 | 3 | 9 | 5 | 8 |
| 8 | 5 | 6 | 9 | 7 | 2 | 1 | 4 | 3 |
| 7 | 6 | 2 | 3 | 5 | 1 | 8 | 9 | 4 |
| 5 | 1 | 4 | 8 | 2 | 9 | 3 | 7 | 6 |
| 3 | 8 | 9 | 6 | 4 | 7 | 5 | 1 | 2 |

## 692

| 9 | 6 | 4 | 2 | 5 | 7 | 1 | 8 | 3 |
|---|---|---|---|---|---|---|---|---|
| 1 | 3 | 5 | 4 | 9 | 8 | 2 | 7 | 6 |
| 7 | 2 | 8 | 3 | 6 | 1 | 4 | 9 | 5 |
| 2 | 5 | 1 | 6 | 7 | 3 | 8 | 4 | 9 |
| 4 | 9 | 6 | 8 | 1 | 5 | 7 | 3 | 2 |
| 3 | 8 | 7 | 9 | 2 | 4 | 6 | 5 | 1 |
| 6 | 4 | 2 | 7 | 3 | 9 | 5 | 1 | 8 |
| 8 | 1 | 3 | 5 | 4 | 2 | 9 | 6 | 7 |
| 5 | 7 | 9 | 1 | 8 | 6 | 3 | 2 | 4 |

## 693

| 8 | 7 | 1 | 5 | 6 | 9 | 2 | 3 | 4 |
|---|---|---|---|---|---|---|---|---|
| 2 | 5 | 4 | 1 | 7 | 3 | 6 | 8 | 9 |
| 6 | 3 | 9 | 8 | 2 | 4 | 1 | 5 | 7 |
| 3 | 8 | 2 | 9 | 4 | 1 | 7 | 6 | 5 |
| 9 | 1 | 7 | 2 | 5 | 6 | 8 | 4 | 3 |
| 5 | 4 | 6 | 3 | 8 | 7 | 9 | 1 | 2 |
| 4 | 6 | 5 | 7 | 9 | 8 | 3 | 2 | 1 |
| 1 | 9 | 8 | 4 | 3 | 2 | 5 | 7 | 6 |
| 7 | 2 | 3 | 6 | 1 | 5 | 4 | 9 | 8 |

## 694

| 9 | 6 | 5 | 4 | 7 | 3 | 1 | 2 | 8 |
|---|---|---|---|---|---|---|---|---|
| 1 | 4 | 2 | 5 | 9 | 8 | 3 | 7 | 6 |
| 7 | 8 | 3 | 2 | 1 | 6 | 9 | 4 | 5 |
| 2 | 1 | 4 | 7 | 6 | 9 | 8 | 5 | 3 |
| 3 | 7 | 8 | 1 | 5 | 4 | 2 | 6 | 9 |
| 5 | 9 | 6 | 3 | 8 | 2 | 7 | 1 | 4 |
| 4 | 3 | 1 | 9 | 2 | 5 | 6 | 8 | 7 |
| 8 | 2 | 9 | 6 | 4 | 7 | 5 | 3 | 1 |
| 6 | 5 | 7 | 8 | 3 | 1 | 4 | 9 | 2 |

## 695

| 9 | 8 | 7 | 2 | 3 | 5 | 1 | 6 | 4 |
|---|---|---|---|---|---|---|---|---|
| 1 | 3 | 4 | 6 | 8 | 9 | 2 | 7 | 5 |
| 6 | 5 | 2 | 7 | 4 | 1 | 3 | 9 | 8 |
| 5 | 9 | 6 | 3 | 7 | 2 | 4 | 8 | 1 |
| 4 | 7 | 3 | 1 | 9 | 8 | 6 | 5 | 2 |
| 8 | 2 | 1 | 4 | 5 | 6 | 7 | 3 | 9 |
| 7 | 4 | 8 | 9 | 1 | 3 | 5 | 2 | 6 |
| 3 | 6 | 9 | 5 | 2 | 4 | 8 | 1 | 7 |
| 2 | 1 | 5 | 8 | 6 | 7 | 9 | 4 | 3 |

## 696

| 7 | 6 | 9 | 1 | 4 | 5 | 2 | 3 | 8 |
|---|---|---|---|---|---|---|---|---|
| 5 | 1 | 8 | 2 | 9 | 3 | 7 | 6 | 4 |
| 4 | 3 | 2 | 7 | 8 | 6 | 1 | 5 | 9 |
| 2 | 8 | 3 | 9 | 7 | 4 | 6 | 1 | 5 |
| 9 | 7 | 6 | 8 | 5 | 1 | 4 | 2 | 3 |
| 1 | 4 | 5 | 6 | 3 | 2 | 9 | 8 | 7 |
| 6 | 9 | 7 | 3 | 1 | 8 | 5 | 4 | 2 |
| 3 | 2 | 4 | 5 | 6 | 7 | 8 | 9 | 1 |
| 8 | 5 | 1 | 4 | 2 | 9 | 3 | 7 | 6 |

## 697

| 8 | 4 | 2 | 1 | 3 | 9 | 5 | 6 | 7 |
|---|---|---|---|---|---|---|---|---|
| 9 | 5 | 3 | 7 | 8 | 6 | 1 | 2 | 4 |
| 7 | 1 | 6 | 2 | 5 | 4 | 3 | 9 | 8 |
| 5 | 9 | 4 | 8 | 6 | 1 | 2 | 7 | 3 |
| 6 | 2 | 1 | 3 | 7 | 5 | 4 | 8 | 9 |
| 3 | 7 | 8 | 4 | 9 | 2 | 6 | 1 | 5 |
| 1 | 6 | 7 | 5 | 4 | 8 | 9 | 3 | 2 |
| 2 | 3 | 5 | 9 | 1 | 7 | 8 | 4 | 6 |
| 4 | 8 | 9 | 6 | 2 | 3 | 7 | 5 | 1 |

## 698

| 3 | 8 | 7 | 4 | 5 | 2 | 1 | 6 | 9 |
|---|---|---|---|---|---|---|---|---|
| 4 | 1 | 9 | 7 | 3 | 6 | 2 | 8 | 5 |
| 6 | 2 | 5 | 9 | 1 | 8 | 3 | 4 | 7 |
| 2 | 7 | 4 | 6 | 9 | 5 | 8 | 1 | 3 |
| 5 | 3 | 6 | 8 | 2 | 1 | 9 | 7 | 4 |
| 1 | 9 | 8 | 3 | 7 | 4 | 6 | 5 | 2 |
| 8 | 6 | 3 | 5 | 4 | 9 | 7 | 2 | 1 |
| 7 | 4 | 2 | 1 | 6 | 3 | 5 | 9 | 8 |
| 9 | 5 | 1 | 2 | 8 | 7 | 4 | 3 | 6 |

## 699

| 2 | 8 | 3 | 4 | 1 | 7 | 5 | 6 | 9 |
|---|---|---|---|---|---|---|---|---|
| 9 | 1 | 4 | 6 | 5 | 3 | 8 | 2 | 7 |
| 7 | 6 | 5 | 8 | 9 | 2 | 3 | 4 | 1 |
| 8 | 5 | 2 | 7 | 4 | 1 | 9 | 3 | 6 |
| 3 | 4 | 7 | 9 | 2 | 6 | 1 | 5 | 8 |
| 1 | 9 | 6 | 5 | 3 | 8 | 2 | 7 | 4 |
| 5 | 3 | 8 | 1 | 6 | 4 | 7 | 9 | 2 |
| 6 | 2 | 1 | 3 | 7 | 9 | 4 | 8 | 5 |
| 4 | 7 | 9 | 2 | 8 | 5 | 6 | 1 | 3 |

## 700

| 1 | 9 | 2 | 7 | 8 | 4 | 6 | 3 | 5 |
|---|---|---|---|---|---|---|---|---|
| 5 | 7 | 6 | 3 | 9 | 1 | 4 | 8 | 2 |
| 3 | 8 | 4 | 2 | 6 | 5 | 7 | 1 | 9 |
| 2 | 6 | 3 | 9 | 4 | 8 | 5 | 7 | 1 |
| 7 | 4 | 1 | 5 | 3 | 6 | 2 | 9 | 8 |
| 9 | 5 | 8 | 1 | 7 | 2 | 3 | 4 | 6 |
| 6 | 1 | 7 | 8 | 5 | 3 | 9 | 2 | 4 |
| 8 | 3 | 5 | 4 | 2 | 9 | 1 | 6 | 7 |
| 4 | 2 | 9 | 6 | 1 | 7 | 8 | 5 | 3 |

**701**

| 6 | 4 | 1 | 8 | 3 | 2 | 7 | 5 | 9 |
|---|---|---|---|---|---|---|---|---|
| 2 | 3 | 9 | 5 | 6 | 7 | 4 | 1 | 8 |
| 5 | 7 | 8 | 9 | 1 | 4 | 3 | 2 | 6 |
| 4 | 8 | 5 | 1 | 9 | 6 | 2 | 7 | 3 |
| 1 | 2 | 7 | 3 | 4 | 8 | 6 | 9 | 5 |
| 9 | 6 | 3 | 2 | 7 | 5 | 1 | 8 | 4 |
| 8 | 5 | 6 | 7 | 2 | 3 | 9 | 4 | 1 |
| 3 | 1 | 2 | 4 | 8 | 9 | 5 | 6 | 7 |
| 7 | 9 | 4 | 6 | 5 | 1 | 8 | 3 | 2 |

**702**

| 2 | 9 | 5 | 3 | 1 | 8 | 4 | 6 | 7 |
|---|---|---|---|---|---|---|---|---|
| 6 | 3 | 1 | 5 | 7 | 4 | 2 | 8 | 9 |
| 7 | 8 | 4 | 2 | 9 | 6 | 1 | 3 | 5 |
| 5 | 2 | 8 | 6 | 3 | 9 | 7 | 4 | 1 |
| 9 | 6 | 7 | 1 | 4 | 5 | 3 | 2 | 8 |
| 1 | 4 | 3 | 7 | 8 | 2 | 9 | 5 | 6 |
| 8 | 5 | 9 | 4 | 2 | 1 | 6 | 7 | 3 |
| 4 | 7 | 6 | 9 | 5 | 3 | 8 | 1 | 2 |
| 3 | 1 | 2 | 8 | 6 | 7 | 5 | 9 | 4 |

**703**

| 2 | 4 | 5 | 9 | 1 | 7 | 6 | 3 | 8 |
|---|---|---|---|---|---|---|---|---|
| 6 | 1 | 8 | 2 | 3 | 4 | 7 | 5 | 9 |
| 9 | 7 | 3 | 6 | 5 | 8 | 4 | 1 | 2 |
| 1 | 3 | 6 | 7 | 2 | 9 | 8 | 4 | 5 |
| 8 | 2 | 4 | 3 | 6 | 5 | 1 | 9 | 7 |
| 7 | 5 | 9 | 8 | 4 | 1 | 3 | 2 | 6 |
| 4 | 9 | 2 | 1 | 8 | 6 | 5 | 7 | 3 |
| 3 | 8 | 1 | 5 | 7 | 2 | 9 | 6 | 4 |
| 5 | 6 | 7 | 4 | 9 | 3 | 2 | 8 | 1 |

**704**

| 4 | 6 | 1 | 8 | 5 | 9 | 2 | 3 | 7 |
|---|---|---|---|---|---|---|---|---|
| 2 | 3 | 8 | 1 | 6 | 7 | 9 | 4 | 5 |
| 5 | 7 | 9 | 4 | 2 | 3 | 8 | 1 | 6 |
| 8 | 4 | 6 | 3 | 9 | 5 | 7 | 2 | 1 |
| 3 | 9 | 2 | 6 | 7 | 1 | 5 | 8 | 4 |
| 7 | 1 | 5 | 2 | 4 | 8 | 3 | 6 | 9 |
| 9 | 8 | 4 | 7 | 1 | 2 | 6 | 5 | 3 |
| 1 | 2 | 7 | 5 | 3 | 6 | 4 | 9 | 8 |
| 6 | 5 | 3 | 9 | 8 | 4 | 1 | 7 | 2 |

**705**

| 8 | 2 | 9 | 5 | 6 | 4 | 3 | 7 | 1 |
|---|---|---|---|---|---|---|---|---|
| 3 | 7 | 5 | 8 | 1 | 9 | 4 | 6 | 2 |
| 4 | 1 | 6 | 2 | 3 | 7 | 8 | 5 | 9 |
| 9 | 6 | 4 | 3 | 2 | 1 | 7 | 8 | 5 |
| 1 | 5 | 8 | 9 | 7 | 6 | 2 | 4 | 3 |
| 2 | 3 | 7 | 4 | 8 | 5 | 9 | 1 | 6 |
| 6 | 9 | 2 | 1 | 4 | 8 | 5 | 3 | 7 |
| 7 | 4 | 3 | 6 | 5 | 2 | 1 | 9 | 8 |
| 5 | 8 | 1 | 7 | 9 | 3 | 6 | 2 | 4 |

**706**

| 8 | 7 | 4 | 3 | 5 | 6 | 9 | 2 | 1 |
|---|---|---|---|---|---|---|---|---|
| 5 | 2 | 1 | 9 | 4 | 8 | 3 | 7 | 6 |
| 3 | 6 | 9 | 2 | 7 | 1 | 5 | 4 | 8 |
| 7 | 3 | 8 | 4 | 9 | 2 | 6 | 1 | 5 |
| 4 | 5 | 6 | 1 | 8 | 7 | 2 | 9 | 3 |
| 1 | 9 | 2 | 6 | 3 | 5 | 4 | 8 | 7 |
| 9 | 1 | 5 | 8 | 2 | 3 | 7 | 6 | 4 |
| 6 | 4 | 3 | 7 | 1 | 9 | 8 | 5 | 2 |
| 2 | 8 | 7 | 5 | 6 | 4 | 1 | 3 | 9 |

**707**

| 1 | 2 | 9 | 7 | 4 | 3 | 8 | 5 | 6 |
|---|---|---|---|---|---|---|---|---|
| 8 | 4 | 5 | 9 | 2 | 6 | 1 | 7 | 3 |
| 7 | 6 | 3 | 5 | 1 | 8 | 2 | 4 | 9 |
| 9 | 7 | 8 | 2 | 3 | 4 | 6 | 1 | 5 |
| 2 | 3 | 6 | 1 | 8 | 5 | 7 | 9 | 4 |
| 5 | 1 | 4 | 6 | 9 | 7 | 3 | 2 | 8 |
| 4 | 5 | 7 | 8 | 6 | 2 | 9 | 3 | 1 |
| 3 | 8 | 1 | 4 | 7 | 9 | 5 | 6 | 2 |
| 6 | 9 | 2 | 3 | 5 | 1 | 4 | 8 | 7 |

**708**

| 9 | 2 | 5 | 3 | 6 | 8 | 7 | 4 | 1 |
|---|---|---|---|---|---|---|---|---|
| 4 | 8 | 1 | 5 | 9 | 7 | 2 | 6 | 3 |
| 3 | 7 | 6 | 2 | 4 | 1 | 5 | 8 | 9 |
| 5 | 1 | 2 | 4 | 3 | 9 | 8 | 7 | 6 |
| 7 | 6 | 3 | 8 | 1 | 5 | 9 | 2 | 4 |
| 8 | 4 | 9 | 7 | 2 | 6 | 1 | 3 | 5 |
| 1 | 3 | 4 | 9 | 8 | 2 | 6 | 5 | 7 |
| 6 | 5 | 8 | 1 | 7 | 4 | 3 | 9 | 2 |
| 2 | 9 | 7 | 6 | 5 | 3 | 4 | 1 | 8 |

**709**

| 4 | 5 | 9 | 8 | 1 | 6 | 7 | 3 | 2 |
|---|---|---|---|---|---|---|---|---|
| 8 | 6 | 2 | 3 | 5 | 7 | 1 | 9 | 4 |
| 1 | 7 | 3 | 9 | 2 | 4 | 5 | 8 | 6 |
| 3 | 1 | 4 | 2 | 7 | 5 | 8 | 6 | 9 |
| 9 | 2 | 7 | 6 | 3 | 8 | 4 | 5 | 1 |
| 5 | 8 | 6 | 1 | 4 | 9 | 2 | 7 | 3 |
| 6 | 3 | 5 | 4 | 8 | 2 | 9 | 1 | 7 |
| 7 | 4 | 1 | 5 | 9 | 3 | 6 | 2 | 8 |
| 2 | 9 | 8 | 7 | 6 | 1 | 3 | 4 | 5 |

**710**

| 5 | 8 | 4 | 6 | 9 | 2 | 1 | 3 | 7 |
|---|---|---|---|---|---|---|---|---|
| 7 | 2 | 9 | 3 | 1 | 8 | 5 | 4 | 6 |
| 6 | 3 | 1 | 7 | 4 | 5 | 2 | 8 | 9 |
| 4 | 9 | 6 | 5 | 8 | 1 | 3 | 7 | 2 |
| 8 | 7 | 5 | 9 | 2 | 3 | 4 | 6 | 1 |
| 3 | 1 | 2 | 4 | 7 | 6 | 9 | 5 | 8 |
| 1 | 6 | 8 | 2 | 3 | 4 | 7 | 9 | 5 |
| 2 | 4 | 7 | 8 | 5 | 9 | 6 | 1 | 3 |
| 9 | 5 | 3 | 1 | 6 | 7 | 8 | 2 | 4 |

**711**

| 7 | 3 | 5 | 2 | 9 | 8 | 6 | 1 | 4 |
|---|---|---|---|---|---|---|---|---|
| 4 | 1 | 8 | 3 | 7 | 6 | 2 | 9 | 5 |
| 9 | 6 | 2 | 4 | 1 | 5 | 7 | 3 | 8 |
| 5 | 9 | 1 | 7 | 2 | 3 | 8 | 4 | 6 |
| 8 | 4 | 7 | 6 | 5 | 9 | 3 | 2 | 1 |
| 3 | 2 | 6 | 1 | 8 | 4 | 5 | 7 | 9 |
| 1 | 8 | 3 | 9 | 6 | 7 | 4 | 5 | 2 |
| 2 | 5 | 4 | 8 | 3 | 1 | 9 | 6 | 7 |
| 6 | 7 | 9 | 5 | 4 | 2 | 1 | 8 | 3 |

**712**

| 6 | 1 | 7 | 9 | 3 | 4 | 2 | 5 | 8 |
|---|---|---|---|---|---|---|---|---|
| 2 | 3 | 8 | 1 | 5 | 6 | 4 | 9 | 7 |
| 5 | 9 | 4 | 8 | 2 | 7 | 1 | 6 | 3 |
| 8 | 2 | 1 | 5 | 6 | 9 | 7 | 3 | 4 |
| 9 | 7 | 3 | 4 | 1 | 2 | 6 | 8 | 5 |
| 4 | 5 | 6 | 7 | 8 | 3 | 9 | 2 | 1 |
| 7 | 8 | 5 | 2 | 9 | 1 | 3 | 4 | 6 |
| 3 | 4 | 2 | 6 | 7 | 5 | 8 | 1 | 9 |
| 1 | 6 | 9 | 3 | 4 | 8 | 5 | 7 | 2 |

**713**

| 2 | 9 | 5 | 4 | 8 | 1 | 3 | 7 | 6 |
|---|---|---|---|---|---|---|---|---|
| 8 | 1 | 3 | 5 | 7 | 6 | 4 | 9 | 2 |
| 7 | 4 | 6 | 2 | 9 | 3 | 5 | 8 | 1 |
| 4 | 6 | 7 | 1 | 2 | 5 | 9 | 3 | 8 |
| 1 | 5 | 9 | 6 | 3 | 8 | 2 | 4 | 7 |
| 3 | 8 | 2 | 9 | 4 | 7 | 1 | 6 | 5 |
| 5 | 7 | 8 | 3 | 1 | 9 | 6 | 2 | 4 |
| 6 | 3 | 4 | 7 | 5 | 2 | 8 | 1 | 9 |
| 9 | 2 | 1 | 8 | 6 | 4 | 7 | 5 | 3 |

**714**

| 1 | 5 | 7 | 4 | 8 | 2 | 6 | 3 | 9 |
|---|---|---|---|---|---|---|---|---|
| 6 | 2 | 9 | 7 | 3 | 5 | 4 | 1 | 8 |
| 8 | 3 | 4 | 6 | 9 | 1 | 2 | 7 | 5 |
| 9 | 6 | 3 | 2 | 7 | 4 | 8 | 5 | 1 |
| 4 | 8 | 5 | 3 | 1 | 9 | 7 | 6 | 2 |
| 2 | 7 | 1 | 8 | 5 | 6 | 3 | 9 | 4 |
| 7 | 9 | 2 | 1 | 4 | 3 | 5 | 8 | 6 |
| 3 | 1 | 6 | 5 | 2 | 8 | 9 | 4 | 7 |
| 5 | 4 | 8 | 9 | 6 | 7 | 1 | 2 | 3 |

**715**

| 5 | 6 | 9 | 4 | 1 | 8 | 3 | 7 | 2 |
|---|---|---|---|---|---|---|---|---|
| 8 | 1 | 3 | 7 | 2 | 9 | 4 | 5 | 6 |
| 2 | 7 | 4 | 3 | 6 | 5 | 8 | 1 | 9 |
| 6 | 2 | 1 | 5 | 9 | 4 | 7 | 3 | 8 |
| 9 | 8 | 5 | 6 | 3 | 7 | 1 | 2 | 4 |
| 3 | 4 | 7 | 1 | 8 | 2 | 9 | 6 | 5 |
| 7 | 3 | 2 | 9 | 4 | 6 | 5 | 8 | 1 |
| 4 | 5 | 6 | 8 | 7 | 1 | 2 | 9 | 3 |
| 1 | 9 | 8 | 2 | 5 | 3 | 6 | 4 | 7 |

**716**

| 1 | 9 | 7 | 6 | 3 | 5 | 2 | 8 | 4 |
|---|---|---|---|---|---|---|---|---|
| 4 | 3 | 2 | 1 | 8 | 9 | 7 | 5 | 6 |
| 5 | 8 | 6 | 2 | 4 | 7 | 1 | 9 | 3 |
| 8 | 6 | 1 | 4 | 9 | 2 | 3 | 7 | 5 |
| 3 | 7 | 5 | 8 | 6 | 1 | 9 | 4 | 2 |
| 2 | 4 | 9 | 7 | 5 | 3 | 8 | 6 | 1 |
| 7 | 5 | 3 | 9 | 2 | 6 | 4 | 1 | 8 |
| 6 | 1 | 4 | 3 | 7 | 8 | 5 | 2 | 9 |
| 9 | 2 | 8 | 5 | 1 | 4 | 6 | 3 | 7 |

**717**

| 8 | 4 | 2 | 3 | 5 | 9 | 1 | 6 | 7 |
|---|---|---|---|---|---|---|---|---|
| 3 | 5 | 6 | 8 | 7 | 1 | 9 | 4 | 2 |
| 9 | 7 | 1 | 2 | 6 | 4 | 5 | 8 | 3 |
| 5 | 3 | 4 | 9 | 1 | 8 | 7 | 2 | 6 |
| 1 | 9 | 7 | 6 | 4 | 2 | 3 | 5 | 8 |
| 2 | 6 | 8 | 5 | 3 | 7 | 4 | 1 | 9 |
| 7 | 8 | 3 | 1 | 2 | 5 | 6 | 9 | 4 |
| 4 | 1 | 9 | 7 | 8 | 6 | 2 | 3 | 5 |
| 6 | 2 | 5 | 4 | 9 | 3 | 8 | 7 | 1 |

**718**

| 1 | 7 | 2 | 8 | 3 | 4 | 9 | 6 | 5 |
|---|---|---|---|---|---|---|---|---|
| 5 | 8 | 3 | 6 | 1 | 9 | 7 | 4 | 2 |
| 4 | 6 | 9 | 2 | 5 | 7 | 3 | 8 | 1 |
| 7 | 3 | 1 | 4 | 9 | 5 | 6 | 2 | 8 |
| 2 | 5 | 6 | 1 | 8 | 3 | 4 | 7 | 9 |
| 8 | 9 | 4 | 7 | 6 | 2 | 5 | 1 | 3 |
| 9 | 1 | 8 | 3 | 7 | 6 | 2 | 5 | 4 |
| 3 | 2 | 7 | 5 | 4 | 8 | 1 | 9 | 6 |
| 6 | 4 | 5 | 9 | 2 | 1 | 8 | 3 | 7 |

**719**

| 9 | 4 | 1 | 5 | 6 | 7 | 2 | 3 | 8 |
|---|---|---|---|---|---|---|---|---|
| 8 | 3 | 6 | 2 | 9 | 1 | 7 | 5 | 4 |
| 7 | 5 | 2 | 3 | 8 | 4 | 9 | 6 | 1 |
| 1 | 8 | 5 | 4 | 3 | 2 | 6 | 7 | 9 |
| 3 | 9 | 4 | 7 | 1 | 6 | 8 | 2 | 5 |
| 6 | 2 | 7 | 8 | 5 | 9 | 4 | 1 | 3 |
| 2 | 1 | 9 | 6 | 4 | 5 | 3 | 8 | 7 |
| 4 | 7 | 3 | 1 | 2 | 8 | 5 | 9 | 6 |
| 5 | 6 | 8 | 9 | 7 | 3 | 1 | 4 | 2 |

**720**

| 2 | 8 | 9 | 6 | 7 | 3 | 1 | 4 | 5 |
|---|---|---|---|---|---|---|---|---|
| 7 | 5 | 3 | 2 | 1 | 4 | 9 | 8 | 6 |
| 6 | 1 | 4 | 8 | 9 | 5 | 2 | 7 | 3 |
| 5 | 7 | 6 | 3 | 2 | 9 | 8 | 1 | 4 |
| 3 | 2 | 8 | 7 | 4 | 1 | 5 | 6 | 9 |
| 9 | 4 | 1 | 5 | 8 | 6 | 3 | 2 | 7 |
| 4 | 9 | 5 | 1 | 6 | 8 | 7 | 3 | 2 |
| 1 | 3 | 2 | 4 | 5 | 7 | 6 | 9 | 8 |
| 8 | 6 | 7 | 9 | 3 | 2 | 4 | 5 | 1 |

## 721

| 4 | 8 | 2 | 1 | 9 | 7 | 3 | 6 | 5 |
|---|---|---|---|---|---|---|---|---|
| 5 | 3 | 1 | 6 | 8 | 4 | 2 | 9 | 7 |
| 7 | 6 | 9 | 3 | 2 | 5 | 4 | 8 | 1 |
| 8 | 9 | 7 | 4 | 3 | 2 | 5 | 1 | 6 |
| 3 | 1 | 4 | 9 | 5 | 6 | 7 | 2 | 8 |
| 6 | 2 | 5 | 7 | 1 | 8 | 9 | 4 | 3 |
| 1 | 5 | 3 | 8 | 4 | 9 | 6 | 7 | 2 |
| 2 | 4 | 6 | 5 | 7 | 1 | 8 | 3 | 9 |
| 9 | 7 | 8 | 2 | 6 | 3 | 1 | 5 | 4 |

## 722

| 5 | 6 | 9 | 2 | 8 | 7 | 3 | 1 | 4 |
|---|---|---|---|---|---|---|---|---|
| 3 | 7 | 2 | 9 | 1 | 4 | 6 | 8 | 5 |
| 4 | 1 | 8 | 5 | 6 | 3 | 2 | 7 | 9 |
| 8 | 3 | 6 | 7 | 4 | 9 | 1 | 5 | 2 |
| 1 | 9 | 4 | 6 | 5 | 2 | 8 | 3 | 7 |
| 2 | 5 | 7 | 1 | 3 | 8 | 4 | 9 | 6 |
| 6 | 2 | 5 | 3 | 7 | 1 | 9 | 4 | 8 |
| 7 | 8 | 1 | 4 | 9 | 6 | 5 | 2 | 3 |
| 9 | 4 | 3 | 8 | 2 | 5 | 7 | 6 | 1 |

## 723

| 9 | 1 | 6 | 3 | 4 | 8 | 5 | 7 | 2 |
|---|---|---|---|---|---|---|---|---|
| 5 | 8 | 3 | 9 | 7 | 2 | 4 | 1 | 6 |
| 4 | 7 | 2 | 1 | 6 | 5 | 9 | 3 | 8 |
| 3 | 5 | 7 | 8 | 1 | 4 | 6 | 2 | 9 |
| 8 | 2 | 1 | 6 | 9 | 7 | 3 | 4 | 5 |
| 6 | 4 | 9 | 5 | 2 | 3 | 1 | 8 | 7 |
| 7 | 9 | 4 | 2 | 5 | 1 | 8 | 6 | 3 |
| 1 | 6 | 8 | 7 | 3 | 9 | 2 | 5 | 4 |
| 2 | 3 | 5 | 4 | 8 | 6 | 7 | 9 | 1 |

## 724

| 6 | 2 | 4 | 1 | 7 | 3 | 8 | 5 | 9 |
|---|---|---|---|---|---|---|---|---|
| 7 | 5 | 9 | 6 | 4 | 8 | 3 | 1 | 2 |
| 3 | 8 | 1 | 5 | 2 | 9 | 7 | 6 | 4 |
| 1 | 3 | 2 | 4 | 9 | 7 | 6 | 8 | 5 |
| 5 | 4 | 7 | 8 | 6 | 1 | 2 | 9 | 3 |
| 8 | 9 | 6 | 3 | 5 | 2 | 4 | 7 | 1 |
| 4 | 1 | 5 | 7 | 3 | 6 | 9 | 2 | 8 |
| 2 | 7 | 3 | 9 | 8 | 5 | 1 | 4 | 6 |
| 9 | 6 | 8 | 2 | 1 | 4 | 5 | 3 | 7 |

## 725

| 1 | 4 | 9 | 6 | 5 | 8 | 3 | 2 | 7 |
|---|---|---|---|---|---|---|---|---|
| 2 | 8 | 6 | 7 | 3 | 4 | 5 | 9 | 1 |
| 7 | 3 | 5 | 9 | 1 | 2 | 6 | 4 | 8 |
| 3 | 5 | 2 | 8 | 6 | 9 | 7 | 1 | 4 |
| 8 | 9 | 4 | 3 | 7 | 1 | 2 | 5 | 6 |
| 6 | 1 | 7 | 2 | 4 | 5 | 9 | 8 | 3 |
| 9 | 6 | 1 | 4 | 2 | 3 | 8 | 7 | 5 |
| 4 | 7 | 8 | 5 | 9 | 6 | 1 | 3 | 2 |
| 5 | 2 | 3 | 1 | 8 | 7 | 4 | 6 | 9 |

## 726

| 4 | 2 | 3 | 6 | 5 | 7 | 9 | 8 | 1 |
|---|---|---|---|---|---|---|---|---|
| 6 | 1 | 9 | 8 | 4 | 3 | 2 | 5 | 7 |
| 7 | 8 | 5 | 9 | 2 | 1 | 3 | 6 | 4 |
| 5 | 6 | 8 | 7 | 1 | 2 | 4 | 3 | 9 |
| 3 | 9 | 1 | 4 | 8 | 5 | 6 | 7 | 2 |
| 2 | 7 | 4 | 3 | 6 | 9 | 5 | 1 | 8 |
| 1 | 3 | 2 | 5 | 9 | 8 | 7 | 4 | 6 |
| 8 | 4 | 7 | 2 | 3 | 6 | 1 | 9 | 5 |
| 9 | 5 | 6 | 1 | 7 | 4 | 8 | 2 | 3 |

## 727

| 8 | 1 | 5 | 9 | 2 | 7 | 4 | 3 | 6 |
|---|---|---|---|---|---|---|---|---|
| 2 | 3 | 6 | 8 | 4 | 5 | 1 | 7 | 9 |
| 7 | 4 | 9 | 1 | 3 | 6 | 5 | 2 | 8 |
| 1 | 2 | 3 | 7 | 6 | 9 | 8 | 4 | 5 |
| 9 | 7 | 8 | 4 | 5 | 2 | 6 | 1 | 3 |
| 6 | 5 | 4 | 3 | 8 | 1 | 7 | 9 | 2 |
| 3 | 9 | 1 | 5 | 7 | 8 | 2 | 6 | 4 |
| 5 | 6 | 7 | 2 | 9 | 4 | 3 | 8 | 1 |
| 4 | 8 | 2 | 6 | 1 | 3 | 9 | 5 | 7 |

## 728

| 2 | 5 | 6 | 8 | 3 | 1 | 9 | 7 | 4 |
|---|---|---|---|---|---|---|---|---|
| 9 | 4 | 3 | 2 | 5 | 7 | 6 | 8 | 1 |
| 8 | 1 | 7 | 9 | 6 | 4 | 5 | 3 | 2 |
| 3 | 8 | 4 | 7 | 9 | 5 | 2 | 1 | 6 |
| 5 | 2 | 1 | 3 | 4 | 6 | 8 | 9 | 7 |
| 7 | 6 | 9 | 1 | 2 | 8 | 4 | 5 | 3 |
| 4 | 3 | 8 | 6 | 1 | 9 | 7 | 2 | 5 |
| 6 | 7 | 2 | 5 | 8 | 3 | 1 | 4 | 9 |
| 1 | 9 | 5 | 4 | 7 | 2 | 3 | 6 | 8 |

## 729

| 9 | 7 | 2 | 6 | 5 | 8 | 4 | 3 | 1 |
|---|---|---|---|---|---|---|---|---|
| 1 | 4 | 5 | 3 | 9 | 2 | 6 | 8 | 7 |
| 3 | 8 | 6 | 1 | 7 | 4 | 2 | 9 | 5 |
| 2 | 1 | 7 | 5 | 8 | 6 | 3 | 4 | 9 |
| 5 | 6 | 4 | 7 | 3 | 9 | 1 | 2 | 8 |
| 8 | 9 | 3 | 2 | 4 | 1 | 7 | 5 | 6 |
| 4 | 3 | 8 | 9 | 1 | 7 | 5 | 6 | 2 |
| 6 | 5 | 1 | 8 | 2 | 3 | 9 | 7 | 4 |
| 7 | 2 | 9 | 4 | 6 | 5 | 8 | 1 | 3 |

## 730

| 1 | 7 | 3 | 6 | 4 | 5 | 8 | 2 | 9 |
|---|---|---|---|---|---|---|---|---|
| 6 | 5 | 8 | 2 | 9 | 1 | 4 | 7 | 3 |
| 2 | 4 | 9 | 8 | 7 | 3 | 1 | 6 | 5 |
| 4 | 9 | 1 | 3 | 5 | 6 | 2 | 8 | 7 |
| 7 | 3 | 5 | 4 | 2 | 8 | 9 | 1 | 6 |
| 8 | 2 | 6 | 9 | 1 | 7 | 3 | 5 | 4 |
| 9 | 1 | 2 | 5 | 6 | 4 | 7 | 3 | 8 |
| 3 | 6 | 4 | 7 | 8 | 2 | 5 | 9 | 1 |
| 5 | 8 | 7 | 1 | 3 | 9 | 6 | 4 | 2 |

## 731

| 1 | 5 | 9 | 6 | 8 | 2 | 3 | 7 | 4 |
|---|---|---|---|---|---|---|---|---|
| 3 | 2 | 7 | 9 | 4 | 1 | 8 | 6 | 5 |
| 8 | 4 | 6 | 5 | 7 | 3 | 9 | 2 | 1 |
| 2 | 8 | 4 | 7 | 5 | 6 | 1 | 3 | 9 |
| 9 | 7 | 1 | 2 | 3 | 4 | 5 | 8 | 6 |
| 5 | 6 | 3 | 1 | 9 | 8 | 2 | 4 | 7 |
| 7 | 1 | 8 | 3 | 6 | 5 | 4 | 9 | 2 |
| 6 | 3 | 5 | 4 | 2 | 9 | 7 | 1 | 8 |
| 4 | 9 | 2 | 8 | 1 | 7 | 6 | 5 | 3 |

## 732

| 9 | 1 | 8 | 7 | 6 | 4 | 2 | 5 | 3 |
|---|---|---|---|---|---|---|---|---|
| 6 | 7 | 3 | 2 | 5 | 9 | 8 | 4 | 1 |
| 4 | 2 | 5 | 3 | 8 | 1 | 7 | 6 | 9 |
| 1 | 9 | 2 | 8 | 4 | 6 | 3 | 7 | 5 |
| 5 | 4 | 7 | 1 | 2 | 3 | 9 | 8 | 6 |
| 3 | 8 | 6 | 9 | 7 | 5 | 1 | 2 | 4 |
| 2 | 3 | 4 | 5 | 9 | 7 | 6 | 1 | 8 |
| 7 | 6 | 1 | 4 | 3 | 8 | 5 | 9 | 2 |
| 8 | 5 | 9 | 6 | 1 | 2 | 4 | 3 | 7 |

## 733

| 8 | 5 | 9 | 6 | 7 | 4 | 3 | 2 | 1 |
|---|---|---|---|---|---|---|---|---|
| 3 | 1 | 2 | 9 | 5 | 8 | 7 | 4 | 6 |
| 4 | 7 | 6 | 1 | 3 | 2 | 9 | 5 | 8 |
| 7 | 8 | 5 | 2 | 9 | 3 | 6 | 1 | 4 |
| 9 | 2 | 4 | 5 | 1 | 6 | 8 | 7 | 3 |
| 6 | 3 | 1 | 4 | 8 | 7 | 5 | 9 | 2 |
| 5 | 9 | 8 | 3 | 4 | 1 | 2 | 6 | 7 |
| 2 | 4 | 3 | 7 | 6 | 5 | 1 | 8 | 9 |
| 1 | 6 | 7 | 8 | 2 | 9 | 4 | 3 | 5 |

## 734

| 1 | 9 | 7 | 5 | 3 | 6 | 4 | 8 | 2 |
|---|---|---|---|---|---|---|---|---|
| 5 | 3 | 6 | 4 | 8 | 2 | 7 | 1 | 9 |
| 4 | 2 | 8 | 7 | 1 | 9 | 3 | 5 | 6 |
| 7 | 6 | 4 | 3 | 2 | 1 | 5 | 9 | 8 |
| 9 | 5 | 1 | 6 | 4 | 8 | 2 | 7 | 3 |
| 3 | 8 | 2 | 9 | 7 | 5 | 1 | 6 | 4 |
| 8 | 4 | 5 | 1 | 6 | 3 | 9 | 2 | 7 |
| 6 | 7 | 9 | 2 | 5 | 4 | 8 | 3 | 1 |
| 2 | 1 | 3 | 8 | 9 | 7 | 6 | 4 | 5 |

## 735

| 8 | 2 | 6 | 1 | 4 | 7 | 5 | 9 | 3 |
|---|---|---|---|---|---|---|---|---|
| 9 | 5 | 3 | 8 | 6 | 2 | 1 | 4 | 7 |
| 7 | 1 | 4 | 3 | 5 | 9 | 2 | 6 | 8 |
| 1 | 6 | 5 | 2 | 7 | 3 | 9 | 8 | 4 |
| 4 | 8 | 2 | 9 | 1 | 6 | 7 | 3 | 5 |
| 3 | 7 | 9 | 5 | 8 | 4 | 6 | 1 | 2 |
| 2 | 9 | 8 | 6 | 3 | 5 | 4 | 7 | 1 |
| 6 | 3 | 7 | 4 | 2 | 1 | 8 | 5 | 9 |
| 5 | 4 | 1 | 7 | 9 | 8 | 3 | 2 | 6 |

## 736

| 5 | 2 | 9 | 8 | 1 | 3 | 6 | 7 | 4 |
|---|---|---|---|---|---|---|---|---|
| 8 | 7 | 1 | 4 | 2 | 6 | 9 | 3 | 5 |
| 6 | 3 | 4 | 5 | 9 | 7 | 8 | 2 | 1 |
| 4 | 1 | 8 | 7 | 5 | 9 | 3 | 6 | 2 |
| 3 | 5 | 6 | 2 | 4 | 8 | 1 | 9 | 7 |
| 7 | 9 | 2 | 3 | 6 | 1 | 5 | 4 | 8 |
| 1 | 8 | 3 | 6 | 7 | 2 | 4 | 5 | 9 |
| 2 | 6 | 5 | 9 | 8 | 4 | 7 | 1 | 3 |
| 9 | 4 | 7 | 1 | 3 | 5 | 2 | 8 | 6 |

## 737

| 7 | 4 | 6 | 5 | 9 | 1 | 3 | 2 | 8 |
|---|---|---|---|---|---|---|---|---|
| 3 | 2 | 1 | 4 | 7 | 8 | 6 | 5 | 9 |
| 9 | 5 | 8 | 3 | 6 | 2 | 7 | 4 | 1 |
| 4 | 7 | 3 | 6 | 1 | 5 | 9 | 8 | 2 |
| 2 | 1 | 5 | 8 | 3 | 9 | 4 | 6 | 7 |
| 6 | 8 | 9 | 7 | 2 | 4 | 5 | 1 | 3 |
| 1 | 6 | 2 | 9 | 4 | 3 | 8 | 7 | 5 |
| 8 | 3 | 4 | 1 | 5 | 7 | 2 | 9 | 6 |
| 5 | 9 | 7 | 2 | 8 | 6 | 1 | 3 | 4 |

## 738

| 7 | 6 | 1 | 8 | 3 | 2 | 4 | 5 | 9 |
|---|---|---|---|---|---|---|---|---|
| 9 | 8 | 4 | 6 | 5 | 1 | 3 | 2 | 7 |
| 3 | 2 | 5 | 9 | 7 | 4 | 8 | 1 | 6 |
| 2 | 9 | 8 | 7 | 4 | 6 | 5 | 3 | 1 |
| 1 | 3 | 6 | 2 | 8 | 5 | 7 | 9 | 4 |
| 5 | 4 | 7 | 3 | 1 | 9 | 6 | 8 | 2 |
| 4 | 7 | 2 | 5 | 9 | 3 | 1 | 6 | 8 |
| 6 | 1 | 3 | 4 | 2 | 8 | 9 | 7 | 5 |
| 8 | 5 | 9 | 1 | 6 | 7 | 2 | 4 | 3 |

## 739

| 4 | 6 | 9 | 5 | 2 | 3 | 8 | 7 | 1 |
|---|---|---|---|---|---|---|---|---|
| 1 | 5 | 7 | 4 | 8 | 9 | 6 | 3 | 2 |
| 2 | 3 | 8 | 7 | 6 | 1 | 5 | 4 | 9 |
| 7 | 8 | 6 | 9 | 4 | 5 | 1 | 2 | 3 |
| 9 | 1 | 2 | 3 | 7 | 6 | 4 | 8 | 5 |
| 3 | 4 | 5 | 2 | 1 | 8 | 9 | 6 | 7 |
| 6 | 7 | 1 | 8 | 5 | 2 | 3 | 9 | 4 |
| 8 | 9 | 4 | 1 | 3 | 7 | 2 | 5 | 6 |
| 5 | 2 | 3 | 6 | 9 | 4 | 7 | 1 | 8 |

## 740

| 8 | 9 | 3 | 4 | 1 | 2 | 6 | 7 | 5 |
|---|---|---|---|---|---|---|---|---|
| 5 | 1 | 4 | 3 | 7 | 6 | 9 | 2 | 8 |
| 7 | 2 | 6 | 8 | 5 | 9 | 1 | 4 | 3 |
| 4 | 5 | 8 | 9 | 6 | 3 | 7 | 1 | 2 |
| 9 | 3 | 2 | 1 | 4 | 7 | 8 | 5 | 6 |
| 6 | 7 | 1 | 2 | 8 | 5 | 4 | 3 | 9 |
| 3 | 6 | 9 | 7 | 2 | 4 | 5 | 8 | 1 |
| 1 | 4 | 5 | 6 | 3 | 8 | 2 | 9 | 7 |
| 2 | 8 | 7 | 5 | 9 | 1 | 3 | 6 | 4 |

## 741

| 1 | 8 | 4 | 6 | 3 | 5 | 2 | 7 | 9 |
|---|---|---|---|---|---|---|---|---|
| 2 | 3 | 7 | 8 | 9 | 4 | 1 | 6 | 5 |
| 6 | 5 | 9 | 7 | 1 | 2 | 4 | 8 | 3 |
| 3 | 9 | 2 | 4 | 6 | 1 | 7 | 5 | 8 |
| 7 | 4 | 5 | 2 | 8 | 3 | 6 | 9 | 1 |
| 8 | 1 | 6 | 9 | 5 | 7 | 3 | 2 | 4 |
| 4 | 2 | 8 | 3 | 7 | 9 | 5 | 1 | 6 |
| 5 | 6 | 3 | 1 | 2 | 8 | 9 | 4 | 7 |
| 9 | 7 | 1 | 5 | 4 | 6 | 8 | 3 | 2 |

## 742

| 8 | 2 | 1 | 9 | 7 | 6 | 3 | 4 | 5 |
|---|---|---|---|---|---|---|---|---|
| 5 | 6 | 7 | 3 | 1 | 4 | 9 | 8 | 2 |
| 4 | 3 | 9 | 8 | 2 | 5 | 1 | 6 | 7 |
| 1 | 8 | 5 | 7 | 4 | 2 | 6 | 3 | 9 |
| 2 | 9 | 6 | 5 | 3 | 1 | 8 | 7 | 4 |
| 7 | 4 | 3 | 6 | 8 | 9 | 5 | 2 | 1 |
| 3 | 1 | 8 | 2 | 5 | 7 | 4 | 9 | 6 |
| 6 | 5 | 2 | 4 | 9 | 3 | 7 | 1 | 8 |
| 9 | 7 | 4 | 1 | 6 | 8 | 2 | 5 | 3 |

## 743

| 5 | 3 | 4 | 6 | 7 | 9 | 1 | 8 | 2 |
|---|---|---|---|---|---|---|---|---|
| 8 | 1 | 6 | 4 | 2 | 5 | 7 | 3 | 9 |
| 2 | 7 | 9 | 1 | 3 | 8 | 4 | 5 | 6 |
| 1 | 2 | 5 | 7 | 4 | 3 | 6 | 9 | 8 |
| 4 | 8 | 7 | 9 | 5 | 6 | 2 | 1 | 3 |
| 6 | 9 | 3 | 2 | 8 | 1 | 5 | 7 | 4 |
| 7 | 5 | 8 | 3 | 6 | 2 | 9 | 4 | 1 |
| 3 | 6 | 1 | 5 | 9 | 4 | 8 | 2 | 7 |
| 9 | 4 | 2 | 8 | 1 | 7 | 3 | 6 | 5 |

## 744

| 1 | 5 | 7 | 2 | 4 | 8 | 6 | 9 | 3 |
|---|---|---|---|---|---|---|---|---|
| 4 | 9 | 6 | 1 | 3 | 7 | 5 | 8 | 2 |
| 3 | 8 | 2 | 6 | 5 | 9 | 4 | 7 | 1 |
| 8 | 4 | 5 | 9 | 1 | 3 | 2 | 6 | 7 |
| 7 | 2 | 3 | 5 | 6 | 4 | 8 | 1 | 9 |
| 9 | 6 | 1 | 7 | 8 | 2 | 3 | 5 | 4 |
| 5 | 3 | 9 | 4 | 7 | 6 | 1 | 2 | 8 |
| 6 | 7 | 8 | 3 | 2 | 1 | 9 | 4 | 5 |
| 2 | 1 | 4 | 8 | 9 | 5 | 7 | 3 | 6 |

## 745

| 1 | 3 | 8 | 5 | 4 | 6 | 7 | 2 | 9 |
|---|---|---|---|---|---|---|---|---|
| 2 | 5 | 7 | 1 | 9 | 8 | 3 | 6 | 4 |
| 4 | 9 | 6 | 2 | 7 | 3 | 1 | 8 | 5 |
| 9 | 1 | 4 | 8 | 3 | 5 | 2 | 7 | 6 |
| 3 | 6 | 5 | 7 | 2 | 1 | 9 | 4 | 8 |
| 8 | 7 | 2 | 4 | 6 | 9 | 5 | 1 | 3 |
| 7 | 8 | 1 | 3 | 5 | 4 | 6 | 9 | 2 |
| 5 | 4 | 9 | 6 | 1 | 2 | 8 | 3 | 7 |
| 6 | 2 | 3 | 9 | 8 | 7 | 4 | 5 | 1 |

## 746

| 4 | 9 | 6 | 7 | 8 | 2 | 3 | 5 | 1 |
|---|---|---|---|---|---|---|---|---|
| 2 | 3 | 7 | 6 | 5 | 1 | 8 | 4 | 9 |
| 8 | 5 | 1 | 3 | 4 | 9 | 6 | 2 | 7 |
| 7 | 1 | 5 | 8 | 2 | 3 | 4 | 9 | 6 |
| 3 | 8 | 9 | 4 | 7 | 6 | 5 | 1 | 2 |
| 6 | 4 | 2 | 9 | 1 | 5 | 7 | 8 | 3 |
| 1 | 7 | 4 | 2 | 3 | 8 | 9 | 6 | 5 |
| 9 | 2 | 3 | 5 | 6 | 4 | 1 | 7 | 8 |
| 5 | 6 | 8 | 1 | 9 | 7 | 2 | 3 | 4 |

## 747

| 4 | 3 | 9 | 5 | 1 | 7 | 6 | 2 | 8 |
|---|---|---|---|---|---|---|---|---|
| 1 | 7 | 8 | 6 | 2 | 9 | 3 | 5 | 4 |
| 6 | 5 | 2 | 8 | 3 | 4 | 9 | 7 | 1 |
| 3 | 2 | 6 | 7 | 9 | 8 | 1 | 4 | 5 |
| 9 | 1 | 7 | 4 | 5 | 3 | 2 | 8 | 6 |
| 5 | 8 | 4 | 1 | 6 | 2 | 7 | 9 | 3 |
| 8 | 6 | 1 | 2 | 7 | 5 | 4 | 3 | 9 |
| 2 | 4 | 3 | 9 | 8 | 1 | 5 | 6 | 7 |
| 7 | 9 | 5 | 3 | 4 | 6 | 8 | 1 | 2 |

## 748

| 1 | 8 | 4 | 7 | 6 | 2 | 5 | 9 | 3 |
|---|---|---|---|---|---|---|---|---|
| 9 | 5 | 6 | 8 | 4 | 3 | 7 | 1 | 2 |
| 2 | 3 | 7 | 5 | 1 | 9 | 4 | 6 | 8 |
| 4 | 1 | 5 | 2 | 7 | 6 | 3 | 8 | 9 |
| 8 | 6 | 9 | 4 | 3 | 5 | 1 | 2 | 7 |
| 7 | 2 | 3 | 9 | 8 | 1 | 6 | 4 | 5 |
| 6 | 9 | 2 | 1 | 5 | 7 | 8 | 3 | 4 |
| 5 | 4 | 1 | 3 | 2 | 8 | 9 | 7 | 6 |
| 3 | 7 | 8 | 6 | 9 | 4 | 2 | 5 | 1 |

## 749

| 6 | 2 | 9 | 1 | 7 | 5 | 3 | 4 | 8 |
|---|---|---|---|---|---|---|---|---|
| 8 | 3 | 1 | 4 | 2 | 9 | 5 | 6 | 7 |
| 5 | 7 | 4 | 3 | 6 | 8 | 9 | 1 | 2 |
| 1 | 4 | 3 | 7 | 8 | 2 | 6 | 9 | 5 |
| 2 | 5 | 8 | 6 | 9 | 1 | 4 | 7 | 3 |
| 9 | 6 | 7 | 5 | 3 | 4 | 8 | 2 | 1 |
| 3 | 1 | 2 | 8 | 4 | 6 | 7 | 5 | 9 |
| 4 | 8 | 5 | 9 | 1 | 7 | 2 | 3 | 6 |
| 7 | 9 | 6 | 2 | 5 | 3 | 1 | 8 | 4 |

## 750

| 8 | 9 | 5 | 7 | 6 | 2 | 1 | 3 | 4 |
|---|---|---|---|---|---|---|---|---|
| 6 | 4 | 1 | 3 | 8 | 9 | 7 | 5 | 2 |
| 2 | 3 | 7 | 5 | 4 | 1 | 8 | 6 | 9 |
| 3 | 1 | 6 | 4 | 5 | 7 | 9 | 2 | 8 |
| 7 | 5 | 8 | 9 | 2 | 6 | 4 | 1 | 3 |
| 4 | 2 | 9 | 1 | 3 | 8 | 6 | 7 | 5 |
| 5 | 7 | 2 | 8 | 1 | 4 | 3 | 9 | 6 |
| 9 | 8 | 3 | 6 | 7 | 5 | 2 | 4 | 1 |
| 1 | 6 | 4 | 2 | 9 | 3 | 5 | 8 | 7 |

## 751

| 6 | 8 | 4 | 9 | 3 | 2 | 5 | 7 | 1 |
|---|---|---|---|---|---|---|---|---|
| 7 | 5 | 3 | 1 | 8 | 6 | 4 | 2 | 9 |
| 9 | 2 | 1 | 4 | 7 | 5 | 6 | 8 | 3 |
| 4 | 9 | 2 | 8 | 6 | 3 | 7 | 1 | 5 |
| 8 | 3 | 7 | 5 | 1 | 9 | 2 | 4 | 6 |
| 5 | 1 | 6 | 7 | 2 | 4 | 9 | 3 | 8 |
| 1 | 6 | 5 | 3 | 4 | 7 | 8 | 9 | 2 |
| 3 | 4 | 9 | 2 | 5 | 8 | 1 | 6 | 7 |
| 2 | 7 | 8 | 6 | 9 | 1 | 3 | 5 | 4 |

## 752

| 5 | 7 | 1 | 2 | 4 | 6 | 8 | 9 | 3 |
|---|---|---|---|---|---|---|---|---|
| 2 | 6 | 3 | 8 | 9 | 5 | 1 | 7 | 4 |
| 9 | 4 | 8 | 1 | 7 | 3 | 6 | 2 | 5 |
| 6 | 1 | 5 | 3 | 8 | 9 | 2 | 4 | 7 |
| 8 | 3 | 2 | 4 | 5 | 7 | 9 | 6 | 1 |
| 7 | 9 | 4 | 6 | 2 | 1 | 3 | 5 | 8 |
| 4 | 2 | 6 | 5 | 1 | 8 | 7 | 3 | 9 |
| 3 | 8 | 7 | 9 | 6 | 4 | 5 | 1 | 2 |
| 1 | 5 | 9 | 7 | 3 | 2 | 4 | 8 | 6 |

## 753

| 3 | 6 | 2 | 4 | 9 | 5 | 8 | 1 | 7 |
|---|---|---|---|---|---|---|---|---|
| 7 | 9 | 5 | 3 | 1 | 8 | 4 | 2 | 6 |
| 1 | 8 | 4 | 6 | 7 | 2 | 5 | 3 | 9 |
| 5 | 1 | 7 | 8 | 6 | 9 | 2 | 4 | 3 |
| 4 | 2 | 8 | 5 | 3 | 7 | 9 | 6 | 1 |
| 6 | 3 | 9 | 2 | 4 | 1 | 7 | 5 | 8 |
| 9 | 4 | 3 | 7 | 5 | 6 | 1 | 8 | 2 |
| 8 | 5 | 1 | 9 | 2 | 3 | 6 | 7 | 4 |
| 2 | 7 | 6 | 1 | 8 | 4 | 3 | 9 | 5 |

## 754

| 4 | 6 | 1 | 8 | 2 | 5 | 7 | 9 | 3 |
|---|---|---|---|---|---|---|---|---|
| 7 | 8 | 9 | 4 | 3 | 6 | 5 | 1 | 2 |
| 3 | 5 | 2 | 7 | 1 | 9 | 8 | 6 | 4 |
| 5 | 9 | 4 | 2 | 7 | 8 | 6 | 3 | 1 |
| 1 | 7 | 8 | 6 | 4 | 3 | 2 | 5 | 9 |
| 6 | 2 | 3 | 9 | 5 | 1 | 4 | 8 | 7 |
| 2 | 3 | 5 | 1 | 6 | 7 | 9 | 4 | 8 |
| 9 | 1 | 7 | 5 | 8 | 4 | 3 | 2 | 6 |
| 8 | 4 | 6 | 3 | 9 | 2 | 1 | 7 | 5 |

## 755

| 6 | 9 | 2 | 3 | 4 | 8 | 5 | 7 | 1 |
|---|---|---|---|---|---|---|---|---|
| 8 | 7 | 3 | 1 | 5 | 9 | 2 | 4 | 6 |
| 5 | 4 | 1 | 2 | 6 | 7 | 9 | 3 | 8 |
| 9 | 6 | 7 | 5 | 3 | 2 | 8 | 1 | 4 |
| 1 | 3 | 5 | 6 | 8 | 4 | 7 | 2 | 9 |
| 2 | 8 | 4 | 9 | 7 | 1 | 6 | 5 | 3 |
| 3 | 1 | 6 | 7 | 9 | 5 | 4 | 8 | 2 |
| 7 | 2 | 8 | 4 | 1 | 6 | 3 | 9 | 5 |
| 4 | 5 | 9 | 8 | 2 | 3 | 1 | 6 | 7 |

## 756

| 7 | 4 | 9 | 2 | 1 | 8 | 6 | 5 | 3 |
|---|---|---|---|---|---|---|---|---|
| 8 | 1 | 2 | 3 | 5 | 6 | 7 | 9 | 4 |
| 6 | 5 | 3 | 7 | 4 | 9 | 1 | 2 | 8 |
| 2 | 7 | 4 | 6 | 9 | 3 | 8 | 1 | 5 |
| 3 | 8 | 6 | 1 | 2 | 5 | 4 | 7 | 9 |
| 5 | 9 | 1 | 8 | 7 | 4 | 2 | 3 | 6 |
| 1 | 6 | 8 | 9 | 3 | 2 | 5 | 4 | 7 |
| 4 | 3 | 7 | 5 | 6 | 1 | 9 | 8 | 2 |
| 9 | 2 | 5 | 4 | 8 | 7 | 3 | 6 | 1 |

## 757

| 8 | 7 | 9 | 5 | 3 | 1 | 6 | 2 | 4 |
|---|---|---|---|---|---|---|---|---|
| 1 | 6 | 2 | 4 | 7 | 9 | 8 | 5 | 3 |
| 5 | 3 | 4 | 6 | 2 | 8 | 7 | 1 | 9 |
| 3 | 1 | 5 | 2 | 4 | 7 | 9 | 6 | 8 |
| 9 | 4 | 7 | 8 | 6 | 5 | 1 | 3 | 2 |
| 6 | 2 | 8 | 9 | 1 | 3 | 4 | 7 | 5 |
| 4 | 5 | 3 | 1 | 8 | 6 | 2 | 9 | 7 |
| 2 | 9 | 1 | 7 | 5 | 4 | 3 | 8 | 6 |
| 7 | 8 | 6 | 3 | 9 | 2 | 5 | 4 | 1 |

## 758

| 2 | 5 | 4 | 7 | 3 | 1 | 8 | 6 | 9 |
|---|---|---|---|---|---|---|---|---|
| 6 | 7 | 1 | 5 | 8 | 9 | 4 | 2 | 3 |
| 9 | 3 | 8 | 4 | 6 | 2 | 7 | 1 | 5 |
| 3 | 6 | 2 | 8 | 7 | 5 | 9 | 4 | 1 |
| 4 | 8 | 5 | 9 | 1 | 3 | 2 | 7 | 6 |
| 1 | 9 | 7 | 6 | 2 | 4 | 3 | 5 | 8 |
| 5 | 2 | 6 | 3 | 4 | 8 | 1 | 9 | 7 |
| 7 | 4 | 3 | 1 | 9 | 6 | 5 | 8 | 2 |
| 8 | 1 | 9 | 2 | 5 | 7 | 6 | 3 | 4 |

## 759

| 4 | 9 | 8 | 3 | 1 | 5 | 7 | 2 | 6 |
|---|---|---|---|---|---|---|---|---|
| 1 | 5 | 2 | 6 | 8 | 7 | 3 | 9 | 4 |
| 3 | 7 | 6 | 9 | 4 | 2 | 8 | 1 | 5 |
| 2 | 6 | 3 | 8 | 7 | 4 | 9 | 5 | 1 |
| 5 | 4 | 1 | 2 | 9 | 3 | 6 | 8 | 7 |
| 7 | 8 | 9 | 1 | 5 | 6 | 4 | 3 | 2 |
| 8 | 2 | 5 | 7 | 6 | 9 | 1 | 4 | 3 |
| 6 | 1 | 4 | 5 | 3 | 8 | 2 | 7 | 9 |
| 9 | 3 | 7 | 4 | 2 | 1 | 5 | 6 | 8 |

## 760

| 2 | 1 | 5 | 7 | 9 | 8 | 6 | 3 | 4 |
|---|---|---|---|---|---|---|---|---|
| 6 | 3 | 7 | 4 | 1 | 2 | 8 | 5 | 9 |
| 4 | 8 | 9 | 6 | 5 | 3 | 1 | 7 | 2 |
| 7 | 5 | 4 | 9 | 2 | 6 | 3 | 1 | 8 |
| 8 | 2 | 3 | 1 | 7 | 5 | 4 | 9 | 6 |
| 9 | 6 | 1 | 3 | 8 | 4 | 7 | 2 | 5 |
| 5 | 4 | 8 | 2 | 3 | 7 | 9 | 6 | 1 |
| 3 | 9 | 2 | 8 | 6 | 1 | 5 | 4 | 7 |
| 1 | 7 | 6 | 5 | 4 | 9 | 2 | 8 | 3 |

## 761

| 5 | 2 | 6 | 4 | 3 | 7 | 1 | 8 | 9 |
|---|---|---|---|---|---|---|---|---|
| 3 | 9 | 4 | 2 | 8 | 1 | 6 | 7 | 5 |
| 1 | 8 | 7 | 5 | 6 | 9 | 3 | 2 | 4 |
| 9 | 7 | 3 | 8 | 1 | 4 | 5 | 6 | 2 |
| 2 | 6 | 1 | 9 | 5 | 3 | 8 | 4 | 7 |
| 8 | 4 | 5 | 6 | 7 | 2 | 9 | 1 | 3 |
| 6 | 1 | 2 | 3 | 4 | 5 | 7 | 9 | 8 |
| 4 | 3 | 8 | 7 | 9 | 6 | 2 | 5 | 1 |
| 7 | 5 | 9 | 1 | 2 | 8 | 4 | 3 | 6 |

## 762

| 9 | 4 | 3 | 6 | 5 | 1 | 7 | 2 | 8 |
|---|---|---|---|---|---|---|---|---|
| 6 | 7 | 2 | 3 | 4 | 8 | 1 | 9 | 5 |
| 8 | 1 | 5 | 2 | 9 | 7 | 6 | 4 | 3 |
| 2 | 6 | 9 | 4 | 7 | 3 | 8 | 5 | 1 |
| 1 | 8 | 4 | 5 | 2 | 6 | 3 | 7 | 9 |
| 3 | 5 | 7 | 1 | 8 | 9 | 2 | 6 | 4 |
| 7 | 2 | 8 | 9 | 3 | 5 | 4 | 1 | 6 |
| 4 | 9 | 1 | 8 | 6 | 2 | 5 | 3 | 7 |
| 5 | 3 | 6 | 7 | 1 | 4 | 9 | 8 | 2 |

## 763

| 1 | 5 | 2 | 9 | 7 | 3 | 4 | 8 | 6 |
|---|---|---|---|---|---|---|---|---|
| 4 | 6 | 9 | 8 | 1 | 5 | 3 | 2 | 7 |
| 8 | 3 | 7 | 2 | 6 | 4 | 9 | 1 | 5 |
| 6 | 1 | 5 | 3 | 4 | 2 | 8 | 7 | 9 |
| 2 | 9 | 3 | 7 | 8 | 6 | 5 | 4 | 1 |
| 7 | 4 | 8 | 1 | 5 | 9 | 6 | 3 | 2 |
| 5 | 8 | 1 | 6 | 3 | 7 | 2 | 9 | 4 |
| 9 | 7 | 4 | 5 | 2 | 8 | 1 | 6 | 3 |
| 3 | 2 | 6 | 4 | 9 | 1 | 7 | 5 | 8 |

## 764

| 4 | 1 | 3 | 8 | 7 | 6 | 9 | 2 | 5 |
|---|---|---|---|---|---|---|---|---|
| 8 | 7 | 2 | 5 | 9 | 4 | 3 | 6 | 1 |
| 6 | 5 | 9 | 2 | 3 | 1 | 4 | 7 | 8 |
| 5 | 3 | 6 | 1 | 2 | 8 | 7 | 4 | 9 |
| 7 | 9 | 4 | 3 | 6 | 5 | 8 | 1 | 2 |
| 2 | 8 | 1 | 7 | 4 | 9 | 5 | 3 | 6 |
| 1 | 2 | 7 | 9 | 5 | 3 | 6 | 8 | 4 |
| 3 | 6 | 5 | 4 | 8 | 2 | 1 | 9 | 7 |
| 9 | 4 | 8 | 6 | 1 | 7 | 2 | 5 | 3 |

## 765

| 3 | 8 | 6 | 4 | 7 | 9 | 2 | 1 | 5 |
|---|---|---|---|---|---|---|---|---|
| 7 | 9 | 1 | 8 | 2 | 5 | 4 | 6 | 3 |
| 2 | 5 | 4 | 6 | 1 | 3 | 8 | 7 | 9 |
| 4 | 1 | 3 | 5 | 6 | 8 | 7 | 9 | 2 |
| 5 | 6 | 9 | 2 | 4 | 7 | 1 | 3 | 8 |
| 8 | 7 | 2 | 9 | 3 | 1 | 5 | 4 | 6 |
| 6 | 3 | 8 | 1 | 5 | 4 | 9 | 2 | 7 |
| 1 | 2 | 5 | 7 | 9 | 6 | 3 | 8 | 4 |
| 9 | 4 | 7 | 3 | 8 | 2 | 6 | 5 | 1 |

## 766

| 8 | 2 | 6 | 9 | 1 | 7 | 4 | 5 | 3 |
|---|---|---|---|---|---|---|---|---|
| 1 | 4 | 9 | 6 | 5 | 3 | 8 | 7 | 2 |
| 7 | 5 | 3 | 4 | 8 | 2 | 1 | 6 | 9 |
| 6 | 9 | 1 | 5 | 3 | 4 | 2 | 8 | 7 |
| 5 | 8 | 4 | 2 | 7 | 9 | 6 | 3 | 1 |
| 3 | 7 | 2 | 8 | 6 | 1 | 9 | 4 | 5 |
| 4 | 1 | 5 | 3 | 9 | 8 | 7 | 2 | 6 |
| 9 | 3 | 8 | 7 | 2 | 6 | 5 | 1 | 4 |
| 2 | 6 | 7 | 1 | 4 | 5 | 3 | 9 | 8 |

## 767

| 2 | 9 | 6 | 5 | 8 | 4 | 1 | 3 | 7 |
|---|---|---|---|---|---|---|---|---|
| 3 | 5 | 1 | 2 | 9 | 7 | 6 | 4 | 8 |
| 8 | 7 | 4 | 1 | 3 | 6 | 2 | 5 | 9 |
| 5 | 8 | 7 | 6 | 2 | 9 | 4 | 1 | 3 |
| 4 | 1 | 2 | 8 | 5 | 3 | 7 | 9 | 6 |
| 6 | 3 | 9 | 7 | 4 | 1 | 8 | 2 | 5 |
| 9 | 6 | 8 | 4 | 1 | 5 | 3 | 7 | 2 |
| 7 | 4 | 3 | 9 | 6 | 2 | 5 | 8 | 1 |
| 1 | 2 | 5 | 3 | 7 | 8 | 9 | 6 | 4 |

## 768

| 1 | 8 | 4 | 3 | 9 | 2 | 5 | 7 | 6 |
|---|---|---|---|---|---|---|---|---|
| 6 | 3 | 5 | 1 | 4 | 7 | 9 | 2 | 8 |
| 7 | 2 | 9 | 5 | 8 | 6 | 4 | 3 | 1 |
| 2 | 9 | 3 | 8 | 7 | 1 | 6 | 5 | 4 |
| 4 | 7 | 8 | 2 | 6 | 5 | 3 | 1 | 9 |
| 5 | 1 | 6 | 4 | 3 | 9 | 7 | 8 | 2 |
| 8 | 6 | 1 | 9 | 5 | 3 | 2 | 4 | 7 |
| 3 | 4 | 7 | 6 | 2 | 8 | 1 | 9 | 5 |
| 9 | 5 | 2 | 7 | 1 | 4 | 8 | 6 | 3 |

## 769

| 4 | 5 | 3 | 7 | 8 | 9 | 1 | 2 | 6 |
|---|---|---|---|---|---|---|---|---|
| 9 | 2 | 6 | 4 | 3 | 1 | 8 | 7 | 5 |
| 1 | 7 | 8 | 6 | 5 | 2 | 3 | 9 | 4 |
| 5 | 9 | 4 | 1 | 7 | 6 | 2 | 3 | 8 |
| 3 | 6 | 2 | 5 | 9 | 8 | 7 | 4 | 1 |
| 7 | 8 | 1 | 3 | 2 | 4 | 5 | 6 | 9 |
| 8 | 3 | 7 | 9 | 6 | 5 | 4 | 1 | 2 |
| 2 | 1 | 9 | 8 | 4 | 3 | 6 | 5 | 7 |
| 6 | 4 | 5 | 2 | 1 | 7 | 9 | 8 | 3 |

## 770

| 6 | 3 | 2 | 8 | 1 | 5 | 7 | 9 | 4 |
|---|---|---|---|---|---|---|---|---|
| 4 | 7 | 8 | 9 | 2 | 6 | 3 | 5 | 1 |
| 9 | 5 | 1 | 3 | 4 | 7 | 2 | 8 | 6 |
| 1 | 6 | 5 | 4 | 9 | 2 | 8 | 7 | 3 |
| 2 | 4 | 7 | 6 | 8 | 3 | 5 | 1 | 9 |
| 3 | 8 | 9 | 5 | 7 | 1 | 6 | 4 | 2 |
| 7 | 9 | 6 | 2 | 5 | 4 | 1 | 3 | 8 |
| 8 | 1 | 3 | 7 | 6 | 9 | 4 | 2 | 5 |
| 5 | 2 | 4 | 1 | 3 | 8 | 9 | 6 | 7 |

## 771

| 1 | 3 | 2 | 4 | 8 | 9 | 5 | 6 | 7 |
|---|---|---|---|---|---|---|---|---|
| 8 | 9 | 6 | 3 | 7 | 5 | 4 | 2 | 1 |
| 4 | 5 | 7 | 2 | 1 | 6 | 9 | 8 | 3 |
| 6 | 2 | 1 | 9 | 3 | 7 | 8 | 4 | 5 |
| 5 | 4 | 8 | 6 | 2 | 1 | 7 | 3 | 9 |
| 3 | 7 | 9 | 5 | 4 | 8 | 6 | 1 | 2 |
| 2 | 6 | 3 | 7 | 5 | 4 | 1 | 9 | 8 |
| 9 | 8 | 5 | 1 | 6 | 3 | 2 | 7 | 4 |
| 7 | 1 | 4 | 8 | 9 | 2 | 3 | 5 | 6 |

## 772

| 6 | 4 | 5 | 2 | 7 | 8 | 1 | 9 | 3 |
|---|---|---|---|---|---|---|---|---|
| 1 | 8 | 9 | 3 | 5 | 6 | 4 | 7 | 2 |
| 3 | 7 | 2 | 9 | 1 | 4 | 8 | 5 | 6 |
| 8 | 5 | 3 | 4 | 6 | 9 | 7 | 2 | 1 |
| 4 | 2 | 7 | 5 | 8 | 1 | 6 | 3 | 9 |
| 9 | 6 | 1 | 7 | 2 | 3 | 5 | 4 | 8 |
| 7 | 3 | 8 | 6 | 4 | 2 | 9 | 1 | 5 |
| 2 | 1 | 4 | 8 | 9 | 5 | 3 | 6 | 7 |
| 5 | 9 | 6 | 1 | 3 | 7 | 2 | 8 | 4 |

## 773

| 5 | 2 | 9 | 6 | 4 | 1 | 3 | 7 | 8 |
|---|---|---|---|---|---|---|---|---|
| 6 | 1 | 7 | 8 | 2 | 3 | 5 | 9 | 4 |
| 8 | 4 | 3 | 9 | 7 | 5 | 6 | 1 | 2 |
| 3 | 7 | 1 | 4 | 5 | 6 | 8 | 2 | 9 |
| 4 | 9 | 6 | 7 | 8 | 2 | 1 | 3 | 5 |
| 2 | 5 | 8 | 1 | 3 | 9 | 7 | 4 | 6 |
| 7 | 6 | 5 | 2 | 1 | 4 | 9 | 8 | 3 |
| 1 | 3 | 2 | 5 | 9 | 8 | 4 | 6 | 7 |
| 9 | 8 | 4 | 3 | 6 | 7 | 2 | 5 | 1 |

## 774

| 2 | 7 | 9 | 6 | 4 | 8 | 3 | 1 | 5 |
|---|---|---|---|---|---|---|---|---|
| 3 | 6 | 5 | 1 | 7 | 2 | 9 | 4 | 8 |
| 1 | 4 | 8 | 3 | 5 | 9 | 2 | 7 | 6 |
| 4 | 5 | 3 | 7 | 9 | 1 | 8 | 6 | 2 |
| 6 | 2 | 1 | 8 | 3 | 4 | 5 | 9 | 7 |
| 9 | 8 | 7 | 2 | 6 | 5 | 1 | 3 | 4 |
| 8 | 1 | 4 | 9 | 2 | 7 | 6 | 5 | 3 |
| 7 | 3 | 2 | 5 | 1 | 6 | 4 | 8 | 9 |
| 5 | 9 | 6 | 4 | 8 | 3 | 7 | 2 | 1 |

## 775

| 6 | 9 | 7 | 3 | 2 | 4 | 5 | 8 | 1 |
|---|---|---|---|---|---|---|---|---|
| 4 | 2 | 8 | 5 | 1 | 9 | 3 | 6 | 7 |
| 5 | 3 | 1 | 6 | 7 | 8 | 9 | 4 | 2 |
| 7 | 5 | 3 | 8 | 9 | 2 | 4 | 1 | 6 |
| 9 | 1 | 4 | 7 | 5 | 6 | 8 | 2 | 3 |
| 8 | 6 | 2 | 4 | 3 | 1 | 7 | 5 | 9 |
| 3 | 7 | 6 | 2 | 4 | 5 | 1 | 9 | 8 |
| 1 | 8 | 5 | 9 | 6 | 7 | 2 | 3 | 4 |
| 2 | 4 | 9 | 1 | 8 | 3 | 6 | 7 | 5 |

## 776

| 4 | 1 | 2 | 6 | 3 | 5 | 8 | 7 | 9 |
|---|---|---|---|---|---|---|---|---|
| 9 | 7 | 6 | 2 | 4 | 8 | 3 | 5 | 1 |
| 8 | 3 | 5 | 9 | 7 | 1 | 2 | 6 | 4 |
| 1 | 6 | 8 | 4 | 5 | 3 | 9 | 2 | 7 |
| 2 | 5 | 7 | 1 | 9 | 6 | 4 | 8 | 3 |
| 3 | 9 | 4 | 8 | 2 | 7 | 6 | 1 | 5 |
| 7 | 2 | 3 | 5 | 8 | 4 | 1 | 9 | 6 |
| 6 | 4 | 9 | 7 | 1 | 2 | 5 | 3 | 8 |
| 5 | 8 | 1 | 3 | 6 | 9 | 7 | 4 | 2 |

## 777

| 2 | 3 | 5 | 7 | 9 | 4 | 8 | 6 | 1 |
|---|---|---|---|---|---|---|---|---|
| 1 | 4 | 9 | 3 | 8 | 6 | 7 | 5 | 2 |
| 6 | 8 | 7 | 1 | 2 | 5 | 9 | 3 | 4 |
| 7 | 6 | 8 | 2 | 1 | 9 | 5 | 4 | 3 |
| 3 | 9 | 2 | 5 | 4 | 8 | 1 | 7 | 6 |
| 4 | 5 | 1 | 6 | 3 | 7 | 2 | 9 | 8 |
| 8 | 7 | 3 | 4 | 5 | 1 | 6 | 2 | 9 |
| 9 | 2 | 6 | 8 | 7 | 3 | 4 | 1 | 5 |
| 5 | 1 | 4 | 9 | 6 | 2 | 3 | 8 | 7 |

## 778

| 6 | 4 | 2 | 1 | 8 | 7 | 5 | 9 | 3 |
|---|---|---|---|---|---|---|---|---|
| 7 | 3 | 1 | 5 | 6 | 9 | 4 | 2 | 8 |
| 8 | 5 | 9 | 4 | 2 | 3 | 1 | 7 | 6 |
| 4 | 7 | 6 | 9 | 1 | 2 | 8 | 3 | 5 |
| 1 | 2 | 8 | 3 | 7 | 5 | 6 | 4 | 9 |
| 3 | 9 | 5 | 8 | 4 | 6 | 2 | 1 | 7 |
| 9 | 6 | 4 | 7 | 5 | 1 | 3 | 8 | 2 |
| 2 | 8 | 3 | 6 | 9 | 4 | 7 | 5 | 1 |
| 5 | 1 | 7 | 2 | 3 | 8 | 9 | 6 | 4 |

## 779

| 7 | 8 | 3 | 6 | 5 | 9 | 1 | 2 | 4 |
|---|---|---|---|---|---|---|---|---|
| 6 | 4 | 1 | 8 | 2 | 3 | 9 | 5 | 7 |
| 5 | 9 | 2 | 7 | 4 | 1 | 3 | 6 | 8 |
| 8 | 3 | 5 | 9 | 6 | 2 | 7 | 4 | 1 |
| 9 | 1 | 6 | 4 | 8 | 7 | 5 | 3 | 2 |
| 2 | 7 | 4 | 3 | 1 | 5 | 8 | 9 | 6 |
| 1 | 5 | 8 | 2 | 9 | 4 | 6 | 7 | 3 |
| 3 | 2 | 9 | 1 | 7 | 6 | 4 | 8 | 5 |
| 4 | 6 | 7 | 5 | 3 | 8 | 2 | 1 | 9 |

## 780

| 7 | 9 | 2 | 3 | 4 | 1 | 5 | 8 | 6 |
|---|---|---|---|---|---|---|---|---|
| 8 | 1 | 4 | 5 | 9 | 6 | 2 | 3 | 7 |
| 6 | 5 | 3 | 2 | 7 | 8 | 1 | 9 | 4 |
| 5 | 6 | 9 | 7 | 3 | 4 | 8 | 2 | 1 |
| 3 | 4 | 8 | 6 | 1 | 2 | 9 | 7 | 5 |
| 2 | 7 | 1 | 8 | 5 | 9 | 4 | 6 | 3 |
| 1 | 2 | 6 | 4 | 8 | 3 | 7 | 5 | 9 |
| 4 | 8 | 5 | 9 | 6 | 7 | 3 | 1 | 2 |
| 9 | 3 | 7 | 1 | 2 | 5 | 6 | 4 | 8 |

## 781

| 3 | 7 | 8 | 9 | 5 | 2 | 1 | 6 | 4 |
|---|---|---|---|---|---|---|---|---|
| 9 | 1 | 2 | 4 | 7 | 6 | 8 | 3 | 5 |
| 5 | 4 | 6 | 8 | 3 | 1 | 2 | 9 | 7 |
| 7 | 8 | 1 | 6 | 9 | 5 | 4 | 2 | 3 |
| 4 | 2 | 9 | 3 | 1 | 8 | 7 | 5 | 6 |
| 6 | 3 | 5 | 2 | 4 | 7 | 9 | 8 | 1 |
| 1 | 9 | 7 | 5 | 8 | 3 | 6 | 4 | 2 |
| 8 | 6 | 3 | 7 | 2 | 4 | 5 | 1 | 9 |
| 2 | 5 | 4 | 1 | 6 | 9 | 3 | 7 | 8 |

## 782

| 3 | 6 | 8 | 4 | 7 | 9 | 2 | 5 | 1 |
|---|---|---|---|---|---|---|---|---|
| 9 | 2 | 4 | 5 | 1 | 8 | 7 | 3 | 6 |
| 7 | 1 | 5 | 3 | 2 | 6 | 9 | 4 | 8 |
| 4 | 3 | 6 | 1 | 9 | 5 | 8 | 2 | 7 |
| 8 | 9 | 2 | 6 | 4 | 7 | 5 | 1 | 3 |
| 5 | 7 | 1 | 2 | 8 | 3 | 4 | 6 | 9 |
| 6 | 8 | 3 | 7 | 5 | 2 | 1 | 9 | 4 |
| 2 | 4 | 7 | 9 | 6 | 1 | 3 | 8 | 5 |
| 1 | 5 | 9 | 8 | 3 | 4 | 6 | 7 | 2 |

## 783

| 7 | 6 | 9 | 5 | 2 | 4 | 3 | 8 | 1 |
|---|---|---|---|---|---|---|---|---|
| 1 | 8 | 5 | 7 | 9 | 3 | 2 | 4 | 6 |
| 3 | 4 | 2 | 6 | 1 | 8 | 7 | 9 | 5 |
| 4 | 5 | 8 | 1 | 7 | 6 | 9 | 2 | 3 |
| 9 | 3 | 1 | 4 | 8 | 2 | 6 | 5 | 7 |
| 2 | 7 | 6 | 3 | 5 | 9 | 8 | 1 | 4 |
| 5 | 2 | 7 | 8 | 6 | 1 | 4 | 3 | 9 |
| 6 | 9 | 4 | 2 | 3 | 5 | 1 | 7 | 8 |
| 8 | 1 | 3 | 9 | 4 | 7 | 5 | 6 | 2 |

## 784

| 8 | 9 | 5 | 1 | 4 | 2 | 3 | 6 | 7 |
|---|---|---|---|---|---|---|---|---|
| 6 | 3 | 4 | 7 | 8 | 5 | 9 | 1 | 2 |
| 1 | 7 | 2 | 9 | 3 | 6 | 8 | 4 | 5 |
| 3 | 4 | 9 | 5 | 1 | 8 | 7 | 2 | 6 |
| 2 | 8 | 6 | 4 | 9 | 7 | 1 | 5 | 3 |
| 5 | 1 | 7 | 6 | 2 | 3 | 4 | 9 | 8 |
| 9 | 2 | 8 | 3 | 6 | 1 | 5 | 7 | 4 |
| 7 | 6 | 1 | 8 | 5 | 4 | 2 | 3 | 9 |
| 4 | 5 | 3 | 2 | 7 | 9 | 6 | 8 | 1 |

## 785

| 9 | 8 | 6 | 1 | 2 | 7 | 5 | 4 | 3 |
|---|---|---|---|---|---|---|---|---|
| 2 | 1 | 3 | 4 | 9 | 5 | 6 | 8 | 7 |
| 4 | 7 | 5 | 8 | 6 | 3 | 9 | 2 | 1 |
| 7 | 4 | 2 | 6 | 8 | 1 | 3 | 5 | 9 |
| 1 | 6 | 9 | 3 | 5 | 2 | 8 | 7 | 4 |
| 3 | 5 | 8 | 9 | 7 | 4 | 2 | 1 | 6 |
| 8 | 9 | 4 | 5 | 1 | 6 | 7 | 3 | 2 |
| 5 | 3 | 7 | 2 | 4 | 9 | 1 | 6 | 8 |
| 6 | 2 | 1 | 7 | 3 | 8 | 4 | 9 | 5 |

## 786

| 7 | 8 | 9 | 5 | 6 | 4 | 1 | 2 | 3 |
|---|---|---|---|---|---|---|---|---|
| 6 | 3 | 1 | 2 | 7 | 9 | 4 | 8 | 5 |
| 4 | 2 | 5 | 8 | 1 | 3 | 6 | 9 | 7 |
| 1 | 9 | 4 | 7 | 3 | 5 | 8 | 6 | 2 |
| 3 | 6 | 8 | 4 | 2 | 1 | 7 | 5 | 9 |
| 2 | 5 | 7 | 9 | 8 | 6 | 3 | 1 | 4 |
| 9 | 1 | 2 | 6 | 4 | 7 | 5 | 3 | 8 |
| 5 | 4 | 6 | 3 | 9 | 8 | 2 | 7 | 1 |
| 8 | 7 | 3 | 1 | 5 | 2 | 9 | 4 | 6 |

## 787

| 8 | 6 | 5 | 1 | 3 | 9 | 4 | 7 | 2 |
|---|---|---|---|---|---|---|---|---|
| 4 | 1 | 7 | 8 | 5 | 2 | 6 | 3 | 9 |
| 3 | 9 | 2 | 6 | 7 | 4 | 1 | 8 | 5 |
| 1 | 5 | 3 | 2 | 8 | 6 | 9 | 4 | 7 |
| 2 | 8 | 9 | 4 | 1 | 7 | 5 | 6 | 3 |
| 7 | 4 | 6 | 3 | 9 | 5 | 2 | 1 | 8 |
| 6 | 7 | 1 | 9 | 2 | 3 | 8 | 5 | 4 |
| 5 | 2 | 8 | 7 | 4 | 1 | 3 | 9 | 6 |
| 9 | 3 | 4 | 5 | 6 | 8 | 7 | 2 | 1 |

## 788

| 4 | 2 | 5 | 3 | 8 | 6 | 9 | 1 | 7 |
|---|---|---|---|---|---|---|---|---|
| 9 | 1 | 3 | 4 | 2 | 7 | 6 | 8 | 5 |
| 8 | 6 | 7 | 1 | 9 | 5 | 4 | 3 | 2 |
| 7 | 8 | 2 | 6 | 1 | 4 | 3 | 5 | 9 |
| 5 | 4 | 1 | 9 | 3 | 2 | 8 | 7 | 6 |
| 6 | 3 | 9 | 7 | 5 | 8 | 1 | 2 | 4 |
| 2 | 5 | 6 | 8 | 4 | 3 | 7 | 9 | 1 |
| 3 | 9 | 4 | 2 | 7 | 1 | 5 | 6 | 8 |
| 1 | 7 | 8 | 5 | 6 | 9 | 2 | 4 | 3 |

## 789

| 3 | 9 | 1 | 7 | 4 | 5 | 8 | 6 | 2 |
|---|---|---|---|---|---|---|---|---|
| 6 | 5 | 2 | 9 | 1 | 8 | 4 | 7 | 3 |
| 8 | 4 | 7 | 6 | 2 | 3 | 9 | 1 | 5 |
| 1 | 3 | 9 | 2 | 7 | 4 | 6 | 5 | 8 |
| 2 | 7 | 5 | 8 | 6 | 1 | 3 | 4 | 9 |
| 4 | 8 | 6 | 3 | 5 | 9 | 7 | 2 | 1 |
| 9 | 6 | 4 | 5 | 8 | 2 | 1 | 3 | 7 |
| 7 | 2 | 8 | 1 | 3 | 6 | 5 | 9 | 4 |
| 5 | 1 | 3 | 4 | 9 | 7 | 2 | 8 | 6 |

## 790

| 3 | 7 | 1 | 8 | 9 | 5 | 2 | 6 | 4 |
|---|---|---|---|---|---|---|---|---|
| 5 | 9 | 6 | 2 | 4 | 1 | 8 | 3 | 7 |
| 4 | 8 | 2 | 3 | 7 | 6 | 5 | 9 | 1 |
| 2 | 1 | 7 | 9 | 6 | 8 | 3 | 4 | 5 |
| 6 | 4 | 3 | 7 | 5 | 2 | 9 | 1 | 8 |
| 8 | 5 | 9 | 1 | 3 | 4 | 7 | 2 | 6 |
| 1 | 3 | 8 | 6 | 2 | 7 | 4 | 5 | 9 |
| 7 | 2 | 4 | 5 | 1 | 9 | 6 | 8 | 3 |
| 9 | 6 | 5 | 4 | 8 | 3 | 1 | 7 | 2 |

## 791

| 5 | 8 | 6 | 2 | 3 | 9 | 4 | 1 | 7 |
|---|---|---|---|---|---|---|---|---|
| 3 | 1 | 2 | 7 | 4 | 8 | 5 | 6 | 9 |
| 7 | 4 | 9 | 5 | 1 | 6 | 2 | 8 | 3 |
| 1 | 2 | 3 | 4 | 8 | 5 | 7 | 9 | 6 |
| 6 | 7 | 8 | 3 | 9 | 2 | 1 | 5 | 4 |
| 9 | 5 | 4 | 1 | 6 | 7 | 8 | 3 | 2 |
| 2 | 6 | 7 | 8 | 5 | 3 | 9 | 4 | 1 |
| 4 | 3 | 5 | 9 | 7 | 1 | 6 | 2 | 8 |
| 8 | 9 | 1 | 6 | 2 | 4 | 3 | 7 | 5 |

## 792

| 2 | 1 | 7 | 9 | 6 | 5 | 8 | 4 | 3 |
|---|---|---|---|---|---|---|---|---|
| 4 | 6 | 5 | 2 | 3 | 8 | 1 | 9 | 7 |
| 3 | 9 | 8 | 1 | 4 | 7 | 6 | 5 | 2 |
| 5 | 3 | 6 | 7 | 8 | 1 | 9 | 2 | 4 |
| 7 | 4 | 2 | 6 | 9 | 3 | 5 | 8 | 1 |
| 9 | 8 | 1 | 5 | 2 | 4 | 7 | 3 | 6 |
| 8 | 2 | 9 | 3 | 1 | 6 | 4 | 7 | 5 |
| 1 | 7 | 4 | 8 | 5 | 2 | 3 | 6 | 9 |
| 6 | 5 | 3 | 4 | 7 | 9 | 2 | 1 | 8 |

## 793

| 4 | 7 | 3 | 1 | 6 | 2 | 8 | 9 | 5 |
|---|---|---|---|---|---|---|---|---|
| 8 | 5 | 6 | 9 | 4 | 7 | 3 | 2 | 1 |
| 9 | 2 | 1 | 8 | 3 | 5 | 6 | 7 | 4 |
| 2 | 1 | 4 | 5 | 9 | 6 | 7 | 3 | 8 |
| 5 | 9 | 7 | 3 | 2 | 8 | 1 | 4 | 6 |
| 6 | 3 | 8 | 7 | 1 | 4 | 2 | 5 | 9 |
| 3 | 6 | 5 | 2 | 8 | 9 | 4 | 1 | 7 |
| 1 | 8 | 9 | 4 | 7 | 3 | 5 | 6 | 2 |
| 7 | 4 | 2 | 6 | 5 | 1 | 9 | 8 | 3 |

## 794

| 2 | 6 | 9 | 4 | 8 | 3 | 5 | 7 | 1 |
|---|---|---|---|---|---|---|---|---|
| 8 | 7 | 3 | 5 | 9 | 1 | 2 | 4 | 6 |
| 5 | 1 | 4 | 7 | 6 | 2 | 8 | 9 | 3 |
| 3 | 9 | 7 | 6 | 2 | 8 | 4 | 1 | 5 |
| 6 | 8 | 2 | 1 | 4 | 5 | 9 | 3 | 7 |
| 1 | 4 | 5 | 3 | 7 | 9 | 6 | 2 | 8 |
| 7 | 3 | 8 | 9 | 5 | 4 | 1 | 6 | 2 |
| 9 | 5 | 6 | 2 | 1 | 7 | 3 | 8 | 4 |
| 4 | 2 | 1 | 8 | 3 | 6 | 7 | 5 | 9 |

## 795

| 1 | 6 | 2 | 7 | 4 | 5 | 8 | 9 | 3 |
|---|---|---|---|---|---|---|---|---|
| 3 | 7 | 9 | 6 | 8 | 1 | 5 | 2 | 4 |
| 5 | 4 | 8 | 2 | 3 | 9 | 6 | 1 | 7 |
| 9 | 3 | 4 | 5 | 2 | 7 | 1 | 6 | 8 |
| 8 | 1 | 5 | 3 | 6 | 4 | 2 | 7 | 9 |
| 6 | 2 | 7 | 1 | 9 | 8 | 3 | 4 | 5 |
| 2 | 8 | 3 | 9 | 7 | 6 | 4 | 5 | 1 |
| 4 | 9 | 1 | 8 | 5 | 2 | 7 | 3 | 6 |
| 7 | 5 | 6 | 4 | 1 | 3 | 9 | 8 | 2 |

## 796

| 7 | 8 | 9 | 3 | 1 | 2 | 6 | 5 | 4 |
|---|---|---|---|---|---|---|---|---|
| 5 | 2 | 4 | 6 | 9 | 8 | 1 | 3 | 7 |
| 1 | 6 | 3 | 4 | 7 | 5 | 2 | 8 | 9 |
| 4 | 5 | 2 | 1 | 8 | 7 | 3 | 9 | 6 |
| 9 | 3 | 1 | 2 | 4 | 6 | 5 | 7 | 8 |
| 8 | 7 | 6 | 5 | 3 | 9 | 4 | 2 | 1 |
| 3 | 1 | 7 | 8 | 2 | 4 | 9 | 6 | 5 |
| 2 | 9 | 5 | 7 | 6 | 1 | 8 | 4 | 3 |
| 6 | 4 | 8 | 9 | 5 | 3 | 7 | 1 | 2 |

## 797

| 6 | 5 | 4 | 2 | 3 | 7 | 1 | 9 | 8 |
|---|---|---|---|---|---|---|---|---|
| 9 | 1 | 2 | 4 | 6 | 8 | 7 | 3 | 5 |
| 3 | 8 | 7 | 5 | 1 | 9 | 2 | 4 | 6 |
| 8 | 7 | 3 | 9 | 2 | 4 | 6 | 5 | 1 |
| 2 | 9 | 1 | 3 | 5 | 6 | 4 | 8 | 7 |
| 4 | 6 | 5 | 7 | 8 | 1 | 3 | 2 | 9 |
| 7 | 3 | 8 | 6 | 4 | 5 | 9 | 1 | 2 |
| 5 | 4 | 9 | 1 | 7 | 2 | 8 | 6 | 3 |
| 1 | 2 | 6 | 8 | 9 | 3 | 5 | 7 | 4 |

## 798

| 7 | 8 | 1 | 4 | 2 | 5 | 6 | 3 | 9 |
|---|---|---|---|---|---|---|---|---|
| 5 | 2 | 6 | 8 | 9 | 3 | 1 | 7 | 4 |
| 4 | 3 | 9 | 7 | 6 | 1 | 5 | 2 | 8 |
| 6 | 5 | 3 | 9 | 8 | 2 | 7 | 4 | 1 |
| 9 | 7 | 8 | 1 | 3 | 4 | 2 | 6 | 5 |
| 2 | 1 | 4 | 6 | 5 | 7 | 8 | 9 | 3 |
| 8 | 6 | 7 | 3 | 1 | 9 | 4 | 5 | 2 |
| 1 | 9 | 5 | 2 | 4 | 6 | 3 | 8 | 7 |
| 3 | 4 | 2 | 5 | 7 | 8 | 9 | 1 | 6 |

## 799

| 1 | 4 | 2 | 3 | 9 | 5 | 8 | 6 | 7 |
|---|---|---|---|---|---|---|---|---|
| 9 | 5 | 6 | 8 | 2 | 7 | 4 | 1 | 3 |
| 7 | 3 | 8 | 4 | 6 | 1 | 2 | 5 | 9 |
| 3 | 9 | 5 | 2 | 7 | 8 | 6 | 4 | 1 |
| 2 | 8 | 4 | 1 | 3 | 6 | 9 | 7 | 5 |
| 6 | 7 | 1 | 9 | 5 | 4 | 3 | 2 | 8 |
| 5 | 2 | 7 | 6 | 8 | 3 | 1 | 9 | 4 |
| 8 | 1 | 9 | 7 | 4 | 2 | 5 | 3 | 6 |
| 4 | 6 | 3 | 5 | 1 | 9 | 7 | 8 | 2 |

## 800

| 6 | 3 | 5 | 7 | 9 | 8 | 1 | 4 | 2 |
|---|---|---|---|---|---|---|---|---|
| 2 | 1 | 9 | 5 | 3 | 4 | 6 | 7 | 8 |
| 7 | 4 | 8 | 1 | 2 | 6 | 9 | 3 | 5 |
| 5 | 7 | 3 | 6 | 4 | 9 | 8 | 2 | 1 |
| 4 | 9 | 2 | 8 | 7 | 1 | 5 | 6 | 3 |
| 8 | 6 | 1 | 3 | 5 | 2 | 7 | 9 | 4 |
| 9 | 2 | 6 | 4 | 8 | 5 | 3 | 1 | 7 |
| 1 | 5 | 7 | 2 | 6 | 3 | 4 | 8 | 9 |
| 3 | 8 | 4 | 9 | 1 | 7 | 2 | 5 | 6 |

**801**

| 6 | 4 | 9 | 8 | 3 | 1 | 7 | 5 | 2 |
|---|---|---|---|---|---|---|---|---|
| 2 | 1 | 3 | 7 | 6 | 5 | 4 | 9 | 8 |
| 5 | 8 | 7 | 2 | 4 | 9 | 6 | 3 | 1 |
| 9 | 5 | 6 | 3 | 2 | 7 | 8 | 1 | 4 |
| 8 | 2 | 4 | 9 | 1 | 6 | 5 | 7 | 3 |
| 7 | 3 | 1 | 5 | 8 | 4 | 2 | 6 | 9 |
| 4 | 7 | 5 | 1 | 9 | 2 | 3 | 8 | 6 |
| 1 | 6 | 8 | 4 | 5 | 3 | 9 | 2 | 7 |
| 3 | 9 | 2 | 6 | 7 | 8 | 1 | 4 | 5 |

**802**

| 1 | 3 | 5 | 2 | 6 | 7 | 9 | 8 | 4 |
|---|---|---|---|---|---|---|---|---|
| 2 | 6 | 4 | 8 | 9 | 3 | 5 | 1 | 7 |
| 9 | 8 | 7 | 4 | 5 | 1 | 3 | 6 | 2 |
| 7 | 4 | 3 | 1 | 8 | 6 | 2 | 9 | 5 |
| 5 | 1 | 8 | 3 | 2 | 9 | 7 | 4 | 6 |
| 6 | 2 | 9 | 7 | 4 | 5 | 8 | 3 | 1 |
| 3 | 5 | 1 | 6 | 7 | 8 | 4 | 2 | 9 |
| 4 | 9 | 6 | 5 | 3 | 2 | 1 | 7 | 8 |
| 8 | 7 | 2 | 9 | 1 | 4 | 6 | 5 | 3 |

**803**

| 8 | 4 | 3 | 7 | 9 | 2 | 5 | 6 | 1 |
|---|---|---|---|---|---|---|---|---|
| 5 | 9 | 7 | 6 | 1 | 4 | 8 | 2 | 3 |
| 2 | 1 | 6 | 5 | 8 | 3 | 4 | 9 | 7 |
| 1 | 5 | 4 | 9 | 7 | 8 | 2 | 3 | 6 |
| 3 | 8 | 9 | 2 | 4 | 6 | 7 | 1 | 5 |
| 6 | 7 | 2 | 3 | 5 | 1 | 9 | 4 | 8 |
| 4 | 2 | 1 | 8 | 3 | 5 | 6 | 7 | 9 |
| 9 | 6 | 5 | 1 | 2 | 7 | 3 | 8 | 4 |
| 7 | 3 | 8 | 4 | 6 | 9 | 1 | 5 | 2 |

**804**

| 1 | 7 | 8 | 2 | 6 | 3 | 4 | 5 | 9 |
|---|---|---|---|---|---|---|---|---|
| 6 | 9 | 2 | 4 | 1 | 5 | 8 | 7 | 3 |
| 3 | 5 | 4 | 8 | 9 | 7 | 1 | 2 | 6 |
| 7 | 4 | 1 | 6 | 8 | 2 | 3 | 9 | 5 |
| 8 | 3 | 5 | 1 | 7 | 9 | 6 | 4 | 2 |
| 2 | 6 | 9 | 5 | 3 | 4 | 7 | 1 | 8 |
| 5 | 8 | 6 | 7 | 2 | 1 | 9 | 3 | 4 |
| 9 | 2 | 7 | 3 | 4 | 8 | 5 | 6 | 1 |
| 4 | 1 | 3 | 9 | 5 | 6 | 2 | 8 | 7 |

**805**

| 3 | 4 | 6 | 1 | 8 | 7 | 2 | 9 | 5 |
|---|---|---|---|---|---|---|---|---|
| 2 | 7 | 8 | 9 | 5 | 3 | 6 | 1 | 4 |
| 9 | 1 | 5 | 2 | 4 | 6 | 7 | 3 | 8 |
| 6 | 2 | 9 | 8 | 3 | 1 | 5 | 4 | 7 |
| 5 | 3 | 7 | 6 | 9 | 4 | 1 | 8 | 2 |
| 1 | 8 | 4 | 5 | 7 | 2 | 3 | 6 | 9 |
| 4 | 5 | 1 | 7 | 6 | 8 | 9 | 2 | 3 |
| 7 | 6 | 3 | 4 | 2 | 9 | 8 | 5 | 1 |
| 8 | 9 | 2 | 3 | 1 | 5 | 4 | 7 | 6 |

**806**

| 9 | 2 | 8 | 1 | 4 | 7 | 5 | 3 | 6 |
|---|---|---|---|---|---|---|---|---|
| 7 | 6 | 4 | 9 | 3 | 5 | 1 | 2 | 8 |
| 3 | 1 | 5 | 2 | 8 | 6 | 9 | 7 | 4 |
| 8 | 4 | 9 | 5 | 7 | 3 | 2 | 6 | 1 |
| 1 | 3 | 7 | 8 | 6 | 2 | 4 | 9 | 5 |
| 6 | 5 | 2 | 4 | 9 | 1 | 3 | 8 | 7 |
| 2 | 8 | 3 | 6 | 5 | 4 | 7 | 1 | 9 |
| 5 | 9 | 1 | 7 | 2 | 8 | 6 | 4 | 3 |
| 4 | 7 | 6 | 3 | 1 | 9 | 8 | 5 | 2 |

**807**

| 1 | 2 | 7 | 5 | 6 | 4 | 9 | 3 | 8 |
|---|---|---|---|---|---|---|---|---|
| 9 | 5 | 3 | 1 | 2 | 8 | 4 | 6 | 7 |
| 4 | 8 | 6 | 9 | 3 | 7 | 5 | 2 | 1 |
| 3 | 9 | 2 | 7 | 1 | 5 | 6 | 8 | 4 |
| 8 | 1 | 5 | 2 | 4 | 6 | 7 | 9 | 3 |
| 7 | 6 | 4 | 3 | 8 | 9 | 2 | 1 | 5 |
| 6 | 4 | 9 | 8 | 7 | 3 | 1 | 5 | 2 |
| 2 | 7 | 8 | 6 | 5 | 1 | 3 | 4 | 9 |
| 5 | 3 | 1 | 4 | 9 | 2 | 8 | 7 | 6 |

**808**

| 6 | 1 | 8 | 2 | 5 | 9 | 7 | 4 | 3 |
|---|---|---|---|---|---|---|---|---|
| 2 | 4 | 3 | 1 | 6 | 7 | 9 | 8 | 5 |
| 9 | 5 | 7 | 8 | 4 | 3 | 6 | 1 | 2 |
| 4 | 6 | 5 | 9 | 8 | 2 | 3 | 7 | 1 |
| 8 | 7 | 1 | 5 | 3 | 6 | 2 | 9 | 4 |
| 3 | 2 | 9 | 4 | 7 | 1 | 8 | 5 | 6 |
| 1 | 3 | 6 | 7 | 9 | 4 | 5 | 2 | 8 |
| 7 | 8 | 2 | 3 | 1 | 5 | 4 | 6 | 9 |
| 5 | 9 | 4 | 6 | 2 | 8 | 1 | 3 | 7 |

**809**

| 1 | 7 | 4 | 3 | 6 | 9 | 5 | 8 | 2 |
|---|---|---|---|---|---|---|---|---|
| 9 | 2 | 5 | 4 | 8 | 1 | 3 | 6 | 7 |
| 3 | 8 | 6 | 5 | 7 | 2 | 4 | 9 | 1 |
| 2 | 9 | 7 | 8 | 5 | 3 | 1 | 4 | 6 |
| 6 | 3 | 8 | 9 | 1 | 4 | 7 | 2 | 5 |
| 5 | 4 | 1 | 7 | 2 | 6 | 8 | 3 | 9 |
| 8 | 5 | 9 | 2 | 4 | 7 | 6 | 1 | 3 |
| 4 | 6 | 2 | 1 | 3 | 5 | 9 | 7 | 8 |
| 7 | 1 | 3 | 6 | 9 | 8 | 2 | 5 | 4 |

**810**

| 9 | 6 | 3 | 2 | 7 | 8 | 5 | 4 | 1 |
|---|---|---|---|---|---|---|---|---|
| 2 | 5 | 4 | 3 | 1 | 9 | 7 | 6 | 8 |
| 1 | 8 | 7 | 5 | 6 | 4 | 2 | 3 | 9 |
| 5 | 7 | 6 | 4 | 8 | 2 | 1 | 9 | 3 |
| 3 | 2 | 1 | 6 | 9 | 7 | 8 | 5 | 4 |
| 4 | 9 | 8 | 1 | 3 | 5 | 6 | 2 | 7 |
| 7 | 3 | 9 | 8 | 2 | 6 | 4 | 1 | 5 |
| 6 | 1 | 5 | 7 | 4 | 3 | 9 | 8 | 2 |
| 8 | 4 | 2 | 9 | 5 | 1 | 3 | 7 | 6 |

**811**

| 3 | 8 | 4 | 5 | 9 | 1 | 2 | 7 | 6 |
|---|---|---|---|---|---|---|---|---|
| 6 | 5 | 7 | 3 | 2 | 8 | 1 | 9 | 4 |
| 1 | 2 | 9 | 4 | 7 | 6 | 3 | 5 | 8 |
| 4 | 6 | 8 | 9 | 3 | 7 | 5 | 1 | 2 |
| 9 | 7 | 1 | 2 | 8 | 5 | 6 | 4 | 3 |
| 5 | 3 | 2 | 1 | 6 | 4 | 7 | 8 | 9 |
| 2 | 9 | 5 | 7 | 4 | 3 | 8 | 6 | 1 |
| 8 | 1 | 3 | 6 | 5 | 9 | 4 | 2 | 7 |
| 7 | 4 | 6 | 8 | 1 | 2 | 9 | 3 | 5 |

**812**

| 1 | 3 | 6 | 5 | 4 | 2 | 8 | 9 | 7 |
|---|---|---|---|---|---|---|---|---|
| 8 | 4 | 7 | 3 | 6 | 9 | 1 | 5 | 2 |
| 2 | 9 | 5 | 1 | 8 | 7 | 6 | 3 | 4 |
| 6 | 8 | 4 | 2 | 7 | 3 | 5 | 1 | 9 |
| 7 | 5 | 1 | 4 | 9 | 8 | 2 | 6 | 3 |
| 3 | 2 | 9 | 6 | 5 | 1 | 4 | 7 | 8 |
| 4 | 1 | 3 | 7 | 2 | 5 | 9 | 8 | 6 |
| 9 | 7 | 2 | 8 | 1 | 6 | 3 | 4 | 5 |
| 5 | 6 | 8 | 9 | 3 | 4 | 7 | 2 | 1 |

**813**

| 9 | 6 | 7 | 8 | 4 | 5 | 3 | 2 | 1 |
|---|---|---|---|---|---|---|---|---|
| 4 | 1 | 5 | 7 | 3 | 2 | 6 | 8 | 9 |
| 3 | 8 | 2 | 6 | 1 | 9 | 7 | 4 | 5 |
| 2 | 3 | 6 | 4 | 9 | 7 | 1 | 5 | 8 |
| 1 | 5 | 4 | 3 | 8 | 6 | 9 | 7 | 2 |
| 7 | 9 | 8 | 5 | 2 | 1 | 4 | 6 | 3 |
| 6 | 4 | 1 | 2 | 5 | 3 | 8 | 9 | 7 |
| 5 | 7 | 3 | 9 | 6 | 8 | 2 | 1 | 4 |
| 8 | 2 | 9 | 1 | 7 | 4 | 5 | 3 | 6 |

**814**

| 2 | 6 | 1 | 7 | 4 | 5 | 3 | 9 | 8 |
|---|---|---|---|---|---|---|---|---|
| 9 | 3 | 7 | 8 | 6 | 1 | 4 | 5 | 2 |
| 8 | 4 | 5 | 3 | 2 | 9 | 7 | 1 | 6 |
| 3 | 9 | 2 | 6 | 7 | 4 | 1 | 8 | 5 |
| 7 | 8 | 4 | 1 | 5 | 2 | 9 | 6 | 3 |
| 1 | 5 | 6 | 9 | 8 | 3 | 2 | 4 | 7 |
| 4 | 1 | 8 | 5 | 3 | 7 | 6 | 2 | 9 |
| 5 | 2 | 3 | 4 | 9 | 6 | 8 | 7 | 1 |
| 6 | 7 | 9 | 2 | 1 | 8 | 5 | 3 | 4 |

**815**

| 9 | 7 | 2 | 8 | 6 | 5 | 3 | 1 | 4 |
|---|---|---|---|---|---|---|---|---|
| 8 | 6 | 3 | 1 | 2 | 4 | 5 | 9 | 7 |
| 1 | 4 | 5 | 3 | 9 | 7 | 6 | 2 | 8 |
| 2 | 9 | 7 | 4 | 1 | 6 | 8 | 5 | 3 |
| 6 | 3 | 1 | 5 | 8 | 2 | 4 | 7 | 9 |
| 4 | 5 | 8 | 7 | 3 | 9 | 1 | 6 | 2 |
| 5 | 8 | 6 | 2 | 7 | 3 | 9 | 4 | 1 |
| 3 | 2 | 4 | 9 | 5 | 1 | 7 | 8 | 6 |
| 7 | 1 | 9 | 6 | 4 | 8 | 2 | 3 | 5 |

**816**

| 4 | 3 | 7 | 1 | 5 | 9 | 8 | 2 | 6 |
|---|---|---|---|---|---|---|---|---|
| 2 | 5 | 1 | 8 | 6 | 3 | 4 | 9 | 7 |
| 9 | 8 | 6 | 7 | 4 | 2 | 5 | 3 | 1 |
| 3 | 6 | 8 | 5 | 9 | 1 | 7 | 4 | 2 |
| 5 | 4 | 9 | 2 | 7 | 6 | 1 | 8 | 3 |
| 7 | 1 | 2 | 3 | 8 | 4 | 6 | 5 | 9 |
| 1 | 7 | 3 | 4 | 2 | 8 | 9 | 6 | 5 |
| 6 | 2 | 4 | 9 | 1 | 5 | 3 | 7 | 8 |
| 8 | 9 | 5 | 6 | 3 | 7 | 2 | 1 | 4 |

**817**

| 7 | 8 | 5 | 2 | 9 | 6 | 3 | 1 | 4 |
|---|---|---|---|---|---|---|---|---|
| 2 | 4 | 3 | 7 | 8 | 1 | 9 | 6 | 5 |
| 6 | 1 | 9 | 3 | 5 | 4 | 7 | 2 | 8 |
| 5 | 3 | 2 | 6 | 7 | 8 | 4 | 9 | 1 |
| 8 | 6 | 4 | 9 | 1 | 5 | 2 | 7 | 3 |
| 9 | 7 | 1 | 4 | 2 | 3 | 5 | 8 | 6 |
| 3 | 9 | 6 | 1 | 4 | 7 | 8 | 5 | 2 |
| 4 | 5 | 7 | 8 | 6 | 2 | 1 | 3 | 9 |
| 1 | 2 | 8 | 5 | 3 | 9 | 6 | 4 | 7 |

**818**

| 7 | 9 | 8 | 2 | 1 | 6 | 3 | 4 | 5 |
|---|---|---|---|---|---|---|---|---|
| 5 | 6 | 3 | 4 | 8 | 7 | 9 | 2 | 1 |
| 4 | 2 | 1 | 9 | 3 | 5 | 7 | 8 | 6 |
| 6 | 8 | 5 | 7 | 4 | 1 | 2 | 9 | 3 |
| 3 | 7 | 2 | 5 | 9 | 8 | 6 | 1 | 4 |
| 9 | 1 | 4 | 3 | 6 | 2 | 8 | 5 | 7 |
| 8 | 5 | 9 | 6 | 7 | 4 | 1 | 3 | 2 |
| 1 | 4 | 7 | 8 | 2 | 3 | 5 | 6 | 9 |
| 2 | 3 | 6 | 1 | 5 | 9 | 4 | 7 | 8 |

**819**

| 1 | 6 | 2 | 3 | 8 | 9 | 5 | 4 | 7 |
|---|---|---|---|---|---|---|---|---|
| 5 | 3 | 8 | 7 | 1 | 4 | 9 | 6 | 2 |
| 4 | 7 | 9 | 2 | 6 | 5 | 3 | 8 | 1 |
| 3 | 1 | 6 | 4 | 5 | 8 | 7 | 2 | 9 |
| 7 | 2 | 5 | 6 | 9 | 3 | 8 | 1 | 4 |
| 8 | 9 | 4 | 1 | 7 | 2 | 6 | 3 | 5 |
| 2 | 8 | 1 | 9 | 3 | 7 | 4 | 5 | 6 |
| 9 | 4 | 3 | 5 | 2 | 6 | 1 | 7 | 8 |
| 6 | 5 | 7 | 8 | 4 | 1 | 2 | 9 | 3 |

**820**

| 2 | 1 | 3 | 7 | 6 | 4 | 5 | 8 | 9 |
|---|---|---|---|---|---|---|---|---|
| 9 | 7 | 6 | 8 | 2 | 5 | 3 | 1 | 4 |
| 8 | 5 | 4 | 9 | 3 | 1 | 2 | 7 | 6 |
| 3 | 4 | 8 | 2 | 5 | 9 | 7 | 6 | 1 |
| 7 | 2 | 9 | 6 | 1 | 3 | 4 | 5 | 8 |
| 1 | 6 | 5 | 4 | 8 | 7 | 9 | 2 | 3 |
| 5 | 3 | 2 | 1 | 9 | 8 | 6 | 4 | 7 |
| 6 | 8 | 7 | 3 | 4 | 2 | 1 | 9 | 5 |
| 4 | 9 | 1 | 5 | 7 | 6 | 8 | 3 | 2 |

**821**

| 9 | 1 | 3 | 7 | 6 | 5 | 8 | 4 | 2 |
|---|---|---|---|---|---|---|---|---|
| 8 | 7 | 2 | 4 | 3 | 1 | 9 | 6 | 5 |
| 5 | 6 | 4 | 8 | 9 | 2 | 1 | 7 | 3 |
| 4 | 9 | 5 | 1 | 2 | 7 | 3 | 8 | 6 |
| 6 | 3 | 7 | 9 | 5 | 8 | 4 | 2 | 1 |
| 2 | 8 | 1 | 6 | 4 | 3 | 5 | 9 | 7 |
| 7 | 2 | 8 | 3 | 1 | 9 | 6 | 5 | 4 |
| 1 | 5 | 6 | 2 | 8 | 4 | 7 | 3 | 9 |
| 3 | 4 | 9 | 5 | 7 | 6 | 2 | 1 | 8 |

**822**

| 8 | 1 | 2 | 4 | 9 | 3 | 5 | 7 | 6 |
|---|---|---|---|---|---|---|---|---|
| 6 | 4 | 7 | 5 | 1 | 2 | 3 | 8 | 9 |
| 3 | 5 | 9 | 6 | 8 | 7 | 4 | 1 | 2 |
| 7 | 2 | 1 | 9 | 6 | 4 | 8 | 3 | 5 |
| 5 | 9 | 6 | 1 | 3 | 8 | 2 | 4 | 7 |
| 4 | 8 | 3 | 7 | 2 | 5 | 9 | 6 | 1 |
| 1 | 7 | 5 | 8 | 4 | 9 | 6 | 2 | 3 |
| 2 | 6 | 8 | 3 | 5 | 1 | 7 | 9 | 4 |
| 9 | 3 | 4 | 2 | 7 | 6 | 1 | 5 | 8 |

**823**

| 3 | 7 | 6 | 5 | 1 | 8 | 4 | 9 | 2 |
|---|---|---|---|---|---|---|---|---|
| 4 | 2 | 5 | 3 | 6 | 9 | 7 | 8 | 1 |
| 1 | 8 | 9 | 4 | 7 | 2 | 6 | 3 | 5 |
| 5 | 3 | 1 | 6 | 9 | 4 | 2 | 7 | 8 |
| 6 | 9 | 7 | 2 | 8 | 5 | 1 | 4 | 3 |
| 2 | 4 | 8 | 1 | 3 | 7 | 9 | 5 | 6 |
| 9 | 6 | 3 | 7 | 5 | 1 | 8 | 2 | 4 |
| 7 | 5 | 4 | 8 | 2 | 6 | 3 | 1 | 9 |
| 8 | 1 | 2 | 9 | 4 | 3 | 5 | 6 | 7 |

**824**

| 8 | 9 | 6 | 3 | 7 | 1 | 5 | 4 | 2 |
|---|---|---|---|---|---|---|---|---|
| 2 | 7 | 3 | 8 | 4 | 5 | 1 | 6 | 9 |
| 4 | 1 | 5 | 2 | 6 | 9 | 3 | 8 | 7 |
| 9 | 6 | 2 | 4 | 1 | 3 | 8 | 7 | 5 |
| 7 | 4 | 8 | 9 | 5 | 6 | 2 | 3 | 1 |
| 3 | 5 | 1 | 7 | 2 | 8 | 6 | 9 | 4 |
| 1 | 2 | 7 | 6 | 3 | 4 | 9 | 5 | 8 |
| 5 | 3 | 9 | 1 | 8 | 7 | 4 | 2 | 6 |
| 6 | 8 | 4 | 5 | 9 | 2 | 7 | 1 | 3 |

**825**

| 4 | 2 | 8 | 7 | 3 | 5 | 9 | 1 | 6 |
|---|---|---|---|---|---|---|---|---|
| 9 | 1 | 5 | 8 | 6 | 2 | 7 | 4 | 3 |
| 3 | 6 | 7 | 4 | 9 | 1 | 5 | 2 | 8 |
| 7 | 8 | 9 | 1 | 2 | 4 | 3 | 6 | 5 |
| 6 | 3 | 2 | 9 | 5 | 8 | 1 | 7 | 4 |
| 5 | 4 | 1 | 6 | 7 | 3 | 2 | 8 | 9 |
| 2 | 7 | 3 | 5 | 8 | 6 | 4 | 9 | 1 |
| 8 | 9 | 4 | 3 | 1 | 7 | 6 | 5 | 2 |
| 1 | 5 | 6 | 2 | 4 | 9 | 8 | 3 | 7 |

**826**

| 7 | 3 | 1 | 4 | 5 | 8 | 9 | 6 | 2 |
|---|---|---|---|---|---|---|---|---|
| 2 | 5 | 9 | 7 | 1 | 6 | 3 | 4 | 8 |
| 8 | 4 | 6 | 2 | 9 | 3 | 5 | 1 | 7 |
| 3 | 9 | 8 | 1 | 6 | 2 | 4 | 7 | 5 |
| 4 | 1 | 2 | 3 | 7 | 5 | 8 | 9 | 6 |
| 5 | 6 | 7 | 8 | 4 | 9 | 1 | 2 | 3 |
| 1 | 2 | 3 | 9 | 8 | 7 | 6 | 5 | 4 |
| 9 | 7 | 5 | 6 | 3 | 4 | 2 | 8 | 1 |
| 6 | 8 | 4 | 5 | 2 | 1 | 7 | 3 | 9 |

**827**

| 5 | 7 | 8 | 4 | 6 | 3 | 2 | 1 | 9 |
|---|---|---|---|---|---|---|---|---|
| 9 | 1 | 3 | 8 | 2 | 7 | 5 | 4 | 6 |
| 2 | 6 | 4 | 1 | 5 | 9 | 3 | 8 | 7 |
| 6 | 9 | 7 | 3 | 4 | 1 | 8 | 2 | 5 |
| 3 | 8 | 5 | 9 | 7 | 2 | 4 | 6 | 1 |
| 1 | 4 | 2 | 6 | 8 | 5 | 7 | 9 | 3 |
| 8 | 5 | 9 | 2 | 3 | 6 | 1 | 7 | 4 |
| 7 | 2 | 1 | 5 | 9 | 4 | 6 | 3 | 8 |
| 4 | 3 | 6 | 7 | 1 | 8 | 9 | 5 | 2 |

**828**

| 5 | 2 | 7 | 8 | 1 | 9 | 6 | 3 | 4 |
|---|---|---|---|---|---|---|---|---|
| 1 | 3 | 4 | 6 | 2 | 7 | 9 | 5 | 8 |
| 8 | 6 | 9 | 3 | 4 | 5 | 2 | 1 | 7 |
| 3 | 8 | 1 | 4 | 9 | 2 | 5 | 7 | 6 |
| 6 | 7 | 2 | 5 | 3 | 1 | 4 | 8 | 9 |
| 9 | 4 | 5 | 7 | 8 | 6 | 1 | 2 | 3 |
| 4 | 5 | 3 | 2 | 6 | 8 | 7 | 9 | 1 |
| 7 | 9 | 8 | 1 | 5 | 4 | 3 | 6 | 2 |
| 2 | 1 | 6 | 9 | 7 | 3 | 8 | 4 | 5 |

**829**

| 9 | 4 | 6 | 8 | 1 | 2 | 5 | 3 | 7 |
|---|---|---|---|---|---|---|---|---|
| 5 | 1 | 8 | 4 | 3 | 7 | 6 | 2 | 9 |
| 7 | 3 | 2 | 5 | 6 | 9 | 4 | 1 | 8 |
| 3 | 8 | 5 | 9 | 4 | 6 | 1 | 7 | 2 |
| 2 | 9 | 1 | 3 | 7 | 5 | 8 | 6 | 4 |
| 4 | 6 | 7 | 1 | 2 | 8 | 9 | 5 | 3 |
| 1 | 5 | 9 | 2 | 8 | 3 | 7 | 4 | 6 |
| 8 | 7 | 3 | 6 | 5 | 4 | 2 | 9 | 1 |
| 6 | 2 | 4 | 7 | 9 | 1 | 3 | 8 | 5 |

**830**

| 3 | 7 | 5 | 4 | 9 | 2 | 6 | 8 | 1 |
|---|---|---|---|---|---|---|---|---|
| 6 | 2 | 4 | 7 | 8 | 1 | 5 | 3 | 9 |
| 1 | 9 | 8 | 6 | 3 | 5 | 4 | 2 | 7 |
| 2 | 6 | 3 | 9 | 1 | 4 | 7 | 5 | 8 |
| 4 | 8 | 9 | 2 | 5 | 7 | 1 | 6 | 3 |
| 5 | 1 | 7 | 3 | 6 | 8 | 2 | 9 | 4 |
| 7 | 5 | 6 | 8 | 4 | 9 | 3 | 1 | 2 |
| 8 | 4 | 1 | 5 | 2 | 3 | 9 | 7 | 6 |
| 9 | 3 | 2 | 1 | 7 | 6 | 8 | 4 | 5 |

**831**

| 1 | 7 | 5 | 3 | 9 | 8 | 4 | 6 | 2 |
|---|---|---|---|---|---|---|---|---|
| 8 | 3 | 6 | 5 | 4 | 2 | 7 | 9 | 1 |
| 4 | 2 | 9 | 7 | 6 | 1 | 3 | 8 | 5 |
| 5 | 6 | 7 | 2 | 1 | 4 | 8 | 3 | 9 |
| 9 | 8 | 3 | 6 | 7 | 5 | 1 | 2 | 4 |
| 2 | 4 | 1 | 9 | 8 | 3 | 5 | 7 | 6 |
| 3 | 1 | 2 | 8 | 5 | 6 | 9 | 4 | 7 |
| 6 | 9 | 4 | 1 | 3 | 7 | 2 | 5 | 8 |
| 7 | 5 | 8 | 4 | 2 | 9 | 6 | 1 | 3 |

**832**

| 1 | 2 | 3 | 4 | 8 | 5 | 9 | 6 | 7 |
|---|---|---|---|---|---|---|---|---|
| 7 | 5 | 8 | 2 | 9 | 6 | 4 | 3 | 1 |
| 6 | 4 | 9 | 3 | 7 | 1 | 8 | 5 | 2 |
| 5 | 1 | 7 | 9 | 6 | 2 | 3 | 8 | 4 |
| 8 | 3 | 2 | 7 | 5 | 4 | 1 | 9 | 6 |
| 9 | 6 | 4 | 8 | 1 | 3 | 7 | 2 | 5 |
| 2 | 9 | 6 | 1 | 4 | 8 | 5 | 7 | 3 |
| 3 | 8 | 1 | 5 | 2 | 7 | 6 | 4 | 9 |
| 4 | 7 | 5 | 6 | 3 | 9 | 2 | 1 | 8 |

**833**

| 4 | 7 | 5 | 3 | 9 | 1 | 6 | 2 | 8 |
|---|---|---|---|---|---|---|---|---|
| 9 | 6 | 2 | 5 | 4 | 8 | 3 | 1 | 7 |
| 3 | 1 | 8 | 7 | 2 | 6 | 4 | 9 | 5 |
| 2 | 9 | 3 | 6 | 7 | 4 | 8 | 5 | 1 |
| 1 | 4 | 6 | 8 | 5 | 9 | 7 | 3 | 2 |
| 8 | 5 | 7 | 2 | 1 | 3 | 9 | 6 | 4 |
| 6 | 2 | 4 | 1 | 3 | 7 | 5 | 8 | 9 |
| 5 | 3 | 9 | 4 | 8 | 2 | 1 | 7 | 6 |
| 7 | 8 | 1 | 9 | 6 | 5 | 2 | 4 | 3 |

**834**

| 2 | 9 | 8 | 3 | 1 | 5 | 6 | 7 | 4 |
|---|---|---|---|---|---|---|---|---|
| 3 | 6 | 4 | 7 | 2 | 9 | 1 | 5 | 8 |
| 1 | 5 | 7 | 4 | 6 | 8 | 2 | 3 | 9 |
| 6 | 8 | 3 | 9 | 5 | 7 | 4 | 1 | 2 |
| 5 | 4 | 1 | 2 | 8 | 6 | 3 | 9 | 7 |
| 9 | 7 | 2 | 1 | 4 | 3 | 8 | 6 | 5 |
| 7 | 1 | 6 | 8 | 9 | 2 | 5 | 4 | 3 |
| 8 | 3 | 5 | 6 | 7 | 4 | 9 | 2 | 1 |
| 4 | 2 | 9 | 5 | 3 | 1 | 7 | 8 | 6 |

**835**

| 9 | 4 | 1 | 7 | 8 | 3 | 5 | 2 | 6 |
|---|---|---|---|---|---|---|---|---|
| 8 | 3 | 6 | 2 | 5 | 1 | 7 | 9 | 4 |
| 7 | 2 | 5 | 6 | 4 | 9 | 8 | 3 | 1 |
| 1 | 8 | 2 | 3 | 9 | 4 | 6 | 7 | 5 |
| 4 | 5 | 3 | 8 | 7 | 6 | 9 | 1 | 2 |
| 6 | 9 | 7 | 1 | 2 | 5 | 4 | 8 | 3 |
| 2 | 6 | 4 | 9 | 1 | 8 | 3 | 5 | 7 |
| 3 | 1 | 9 | 5 | 6 | 7 | 2 | 4 | 8 |
| 5 | 7 | 8 | 4 | 3 | 2 | 1 | 6 | 9 |

**836**

| 4 | 6 | 9 | 5 | 2 | 3 | 7 | 1 | 8 |
|---|---|---|---|---|---|---|---|---|
| 5 | 7 | 3 | 1 | 6 | 8 | 4 | 2 | 9 |
| 8 | 1 | 2 | 7 | 9 | 4 | 5 | 3 | 6 |
| 7 | 9 | 6 | 4 | 1 | 5 | 2 | 8 | 3 |
| 1 | 3 | 5 | 9 | 8 | 2 | 6 | 7 | 4 |
| 2 | 8 | 4 | 3 | 7 | 6 | 1 | 9 | 5 |
| 6 | 4 | 7 | 2 | 3 | 9 | 8 | 5 | 1 |
| 3 | 5 | 1 | 8 | 4 | 7 | 9 | 6 | 2 |
| 9 | 2 | 8 | 6 | 5 | 1 | 3 | 4 | 7 |

**837**

| 9 | 3 | 5 | 4 | 7 | 1 | 8 | 6 | 2 |
|---|---|---|---|---|---|---|---|---|
| 2 | 4 | 7 | 8 | 9 | 6 | 1 | 5 | 3 |
| 6 | 1 | 8 | 2 | 3 | 5 | 4 | 7 | 9 |
| 3 | 2 | 4 | 7 | 6 | 8 | 5 | 9 | 1 |
| 1 | 7 | 6 | 9 | 5 | 4 | 3 | 2 | 8 |
| 8 | 5 | 9 | 3 | 1 | 2 | 6 | 4 | 7 |
| 5 | 8 | 1 | 6 | 2 | 9 | 7 | 3 | 4 |
| 7 | 6 | 2 | 1 | 4 | 3 | 9 | 8 | 5 |
| 4 | 9 | 3 | 5 | 8 | 7 | 2 | 1 | 6 |

**838**

| 2 | 7 | 9 | 6 | 5 | 8 | 4 | 3 | 1 |
|---|---|---|---|---|---|---|---|---|
| 5 | 4 | 1 | 3 | 7 | 9 | 2 | 8 | 6 |
| 8 | 3 | 6 | 2 | 4 | 1 | 7 | 9 | 5 |
| 1 | 8 | 4 | 5 | 9 | 3 | 6 | 2 | 7 |
| 7 | 9 | 2 | 4 | 1 | 6 | 3 | 5 | 8 |
| 3 | 6 | 5 | 7 | 8 | 2 | 1 | 4 | 9 |
| 4 | 5 | 8 | 1 | 2 | 7 | 9 | 6 | 3 |
| 9 | 1 | 3 | 8 | 6 | 4 | 5 | 7 | 2 |
| 6 | 2 | 7 | 9 | 3 | 5 | 8 | 1 | 4 |

**839**

| 6 | 1 | 5 | 4 | 9 | 2 | 7 | 3 | 8 |
|---|---|---|---|---|---|---|---|---|
| 7 | 3 | 2 | 8 | 6 | 5 | 1 | 4 | 9 |
| 9 | 8 | 4 | 7 | 1 | 3 | 2 | 6 | 5 |
| 5 | 9 | 8 | 2 | 7 | 4 | 3 | 1 | 6 |
| 4 | 2 | 1 | 9 | 3 | 6 | 5 | 8 | 7 |
| 3 | 7 | 6 | 5 | 8 | 1 | 9 | 2 | 4 |
| 2 | 6 | 7 | 3 | 4 | 9 | 8 | 5 | 1 |
| 1 | 5 | 9 | 6 | 2 | 8 | 4 | 7 | 3 |
| 8 | 4 | 3 | 1 | 5 | 7 | 6 | 9 | 2 |

**840**

| 5 | 4 | 1 | 9 | 6 | 2 | 8 | 3 | 7 |
|---|---|---|---|---|---|---|---|---|
| 9 | 2 | 8 | 5 | 7 | 3 | 4 | 1 | 6 |
| 6 | 3 | 7 | 1 | 4 | 8 | 2 | 5 | 9 |
| 3 | 1 | 2 | 6 | 5 | 9 | 7 | 8 | 4 |
| 8 | 5 | 9 | 4 | 2 | 7 | 1 | 6 | 3 |
| 7 | 6 | 4 | 8 | 3 | 1 | 5 | 9 | 2 |
| 2 | 9 | 6 | 7 | 8 | 5 | 3 | 4 | 1 |
| 4 | 8 | 3 | 2 | 1 | 6 | 9 | 7 | 5 |
| 1 | 7 | 5 | 3 | 9 | 4 | 6 | 2 | 8 |

**841**

| 8 | 9 | 7 | 5 | 3 | 2 | 4 | 1 | 6 |
|---|---|---|---|---|---|---|---|---|
| 1 | 6 | 5 | 8 | 4 | 7 | 9 | 2 | 3 |
| 2 | 3 | 4 | 6 | 1 | 9 | 7 | 8 | 5 |
| 5 | 2 | 9 | 3 | 6 | 1 | 8 | 4 | 7 |
| 6 | 4 | 8 | 7 | 2 | 5 | 3 | 9 | 1 |
| 3 | 7 | 1 | 9 | 8 | 4 | 6 | 5 | 2 |
| 4 | 1 | 6 | 2 | 9 | 3 | 5 | 7 | 8 |
| 9 | 5 | 3 | 1 | 7 | 8 | 2 | 6 | 4 |
| 7 | 8 | 2 | 4 | 5 | 6 | 1 | 3 | 9 |

**842**

| 5 | 1 | 4 | 8 | 7 | 3 | 2 | 9 | 6 |
|---|---|---|---|---|---|---|---|---|
| 7 | 8 | 6 | 9 | 5 | 2 | 3 | 1 | 4 |
| 2 | 9 | 3 | 4 | 6 | 1 | 8 | 7 | 5 |
| 4 | 6 | 8 | 1 | 9 | 5 | 7 | 3 | 2 |
| 1 | 5 | 7 | 3 | 2 | 6 | 9 | 4 | 8 |
| 9 | 3 | 2 | 7 | 4 | 8 | 5 | 6 | 1 |
| 6 | 7 | 9 | 5 | 8 | 4 | 1 | 2 | 3 |
| 3 | 2 | 5 | 6 | 1 | 9 | 4 | 8 | 7 |
| 8 | 4 | 1 | 2 | 3 | 7 | 6 | 5 | 9 |

**843**

| 9 | 4 | 2 | 3 | 5 | 1 | 8 | 6 | 7 |
|---|---|---|---|---|---|---|---|---|
| 8 | 3 | 5 | 7 | 6 | 4 | 2 | 9 | 1 |
| 7 | 6 | 1 | 2 | 9 | 8 | 5 | 3 | 4 |
| 6 | 9 | 7 | 1 | 8 | 2 | 3 | 4 | 5 |
| 3 | 2 | 8 | 5 | 4 | 6 | 7 | 1 | 9 |
| 5 | 1 | 4 | 9 | 7 | 3 | 6 | 8 | 2 |
| 2 | 7 | 3 | 8 | 1 | 9 | 4 | 5 | 6 |
| 1 | 8 | 6 | 4 | 2 | 5 | 9 | 7 | 3 |
| 4 | 5 | 9 | 6 | 3 | 7 | 1 | 2 | 8 |

**844**

| 5 | 6 | 8 | 2 | 4 | 1 | 9 | 3 | 7 |
|---|---|---|---|---|---|---|---|---|
| 7 | 4 | 2 | 9 | 3 | 8 | 6 | 5 | 1 |
| 1 | 3 | 9 | 5 | 7 | 6 | 8 | 4 | 2 |
| 4 | 7 | 3 | 6 | 1 | 2 | 5 | 9 | 8 |
| 9 | 2 | 1 | 3 | 8 | 5 | 7 | 6 | 4 |
| 6 | 8 | 5 | 4 | 9 | 7 | 1 | 2 | 3 |
| 2 | 5 | 7 | 1 | 6 | 4 | 3 | 8 | 9 |
| 8 | 9 | 6 | 7 | 2 | 3 | 4 | 1 | 5 |
| 3 | 1 | 4 | 8 | 5 | 9 | 2 | 7 | 6 |

**845**

| 3 | 7 | 2 | 1 | 8 | 4 | 6 | 5 | 9 |
|---|---|---|---|---|---|---|---|---|
| 9 | 5 | 6 | 7 | 2 | 3 | 1 | 8 | 4 |
| 1 | 8 | 4 | 6 | 5 | 9 | 7 | 2 | 3 |
| 8 | 3 | 9 | 5 | 6 | 2 | 4 | 7 | 1 |
| 4 | 2 | 1 | 3 | 9 | 7 | 5 | 6 | 8 |
| 7 | 6 | 5 | 8 | 4 | 1 | 3 | 9 | 2 |
| 5 | 4 | 3 | 9 | 7 | 8 | 2 | 1 | 6 |
| 6 | 1 | 8 | 2 | 3 | 5 | 9 | 4 | 7 |
| 2 | 9 | 7 | 4 | 1 | 6 | 8 | 3 | 5 |

**846**

| 1 | 9 | 4 | 2 | 6 | 7 | 3 | 8 | 5 |
|---|---|---|---|---|---|---|---|---|
| 8 | 2 | 3 | 5 | 4 | 1 | 7 | 6 | 9 |
| 5 | 7 | 6 | 9 | 3 | 8 | 1 | 2 | 4 |
| 2 | 5 | 9 | 7 | 1 | 6 | 8 | 4 | 3 |
| 3 | 1 | 7 | 8 | 5 | 4 | 6 | 9 | 2 |
| 4 | 6 | 8 | 3 | 9 | 2 | 5 | 7 | 1 |
| 6 | 4 | 2 | 1 | 7 | 5 | 9 | 3 | 8 |
| 9 | 8 | 5 | 6 | 2 | 3 | 4 | 1 | 7 |
| 7 | 3 | 1 | 4 | 8 | 9 | 2 | 5 | 6 |

**847**

| 6 | 8 | 3 | 7 | 5 | 4 | 9 | 1 | 2 |
|---|---|---|---|---|---|---|---|---|
| 2 | 1 | 7 | 3 | 8 | 9 | 4 | 5 | 6 |
| 5 | 4 | 9 | 1 | 6 | 2 | 8 | 3 | 7 |
| 9 | 6 | 8 | 5 | 7 | 1 | 2 | 4 | 3 |
| 3 | 2 | 1 | 4 | 9 | 6 | 7 | 8 | 5 |
| 7 | 5 | 4 | 2 | 3 | 8 | 1 | 6 | 9 |
| 4 | 3 | 6 | 9 | 1 | 7 | 5 | 2 | 8 |
| 8 | 7 | 2 | 6 | 4 | 5 | 3 | 9 | 1 |
| 1 | 9 | 5 | 8 | 2 | 3 | 6 | 7 | 4 |

**848**

| 7 | 8 | 2 | 1 | 5 | 6 | 4 | 3 | 9 |
|---|---|---|---|---|---|---|---|---|
| 6 | 3 | 4 | 8 | 2 | 9 | 5 | 7 | 1 |
| 1 | 5 | 9 | 7 | 4 | 3 | 8 | 2 | 6 |
| 2 | 6 | 8 | 4 | 9 | 7 | 1 | 5 | 3 |
| 4 | 7 | 1 | 2 | 3 | 5 | 9 | 6 | 8 |
| 5 | 9 | 3 | 6 | 8 | 1 | 7 | 4 | 2 |
| 8 | 4 | 6 | 5 | 1 | 2 | 3 | 9 | 7 |
| 9 | 2 | 5 | 3 | 7 | 8 | 6 | 1 | 4 |
| 3 | 1 | 7 | 9 | 6 | 4 | 2 | 8 | 5 |

**849**

| 3 | 4 | 6 | 2 | 9 | 7 | 1 | 5 | 8 |
|---|---|---|---|---|---|---|---|---|
| 7 | 5 | 9 | 1 | 4 | 8 | 6 | 3 | 2 |
| 1 | 8 | 2 | 6 | 5 | 3 | 9 | 4 | 7 |
| 5 | 2 | 4 | 3 | 8 | 6 | 7 | 1 | 9 |
| 8 | 3 | 1 | 7 | 2 | 9 | 5 | 6 | 4 |
| 9 | 6 | 7 | 4 | 1 | 5 | 2 | 8 | 3 |
| 2 | 1 | 5 | 8 | 7 | 4 | 3 | 9 | 6 |
| 6 | 9 | 8 | 5 | 3 | 2 | 4 | 7 | 1 |
| 4 | 7 | 3 | 9 | 6 | 1 | 8 | 2 | 5 |

**850**

| 6 | 8 | 9 | 2 | 3 | 7 | 4 | 1 | 5 |
|---|---|---|---|---|---|---|---|---|
| 7 | 5 | 4 | 8 | 1 | 6 | 2 | 3 | 9 |
| 1 | 3 | 2 | 9 | 5 | 4 | 6 | 7 | 8 |
| 3 | 7 | 6 | 4 | 9 | 1 | 5 | 8 | 2 |
| 8 | 4 | 5 | 6 | 2 | 3 | 7 | 9 | 1 |
| 9 | 2 | 1 | 7 | 8 | 5 | 3 | 6 | 4 |
| 5 | 6 | 8 | 3 | 4 | 9 | 1 | 2 | 7 |
| 4 | 9 | 3 | 1 | 7 | 2 | 8 | 5 | 6 |
| 2 | 1 | 7 | 5 | 6 | 8 | 9 | 4 | 3 |

**851**

| 8 | 2 | 7 | 9 | 1 | 4 | 3 | 6 | 5 |
|---|---|---|---|---|---|---|---|---|
| 6 | 4 | 3 | 2 | 7 | 5 | 1 | 9 | 8 |
| 5 | 9 | 1 | 8 | 6 | 3 | 4 | 7 | 2 |
| 7 | 1 | 9 | 6 | 8 | 2 | 5 | 3 | 4 |
| 2 | 6 | 4 | 5 | 3 | 9 | 8 | 1 | 7 |
| 3 | 8 | 5 | 7 | 4 | 1 | 6 | 2 | 9 |
| 4 | 5 | 2 | 3 | 9 | 6 | 7 | 8 | 1 |
| 1 | 7 | 6 | 4 | 2 | 8 | 9 | 5 | 3 |
| 9 | 3 | 8 | 1 | 5 | 7 | 2 | 4 | 6 |

**852**

| 9 | 6 | 4 | 5 | 3 | 1 | 7 | 2 | 8 |
|---|---|---|---|---|---|---|---|---|
| 1 | 8 | 5 | 2 | 4 | 7 | 9 | 3 | 6 |
| 3 | 2 | 7 | 9 | 8 | 6 | 4 | 1 | 5 |
| 2 | 1 | 6 | 7 | 9 | 8 | 3 | 5 | 4 |
| 5 | 4 | 8 | 6 | 1 | 3 | 2 | 9 | 7 |
| 7 | 9 | 3 | 4 | 2 | 5 | 6 | 8 | 1 |
| 4 | 3 | 1 | 8 | 7 | 9 | 5 | 6 | 2 |
| 8 | 5 | 2 | 3 | 6 | 4 | 1 | 7 | 9 |
| 6 | 7 | 9 | 1 | 5 | 2 | 8 | 4 | 3 |

**853**

| 2 | 5 | 9 | 1 | 7 | 8 | 3 | 6 | 4 |
|---|---|---|---|---|---|---|---|---|
| 6 | 7 | 1 | 4 | 3 | 5 | 8 | 2 | 9 |
| 3 | 8 | 4 | 6 | 2 | 9 | 5 | 7 | 1 |
| 1 | 4 | 8 | 7 | 5 | 6 | 2 | 9 | 3 |
| 9 | 6 | 2 | 3 | 8 | 1 | 7 | 4 | 5 |
| 7 | 3 | 5 | 9 | 4 | 2 | 6 | 1 | 8 |
| 5 | 1 | 7 | 2 | 9 | 3 | 4 | 8 | 6 |
| 8 | 2 | 6 | 5 | 1 | 4 | 9 | 3 | 7 |
| 4 | 9 | 3 | 8 | 6 | 7 | 1 | 5 | 2 |

**854**

| 3 | 9 | 5 | 7 | 1 | 8 | 6 | 4 | 2 |
|---|---|---|---|---|---|---|---|---|
| 1 | 2 | 6 | 4 | 9 | 3 | 8 | 7 | 5 |
| 8 | 7 | 4 | 6 | 5 | 2 | 9 | 1 | 3 |
| 4 | 6 | 9 | 2 | 7 | 5 | 1 | 3 | 8 |
| 2 | 5 | 8 | 1 | 3 | 4 | 7 | 6 | 9 |
| 7 | 3 | 1 | 8 | 6 | 9 | 5 | 2 | 4 |
| 5 | 8 | 7 | 3 | 2 | 1 | 4 | 9 | 6 |
| 6 | 4 | 3 | 9 | 8 | 7 | 2 | 5 | 1 |
| 9 | 1 | 2 | 5 | 4 | 6 | 3 | 8 | 7 |

**855**

| 5 | 1 | 4 | 6 | 7 | 8 | 3 | 2 | 9 |
|---|---|---|---|---|---|---|---|---|
| 7 | 3 | 6 | 2 | 1 | 9 | 5 | 8 | 4 |
| 2 | 8 | 9 | 3 | 5 | 4 | 1 | 7 | 6 |
| 4 | 6 | 8 | 9 | 3 | 1 | 2 | 5 | 7 |
| 3 | 5 | 7 | 4 | 8 | 2 | 6 | 9 | 1 |
| 9 | 2 | 1 | 7 | 6 | 5 | 8 | 4 | 3 |
| 1 | 7 | 2 | 5 | 9 | 3 | 4 | 6 | 8 |
| 6 | 4 | 3 | 8 | 2 | 7 | 9 | 1 | 5 |
| 8 | 9 | 5 | 1 | 4 | 6 | 7 | 3 | 2 |

**856**

| 7 | 2 | 6 | 4 | 3 | 1 | 9 | 5 | 8 |
|---|---|---|---|---|---|---|---|---|
| 5 | 1 | 3 | 6 | 8 | 9 | 7 | 4 | 2 |
| 9 | 4 | 8 | 7 | 2 | 5 | 3 | 6 | 1 |
| 6 | 8 | 4 | 2 | 9 | 3 | 1 | 7 | 5 |
| 3 | 5 | 7 | 8 | 1 | 6 | 2 | 9 | 4 |
| 2 | 9 | 1 | 5 | 7 | 4 | 8 | 3 | 6 |
| 8 | 3 | 5 | 9 | 6 | 2 | 4 | 1 | 7 |
| 4 | 7 | 9 | 1 | 5 | 8 | 6 | 2 | 3 |
| 1 | 6 | 2 | 3 | 4 | 7 | 5 | 8 | 9 |

**857**

| 8 | 3 | 4 | 6 | 9 | 5 | 2 | 1 | 7 |
|---|---|---|---|---|---|---|---|---|
| 6 | 5 | 7 | 2 | 1 | 4 | 8 | 3 | 9 |
| 1 | 2 | 9 | 7 | 8 | 3 | 5 | 4 | 6 |
| 5 | 4 | 6 | 9 | 2 | 1 | 3 | 7 | 8 |
| 3 | 9 | 1 | 8 | 4 | 7 | 6 | 2 | 5 |
| 7 | 8 | 2 | 5 | 3 | 6 | 4 | 9 | 1 |
| 9 | 1 | 8 | 4 | 5 | 2 | 7 | 6 | 3 |
| 4 | 6 | 3 | 1 | 7 | 8 | 9 | 5 | 2 |
| 2 | 7 | 5 | 3 | 6 | 9 | 1 | 8 | 4 |

**858**

| 8 | 7 | 4 | 3 | 6 | 5 | 9 | 1 | 2 |
|---|---|---|---|---|---|---|---|---|
| 6 | 1 | 5 | 9 | 7 | 2 | 8 | 3 | 4 |
| 2 | 3 | 9 | 4 | 1 | 8 | 5 | 7 | 6 |
| 4 | 6 | 1 | 2 | 9 | 7 | 3 | 5 | 8 |
| 9 | 5 | 8 | 6 | 3 | 4 | 7 | 2 | 1 |
| 7 | 2 | 3 | 8 | 5 | 1 | 4 | 6 | 9 |
| 5 | 4 | 6 | 1 | 8 | 3 | 2 | 9 | 7 |
| 3 | 9 | 2 | 7 | 4 | 6 | 1 | 8 | 5 |
| 1 | 8 | 7 | 5 | 2 | 9 | 6 | 4 | 3 |

**859**

| 7 | 6 | 4 | 3 | 9 | 8 | 2 | 1 | 5 |
|---|---|---|---|---|---|---|---|---|
| 1 | 9 | 8 | 2 | 5 | 4 | 6 | 7 | 3 |
| 3 | 5 | 2 | 6 | 7 | 1 | 4 | 8 | 9 |
| 5 | 2 | 7 | 8 | 1 | 3 | 9 | 6 | 4 |
| 9 | 8 | 6 | 5 | 4 | 7 | 1 | 3 | 2 |
| 4 | 1 | 3 | 9 | 2 | 6 | 8 | 5 | 7 |
| 6 | 4 | 5 | 7 | 8 | 2 | 3 | 9 | 1 |
| 8 | 7 | 1 | 4 | 3 | 9 | 5 | 2 | 6 |
| 2 | 3 | 9 | 1 | 6 | 5 | 7 | 4 | 8 |

**860**

| 1 | 9 | 6 | 4 | 8 | 3 | 5 | 2 | 7 |
|---|---|---|---|---|---|---|---|---|
| 7 | 3 | 2 | 1 | 9 | 5 | 4 | 8 | 6 |
| 5 | 8 | 4 | 7 | 2 | 6 | 3 | 1 | 9 |
| 2 | 1 | 5 | 3 | 6 | 7 | 9 | 4 | 8 |
| 9 | 6 | 3 | 8 | 1 | 4 | 7 | 5 | 2 |
| 8 | 4 | 7 | 9 | 5 | 2 | 1 | 6 | 3 |
| 6 | 7 | 8 | 5 | 4 | 9 | 2 | 3 | 1 |
| 3 | 5 | 1 | 2 | 7 | 8 | 6 | 9 | 4 |
| 4 | 2 | 9 | 6 | 3 | 1 | 8 | 7 | 5 |

**861**

| 2 | 4 | 6 | 3 | 1 | 7 | 8 | 5 | 9 |
|---|---|---|---|---|---|---|---|---|
| 9 | 8 | 7 | 6 | 5 | 4 | 3 | 2 | 1 |
| 1 | 3 | 5 | 2 | 8 | 9 | 6 | 4 | 7 |
| 5 | 1 | 8 | 7 | 4 | 3 | 9 | 6 | 2 |
| 6 | 7 | 9 | 8 | 2 | 5 | 4 | 1 | 3 |
| 4 | 2 | 3 | 9 | 6 | 1 | 5 | 7 | 8 |
| 3 | 5 | 1 | 4 | 7 | 8 | 2 | 9 | 6 |
| 7 | 9 | 2 | 5 | 3 | 6 | 1 | 8 | 4 |
| 8 | 6 | 4 | 1 | 9 | 2 | 7 | 3 | 5 |

**862**

| 4 | 8 | 6 | 1 | 5 | 3 | 7 | 9 | 2 |
|---|---|---|---|---|---|---|---|---|
| 5 | 2 | 9 | 7 | 6 | 8 | 1 | 3 | 4 |
| 1 | 7 | 3 | 2 | 4 | 9 | 6 | 5 | 8 |
| 2 | 1 | 7 | 6 | 3 | 5 | 4 | 8 | 9 |
| 3 | 5 | 4 | 9 | 8 | 7 | 2 | 6 | 1 |
| 9 | 6 | 8 | 4 | 1 | 2 | 3 | 7 | 5 |
| 8 | 9 | 1 | 3 | 7 | 4 | 5 | 2 | 6 |
| 6 | 3 | 5 | 8 | 2 | 1 | 9 | 4 | 7 |
| 7 | 4 | 2 | 5 | 9 | 6 | 8 | 1 | 3 |

**863**

| 3 | 8 | 4 | 9 | 7 | 5 | 6 | 1 | 2 |
|---|---|---|---|---|---|---|---|---|
| 9 | 6 | 1 | 3 | 8 | 2 | 4 | 7 | 5 |
| 2 | 7 | 5 | 6 | 1 | 4 | 8 | 9 | 3 |
| 5 | 3 | 9 | 2 | 4 | 6 | 1 | 8 | 7 |
| 6 | 1 | 7 | 8 | 5 | 9 | 3 | 2 | 4 |
| 4 | 2 | 8 | 7 | 3 | 1 | 9 | 5 | 6 |
| 8 | 5 | 3 | 1 | 6 | 7 | 2 | 4 | 9 |
| 7 | 9 | 6 | 4 | 2 | 8 | 5 | 3 | 1 |
| 1 | 4 | 2 | 5 | 9 | 3 | 7 | 6 | 8 |

**864**

| 8 | 9 | 4 | 5 | 3 | 6 | 1 | 2 | 7 |
|---|---|---|---|---|---|---|---|---|
| 6 | 7 | 1 | 4 | 8 | 2 | 5 | 3 | 9 |
| 3 | 5 | 2 | 1 | 9 | 7 | 8 | 4 | 6 |
| 7 | 3 | 9 | 8 | 2 | 5 | 4 | 6 | 1 |
| 4 | 2 | 5 | 9 | 6 | 1 | 7 | 8 | 3 |
| 1 | 6 | 8 | 7 | 4 | 3 | 2 | 9 | 5 |
| 9 | 8 | 7 | 3 | 5 | 4 | 6 | 1 | 2 |
| 2 | 1 | 3 | 6 | 7 | 8 | 9 | 5 | 4 |
| 5 | 4 | 6 | 2 | 1 | 9 | 3 | 7 | 8 |

**865**

| 5 | 2 | 9 | 4 | 1 | 6 | 7 | 8 | 3 |
|---|---|---|---|---|---|---|---|---|
| 4 | 1 | 6 | 8 | 3 | 7 | 2 | 5 | 9 |
| 7 | 3 | 8 | 5 | 2 | 9 | 6 | 1 | 4 |
| 6 | 5 | 3 | 7 | 8 | 1 | 4 | 9 | 2 |
| 1 | 7 | 2 | 9 | 5 | 4 | 8 | 3 | 6 |
| 9 | 8 | 4 | 2 | 6 | 3 | 1 | 7 | 5 |
| 8 | 6 | 7 | 3 | 9 | 2 | 5 | 4 | 1 |
| 3 | 4 | 1 | 6 | 7 | 5 | 9 | 2 | 8 |
| 2 | 9 | 5 | 1 | 4 | 8 | 3 | 6 | 7 |

**866**

| 1 | 5 | 2 | 3 | 4 | 8 | 6 | 7 | 9 |
|---|---|---|---|---|---|---|---|---|
| 8 | 7 | 9 | 1 | 6 | 5 | 2 | 4 | 3 |
| 4 | 3 | 6 | 7 | 9 | 2 | 1 | 8 | 5 |
| 9 | 8 | 3 | 6 | 1 | 4 | 5 | 2 | 7 |
| 2 | 4 | 1 | 5 | 3 | 7 | 9 | 6 | 8 |
| 5 | 6 | 7 | 2 | 8 | 9 | 3 | 1 | 4 |
| 3 | 9 | 4 | 8 | 2 | 6 | 7 | 5 | 1 |
| 7 | 2 | 8 | 9 | 5 | 1 | 4 | 3 | 6 |
| 6 | 1 | 5 | 4 | 7 | 3 | 8 | 9 | 2 |

**867**

| 5 | 2 | 8 | 1 | 4 | 6 | 9 | 7 | 3 |
|---|---|---|---|---|---|---|---|---|
| 9 | 6 | 3 | 5 | 7 | 2 | 1 | 8 | 4 |
| 4 | 7 | 1 | 3 | 9 | 8 | 2 | 6 | 5 |
| 1 | 9 | 7 | 4 | 6 | 5 | 3 | 2 | 8 |
| 8 | 5 | 4 | 7 | 2 | 3 | 6 | 1 | 9 |
| 6 | 3 | 2 | 9 | 8 | 1 | 5 | 4 | 7 |
| 2 | 1 | 9 | 8 | 5 | 4 | 7 | 3 | 6 |
| 7 | 4 | 6 | 2 | 3 | 9 | 8 | 5 | 1 |
| 3 | 8 | 5 | 6 | 1 | 7 | 4 | 9 | 2 |

**868**

| 2 | 6 | 8 | 3 | 1 | 7 | 9 | 5 | 4 |
|---|---|---|---|---|---|---|---|---|
| 3 | 9 | 1 | 5 | 4 | 8 | 7 | 6 | 2 |
| 4 | 5 | 7 | 2 | 6 | 9 | 8 | 1 | 3 |
| 1 | 2 | 6 | 4 | 7 | 3 | 5 | 9 | 8 |
| 5 | 4 | 3 | 9 | 8 | 1 | 2 | 7 | 6 |
| 7 | 8 | 9 | 6 | 2 | 5 | 4 | 3 | 1 |
| 8 | 3 | 5 | 1 | 9 | 4 | 6 | 2 | 7 |
| 6 | 1 | 4 | 7 | 5 | 2 | 3 | 8 | 9 |
| 9 | 7 | 2 | 8 | 3 | 6 | 1 | 4 | 5 |

**869**

| 8 | 5 | 7 | 2 | 9 | 1 | 3 | 6 | 4 |
|---|---|---|---|---|---|---|---|---|
| 3 | 6 | 9 | 8 | 7 | 4 | 1 | 5 | 2 |
| 1 | 2 | 4 | 6 | 3 | 5 | 8 | 9 | 7 |
| 6 | 7 | 8 | 3 | 4 | 9 | 5 | 2 | 1 |
| 5 | 4 | 3 | 7 | 1 | 2 | 6 | 8 | 9 |
| 2 | 9 | 1 | 5 | 6 | 8 | 7 | 4 | 3 |
| 9 | 8 | 5 | 1 | 2 | 3 | 4 | 7 | 6 |
| 7 | 1 | 2 | 4 | 5 | 6 | 9 | 3 | 8 |
| 4 | 3 | 6 | 9 | 8 | 7 | 2 | 1 | 5 |

**870**

| 9 | 4 | 1 | 2 | 3 | 6 | 7 | 8 | 5 |
|---|---|---|---|---|---|---|---|---|
| 3 | 2 | 7 | 5 | 4 | 8 | 9 | 1 | 6 |
| 8 | 6 | 5 | 9 | 1 | 7 | 2 | 4 | 3 |
| 7 | 8 | 3 | 4 | 6 | 9 | 5 | 2 | 1 |
| 5 | 9 | 4 | 8 | 2 | 1 | 6 | 3 | 7 |
| 2 | 1 | 6 | 3 | 7 | 5 | 8 | 9 | 4 |
| 6 | 3 | 9 | 1 | 5 | 2 | 4 | 7 | 8 |
| 4 | 5 | 2 | 7 | 8 | 3 | 1 | 6 | 9 |
| 1 | 7 | 8 | 6 | 9 | 4 | 3 | 5 | 2 |

**871**

| 4 | 2 | 8 | 6 | 1 | 7 | 5 | 9 | 3 |
|---|---|---|---|---|---|---|---|---|
| 1 | 7 | 9 | 2 | 5 | 3 | 4 | 6 | 8 |
| 5 | 6 | 3 | 4 | 9 | 8 | 2 | 1 | 7 |
| 2 | 3 | 5 | 7 | 4 | 1 | 6 | 8 | 9 |
| 6 | 1 | 7 | 8 | 2 | 9 | 3 | 5 | 4 |
| 9 | 8 | 4 | 5 | 3 | 6 | 7 | 2 | 1 |
| 3 | 4 | 1 | 9 | 6 | 5 | 8 | 7 | 2 |
| 7 | 9 | 6 | 3 | 8 | 2 | 1 | 4 | 5 |
| 8 | 5 | 2 | 1 | 7 | 4 | 9 | 3 | 6 |

**872**

| 7 | 1 | 9 | 3 | 2 | 5 | 4 | 8 | 6 |
|---|---|---|---|---|---|---|---|---|
| 4 | 5 | 3 | 8 | 7 | 6 | 9 | 2 | 1 |
| 6 | 2 | 8 | 1 | 9 | 4 | 3 | 5 | 7 |
| 1 | 3 | 5 | 4 | 8 | 7 | 2 | 6 | 9 |
| 9 | 6 | 7 | 2 | 5 | 3 | 8 | 1 | 4 |
| 2 | 8 | 4 | 6 | 1 | 9 | 7 | 3 | 5 |
| 5 | 4 | 2 | 7 | 3 | 1 | 6 | 9 | 8 |
| 3 | 7 | 1 | 9 | 6 | 8 | 5 | 4 | 2 |
| 8 | 9 | 6 | 5 | 4 | 2 | 1 | 7 | 3 |

**873**

| 1 | 7 | 4 | 6 | 8 | 2 | 3 | 5 | 9 |
|---|---|---|---|---|---|---|---|---|
| 2 | 5 | 9 | 7 | 3 | 4 | 6 | 8 | 1 |
| 3 | 8 | 6 | 9 | 1 | 5 | 2 | 4 | 7 |
| 5 | 4 | 2 | 8 | 9 | 6 | 1 | 7 | 3 |
| 7 | 6 | 1 | 2 | 5 | 3 | 4 | 9 | 8 |
| 8 | 9 | 3 | 4 | 7 | 1 | 5 | 2 | 6 |
| 9 | 2 | 5 | 1 | 6 | 8 | 7 | 3 | 4 |
| 6 | 3 | 8 | 5 | 4 | 7 | 9 | 1 | 2 |
| 4 | 1 | 7 | 3 | 2 | 9 | 8 | 6 | 5 |

**874**

| 8 | 3 | 9 | 1 | 7 | 6 | 5 | 4 | 2 |
|---|---|---|---|---|---|---|---|---|
| 5 | 1 | 2 | 3 | 9 | 4 | 6 | 7 | 8 |
| 4 | 6 | 7 | 8 | 5 | 2 | 1 | 3 | 9 |
| 9 | 4 | 6 | 2 | 8 | 3 | 7 | 1 | 5 |
| 7 | 2 | 1 | 4 | 6 | 5 | 9 | 8 | 3 |
| 3 | 5 | 8 | 7 | 1 | 9 | 2 | 6 | 4 |
| 2 | 9 | 3 | 6 | 4 | 7 | 8 | 5 | 1 |
| 6 | 8 | 4 | 5 | 2 | 1 | 3 | 9 | 7 |
| 1 | 7 | 5 | 9 | 3 | 8 | 4 | 2 | 6 |

**875**

| 1 | 7 | 9 | 3 | 6 | 4 | 5 | 2 | 8 |
|---|---|---|---|---|---|---|---|---|
| 3 | 8 | 2 | 7 | 5 | 1 | 4 | 6 | 9 |
| 5 | 6 | 4 | 8 | 9 | 2 | 3 | 7 | 1 |
| 7 | 2 | 8 | 4 | 1 | 3 | 9 | 5 | 6 |
| 9 | 4 | 1 | 5 | 2 | 6 | 7 | 8 | 3 |
| 6 | 3 | 5 | 9 | 8 | 7 | 1 | 4 | 2 |
| 8 | 5 | 3 | 2 | 4 | 9 | 6 | 1 | 7 |
| 4 | 9 | 6 | 1 | 7 | 8 | 2 | 3 | 5 |
| 2 | 1 | 7 | 6 | 3 | 5 | 8 | 9 | 4 |

**876**

| 1 | 9 | 7 | 4 | 8 | 6 | 5 | 2 | 3 |
|---|---|---|---|---|---|---|---|---|
| 6 | 2 | 8 | 7 | 3 | 5 | 9 | 4 | 1 |
| 4 | 5 | 3 | 1 | 9 | 2 | 8 | 6 | 7 |
| 9 | 3 | 4 | 8 | 2 | 7 | 1 | 5 | 6 |
| 5 | 8 | 6 | 9 | 1 | 3 | 4 | 7 | 2 |
| 2 | 7 | 1 | 6 | 5 | 4 | 3 | 9 | 8 |
| 3 | 6 | 9 | 2 | 4 | 8 | 7 | 1 | 5 |
| 8 | 1 | 2 | 5 | 7 | 9 | 6 | 3 | 4 |
| 7 | 4 | 5 | 3 | 6 | 1 | 2 | 8 | 9 |

**877**

| 1 | 4 | 8 | 9 | 5 | 6 | 2 | 7 | 3 |
|---|---|---|---|---|---|---|---|---|
| 9 | 5 | 7 | 3 | 2 | 1 | 8 | 6 | 4 |
| 3 | 6 | 2 | 8 | 4 | 7 | 5 | 9 | 1 |
| 4 | 9 | 1 | 7 | 6 | 8 | 3 | 2 | 5 |
| 8 | 7 | 5 | 4 | 3 | 2 | 9 | 1 | 6 |
| 2 | 3 | 6 | 5 | 1 | 9 | 7 | 4 | 8 |
| 7 | 8 | 3 | 1 | 9 | 4 | 6 | 5 | 2 |
| 6 | 1 | 9 | 2 | 8 | 5 | 4 | 3 | 7 |
| 5 | 2 | 4 | 6 | 7 | 3 | 1 | 8 | 9 |

**878**

| 9 | 4 | 7 | 1 | 8 | 2 | 3 | 5 | 6 |
|---|---|---|---|---|---|---|---|---|
| 8 | 2 | 3 | 6 | 7 | 5 | 1 | 9 | 4 |
| 6 | 5 | 1 | 9 | 3 | 4 | 2 | 7 | 8 |
| 1 | 9 | 4 | 3 | 5 | 8 | 7 | 6 | 2 |
| 3 | 8 | 2 | 7 | 4 | 6 | 9 | 1 | 5 |
| 7 | 6 | 5 | 2 | 9 | 1 | 8 | 4 | 3 |
| 5 | 7 | 6 | 8 | 2 | 9 | 4 | 3 | 1 |
| 4 | 3 | 8 | 5 | 1 | 7 | 6 | 2 | 9 |
| 2 | 1 | 9 | 4 | 6 | 3 | 5 | 8 | 7 |

**879**

| 8 | 5 | 9 | 2 | 4 | 1 | 6 | 7 | 3 |
|---|---|---|---|---|---|---|---|---|
| 1 | 6 | 3 | 5 | 9 | 7 | 8 | 4 | 2 |
| 2 | 4 | 7 | 6 | 8 | 3 | 1 | 9 | 5 |
| 9 | 8 | 1 | 4 | 3 | 6 | 2 | 5 | 7 |
| 5 | 2 | 4 | 7 | 1 | 8 | 9 | 3 | 6 |
| 3 | 7 | 6 | 9 | 5 | 2 | 4 | 8 | 1 |
| 6 | 3 | 2 | 8 | 7 | 4 | 5 | 1 | 9 |
| 4 | 1 | 5 | 3 | 6 | 9 | 7 | 2 | 8 |
| 7 | 9 | 8 | 1 | 2 | 5 | 3 | 6 | 4 |

**880**

| 4 | 2 | 6 | 3 | 1 | 8 | 5 | 9 | 7 |
|---|---|---|---|---|---|---|---|---|
| 3 | 5 | 9 | 4 | 6 | 7 | 8 | 1 | 2 |
| 7 | 8 | 1 | 2 | 5 | 9 | 3 | 6 | 4 |
| 9 | 4 | 5 | 8 | 2 | 6 | 1 | 7 | 3 |
| 1 | 6 | 2 | 5 | 7 | 3 | 4 | 8 | 9 |
| 8 | 3 | 7 | 1 | 9 | 4 | 6 | 2 | 5 |
| 6 | 7 | 3 | 9 | 4 | 1 | 2 | 5 | 8 |
| 2 | 1 | 4 | 7 | 8 | 5 | 9 | 3 | 6 |
| 5 | 9 | 8 | 6 | 3 | 2 | 7 | 4 | 1 |

**881**

| 1 | 5 | 2 | 4 | 7 | 3 | 8 | 9 | 6 |
|---|---|---|---|---|---|---|---|---|
| 3 | 6 | 4 | 8 | 2 | 9 | 1 | 7 | 5 |
| 9 | 7 | 8 | 1 | 5 | 6 | 2 | 4 | 3 |
| 4 | 1 | 5 | 6 | 9 | 8 | 3 | 2 | 7 |
| 8 | 3 | 7 | 5 | 4 | 2 | 9 | 6 | 1 |
| 6 | 2 | 9 | 7 | 3 | 1 | 4 | 5 | 8 |
| 7 | 4 | 1 | 2 | 8 | 5 | 6 | 3 | 9 |
| 2 | 8 | 3 | 9 | 6 | 7 | 5 | 1 | 4 |
| 5 | 9 | 6 | 3 | 1 | 4 | 7 | 8 | 2 |

**882**

| 2 | 4 | 7 | 5 | 9 | 1 | 8 | 3 | 6 |
|---|---|---|---|---|---|---|---|---|
| 8 | 5 | 6 | 7 | 2 | 3 | 9 | 4 | 1 |
| 1 | 3 | 9 | 8 | 6 | 4 | 2 | 5 | 7 |
| 3 | 8 | 2 | 6 | 4 | 7 | 5 | 1 | 9 |
| 7 | 9 | 1 | 3 | 5 | 2 | 6 | 8 | 4 |
| 4 | 6 | 5 | 1 | 8 | 9 | 3 | 7 | 2 |
| 6 | 7 | 8 | 9 | 1 | 5 | 4 | 2 | 3 |
| 5 | 1 | 4 | 2 | 3 | 6 | 7 | 9 | 8 |
| 9 | 2 | 3 | 4 | 7 | 8 | 1 | 6 | 5 |

**883**

| 1 | 8 | 9 | 7 | 3 | 2 | 6 | 5 | 4 |
|---|---|---|---|---|---|---|---|---|
| 5 | 4 | 7 | 8 | 6 | 1 | 9 | 2 | 3 |
| 6 | 2 | 3 | 5 | 4 | 9 | 1 | 7 | 8 |
| 3 | 5 | 1 | 4 | 2 | 7 | 8 | 6 | 9 |
| 9 | 6 | 2 | 1 | 5 | 8 | 4 | 3 | 7 |
| 8 | 7 | 4 | 6 | 9 | 3 | 2 | 1 | 5 |
| 7 | 3 | 6 | 2 | 8 | 4 | 5 | 9 | 1 |
| 4 | 1 | 5 | 9 | 7 | 6 | 3 | 8 | 2 |
| 2 | 9 | 8 | 3 | 1 | 5 | 7 | 4 | 6 |

**884**

| 2 | 5 | 1 | 7 | 8 | 6 | 3 | 9 | 4 |
|---|---|---|---|---|---|---|---|---|
| 6 | 4 | 3 | 5 | 2 | 9 | 1 | 8 | 7 |
| 7 | 8 | 9 | 4 | 3 | 1 | 6 | 5 | 2 |
| 1 | 7 | 8 | 9 | 4 | 5 | 2 | 6 | 3 |
| 4 | 3 | 6 | 2 | 1 | 8 | 5 | 7 | 9 |
| 9 | 2 | 5 | 6 | 7 | 3 | 4 | 1 | 8 |
| 5 | 9 | 2 | 8 | 6 | 4 | 7 | 3 | 1 |
| 8 | 1 | 7 | 3 | 5 | 2 | 9 | 4 | 6 |
| 3 | 6 | 4 | 1 | 9 | 7 | 8 | 2 | 5 |

**885**

| 9 | 8 | 3 | 4 | 7 | 6 | 1 | 5 | 2 |
|---|---|---|---|---|---|---|---|---|
| 2 | 1 | 6 | 3 | 9 | 5 | 7 | 4 | 8 |
| 7 | 4 | 5 | 2 | 8 | 1 | 6 | 9 | 3 |
| 8 | 6 | 2 | 1 | 5 | 9 | 3 | 7 | 4 |
| 1 | 5 | 7 | 8 | 3 | 4 | 9 | 2 | 6 |
| 4 | 3 | 9 | 7 | 6 | 2 | 8 | 1 | 5 |
| 5 | 7 | 1 | 6 | 2 | 8 | 4 | 3 | 9 |
| 3 | 9 | 8 | 5 | 4 | 7 | 2 | 6 | 1 |
| 6 | 2 | 4 | 9 | 1 | 3 | 5 | 8 | 7 |

**886**

| 6 | 8 | 2 | 3 | 1 | 9 | 5 | 7 | 4 |
|---|---|---|---|---|---|---|---|---|
| 5 | 7 | 4 | 6 | 8 | 2 | 9 | 3 | 1 |
| 9 | 3 | 1 | 4 | 5 | 7 | 6 | 8 | 2 |
| 7 | 9 | 6 | 8 | 2 | 4 | 3 | 1 | 5 |
| 1 | 4 | 5 | 7 | 9 | 3 | 2 | 6 | 8 |
| 8 | 2 | 3 | 5 | 6 | 1 | 7 | 4 | 9 |
| 4 | 5 | 8 | 9 | 3 | 6 | 1 | 2 | 7 |
| 3 | 1 | 9 | 2 | 7 | 8 | 4 | 5 | 6 |
| 2 | 6 | 7 | 1 | 4 | 5 | 8 | 9 | 3 |

**887**

| 2 | 5 | 1 | 3 | 7 | 9 | 4 | 6 | 8 |
|---|---|---|---|---|---|---|---|---|
| 9 | 4 | 3 | 1 | 6 | 8 | 7 | 5 | 2 |
| 6 | 8 | 7 | 4 | 2 | 5 | 9 | 3 | 1 |
| 4 | 6 | 5 | 8 | 9 | 2 | 3 | 1 | 7 |
| 7 | 3 | 2 | 5 | 1 | 6 | 8 | 4 | 9 |
| 8 | 1 | 9 | 7 | 4 | 3 | 5 | 2 | 6 |
| 1 | 9 | 8 | 2 | 3 | 4 | 6 | 7 | 5 |
| 3 | 7 | 6 | 9 | 5 | 1 | 2 | 8 | 4 |
| 5 | 2 | 4 | 6 | 8 | 7 | 1 | 9 | 3 |

**888**

| 6 | 8 | 7 | 5 | 9 | 3 | 2 | 1 | 4 |
|---|---|---|---|---|---|---|---|---|
| 4 | 9 | 5 | 1 | 6 | 2 | 3 | 7 | 8 |
| 2 | 1 | 3 | 4 | 8 | 7 | 5 | 6 | 9 |
| 7 | 6 | 4 | 9 | 3 | 5 | 1 | 8 | 2 |
| 9 | 5 | 2 | 8 | 1 | 6 | 7 | 4 | 3 |
| 8 | 3 | 1 | 7 | 2 | 4 | 9 | 5 | 6 |
| 3 | 2 | 8 | 6 | 5 | 1 | 4 | 9 | 7 |
| 5 | 4 | 9 | 3 | 7 | 8 | 6 | 2 | 1 |
| 1 | 7 | 6 | 2 | 4 | 9 | 8 | 3 | 5 |

**889**

| 4 | 6 | 2 | 8 | 9 | 1 | 3 | 7 | 5 |
|---|---|---|---|---|---|---|---|---|
| 7 | 8 | 3 | 5 | 4 | 6 | 2 | 9 | 1 |
| 5 | 1 | 9 | 2 | 7 | 3 | 8 | 6 | 4 |
| 2 | 3 | 8 | 7 | 5 | 9 | 4 | 1 | 6 |
| 1 | 9 | 4 | 3 | 6 | 2 | 7 | 5 | 8 |
| 6 | 5 | 7 | 1 | 8 | 4 | 9 | 3 | 2 |
| 9 | 7 | 5 | 4 | 1 | 8 | 6 | 2 | 3 |
| 8 | 2 | 1 | 6 | 3 | 7 | 5 | 4 | 9 |
| 3 | 4 | 6 | 9 | 2 | 5 | 1 | 8 | 7 |

**890**

| 9 | 3 | 6 | 8 | 1 | 4 | 7 | 5 | 2 |
|---|---|---|---|---|---|---|---|---|
| 4 | 7 | 2 | 9 | 5 | 3 | 6 | 1 | 8 |
| 8 | 5 | 1 | 2 | 6 | 7 | 9 | 4 | 3 |
| 1 | 9 | 5 | 3 | 7 | 8 | 4 | 2 | 6 |
| 2 | 4 | 8 | 1 | 9 | 6 | 5 | 3 | 7 |
| 3 | 6 | 7 | 5 | 4 | 2 | 8 | 9 | 1 |
| 5 | 2 | 3 | 6 | 8 | 9 | 1 | 7 | 4 |
| 7 | 8 | 9 | 4 | 2 | 1 | 3 | 6 | 5 |
| 6 | 1 | 4 | 7 | 3 | 5 | 2 | 8 | 9 |

**891**

| 9 | 3 | 5 | 6 | 1 | 8 | 4 | 2 | 7 |
|---|---|---|---|---|---|---|---|---|
| 6 | 1 | 4 | 7 | 5 | 2 | 9 | 3 | 8 |
| 2 | 7 | 8 | 3 | 4 | 9 | 5 | 6 | 1 |
| 5 | 2 | 1 | 4 | 8 | 7 | 6 | 9 | 3 |
| 3 | 8 | 7 | 9 | 6 | 5 | 2 | 1 | 4 |
| 4 | 6 | 9 | 2 | 3 | 1 | 7 | 8 | 5 |
| 7 | 4 | 2 | 8 | 9 | 3 | 1 | 5 | 6 |
| 1 | 9 | 3 | 5 | 7 | 6 | 8 | 4 | 2 |
| 8 | 5 | 6 | 1 | 2 | 4 | 3 | 7 | 9 |

**892**

| 2 | 4 | 8 | 9 | 7 | 5 | 6 | 3 | 1 |
|---|---|---|---|---|---|---|---|---|
| 6 | 5 | 9 | 8 | 1 | 3 | 2 | 7 | 4 |
| 7 | 1 | 3 | 6 | 4 | 2 | 9 | 5 | 8 |
| 3 | 6 | 1 | 4 | 5 | 8 | 7 | 9 | 2 |
| 9 | 2 | 4 | 1 | 6 | 7 | 3 | 8 | 5 |
| 5 | 8 | 7 | 3 | 2 | 9 | 4 | 1 | 6 |
| 4 | 3 | 6 | 5 | 9 | 1 | 8 | 2 | 7 |
| 8 | 7 | 5 | 2 | 3 | 4 | 1 | 6 | 9 |
| 1 | 9 | 2 | 7 | 8 | 6 | 5 | 4 | 3 |

**893**

| 8 | 3 | 1 | 7 | 4 | 2 | 6 | 9 | 5 |
|---|---|---|---|---|---|---|---|---|
| 7 | 5 | 4 | 8 | 6 | 9 | 2 | 3 | 1 |
| 2 | 6 | 9 | 1 | 3 | 5 | 7 | 4 | 8 |
| 6 | 8 | 3 | 4 | 9 | 1 | 5 | 2 | 7 |
| 4 | 9 | 7 | 2 | 5 | 8 | 3 | 1 | 6 |
| 5 | 1 | 2 | 3 | 7 | 6 | 4 | 8 | 9 |
| 9 | 7 | 8 | 6 | 2 | 4 | 1 | 5 | 3 |
| 1 | 4 | 6 | 5 | 8 | 3 | 9 | 7 | 2 |
| 3 | 2 | 5 | 9 | 1 | 7 | 8 | 6 | 4 |

**894**

| 8 | 9 | 7 | 4 | 5 | 2 | 1 | 3 | 6 |
|---|---|---|---|---|---|---|---|---|
| 4 | 6 | 3 | 9 | 7 | 1 | 8 | 5 | 2 |
| 2 | 1 | 5 | 6 | 3 | 8 | 4 | 7 | 9 |
| 1 | 5 | 4 | 2 | 6 | 7 | 9 | 8 | 3 |
| 7 | 2 | 8 | 3 | 1 | 9 | 6 | 4 | 5 |
| 6 | 3 | 9 | 5 | 8 | 4 | 7 | 2 | 1 |
| 9 | 7 | 2 | 1 | 4 | 3 | 5 | 6 | 8 |
| 5 | 8 | 1 | 7 | 2 | 6 | 3 | 9 | 4 |
| 3 | 4 | 6 | 8 | 9 | 5 | 2 | 1 | 7 |

**895**

| 9 | 4 | 5 | 7 | 6 | 2 | 8 | 3 | 1 |
|---|---|---|---|---|---|---|---|---|
| 3 | 8 | 7 | 5 | 4 | 1 | 2 | 9 | 6 |
| 6 | 1 | 2 | 9 | 3 | 8 | 4 | 7 | 5 |
| 2 | 6 | 1 | 4 | 5 | 7 | 3 | 8 | 9 |
| 4 | 5 | 3 | 8 | 9 | 6 | 1 | 2 | 7 |
| 7 | 9 | 8 | 2 | 1 | 3 | 6 | 5 | 4 |
| 5 | 3 | 9 | 6 | 8 | 4 | 7 | 1 | 2 |
| 8 | 2 | 6 | 1 | 7 | 9 | 5 | 4 | 3 |
| 1 | 7 | 4 | 3 | 2 | 5 | 9 | 6 | 8 |

**896**

| 4 | 9 | 6 | 7 | 1 | 3 | 2 | 8 | 5 |
|---|---|---|---|---|---|---|---|---|
| 1 | 7 | 5 | 8 | 4 | 2 | 9 | 6 | 3 |
| 8 | 3 | 2 | 5 | 6 | 9 | 7 | 1 | 4 |
| 7 | 6 | 4 | 3 | 2 | 1 | 8 | 5 | 9 |
| 5 | 1 | 8 | 9 | 7 | 4 | 3 | 2 | 6 |
| 3 | 2 | 9 | 6 | 5 | 8 | 4 | 7 | 1 |
| 2 | 8 | 1 | 4 | 3 | 6 | 5 | 9 | 7 |
| 9 | 4 | 7 | 1 | 8 | 5 | 6 | 3 | 2 |
| 6 | 5 | 3 | 2 | 9 | 7 | 1 | 4 | 8 |

**897**

| 7 | 2 | 3 | 5 | 4 | 8 | 6 | 1 | 9 |
|---|---|---|---|---|---|---|---|---|
| 4 | 5 | 1 | 3 | 9 | 6 | 8 | 7 | 2 |
| 6 | 8 | 9 | 1 | 2 | 7 | 4 | 3 | 5 |
| 1 | 9 | 5 | 7 | 8 | 2 | 3 | 6 | 4 |
| 2 | 3 | 4 | 6 | 1 | 5 | 9 | 8 | 7 |
| 8 | 6 | 7 | 4 | 3 | 9 | 5 | 2 | 1 |
| 5 | 1 | 6 | 8 | 7 | 4 | 2 | 9 | 3 |
| 9 | 7 | 8 | 2 | 5 | 3 | 1 | 4 | 6 |
| 3 | 4 | 2 | 9 | 6 | 1 | 7 | 5 | 8 |

**898**

| 1 | 6 | 3 | 8 | 2 | 9 | 5 | 4 | 7 |
|---|---|---|---|---|---|---|---|---|
| 5 | 8 | 2 | 4 | 1 | 7 | 3 | 6 | 9 |
| 4 | 9 | 7 | 3 | 6 | 5 | 8 | 2 | 1 |
| 2 | 3 | 4 | 6 | 9 | 8 | 1 | 7 | 5 |
| 9 | 1 | 8 | 7 | 5 | 2 | 4 | 3 | 6 |
| 7 | 5 | 6 | 1 | 4 | 3 | 2 | 9 | 8 |
| 8 | 2 | 1 | 9 | 7 | 4 | 6 | 5 | 3 |
| 6 | 7 | 5 | 2 | 3 | 1 | 9 | 8 | 4 |
| 3 | 4 | 9 | 5 | 8 | 6 | 7 | 1 | 2 |

**899**

| 2 | 5 | 8 | 4 | 9 | 6 | 7 | 3 | 1 |
|---|---|---|---|---|---|---|---|---|
| 7 | 4 | 9 | 1 | 5 | 3 | 8 | 6 | 2 |
| 3 | 6 | 1 | 7 | 2 | 8 | 5 | 4 | 9 |
| 4 | 7 | 3 | 9 | 8 | 5 | 1 | 2 | 6 |
| 6 | 1 | 5 | 3 | 4 | 2 | 9 | 7 | 8 |
| 8 | 9 | 2 | 6 | 1 | 7 | 4 | 5 | 3 |
| 5 | 3 | 4 | 8 | 6 | 1 | 2 | 9 | 7 |
| 1 | 2 | 7 | 5 | 3 | 9 | 6 | 8 | 4 |
| 9 | 8 | 6 | 2 | 7 | 4 | 3 | 1 | 5 |

**900**

| 1 | 4 | 7 | 8 | 6 | 3 | 2 | 5 | 9 |
|---|---|---|---|---|---|---|---|---|
| 6 | 3 | 2 | 1 | 5 | 9 | 8 | 4 | 7 |
| 5 | 9 | 8 | 7 | 4 | 2 | 6 | 3 | 1 |
| 4 | 6 | 1 | 2 | 9 | 8 | 5 | 7 | 3 |
| 8 | 5 | 3 | 6 | 1 | 7 | 4 | 9 | 2 |
| 2 | 7 | 9 | 5 | 3 | 4 | 1 | 6 | 8 |
| 3 | 2 | 6 | 9 | 8 | 5 | 7 | 1 | 4 |
| 9 | 8 | 5 | 4 | 7 | 1 | 3 | 2 | 6 |
| 7 | 1 | 4 | 3 | 2 | 6 | 9 | 8 | 5 |

## 901

| 6 | 1 | 8 | 7 | 5 | 9 | 4 | 3 | 2 |
|---|---|---|---|---|---|---|---|---|
| 9 | 3 | 5 | 2 | 8 | 4 | 7 | 6 | 1 |
| 7 | 2 | 4 | 1 | 3 | 6 | 8 | 5 | 9 |
| 2 | 8 | 1 | 3 | 9 | 5 | 6 | 4 | 7 |
| 4 | 6 | 9 | 8 | 7 | 2 | 3 | 1 | 5 |
| 3 | 5 | 7 | 4 | 6 | 1 | 9 | 2 | 8 |
| 5 | 7 | 2 | 6 | 4 | 8 | 1 | 9 | 3 |
| 8 | 9 | 6 | 5 | 1 | 3 | 2 | 7 | 4 |
| 1 | 4 | 3 | 9 | 2 | 7 | 5 | 8 | 6 |

## 902

| 4 | 1 | 7 | 6 | 3 | 9 | 2 | 5 | 8 |
|---|---|---|---|---|---|---|---|---|
| 6 | 9 | 8 | 5 | 7 | 2 | 4 | 1 | 3 |
| 3 | 2 | 5 | 4 | 1 | 8 | 9 | 6 | 7 |
| 2 | 3 | 9 | 1 | 5 | 7 | 6 | 8 | 4 |
| 5 | 8 | 4 | 3 | 9 | 6 | 7 | 2 | 1 |
| 1 | 7 | 6 | 8 | 2 | 4 | 3 | 9 | 5 |
| 9 | 5 | 2 | 7 | 4 | 1 | 8 | 3 | 6 |
| 7 | 6 | 1 | 2 | 8 | 3 | 5 | 4 | 9 |
| 8 | 4 | 3 | 9 | 6 | 5 | 1 | 7 | 2 |

## 903

| 8 | 5 | 1 | 3 | 4 | 9 | 6 | 2 | 7 |
|---|---|---|---|---|---|---|---|---|
| 4 | 6 | 3 | 7 | 5 | 2 | 8 | 9 | 1 |
| 7 | 2 | 9 | 1 | 8 | 6 | 4 | 3 | 5 |
| 2 | 9 | 5 | 6 | 1 | 4 | 7 | 8 | 3 |
| 3 | 1 | 7 | 5 | 2 | 8 | 9 | 6 | 4 |
| 6 | 8 | 4 | 9 | 7 | 3 | 1 | 5 | 2 |
| 1 | 3 | 8 | 4 | 6 | 5 | 2 | 7 | 9 |
| 9 | 4 | 2 | 8 | 3 | 7 | 5 | 1 | 6 |
| 5 | 7 | 6 | 2 | 9 | 1 | 3 | 4 | 8 |

## 904

| 7 | 4 | 9 | 8 | 5 | 3 | 6 | 2 | 1 |
|---|---|---|---|---|---|---|---|---|
| 1 | 6 | 5 | 2 | 4 | 7 | 9 | 3 | 8 |
| 3 | 8 | 2 | 9 | 1 | 6 | 4 | 5 | 7 |
| 8 | 3 | 4 | 5 | 7 | 2 | 1 | 6 | 9 |
| 2 | 9 | 1 | 6 | 8 | 4 | 3 | 7 | 5 |
| 6 | 5 | 7 | 1 | 3 | 9 | 2 | 8 | 4 |
| 5 | 7 | 3 | 4 | 6 | 1 | 8 | 9 | 2 |
| 4 | 2 | 6 | 7 | 9 | 8 | 5 | 1 | 3 |
| 9 | 1 | 8 | 3 | 2 | 5 | 7 | 4 | 6 |

## 905

| 3 | 8 | 4 | 9 | 6 | 1 | 2 | 7 | 5 |
|---|---|---|---|---|---|---|---|---|
| 2 | 6 | 7 | 8 | 3 | 5 | 4 | 9 | 1 |
| 5 | 1 | 9 | 7 | 4 | 2 | 8 | 6 | 3 |
| 7 | 3 | 1 | 4 | 9 | 8 | 5 | 2 | 6 |
| 4 | 2 | 8 | 5 | 7 | 6 | 3 | 1 | 9 |
| 9 | 5 | 6 | 1 | 2 | 3 | 7 | 4 | 8 |
| 6 | 7 | 2 | 3 | 5 | 9 | 1 | 8 | 4 |
| 8 | 4 | 3 | 6 | 1 | 7 | 9 | 5 | 2 |
| 1 | 9 | 5 | 2 | 8 | 4 | 6 | 3 | 7 |

## 906

| 6 | 1 | 2 | 3 | 9 | 8 | 7 | 5 | 4 |
|---|---|---|---|---|---|---|---|---|
| 9 | 5 | 4 | 7 | 1 | 6 | 3 | 8 | 2 |
| 8 | 3 | 7 | 4 | 2 | 5 | 9 | 6 | 1 |
| 7 | 9 | 6 | 8 | 5 | 1 | 4 | 2 | 3 |
| 3 | 4 | 8 | 2 | 7 | 9 | 5 | 1 | 6 |
| 1 | 2 | 5 | 6 | 3 | 4 | 8 | 7 | 9 |
| 4 | 7 | 1 | 5 | 6 | 3 | 2 | 9 | 8 |
| 2 | 8 | 9 | 1 | 4 | 7 | 6 | 3 | 5 |
| 5 | 6 | 3 | 9 | 8 | 2 | 1 | 4 | 7 |

## 907

| 4 | 7 | 5 | 6 | 2 | 3 | 1 | 9 | 8 |
|---|---|---|---|---|---|---|---|---|
| 6 | 2 | 8 | 9 | 5 | 1 | 4 | 7 | 3 |
| 9 | 1 | 3 | 4 | 7 | 8 | 6 | 5 | 2 |
| 8 | 5 | 9 | 1 | 6 | 7 | 3 | 2 | 4 |
| 2 | 4 | 1 | 8 | 3 | 9 | 7 | 6 | 5 |
| 3 | 6 | 7 | 2 | 4 | 5 | 8 | 1 | 9 |
| 1 | 8 | 6 | 5 | 9 | 4 | 2 | 3 | 7 |
| 7 | 9 | 4 | 3 | 1 | 2 | 5 | 8 | 6 |
| 5 | 3 | 2 | 7 | 8 | 6 | 9 | 4 | 1 |

## 908

| 4 | 5 | 2 | 8 | 6 | 3 | 9 | 7 | 1 |
|---|---|---|---|---|---|---|---|---|
| 1 | 3 | 6 | 4 | 9 | 7 | 2 | 5 | 8 |
| 9 | 7 | 8 | 5 | 2 | 1 | 4 | 6 | 3 |
| 2 | 6 | 1 | 9 | 7 | 5 | 8 | 3 | 4 |
| 5 | 8 | 4 | 3 | 1 | 6 | 7 | 9 | 2 |
| 3 | 9 | 7 | 2 | 4 | 8 | 6 | 1 | 5 |
| 8 | 2 | 3 | 7 | 5 | 9 | 1 | 4 | 6 |
| 7 | 1 | 5 | 6 | 8 | 4 | 3 | 2 | 9 |
| 6 | 4 | 9 | 1 | 3 | 2 | 5 | 8 | 7 |

## 909

| 7 | 2 | 1 | 8 | 9 | 5 | 4 | 6 | 3 |
|---|---|---|---|---|---|---|---|---|
| 4 | 3 | 5 | 7 | 2 | 6 | 9 | 8 | 1 |
| 6 | 8 | 9 | 3 | 1 | 4 | 2 | 5 | 7 |
| 3 | 9 | 4 | 1 | 5 | 2 | 6 | 7 | 8 |
| 5 | 7 | 2 | 4 | 6 | 8 | 1 | 3 | 9 |
| 8 | 1 | 6 | 9 | 3 | 7 | 5 | 2 | 4 |
| 2 | 4 | 3 | 6 | 8 | 1 | 7 | 9 | 5 |
| 9 | 5 | 7 | 2 | 4 | 3 | 8 | 1 | 6 |
| 1 | 6 | 8 | 5 | 7 | 9 | 3 | 4 | 2 |

## 910

| 3 | 5 | 1 | 2 | 4 | 8 | 6 | 7 | 9 |
|---|---|---|---|---|---|---|---|---|
| 6 | 9 | 7 | 1 | 3 | 5 | 8 | 4 | 2 |
| 4 | 2 | 8 | 6 | 9 | 7 | 3 | 5 | 1 |
| 9 | 4 | 3 | 8 | 6 | 2 | 7 | 1 | 5 |
| 8 | 7 | 2 | 9 | 5 | 1 | 4 | 6 | 3 |
| 1 | 6 | 5 | 4 | 7 | 3 | 9 | 2 | 8 |
| 2 | 3 | 9 | 7 | 1 | 4 | 5 | 8 | 6 |
| 5 | 1 | 4 | 3 | 8 | 6 | 2 | 9 | 7 |
| 7 | 8 | 6 | 5 | 2 | 9 | 1 | 3 | 4 |

## 911

| 4 | 6 | 7 | 1 | 3 | 5 | 9 | 8 | 2 |
|---|---|---|---|---|---|---|---|---|
| 9 | 1 | 2 | 4 | 8 | 6 | 3 | 7 | 5 |
| 3 | 5 | 8 | 9 | 2 | 7 | 4 | 6 | 1 |
| 2 | 7 | 1 | 5 | 6 | 3 | 8 | 4 | 9 |
| 6 | 9 | 4 | 8 | 7 | 1 | 5 | 2 | 3 |
| 5 | 8 | 3 | 2 | 4 | 9 | 6 | 1 | 7 |
| 8 | 3 | 9 | 6 | 1 | 2 | 7 | 5 | 4 |
| 1 | 4 | 5 | 7 | 9 | 8 | 2 | 3 | 6 |
| 7 | 2 | 6 | 3 | 5 | 4 | 1 | 9 | 8 |

## 912

| 6 | 5 | 2 | 9 | 7 | 3 | 8 | 4 | 1 |
|---|---|---|---|---|---|---|---|---|
| 9 | 7 | 1 | 8 | 5 | 4 | 3 | 6 | 2 |
| 4 | 8 | 3 | 2 | 1 | 6 | 7 | 9 | 5 |
| 1 | 6 | 5 | 3 | 9 | 7 | 2 | 8 | 4 |
| 7 | 2 | 8 | 4 | 6 | 1 | 5 | 3 | 9 |
| 3 | 4 | 9 | 5 | 8 | 2 | 6 | 1 | 7 |
| 8 | 9 | 6 | 1 | 2 | 5 | 4 | 7 | 3 |
| 5 | 3 | 7 | 6 | 4 | 9 | 1 | 2 | 8 |
| 2 | 1 | 4 | 7 | 3 | 8 | 9 | 5 | 6 |

## 913

| 1 | 3 | 2 | 7 | 6 | 8 | 5 | 9 | 4 |
|---|---|---|---|---|---|---|---|---|
| 5 | 9 | 7 | 4 | 2 | 1 | 6 | 8 | 3 |
| 8 | 4 | 6 | 9 | 3 | 5 | 2 | 1 | 7 |
| 6 | 5 | 9 | 2 | 8 | 3 | 7 | 4 | 1 |
| 3 | 7 | 4 | 1 | 5 | 9 | 8 | 6 | 2 |
| 2 | 1 | 8 | 6 | 4 | 7 | 3 | 5 | 9 |
| 7 | 8 | 5 | 3 | 9 | 4 | 1 | 2 | 6 |
| 9 | 2 | 3 | 8 | 1 | 6 | 4 | 7 | 5 |
| 4 | 6 | 1 | 5 | 7 | 2 | 9 | 3 | 8 |

## 914

| 6 | 3 | 7 | 4 | 2 | 9 | 8 | 1 | 5 |
|---|---|---|---|---|---|---|---|---|
| 9 | 4 | 8 | 5 | 7 | 1 | 2 | 6 | 3 |
| 1 | 5 | 2 | 8 | 6 | 3 | 9 | 4 | 7 |
| 4 | 7 | 6 | 2 | 1 | 5 | 3 | 9 | 8 |
| 8 | 1 | 3 | 7 | 9 | 4 | 5 | 2 | 6 |
| 2 | 9 | 5 | 6 | 3 | 8 | 4 | 7 | 1 |
| 5 | 8 | 1 | 9 | 4 | 6 | 7 | 3 | 2 |
| 7 | 6 | 9 | 3 | 8 | 2 | 1 | 5 | 4 |
| 3 | 2 | 4 | 1 | 5 | 7 | 6 | 8 | 9 |

## 915

| 3 | 8 | 6 | 2 | 5 | 4 | 9 | 7 | 1 |
|---|---|---|---|---|---|---|---|---|
| 2 | 5 | 1 | 9 | 6 | 7 | 4 | 8 | 3 |
| 9 | 4 | 7 | 1 | 3 | 8 | 2 | 6 | 5 |
| 5 | 7 | 8 | 6 | 1 | 9 | 3 | 4 | 2 |
| 6 | 9 | 2 | 5 | 4 | 3 | 8 | 1 | 7 |
| 4 | 1 | 3 | 7 | 8 | 2 | 6 | 5 | 9 |
| 1 | 2 | 4 | 8 | 9 | 5 | 7 | 3 | 6 |
| 7 | 3 | 5 | 4 | 2 | 6 | 1 | 9 | 8 |
| 8 | 6 | 9 | 3 | 7 | 1 | 5 | 2 | 4 |

## 916

| 5 | 7 | 1 | 6 | 3 | 4 | 9 | 2 | 8 |
|---|---|---|---|---|---|---|---|---|
| 6 | 3 | 8 | 2 | 9 | 5 | 4 | 1 | 7 |
| 9 | 4 | 2 | 1 | 7 | 8 | 6 | 3 | 5 |
| 8 | 6 | 7 | 9 | 2 | 1 | 5 | 4 | 3 |
| 4 | 1 | 3 | 5 | 8 | 6 | 2 | 7 | 9 |
| 2 | 5 | 9 | 3 | 4 | 7 | 1 | 8 | 6 |
| 3 | 2 | 6 | 7 | 1 | 9 | 8 | 5 | 4 |
| 1 | 9 | 4 | 8 | 5 | 3 | 7 | 6 | 2 |
| 7 | 8 | 5 | 4 | 6 | 2 | 3 | 9 | 1 |

## 917

| 5 | 4 | 3 | 2 | 6 | 8 | 1 | 7 | 9 |
|---|---|---|---|---|---|---|---|---|
| 2 | 6 | 1 | 9 | 3 | 7 | 8 | 5 | 4 |
| 9 | 8 | 7 | 1 | 4 | 5 | 3 | 6 | 2 |
| 4 | 2 | 5 | 3 | 1 | 6 | 9 | 8 | 7 |
| 7 | 3 | 9 | 8 | 5 | 2 | 4 | 1 | 6 |
| 6 | 1 | 8 | 4 | 7 | 9 | 5 | 2 | 3 |
| 3 | 7 | 4 | 6 | 8 | 1 | 2 | 9 | 5 |
| 1 | 5 | 2 | 7 | 9 | 4 | 6 | 3 | 8 |
| 8 | 9 | 6 | 5 | 2 | 3 | 7 | 4 | 1 |

## 918

| 7 | 2 | 9 | 6 | 1 | 5 | 3 | 8 | 4 |
|---|---|---|---|---|---|---|---|---|
| 8 | 4 | 6 | 9 | 2 | 3 | 1 | 7 | 5 |
| 5 | 1 | 3 | 8 | 4 | 7 | 9 | 6 | 2 |
| 6 | 7 | 8 | 5 | 3 | 2 | 4 | 9 | 1 |
| 2 | 3 | 4 | 1 | 8 | 9 | 6 | 5 | 7 |
| 1 | 9 | 5 | 4 | 7 | 6 | 2 | 3 | 8 |
| 9 | 8 | 2 | 7 | 6 | 4 | 5 | 1 | 3 |
| 4 | 6 | 1 | 3 | 5 | 8 | 7 | 2 | 9 |
| 3 | 5 | 7 | 2 | 9 | 1 | 8 | 4 | 6 |

## 919

| 7 | 2 | 5 | 3 | 4 | 8 | 6 | 9 | 1 |
|---|---|---|---|---|---|---|---|---|
| 8 | 9 | 4 | 6 | 1 | 2 | 7 | 3 | 5 |
| 3 | 6 | 1 | 9 | 7 | 5 | 8 | 2 | 4 |
| 1 | 3 | 6 | 8 | 5 | 7 | 9 | 4 | 2 |
| 2 | 7 | 9 | 1 | 6 | 4 | 3 | 5 | 8 |
| 5 | 4 | 8 | 2 | 3 | 9 | 1 | 7 | 6 |
| 6 | 1 | 2 | 5 | 9 | 3 | 4 | 8 | 7 |
| 9 | 5 | 7 | 4 | 8 | 1 | 2 | 6 | 3 |
| 4 | 8 | 3 | 7 | 2 | 6 | 5 | 1 | 9 |

## 920

| 4 | 3 | 7 | 5 | 8 | 2 | 6 | 1 | 9 |
|---|---|---|---|---|---|---|---|---|
| 5 | 1 | 6 | 7 | 4 | 9 | 2 | 8 | 3 |
| 2 | 9 | 8 | 3 | 1 | 6 | 5 | 7 | 4 |
| 6 | 2 | 3 | 8 | 9 | 5 | 7 | 4 | 1 |
| 8 | 5 | 1 | 6 | 7 | 4 | 9 | 3 | 2 |
| 7 | 4 | 9 | 2 | 3 | 1 | 8 | 6 | 5 |
| 3 | 6 | 4 | 9 | 5 | 7 | 1 | 2 | 8 |
| 1 | 7 | 5 | 4 | 2 | 8 | 3 | 9 | 6 |
| 9 | 8 | 2 | 1 | 6 | 3 | 4 | 5 | 7 |

**921**

| 4 | 3 | 7 | 2 | 9 | 5 | 6 | 8 | 1 |
|---|---|---|---|---|---|---|---|---|
| 9 | 2 | 6 | 3 | 1 | 8 | 5 | 7 | 4 |
| 1 | 8 | 5 | 4 | 7 | 6 | 9 | 3 | 2 |
| 8 | 9 | 3 | 5 | 2 | 7 | 4 | 1 | 6 |
| 5 | 1 | 2 | 6 | 4 | 3 | 8 | 9 | 7 |
| 6 | 7 | 4 | 1 | 8 | 9 | 3 | 2 | 5 |
| 2 | 5 | 9 | 7 | 3 | 4 | 1 | 6 | 8 |
| 3 | 6 | 1 | 8 | 5 | 2 | 7 | 4 | 9 |
| 7 | 4 | 8 | 9 | 6 | 1 | 2 | 5 | 3 |

**922**

| 6 | 3 | 4 | 5 | 7 | 9 | 8 | 1 | 2 |
|---|---|---|---|---|---|---|---|---|
| 1 | 7 | 2 | 6 | 4 | 8 | 3 | 9 | 5 |
| 8 | 5 | 9 | 1 | 3 | 2 | 6 | 7 | 4 |
| 2 | 4 | 3 | 7 | 1 | 6 | 9 | 5 | 8 |
| 5 | 8 | 6 | 9 | 2 | 4 | 1 | 3 | 7 |
| 7 | 9 | 1 | 3 | 8 | 5 | 2 | 4 | 6 |
| 9 | 6 | 8 | 4 | 5 | 1 | 7 | 2 | 3 |
| 4 | 1 | 7 | 2 | 6 | 3 | 5 | 8 | 9 |
| 3 | 2 | 5 | 8 | 9 | 7 | 4 | 6 | 1 |

**923**

| 5 | 3 | 2 | 7 | 9 | 8 | 4 | 6 | 1 |
|---|---|---|---|---|---|---|---|---|
| 8 | 4 | 7 | 3 | 1 | 6 | 2 | 9 | 5 |
| 1 | 6 | 9 | 4 | 2 | 5 | 8 | 7 | 3 |
| 7 | 1 | 4 | 9 | 6 | 3 | 5 | 2 | 8 |
| 9 | 2 | 5 | 1 | 8 | 7 | 3 | 4 | 6 |
| 6 | 8 | 3 | 2 | 5 | 4 | 7 | 1 | 9 |
| 3 | 9 | 8 | 6 | 4 | 2 | 1 | 5 | 7 |
| 4 | 7 | 1 | 5 | 3 | 9 | 6 | 8 | 2 |
| 2 | 5 | 6 | 8 | 7 | 1 | 9 | 3 | 4 |

**924**

| 3 | 5 | 7 | 2 | 6 | 8 | 4 | 1 | 9 |
|---|---|---|---|---|---|---|---|---|
| 1 | 4 | 8 | 9 | 5 | 3 | 7 | 2 | 6 |
| 9 | 2 | 6 | 1 | 7 | 4 | 5 | 8 | 3 |
| 7 | 8 | 2 | 4 | 3 | 9 | 6 | 5 | 1 |
| 4 | 6 | 3 | 5 | 1 | 2 | 9 | 7 | 8 |
| 5 | 9 | 1 | 6 | 8 | 7 | 2 | 3 | 4 |
| 6 | 3 | 5 | 7 | 9 | 1 | 8 | 4 | 2 |
| 2 | 1 | 9 | 8 | 4 | 5 | 3 | 6 | 7 |
| 8 | 7 | 4 | 3 | 2 | 6 | 1 | 9 | 5 |

**925**

| 8 | 3 | 4 | 7 | 1 | 9 | 2 | 5 | 6 |
|---|---|---|---|---|---|---|---|---|
| 7 | 5 | 9 | 4 | 6 | 2 | 3 | 1 | 8 |
| 2 | 6 | 1 | 5 | 3 | 8 | 4 | 7 | 9 |
| 4 | 9 | 2 | 8 | 7 | 6 | 1 | 3 | 5 |
| 3 | 7 | 6 | 9 | 5 | 1 | 8 | 2 | 4 |
| 1 | 8 | 5 | 2 | 4 | 3 | 9 | 6 | 7 |
| 9 | 1 | 3 | 6 | 8 | 5 | 7 | 4 | 2 |
| 6 | 4 | 8 | 1 | 2 | 7 | 5 | 9 | 3 |
| 5 | 2 | 7 | 3 | 9 | 4 | 6 | 8 | 1 |

**926**

| 4 | 8 | 3 | 2 | 7 | 6 | 9 | 5 | 1 |
|---|---|---|---|---|---|---|---|---|
| 5 | 9 | 6 | 3 | 8 | 1 | 4 | 7 | 2 |
| 2 | 1 | 7 | 4 | 5 | 9 | 6 | 8 | 3 |
| 8 | 5 | 4 | 7 | 3 | 2 | 1 | 6 | 9 |
| 1 | 7 | 9 | 8 | 6 | 4 | 2 | 3 | 5 |
| 6 | 3 | 2 | 1 | 9 | 5 | 7 | 4 | 8 |
| 9 | 4 | 5 | 6 | 1 | 3 | 8 | 2 | 7 |
| 7 | 6 | 1 | 5 | 2 | 8 | 3 | 9 | 4 |
| 3 | 2 | 8 | 9 | 4 | 7 | 5 | 1 | 6 |

**927**

| 4 | 8 | 6 | 3 | 5 | 7 | 9 | 2 | 1 |
|---|---|---|---|---|---|---|---|---|
| 3 | 7 | 9 | 1 | 2 | 4 | 5 | 8 | 6 |
| 2 | 1 | 5 | 9 | 8 | 6 | 3 | 4 | 7 |
| 5 | 3 | 2 | 8 | 7 | 9 | 6 | 1 | 4 |
| 9 | 4 | 8 | 2 | 6 | 1 | 7 | 3 | 5 |
| 1 | 6 | 7 | 5 | 4 | 3 | 2 | 9 | 8 |
| 8 | 2 | 1 | 7 | 9 | 5 | 4 | 6 | 3 |
| 7 | 9 | 4 | 6 | 3 | 8 | 1 | 5 | 2 |
| 6 | 5 | 3 | 4 | 1 | 2 | 8 | 7 | 9 |

**928**

| 2 | 5 | 3 | 8 | 9 | 1 | 7 | 4 | 6 |
|---|---|---|---|---|---|---|---|---|
| 7 | 8 | 6 | 2 | 5 | 4 | 9 | 3 | 1 |
| 4 | 9 | 1 | 3 | 6 | 7 | 2 | 5 | 8 |
| 1 | 6 | 5 | 9 | 7 | 2 | 3 | 8 | 4 |
| 9 | 2 | 4 | 5 | 3 | 8 | 1 | 6 | 7 |
| 8 | 3 | 7 | 1 | 4 | 6 | 5 | 9 | 2 |
| 5 | 1 | 2 | 4 | 8 | 3 | 6 | 7 | 9 |
| 3 | 7 | 8 | 6 | 2 | 9 | 4 | 1 | 5 |
| 6 | 4 | 9 | 7 | 1 | 5 | 8 | 2 | 3 |

**929**

| 1 | 7 | 5 | 2 | 8 | 9 | 6 | 3 | 4 |
|---|---|---|---|---|---|---|---|---|
| 3 | 6 | 2 | 4 | 1 | 7 | 8 | 9 | 5 |
| 4 | 9 | 8 | 6 | 3 | 5 | 1 | 7 | 2 |
| 6 | 2 | 7 | 9 | 4 | 3 | 5 | 1 | 8 |
| 5 | 8 | 1 | 7 | 6 | 2 | 3 | 4 | 9 |
| 9 | 3 | 4 | 8 | 5 | 1 | 2 | 6 | 7 |
| 8 | 5 | 3 | 1 | 9 | 4 | 7 | 2 | 6 |
| 2 | 1 | 9 | 5 | 7 | 6 | 4 | 8 | 3 |
| 7 | 4 | 6 | 3 | 2 | 8 | 9 | 5 | 1 |

**930**

| 3 | 2 | 8 | 6 | 9 | 1 | 4 | 5 | 7 |
|---|---|---|---|---|---|---|---|---|
| 4 | 7 | 6 | 3 | 5 | 2 | 9 | 1 | 8 |
| 1 | 5 | 9 | 4 | 7 | 8 | 6 | 3 | 2 |
| 2 | 1 | 3 | 9 | 4 | 7 | 8 | 6 | 5 |
| 9 | 8 | 4 | 5 | 1 | 6 | 7 | 2 | 3 |
| 5 | 6 | 7 | 2 | 8 | 3 | 1 | 9 | 4 |
| 7 | 9 | 1 | 8 | 2 | 5 | 3 | 4 | 6 |
| 6 | 4 | 5 | 7 | 3 | 9 | 2 | 8 | 1 |
| 8 | 3 | 2 | 1 | 6 | 4 | 5 | 7 | 9 |

**931**

| 7 | 4 | 2 | 5 | 1 | 3 | 8 | 6 | 9 |
|---|---|---|---|---|---|---|---|---|
| 8 | 1 | 3 | 4 | 6 | 9 | 2 | 5 | 7 |
| 5 | 9 | 6 | 2 | 8 | 7 | 3 | 1 | 4 |
| 3 | 6 | 4 | 8 | 2 | 1 | 7 | 9 | 5 |
| 9 | 7 | 1 | 6 | 3 | 5 | 4 | 8 | 2 |
| 2 | 8 | 5 | 7 | 9 | 4 | 1 | 3 | 6 |
| 4 | 3 | 7 | 1 | 5 | 6 | 9 | 2 | 8 |
| 1 | 5 | 8 | 9 | 4 | 2 | 6 | 7 | 3 |
| 6 | 2 | 9 | 3 | 7 | 8 | 5 | 4 | 1 |

**932**

| 2 | 3 | 8 | 7 | 5 | 4 | 9 | 1 | 6 |
|---|---|---|---|---|---|---|---|---|
| 1 | 4 | 5 | 2 | 9 | 6 | 3 | 8 | 7 |
| 6 | 7 | 9 | 1 | 8 | 3 | 4 | 5 | 2 |
| 7 | 9 | 3 | 4 | 1 | 5 | 6 | 2 | 8 |
| 5 | 2 | 4 | 9 | 6 | 8 | 7 | 3 | 1 |
| 8 | 1 | 6 | 3 | 7 | 2 | 5 | 9 | 4 |
| 3 | 8 | 2 | 6 | 4 | 9 | 1 | 7 | 5 |
| 9 | 6 | 1 | 5 | 2 | 7 | 8 | 4 | 3 |
| 4 | 5 | 7 | 8 | 3 | 1 | 2 | 6 | 9 |

**933**

| 3 | 8 | 9 | 2 | 4 | 5 | 7 | 6 | 1 |
|---|---|---|---|---|---|---|---|---|
| 2 | 5 | 6 | 1 | 7 | 3 | 9 | 8 | 4 |
| 4 | 1 | 7 | 6 | 8 | 9 | 2 | 3 | 5 |
| 5 | 4 | 8 | 7 | 9 | 1 | 6 | 2 | 3 |
| 9 | 6 | 2 | 3 | 5 | 4 | 8 | 1 | 7 |
| 7 | 3 | 1 | 8 | 2 | 6 | 4 | 5 | 9 |
| 1 | 2 | 3 | 9 | 6 | 7 | 5 | 4 | 8 |
| 6 | 9 | 4 | 5 | 1 | 8 | 3 | 7 | 2 |
| 8 | 7 | 5 | 4 | 3 | 2 | 1 | 9 | 6 |

**934**

| 2 | 1 | 6 | 8 | 4 | 7 | 3 | 9 | 5 |
|---|---|---|---|---|---|---|---|---|
| 3 | 4 | 7 | 5 | 1 | 9 | 8 | 2 | 6 |
| 5 | 8 | 9 | 2 | 3 | 6 | 4 | 7 | 1 |
| 6 | 2 | 3 | 4 | 8 | 5 | 9 | 1 | 7 |
| 9 | 7 | 4 | 3 | 6 | 1 | 2 | 5 | 8 |
| 1 | 5 | 8 | 7 | 9 | 2 | 6 | 4 | 3 |
| 4 | 6 | 1 | 9 | 7 | 8 | 5 | 3 | 2 |
| 8 | 3 | 5 | 1 | 2 | 4 | 7 | 6 | 9 |
| 7 | 9 | 2 | 6 | 5 | 3 | 1 | 8 | 4 |

**935**

| 3 | 4 | 7 | 2 | 5 | 8 | 9 | 6 | 1 |
|---|---|---|---|---|---|---|---|---|
| 2 | 9 | 1 | 7 | 3 | 6 | 5 | 4 | 8 |
| 5 | 8 | 6 | 9 | 4 | 1 | 3 | 7 | 2 |
| 4 | 1 | 5 | 6 | 7 | 2 | 8 | 3 | 9 |
| 8 | 6 | 3 | 5 | 9 | 4 | 1 | 2 | 7 |
| 7 | 2 | 9 | 1 | 8 | 3 | 6 | 5 | 4 |
| 1 | 5 | 4 | 3 | 2 | 9 | 7 | 8 | 6 |
| 6 | 7 | 2 | 8 | 1 | 5 | 4 | 9 | 3 |
| 9 | 3 | 8 | 4 | 6 | 7 | 2 | 1 | 5 |

**936**

| 7 | 6 | 9 | 4 | 8 | 3 | 1 | 5 | 2 |
|---|---|---|---|---|---|---|---|---|
| 8 | 3 | 2 | 1 | 6 | 5 | 7 | 4 | 9 |
| 4 | 1 | 5 | 2 | 9 | 7 | 6 | 3 | 8 |
| 9 | 5 | 1 | 8 | 2 | 6 | 4 | 7 | 3 |
| 3 | 4 | 6 | 7 | 1 | 9 | 8 | 2 | 5 |
| 2 | 8 | 7 | 5 | 3 | 4 | 9 | 6 | 1 |
| 5 | 9 | 4 | 3 | 7 | 8 | 2 | 1 | 6 |
| 1 | 7 | 8 | 6 | 5 | 2 | 3 | 9 | 4 |
| 6 | 2 | 3 | 9 | 4 | 1 | 5 | 8 | 7 |

**937**

| 2 | 5 | 8 | 1 | 4 | 6 | 7 | 3 | 9 |
|---|---|---|---|---|---|---|---|---|
| 9 | 6 | 7 | 3 | 8 | 5 | 4 | 1 | 2 |
| 3 | 4 | 1 | 2 | 9 | 7 | 5 | 6 | 8 |
| 1 | 2 | 4 | 5 | 3 | 9 | 8 | 7 | 6 |
| 5 | 9 | 6 | 7 | 2 | 8 | 3 | 4 | 1 |
| 7 | 8 | 3 | 4 | 6 | 1 | 2 | 9 | 5 |
| 8 | 7 | 5 | 6 | 1 | 3 | 9 | 2 | 4 |
| 6 | 3 | 2 | 9 | 5 | 4 | 1 | 8 | 7 |
| 4 | 1 | 9 | 8 | 7 | 2 | 6 | 5 | 3 |

**938**

| 5 | 4 | 1 | 2 | 8 | 3 | 9 | 7 | 6 |
|---|---|---|---|---|---|---|---|---|
| 7 | 8 | 9 | 6 | 5 | 4 | 3 | 1 | 2 |
| 3 | 6 | 2 | 7 | 9 | 1 | 8 | 4 | 5 |
| 8 | 5 | 7 | 4 | 2 | 6 | 1 | 3 | 9 |
| 4 | 9 | 6 | 1 | 3 | 8 | 2 | 5 | 7 |
| 2 | 1 | 3 | 5 | 7 | 9 | 4 | 6 | 8 |
| 6 | 7 | 4 | 8 | 1 | 2 | 5 | 9 | 3 |
| 1 | 3 | 8 | 9 | 6 | 5 | 7 | 2 | 4 |
| 9 | 2 | 5 | 3 | 4 | 7 | 6 | 8 | 1 |

**939**

| 8 | 3 | 9 | 7 | 2 | 4 | 1 | 6 | 5 |
|---|---|---|---|---|---|---|---|---|
| 4 | 7 | 1 | 6 | 8 | 5 | 2 | 9 | 3 |
| 5 | 6 | 2 | 9 | 3 | 1 | 8 | 7 | 4 |
| 1 | 2 | 7 | 3 | 4 | 9 | 6 | 5 | 8 |
| 9 | 4 | 3 | 5 | 6 | 8 | 7 | 1 | 2 |
| 6 | 8 | 5 | 2 | 1 | 7 | 4 | 3 | 9 |
| 7 | 1 | 4 | 8 | 5 | 3 | 9 | 2 | 6 |
| 2 | 5 | 8 | 1 | 9 | 6 | 3 | 4 | 7 |
| 3 | 9 | 6 | 4 | 7 | 2 | 5 | 8 | 1 |

**940**

| 5 | 6 | 9 | 7 | 1 | 2 | 8 | 4 | 3 |
|---|---|---|---|---|---|---|---|---|
| 2 | 8 | 7 | 4 | 5 | 3 | 6 | 9 | 1 |
| 1 | 4 | 3 | 8 | 9 | 6 | 7 | 2 | 5 |
| 6 | 7 | 1 | 2 | 3 | 4 | 9 | 5 | 8 |
| 8 | 3 | 5 | 1 | 6 | 9 | 4 | 7 | 2 |
| 9 | 2 | 4 | 5 | 8 | 7 | 1 | 3 | 6 |
| 3 | 5 | 6 | 9 | 4 | 8 | 2 | 1 | 7 |
| 4 | 1 | 2 | 6 | 7 | 5 | 3 | 8 | 9 |
| 7 | 9 | 8 | 3 | 2 | 1 | 5 | 6 | 4 |

### 941

| 8 | 1 | 9 | 4 | 3 | 7 | 6 | 5 | 2 |
|---|---|---|---|---|---|---|---|---|
| 7 | 2 | 5 | 8 | 6 | 9 | 4 | 3 | 1 |
| 4 | 6 | 3 | 2 | 5 | 1 | 9 | 7 | 8 |
| 9 | 7 | 1 | 3 | 8 | 6 | 5 | 2 | 4 |
| 2 | 5 | 8 | 7 | 1 | 4 | 3 | 6 | 9 |
| 3 | 4 | 6 | 5 | 9 | 2 | 8 | 1 | 7 |
| 1 | 9 | 4 | 6 | 2 | 3 | 7 | 8 | 5 |
| 5 | 3 | 7 | 1 | 4 | 8 | 2 | 9 | 6 |
| 6 | 8 | 2 | 9 | 7 | 5 | 1 | 4 | 3 |

### 942

| 4 | 8 | 3 | 6 | 5 | 1 | 9 | 2 | 7 |
|---|---|---|---|---|---|---|---|---|
| 7 | 5 | 2 | 3 | 9 | 8 | 6 | 1 | 4 |
| 6 | 1 | 9 | 2 | 4 | 7 | 3 | 8 | 5 |
| 5 | 6 | 7 | 4 | 2 | 3 | 1 | 9 | 8 |
| 8 | 9 | 1 | 7 | 6 | 5 | 4 | 3 | 2 |
| 2 | 3 | 4 | 1 | 8 | 9 | 5 | 7 | 6 |
| 3 | 7 | 8 | 5 | 1 | 6 | 2 | 4 | 9 |
| 1 | 2 | 6 | 9 | 7 | 4 | 8 | 5 | 3 |
| 9 | 4 | 5 | 8 | 3 | 2 | 7 | 6 | 1 |

### 943

| 2 | 3 | 8 | 1 | 7 | 5 | 9 | 4 | 6 |
|---|---|---|---|---|---|---|---|---|
| 4 | 5 | 9 | 6 | 8 | 2 | 7 | 1 | 3 |
| 1 | 6 | 7 | 3 | 4 | 9 | 5 | 8 | 2 |
| 6 | 2 | 5 | 8 | 9 | 3 | 4 | 7 | 1 |
| 8 | 1 | 4 | 7 | 5 | 6 | 2 | 3 | 9 |
| 7 | 9 | 3 | 4 | 2 | 1 | 6 | 5 | 8 |
| 3 | 7 | 1 | 2 | 6 | 4 | 8 | 9 | 5 |
| 5 | 4 | 2 | 9 | 1 | 8 | 3 | 6 | 7 |
| 9 | 8 | 6 | 5 | 3 | 7 | 1 | 2 | 4 |

### 944

| 6 | 4 | 3 | 7 | 9 | 5 | 2 | 8 | 1 |
|---|---|---|---|---|---|---|---|---|
| 9 | 2 | 1 | 4 | 8 | 6 | 5 | 3 | 7 |
| 5 | 7 | 8 | 2 | 3 | 1 | 6 | 4 | 9 |
| 3 | 9 | 2 | 8 | 5 | 7 | 4 | 1 | 6 |
| 4 | 1 | 6 | 3 | 2 | 9 | 7 | 5 | 8 |
| 7 | 8 | 5 | 6 | 1 | 4 | 3 | 9 | 2 |
| 8 | 3 | 4 | 1 | 7 | 2 | 9 | 6 | 5 |
| 1 | 5 | 7 | 9 | 6 | 3 | 8 | 2 | 4 |
| 2 | 6 | 9 | 5 | 4 | 8 | 1 | 7 | 3 |

### 945

| 4 | 2 | 7 | 1 | 8 | 5 | 6 | 9 | 3 |
|---|---|---|---|---|---|---|---|---|
| 8 | 3 | 1 | 4 | 6 | 9 | 2 | 5 | 7 |
| 6 | 9 | 5 | 7 | 3 | 2 | 1 | 4 | 8 |
| 3 | 1 | 4 | 8 | 2 | 7 | 9 | 6 | 5 |
| 2 | 7 | 8 | 5 | 9 | 6 | 3 | 1 | 4 |
| 5 | 6 | 9 | 3 | 4 | 1 | 8 | 7 | 2 |
| 1 | 8 | 3 | 9 | 7 | 4 | 5 | 2 | 6 |
| 9 | 4 | 6 | 2 | 5 | 8 | 7 | 3 | 1 |
| 7 | 5 | 2 | 6 | 1 | 3 | 4 | 8 | 9 |

### 946

| 8 | 2 | 3 | 7 | 5 | 1 | 4 | 9 | 6 |
|---|---|---|---|---|---|---|---|---|
| 4 | 5 | 7 | 2 | 6 | 9 | 3 | 8 | 1 |
| 1 | 6 | 9 | 3 | 8 | 4 | 5 | 7 | 2 |
| 6 | 7 | 2 | 8 | 3 | 5 | 9 | 1 | 4 |
| 5 | 9 | 1 | 4 | 7 | 2 | 8 | 6 | 3 |
| 3 | 4 | 8 | 9 | 1 | 6 | 2 | 5 | 7 |
| 2 | 1 | 4 | 5 | 9 | 7 | 6 | 3 | 8 |
| 9 | 8 | 6 | 1 | 2 | 3 | 7 | 4 | 5 |
| 7 | 3 | 5 | 6 | 4 | 8 | 1 | 2 | 9 |

### 947

| 1 | 2 | 6 | 5 | 4 | 3 | 8 | 7 | 9 |
|---|---|---|---|---|---|---|---|---|
| 7 | 8 | 3 | 1 | 9 | 2 | 4 | 5 | 6 |
| 9 | 4 | 5 | 6 | 8 | 7 | 3 | 2 | 1 |
| 5 | 9 | 7 | 2 | 3 | 6 | 1 | 8 | 4 |
| 8 | 1 | 4 | 7 | 5 | 9 | 2 | 6 | 3 |
| 6 | 3 | 2 | 8 | 1 | 4 | 5 | 9 | 7 |
| 2 | 6 | 8 | 3 | 7 | 1 | 9 | 4 | 5 |
| 3 | 5 | 9 | 4 | 6 | 8 | 7 | 1 | 2 |
| 4 | 7 | 1 | 9 | 2 | 5 | 6 | 3 | 8 |

### 948

| 8 | 1 | 3 | 5 | 6 | 2 | 7 | 4 | 9 |
|---|---|---|---|---|---|---|---|---|
| 9 | 6 | 5 | 8 | 4 | 7 | 1 | 3 | 2 |
| 2 | 4 | 7 | 1 | 3 | 9 | 8 | 5 | 6 |
| 7 | 5 | 4 | 2 | 9 | 3 | 6 | 8 | 1 |
| 6 | 3 | 8 | 7 | 1 | 4 | 9 | 2 | 5 |
| 1 | 2 | 9 | 6 | 5 | 8 | 3 | 7 | 4 |
| 5 | 8 | 6 | 3 | 2 | 1 | 4 | 9 | 7 |
| 3 | 9 | 2 | 4 | 7 | 6 | 5 | 1 | 8 |
| 4 | 7 | 1 | 9 | 8 | 5 | 2 | 6 | 3 |

### 949

| 2 | 8 | 7 | 1 | 3 | 5 | 6 | 4 | 9 |
|---|---|---|---|---|---|---|---|---|
| 1 | 5 | 4 | 6 | 7 | 9 | 3 | 2 | 8 |
| 9 | 3 | 6 | 4 | 8 | 2 | 1 | 7 | 5 |
| 6 | 9 | 1 | 7 | 4 | 3 | 8 | 5 | 2 |
| 3 | 7 | 5 | 8 | 2 | 6 | 4 | 9 | 1 |
| 4 | 2 | 8 | 9 | 5 | 1 | 7 | 6 | 3 |
| 5 | 4 | 2 | 3 | 1 | 7 | 9 | 8 | 6 |
| 8 | 6 | 3 | 5 | 9 | 4 | 2 | 1 | 7 |
| 7 | 1 | 9 | 2 | 6 | 8 | 5 | 3 | 4 |

### 950

| 3 | 1 | 2 | 8 | 5 | 9 | 4 | 6 | 7 |
|---|---|---|---|---|---|---|---|---|
| 5 | 8 | 6 | 4 | 1 | 7 | 9 | 2 | 3 |
| 7 | 9 | 4 | 2 | 6 | 3 | 5 | 8 | 1 |
| 4 | 5 | 1 | 9 | 8 | 6 | 7 | 3 | 2 |
| 6 | 2 | 9 | 3 | 7 | 1 | 8 | 4 | 5 |
| 8 | 7 | 3 | 5 | 2 | 4 | 6 | 1 | 9 |
| 9 | 3 | 7 | 1 | 4 | 8 | 2 | 5 | 6 |
| 2 | 6 | 8 | 7 | 3 | 5 | 1 | 9 | 4 |
| 1 | 4 | 5 | 6 | 9 | 2 | 3 | 7 | 8 |

### 951

| 7 | 5 | 8 | 4 | 9 | 6 | 1 | 2 | 3 |
|---|---|---|---|---|---|---|---|---|
| 1 | 3 | 2 | 8 | 5 | 7 | 6 | 4 | 9 |
| 9 | 4 | 6 | 2 | 3 | 1 | 8 | 7 | 5 |
| 8 | 1 | 3 | 5 | 2 | 4 | 9 | 6 | 7 |
| 6 | 9 | 5 | 1 | 7 | 8 | 2 | 3 | 4 |
| 2 | 7 | 4 | 3 | 6 | 9 | 5 | 8 | 1 |
| 5 | 6 | 1 | 7 | 4 | 2 | 3 | 9 | 8 |
| 3 | 2 | 7 | 9 | 8 | 5 | 4 | 1 | 6 |
| 4 | 8 | 9 | 6 | 1 | 3 | 7 | 5 | 2 |

### 952

| 1 | 9 | 2 | 5 | 3 | 4 | 8 | 6 | 7 |
|---|---|---|---|---|---|---|---|---|
| 3 | 6 | 5 | 1 | 7 | 8 | 9 | 2 | 4 |
| 7 | 8 | 4 | 9 | 2 | 6 | 3 | 1 | 5 |
| 6 | 5 | 8 | 7 | 1 | 9 | 2 | 4 | 3 |
| 2 | 4 | 3 | 6 | 8 | 5 | 1 | 7 | 9 |
| 9 | 7 | 1 | 3 | 4 | 2 | 5 | 8 | 6 |
| 4 | 1 | 9 | 2 | 5 | 7 | 6 | 3 | 8 |
| 8 | 3 | 6 | 4 | 9 | 1 | 7 | 5 | 2 |
| 5 | 2 | 7 | 8 | 6 | 3 | 4 | 9 | 1 |

### 953

| 4 | 3 | 6 | 9 | 1 | 8 | 5 | 2 | 7 |
|---|---|---|---|---|---|---|---|---|
| 1 | 2 | 9 | 5 | 6 | 7 | 3 | 4 | 8 |
| 7 | 8 | 5 | 2 | 3 | 4 | 6 | 9 | 1 |
| 2 | 4 | 7 | 8 | 5 | 3 | 1 | 6 | 9 |
| 9 | 1 | 3 | 4 | 2 | 6 | 8 | 7 | 5 |
| 6 | 5 | 8 | 7 | 9 | 1 | 2 | 3 | 4 |
| 5 | 7 | 2 | 3 | 8 | 9 | 4 | 1 | 6 |
| 3 | 6 | 4 | 1 | 7 | 5 | 9 | 8 | 2 |
| 8 | 9 | 1 | 6 | 4 | 2 | 7 | 5 | 3 |

### 954

| 7 | 5 | 4 | 1 | 6 | 3 | 8 | 2 | 9 |
|---|---|---|---|---|---|---|---|---|
| 9 | 6 | 2 | 5 | 7 | 8 | 4 | 3 | 1 |
| 3 | 1 | 8 | 9 | 2 | 4 | 7 | 6 | 5 |
| 4 | 9 | 5 | 3 | 1 | 2 | 6 | 7 | 8 |
| 6 | 3 | 1 | 8 | 9 | 7 | 5 | 4 | 2 |
| 8 | 2 | 7 | 4 | 5 | 6 | 9 | 1 | 3 |
| 1 | 7 | 6 | 2 | 8 | 9 | 3 | 5 | 4 |
| 5 | 8 | 3 | 7 | 4 | 1 | 2 | 9 | 6 |
| 2 | 4 | 9 | 6 | 3 | 5 | 1 | 8 | 7 |

### 955

| 2 | 3 | 9 | 4 | 7 | 6 | 8 | 5 | 1 |
|---|---|---|---|---|---|---|---|---|
| 6 | 5 | 4 | 3 | 8 | 1 | 2 | 9 | 7 |
| 1 | 8 | 7 | 5 | 2 | 9 | 6 | 3 | 4 |
| 9 | 7 | 6 | 2 | 1 | 8 | 5 | 4 | 3 |
| 3 | 2 | 8 | 7 | 5 | 4 | 9 | 1 | 6 |
| 4 | 1 | 5 | 6 | 9 | 3 | 7 | 8 | 2 |
| 8 | 6 | 3 | 9 | 4 | 7 | 1 | 2 | 5 |
| 7 | 9 | 2 | 1 | 3 | 5 | 4 | 6 | 8 |
| 5 | 4 | 1 | 8 | 6 | 2 | 3 | 7 | 9 |

### 956

| 3 | 1 | 9 | 4 | 7 | 5 | 2 | 6 | 8 |
|---|---|---|---|---|---|---|---|---|
| 5 | 7 | 8 | 6 | 9 | 2 | 3 | 1 | 4 |
| 6 | 2 | 4 | 3 | 1 | 8 | 7 | 5 | 9 |
| 2 | 9 | 3 | 7 | 8 | 6 | 1 | 4 | 5 |
| 4 | 6 | 7 | 9 | 5 | 1 | 8 | 3 | 2 |
| 8 | 5 | 1 | 2 | 3 | 4 | 9 | 7 | 6 |
| 7 | 8 | 5 | 1 | 6 | 9 | 4 | 2 | 3 |
| 1 | 4 | 6 | 8 | 2 | 3 | 5 | 9 | 7 |
| 9 | 3 | 2 | 5 | 4 | 7 | 6 | 8 | 1 |

### 957

| 1 | 9 | 8 | 7 | 6 | 5 | 4 | 2 | 3 |
|---|---|---|---|---|---|---|---|---|
| 2 | 5 | 4 | 3 | 1 | 8 | 6 | 9 | 7 |
| 7 | 3 | 6 | 9 | 4 | 2 | 1 | 5 | 8 |
| 9 | 8 | 5 | 4 | 3 | 7 | 2 | 6 | 1 |
| 4 | 1 | 2 | 8 | 5 | 6 | 3 | 7 | 9 |
| 3 | 6 | 7 | 2 | 9 | 1 | 5 | 8 | 4 |
| 8 | 4 | 3 | 6 | 2 | 9 | 7 | 1 | 5 |
| 5 | 2 | 9 | 1 | 7 | 3 | 8 | 4 | 6 |
| 6 | 7 | 1 | 5 | 8 | 4 | 9 | 3 | 2 |

### 958

| 3 | 2 | 8 | 9 | 1 | 4 | 5 | 7 | 6 |
|---|---|---|---|---|---|---|---|---|
| 7 | 5 | 6 | 2 | 8 | 3 | 4 | 1 | 9 |
| 9 | 4 | 1 | 6 | 7 | 5 | 2 | 8 | 3 |
| 2 | 1 | 9 | 7 | 6 | 8 | 3 | 4 | 5 |
| 8 | 7 | 5 | 3 | 4 | 2 | 6 | 9 | 1 |
| 6 | 3 | 4 | 1 | 5 | 9 | 8 | 2 | 7 |
| 5 | 9 | 2 | 4 | 3 | 7 | 1 | 6 | 8 |
| 1 | 8 | 7 | 5 | 2 | 6 | 9 | 3 | 4 |
| 4 | 6 | 3 | 8 | 9 | 1 | 7 | 5 | 2 |

### 959

| 5 | 9 | 3 | 6 | 2 | 7 | 1 | 4 | 8 |
|---|---|---|---|---|---|---|---|---|
| 8 | 6 | 2 | 4 | 3 | 1 | 5 | 7 | 9 |
| 1 | 7 | 4 | 9 | 5 | 8 | 6 | 2 | 3 |
| 6 | 4 | 5 | 2 | 1 | 9 | 3 | 8 | 7 |
| 9 | 1 | 7 | 3 | 8 | 6 | 4 | 5 | 2 |
| 3 | 2 | 8 | 5 | 7 | 4 | 9 | 6 | 1 |
| 2 | 8 | 9 | 1 | 4 | 5 | 7 | 3 | 6 |
| 4 | 3 | 6 | 7 | 9 | 2 | 8 | 1 | 5 |
| 7 | 5 | 1 | 8 | 6 | 3 | 2 | 9 | 4 |

### 960

| 3 | 7 | 5 | 9 | 6 | 2 | 4 | 8 | 1 |
|---|---|---|---|---|---|---|---|---|
| 8 | 4 | 9 | 5 | 1 | 7 | 2 | 6 | 3 |
| 2 | 1 | 6 | 4 | 3 | 8 | 7 | 5 | 9 |
| 1 | 5 | 8 | 6 | 4 | 3 | 9 | 2 | 7 |
| 6 | 9 | 4 | 7 | 2 | 5 | 1 | 3 | 8 |
| 7 | 2 | 3 | 1 | 8 | 9 | 5 | 4 | 6 |
| 4 | 3 | 7 | 2 | 9 | 6 | 8 | 1 | 5 |
| 5 | 6 | 1 | 8 | 7 | 4 | 3 | 9 | 2 |
| 9 | 8 | 2 | 3 | 5 | 1 | 6 | 7 | 4 |

### 961

| 3 | 7 | 4 | 1 | 8 | 9 | 6 | 5 | 2 |
|---|---|---|---|---|---|---|---|---|
| 6 | 9 | 5 | 2 | 7 | 4 | 1 | 8 | 3 |
| 8 | 2 | 1 | 5 | 3 | 6 | 4 | 9 | 7 |
| 2 | 6 | 7 | 9 | 1 | 3 | 8 | 4 | 5 |
| 9 | 4 | 8 | 7 | 5 | 2 | 3 | 1 | 6 |
| 5 | 1 | 3 | 6 | 4 | 8 | 2 | 7 | 9 |
| 7 | 8 | 6 | 3 | 9 | 1 | 5 | 2 | 4 |
| 1 | 5 | 2 | 4 | 6 | 7 | 9 | 3 | 8 |
| 4 | 3 | 9 | 8 | 2 | 5 | 7 | 6 | 1 |

### 962

| 9 | 7 | 8 | 5 | 4 | 2 | 1 | 6 | 3 |
|---|---|---|---|---|---|---|---|---|
| 4 | 6 | 1 | 8 | 7 | 3 | 2 | 9 | 5 |
| 5 | 2 | 3 | 1 | 6 | 9 | 8 | 4 | 7 |
| 8 | 9 | 4 | 7 | 2 | 5 | 3 | 1 | 6 |
| 2 | 1 | 7 | 9 | 3 | 6 | 4 | 5 | 8 |
| 6 | 3 | 5 | 4 | 1 | 8 | 7 | 2 | 9 |
| 1 | 5 | 2 | 6 | 8 | 7 | 9 | 3 | 4 |
| 7 | 4 | 9 | 3 | 5 | 1 | 6 | 8 | 2 |
| 3 | 8 | 6 | 2 | 9 | 4 | 5 | 7 | 1 |

### 963

| 1 | 9 | 8 | 3 | 4 | 7 | 5 | 2 | 6 |
|---|---|---|---|---|---|---|---|---|
| 2 | 7 | 4 | 8 | 6 | 5 | 3 | 1 | 9 |
| 5 | 6 | 3 | 2 | 9 | 1 | 4 | 7 | 8 |
| 9 | 3 | 1 | 6 | 8 | 4 | 7 | 5 | 2 |
| 6 | 5 | 2 | 7 | 3 | 9 | 8 | 4 | 1 |
| 4 | 8 | 7 | 5 | 1 | 2 | 6 | 9 | 3 |
| 8 | 1 | 5 | 4 | 2 | 6 | 9 | 3 | 7 |
| 7 | 2 | 6 | 9 | 5 | 3 | 1 | 8 | 4 |
| 3 | 4 | 9 | 1 | 7 | 8 | 2 | 6 | 5 |

### 964

| 6 | 1 | 3 | 7 | 2 | 4 | 9 | 8 | 5 |
|---|---|---|---|---|---|---|---|---|
| 5 | 9 | 7 | 8 | 3 | 6 | 4 | 1 | 2 |
| 8 | 4 | 2 | 1 | 5 | 9 | 7 | 6 | 3 |
| 2 | 6 | 8 | 9 | 1 | 7 | 5 | 3 | 4 |
| 4 | 7 | 1 | 5 | 8 | 3 | 2 | 9 | 6 |
| 9 | 3 | 5 | 6 | 4 | 2 | 1 | 7 | 8 |
| 7 | 2 | 9 | 3 | 6 | 5 | 8 | 4 | 1 |
| 1 | 5 | 6 | 4 | 7 | 8 | 3 | 2 | 9 |
| 3 | 8 | 4 | 2 | 9 | 1 | 6 | 5 | 7 |

### 965

| 7 | 6 | 9 | 8 | 5 | 4 | 1 | 2 | 3 |
|---|---|---|---|---|---|---|---|---|
| 8 | 2 | 4 | 1 | 3 | 7 | 6 | 9 | 5 |
| 5 | 1 | 3 | 6 | 2 | 9 | 8 | 4 | 7 |
| 9 | 7 | 2 | 4 | 8 | 1 | 5 | 3 | 6 |
| 4 | 5 | 6 | 2 | 7 | 3 | 9 | 1 | 8 |
| 3 | 8 | 1 | 5 | 9 | 6 | 4 | 7 | 2 |
| 1 | 4 | 7 | 3 | 6 | 8 | 2 | 5 | 9 |
| 2 | 3 | 8 | 9 | 1 | 5 | 7 | 6 | 4 |
| 6 | 9 | 5 | 7 | 4 | 2 | 3 | 8 | 1 |

### 966

| 1 | 7 | 5 | 9 | 8 | 4 | 2 | 3 | 6 |
|---|---|---|---|---|---|---|---|---|
| 3 | 9 | 2 | 5 | 7 | 6 | 4 | 8 | 1 |
| 6 | 4 | 8 | 2 | 3 | 1 | 5 | 7 | 9 |
| 2 | 3 | 7 | 1 | 6 | 8 | 9 | 5 | 4 |
| 4 | 8 | 9 | 7 | 5 | 2 | 6 | 1 | 3 |
| 5 | 6 | 1 | 4 | 9 | 3 | 8 | 2 | 7 |
| 7 | 5 | 6 | 3 | 2 | 9 | 1 | 4 | 8 |
| 8 | 2 | 4 | 6 | 1 | 7 | 3 | 9 | 5 |
| 9 | 1 | 3 | 8 | 4 | 5 | 7 | 6 | 2 |

### 967

| 5 | 8 | 9 | 6 | 1 | 4 | 3 | 7 | 2 |
|---|---|---|---|---|---|---|---|---|
| 6 | 7 | 1 | 8 | 2 | 3 | 9 | 5 | 4 |
| 2 | 4 | 3 | 9 | 5 | 7 | 1 | 8 | 6 |
| 1 | 6 | 5 | 2 | 9 | 8 | 4 | 3 | 7 |
| 4 | 9 | 2 | 3 | 7 | 1 | 8 | 6 | 5 |
| 7 | 3 | 8 | 5 | 4 | 6 | 2 | 1 | 9 |
| 3 | 5 | 6 | 4 | 8 | 2 | 7 | 9 | 1 |
| 8 | 2 | 7 | 1 | 6 | 9 | 5 | 4 | 3 |
| 9 | 1 | 4 | 7 | 3 | 5 | 6 | 2 | 8 |

### 968

| 4 | 7 | 1 | 5 | 6 | 8 | 9 | 2 | 3 |
|---|---|---|---|---|---|---|---|---|
| 9 | 5 | 6 | 2 | 3 | 7 | 4 | 1 | 8 |
| 3 | 8 | 2 | 9 | 4 | 1 | 5 | 7 | 6 |
| 8 | 3 | 9 | 7 | 1 | 6 | 2 | 4 | 5 |
| 2 | 6 | 4 | 8 | 5 | 9 | 1 | 3 | 7 |
| 5 | 1 | 7 | 4 | 2 | 3 | 6 | 8 | 9 |
| 1 | 9 | 5 | 3 | 7 | 2 | 8 | 6 | 4 |
| 7 | 2 | 8 | 6 | 9 | 4 | 3 | 5 | 1 |
| 6 | 4 | 3 | 1 | 8 | 5 | 7 | 9 | 2 |

### 969

| 9 | 7 | 6 | 2 | 5 | 3 | 4 | 1 | 8 |
|---|---|---|---|---|---|---|---|---|
| 3 | 1 | 5 | 7 | 4 | 8 | 2 | 9 | 6 |
| 4 | 8 | 2 | 1 | 9 | 6 | 7 | 3 | 5 |
| 5 | 4 | 1 | 3 | 2 | 9 | 6 | 8 | 7 |
| 6 | 3 | 9 | 8 | 7 | 4 | 1 | 5 | 2 |
| 8 | 2 | 7 | 6 | 1 | 5 | 3 | 4 | 9 |
| 7 | 9 | 4 | 5 | 3 | 2 | 8 | 6 | 1 |
| 1 | 6 | 3 | 9 | 8 | 7 | 5 | 2 | 4 |
| 2 | 5 | 8 | 4 | 6 | 1 | 9 | 7 | 3 |

### 970

| 1 | 7 | 5 | 9 | 8 | 6 | 3 | 4 | 2 |
|---|---|---|---|---|---|---|---|---|
| 3 | 4 | 9 | 5 | 2 | 7 | 1 | 8 | 6 |
| 2 | 8 | 6 | 4 | 3 | 1 | 7 | 9 | 5 |
| 7 | 1 | 8 | 2 | 4 | 5 | 9 | 6 | 3 |
| 6 | 9 | 2 | 3 | 7 | 8 | 4 | 5 | 1 |
| 4 | 5 | 3 | 1 | 6 | 9 | 8 | 2 | 7 |
| 5 | 6 | 1 | 8 | 9 | 3 | 2 | 7 | 4 |
| 9 | 2 | 7 | 6 | 1 | 4 | 5 | 3 | 8 |
| 8 | 3 | 4 | 7 | 5 | 2 | 6 | 1 | 9 |

### 971

| 5 | 8 | 6 | 3 | 1 | 9 | 4 | 7 | 2 |
|---|---|---|---|---|---|---|---|---|
| 2 | 9 | 3 | 8 | 7 | 4 | 6 | 1 | 5 |
| 7 | 1 | 4 | 2 | 5 | 6 | 8 | 9 | 3 |
| 1 | 6 | 9 | 7 | 3 | 2 | 5 | 4 | 8 |
| 4 | 2 | 5 | 9 | 8 | 1 | 3 | 6 | 7 |
| 8 | 3 | 7 | 4 | 6 | 5 | 1 | 2 | 9 |
| 6 | 7 | 1 | 5 | 2 | 3 | 9 | 8 | 4 |
| 9 | 5 | 2 | 6 | 4 | 8 | 7 | 3 | 1 |
| 3 | 4 | 8 | 1 | 9 | 7 | 2 | 5 | 6 |

### 972

| 9 | 3 | 1 | 8 | 2 | 5 | 4 | 6 | 7 |
|---|---|---|---|---|---|---|---|---|
| 5 | 6 | 2 | 4 | 9 | 7 | 1 | 8 | 3 |
| 7 | 4 | 8 | 1 | 6 | 3 | 9 | 5 | 2 |
| 4 | 2 | 6 | 7 | 3 | 9 | 5 | 1 | 8 |
| 3 | 1 | 5 | 2 | 4 | 8 | 6 | 7 | 9 |
| 8 | 9 | 7 | 5 | 1 | 6 | 2 | 3 | 4 |
| 2 | 5 | 3 | 6 | 7 | 4 | 8 | 9 | 1 |
| 1 | 8 | 9 | 3 | 5 | 2 | 7 | 4 | 6 |
| 6 | 7 | 4 | 9 | 8 | 1 | 3 | 2 | 5 |

### 973

| 7 | 4 | 9 | 1 | 2 | 3 | 5 | 8 | 6 |
|---|---|---|---|---|---|---|---|---|
| 5 | 6 | 3 | 4 | 7 | 8 | 1 | 2 | 9 |
| 1 | 8 | 2 | 9 | 6 | 5 | 4 | 7 | 3 |
| 9 | 7 | 1 | 3 | 5 | 4 | 2 | 6 | 8 |
| 8 | 2 | 4 | 7 | 1 | 6 | 9 | 3 | 5 |
| 6 | 3 | 5 | 2 | 8 | 9 | 7 | 4 | 1 |
| 3 | 9 | 6 | 5 | 4 | 7 | 8 | 1 | 2 |
| 2 | 5 | 7 | 8 | 3 | 1 | 6 | 9 | 4 |
| 4 | 1 | 8 | 6 | 9 | 2 | 3 | 5 | 7 |

### 974

| 1 | 7 | 3 | 4 | 9 | 8 | 6 | 2 | 5 |
|---|---|---|---|---|---|---|---|---|
| 6 | 5 | 4 | 2 | 1 | 7 | 8 | 9 | 3 |
| 8 | 2 | 9 | 3 | 5 | 6 | 4 | 7 | 1 |
| 4 | 8 | 1 | 5 | 7 | 2 | 9 | 3 | 6 |
| 7 | 9 | 2 | 6 | 3 | 4 | 5 | 1 | 8 |
| 5 | 3 | 6 | 9 | 8 | 1 | 2 | 4 | 7 |
| 9 | 4 | 7 | 1 | 6 | 5 | 3 | 8 | 2 |
| 3 | 1 | 5 | 8 | 2 | 9 | 7 | 6 | 4 |
| 2 | 6 | 8 | 7 | 4 | 3 | 1 | 5 | 9 |

### 975

| 6 | 4 | 2 | 7 | 9 | 5 | 3 | 8 | 1 |
|---|---|---|---|---|---|---|---|---|
| 8 | 9 | 1 | 4 | 6 | 3 | 5 | 2 | 7 |
| 3 | 5 | 7 | 2 | 1 | 8 | 9 | 6 | 4 |
| 4 | 3 | 8 | 1 | 2 | 6 | 7 | 5 | 9 |
| 9 | 1 | 6 | 3 | 5 | 7 | 8 | 4 | 2 |
| 2 | 7 | 5 | 9 | 8 | 4 | 1 | 3 | 6 |
| 1 | 8 | 9 | 5 | 4 | 2 | 6 | 7 | 3 |
| 5 | 2 | 3 | 6 | 7 | 9 | 4 | 1 | 8 |
| 7 | 6 | 4 | 8 | 3 | 1 | 2 | 9 | 5 |

### 976

| 2 | 8 | 1 | 9 | 7 | 3 | 5 | 6 | 4 |
|---|---|---|---|---|---|---|---|---|
| 4 | 3 | 6 | 8 | 5 | 2 | 9 | 7 | 1 |
| 7 | 9 | 5 | 6 | 1 | 4 | 8 | 2 | 3 |
| 6 | 2 | 9 | 1 | 8 | 5 | 3 | 4 | 7 |
| 1 | 5 | 4 | 7 | 3 | 6 | 2 | 9 | 8 |
| 3 | 7 | 8 | 4 | 2 | 9 | 6 | 1 | 5 |
| 9 | 6 | 7 | 3 | 4 | 8 | 1 | 5 | 2 |
| 8 | 1 | 2 | 5 | 6 | 7 | 4 | 3 | 9 |
| 5 | 4 | 3 | 2 | 9 | 1 | 7 | 8 | 6 |

### 977

| 4 | 7 | 3 | 8 | 9 | 5 | 2 | 1 | 6 |
|---|---|---|---|---|---|---|---|---|
| 1 | 5 | 2 | 7 | 6 | 4 | 3 | 9 | 8 |
| 6 | 8 | 9 | 2 | 1 | 3 | 4 | 5 | 7 |
| 5 | 1 | 6 | 4 | 3 | 8 | 9 | 7 | 2 |
| 7 | 2 | 8 | 9 | 5 | 1 | 6 | 3 | 4 |
| 9 | 3 | 4 | 6 | 7 | 2 | 5 | 8 | 1 |
| 2 | 4 | 1 | 3 | 8 | 9 | 7 | 6 | 5 |
| 8 | 9 | 7 | 5 | 2 | 6 | 1 | 4 | 3 |
| 3 | 6 | 5 | 1 | 4 | 7 | 8 | 2 | 9 |

### 978

| 4 | 2 | 1 | 5 | 7 | 3 | 8 | 6 | 9 |
|---|---|---|---|---|---|---|---|---|
| 6 | 5 | 7 | 2 | 9 | 8 | 3 | 1 | 4 |
| 8 | 9 | 3 | 4 | 1 | 6 | 2 | 7 | 5 |
| 3 | 7 | 4 | 1 | 5 | 9 | 6 | 2 | 8 |
| 5 | 8 | 6 | 3 | 2 | 4 | 1 | 9 | 7 |
| 2 | 1 | 9 | 6 | 8 | 7 | 4 | 5 | 3 |
| 9 | 4 | 8 | 7 | 6 | 2 | 5 | 3 | 1 |
| 1 | 3 | 2 | 9 | 4 | 5 | 7 | 8 | 6 |
| 7 | 6 | 5 | 8 | 3 | 1 | 9 | 4 | 2 |

### 979

| 4 | 8 | 5 | 1 | 3 | 6 | 9 | 2 | 7 |
|---|---|---|---|---|---|---|---|---|
| 1 | 9 | 2 | 7 | 5 | 8 | 6 | 3 | 4 |
| 6 | 7 | 3 | 4 | 2 | 9 | 1 | 8 | 5 |
| 5 | 1 | 7 | 6 | 4 | 2 | 3 | 9 | 8 |
| 3 | 4 | 8 | 5 | 9 | 1 | 7 | 6 | 2 |
| 9 | 2 | 6 | 8 | 7 | 3 | 5 | 4 | 1 |
| 2 | 6 | 4 | 3 | 1 | 5 | 8 | 7 | 9 |
| 8 | 5 | 9 | 2 | 6 | 7 | 4 | 1 | 3 |
| 7 | 3 | 1 | 9 | 8 | 4 | 2 | 5 | 6 |

### 980

| 4 | 6 | 9 | 8 | 7 | 3 | 2 | 1 | 5 |
|---|---|---|---|---|---|---|---|---|
| 3 | 2 | 1 | 6 | 4 | 5 | 9 | 7 | 8 |
| 7 | 8 | 5 | 2 | 9 | 1 | 6 | 3 | 4 |
| 8 | 1 | 4 | 7 | 3 | 9 | 5 | 6 | 2 |
| 6 | 9 | 7 | 4 | 5 | 2 | 3 | 8 | 1 |
| 5 | 3 | 2 | 1 | 8 | 6 | 4 | 9 | 7 |
| 1 | 5 | 6 | 9 | 2 | 7 | 8 | 4 | 3 |
| 9 | 4 | 3 | 5 | 1 | 8 | 7 | 2 | 6 |
| 2 | 7 | 8 | 3 | 6 | 4 | 1 | 5 | 9 |

## 981

| 1 | 3 | 5 | 9 | 4 | 7 | 8 | 2 | 6 |
|---|---|---|---|---|---|---|---|---|
| 2 | 4 | 6 | 8 | 5 | 3 | 7 | 9 | 1 |
| 9 | 8 | 7 | 2 | 1 | 6 | 4 | 3 | 5 |
| 6 | 7 | 2 | 5 | 3 | 9 | 1 | 4 | 8 |
| 8 | 5 | 1 | 6 | 2 | 4 | 3 | 7 | 9 |
| 3 | 9 | 4 | 7 | 8 | 1 | 6 | 5 | 2 |
| 7 | 2 | 3 | 1 | 6 | 5 | 9 | 8 | 4 |
| 5 | 1 | 9 | 4 | 7 | 8 | 2 | 6 | 3 |
| 4 | 6 | 8 | 3 | 9 | 2 | 5 | 1 | 7 |

## 982

| 3 | 4 | 9 | 8 | 6 | 2 | 7 | 5 | 1 |
|---|---|---|---|---|---|---|---|---|
| 7 | 2 | 5 | 1 | 9 | 3 | 4 | 6 | 8 |
| 8 | 6 | 1 | 5 | 7 | 4 | 9 | 3 | 2 |
| 5 | 8 | 7 | 2 | 4 | 6 | 3 | 1 | 9 |
| 4 | 9 | 3 | 7 | 1 | 8 | 6 | 2 | 5 |
| 2 | 1 | 6 | 3 | 5 | 9 | 8 | 7 | 4 |
| 6 | 7 | 8 | 9 | 2 | 5 | 1 | 4 | 3 |
| 9 | 5 | 4 | 6 | 3 | 1 | 2 | 8 | 7 |
| 1 | 3 | 2 | 4 | 8 | 7 | 5 | 9 | 6 |

## 983

| 4 | 1 | 5 | 6 | 2 | 8 | 3 | 7 | 9 |
|---|---|---|---|---|---|---|---|---|
| 7 | 2 | 3 | 5 | 1 | 9 | 6 | 8 | 4 |
| 6 | 8 | 9 | 7 | 4 | 3 | 1 | 2 | 5 |
| 2 | 5 | 4 | 8 | 6 | 1 | 7 | 9 | 3 |
| 1 | 3 | 7 | 9 | 5 | 2 | 8 | 4 | 6 |
| 9 | 6 | 8 | 3 | 7 | 4 | 5 | 1 | 2 |
| 8 | 4 | 2 | 1 | 3 | 5 | 9 | 6 | 7 |
| 3 | 7 | 1 | 4 | 9 | 6 | 2 | 5 | 8 |
| 5 | 9 | 6 | 2 | 8 | 7 | 4 | 3 | 1 |

## 984

| 6 | 8 | 9 | 4 | 3 | 7 | 5 | 1 | 2 |
|---|---|---|---|---|---|---|---|---|
| 3 | 4 | 2 | 5 | 6 | 1 | 9 | 7 | 8 |
| 7 | 5 | 1 | 2 | 9 | 8 | 6 | 3 | 4 |
| 8 | 7 | 3 | 6 | 5 | 2 | 1 | 4 | 9 |
| 2 | 6 | 5 | 9 | 1 | 4 | 7 | 8 | 3 |
| 1 | 9 | 4 | 7 | 8 | 3 | 2 | 5 | 6 |
| 4 | 3 | 6 | 1 | 2 | 5 | 8 | 9 | 7 |
| 5 | 2 | 8 | 3 | 7 | 9 | 4 | 6 | 1 |
| 9 | 1 | 7 | 8 | 4 | 6 | 3 | 2 | 5 |

## 985

| 7 | 9 | 1 | 8 | 6 | 2 | 5 | 4 | 3 |
|---|---|---|---|---|---|---|---|---|
| 5 | 8 | 4 | 3 | 9 | 7 | 1 | 2 | 6 |
| 6 | 3 | 2 | 1 | 5 | 4 | 7 | 9 | 8 |
| 8 | 5 | 6 | 7 | 1 | 9 | 2 | 3 | 4 |
| 4 | 7 | 3 | 2 | 8 | 5 | 9 | 6 | 1 |
| 1 | 2 | 9 | 6 | 4 | 3 | 8 | 5 | 7 |
| 3 | 4 | 7 | 5 | 2 | 8 | 6 | 1 | 9 |
| 9 | 1 | 5 | 4 | 7 | 6 | 3 | 8 | 2 |
| 2 | 6 | 8 | 9 | 3 | 1 | 4 | 7 | 5 |

## 986

| 2 | 7 | 9 | 4 | 5 | 8 | 6 | 3 | 1 |
|---|---|---|---|---|---|---|---|---|
| 8 | 3 | 5 | 6 | 9 | 1 | 2 | 4 | 7 |
| 6 | 4 | 1 | 3 | 2 | 7 | 5 | 8 | 9 |
| 5 | 1 | 8 | 2 | 6 | 3 | 7 | 9 | 4 |
| 3 | 9 | 6 | 5 | 7 | 4 | 1 | 2 | 8 |
| 7 | 2 | 4 | 1 | 8 | 9 | 3 | 6 | 5 |
| 9 | 6 | 7 | 8 | 3 | 5 | 4 | 1 | 2 |
| 1 | 8 | 2 | 7 | 4 | 6 | 9 | 5 | 3 |
| 4 | 5 | 3 | 9 | 1 | 2 | 8 | 7 | 6 |

## 987

| 6 | 2 | 5 | 7 | 4 | 3 | 1 | 8 | 9 |
|---|---|---|---|---|---|---|---|---|
| 4 | 1 | 8 | 5 | 9 | 6 | 2 | 3 | 7 |
| 9 | 3 | 7 | 2 | 8 | 1 | 6 | 4 | 5 |
| 8 | 9 | 3 | 6 | 2 | 4 | 5 | 7 | 1 |
| 7 | 6 | 2 | 1 | 5 | 8 | 3 | 9 | 4 |
| 5 | 4 | 1 | 9 | 3 | 7 | 8 | 6 | 2 |
| 3 | 8 | 9 | 4 | 1 | 5 | 7 | 2 | 6 |
| 2 | 5 | 6 | 3 | 7 | 9 | 4 | 1 | 8 |
| 1 | 7 | 4 | 8 | 6 | 2 | 9 | 5 | 3 |

## 988

| 3 | 1 | 9 | 2 | 8 | 6 | 7 | 4 | 5 |
|---|---|---|---|---|---|---|---|---|
| 4 | 2 | 8 | 5 | 7 | 1 | 6 | 3 | 9 |
| 7 | 5 | 6 | 9 | 4 | 3 | 1 | 2 | 8 |
| 9 | 7 | 5 | 6 | 3 | 4 | 8 | 1 | 2 |
| 1 | 4 | 3 | 8 | 2 | 5 | 9 | 6 | 7 |
| 8 | 6 | 2 | 7 | 1 | 9 | 4 | 5 | 3 |
| 2 | 8 | 4 | 1 | 5 | 7 | 3 | 9 | 6 |
| 5 | 9 | 1 | 3 | 6 | 8 | 2 | 7 | 4 |
| 6 | 3 | 7 | 4 | 9 | 2 | 5 | 8 | 1 |

## 989

| 2 | 1 | 7 | 8 | 6 | 9 | 5 | 3 | 4 |
|---|---|---|---|---|---|---|---|---|
| 8 | 5 | 4 | 3 | 7 | 1 | 6 | 2 | 9 |
| 3 | 6 | 9 | 5 | 2 | 4 | 1 | 8 | 7 |
| 5 | 2 | 8 | 1 | 9 | 6 | 7 | 4 | 3 |
| 9 | 4 | 3 | 2 | 5 | 7 | 8 | 1 | 6 |
| 6 | 7 | 1 | 4 | 8 | 3 | 9 | 5 | 2 |
| 7 | 3 | 5 | 6 | 4 | 8 | 2 | 9 | 1 |
| 4 | 8 | 6 | 9 | 1 | 2 | 3 | 7 | 5 |
| 1 | 9 | 2 | 7 | 3 | 5 | 4 | 6 | 8 |

## 990

| 5 | 3 | 9 | 7 | 2 | 1 | 8 | 4 | 6 |
|---|---|---|---|---|---|---|---|---|
| 8 | 2 | 6 | 4 | 9 | 5 | 1 | 7 | 3 |
| 7 | 4 | 1 | 3 | 8 | 6 | 9 | 2 | 5 |
| 3 | 6 | 4 | 9 | 5 | 7 | 2 | 1 | 8 |
| 9 | 5 | 8 | 2 | 1 | 3 | 4 | 6 | 7 |
| 1 | 7 | 2 | 8 | 6 | 4 | 3 | 5 | 9 |
| 2 | 1 | 7 | 6 | 3 | 9 | 5 | 8 | 4 |
| 6 | 8 | 3 | 5 | 4 | 2 | 7 | 9 | 1 |
| 4 | 9 | 5 | 1 | 7 | 8 | 6 | 3 | 2 |

## 991

| 5 | 7 | 4 | 1 | 3 | 9 | 6 | 2 | 8 |
|---|---|---|---|---|---|---|---|---|
| 2 | 8 | 1 | 5 | 6 | 7 | 4 | 9 | 3 |
| 9 | 3 | 6 | 2 | 8 | 4 | 7 | 5 | 1 |
| 8 | 2 | 9 | 6 | 4 | 1 | 5 | 3 | 7 |
| 3 | 1 | 5 | 9 | 7 | 8 | 2 | 6 | 4 |
| 6 | 4 | 7 | 3 | 2 | 5 | 1 | 8 | 9 |
| 4 | 5 | 2 | 8 | 1 | 3 | 9 | 7 | 6 |
| 7 | 9 | 8 | 4 | 5 | 6 | 3 | 1 | 2 |
| 1 | 6 | 3 | 7 | 9 | 2 | 8 | 4 | 5 |

## 992

| 1 | 6 | 9 | 4 | 2 | 5 | 7 | 3 | 8 |
|---|---|---|---|---|---|---|---|---|
| 3 | 4 | 2 | 8 | 6 | 7 | 1 | 5 | 9 |
| 5 | 8 | 7 | 3 | 9 | 1 | 6 | 4 | 2 |
| 4 | 2 | 3 | 1 | 7 | 9 | 8 | 6 | 5 |
| 8 | 1 | 5 | 2 | 4 | 6 | 9 | 7 | 3 |
| 7 | 9 | 6 | 5 | 8 | 3 | 2 | 1 | 4 |
| 9 | 3 | 8 | 7 | 1 | 4 | 5 | 2 | 6 |
| 2 | 7 | 4 | 6 | 5 | 8 | 3 | 9 | 1 |
| 6 | 5 | 1 | 9 | 3 | 2 | 4 | 8 | 7 |

## 993

| 2 | 3 | 9 | 1 | 5 | 6 | 8 | 4 | 7 |
|---|---|---|---|---|---|---|---|---|
| 8 | 5 | 1 | 2 | 7 | 4 | 6 | 3 | 9 |
| 6 | 7 | 4 | 9 | 8 | 3 | 5 | 2 | 1 |
| 5 | 1 | 8 | 6 | 3 | 7 | 4 | 9 | 2 |
| 9 | 4 | 7 | 8 | 1 | 2 | 3 | 5 | 6 |
| 3 | 6 | 2 | 5 | 4 | 9 | 7 | 1 | 8 |
| 4 | 2 | 3 | 7 | 6 | 1 | 9 | 8 | 5 |
| 7 | 9 | 5 | 3 | 2 | 8 | 1 | 6 | 4 |
| 1 | 8 | 6 | 4 | 9 | 5 | 2 | 7 | 3 |

## 994

| 7 | 1 | 5 | 9 | 3 | 6 | 2 | 8 | 4 |
|---|---|---|---|---|---|---|---|---|
| 9 | 2 | 8 | 5 | 7 | 4 | 6 | 3 | 1 |
| 4 | 6 | 3 | 1 | 2 | 8 | 5 | 7 | 9 |
| 5 | 3 | 1 | 8 | 6 | 9 | 7 | 4 | 2 |
| 2 | 8 | 4 | 7 | 5 | 1 | 3 | 9 | 6 |
| 6 | 7 | 9 | 2 | 4 | 3 | 8 | 1 | 5 |
| 8 | 4 | 7 | 6 | 1 | 2 | 9 | 5 | 3 |
| 3 | 9 | 2 | 4 | 8 | 5 | 1 | 6 | 7 |
| 1 | 5 | 6 | 3 | 9 | 7 | 4 | 2 | 8 |

## 995

| 7 | 9 | 5 | 4 | 3 | 8 | 1 | 6 | 2 |
|---|---|---|---|---|---|---|---|---|
| 2 | 4 | 3 | 6 | 5 | 1 | 8 | 7 | 9 |
| 6 | 1 | 8 | 9 | 2 | 7 | 4 | 5 | 3 |
| 5 | 8 | 2 | 7 | 4 | 3 | 9 | 1 | 6 |
| 3 | 6 | 1 | 5 | 8 | 9 | 2 | 4 | 7 |
| 9 | 7 | 4 | 1 | 6 | 2 | 5 | 3 | 8 |
| 1 | 3 | 9 | 2 | 7 | 4 | 6 | 8 | 5 |
| 4 | 5 | 7 | 8 | 9 | 6 | 3 | 2 | 1 |
| 8 | 2 | 6 | 3 | 1 | 5 | 7 | 9 | 4 |

## 996

| 7 | 3 | 5 | 6 | 1 | 8 | 4 | 2 | 9 |
|---|---|---|---|---|---|---|---|---|
| 8 | 2 | 6 | 9 | 3 | 4 | 5 | 7 | 1 |
| 9 | 4 | 1 | 2 | 5 | 7 | 3 | 8 | 6 |
| 3 | 5 | 8 | 1 | 2 | 6 | 9 | 4 | 7 |
| 4 | 7 | 9 | 3 | 8 | 5 | 6 | 1 | 2 |
| 1 | 6 | 2 | 7 | 4 | 9 | 8 | 3 | 5 |
| 5 | 1 | 4 | 8 | 9 | 2 | 7 | 6 | 3 |
| 6 | 8 | 3 | 5 | 7 | 1 | 2 | 9 | 4 |
| 2 | 9 | 7 | 4 | 6 | 3 | 1 | 5 | 8 |

## 997

| 4 | 8 | 6 | 7 | 1 | 3 | 5 | 2 | 9 |
|---|---|---|---|---|---|---|---|---|
| 3 | 5 | 1 | 9 | 2 | 4 | 6 | 7 | 8 |
| 7 | 2 | 9 | 8 | 5 | 6 | 4 | 1 | 3 |
| 1 | 3 | 5 | 2 | 4 | 7 | 9 | 8 | 6 |
| 8 | 9 | 2 | 6 | 3 | 5 | 1 | 4 | 7 |
| 6 | 4 | 7 | 1 | 8 | 9 | 3 | 5 | 2 |
| 5 | 7 | 4 | 3 | 6 | 2 | 8 | 9 | 1 |
| 2 | 1 | 3 | 5 | 9 | 8 | 7 | 6 | 4 |
| 9 | 6 | 8 | 4 | 7 | 1 | 2 | 3 | 5 |

## 998

| 3 | 6 | 8 | 7 | 5 | 2 | 1 | 9 | 4 |
|---|---|---|---|---|---|---|---|---|
| 1 | 7 | 2 | 9 | 3 | 4 | 6 | 8 | 5 |
| 4 | 5 | 9 | 8 | 1 | 6 | 2 | 3 | 7 |
| 9 | 1 | 6 | 2 | 4 | 5 | 3 | 7 | 8 |
| 2 | 4 | 5 | 3 | 8 | 7 | 9 | 1 | 6 |
| 8 | 3 | 7 | 1 | 6 | 9 | 5 | 4 | 2 |
| 7 | 2 | 4 | 6 | 9 | 3 | 8 | 5 | 1 |
| 6 | 8 | 3 | 5 | 7 | 1 | 4 | 2 | 9 |
| 5 | 9 | 1 | 4 | 2 | 8 | 7 | 6 | 3 |

## 999

| 7 | 5 | 3 | 9 | 6 | 4 | 2 | 8 | 1 |
|---|---|---|---|---|---|---|---|---|
| 6 | 2 | 1 | 7 | 8 | 3 | 9 | 4 | 5 |
| 9 | 8 | 4 | 2 | 5 | 1 | 7 | 3 | 6 |
| 5 | 6 | 7 | 8 | 4 | 9 | 1 | 2 | 3 |
| 1 | 3 | 8 | 5 | 2 | 7 | 6 | 9 | 4 |
| 4 | 9 | 2 | 1 | 3 | 6 | 8 | 5 | 7 |
| 3 | 7 | 5 | 6 | 9 | 8 | 4 | 1 | 2 |
| 2 | 1 | 9 | 4 | 7 | 5 | 3 | 6 | 8 |
| 8 | 4 | 6 | 3 | 1 | 2 | 5 | 7 | 9 |

## 1000

| 6 | 4 | 9 | 8 | 3 | 7 | 2 | 5 | 1 |
|---|---|---|---|---|---|---|---|---|
| 2 | 8 | 3 | 4 | 5 | 1 | 7 | 6 | 9 |
| 1 | 7 | 5 | 9 | 6 | 2 | 4 | 8 | 3 |
| 7 | 1 | 8 | 3 | 4 | 5 | 9 | 2 | 6 |
| 9 | 3 | 4 | 2 | 8 | 6 | 1 | 7 | 5 |
| 5 | 6 | 2 | 1 | 7 | 9 | 8 | 3 | 4 |
| 4 | 2 | 7 | 6 | 1 | 3 | 5 | 9 | 8 |
| 3 | 5 | 1 | 7 | 9 | 8 | 6 | 4 | 2 |
| 8 | 9 | 6 | 5 | 2 | 4 | 3 | 1 | 7 |

**1001**

| | | | | | | | | |
|---|---|---|---|---|---|---|---|---|
| 3 | 6 | 5 | 1 | 4 | 8 | 7 | 2 | 9 |
| 7 | 9 | 1 | 2 | 6 | 5 | 8 | 4 | 3 |
| 8 | 2 | 4 | 9 | 3 | 7 | 6 | 1 | 5 |
| 2 | 1 | 3 | 7 | 8 | 9 | 4 | 5 | 6 |
| 9 | 4 | 7 | 6 | 5 | 1 | 3 | 8 | 2 |
| 6 | 5 | 8 | 4 | 2 | 3 | 1 | 9 | 7 |
| 4 | 8 | 9 | 5 | 7 | 6 | 2 | 3 | 1 |
| 5 | 3 | 6 | 8 | 1 | 2 | 9 | 7 | 4 |
| 1 | 7 | 2 | 3 | 9 | 4 | 5 | 6 | 8 |

**1002**

| | | | | | | | | |
|---|---|---|---|---|---|---|---|---|
| 2 | 7 | 5 | 9 | 6 | 8 | 1 | 4 | 3 |
| 8 | 9 | 3 | 4 | 5 | 1 | 7 | 6 | 2 |
| 1 | 6 | 4 | 7 | 2 | 3 | 8 | 5 | 9 |
| 3 | 1 | 6 | 8 | 7 | 5 | 2 | 9 | 4 |
| 4 | 5 | 2 | 1 | 9 | 6 | 3 | 8 | 7 |
| 9 | 8 | 7 | 2 | 3 | 4 | 6 | 1 | 5 |
| 5 | 3 | 1 | 6 | 4 | 7 | 9 | 2 | 8 |
| 6 | 4 | 9 | 3 | 8 | 2 | 5 | 7 | 1 |
| 7 | 2 | 8 | 5 | 1 | 9 | 4 | 3 | 6 |

**1003**

| | | | | | | | | |
|---|---|---|---|---|---|---|---|---|
| 6 | 7 | 5 | 4 | 1 | 2 | 8 | 9 | 3 |
| 2 | 3 | 1 | 9 | 8 | 5 | 6 | 4 | 7 |
| 8 | 4 | 9 | 3 | 7 | 6 | 2 | 1 | 5 |
| 1 | 9 | 6 | 2 | 3 | 8 | 7 | 5 | 4 |
| 4 | 5 | 3 | 6 | 9 | 7 | 1 | 2 | 8 |
| 7 | 2 | 8 | 5 | 4 | 1 | 9 | 3 | 6 |
| 3 | 1 | 7 | 8 | 2 | 4 | 5 | 6 | 9 |
| 9 | 6 | 2 | 7 | 5 | 3 | 4 | 8 | 1 |
| 5 | 8 | 4 | 1 | 6 | 9 | 3 | 7 | 2 |

**1004**

| | | | | | | | | |
|---|---|---|---|---|---|---|---|---|
| 1 | 7 | 9 | 4 | 5 | 3 | 2 | 6 | 8 |
| 6 | 5 | 2 | 9 | 8 | 7 | 1 | 3 | 4 |
| 3 | 8 | 4 | 1 | 2 | 6 | 5 | 9 | 7 |
| 7 | 3 | 6 | 8 | 1 | 5 | 4 | 2 | 9 |
| 5 | 9 | 1 | 2 | 3 | 4 | 8 | 7 | 6 |
| 2 | 4 | 8 | 7 | 6 | 9 | 3 | 1 | 5 |
| 4 | 1 | 5 | 6 | 7 | 2 | 9 | 8 | 3 |
| 9 | 2 | 7 | 3 | 4 | 8 | 6 | 5 | 1 |
| 8 | 6 | 3 | 5 | 9 | 1 | 7 | 4 | 2 |

**1005**

| | | | | | | | | |
|---|---|---|---|---|---|---|---|---|
| 8 | 4 | 3 | 7 | 9 | 1 | 2 | 6 | 5 |
| 1 | 2 | 9 | 6 | 4 | 5 | 8 | 3 | 7 |
| 5 | 6 | 7 | 8 | 2 | 3 | 1 | 4 | 9 |
| 4 | 7 | 1 | 2 | 3 | 9 | 5 | 8 | 6 |
| 3 | 9 | 6 | 5 | 1 | 8 | 4 | 7 | 2 |
| 2 | 5 | 8 | 4 | 6 | 7 | 3 | 9 | 1 |
| 6 | 3 | 5 | 1 | 7 | 4 | 9 | 2 | 8 |
| 7 | 8 | 4 | 9 | 5 | 2 | 6 | 1 | 3 |
| 9 | 1 | 2 | 3 | 8 | 6 | 7 | 5 | 4 |

**1006**

| | | | | | | | | |
|---|---|---|---|---|---|---|---|---|
| 6 | 1 | 2 | 8 | 5 | 9 | 7 | 4 | 3 |
| 7 | 9 | 3 | 4 | 1 | 6 | 5 | 2 | 8 |
| 4 | 8 | 5 | 2 | 7 | 3 | 9 | 6 | 1 |
| 5 | 4 | 7 | 9 | 2 | 1 | 8 | 3 | 6 |
| 9 | 2 | 8 | 3 | 6 | 7 | 1 | 5 | 4 |
| 3 | 6 | 1 | 5 | 8 | 4 | 2 | 9 | 7 |
| 8 | 3 | 6 | 7 | 9 | 2 | 4 | 1 | 5 |
| 1 | 5 | 9 | 6 | 4 | 8 | 3 | 7 | 2 |
| 2 | 7 | 4 | 1 | 3 | 5 | 6 | 8 | 9 |

**1007**

| | | | | | | | | |
|---|---|---|---|---|---|---|---|---|
| 6 | 2 | 4 | 9 | 5 | 3 | 8 | 1 | 7 |
| 7 | 8 | 5 | 4 | 1 | 6 | 9 | 3 | 2 |
| 1 | 3 | 9 | 8 | 2 | 7 | 5 | 4 | 6 |
| 9 | 7 | 1 | 2 | 3 | 5 | 4 | 6 | 8 |
| 4 | 6 | 2 | 7 | 8 | 1 | 3 | 9 | 5 |
| 8 | 5 | 3 | 6 | 4 | 9 | 7 | 2 | 1 |
| 5 | 9 | 6 | 1 | 7 | 4 | 2 | 8 | 3 |
| 3 | 4 | 8 | 5 | 6 | 2 | 1 | 7 | 9 |
| 2 | 1 | 7 | 3 | 9 | 8 | 6 | 5 | 4 |

**1008**

| | | | | | | | | |
|---|---|---|---|---|---|---|---|---|
| 5 | 6 | 7 | 2 | 3 | 8 | 1 | 9 | 4 |
| 8 | 3 | 2 | 4 | 9 | 1 | 5 | 6 | 7 |
| 4 | 1 | 9 | 5 | 7 | 6 | 2 | 8 | 3 |
| 7 | 4 | 1 | 6 | 8 | 9 | 3 | 5 | 2 |
| 9 | 8 | 3 | 1 | 2 | 5 | 7 | 4 | 6 |
| 2 | 5 | 6 | 7 | 4 | 3 | 8 | 1 | 9 |
| 6 | 2 | 8 | 9 | 1 | 7 | 4 | 3 | 5 |
| 1 | 9 | 4 | 3 | 5 | 2 | 6 | 7 | 8 |
| 3 | 7 | 5 | 8 | 6 | 4 | 9 | 2 | 1 |

**1009**

| | | | | | | | | |
|---|---|---|---|---|---|---|---|---|
| 1 | 3 | 2 | 9 | 8 | 4 | 5 | 7 | 6 |
| 8 | 7 | 5 | 2 | 6 | 3 | 1 | 9 | 4 |
| 6 | 4 | 9 | 7 | 5 | 1 | 8 | 3 | 2 |
| 3 | 9 | 8 | 1 | 4 | 6 | 7 | 2 | 5 |
| 4 | 2 | 1 | 8 | 7 | 5 | 9 | 6 | 3 |
| 7 | 5 | 6 | 3 | 9 | 2 | 4 | 8 | 1 |
| 2 | 8 | 4 | 6 | 1 | 9 | 3 | 5 | 7 |
| 9 | 1 | 3 | 5 | 2 | 7 | 6 | 4 | 8 |
| 5 | 6 | 7 | 4 | 3 | 8 | 2 | 1 | 9 |

**1010**

| | | | | | | | | |
|---|---|---|---|---|---|---|---|---|
| 6 | 4 | 9 | 8 | 3 | 5 | 7 | 2 | 1 |
| 7 | 3 | 8 | 6 | 2 | 1 | 5 | 9 | 4 |
| 1 | 5 | 2 | 7 | 4 | 9 | 8 | 6 | 3 |
| 9 | 8 | 5 | 2 | 7 | 3 | 1 | 4 | 6 |
| 3 | 1 | 6 | 4 | 5 | 8 | 2 | 7 | 9 |
| 2 | 7 | 4 | 9 | 1 | 6 | 3 | 8 | 5 |
| 4 | 2 | 1 | 5 | 9 | 7 | 6 | 3 | 8 |
| 5 | 6 | 7 | 3 | 8 | 4 | 9 | 1 | 2 |
| 8 | 9 | 3 | 1 | 6 | 2 | 4 | 5 | 7 |

**1011**

| | | | | | | | | |
|---|---|---|---|---|---|---|---|---|
| 5 | 7 | 3 | 6 | 8 | 1 | 9 | 2 | 4 |
| 6 | 8 | 9 | 7 | 2 | 4 | 3 | 5 | 1 |
| 2 | 4 | 1 | 9 | 5 | 3 | 7 | 8 | 6 |
| 4 | 2 | 7 | 8 | 6 | 5 | 1 | 9 | 3 |
| 9 | 1 | 5 | 3 | 7 | 2 | 6 | 4 | 8 |
| 3 | 6 | 8 | 4 | 1 | 9 | 2 | 7 | 5 |
| 8 | 9 | 4 | 2 | 3 | 6 | 5 | 1 | 7 |
| 1 | 3 | 2 | 5 | 4 | 7 | 8 | 6 | 9 |
| 7 | 5 | 6 | 1 | 9 | 8 | 4 | 3 | 2 |

**1012**

| | | | | | | | | |
|---|---|---|---|---|---|---|---|---|
| 3 | 1 | 4 | 2 | 6 | 7 | 5 | 8 | 9 |
| 6 | 7 | 2 | 9 | 8 | 5 | 3 | 4 | 1 |
| 9 | 5 | 8 | 3 | 1 | 4 | 2 | 7 | 6 |
| 8 | 4 | 7 | 1 | 5 | 2 | 6 | 9 | 3 |
| 1 | 2 | 9 | 4 | 3 | 6 | 7 | 5 | 8 |
| 5 | 3 | 6 | 8 | 7 | 9 | 1 | 2 | 4 |
| 7 | 6 | 1 | 5 | 9 | 8 | 4 | 3 | 2 |
| 2 | 9 | 3 | 7 | 4 | 1 | 8 | 6 | 5 |
| 4 | 8 | 5 | 6 | 2 | 3 | 9 | 1 | 7 |

**1013**

| | | | | | | | | |
|---|---|---|---|---|---|---|---|---|
| 6 | 5 | 1 | 8 | 9 | 7 | 2 | 4 | 3 |
| 9 | 2 | 3 | 6 | 4 | 5 | 1 | 8 | 7 |
| 7 | 4 | 8 | 2 | 1 | 3 | 6 | 5 | 9 |
| 1 | 9 | 7 | 5 | 6 | 4 | 8 | 3 | 2 |
| 3 | 6 | 4 | 7 | 8 | 2 | 5 | 9 | 1 |
| 2 | 8 | 5 | 1 | 3 | 9 | 4 | 7 | 6 |
| 8 | 3 | 2 | 4 | 7 | 1 | 9 | 6 | 5 |
| 4 | 1 | 9 | 3 | 5 | 6 | 7 | 2 | 8 |
| 5 | 7 | 6 | 9 | 2 | 8 | 3 | 1 | 4 |

**1014**

| | | | | | | | | |
|---|---|---|---|---|---|---|---|---|
| 8 | 6 | 5 | 4 | 1 | 7 | 9 | 2 | 3 |
| 4 | 3 | 2 | 6 | 9 | 8 | 1 | 7 | 5 |
| 7 | 9 | 1 | 5 | 3 | 2 | 8 | 6 | 4 |
| 2 | 5 | 7 | 9 | 4 | 6 | 3 | 1 | 8 |
| 1 | 8 | 6 | 2 | 5 | 3 | 4 | 9 | 7 |
| 9 | 4 | 3 | 7 | 8 | 1 | 6 | 5 | 2 |
| 6 | 2 | 8 | 3 | 7 | 9 | 5 | 4 | 1 |
| 5 | 1 | 9 | 8 | 2 | 4 | 7 | 3 | 6 |
| 3 | 7 | 4 | 1 | 6 | 5 | 2 | 8 | 9 |